应用统计学系列教材　Texts in Applied Statistics

统计学(第二版)
Statistics (Second Edition)

贾 俊 平　　编 著
Jia Junping

清华大学出版社
北京

内容简介

统计学是收集、分析、表述和解释数据的科学。作为数据分析的一种有效工具，统计方法已广泛应用于社会科学和自然科学的各个领域，是各学科领域研究者和实际工作者的必备知识。《统计学》（第二版）一书结合了作者多年的教学实践经验和国外优秀统计学教材的成果，在内容上包括描述统计方法、推断统计方法以及工商管理中常用的一些统计方法；在写法上与计算机紧密结合，大部分统计方法都给出了Excel的计算过程和结果，并在书后配有教学和学习辅助光盘，方便教师授课和学生自学。

本书可作为高等院校经济管理类专业本科生统计学课程的教材，也可作为MBA的教材或参考书，对广大实际工作者也极具参考价值。

版权所有，侵权必究。举报：010-62782989，beiqinquan@tup.tsinghua.edu.cn。

图书在版编目(CIP)数据

统计学/贾俊平编著. —2版. —北京：清华大学出版社，2006.7（2023.8重印）
（应用统计学系列教材）
ISBN 978-7-302-12928-8

Ⅰ.统… Ⅱ.贾… Ⅲ.统计学—高等学校—教材 Ⅳ.C8

中国版本图书馆CIP数据核字(2006)第043830号

责任编辑：王海燕
责任印制：曹婉颖

出版发行：清华大学出版社
网　　址：http://www.tup.com.cn, http://www.wqbook.com
地　　址：北京清华大学学研大厦A座　　邮　编：100084
社 总 机：010-83470000　　邮　购：010-62786544
投稿与读者服务：010-62776969, c-service@tup.tsinghua.edu.cn
质 量 反 馈：010-62772015, zhiliang@tup.tsinghua.edu.cn

印 装 者：三河市君旺印务有限公司
经　　销：全国新华书店
开　　本：170mm×230mm　　印　张：36　　字　数：646千字
　　　　　（附光盘1张）
版　　次：2006年7月第2版　　印　次：2023年8月第18次印刷
定　　价：99.00元

产品编号：020662-09/F

应用统计学系列教材
Texts in Applied Statistics

编审委员会

主　任：吴喜之

委　员：(按姓氏拼音字母排序)

杜子芳　冯士雍　耿　直　何书元　贾俊平

金勇进　易丹辉　袁　卫　张　波　赵彦云

序

随着社会经济的飞速发展,统计学课程设置的不断调整,统计学教材已经有了很大的变化。为了适应这些变化,我们从2000年开始编写面向21世纪统计学系列教材,经过近4年的实践,该系列教材取得了较好的效果,基本实现了预定的目标。然而目前学科的发展和社会的进步速度相当快,其中的一些教材已经需要进一步修订,也有部分内容成熟、适合教学需要的教材没有列入编写计划。

为满足应用统计科学和我国高等教育迅速发展的需求,清华大学出版社和施普林格出版社(Springer-Verlag)合作,倡议出版这一套"应用统计学系列教材",作为对现有统计学教材的全面补充和修订。这套教材具有以下特点:

1. 此套丛书属于开放式的,一旦有好的选题,即可列入出版计划。

2. 在教材选择上,拓宽了范围。有些教材主要面向经济类统计学专业,包括金融统计、风险管理与精算方面的教材。部分教材面向人文社科专业,而另外一些教材则面向自然科学领域,包括生物统计、医学统计、公共卫生统计等。

3. 本套教材的编写者都是活跃在教学、科研第一线的教师,他们能够积极地、广泛地吸收国内外最新的优秀成果。能够在教学中反复对教材进行补充修订和完善。

4. 强调与计算机应用的结合,在教材编写中,注重计算机软件的应用,特别是可编程软件的应用。对于那些仅限于应用方法的教材,充分考虑读者的需求,尽量介绍简单易学的"傻瓜"

软件。

5. 本套教材包括部分优秀国外教材译著，对于目前急需，而国内尚属空白的教材，选择部分国外具有广泛影响的教材，进行翻译出版。

我们希望这套系列教材的出版能够对我国应用统计科学的教育和我国统计事业的健康发展起到积极作用。感谢参与教材编写的中国人民大学统计学院和兄弟院校的教师以及进行审阅的同行专家。让我们大家共同努力，创造我国应用统计学科新的辉煌。

易丹辉

2004 年 1 月

第二版前言

我多年从事统计教学的体会是：学习一遍，很难学会统计；记住公式，不等于理解统计；学会计算，不等于会用统计。统计的真谛在于它所体现的思想，在于它所提供的思维方式。

作为一门受众面很广的课程，怎样在有限的时间内把统计讲清楚是一件很难的事情。一本好的教材对于最初接触统计的人来说很重要，多年来我一直在朝着不断完善统计学教材的目标努力，但一直力不从心。尽管《统计学》受到广大读者的厚爱，在一年多的时间里先后6次印刷，但不足之处仍然不胜枚举。近两年来，经过在讲授统计学课程过程中的不断学习，又有一些新的想法，很想把它写进教材。这就是《统计学》(第二版)的初衷。

与第一版相比，第二版仍然维持原有的框架和风格，与第一版的不同之处体现在以下几个方面：

第一，增加了一些新的内容，特别是与 Excel 应用有关的一些内容，比如 Excel 统计函数的应用、数据透视表的应用、概率分布表的生成，同时结合了其他一些统计软件，如 STATISTICA 软件的输出结果，包括正态概率图、箱线图、三维相关图等。

第二，在每章的开头增加了"统计应用"的一个实例。

第三，增加了每章的习题量，习题的类型也趋于多样化。

第二版的出版仍然要感谢清华大学出版社的支持。感谢编辑王海燕同志，她的辛勤劳动使本书的错误降到最低。感谢书后所列参考文献的作者，本书的部分素材选自所列参考文献。

贾俊平

2006年1月于中国人民大学

第一版前言

多年来，我一直从事统计教学工作，也编写过不同版本的统计学教材，但在教学中始终感到教材不满意。目前，公开出版的统计学教材版本繁多，但内容和写法大同小异，基本雷同。同国外的一些优秀统计学教材相比，我们的教材水平相差甚远。主要问题有四个方面：一是内容肤浅，许多方法介绍得不够深入；二是废话太多，抓不到统计方法的实质；三是写法陈旧，与计算机结合得不够；四是缺乏案例，习题量太少。多年教学实践中所感受到的这些问题，希望在本书中部分得到解决。

随着计算机的应用，传统的教学方式发生了根本性的转变，很难想像，脱离计算机的统计学教学效果会怎么样。特别是对非统计学专业的学生来说，学习统计学的目的主要是应用，不会用计算机，就很难将统计方法应用到实际问题之中。对他们而言，做过多的统计公式的推导显然意义不大，学会统计计算不等于能使用统计方法。将计算机应用到统计教学之中，不仅可使学生从复杂的统计计算中解脱出来，教师也可以在同样多的时间里讲授更多的内容，特别是有更多的时间讲授统计方法的思想、特点和应用场合。只有理解了统计方法的思想，才能真正地使用统计方法，而统计计算显然不是应用的障碍，因为这些工作可以交给计算机来完成。

Gudmund R. Iversen 与 Mary Gergen 合著的《统计学——基本概念和方法》一书，在其前言对统计学教学的讨论中作了很精辟的论述："正如大部分统计学教师所敏锐地意识到的那样，统计的教学方式已经发生了戏剧性的变化。计算机与教学环境的结合，尤其是界面越来越方便友好的统计软件的使用，已经使旧的学习方法——特别是记忆并运用统计公式,已不再适用于大部分学生……我们的经验是,统计公式就像一门外语,如果一个人理解了这种语言,那么公式会大大增加对统计学的理解;否则,这些公式就像密码一样难以破译。我们已经看到,很多同学在学习统计时,公式反倒成了一种障碍。我们坚信,不用公式,也照样有可能获得对统计思想的深刻理解。"这段话,对于非统计专业的学生来说尤为合适,自然也适合本书的初衷。

计算机的应用不仅需要彻底变革传统的统计学教学方式,对统计学教材的写作也提出了更高的要求。本书在写作上,力求淡化统计方法的推导和计算,而重点突出统计方法的思想和计算机的应用。对大多数计算问题,都给出了计算机输出的结果。考虑到非统计学专业的教学内容和统计软件的普及程度,本书中仍然使用 Excel 作为计算工具。在计算时,我们直接给出了由 Excel 输出的结果。由于大多数人都熟悉 Excel,我们只给出 Excel 的简单操作步骤。本书不主张,确切地说是反对学生用手工进行统计计算,要求学生必须能使用计算机这一工具,退一步说,至少能看懂 Excel 输出的统计结果。我们也不主张学生在学习时死记公式,而应把重点放在对统计思想的理解上,只有真正理解了,才能在实际中应用。

本书的出版得到各方面的帮助。感谢中国人民大学统计学院领导的支持。感谢曾讲授过该门课程的王燕、王星、张云、姚嘉秋、赵以立、陈龙、刘文卿、李静萍、黄向阳等多位老师,他们为作者提供宝贵的意见。感谢谭英平同学,她翻译整理了部分章后给出的人物传记。有幸作为应用统计学系列教材之一出版,还要感谢清华大学出版社的王海燕同志,她对书稿的认真编辑使本书增色不少。

尽管几年来对统计学教材的编写一直进行着各种努力和尝试,很想奉献给读者一本满意的教材,但仍然有可能达不到各方面的要求。书中的不当或疏漏之处在所难免,恳请同行和读者提出宝贵意见,以便共同努力把统计学教材建设好。

贾俊平

2004 年 1 月于中国人民大学

目 录

第 1 章 导论 ... 1

统计应用:质量管理中的 6σ ... 1
1.1 统计及其应用领域 ... 2
 1.1.1 什么是统计学 ... 2
 1.1.2 统计的应用领域 ... 3
 1.1.3 历史上著名的统计学家 ... 6
1.2 统计数据的类型 ... 7
 1.2.1 分类数据、顺序数据、数值型数据 ... 7
 1.2.2 观测数据和实验数据 ... 8
 1.2.3 截面数据和时间序列数据 ... 8
1.3 统计中的几个基本概念 ... 9
 1.3.1 总体和样本 ... 9
 1.3.2 参数和统计量 ... 11
 1.3.3 变量 ... 12
思考与练习 ... 13
人物传记——Adolphe Quetelet ... 15

第 2 章 数据收集 ... 17

统计应用:北京市 2005 年 1‰人口抽样调查 ... 17
2.1 数据来源 ... 19
 2.1.1 数据的间接来源 ... 19
 2.1.2 数据的直接来源 ... 19
2.2 调查设计 ... 25
 2.2.1 调查方案的结构 ... 25
 2.2.2 调查问卷设计 ... 26

2.3 数据质量 ······ 36
　　2.3.1 数据的误差 ······ 36
　　2.3.2 数据的质量要求 ······ 36
思考与练习 ······ 37
人物传记——William G. Cochran ······ 37

第 3 章　数据的图表展示 ······ 39

统计应用:把数据画图之后要用用脑袋! ······ 39
3.1 数据的预处理 ······ 40
　　3.1.1 数据审核 ······ 40
　　3.1.2 数据筛选 ······ 40
　　3.1.3 数据排序 ······ 43
　　3.1.4 数据透视表 ······ 44
3.2 品质数据的整理与展示 ······ 48
　　3.2.1 分类数据的整理与图示 ······ 48
　　3.2.2 顺序数据的整理与图示 ······ 55
3.3 数值型数据的整理与展示 ······ 57
　　3.3.1 数据分组 ······ 57
　　3.3.2 数值型数据的图示 ······ 62
3.4 合理使用图表 ······ 75
　　3.4.1 鉴别图形优劣的准则 ······ 76
　　3.4.2 统计表的设计 ······ 76
思考与练习 ······ 79
人物传记——John W. Tukey ······ 86

第 4 章　数据的概括性度量 ······ 87

统计应用:一种测量的平均数比单个的测量更可靠 ······ 87
4.1 集中趋势的度量 ······ 88
　　4.1.1 分类数据:众数 ······ 88
　　4.1.2 顺序数据:中位数和分位数 ······ 89
　　4.1.3 数值型数据:平均数 ······ 93
　　4.1.4 众数、中位数和平均数的比较 ······ 98
4.2 离散程度的度量 ······ 99

4.2.1　分类数据:异众比率 …………………………………………… 100
4.2.2　顺序数据:四分位差 …………………………………………… 100
4.2.3　数值型数据:方差和标准差 …………………………………… 101
4.2.4　相对离散程度:离散系数 ……………………………………… 107
4.3　偏态与峰态的度量 …………………………………………………… 109
4.3.1　偏态及其测度 …………………………………………………… 109
4.3.2　峰态及其测度 …………………………………………………… 110
思考与练习 …………………………………………………………………… 113
人物传记——Pafnuty Lvovich Chebyshev …………………………………… 118

第 5 章　概率与概率分布 …………………………………………………… 120

统计应用:买彩不是"押宝" ………………………………………………… 120
5.1　事件及其概率 ………………………………………………………… 122
5.1.1　试验、事件和样本空间 ………………………………………… 122
5.1.2　事件的概率 ……………………………………………………… 124
5.1.3　概率的性质和运算法则 ………………………………………… 125
5.1.4　条件概率与事件的独立性 ……………………………………… 130
5.1.5　全概率公式与逆概率公式 ……………………………………… 134
5.2　离散型概率分布 ……………………………………………………… 137
5.2.1　随机变量 ………………………………………………………… 137
5.2.2　离散型随机变量的概率分布 …………………………………… 138
5.2.3　离散型随机变量的数学期望和方差 …………………………… 140
5.2.4　几种常用的离散型概率分布 …………………………………… 141
5.3　连续型概率分布 ……………………………………………………… 151
5.3.1　概率密度函数 …………………………………………………… 151
5.3.2　正态分布 ………………………………………………………… 152
5.3.3　其他连续型概率分布 …………………………………………… 166
思考与练习 …………………………………………………………………… 170
人物传记——James Bernoulli　Carl Friedrich Gauss …………………… 173

第 6 章　抽样与抽样分布 …………………………………………………… 176

统计应用:"抓阄"征兵计划 ………………………………………………… 176
6.1　概率抽样方法 ………………………………………………………… 177

####### 6.1.1 简单随机抽样 ………………………………………… 177
####### 6.1.2 分层抽样 …………………………………………… 179
####### 6.1.3 系统抽样 …………………………………………… 180
####### 6.1.4 整群抽样 …………………………………………… 180
6.2 3种不同性质的分布 ……………………………………………… 181
####### 6.2.1 总体分布 …………………………………………… 181
####### 6.2.2 样本分布 …………………………………………… 182
####### 6.2.3 抽样分布 …………………………………………… 182
6.3 一个总体参数推断时样本统计量的抽样分布 ………………… 183
####### 6.3.1 样本均值的抽样分布 ……………………………… 183
####### 6.3.2 样本比例的抽样分布 ……………………………… 189
####### 6.3.3 样本方差的抽样分布 ……………………………… 190
6.4 两个总体参数推断时样本统计量的抽样分布 ………………… 194
####### 6.4.1 两个样本均值之差的抽样分布 …………………… 194
####### 6.4.2 两个样本比例之差的抽样分布 …………………… 195
####### 6.4.3 两个样本方差比的抽样分布 ……………………… 195
思考与练习 ………………………………………………………………… 198
人物传记——William Sealy Gosset ……………………………………… 201

第7章 参数估计 ……………………………………………………………… 203
统计应用:一次失败的民意调查 ………………………………………… 203
7.1 参数估计的一般问题 …………………………………………… 204
####### 7.1.1 估计量与估计值 …………………………………… 204
####### 7.1.2 点估计与区间估计 ………………………………… 205
####### 7.1.3 评价估计量的标准 ………………………………… 209
7.2 一个总体参数的区间估计 ……………………………………… 211
####### 7.2.1 总体均值的区间估计 ……………………………… 211
####### 7.2.2 总体比例的区间估计 ……………………………… 217
####### 7.2.3 总体方差的区间估计 ……………………………… 219
####### 7.2.4 正态总体未来观测值的预测区间估计 …………… 220
7.3 两个总体参数的区间估计 ……………………………………… 222
####### 7.3.1 两个总体均值之差的区间估计 …………………… 222
####### 7.3.2 两个总体比例之差的区间估计 …………………… 228

7.3.3　两个总方差比的区间估计 ·················· 229
　7.4　样本容量的确定 ···················· 234
　　　7.4.1　估计总体均值时样本容量的确定 ·················· 234
　　　7.4.2　估计总体比例时样本容量的确定 ·················· 235
　　　7.4.3　估计两个总体均值之差时样本容量的确定 ·················· 236
　　　7.4.4　估计两个总体比例之差时样本容量的确定 ·················· 237
　思考与练习 ···················· 237
　人物传记——Jerzy Neyman ···················· 244

第8章　假设检验 ···················· 246

　统计应用：药物筛选中的假设检验 ···················· 246
　8.1　假设检验的基本问题 ···················· 248
　　　8.1.1　假设的陈述 ···················· 248
　　　8.1.2　两类错误与显著性水平 ···················· 252
　　　8.1.3　检验统计量与拒绝域 ···················· 255
　　　8.1.4　利用 P 值进行决策 ···················· 257
　　　8.1.5　统计显著性与实际显著性 ···················· 261
　8.2　一个总体参数的检验 ···················· 264
　　　8.2.1　总体均值的检验 ···················· 264
　　　8.2.2　总体比例的检验 ···················· 272
　　　8.2.3　总体方差的检验 ···················· 275
　8.3　两个总体参数的检验 ···················· 278
　　　8.3.1　两个总体均值之差的检验 ···················· 278
　　　8.3.2　两个总体比例之差的检验 ···················· 290
　　　8.3.3　两个总体方差比的检验 ···················· 293
　思考与练习 ···················· 297
　人物传记——Egon Sharpe Pearson ···················· 304

第9章　方差分析与试验设计 ···················· 306

　统计应用：SARS 病毒灭活疫苗临床试验 ···················· 306
　9.1　方差分析引论 ···················· 308
　　　9.1.1　方差分析及其有关术语 ···················· 308
　　　9.1.2　方差分析的基本思想和原理 ···················· 310

9.1.3　方差分析中的基本假定 …………………………………… 313
　　　9.1.4　问题的一般提法 ……………………………………………… 315
　9.2　单因素方差分析 ………………………………………………………… 316
　　　9.2.1　数据结构 ……………………………………………………… 316
　　　9.2.2　分析步骤 ……………………………………………………… 317
　　　9.2.3　关系强度的测量 ……………………………………………… 324
　　　9.2.4　方差分析中的多重比较 ……………………………………… 325
　9.3　双因素方差分析 ………………………………………………………… 327
　　　9.3.1　双因素方差分析及其类型 …………………………………… 327
　　　9.3.2　无交互作用的双因素方差分析 ……………………………… 328
　　　9.3.3　有交互作用的双因素方差分析 ……………………………… 334
　9.4　试验设计初步 …………………………………………………………… 338
　　　9.4.1　完全随机化设计 ……………………………………………… 338
　　　9.4.2　随机化区组设计 ……………………………………………… 339
　　　9.4.3　因子设计 ……………………………………………………… 341
　思考与练习 …………………………………………………………………… 342
　人物传记——Ronald Aylmer Fisher …………………………………………… 348

第 10 章　一元线性回归 ……………………………………………………… 351

　统计应用：回归分析在投资风险中的应用 …………………………………… 351
　10.1　变量间关系的度量 …………………………………………………… 353
　　　10.1.1　变量间的关系 ……………………………………………… 353
　　　10.1.2　相关关系的描述与测度 …………………………………… 354
　　　10.1.3　相关关系的显著性检验 …………………………………… 359
　10.2　一元线性回归 ………………………………………………………… 361
　　　10.2.1　一元线性回归模型 ………………………………………… 362
　　　10.2.2　参数的最小二乘估计 ……………………………………… 365
　　　10.2.3　回归直线的拟合优度 ……………………………………… 370
　　　10.2.4　显著性检验 ………………………………………………… 374
　　　10.2.5　回归分析结果的评价 ……………………………………… 378
　10.3　利用回归方程进行估计和预测 ……………………………………… 379
　　　10.3.1　点估计 ……………………………………………………… 379
　　　10.3.2　区间估计 …………………………………………………… 380

10.4 残差分析 ⋯⋯⋯⋯⋯⋯⋯⋯⋯⋯⋯⋯⋯⋯⋯⋯⋯⋯⋯⋯⋯⋯⋯⋯ 384
 10.4.1 用残差证实模型的假定 ⋯⋯⋯⋯⋯⋯⋯⋯⋯⋯⋯⋯⋯ 384
 10.4.2 用残差检测异常值和有影响的观测值 ⋯⋯⋯⋯⋯⋯⋯ 388
思考与练习 ⋯⋯⋯⋯⋯⋯⋯⋯⋯⋯⋯⋯⋯⋯⋯⋯⋯⋯⋯⋯⋯⋯⋯⋯ 390
人物传记——Francis Galton ⋯⋯⋯⋯⋯⋯⋯⋯⋯⋯⋯⋯⋯⋯⋯ 397

第 11 章 多元线性回归 ⋯⋯⋯⋯⋯⋯⋯⋯⋯⋯⋯⋯⋯⋯⋯⋯⋯ 400

统计应用：预测大学足球比赛的获胜得分差额 ⋯⋯⋯⋯⋯⋯⋯ 400
11.1 多元线性回归模型 ⋯⋯⋯⋯⋯⋯⋯⋯⋯⋯⋯⋯⋯⋯⋯⋯⋯ 401
 11.1.1 多元回归模型与回归方程 ⋯⋯⋯⋯⋯⋯⋯⋯⋯⋯⋯ 402
 11.1.2 估计的多元回归方程 ⋯⋯⋯⋯⋯⋯⋯⋯⋯⋯⋯⋯⋯ 403
 11.1.3 参数的最小二乘估计 ⋯⋯⋯⋯⋯⋯⋯⋯⋯⋯⋯⋯⋯ 403
11.2 回归方程的拟合优度 ⋯⋯⋯⋯⋯⋯⋯⋯⋯⋯⋯⋯⋯⋯⋯⋯ 406
 11.2.1 多重判定系数 ⋯⋯⋯⋯⋯⋯⋯⋯⋯⋯⋯⋯⋯⋯⋯⋯ 406
 11.2.2 估计标准误差 ⋯⋯⋯⋯⋯⋯⋯⋯⋯⋯⋯⋯⋯⋯⋯⋯ 407
11.3 显著性检验 ⋯⋯⋯⋯⋯⋯⋯⋯⋯⋯⋯⋯⋯⋯⋯⋯⋯⋯⋯⋯ 408
 11.3.1 线性关系检验 ⋯⋯⋯⋯⋯⋯⋯⋯⋯⋯⋯⋯⋯⋯⋯⋯ 408
 11.3.2 回归系数检验和推断 ⋯⋯⋯⋯⋯⋯⋯⋯⋯⋯⋯⋯⋯ 409
11.4 多重共线性 ⋯⋯⋯⋯⋯⋯⋯⋯⋯⋯⋯⋯⋯⋯⋯⋯⋯⋯⋯⋯ 411
 11.4.1 多重共线性及其所产生的问题 ⋯⋯⋯⋯⋯⋯⋯⋯⋯ 411
 11.4.2 多重共线性的判别 ⋯⋯⋯⋯⋯⋯⋯⋯⋯⋯⋯⋯⋯⋯ 412
 11.4.3 多重共线性问题的处理 ⋯⋯⋯⋯⋯⋯⋯⋯⋯⋯⋯⋯ 413
11.5 利用回归方程进行估计和预测 ⋯⋯⋯⋯⋯⋯⋯⋯⋯⋯⋯⋯ 415
11.6 变量选择与逐步回归 ⋯⋯⋯⋯⋯⋯⋯⋯⋯⋯⋯⋯⋯⋯⋯⋯ 416
 11.6.1 变量选择过程 ⋯⋯⋯⋯⋯⋯⋯⋯⋯⋯⋯⋯⋯⋯⋯⋯ 416
 11.6.2 向前选择 ⋯⋯⋯⋯⋯⋯⋯⋯⋯⋯⋯⋯⋯⋯⋯⋯⋯⋯ 417
 11.6.3 向后剔除 ⋯⋯⋯⋯⋯⋯⋯⋯⋯⋯⋯⋯⋯⋯⋯⋯⋯⋯ 418
 11.6.4 逐步回归 ⋯⋯⋯⋯⋯⋯⋯⋯⋯⋯⋯⋯⋯⋯⋯⋯⋯⋯ 418
11.7 虚拟自变量的回归 ⋯⋯⋯⋯⋯⋯⋯⋯⋯⋯⋯⋯⋯⋯⋯⋯⋯ 420
 11.7.1 含有一个虚拟自变量的回归 ⋯⋯⋯⋯⋯⋯⋯⋯⋯⋯ 420
 11.7.2 用虚拟自变量回归解决方差分析问题 ⋯⋯⋯⋯⋯⋯ 426
11.8 非线性回归 ⋯⋯⋯⋯⋯⋯⋯⋯⋯⋯⋯⋯⋯⋯⋯⋯⋯⋯⋯⋯ 429
 11.8.1 双曲线 ⋯⋯⋯⋯⋯⋯⋯⋯⋯⋯⋯⋯⋯⋯⋯⋯⋯⋯⋯ 430

   11.8.2 幂函数曲线 ………………………………………… 430

   11.8.3 对数曲线 …………………………………………… 430

  思考与练习 ………………………………………………………… 433

  人物传记——George Waddell Snedecor …………………………… 440

第 12 章 时间序列分析和预测 ……………………………… 441

  统计应用：平均增长率的计算争议 ……………………………… 441

  12.1 时间序列及其分解 ………………………………………… 443

  12.2 时间序列的描述性分析 …………………………………… 446

   12.2.1 图形描述 …………………………………………… 446

   12.2.2 增长率分析 ………………………………………… 447

  12.3 时间序列预测的程序 ……………………………………… 451

   12.3.1 确定时间序列的成分 ……………………………… 451

   12.3.2 选择预测方法 ……………………………………… 454

   12.3.3 预测方法的评估 …………………………………… 455

  12.4 平稳序列的预测 …………………………………………… 457

   12.4.1 简单平均法 ………………………………………… 457

   12.4.2 移动平均法 ………………………………………… 458

   12.4.3 指数平滑法 ………………………………………… 460

  12.5 趋势型序列的预测 ………………………………………… 463

   12.5.1 线性趋势预测 ……………………………………… 463

   12.5.2 非线性趋势预测 …………………………………… 465

  12.6 季节型序列的预测 ………………………………………… 475

  12.7 复合型序列的分解预测 …………………………………… 479

   12.7.1 确定并分离季节成分 ……………………………… 479

   12.7.2 建立预测模型并进行预测 ………………………… 483

   12.7.3 计算最后的预测值 ………………………………… 484

  12.8 周期性分析 ………………………………………………… 485

  思考与练习 ………………………………………………………… 487

  人物传记——Abraham Wald ……………………………………… 494

第 13 章 指数 ………………………………………………… 496

  统计应用：报道价格指数 ………………………………………… 496

13.1 引言 …… 497
13.2 加权指数 …… 498
  13.2.1 加权综合指数 …… 498
  13.2.2 加权平均指数 …… 500
  13.2.3 价值指数与指数体系 …… 502
13.3 几种常用的价格指数 …… 503
  13.3.1 零售价格指数 …… 503
  13.3.2 消费者价格指数 …… 504
  13.3.3 生产价格指数 …… 506
  13.3.4 股票价格指数 …… 507
13.4 多指标综合评价指数 …… 508
  13.4.1 多指标综合评价指数的构建 …… 508
  13.4.2 几种常用的综合评价指数 …… 510
思考与练习 …… 513
人物传记——Karl Pearson …… 515

附录1 各章练习题答案 …… 518

附录2 常用统计表 …… 543
  表1 标准正态曲线下的面积 …… 543
  表2 t 统计量的临界值 …… 545
  表3 χ^2 统计量的临界值 …… 546
  表4 F 统计量的临界值 …… 548

参考文献 …… 556

第1章 导　论

举出一个统计没有用途的领域名称比举出一个统计作为其组成部分的领域名称要困难得多。

——Robert Johnson

统计应用：质量管理中的 6σ

统计在许多领域都有应用，其中在企业产品质量管理中的应用就是一个重要的方面。在统计中，σ 表示一个总体的标准差，它说的是数据之间的差异程度。比如，在企业生产的产品中，同一种产品也没有两个是完全一样的，因为在生产过程中，由于各种因素的影响而使产品质量产生波动。在服务领域就更是如此。产品或服务的这种差异称为质量的波动性，也正是由于波动性的存在才需要进行质量管理。

6σ 是质量管理中使用的一个术语，它的含义是指偏离正态分布的中心6个标准差。就产品生产或服务而言，它表示在生产或服务过程中缺陷率不超过 3.4/1000000，通俗地说，如果生产100万个产品或进行100万次服务，产品的不合格率或服务达不到要求的比率平均来说不超过3.4个或3.4次。这样的不合格率非常低，以至于可以忽略不计。

6σ 质量管理已成为最新的质量管理理念，近年来，它已成为一些著名国际大企业的质量管理方法，并在这样的管理理念下使企业受益匪浅。例如，实行了 6σ 质量标准后，使摩托罗拉公司在3年中

> 节省的资金超过9.4亿美元。实行6σ管理的大公司还有美国通用电器公司（简称GE）、宝利来（Polaroid）和德州仪器（Texas Instruments）等。GE的前首席执行官（CEO）杰克·韦尔奇1999年4月曾说过这样一段话："6σ培训计划是GE下一个世纪领导层得以产生、繁衍的园地，6σ是我们曾经尝试过的最重要的管理培训方法，它胜过到哈佛工商学院就读，也胜过到克顿维尔（注：克顿维尔是GE公司内部的质量培训部）进修，它教会你一种完全与众不同的思维方式。"在推广6σ质量管理策略不到10年的时间内，通用电器公司总市值从世界排名第10位跃升到第2位。

在日常生活中，我们经常会接触到"统计"这一术语，在有关媒体中也经常会看见一些报道使用统计数据、图表等。本章将介绍统计学的一些基本问题，包括统计学的含义、统计数据及其分类、统计中一些常用的基本概念等。

1.1 统计及其应用领域

1.1.1 什么是统计学

统计学是处理数据的一门科学。统计学家们给统计学下的定义众多，比如，"统计学是收集、分析、表述和解释数据的科学"（不列颠百科全书）；"统计学是一门收集、分析、解释和提供数据的科学"（韦伯斯特国际辞典第3版）；"统计学指的是一组方法，用来设计实验、获得数据，然后在这些数据的基础上组织、概括、演示、分析、解释和得出结论"（Mario 2004）[2]。总结上述定义，可以将统计学的含义概括如下。

▶**定义1.1** 统计学（statistics）是收集、处理、分析、解释数据并从数据中得出结论的科学。

统计学的定义告诉我们，统计是用来处理数据的，统计学是关于数据的科学，它所提供的是一套有关数据收集、数据处理、数据分析、数据解释并从数据中得出结论的方法。统计研究的是来自各领域的数据。

数据收集也就是取得统计数据。数据处理是将数据用图表等形式展示出来。数据分析则是通过统计方法研究数据，并从数据中提取有用信息以帮助决策。数据分析所用的方法可分为描述统计方法和推断统计方法。

▶定义 1.2　研究数据收集、处理和描述的统计学分支,称为描述统计(descriptive statistics)。

描述统计的内容包括取得研究所需要的数据、用图表形式对数据进行处理和显示,进而通过综合、概括与分析,得出反映所研究现象的一般性特征。

▶定义 1.3　研究如何利用样本数据来推断总体特征的统计学分支,称为推断统计(inferential statistics)。

推断统计是统计学的重要内容。在研究实际问题时,研究者所关心的是总体的某些特征,但许多总体太大,无法对每个个体进行测量,比如,一个地区的所有人口,不可能一一测量每个人的所有特征;有时,我们要得到所需的数据,往往需要破坏性试验,比如,产品质量检验的数据,这时也不可能对每个产品进行测量。这就需要抽取部分个体即样本进行测量,然后根据获得的样本数据对所研究的总体特征进行推断,这就是推断统计要解决的问题。

1.1.2　统计的应用领域

统计方法是适用于所有学科领域的通用数据分析方法,只要有数据的地方就会用到统计方法。目前,随着定量研究的日趋重要,统计方法已被应用到自然科学和社会科学的众多领域,统计学也已发展成为由若干分支学科组成的学科体系。可以说,几乎所有的研究领域都要用到统计方法,比如政府部门、学术研究领域、日常生活中、公司或企业的生产经营管理中都要用到统计。下面将给出统计在工商管理中的一些应用。

- 企业发展战略

发展战略是一个企业的长远发展方向。制定发展战略一方面需要及时了解和把握整个宏观经济的状况及发展变化趋势,了解市场的变化,另一方面,还要对企业进行合理的市场定位,把握企业自身的优势和劣势。所有这些都离不开统计:需要统计提供可靠的数据,利用统计方法对数据进行科学的分析和预测,等等。

- 产品质量管理

质量是企业的生命,是企业持续发展的基础。质量管理中离不开统计的应用。在一些知名的跨国公司,6σ 准则已成为一种重要的管理理念。质量控制已成为统计学在生产领域中的一项重要应用。各种统计质量控制图被广泛应用于监测生产过程。

- 市场研究

企业要在激烈的市场竞争中取得优势,首先必须了解市场,要了解市场,则需要进行广泛的市场调查,取得所需的信息,并对这些信息进行科学的分析,以便作为生产和营销的依据,这些都需要统计的支持。

- 财务分析

上市公司的财务数据是股民投资选择的重要参考依据。一些投资咨询公司主要是根据上市公司提供的财务和统计数据进行分析,为股民提供投资参考。企业自身的投资,也离不开对财务数据的分析,其中要用到大量的统计方法。

- 经济预测

企业要对未来的市场状况进行预测,经济学家也常常对宏观经济或某一方面进行预测。在进行预测时要使用各种统计信息和统计方法。比如,企业要对产品的市场潜力作出预测,以便及时调整生产计划,这就需要利用市场调查取得数据,并对数据进行统计分析。经济学家在预测通货膨胀时,要利用有关生产价格指数、失业率、生产能力利用等统计数据,然后利用统计模型进行预测。

- 人力资源管理

利用统计方法对企业员工的年龄、性别、受教育程度、工资等进行分析,并作为企业制定工资计划、奖惩制度的依据。

当然,统计并不是仅仅为了管理才有用,它是为自然科学、社会科学的多个领域而发展起来的,为多个学科提供了一种共同的数据分析方法。从某种意义上说,统计仅仅是一种数据分析的方法,与数学一样统计是一种工具,它是一种数据分析的工具。下面的表1.1列出了统计的一些应用领域,目的是让我们通过简单浏览形成这样一个概念:统计学非常有用!

表1.1 统计的应用领域

actuarial work(精算)	hydrology(水文学)
agriculture(农业)	industry(工业)
animal science(动物学)	linguistics(语言学)
anthropology(人类学)	literature(文学)
archaeology(考古学)	manpower planning(劳动力计划)
auditing(审计学)	management science(管理科学)
crystallography(晶体学)	marketing(市场营销学)
demography(人口统计学)	medical diagnosis(医学诊断)

续表

dentistry（牙医学）	meteorology（气象学）
ecology（生态学）	military science（军事科学）
econometrics（经济计量学）	nuclear material safeguards（核材料安全管理）
education（教育学）	ophthalmology（眼科学）
election forecasting and projection（选举预测和策划）	pharmaceutics（制药学）
	physics（物理学）
engineering（工程）	political science（政治学）
epidemiology（流行病学）	psychology（心理学）
finance（金融）	psychophysics（心理物理学）
fisheries research（水产渔业研究）	quality control（质量控制）
gambling（博彩）	religious studies（宗教研究）
genetics（遗传学）	sociology（社会学）
geography（地理学）	survey sampling（调查抽样）
geology（地质学）	taxonomy（分类学）
historical research（历史研究）	weather modification（气象改善）
human genetics（人类遗传学）	

统计有助于分析数据。比如，可以利用统计简化繁杂的数据，用图表重新展示数据，建立数据模型，进行比较分析，等等。作为一个工商管理人员，会面临企业经营管理的大量数据。这些数据对于管理与决策起到了什么样的作用？一个决策者可能更喜欢看文字性的材料，或者某种结论性的东西，看到数据就会头痛，"害怕"数字。殊不知结论性的东西是来自对数据的分析。

有人会认为统计的全部目的就是让你看懂数据，实际上这仅仅是统计的一个方面，统计更重要的功能是数据分析，它提供了一套分析数据的方法和工具。不同的人对数据分析的理解也会大不一样，曲解数据分析是一种常见的现象。在有些人的心目中，数据分析就是寻找支持：他们的心目中可能有了某种"结论"性的东西，或者说他们希望看到一种符合他们需要的某种结论，而后去找些统计数据来支持他们的结论。这恰恰歪曲了数据分析的本质：数据分析的真正目的是从数据中找出规律、从数据中寻找启发，而不是寻找支持。真正的数据分析事先是没有结论的，通过对数据的分析才得出结论。

当然，统计不是万能的，它不能解决你所面临的所有问题。统计能帮助你进行数据分析，并从分析中得出某种结论，但对统计结论的进一步解释，则需要你的专业知识。统计不能提供给一个管理人员想要的一切技巧和方法。当把它用到管理领域时，统计能做的和管理所需要的之间还有差距。许多学过统计的管理人员,总觉得还缺少点什么东西,好像没有从根本上解决问题。实际上,大部分统计方法都需要某些假设的前提,比如,建立一个线性回归模型,首先是假设变量之间的关系是线性的,否则就无从下手,但对这种假设必须经过严格的检验,才能应用到所建立的模型。而作为一个管理人员,更关心真正有用的信息是什么?结论是什么?应采取什么样的行动?并不那么关心严格的统计检验。当然,也会检验信息的正确性,但不一定是通过统计检验,而是通过其他某种方式,比如定性的方法,或者干脆就凭直觉。而自然科学则强调在不同条件下对非统计方法推导出的假设进行严格的检验。显然,统计在自然科学和管理科学中的作用是不同的。管理人员所需要的,统计未必能提供。如果希望在没有外界帮助的条件下找出数据的特征或规律,统计对此无能为力。统计只能做它能做的事情,不能指望统计成为解决所有问题的灵丹妙药。

1.1.3 历史上著名的统计学家

在统计学的产生与发展过程中,出现了一些著名的统计学家,他们为统计学的发展作出了卓越贡献。下面列出了一些历史上著名的统计学家,在本书有些章的最后给出了其中几位统计学家的简单传记。

- Jacob Bernoulli（1654—1705）
- Edmond Halley（1656—1742）
- De Moivre（1667—1754）
- Thomas Bayes（1702—1761）
- Leonhard Euler（1707—1783）
- Pierre Simon Laplace（1749—1827）
- Adrien Marie Legendre（1752—1833）
- Thomas Robert Malthus（1766—1834）
- Carl Friedrich Gauss（1777—1855）
- Johann Gregor Mendel（1822—1884）
- Karl Pearson（1857—1936）
- Ronald Aylmer Fisher（1890—1962）
- Jerzy Neyman（1894—1981）
- Egon Sharpe Pearson（1895—1980）
- William Feller（1906—1970）

1.2 统计数据的类型

统计数据是对现象进行测量的结果。比如,对经济活动总量的测量可以得到国内生产总值(GDP)的数据;对股票价格变动水平的测量可以得到股票价格指数的数据,对人口性别的测量可以得到男或女这样的数据。由于使用的测量尺度不同,统计数据可以分为不同的类型。下面我们从不同角度说明统计数据的分类。

1.2.1 分类数据、顺序数据、数值型数据

按照所采用的计量尺度不同[①],可以将统计数据分为分类数据、顺序数据和数值型数据。

▶定义 1.4　只能归于某一类别的非数字型数据,称为分类数据(categorical data)。

分类数据是对事物进行分类的结果,数据则表现为类别,是用文字来表述的。它是由分类尺度计量形成的。例如,人口按照性别分为男、女两类;按行业属性将企业分为医药企业、家电企业、纺织品企业等,这些均属于分类数据。为便于统计处理,对于分类数据可以用数字代码来表示各个类别,比如,用1表示"男性",0表示"女性";用1表示"医药企业",2表示"家电企业",3表示"纺织品企业",等等。

▶定义 1.5　只能归于某一有序类别的非数字型数据,称为顺序数据(rank data)。

顺序数据也是对事物进行分类的结果,但这些类别是有顺序的。它是由顺序尺度计量形成的。比如将产品分为一等品、二等品、三等品、次品等;考试成绩可以分为优、良、中、及格、不及格等;一个人的受教育水平可以分为小学、初中、高中、大学及以上;一个人对某一事物的态度可以分为非常同意、同意、保持中立、不同意、非常不同意,等等。同样,对顺序数据也可以用数字代

---

①　数据的测量尺度分为4种:分类尺度(nominal scale)——按照事物的某种属性对其进行平行的分类,数据表现为类别;顺序尺度(ordinal scale)——对事物类别顺序的测度,数据表现为有序的类别;间隔尺度(interval scale)——对事物类别或次序之间间距的测度,没有绝对零点,数据表现为数字;比率尺度(ratio scale)——对事物类别或次序之间间距的测度,有绝对零点,数据表现为数字。

码来表示。比如,1—非常同意,2—同意,3—保持中立,4—不同意,5—非常不同意。

▶定义 1.6 按数字尺度测量的观测值,称为数值型数据(metric data)。

数值型数据是使用自然或度量衡单位对事物进行测量的结果,其结果表现为具体的数值。现实中我们所处理的大多数都是数值型数据。

分类数据和顺序数据说明的是事物的品质特征,通常是用文字来表述的,其结果均表现为类别,因而也可统称为定性数据或称品质数据(qualitative data);数值型数据说明的是现象的数量特征,通常是用数值来表现的,因此也可称为定量数据或数量数据(quantitative data)。

1.2.2 观测数据和实验数据

按照统计数据的收集方法,可以将其分为观测数据和实验数据。

▶定义 1.7 通过调查或观测而收集到的数据,称为观测数据(observational data)。

观测数据是在没有对事物人为控制的条件下而得到的,有关社会经济现象的统计数据几乎都是观测数据。

▶定义 1.8 在实验中控制实验对象而收集到的数据,称为实验数据(experimental data)。

比如,对一种新药疗效的实验数据,对一种新的农作物品种的实验数据。自然科学领域的大多数数据都为实验数据。

1.2.3 截面数据和时间序列数据

按照被描述的现象与时间的关系,可以将统计数据分为截面数据和时间序列数据。

▶定义 1.9 在相同或近似相同的时间点上收集的数据,称为截面数据(cross-sectional data)。

截面数据所描述的是现象在某一时刻的变化情况,它通常是在不同的空间上获得的数据。比如,2005 年我国各地区的国内生产总值数据就是截面数据。

▶定义 1.10 在不同时间上收集到的数据,称为时间序列数据(time series data)。

时间序列数据是按着时间顺序收集到的,用于所描述现象随时间而变化的情况。比如 2000 年至 2005 年我国的国内生产总值数据就是时间序列数据。

下面我们给出统计数据分类的框图,见图 1.1。

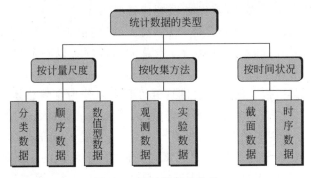

图 1.1 统计数据的分类

区分数据的类型是十分重要的,因为对不同类型的数据,需要采用不同的统计方法来处理和分析。比如,对分类数据我们通常计算出各组的频数或频率,计算其众数和异众比率,进行列联表分析和 χ^2 检验等;对顺序数据,可以计算其中位数和四分位差,计算等级相关系数等;对数值型数据可以用更多的统计方法进行分析,如计算各种统计量、进行参数估计和检验等。

1.3 统计中的几个基本概念

统计中的概念众多,其中有几个概念是经常要用到的,有必要单独加以介绍。这些概念包括总体和样本、参数与统计量、变量等。

1.3.1 总体和样本

▶定义 1.11 包含所研究的全部个体(数据)的集合,称为总体(population)。

总体通常是由所研究的一些个体组成,如由多个企业构成的集合,多个居民户构成的集合,多个人构成的集合,等等。组成总体的每一个元素称为个体,在由多个企业构成的总体中,每一个企业就是一个个体,由多个居民户构成的总体中,每一个居民户就是一个个体,由多个人构成的总体中,每一个人就是一个个体。

总体范围的确定有时比较容易。比如,要检验一批灯泡的使用寿命,这一批灯泡构成的集合就是总体,每一个灯泡就是一个个体,总体的范围很清楚。但有些场合总体范围的确定则比较困难,比如,对于新推出的一种饮料,要想知道消费者是否喜欢,首先必须弄清哪些人是消费的对象,也就是要确定构成该饮料的消费者这一总体,但事实上,我们很难确定哪些消费者消费该饮料,总体范围的确定十分复杂。当总体的范围难以确定时,可根据研究的目的来定义总体。

总体根据其所包含的单位数目是否可数可以分为有限总体和无限总体。有限总体是指总体的范围能够明确确定,而且元素的数目是有限可数的。比如,由若干个企业构成的总体就是有限总体,一批待检验的灯泡也是有限总体。无限总体是指总体所包括的元素是无限的,不可数的。例如,在科学试验中,每一个试验数据可以看作是一个总体的一个元素,而试验则可以无限地进行下去,因此由试验数据构成的总体就是一个无限总体。

总体分为有限总体和无限总体主要是为了判别在抽样中每次抽取是否独立。对于无限总体,每次抽取一个单位,并不影响下一次的抽样结果,因此每次抽取可以看作是独立的。对于有限总体,抽取一个单位后,总体元素就会减少一个,前一次的抽样结果往往会影响第二次的抽样结果,因此每次抽取是不独立的。这些因素会影响到抽样推断的结果。

最后,再对总体的概念作进一步的说明。如前所述,要检验一批灯泡的寿命,这一批灯泡构成的集合就是总体。在统计问题中,只是关心每只灯泡的寿命,而不是灯泡本身,所以也可以把这一批灯泡的寿命集合作为总体,这个总体是一些实数构成的集合。一般而言,有限总体就是有限个实数的集合。如果不是针对一批特定的灯泡,而是全面地考察某企业生产的灯泡寿命,可能的寿命是多少呢? 答案是$[0,+\infty)$这样一个区间。或者这样看这个问题,随机地从该企业生产的灯泡中拿出一只,问这只灯泡可能的寿命是多少,答案只能是"非负实数",当然这个"非负实数"在实际检验前是未知的。这时称该企业生产的灯泡寿命总体是取值于$[0,+\infty)$区间上的一个随机变量,这是一个无限总体。在统计推断中通常是针对无限总体的,因而通常把总体看作是随机变量。

通常情况下,统计上的总体是一组观测数据,而不是一群人或一些物品的集合。

▶ 定义 1.12　从总体中抽取的一部分元素的集合，称为样本(sample)。

▶ 定义 1.13　构成样本的元素的数目，称为样本量(sample size)，或称为样本容量。

从总体中抽取一部分元素作为样本，目的是要根据样本提供的有关信息去推断总体的特征。比如，从一批灯泡中随机抽取 100 个，这 100 个灯泡就构成了一个样本，然后根据这 100 个灯泡的平均使用寿命去推断这一批灯泡的平均使用寿命。

1.3.2　参数和统计量

▶ 定义 1.14　用来描述总体特征的概括性数字度量，称为参数(parameter)。

参数是研究者想要了解的总体的某种特征值。所关心的参数通常有总体平均数、总体标准差、总体比例等。在统计中，总体参数通常用希腊字母表示。比如，总体平均数用 μ(mu) 表示，总体标准差用 σ(sigma) 表示，总体比例用 π(pai) 表示，等等。

由于总体数据通常是不知道的，所以参数是一个未知的常数。比如，不知道某一地区所有人口的平均年龄，不知道一个城市所有家庭的收入的差异，不知道一批产品的合格率，等等。正因为如此，所以才进行抽样，根据样本计算出某些值去估计总体参数。

▶ 定义 1.15　用来描述样本特征的概括性数字度量，称为统计量(statistic)。

统计量是根据样本数据计算出来的一个量，它是样本的函数。通常关心的统计量有样本平均数、样本标准差、样本比例等。样本统计量通常用英文字母来表示。比如，样本平均数用 $\bar{x}$(x-bar) 表示，样本标准差用 s 表示，样本比例用 p 表示，等等。

由于样本是已经抽出来的，所以统计量总是可以求得的。抽样的目的就是要根据样本统计量去估计总体参数。比如，用样本平均数($\bar{x}$)去估计总体平均数(μ)，用样本标准差(s)去估计总体标准差(σ)，用样本比例(p)去估计总体比例(π)，等等。

有关总体、样本、参数、统计量的概念可以用下面的图 1.2 来表示。

除了样本均值、样本比例、样本方差这类统计量外，还有一些是为统计分析的需要而构造出来的统计量，比如用于统计检验的 z 统计量、t 统计量、F 统

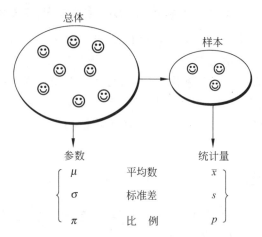

图 1.2　总体和样本、参数和统计量

计量等,它们的含义将在后面相关的章节中再作介绍。

1.3.3　变量

▶定义 1.16　说明现象某种特征的概念,称为变量(variable)。

变量的特点是从一次观察到下一次观察会呈现出差别或变化。如"商品销售额"、"受教育程度"、"产品的质量等级"等都是变量。变量的具体取值称为变量值。比如商品销售额可以是 20 万元、30 万元、50 万元、……,这些数字就是变量值。统计数据就是统计变量的某些取值。变量可以分为以下几种类型。

▶定义 1.17　说明事物类别的一个名称,称为分类变量(categorical variable)。

分类变量的取值就是分类数据。如"性别"就是个分类变量,其变量值为"男"或"女";"行业"也是一个分类变量,其变量值可以为"零售业"、"旅游业"、"汽车制造业"等。

▶定义 1.18　说明事物有序类别的一个名称,称为顺序变量(rank variable)。

顺序变量的数值取值就是顺序数据。如"产品等级"就是个顺序变量,其变量值可以为"一等品"、"二等品"、"三等品"、"次品"等;"受教育程度"也是一个顺序变量,其变量值可以为"小学"、"初中"、"高中"、"大学"等;一个人对某种事物的看法也是一个顺序变量,其变量值可以为"同意"、"保持中立"、"反对"等。

▶ **定义 1.19** 说明事物数字特征的一个名称,称为数值型变量(metric variable)。

数值型变量的取值就是数值型数据。如"产品产量"、"商品销售额"、"零件尺寸"、"年龄"、"时间"等都是数值型变量,这些变量可以取不同的数值。数值型变量根据其取值的不同,又可以分为离散变量和连续变量。

▶ **定义 1.20** 只能取可数值的变量,称为离散型变量(discrete variable)。

离散型变量只能取有限个值,而且其取值都以整位数断开,可以一一列举,如"企业数"、"产品数量"等就是离散变量。

▶ **定义 1.21** 可以在一个或多个区间中取任何值的变量,称为连续型变量(continuous variable)。

连续型变量的取值是连续不断的,不能一一列举,如"年龄"、"温度"、"零件尺寸的误差"等都是连续变量。在对社会和经济问题的研究中,当离散变量的取值很多时,也可以将离散变量当作连续变量来处理。

变量这一概念以后经常要用到,但多数情况下所说的变量主要是指数值型变量,大多数统计方法所处理的也都是数值型变量。当然,也可以从其他角度对变量进行分类,比如随机变量(有关随机变量的含义将在第 5 章中再作介绍)和非随机变量、经验变量(empirical variables)和理论变量(theoretical variables)等。经验变量所描述的是在周围环境中可以观察到的事物。理论变量则是由统计学家用数学方法所构造出来的一些变量,比如后面的有些章节中将要用到的 z 统计量、t 统计量、χ^2 统计量、F 统计量等都是理论变量。

🖋 思考与练习

思考题

1.1 什么是统计学?怎样理解统计学与统计数据的关系?

1.2 统计数据可分为哪几种类型?不同类型的数据各有什么特点?

1.3 简述分类数据、顺序数据和数值型数据的含义。

1.4 举例说明总体、样本、参数、统计量、变量这几个概念。

1.5 什么是有限总体和无限总体?举例说明。

1.6 变量可分为哪几类?

1.7 举例说明离散变量和连续变量。

1.8 请举出统计应用的几个例子。

1.9 请举出应用统计的几个领域。

练习题

1.1 指出下面的数据类型。

（1）年龄。

（2）性别。

（3）汽车产量。

（4）员工对企业某项改革措施的态度(赞成、中立、反对)。

（5）购买商品时的支付方式(现金、信用卡、支票)。

1.2 某研究部门准备抽取 2000 个家庭推断该城市所有职工家庭的年人均收入。

（1）描述总体和样本。

（2）指出参数和统计量。

1.3 一家研究机构从 IT 从业者中随机抽取 1000 人作为样本进行调查，其中 60% 的人回答他们的月收入在 5000 元以上，50% 的人回答他们的消费支付方式是使用信用卡。

（1）这一研究的总体是什么?

（2）月收入是分类变量、顺序变量还是数值型变量?

（3）消费支付方式是分类变量、顺序变量还是数值型变量?

（4）这一研究涉及截面数据还是时间序列数据?

1.4 一项调查表明，消费者每月在网上购物的平均花费是 200 元，他们选择在网上购物的主要原因是"价格便宜"。

（1）这一研究的总体是什么?

（2）"消费者在网上购物的原因"是分类变量、顺序变量还是数值型变量?

（3）研究者所关心的参数是什么?

（4）"消费者每月在网上购物的平均花费是 200 元"是参数还是统计量?

（5）研究者所使用的主要是描述统计方法还是推断统计方法?

人物传记[①]

Adolphe Quetelet

Lambert Adolphe Jacques Quetelet(1796—1874)出生于比利时的Ghent。他早期对美术感兴趣(他画画、写诗,甚至创作歌剧),但数学的吸引力很快掩盖了他的这一兴趣。在新建的根特大学,他的博士论文是首篇有关解析几何的论文,由于对解析几何做出了独创性贡献,该论文得到了广泛称赞。也正因为这篇论文,Quetelet在他24岁的时候入选布鲁塞尔皇家学会会员,并在布鲁塞尔雅典娜神庙教授数学、物理和天文学。他是一位伟大的教师(来自欧洲各地的学生与访问学者蜂拥而至),同时他又是一位伟大的作家(他创作了大批散文和书籍,并主编了一本重要杂志——*Correspondence Mathematique et Physique*(数学和物理学学报))。然而,Quetelet在事业上所倾注的、看起来似乎永不倦怠的精力反而改变了他事业的方向。他对天文学的热爱使得他最终在布鲁塞尔兴建了一座天文台,并由他本人进行管理,而这些也让Quetelet有机会接触到许多杰出的法国数学家,如Fourier,Laplace和Poisson。他们对概率论以及概率论在社会现象中的应用的兴趣使Quetelet感到兴奋。随后,他对收集社会经验数据的积极鼓励促成了比利时与荷兰的第一次全国人口普查(1829年),促成了伦敦统计学会(现命名为皇家统计学会)的建立(1834年),并促成了比利时中央统计委员会的组建(1841年),后者是负责收集统计数据的主要中介。作为该委员会的会长,Quetelet做了大量工作以激励欧洲各地统计局的建立,并不辞辛劳地推动数据收集与表示的国际统一方法和术语的形成。在他的领导下,国际统计大会第一次会议于1853年在布鲁塞尔举行。

---

① 资料来源:参考文献(Heinz,1998,P.28-29)。

尽管英国、法国和德国都已经有了统计学的先驱者，但由于 Quetelet 在 1835 年出版了 *Sur L'Homme et Déreloppement de Ses facultés*（论人类及其能力的发展，或称社会物理学）一书，他因此获得了"现代统计学之父"的称号。在这本书里，Quetelet 记录了社会现象（例如犯罪或自杀）是怎样以令人吃惊的规律重复出现的；他认为，这样的规律只能通过统计技术来发现，更为重要的是，甚至可以在这些技术的帮助下把规律和原因联系起来。早期的作家曾对社会规律给出了神学的解释，与他们不同的是，Quetelet 指出社会环境是原因，并且提出立法也能改善它们的影响（例如犯罪或自杀）。正如他所阐述的："每年都有相同的犯罪事件以相同的频数重复发生，并以相同的比率受到相同的惩治，这是一个恒久不变的状态，也是我们从法院的数据中所观察到的最为奇怪的事实之一……而且每一年的这些数字确认了我的预见，我甚至可以说：人们为犯罪所作的贡献较之为自然或者说为国库所作的贡献更有规律！这是人类的悲哀！我们能够预见他们的手中将染上多少同伴的鲜血，有多少赝造者，多少毒害者，甚至可以预见出生与死亡的人数。"

但是 Quetelet 认为，人们在得出任何有关原因的推论之前，必须研究大量的数据："在我看来，有关人类这一集合体的现象，是物理事实的一种状态；个体的数目越多，单个个体的影响就越会被抹杀，取而代之的是一系列依赖于一般原因的一般事实，社会也正是基于这样的原因存在并维系下去的。有一些原因是我们想要掌握的，而当我们了解它们时，我们就应该可以确定它们对社会事件的影响，正如我们在物理学中由原因确定结果一样。"

第 2 章

数据收集

我们相信上帝,除此之外,我们只相信数据。

——James R.Evans

统计应用:北京市 2005 年 1‰ 人口抽样调查[①]

背景:2004 年 10 月,国务院办公厅下发了《关于开展 2005 年全国 1‰ 人口抽样调查的通知》,定于 2005 年 11 月 1 日在全国进行 1‰ 人口抽样调查。这是继 2000 年全国第五次人口普查之后又一次重要的大规模人口调查。

目的:摸清 2000 年以来我国人口数量、构成以及居住等方面的变化情况,研究未来人口状况的发展趋势,为制定经济社会发展规划和有关政策提供客观准确的依据。

调查时间:调查的标准时间为 2005 年 11 月 1 日零时。

调查内容:第一部分是按人填报的项目,包括人的基本情况、迁移流动状况、人口素质情况、就业和社会保障状况、婚姻生育状况等内容,共有 35 项指标,分别为姓名、与户主关系、性别、出生年月、民族、户口登记地情况、调查时的居住地、离开户口登记地时间、离开户口登记地的原因、户口登记地类型、户口性质、有几个兄弟姐妹、身体健康状况、一年前常住地、五年前常住地、是否识字、受教育程度、学业完成情况、上周工作情况、行业、职业、上周工作的单位或工作类

---

① 资料来源:根据"北京市 2005 年 1‰ 人口抽样调查网站"相关资料整理而成。

型、就业身份、签订劳动合同情况、收入情况、上周末工作原因、三个月内是否找过工作、能否工作、参加社会保险情况、主要生活来源、婚姻状况、初婚年龄、生育子女数、存活子女数、2004年11月1日至2005年10月31日的生育状况。

第二部分是按户填报的项目,包括户的基本情况和住房情况,共有20项,分别为户编号、户别、本户应调查登记人数、本户2004年11月1日至2005年10月31日出生人口、本户2004年11月1日至2005年10月31日死亡人口、住房用途、建筑层数、本座住宅建筑结构、本座住宅建成时间、住房间数、住房建筑面积、本住房中是否有其他合住户、是否饮用自来水、住房内有无厨房、主要炊事燃料、住房内有无厕所、住房内有无洗澡设施、住房来源、购建住房费用、月租房费用。

第三部分是按死亡人口填报的项目,共有8项,分别为户编号、姓名、性别、出生时间、死亡时间、民族、受教育程度、婚姻状况。

调查登记方法:这次调查登记,采用调查员入户逐项询问、现场填报的方式进行。调查的现场登记工作时间为2005年11月1日至10日。

抽样方法及样本量:这次调查以全国为总体,省、自治区、直辖市为次总体。各省、自治区、直辖市的样本量按其人口规模由全国1%人口抽样调查办公室确定,全国共调查1300万人,北京市的样本量30万人,占全市常住人口的2%。我市拟采用两阶段抽样方法,计划抽取约1200个调查小区。

数据汇总与发布:为了提高调查数据的时效性及准确性,这次调查取消手工快速汇总,直接进行计算机汇总。初步定于2006年2月10日前发布主要调查数据公报。

应用统计方法分析实际问题离不开数据,因此,如何取得准确可靠的数据也是统计研究的内容之一。本章主要介绍数据的收集方法,使读者了解到哪里取得所需要的数据以及如何取得这些数据。具体内容包括数据的来源、调查设计、数据的质量要求等。

2.1 数据来源

从统计数据本身的来源看,最初都是来源于直接的调查或实验。但从使用者的角度看,数据主要来源于两种渠道:一是来源于直接的调查和科学实验,对使用者来说,这是数据的直接来源,称之为第一手数据或直接数据;二是来源于别人调查或实验的数据,对使用者来说,这是数据的间接来源,称之为第二手数据或间接数据。本章主要从使用者的角度介绍数据的获取方法。

2.1.1 数据的间接来源

对大多数使用者来说,亲自去做调查往往是不可能的或不必要的,所使用的数据大多数是别人调查或科学实验的数据,对使用者来说称为二手数据。

二手数据主要是公开出版或公开报道的数据,当然有些是尚未公开出版的数据。在我国,公开出版或报道的社会经济统计数据主要来自国家和地方的统计部门以及各种报刊媒介。例如,公开的出版物有《中国统计年鉴》、《中国统计摘要》、《中国社会统计年鉴》、《中国工业经济统计年鉴》、《中国农村统计年鉴》、《中国人口统计年鉴》、《中国市场统计年鉴》,以及各省、市、地区的统计年鉴等。提供世界各国社会和经济数据的出版物也有许多,如《世界经济年鉴》、《国外经济统计资料》,世界银行各年度的《世界发展报告》等。联合国的有关部门、世界各国也定期出版各种统计数据。

除了公开出版的统计数据外,还可以通过其他渠道使用一些尚未公开的统计数据,以及广泛分布在各种报刊、杂志、图书、广播、电视传媒中的各种数据。现在,随着计算机网络技术的发展,也可以在网络上获取所需的各种数据。

利用二手数据对使用者来说既经济又方便,但使用时应注意统计数据的含义、计算口径和计算方法,以避免误用或滥用。同时,在引用二手数据时,一定要注明数据的来源,以尊重他人的劳动成果。

2.1.2 数据的直接来源

数据的直接来源主要有两个渠道:一是调查或观察,二是实验。调查是取得社会经济数据的重要手段,其中有统计部门进行的调查,也有其他部门或机构为特定目的而进行的调查,如市场调查等;试验是取得统计数据的重要方法之一,试验设计本身也已发展成为数学的一个重要分支,它是取得自然科学数据的主要手段。在本节中,着重讨论取得社会经济数据的主要方式和方法。

1 统计调查方式

统计调查是取得社会经济数据的主要方法,也是获得直接统计数据的重要手段。实际中常用的统计调查方式主要有抽样调查、普查、统计报表等。

(1) 抽样调查

▶定义2.1 从总体中随机抽取一部分单位作为样本进行调查,并根据样本调查结果来推断总体特征的数据收集方法,称为抽样调查(sampling survey)。

抽样调查是实际中应用最广泛的一种调查方式和方法,它具有以下几个特点。

① 经济性。这是抽样调查的一个最显著优点。由于调查的样本单位通常是总体单位中的很小一部分,调查的工作量小,因而可以节省大量的人力、物力、财力和时间,调查费用较低。

② 时效性强。抽样调查可以迅速、及时地获得所需要的信息。由于工作量小,调查的准备时间、调查时间、数据处理时间等都可以大大缩减,从而提高数据的时效性。与普查等全面调查相比,抽样调查可以频繁地进行,随着事物的发生和发展及时取得有关信息,以弥补普查等全面调查的不足。比如,在两次人口普查之间各年份的人口数据都是通过抽样调查取得的。

③ 适应面广。抽样调查可以获得更广泛的信息,它适用于对各个领域、各种问题的调查。从适用的范围和问题来看,抽样调查可用于调查全面调查能够调查的现象,也能调查全面调查所不能调查的现象,特别是适合对一些特殊现象的调查,如产品质量检验、农产品实验、医药的临床实验等。从调查的项目和指标来看,抽样调查的内容和指标可以更详细、深入,从而获得更全面、更广泛和更深入的数据。

④ 准确性高。抽样调查的数据质量有时比全面调查更高,因为全面调查的工作量大、环节多,登记性(或调查)误差往往很大,而抽样调查由于工作量小,可使各环节的工作做得更细致,误差往往很小。当然,用样本数据去推断总体时,不可避免地会有推断误差,但这种误差的大小是可以计算并加以控制的,因此推断的结果通常是可靠的。

抽样调查有不同的样本抽取方法,这一问题我们将在第6章中详细介绍。

(2) 普查

▶定义 2.2　为特定目的而专门组织的全面调查,称为普查(census)。

世界各国一般都定期地进行各种普查,以便掌握有关国情、国力的基本统计数据。普查是适合于特定目的、特定对象的一种调查方式,它主要用于收集处于某一时点状态上的社会经济现象的数量,目的是掌握特定社会经济现象的基本全貌,为国家制定有关政策或措施提供依据。

目前,我国进行的普查主要有人口普查、农业普查和经济普查,其中,经济普查的内容包括工业普查、第三产业普查、基本单位普查和建筑业普查等。由于普查涉及的面广、调查单位多,需要耗费大量的人力、物力、财力和时间,通常需要间隔较长的时间进行一次。在我国的普查中,经济普查每 5 年进行一次,其他普查每 10 年进行一次。每逢年份的末尾数字为"0"的年份进行人口普查,每逢"6"的年份进行农业普查,每逢"3"和"8"的年份进行经济普查。

(3) 统计报表

▶定义 2.3　按照国家有关法规的规定,自上而下地统一布置、自下而上地逐级提供基本统计数据的调查方式,称为统计报表(statistical report forms)。

统计报表是收集统计数据的一种重要方式,在我国几十年的政府统计工作中,已形成了一套比较完备的统计报表制度,它已成了国家和地方政府部门统计数据的主要来源。

下面的图 2.1 总结了统计数据的来源。

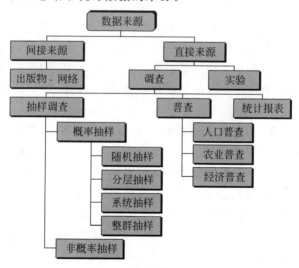

图 2.1　统计数据的来源

2 数据的收集方法

不论采取何种方式进行调查,在取得统计数据时,都有一些具体的数据收集方法。数据的收集方法归纳起来可分为询问调查、观察和实验三大类。具体分类如图2.2所示。

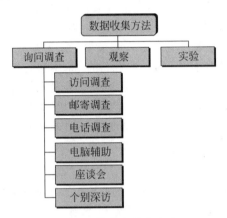

图 2.2 数据的收集方法

(1) 询问调查

询问调查是调查者与被调查者直接或间接接触以获得数据的一种方法,具体包括访问调查、邮寄调查、电话调查、电脑辅助调查、座谈会、个别深访等。

- 访问调查。访问调查又称派员调查,它是调查者与被调查者通过面对面地交谈从而得到所需资料的调查方法。访问调查的方式有标准式访问和非标准式访问两种。标准式访问又称结构式访问,它是按照调查人员事先设计好的、有固定格式的标准化问卷或表格,有顺序地依次提问,并由受访者作出回答。其优点是能够对调查过程加以控制,从而获得比较可靠的调查结果。非标准式访问又称非结构式访问,它事先不制作统一的问卷或表格,没有统一的提问顺序,调查人员只是给一个题目或提纲,由调查人员和受访者自由交谈,以获得所需的资料。在市场调查中和社会调查中常采用访问调查。

- 邮寄调查。它是通过邮寄或宣传媒体等方式将调查表或调查问卷送至被调查者手中,由被调查者填写,然后将调查表寄回或投放到指定收集点的一种调查方法。邮寄调查是一种标准化调查,其特点是:调查人员和被调查者没有直接的语言交流,信息的传递完全依赖于调查表。邮寄调查的问卷或表格发放方式有邮寄、宣传媒介传送、专门场所分发3种。统计部门进行的统计报表及市场调查机构进行的问卷调查中经常使用邮寄调查。

- **电话调查**。它是调查人员利用电话同受访者进行语言交流,从而获得信息的一种调查方式。电话调查具有时效快、费用低等特点。随着电话的普及,电话调查的应用也越来越广泛。电话调查可以按照事先设计好的问卷进行,也可以针对某一专门问题进行电话采访。用于电话调查的问题要明确,问题数量不宜过多。

- **电脑辅助调查**。随着通讯技术的发展,特别是电脑的应用,不仅调查数据的处理可由计算机来完成,甚至整个调查的过程,包括问卷的设计和显示、样本设计、具体的调查、数据处理等都可以由电脑来控制和完成。电脑辅助调查也称为电脑辅助电话调查,它是在电话调查时,调查的问卷、答案都由计算机显示,整个调查的过程包括电话拨号、调查记录、数据处理等也都借助于计算机来完成。

目前,电脑辅助调查已在一些发达国家和地区得到广泛应用。并已开发出了各种电脑辅助电话调查系统(computer assisted telephone interviewing system,CATI)。该系统使电话调查更加便利和快捷,也使调查的质量大大提高了。目前,CATI的系统开发正朝着简单化的方向发展,调查员只要戴上耳机式电话,坐在电脑终端前,调查的问题(问卷)显示在荧屏上,调查员可把电脑荧屏上显示的问题读给受访者,并将受访者的回答输入电脑。而且,问题的用字和分类,以及问题的输入、优先权的选择都利用电脑控制,输入答案后,可以即时修正因编辑上的错误和明显的逻辑错误,从而大大缩短调查的时间,提高调查的效率。

- **座谈会**。座谈会也称为集体访谈法,它是将一组被调查者集中在调查现场,让他们对调查的主题(如一种产品、一项服务或其他话题等)发表意见,从而获取调查资料的方法。通过座谈会,研究人员可以从一组被调查者那里获得所需的定性资料,这些受访者与研究主题有某种程度上的关系。为获得此类资料,研究人员通过严格的甄别程序选取少数受访者,围绕研究主题以一种非正式的、比较自由的方式进行讨论。这种方法适用于收集与研究课题有密切关系的少数人员的倾向和意见。

参加座谈会的人数不宜太多,通常有6至10人,并且是有关所调查问题的专家或有经验的人。讨论方式主要取决于主持人的习惯和爱好。通过小组讨论,能获取访问调查无法取得的资料。而且,在彼此间交流的环境里,各个受访者之间相互影响、相互启发、互相补充,并在座谈过程中不断修正自己的观点,从而有利于取得较为广泛、深入的想法和意见。座谈会的另一个优点是不会因为问卷过长遭到拒访。在市场调查中常采用这种方法。

- **个别深访**。它是一种一次只有一名受访者参加的特殊的定性研究。"深访"这一技术也暗示着要不断深入受访者的思想当中,努力发掘他行为的真实动机的意思。深访是一种无结构的个人访问,调查人员运用大量的追问技巧,尽可能让受访者自由发挥,表达他的想法和感受。深度访问常用于动机研究,如消费者购买某种产品的动机等,以发掘受访者非表面化的深层意见。这一方法最宜于研究较隐秘的问题,如个人隐私问题,或较敏感的问题,如政治性的问题。对于一些不同人之间观点差异极大的问题,用小组讨论只会把问题搞糟,这时也可采用深度访问法。

座谈会和个别深访属于定性方法,它通常围绕一个特定的主题取得有关定性资料。在此类研究中,从挑选的少数受访者中取得有关意见。这种方法和定量方法是有区别的,定量方法是从总体中按随机方式抽取样本取得资料,其研究结果或结论可以进行推论。而定性研究着重于问题的性质和未来趋势的把握,而不是对研究总体数量特征的推断。座谈会和个别深度访问主要是用于市场调查和研究。

(2) 观察与实验

观察和实验是调查者通过直接的调查或实验以获得数据的一种方法。

- **观察法**。它是指就调查对象的行动和意识,调查人员边观察边记录以收集信息的方法。观察方法是一种可替代直接发问的方法。运用这种方法,训练有素的观察员或调查人员去重要地点(比如超市、繁华地段的过街天桥等),利用感觉器官或设置一定的仪器,观测和记录人们的行为和举动。由于调查人员不是强行介入,受访者无须任何反应,因而常常能够在被观测者不觉察的情况下获得信息资料。在对有些现象的调查中常常使用观察法。例如,有关交通流规律方面信息的调查,一些对调查结果准确性要求较高的调查等。

- **实验法**。它是一种特殊的观察调查方法,它是在所设定的特殊实验场所、特殊状态下,对调查对象进行实验以取得所需资料的一种调查方法。根据场所的不同,实验法可分为在室内进行的室内实验法和在市场上或外部进行的市场实验法。室内实验法可用于广告认知的实验等,比如,在同一日的同一种报纸上,版面大小和位置相同,分别刊登 A,B 两种广告,然后将其散发给各位读者,以测定其反映结果。市场实验法可用于消费者需求调查等,比如,新产品的市场实验,企业对一种新产品,让消费者免费使用,以得到消费者对新产品看法的资料。

2.2 调查设计

在收集数据之前,需要制定出一个收集数据的计划,这个计划称为调查方案。调查方案设计的好坏直接影响到调查数据的质量。

2.2.1 调查方案的结构

不同调查的调查方案在内容和形式上会有一定的差别,但结构大体上包括调查目的、调查对象和调查单位、调查项目和调查表等内容。

1 调查目的

调查目的是调查所要达到的具体目标,它所回答的是"为什么调查",要解决什么样的问题等。确定调查目的是调查方案设计中应首先解决的问题,只有在目的明确之后,才能确定向谁调查、调查什么以及采用什么方法进行调查。调查目的的叙述应简明扼要。

2 调查对象和调查单位

调查对象是根据调查目的确定的调查研究的总体或调查范围。调查单位是构成调查对象中的每一个单位,它是调查项目和调查内容的承担者或载体,也是我们收集数据、分析数据的基本单位。调查对象和调查单位所解决的是"向谁调查",由谁来提供所需数据。例如,我国的人口普查规定:"人口普查的对象是具有中华人民共和国国籍并在中华人民共和国境内常住的人(指自然人)。"人口普查的调查单位是每一个人。

在实际调查中,调查的单位可以是调查对象的全部单位,也可以是部分单位。如果采取全面调查方式,如普查,调查对象中的每一个单位都是调查单位;若采用非全面调查,如抽样调查,调查单位只是调查对象中的一部分单位。

在市场研究和调查中,基本上都是采取抽样调查方式,调查对象是确定抽样框的基本依据,在确定抽样框后,从中选取的每一个样本单位就是调查单位。

3 调查项目和调查表

调查项目要解决的问题是"调查什么",也就是调查的具体内容。在大多数统计调查中,调查项目通常以表格的形式来表现,称为调查表,它是用于登记调查数据的一种表格,一般由表头、表体和表外附加三部分组成。表头是调查表的名称,用来说明调查的内容、被调查单位的名称、性质、隶属关系等;

表体是调查表的主要部分,它是调查内容的具体体现;表外附加通常由填表人签名、填报日期、填表说明等内容组成。在市场调查中,调查的内容则主要是通过问卷来体现。关于问卷的具体设计将在下面详细讨论。

除上面介绍的几项主要内容外,调查方案中还应明确调查所采用的方式和方法、调查时间、及调查组织和实施的具体细则等。

2.2.2 调查问卷设计

问卷设计是调查设计中的一项重要内容。问卷设计的好坏直接影响到数据的质量和分析的结论。因此,本节中将专门介绍问卷设计中的有关问题。

1 问卷的基本结构

问卷是用来收集调查数据的一种工具,是调查者根据调查目的和要求所设计的,由一系列问题、备选答案、说明以及码表组成的一种调查形式。不同的调查问卷在具体结构、题型、措辞、版式等设计上会有所不同,但在结构上一般都由开头部分、甄别部分、主体部分和背景部分组成。

(1) 开头部分

开头部分一般包括问候语、填表说明和问卷编号等内容。

• **问候语**。在自填式问卷中,写好问候语十分重要,它可以引起被调查者对调查的重视,消除顾虑,激发参与意识,以争取他们的积极合作。问候语要语气亲切,诚恳礼貌,文字要简洁准确,并在结尾处表明对被调查者的参与和合作表示感谢。例如,下面是一份"公众医疗保险意识问卷"中的问候语:

> ××女士/小姐/先生
> 您好!我是××市场调查公司访问员,我们正在进行一项有关公众医疗保险意识方面的调查,目的是想了解人们对医疗保险的看法和意见,以便更好地促进医疗保险事业的发展。您的回答无所谓对错,只要真实地反映了您的情况和看法,就达到了这次调查的目的。希望您能积极参与,我们对您的回答完全是保密的。调查要耽搁您一些时间,请您谅解。谢谢您的支持与合作!

• **填写说明**。在自填式问卷中要有详细的填表说明,让被调查者知道如何填写问卷,如何将问卷返回到调查者手中。这部分内容可以集中放在问卷的前面,也可以分散到各有关问题的前面。下面是一份自填式问卷集中写明填写要求的例子。

> 填写要求:
> 1. 请您在所选择答案的题号上画圈。
> 2. 对只许选择一个答案的问题只能画一个圈;对可选多个答案的问题,请在您认为合适的答案上画圈。
> 3. 需填写数字的题目在留出的横线上填写。
> 4. 对于表格中选择答案的题目,在所选的栏目内画勾。
> 5. 对注明要求您自己填写的内容,请在规定的地方填上您的意见。

- **问卷的编号**。主要用于识别问卷、调查者、被调查者姓名和地址等,以便于校对检查、更正错误。

(2) 甄别部分

甄别也称为过滤,它是先对被调查者进行过滤,筛选掉不需要的部分,然后针对特定的被调查者进行调查。通过甄别或过滤,一方面可以筛选掉与调查事项有直接关系的人,以达到避嫌的目的;另一方面,也可以确定哪些人是合格的被调查者,哪些人不是。甄别的目的是确保被调查者合格,能够作为该市场调查项目的代表,从而符合调查研究的需要。例如,下面是一份问卷的甄别部分。

> S1. 请问您或您的家庭中是否有人在下列行业工作?
>   1. 广告、公关机构……………………………⎫
>   2. 市场研究、咨询、调查机构………………⎪
>   3. 电视、广播、报纸等媒介机构……………⎬ 终止访问
>   4. 轿车制造……………………………………⎪
>   5. 轿车批发、零售……………………………⎭
>   6. 以上皆无……………………………… 继续访问
>
> S2. 请问您的年龄是:
>   1. 20 岁以下………终止访问
>   2. 20~30 岁
>   3. 30~40 岁
>   4. 40~50 岁
>   5. 50 岁以上………终止访问

(3) 主体部分

该部分是调查问卷的核心内容,它包括了所要调查的全部问题,主要由问题和答案组成。

(4) 背景部分

背景部分通常放在问卷的最后,主要是有关被调查者的一些背景资料。该部分所包含的各项问题,可使研究者根据背景资料对被调查者进行分类比较分析。例如,下面是一份调查问卷所包括的背景资料:

```
A. [出示卡片]请问您的教育程度?                     (901)
     没受过正规教育 ………………………………………… 1
     小学,初中 …………………………………………… 2
     高中,职高,中专,技校 ……………………………… 3
     大专,大学或以上 …………………………………… 4

B. [出示卡片]请问您的职业和职位是什么?              (902)
     普通职员,工人 ……………………………………… 1
     部门经理负责人/高级管理人员 ……………………… 2
     公司老板,厂长,总经理 ……………………………… 3
     专业人员 ……………………………………………… 4
     个体户,自由职业 …………………………………… 5
     失业,待业 …………………………………………… 6
     学生 …………………………………………………… 7
     离退休人员 …………………………………………… 8
     其他(请注明) ………………………………………… 9
```

2 提问项目的设计

问卷的内容由若干个提问的具体项目即问题所组成。如何科学准确地提出所要调查的问题是问卷设计中十分重要的一步。从整体上看,一份问卷中的内容不宜过多,不必要的问题不要列入。很多初学调查或问卷设计的人,往往以为多一道题,可多得一份资料,殊不知一些不必要的询问,不但浪费时间,增加资料处理的费用,有时还会因提问过多,使被调查者感到厌烦,影响整体调查的质量。在设计提问项目时,需要注意以下几点:

(1) 提问的内容应尽可能短。如果提问的问题太长,不仅会给被调查者的理解带来一定的困难,也会使其感到厌烦,从而不利于对问题的回答。特别是访问调查的问卷,提问的部分过长,会使被调查者忘记开头的内容,更不利于对整个问题的理解和回答。

(2) 用词要确切、通俗。问卷中的用词一定要使提问的问题清楚明了。用词确切,具体可按 6W 准则加以推敲。6W 即 Who(谁),Where(何处),When(何时),Why(为什么),What(什么事),How(如何),以此来判断问题是否清楚。当然,并不是一项提问中必须同时具备这 6W。例如:

请问您使用什么牌子的洗发水?

这个问题中的 Who 很清楚,What 指洗发水的牌子,When 则未表明,是指过去还是现在? 很容易造成回答偏差。因此,可以修改为

请问您最近三个月使用什么牌子的洗发水?

此外,时间的范围一定要清楚,比如:

您最近一段时间使用什么品牌的化妆品?

这里的 When 过于笼统,被调查者不清楚"最近"是指哪段时间,时间范围不明确,因此,可改为

您最近一个月使用什么品牌的化妆品?

还有许多词,如"一般"、"经常"、"很多"等都属于过于笼统、含义不确切的词,不同的人可能会有不同的理解,从而造成回答的偏差。

也有一些所询问问题的含义不清或过于笼统。例如:

您觉得这种电视机的画面质量怎么样?

这里"画面质量"的含义是很笼统的,被调查者不知道要回答哪些质量方面的问题。因此可以改为

您觉得这种电视机的画面是否清晰?

此外,由于被调查者的文化程度不同,问卷中的用词要通俗,易被人理解,避免使用过于专业的术语。例如:

> 您是否认为使用电脑数字技术制作的广告更具有吸引力?

有些人可能不知道什么是"电脑数字技术",因此无法回答这样的问题。

（3）一项提问只包含一项内容。如果在一项提问中包含了两项以上的内容,被调查者就很难回答。比如:

> 您觉得这种新款轿车的加速性能和制动性能怎么样?

这里包括了加速性能和制动性能两项内容。如果被调查者认为加速性能很好,而制动性能不好,或者认为加速性能不好,而制动性能很好,一时很难作出判断和回答。所以,不如把它分成两个问题:

> ☺您觉得这种新款轿车的加速性能怎么样?
> ☺您觉得这种新款轿车的制动性能怎么样?

（4）避免诱导性提问。问卷中提问的问题不能带有倾向性,而应保持中立。词语中不应暗示出调查者的观点,不要引导被调查者作出何种回答或如何选择。例如:

> 人们认为长虹牌彩电质量不错,你觉得怎么样?

这里已经暗示了长虹牌彩电很好,对被调查者的选择具有引导作用。不如改为

> 您觉得长虹牌彩电的质量怎么样?

引导性提问容易使被调查者不假思索地作出回答或选择,也会从心理上产生顺应反应,从而按着提示作出回答或选择。

（5）避免否定形式的提问。在日常生活中,人们往往习惯于肯定陈述的提问,而不习惯于否定陈述的提问。例如,对一种产品新包装的市场调查,采用否定的提问是:

> 您觉得这种产品的新包装不美观吗?

而采用肯定的提问则是:

您觉得这种产品的新包装美观吗?

否定提问会影响被调查者的思维,或者容易造成相反意愿的回答或选择,因此,在问卷中尽量不要使用否定的形式提问。

(6) 避免敏感性问题。敏感性问题是指被调查者不愿意让别人知道答案的问题。比如,个人收入问题、个人生活问题、政治方面的问题等。问卷中要尽量避免提问敏感性问题或容易引起人们反感的问题。对于这类问题,被调查者可能会拒绝回答,或者采用虚报、假报的方法来应付回答,从而影响整个调查的质量。对有些调查,必须涉及敏感性问题的,应当在提问的方式上进行推敲,尽量采用间接询问的方式,用语也要特别婉转,以降低问题的敏感程度。

3 回答项目的设计

回答项目是针对提问项目所设计的答案。由于问卷中的问题有不同类型,所设计的答案类型和对被调查者的回答要求也是不同的。

问卷中的问题类型有两类:一类是开放性问题,一类是封闭性问题。两类问题的答案形式和回答方法如图 2.3 所示。

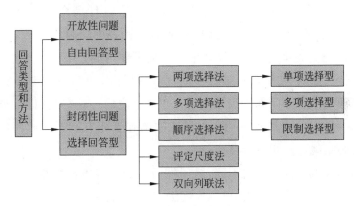

图 2.3 回答的类型和方法

(1) 开放性问题

开放性问题是指对问题的回答未提供任何具体的答案,由被调查者根据自己的想法自由作出回答,属于自由回答型。例如,下面就是两个开放性问题:

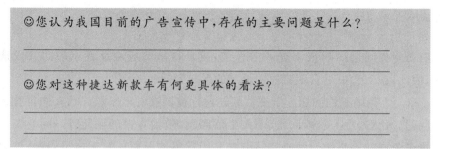

开放性问题的优点是比较灵活,适合于收集更深层次的信息,特别适合于那些尚未弄清各种可能答案或潜在答案类型较多的问题。开放性问题可以使被调查者充分表达自己的意见和想法,有利于被调查者发挥自己的创造性。其缺点是:由于会出现各种各样的答案,给调查后的资料整理带来一定困难。

(2) 封闭性问题

封闭性问题是指对问题事先设计出了各种可能的答案,由被调查者从中选择。封闭性问题的答案是标准化的,有利于被调查者对问题的理解和回答,同时,也有利于调查后的资料整理。但封闭性问题对答案的设计要求较高,对一些比较复杂的问题,有时很难把答案设计周全。一旦设计有缺陷,被调查者就可能无法回答问题,从而影响调查的质量。因此,如何设计好封闭性问题的答案,是问卷设计中的一项重要内容。

封闭性问题的答案是选择回答型,所以设计出的答案一定要穷尽和互斥。穷尽即要求列出问题的所有答案,不能有遗漏。对有些问题,当答案不能穷尽时,可以加上"其他"一类,以保证被调查者能有所选择或回答。互斥即要求各答案间不能相互重叠或包容。

根据提问项目或内容的不同,封闭性问题的回答方法主要有:两项选择法、多项选择法、顺序选择法、评定尺度法、双向列联法5种。

• **两项选择法**。两项选择题的答案只有两项,要求被调查者选择其中之一来回答。例如:

您有手机吗?
1. 有   2. 没有

两项选择法的特点是,被调查者只需在二者之中选择一项,回答比较容易;调查后的数据处理也很方便。其缺点是:得到的信息量较少;当被调查者对两项答案均不满意时,很难作出回答。

- **多项选择法**。多项选择题是在设计问卷时,对一个问题给出 3 个或 3 个以上的答案,让被调查者从中选择进行回答。根据要求选择的答案多少不同,多项选择题有单项选择型、多项选择型和限制选择型 3 种。

单项选择型:要求被调查者对所给出的问题答案选择其中的一项。例如:

您认为哪种类型的广告宣传效果最好?(选一项)
1. 电视广告
2. 广播广告
3. 杂志广告
4. 报纸广告
5. 路牌广告

多项选择型:要求被调查者在所给出的问题答案中,选出自己认为合适的答案,数量不受限制。例如:

请问您在购买小轿车时,主要考虑哪些因素?
(选出您认为合适的答案)
1. 价格
2. 款式
3. 品牌
4. 耗油量
5. 售后服务
6. 维修费用
7. 乘坐舒适
8. 行使平稳
9. 加速性能
10. 制动性能

限制选择型：要求被调查者在所给出的问题答案中，选出自己认为合适的答案，但数量要受一定限制。比如，在上面的问题中，可要求被调查者限选3项。

- **顺序选择法**。顺序选择法的问题答案也有多个，要求被调查者在回答时，对所选的答案按要求的顺序或重要程度加以排列。其中，对所选的答案数量可以进行一定的限制，也可以不进行限制。例如：

您在购买这种牌子的电视机时，主要是考虑哪些因素？
1. 产品的品牌
2. 价格合理
3. 售后服务
4. 外形美观
5. 维修方便

（按重要程度进行排序） ☐☐☐☐☐

顺序选择法中的问题答案不仅可以反映所要调查的内容，而且可以反映出被调查者对问题的看法，从而增加了信息量。

- **评定尺度法**。评定尺度法中的问题答案，由表示不同等级的形容词组成，并按照一定的程度排序，由被调查者依次选择。例如：

您对这种新款轿车是否感到满意？
1. 非常满意；
2. 比较满意；
3. 一般；
4. 不太满意；
5. 非常不满意。

- **双向列联法**。这种方法是将两类不同问题综合到一起，通常用表格来表现。表的横向是一类问题，纵向是另一类问题。这种问题结构可以反映两方面因素的综合作用，提供单一类型问题无法提供的信息。同时也可以节省问卷的篇幅。例如：

请在您赞同项目的空格内划"√"。

	神龙富康	捷达	桑塔纳
1. 耗油量低			
2. 外观大方			
3. 乘坐舒适			
4. 整车价格合理			
5. 驾驶容易			
6. 制动性好			
7. 维修方便			
8. 零配件齐全			
9. 故障率低			
10. 售后服务周到			

4 问题顺序的设计

为了提高问卷的回收率,设计问卷时,应站在被调查者的角度,顺应被调查者的思维习惯,使问题容易回答。因此,在问卷设计过程中,安排好问题的顺序也是很重要的。具体来说,设计问题的顺序时,应注意以下几点

(1) 问题的安排应具有逻辑性。设计问卷时,问题的安排应具有逻辑性,以符合被调查者的思维习惯。否则,会影响被调查者回答问题的兴趣,不利于对问题的回答。

(2) 问题的顺序应先易后难。把简单的、容易回答的问题放在前面,而复杂的、较难的问题放在后面。使被调查者开始时感到轻松,有能力继续回答下去。如果让被调查者一开始就感到很难回答,就会影响他们回答的情绪和积极性。

(3) 能引起被调查者兴趣的问题放在前面。把被调查者感兴趣的问题放在前面,而比较敏感的问题放在后面,这样可引起他们填写问卷的兴趣和注意力。如果一开始就遇到敏感性问题,会引起被调查者的反感,产生防卫心理,不愿意回答或拒绝回答,从而影响整个调查。

(4) 开放性问题放在后面。被调查者在回答开放性问题时需要一定的思考和时间,因此,一份问卷中的开放性问题不宜过多,而且,开放性问题一般应放在后面,否则,会影响被调查者填写问卷的积极性,从而影响整个问卷的回答质量。

除上面介绍的问题外,问卷设计中还要注意版面格式的设计。问卷的版

面格式有时也会影响调查的质量。整个问卷的结构安排要合理,问卷的主体部分要突出、醒目。设计时,不要编排过密,各问题之间要留出一定的空间,问卷的版面设计也要美观。这样,会使被调查者产生好感,从而引起填写问卷的兴趣。

2.3 数据质量

2.3.1 数据的误差

收集数据是统计研究的第一步,如何保证数据的质量是数据收集阶段应重点解决的问题,因为数据质量的好坏直接影响到统计分析结论的客观性与真实性。为确保数据的质量,在数据的收集、整理、分析等各阶段都应尽可能减少误差。数据的误差通常是指数据与客观现实之间的差距,误差的类型主要有抽样误差和非抽样误差两类。

抽样误差主要是指在用样本数据进行推断时所产生的随机误差。其产生的原因有:由于抽取样本时没有遵循随机原则而产生的;由于样本结构与总体结构的差异而产生的;由于样本量不足而产生的,等等。这类误差通常是无法消除的,但事先可以进行控制或计算。

非抽样误差是调查过程中由于调查者或被调查者的人为因素所造成的误差。调查者所造成的误差主要有:调查方案中有关的规定或解释不明确导致的填报错误、抄录错误、汇总错误等;被调查者造成的误差主要有:因人为因素干扰形成的有意虚报或瞒报调查数据,这种误差在统计调查中应予以特别重视。非抽样误差理论上讲是可以消除的。

2.3.2 数据的质量要求

数据的质量包括多方面含义,它不仅仅是指数据本身的准确性或误差的大小。就一般的统计数据而言,可将其质量评价标准概括为6个方面:(1)精度,即最低的抽样误差或随机误差;(2)准确性,即最小的非抽样误差或偏差;(3)关联性,即满足用户决策、管理和研究的需要;(4)及时性,即在最短的时间里取得并公布数据;(5)一致性,即保持时间序列的可比性;(6)最低成本,即在满足以上标准前提下,以最经济的方式取得数据。可见数据的质量是多方面要求的综合体现。现在,人们对数据的质量提出了越来越高的要求,当为某一需要收集数据时,在调查方案的设计、数据的收集、数据的处理与分析的各个环节中,都应注意保证数据的质量,以便得出切合实际的结论。

思考与练习

思考题

2.1 简述普查和抽样调查的特点。
2.2 统计数据的具体收集方法有哪些？
2.3 简述调查方案的基本结构。
2.4 什么是问卷？它由哪几部分组成？
2.5 设计问卷的提问项目应注意哪些问题？
2.6 封闭型问题答案的设计有哪些主要方法？
2.7 问卷中问题顺序的设计应注意哪些问题？

练习题

2.1 假定我们要研究在校大学生的生活时间分配状况，请写出你的研究思路。
2.2 某家用电器生产厂家想通过市场调查了解以下问题
    a. 企业产品的知名度
    b. 产品的市场占有率
    c. 用户对产品质量的评价及满意程度
    （1）请你设计出一份调查方案。
    （2）你认为这项调查采取哪种调查方法比较合适？
    （3）设计出一份调查问卷。

人物传记[①]

William G. Cochran

    W. G. Cochran(1910—1980)生于英国苏格兰的一个铁路雇员家庭，他自小聪颖好学，成绩斐然，曾多次获奖，深受师长喜爱。自幼所养成的良好学习习惯和坚实的知识基础为他以后获得格拉斯哥及

---

① 资料来源：倪加勋. 近代统计学家——W. G. 科克伦. 统计，1987，5。

剑桥大学的奖学金和从事学术生涯创造了良好条件。

在剑桥大学学习时，Cochran 攻读数学、应用数学和统计学。后来他由耶茨介绍到洛斯阿姆斯特丹从事田间试验工作，在工作的同时，他从师于著名统计学家 R. A. Fisher，并被 Fisher 认为是自己最有希望的学生之一。Cochran 从事农业试验分析所获得的实践经验，对于他日后所获得的突出成就是大有裨益的。

1938 年，Cochran 离英赴美。1939 年他任依阿华州立学院（现依阿华州立大学）教授。1943—1944 年，在普林斯顿的统计研究小组工作时，Cochran 在统计理论和实践方面的知识都已十分渊博，并有很高的顾问技术。1949 年他又到约翰·霍布金斯大学担任该校医学院生物统计主任，《抽样技术》一书也是在那个时候开始写作的。1957 年，哈佛大学成立统计系，聘请他到该校任教，在哈佛，他培养了大批优秀学生。Cochran 平易近人，诲人不倦，乐于帮助年轻人，因而成为一个深受欢迎的教授和顾问。

Cochran 对工作认真负责，凡是给他的任务，如开一门新课或约一篇稿子，他总是提前完成。需要他担任行政工作时，尽管他对这种工作并无兴趣，但他从不推辞。生活上，也安排得很有条理。年轻时，他喜欢打羽毛球、跳舞；他爱好严肃文学，也爱看电视里的体育节目。他和妻子贝蒂也常常去看电影和戏剧。

Cochran 对统计学的贡献是多方面的。除了抽样理论外，在试验设计、医学、生物统计方面均有大量的著作。由于他的能力和对统计学的重要贡献，他晚年担任了许多职务，如普查局的顾问委员会主席，世界卫生组织卫生统计顾问委员会主席，美国卫生机构流行病学与生物统计委员会的成员，同时又是国际统计协会和美国统计协会的主席，他还被选为美国科学院和英国皇家统计学会的成员等。他工作过的格拉斯哥大学和霍普金斯大学均授予他名誉博士称号。

尽管 Cochran 晚年重病缠身，但仍继续积极工作。最后于 1980 年 3 月 29 日因心脏病病逝于马萨诸塞州的奥尔良，享年 70 岁。

第3章

数据的图表展示

图并没有说谎,是说谎者在画图。

—— Benjamin Disraeli

> **统计应用:把数据画图之后要用用脑袋!**[①]
>
> A. Wald 和许多统计学家一样,在第二次世界大战时也处理了与战争相关的问题。他发明的一些统计方法在战时被视为军事机密。以下是他提出的概念中较简单的一种。Wald 被咨询飞机上什么部位应该加强钢板时,开始研究从战役中返航的军机上受敌军创伤的弹孔位置。他画了飞机的轮廓,并且标识出弹孔的位置。资料累积一段时间后,几乎把机身各部位都填满了。于是 Wald 建议,把剩下少数几个没有弹孔的部位补强。因为这些部位被击中的飞机都没有返航。

通过各种渠道将数据收集上来后,接下来的任务就是对这些数据进行加工整理,使之符合统计分析的需要,同时对数据进行图表展示,以发现数据中的一些基本特征,为进一步分析提供思路。本章介绍数据的整理和图表展示方法,内容包括数据的预处理、数据的整理和图表展示方法等。

---

① 资料来源:参考文献(David,2003)。

3.1 数据的预处理

数据的预处理是数据整理和分析的先前步骤,它是在对数据分类或分组之前所做的必要处理,内容包括数据的审核、筛选、排序等。

3.1.1 数据审核

数据审核就是检查数据中是否有错误。从不同渠道取得的数据,在审核的内容和方法上有所不同,不同类型的统计数据在审核内容和方法上也有所差异。

对于通过调查取得的原始数据(raw data),应主要从完整性和准确性两个方面去审核。完整性审核主要是检查应调查的单位或个体是否有遗漏,所有的调查项目是否填写齐全等。准确性审核主要是检查数据是否有错误,是否存在异常值等。对于异常值要仔细进行鉴别:如果异常值属于记录时的错误,在分析之前应予以纠正;如果异常值是一个正确的值,则应予以保留。

对于通过其他渠道取得的二手数据,应着重审核数据的适用性和时效性。二手数据可以来自多种渠道,有些数据可能是为特定目的通过专门调查而取得的,或者是已经按特定目的的需要做了加工整理。对于使用者来说,首先应弄清楚数据的来源、数据的口径以及有关的背景材料,以便确定这些数据是否符合自己分析研究的需要,不能盲目生搬硬套。此外,还要对数据的时效性进行审核,对于有些时效性较强的问题,如果所取得的数据过于滞后,可能失去了研究的意义。

3.1.2 数据筛选

对审核过程中发现的错误应尽可能予以纠正。在调查结束后,如果对数据中发现的错误不能予以纠正,或者有些数据不符合调查的要求而又无法弥补时,就需要对数据进行筛选。

数据筛选(data filter)包括两方面内容:一是将某些不符合要求的数据或有明显错误的数据予以剔除;二是将符合某种特定条件的数据筛选出来,而对不符合特定条件的数据予以剔除。数据的筛选可借助于计算机自动完成。

下面通过一个简单的例子,说明用 Excel 进行数据筛选的过程。

【例 3.1】 表 3.1 是 8 名学生 4 门课程的考试成绩数据(单位:分)。试找出统计学成绩等于 75 分的学生,英语成绩最高的前 3 名学生,4 门课程成绩都大于 70 分的学生。

表 3.1　8 名学生的考试成绩数据

	A	B	C	D	E
1	姓名	统计学成绩	数学成绩	英语成绩	经济学成绩
2	张松	69	68	84	86
3	王翔	91	75	95	94
4	田雨	54	88	67	78
5	李华	81	60	86	64
6	赵颖	75	96	81	83
7	宋媛	83	72	66	71
8	袁方	75	58	76	90
9	陈风	87	76	92	77

下面给出了用 Excel 进行数据筛选的具体步骤。

用 Excel 进行数据筛选的操作步骤

第 1 步:选择【数据】菜单,并选择【筛选】命令。如果要筛选出满足给定条件的数据,可使用【自动筛选】命令。如图 3.1 所示。

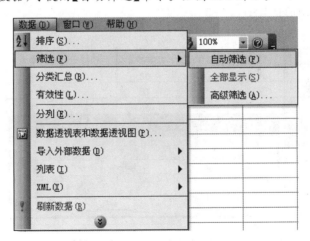

图 3.1　Excel 的数据筛选命令

这时会在第一行出现下拉箭头,用鼠标单击箭头会出现下面的结果,如图 3.2 所示。

统计学（第二版）　　Statistics(Second Edition)

	A	B	C	D	E
1	姓名	统计学成	数学成绩	英语成绩	经济学成
2	张松	升序排列	68	84	86
3	王翔	降序排列	75	95	94
4	田雨	(全部) (前10个...) (自定义...)	88	67	78
5	李华	54	60	86	64
6	赵颖	69 75	96	81	83
7	宋媛	81	72	66	71
8	袁方	83 87	58	76	90
9	陈风	91	76	92	77

图 3.2　自动筛选过程

第 2 步：在下拉箭头方框内选择要筛选出的数据。比如，要筛选出统计学成绩为 75 分的学生，选择 75，得到的结果如表 3.2 所示。

表 3.2　自动筛选结果

	A	B	C	D	E
1	姓名	统计学成	数学成绩	英语成绩	经济学成
6	赵颖	75	96	81	83
8	袁方	75	58	76	90

要筛选出英语成绩最高的前 3 个学生，可选择【前 10 个】，在对话框中录入数据 3，得到的结果如图 3.3 所示。

	A	B	C	D	E
1	姓名	统计学成	数学成绩	英语成绩	经济学成
2	张松	69	68	84	86
3	王翔	91	75	95	94
4	田雨	54	88	67	78

自动筛选前 10 个

显示

最大　　3　　项

确定　　取消

图 3.3　指定条件的自动筛选过程

第 3 步：如果要筛选出 4 门课程成绩都大于 70 分的学生，由于设定的条件比较多，需要使用【高级筛选】命令。使用高级筛选时，必须建立条件区域。这时需要在数据清单上面至少留出 3 行作为条件区域。然后在【列表区域】中选中要筛选的数据清单,在【条件区域】中选择匹配的条件。比如,要筛选出 4 门课程考试成绩均大于 70 分的学生,如图 3.4 所示。

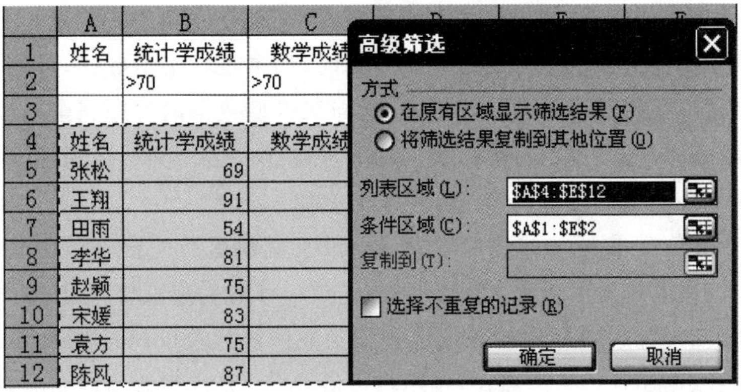

图 3.4 多条件的高级筛选过程

单击【确定】后出现的结果如表 3.3 所示。

表 3.3 高级筛选结果

	A	B	C	D	E
1	姓名	统计学成绩	数学成绩	英语成绩	经济学成绩
2		>70	>70	>70	>70
3					
4	姓名	统计学成绩	数学成绩	英语成绩	经济学成绩
6	王翔	91	75	95	94
9	赵颖	75	96	81	83
12	陈风	87	76	92	77
13					

3.1.3 数据排序

数据排序是按一定顺序将数据排列,以便于研究者通过浏览数据发现一些明显的特征或趋势,找到解决问题的线索。除此之外,排序还有助于对数据检查纠错,以及为重新归类或分组等提供方便。在某些场合,排序本身就是分析的目的之一,例如了解究竟谁是中国汽车生产的三巨头,对于汽车生产厂商而言不论它是作为伙伴还是竞争者,都是很有用的信息。美国的《财富杂志》每年都要在全世界范围内排出500强企业,通过这一信息,不仅可以了解自己企业所处的地位,清楚自己的差距,还可以从一定侧面了解到竞争对手的状况,从而有效制定企业发展的规划和战略目标。

对于分类的数据,如果是字母型数据,排序有升序降序之分,但人们习惯于用升序,因为升序与字母的自然排列相同;如果是汉字型数据,排序方式很多,比如按汉字的首位拼音字母排列,这与字母型数据的排序完全一样,也可按姓氏笔画排序,其中也有笔画多少的升序降序之分。交替运用不同方式排序,在汉字型数据的检查纠错过程中十分有用。

对于数值型数据的排序只有两种,即递增和递减。设一组数据为 $x_1, x_2, \cdots, x_n$,递增排序后可表示为 $x_{(1)} < x_{(2)} < \cdots < x_{(n)}$;递减排序可表示为 $x_{(1)} > x_{(2)} > \cdots > x_{(n)}$。排序后的数据也被称为顺序统计量(order statistics)。无论是分类数据还是数值型数据,排序均可借助于 Excel 很容易地完成。

3.1.4 数据透视表

为了从复杂的数据中提取有用的信息,可以利用 Excel 提供的【数据透视表(pivot table)】工具。利用数据透视表,可以对数据表的重要信息按使用者的习惯或分析要求进行汇总和作图,形成一个符合需要的交叉表(列联表)。在利用数据透视表时,数据源表中的首行必须有列标题。例如,下面的表 3.4 就满足建立数据透视表的条件。

下面通过一个例子说明用 Excel 创建数据透视表的具体步骤。

【例 3.2】 在某大学随机抽取 30 名学生,调查他们的性别、家庭所在地区、平均月生活费支出、平均每月购买衣物支出和购买衣物时所考虑的首要因素等,得到的数据如表 3.4 所示。试建立一个数据透视表,在表的行变量中给出性别和购买衣物首选因素,在列变量中给出学生的家庭所在地,对平均月生活费支出和月平均购买衣物支出进行交叉汇总。

表 3.4　随机抽取 30 名学生的调查数据

	A	B	C	D	E	F
1	编号	性别	家庭所在地区	平均月生活费(元)	月平均衣物支出(元)	买衣物首选因素
2	1	男	大型城市	800	200	价格
3	2	女	中小城市	600	180	款式
4	3	男	大型城市	1000	300	品牌
5	4	男	中小城市	400	40	价格
6	5	女	中小城市	500	150	款式
7	6	女	乡镇地区	800	80	品牌
8	7	男	中小城市	600	180	品牌
9	8	女	乡镇地区	400	120	价格
10	9	男	中小城市	1000	300	款式
11	10	女	大型城市	600	180	款式
12	11	女	中小城市	500	150	价格
13	12	男	乡镇地区	300	30	价格
14	13	男	乡镇地区	500	50	价格
15	14	女	中小城市	300	35	价格
16	15	男	中小城市	1000	300	款式
17	16	女	大型城市	800	350	款式
18	17	男	中小城市	500	150	款式
19	18	男	乡镇地区	1000	100	价格
20	19	女	中小城市	800	80	价格
21	20	男	乡镇地区	800	240	品牌
22	21	女	大型城市	500	50	品牌
23	22	女	大型城市	300	30	价格
24	23	男	大型城市	500	150	款式
25	24	女	中小城市	500	150	价格
26	25	男	大型城市	300	30	价格
27	26	女	大型城市	400	200	价格
28	27	男	中小城市	1000	300	品牌
29	28	男	中小城市	500	50	款式
30	29	女	大型城市	700	70	款式
31	30	女	中小城市	500	50	价格

解　用 Excel 创建数据透视表的具体步骤如下：

用 Excel 创建数据透视表的操作步骤

第 1 步：在 Excel 工作表中建立数据清单，如表 3.4 所示。

第 2 步：选中数据清单中的任意单元格，并选择【数据】菜单中的【数据透视表和数据透视图】，弹出的对话框如图 3.5 所示。然后根据需要选择"数据源类型"和"报表类型"。这里我们选用【Microsoft Office Excel 数据列表或数据库】和【数据透视表】。单击下一步，弹出的对话框如图 3.6 所示。

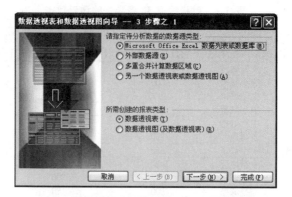

图 3.5 【数据透视表和数据透视图向导—3 步骤之 1】对话框

图 3.6 【数据透视表和数据透视图向导—3 步骤之 2】对话框

第 3 步：确定数据源区域。本例的数据源区域为 ＄A＄1：＄F＄31。如果在启动向导之前单击了数据源单元格，Excel 会自动选定数据源区域。单击下一步，弹出的对话框如图 3.7 所示。

图 3.7 【数据透视表和数据透视图向导—3 步骤之 3】对话框

第 4 步：在【数据透视表和透视图向导—3 步骤之 3】中选择数据透视表的输出位置，为方便起见可选择【现有工作表】，并利用鼠标确定数据透视表输出的位置，本例为原工作表的 G1 单元格。然后选择【布局】，弹出的对话框如图 3.8 所示。

第 3 章　数据的图表展示

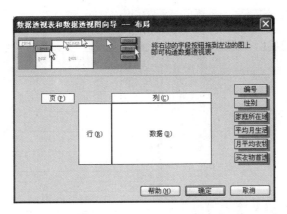

图 3.8　【数据透视表和数据透视图向导—布局】对话框

第 5 步：在【数据透视表和数据透视图向导—布局】对话框中，依次将"性别"和"买衣物首选因素"拖至左边的"行"区域，将"家庭所在地区"拖至上边的"列"区域，将"平均月生活费"和"月平均衣物支出"拖至"数据"区域。如图 3.9 所示。

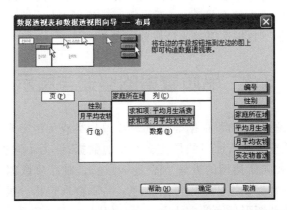

图 3.9　根据需要建立的【数据透视表和数据透视图向导—布局】对话框

第 6 步：单击【确定】，自动返回【数据透视表和数据透视图向导—3 步骤之 3】对话框。然后单击【完成】，即可输出数据透视表。结果如图 3.10 所示。

	A	B	C	D	E	F	G
1							
2				家庭所在地			
3	性别	买衣物首	数据	大型城市	乡镇地区	中小城市	总计
4	男	价格	求和项:平均月生活费(元)	1100	1800	400	3300
5			求和项:月平均衣物支出(元)	230	180	40	450
6		款式	求和项:平均月生活费(元)	500		3000	3500
7			求和项:月平均衣物支出(元)	150		800	950
8		品牌	求和项:平均月生活费(元)	1000	800	1600	3400
9			求和项:月平均衣物支出(元)	300	240	480	1020
10	男 求和项:平均月生活费(元)			2600	2600	5000	10200
11	男 求和项:月平均衣物支出(元)			680	420	1320	2420
12	女	价格	求和项:平均月生活费(元)	700	400	2600	3700
13			求和项:月平均衣物支出(元)	230	120	465	815
14		款式	求和项:平均月生活费(元)	2100		1100	3200
15			求和项:月平均衣物支出(元)	600		330	930
16		品牌	求和项:平均月生活费(元)	500	800		1300
17			求和项:月平均衣物支出(元)	50	80		130
18	女 求和项:平均月生活费(元)			3300	1200	3700	8200
19	女 求和项:月平均衣物支出(元)			880	200	795	1875
20	求和项:平均月生活费(元)汇总			5900	3800	8700	18400
21	求和项:月平均衣物支出(元)汇总			1560	620	2115	4295
22							

图 3.10 根据需要建立的数据透视表

利用数据透视表分析数据十分灵活。如果要改变分析,建立不同的数据透视表,只需要将【数据透视表和数据透视图向导—布局】对话框中的"行"、"列"或"数据"区域中的变量拖出,而将需要的变量拖入,即可得到所需要的数据透视表。学习数据透视表的最好办法是多加练习。

3.2 品质数据的整理与展示

数据经过预处理后,可根据需要进一步做分类或分组整理。在对数据进行整理时,首先要弄清所面对的是什么类型的数据,因为不同类型的数据,所采取的处理方式和所使用的处理方法是不同的。对品质数据主要是做分类整理,对数值型数据则主要是做分组整理。品质数据包括分类数据和顺序数据,它们在整理和图形展示的方法上大多是相同的,但也有些微小差异。

3.2.1 分类数据的整理与图示

分类数据本身就是对事物的一种分类,因此,在整理时首先列出所分的类别,然后计算出每一类别的频数、频率或比例、比率等,即可形成一张频数分布表,最后根据需要选择适当的图形进行展示,以便对数据及其特征有一个初步的了解。

1 频数与频数分布

▶定义 3.1　落在某一特定类别（或组）中的数据个数，称为频数（frequency）。

▶定义 3.2　把各个类别及落在其中的相应频数全部列出，并用表格形式表现出来，称为频数分布（frequency distribution）。

下面通过一个例子说明如何使用 Excel 来制作分类数据的频数分布表。

【例 3.3】　一家市场调查公司为研究不同品牌饮料的市场占有率，对随机抽取的一家超市进行调查。调查员在某天对 50 名顾客购买饮料的品牌进行了记录，如果一个顾客购买某一品牌的饮料，就将这一饮料的品牌名字记录一次。下面的表 3.5 就是记录的原始数据。

表 3.5　顾客购买饮料的品牌名称

	A	B	C	D	E
1	旭日升冰茶	可口可乐	旭日升冰茶	汇源果汁	露露
2	露露	旭日升冰茶	可口可乐	露露	可口可乐
3	旭日升冰茶	可口可乐	可口可乐	百事可乐	旭日升冰茶
4	可口可乐	百事可乐	旭日升冰茶	可口可乐	百事可乐
5	百事可乐	露露	露露	百事可乐	露露
6	可口可乐	旭日升冰茶	旭日升冰茶	汇源果汁	汇源果汁
7	汇源果汁	旭日升冰茶	可口可乐	可口可乐	可口可乐
8	可口可乐	百事可乐	露露	汇源果汁	百事可乐
9	露露	可口可乐	百事可乐	可口可乐	露露
10	可口可乐	旭日升冰茶	百事可乐	汇源果汁	旭日升冰茶

为了用 Excel 建立分类数据的频数分布表，首先需要将各类别用一个数字代码来表示，比如，对各种品牌饮料指定的代码是：

1—可口可乐；2—旭日升冰茶；3—百事可乐；4—汇源果汁；5—露露。

然后，将各品牌的代码输入到 Excel 工作表中。假定将品牌代码输入到 Excel 工作表中的 B2:B51。

Excel 现在把代码视为数值型数据。为建立频数分布表和条形图，Excel 要求将每个品牌的代码单独作为一列，以作为"接收区域"，将代码输入到工作表的 C2:C6。Excel 对代码数据值小于或等于每一品牌代码的数据进行计数。这样，Excel 提供的合计数就是各品牌的频数分布①。用 Excel 产生频数分布表和条形图的步骤如下。

用 Excel 创建频数分布表的操作步骤

第 1 步：选择【工具】下拉菜单，并选择【数据分析】选项

第 2 步：在【数据分析】对话框中选择【直方图】命令，并选择【确定】

第 3 步：当出现对话框时：

在【输入区域】方框内键入数据区域（本例为 B2：B51）；

在【接收区域】方框内键入代码区域（本例为 C2：C6）；

在【输出区域】方框内键入结果输出的区域（本例为 D2）；

选择【Parto 图】（若不需要时，此项可不选）；

选择【累积百分率】（若不需要时，此项可不选）；

选择【图标输出】；

选择【确定】。

Excel 输出的结果如表 3.6 所示。

表 3.6 Excel 输出的频数分布表

	A	B	C	D	E	F
1	品牌名称	代码	代码上限			
2	旭日升冰茶	2	1	接收	频率	
3	露露	5	2	1	15	
4	旭日升冰茶	2	3	2	11	
5	可口可乐	1	4	3	9	
6	百事可乐	3	5	4	6	
7	可口可乐	1		5	9	
8	汇源果汁	4		其他	0	
9	可口可乐	1				
10	露露	5				
11	可口可乐	1				
12	可口可乐	1				
13	旭日升冰茶	2				
14	可口可乐	1				
15	百事可乐	3				
16	露露	5				
17	旭日升冰茶	2				
18	旭日升冰茶	2				
19	百事可乐	3				
20	可口可乐	1				
21	旭日升冰茶	2				

---

① 如果只需要计算某一类别的数据个数，可以使用 Excel 中的统计函数"COUNTIF"。在对话框的【Range】后输入数据区域，在【Criteria】后输入数字、表达式、字符串等，计数单元格必须符合的条件，即可得出结果。比如，要计算出可口可乐出现的频数，在【Range】后输入 A2：A51（见表 3.5），在【Criteria】后输入"可口可乐"，结果为 15。如果数据区域是数值型数据，计算符合特定条件的数据个数，则可在【Criteria】后输入">某一数值"、"<某一数值"、"=某一数值"，等等。

为了把频数表转化为易于阅读的形式,可以将频数表中的"接收"用描述性标题"饮料品牌"来代替,将品牌的代码1,2,3,4,5用品牌的名称可口可乐、旭日升冰茶、百事可乐、汇源果汁、露露来代替。并将"其他"改为"合计",将频数总数50输入到E8中。结果如表3.7所示。

表 3.7　不同品牌饮料的频数分布

	A	B	C	D
1	饮料品牌	频数	比例	百分比(%)
2	可口可乐	15	0.30	30
3	旭日升冰茶	11	0.22	22
4	百事可乐	9	0.18	18
5	汇源果汁	6	0.12	12
6	露露	9	0.18	18
7	合计	50	1	100

对于分类数据,可以用比例、百分比、比率等统计量进行描述性分析。

▶ **定义 3.3**　一个样本(或总体)中各个部分的数据与全部数据之比,称为比例(proportion)。

通常用比例反映样本(或总体)的构成或结构。假定所观察的 N 个数据被分成 K 个部分,每一部分的数据分别为 $N_1, N_2, \cdots, N_K$,则比例定义为 N_i/N。显然,各部分的比例之和等于1,即

$$\frac{N_1}{N} + \frac{N_2}{N} + \cdots + \frac{N_K}{N} = 1。 \qquad (3.1)$$

比例是将总体中各个部分的数值都变成同一个基数,也就是都以1为基数。这样就可以对不同类别的数值进行比较了。比如,在表3.7中,百事可乐和露露两种品牌饮料的比例相同。

▶ **定义 3.4**　将比例乘以100得到的数值,称为百分比或百分数(percentage),用%表示。

百分比是将对比的基数抽象化为100而计算出来的,它表示每100个分母中拥有多少个分子。比如在表3.7中,将比例乘以100就得到了百分比一栏。百分比是一个更为标准化的数值,很多相对数都用百分比表示。当分子的数值很小而分母的数值很大时,也可以用千分数(‰)来表示比例,如人口的出生率、死亡率、自然增长率等都用千分数来表示。

▶ **定义 3.5**　样本(或总体)中各不同类别数值之间的比值,称为比率(ratio)。

比率可以是一个样本(或总体)中各不同部分的数量对比,比如在表3.7中,购买可口可乐的人数与汇源果汁人数的比率是15:6。为便于理解,通常将分母化为1来表示。比如,购买可口可乐的人数与汇源果汁人数的比率是2.5:1。

由于比率不是样本(或总体)中部分与整体之间的对比关系,因而比值可能大于1。为方便起见,比率可以不用1作为基数,而用100或其他便于理解的数作基数。比如,人口的性别比就用每100名女性人口中有多少男性人口来表示,如性别比为105:100,表示每100个女性中相应地有105个男性,说明男性人口数量略多于女性人口。

在对经济和社会问题的研究中经常使用比率。比如国内生产总值中第一、第二、第三产业产值之比等。比率也可以是同一现象在不同时间或空间上的数量之比,比如将2006年的国内生产总值(GDP)与2005年的GDP进行对比,可以计算出GDP的增长率;将一个地区的GDP同另一个地区的GDP进行对比,反映两个地区的经济发展水平差异,等等。

2 分类数据的图示

上面介绍了如何建立频数分布表来反映分类数据的频数分布。如果用图形来显示频数分布,就会更形象和直观。一张好的统计图表,往往胜过冗长的文字表述。统计图的类型有很多,多数统计图除了可以绘制二维平面图外,还可以绘制三维立体图。图形的制作均可由计算机来完成。这里首先介绍分类数据的图示方法,其中包括条形图、Pareto图、饼图等。如果有两个总体或两个样本的分类相同,且问题可比时,还可以绘制环形图(在下一个问题中再介绍其绘制方法)。

(1) 条形图(bar chart)

条形图是用宽度相同的条形的高度或长短来表示数据多少的图形。条形图可以横置或纵置,纵置时也称为柱形图(column chart)。此外,条形图还有单式、复式等形式。

在表示分类数据的分布时,是用条形图的高度或长度来表示各类别数据的频数或频率。绘制时,各类别可以放在纵轴,称为条形图,也可以放在横轴,称为柱形图。例如,表3.6中给出了不同品牌饮料频数分布的柱形图,我们也可以将其进一步美化,如图3.11所示。

(2) Pareto图(Pareto chart)

Pareto图是以意大利经济学家V. Pareto的名字而命名的。该图是按各类别数据出现的频数多少排序后绘制的柱形图。通过对柱形图的排序,容易看出哪类数据出现得多,哪类数据出现得少。Pareto图在质量控制研究中有

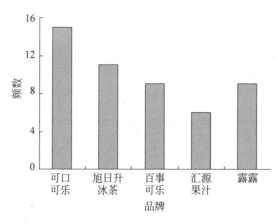

图 3.11 不同品牌饮料的频数分布

广泛应用,对于不同类型的缺陷、失效方式和其他感兴趣的类,可以用 Pareto 图观察各个类的影响顺序。根据表 3.7 不同品牌饮料的频数分布绘制的 Pareto 图如图 3.12 所示。

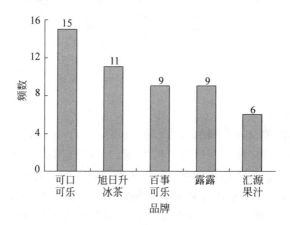

图 3.12 不同品牌饮料的 Pareto 图

从图 3.12 可以看出不同品牌饮料的市场占有情况。

(3) 对比条形图(side-by-side bar chart)

当分类变量在不同时间或不同空间上有多个取值时,为对比分类变量的取值在不同时间或不同空间上的差异或变化趋势,可以绘制对比条形图。

【例 3.4】 一家电脑公司为对比不同品牌的电脑在一季度和二季度的销售情况,收集到下列数据,见表 3.8。试绘制对比条形图。

表 3.8　不同品牌电脑的销售量数据　　　　　　　　单位：台

电脑品牌	一季度	二季度
联想	256	468
IBM	285	397
康柏	247	328
戴尔	563	688

解　根据表 3.8 的数据绘制的对比条形图如图 3.13 所示。

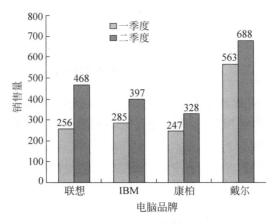

图 3.13　电脑销售量的对比条形图

(4) 饼图(pie chart)

饼图是用圆形及圆内扇形的角度来表示数值大小的图形，它主要用于表示一个样本(或总体)中各组成部分的数据占全部数据的比例，对于研究结构性问题十分有用。在绘制饼图时，样本中各部分所占的百分比用圆内的各个扇形角度表示，这些扇形的中心角度，是按各部分百分比占 360° 的相应比例确定的。例如，根据表 3.7 中的数据绘制的饼图如图 3.14 所示。

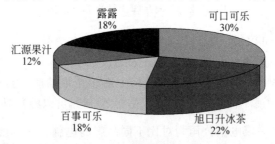

图 3.14　不同品牌饮料的构成

3.2.2 顺序数据的整理与图示

上面介绍的分类数据的频数分布表和图示方法,如频数、比例、百分比、比率、条形图和饼图等,也都适用于对顺序数据的整理与显示。但有些方法适用于对顺序数据的整理和显示,但不适用于分类数据。对于顺序数据,除了可使用上面的整理和显示技术外,还可以计算累积频数和累积频率(百分比)。

1 累积频数和累积频率

▶**定义 3.6** 将各有序类别或组的频数逐级累加起来得到的频数,称为累积频数(cumulative frequencies)。

频数的累积方法有两种:一是从类别顺序的开始一方向类别顺序的最后一方累加频数(数值型分组数据则是从变量值小的一方向变量值大的一方累加频数),称为向上累积;二是从类别顺序的最后一方向类别顺序的开始一方累加频数(数值型分组数据则是从变量值大的一方向变量值小的一方累加频数),称为向下累积。通过累积频数,可以很容易看出某一类别(或数值)以下或某一类别(或数值)以上的频数之和。

▶**定义 3.7** 将各有序类别或组的百分比逐级累加起来,称为累积频率或累积百分比(cumulative percentages)。

累积频率也有向上累积和向下累积两种方法。

【例3.5】 在一项城市住房问题的研究中,研究人员在甲乙两个城市各抽样调查300户,其中的一个问题是:"您对您家庭目前的住房状况是否满意?"要求回答的类别依次是:

1.非常不满意;2.不满意;3.一般;4.满意;5.非常满意。

调查结果的频数分布表如表3.9和表3.10所示。

表 3.9 甲城市家庭对住房状况评价的频数分布

	A	B	C	D	E	F	G
1				甲城市			
2	回答类别	户数(户)	百分比(%)	向上累积		向下累积	
3				户数(户)	百分比(%)	户数(户)	百分比(%)
4	非常不满意	24	8	24	8	300	100
5	不满意	108	36	132	44	276	92
6	一般	93	31	225	75	168	56
7	满意	45	15	270	90	75	25
8	非常满意	30	10	300	100	30	10
9	合计	300	100	—	—	—	—

表 3.10　乙城市家庭对住房状况评价的频数分布

	A	B	C	D	E	F	G
1		乙城市					
2	回答类别	户数(户)	百分比(%)	向上累积		向下累积	
3				户数(户)	百分比(%)	户数(户)	百分比(%)
4	非常不满意	21	7.0	21	7.0	300	100.0
5	不满意	99	33.0	120	40.0	279	93.0
6	一般	78	26.0	198	66.0	180	60.0
7	满意	64	21.3	262	87.3	102	34.0
8	非常满意	38	12.7	300	100.0	38	12.7
9	合计	300	100	—	—	—	—

2　顺序数据的图示

（1）累积频数分布图

根据累积频数或累积频率,可以绘制累积频数分布或频率图。例如,根据表 3.9 的数据绘制的累积频数分布图如图 3.15 所示。

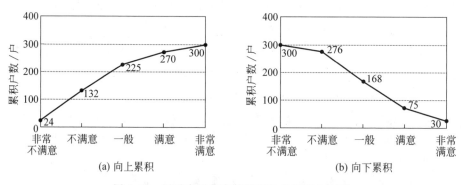

(a) 向上累积　　　　　(b) 向下累积

图 3.15　甲城市对住房状况评价的累积分布图

（2）环形图(doughnut chart)

环形图与饼图类似,但又有区别。环形图中间有一个"空洞",样本或总体中的每一部分数据用环中的一段表示。饼图只能显示一个总体和样本各部分所占的比例,而环形图则可以同时绘制多个总体或样本的数据系列,每一个总体或样本的数据系列为一个环。因此环形图可显示多个总体或样本各部分所占的相应比例,从而有利于进行比较研究。例如根据表 3.9 和表 3.10 的数据绘制两个城市家庭对住房状况评价的环形图,如图 3.16 所示。

在图 3.16 中,外边的一个环表示的是乙城市家庭对住房状况评价各等级所占的百分比,里边的一个环则为甲城市家庭对住房状况评价各等级所占的百分比。

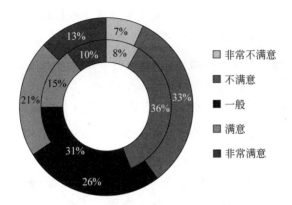

图 3.16　甲乙两城市对住房状况的评价

3.3　数值型数据的整理与展示

上一节介绍的分类数据和顺序数据的整理与图示方法,也都适用于数值型数据的整理与显示。但数值型数据还有一些特定的整理和图示方法,它们并不适用于分类的数据和顺序的数据。

3.3.1　数据分组

数值型数据表现为数字,在整理时通常是进行分组。数据分组的主要目的是观察数据的分布特征。

▶定义 3.8　根据统计研究的需要,将原始数据按照某种标准化分成不同的组别,称为数据分组。

▶定义 3.9　分组后的数据称为分组数据(grouped data)。

数据经分组后再计算出各组中数据出现的频数,就形成了一张频数分布表。数据分组的方法有单变量值分组和组距分组两种。

▶定义 3.10　把每一个变量值作为一组,称为单变量值分组。

单变量值分组方法通常只适合于离散变量且变量值较少的情况。在连续变量或变量值较多的情况下,通常采用组距分组。本节主要介绍组距分组及其频数分布表的制作方法。

▶定义 3.11 将全部变量值依次划分为若干个区间,并将这一区间的变量值作为一组,称为组距分组。

▶定义 3.12 在组距分组中,一个组的最小值称为下限(low limit);一个组的最大值称为上限(upper limit)。

下面结合具体的例子说明分组的过程和频数分布表的编制过程。

【例 3.6】 表 3.11 是某电脑公司 2005 年前 4 个月每天的销售量数据(单位:台)。试对数据进行分组。

表 3.11 某电脑公司 2005 年前 4 个月的销售量

	A	B	C	D	E	F	G	H	I	J
1	234	159	187	155	172	183	182	177	163	158
2	143	198	141	167	194	225	177	189	196	203
3	187	160	214	168	173	178	184	209	176	188
4	161	152	149	211	196	234	185	189	196	206
5	150	161	178	168	174	153	186	190	160	171
6	228	162	223	170	165	179	186	175	197	208
7	153	163	218	180	175	144	178	191	197	192
8	166	196	179	171	233	179	187	173	174	210
9	154	164	215	233	175	188	237	194	198	168
10	174	226	180	172	190	172	187	189	200	211
11	156	165	175	210	207	181	205	195	201	172
12	203	165	196	172	176	182	188	195	202	213

采用手工分组时,可先对上面的数据进行排序(使用计算机时不必排序),结果如表 3.12 所示。

表 3.12 某电脑公司 2005 年前 4 个月的销售量的排序

	A	B	C	D	E	F	G	H	I	J
1	141	159	166	172	177	182	188	196	203	214
2	143	160	167	173	177	183	189	196	203	215
3	144	160	168	173	178	184	189	196	205	218
4	149	161	168	174	178	185	189	196	206	223
5	150	161	168	174	178	186	190	196	207	225
6	152	162	170	174	179	186	190	197	208	226
7	153	163	171	175	179	187	191	197	209	228
8	153	163	171	175	179	187	192	198	210	233
9	154	164	172	175	180	187	194	198	210	233
10	155	165	172	175	180	187	194	200	211	234
11	156	165	172	176	181	188	195	201	211	234
12	158	165	172	176	182	188	195	202	213	237

分组和编制频数分布表的具体步骤如下。

第 1 步:确定组数。一组数据分多少组合适呢?一般与数据本身的特点及数据的多少有关。由于分组的目的之一是为了观察数据分布的特征,因此组数的多少应适中。如组数太少,数据的分布就会过于集中,组数太多,数据的分布就会过于分散,这都不便于观察数据分布的特征和规律。组数的确定应以能够显示数据的分布特征和规律为目的。一般情况下,一组数据所分的组数 K 不应少于 5 组且不多于 15 组,即 $5 \leqslant K \leqslant 15$。在实际分组时,也可以按 Sturges 提出的经验公式来确定组数 K,

$$K = 1 + \frac{\lg n}{\lg 2},\qquad(3.2)$$

其中 n 为数据的个数,对结果四舍五入取整数即为组数。例如,对表 3.11 的数据有:$K=1+\lg 120/\lg 2 \approx 8$,即应分为 8 组。当然,这只是一个经验公式,实际应用时,可根据数据的多少和特点及分析的要求,参考这一标准灵活确定组数。本例中由于数据较多,可分为 10 组。

第 2 步:确定各组的组距。

▶**定义 3.13** 一个组的上限与下限的差,称为组距(class width)。

组距可根据全部数据的最大值和最小值及所分的组数来确定,即组距=(最大值-最小值)/组数。例如,对于本例数据,最大值为 237,最小值为 141,则组距=(237-141)/10=9.6。为便于计算,组距宜取 5 或 10 的倍数,而且第一组的下限应低于最小变量值,最后一组的上限应高于最大变量值,因此组距可取 10。

第 3 步:根据分组整理成频数分布表。用 Excel 来制作频数分布表,这一过程与上面介绍的分类数据类似。只是需要在【接收区域】方框内,输入各组的上限值。需要注意的是,Excel 在作频数分布表时,每一组的频数包括一个组的上限值,即 $a < x \leqslant b$。因此,我们在【接收区域】一列输入 149,159,…,229,239。表 3.13 就是 Excel 的输出频数分布[1]。

---

[1] 使用 Excel 的"直方图"工具有一个缺陷,就是频数分布和直方图没有与数据链接,因此,如果你改变任何一个数据,频数分布表和直方图不会跟着改变,必须重复上面的步骤创建一个新的频数分布表和直方图。为解决这一问题,可以使用 Excel 中的统计函数"FREQUENCY"来创建频数分布表和直方图。创建频数分布表的具体步骤是:(1)选择与接受区域相临近的单元格区域,作为频数分布表输出的区域;(2)选择统计函数中的"FREQUENCY"函数;(3)在对话框 Date-array 后输入数据区域,在 Bins-array 后输入接受区域;(4)同时按下 Ctrl-Shift-Enter 组合键,即得到频数分布。

要制作直方图,可根据频数分布表,使用柱形图来创建直方图。这样,当改变任何一项数据时,频数分布表和直方图则随之改变。

表 3.13　某电脑公司销售量的频数分布

	A	B	C
1	按销售量分组(台)	频数（天）	频率（%）
2	140~150	4	3.33
3	150~160	9	7.50
4	160~170	16	13.33
5	170~180	27	22.50
6	180~190	20	16.67
7	190~200	17	14.17
8	200~210	10	8.33
9	210~220	8	6.67
10	220~230	4	3.33
11	230~240	5	4.17
12	合计	120	100

采用组距分组时，需要遵循"不重不漏"的原则。"不重"是指一项数据只能分在其中的某一组，不能在其他组中重复出现；"不漏"是指组别能够穷尽，即在所分的全部组别中每项数据都能分在其中的某一组，不能遗漏。

为解决"不重"的问题，统计分组时习惯上规定"上组限不在内"，即当相邻两组的上下限重叠时，恰好等于某一组上限的变量值不算在本组内，而计算在下一组内。"不重不漏"用数学语言来表示就是分组后的变量值 x 满足 $a \leqslant x < b$。例如，在表 3.13 的分组中，150 这一数值不计算在"140~150"这一组内，而计算在"150~160"组中，其余类推。当然，对于离散变量，可以采用相邻两组组限间断的办法解决"不重"的问题。例如，可以对上面的数据做如下的分组，如表 3.14。

表 3.14　某电脑公司销售量的频数分布

	A	B	C
1	按销售量分组(台)	频数（天）	频率（%）
2	140~149	4	3.33
3	150~159	9	7.50
4	160~169	16	13.33
5	170~179	27	22.50
6	180~189	20	16.67
7	190~199	17	14.17
8	200~209	10	8.33
9	210~219	8	6.67
10	220~229	4	3.33
11	230~239	5	4.17
12	合计	120	100

而对于连续变量，可以采取相邻两组组限重叠的方法，根据"上组限不在内"的规定解决"不重"的问题，也可以对一个组的上限值采用小数点的形式，

小数点的位数根据所要求的精度具体确定。例如,对零件尺寸可以分组为 10~11.99、12~13.99、14~15.99,等。

在组距分组中,如果全部数据中的最大值和最小值与其他数据相差悬殊,为避免出现空白组(即没有变量值的组)或个别极端值被漏掉,第一组和最后一组可以采取"××以下"及"××以上"这样的开口组。开口组通常以相邻组的组距作为其组距。例如,在上面的 120 个数据中,假定将最小值改为 102,最大值改为 265,采用上面的分组就会出现"空白组",这时可采用"开口组",如表 3.15。

表 3.15 某电脑公司销售量的频数分布

	A	B	C
1	按销售量分组(台)	频数(天)	频率(%)
2	150 以下	4	3.33
3	150~159	9	7.50
4	160~169	16	13.33
5	170~179	27	22.50
6	180~189	20	16.67
7	190~199	17	14.17
8	200~209	10	8.33
9	210~219	8	6.67
10	220~229	4	3.33
11	230 以上	5	4.17
12	合计	120	100

▶定义 3.14 各组组距相等的组距分组,称为等距分组。

▶定义 3.15 各组组距不相等的组距分组,称为不等距分组。

比如上面的分组就是等距分组。有时,对于某些特殊现象或为了特定研究的需要,也可以采用不等距分组。比如,对人口年龄的分组,可根据人口成长的生理特点分成 0~6 岁(婴幼儿组)、7~17 岁(少年儿童组)、18~59 岁(中青年组)、60 岁以上(老年组)等。

组距分组掩盖了各组内的数据分布状况,为反映各组数据的一般水平,通常用组中值作为该组数据的一个代表值。

▶定义 3.16 每一组的下限和上限之间的中点值,称为组中值(class midpoint),即,组中值=(下限值+上限值)/2。

使用组中值代表一组数据时有一个必要的假定条件,即各组数据在本组内呈均匀分布或在组中值两侧呈对称分布。如实际数据的分布不符合这一假定,用组中值作为一组数据的代表值会有一定的误差。

为了统计分析的需要,有时需要观察某一数值以下或某一数值以上的频数或频率之和,这时可以计算出累积频数或累积频率。

3.3.2 数值型数据的图示

上面介绍的条形图、饼图、环形图及累积分布图等都适用于显示数值型数据。此外,对数值型数据还有下面的一些图示方法,这些方法并不适用于分类数据和顺序数据。

1 分组数据：直方图

通过数据分组后形成的频数分布表,可以初步看出数据分布的一些特征和规律。例如,从表3.13可以看出,大多数时间的销售量在170～180台之间,共27天,低于这一水平的共有29天,高于这一水平的共有64天,可见这是一种非对称分布。如果用图形来表示这一分布的结果,会更形象、直观。显示分组数据频数分布特征的图形有直方图、折线图和曲线图等。

▶**定义3.17** 用矩形的宽度和高度(即面积)来表示频数分布的图形,称为直方图(histogram)。

在平面直角坐标中,用横轴表示数据分组,纵轴表示频数或频率,这样,各组与相应的频数就形成了一个矩形,即直方图。例如,根据表3.13中的分组数据用Excel绘制的直方图如图3.17所示。

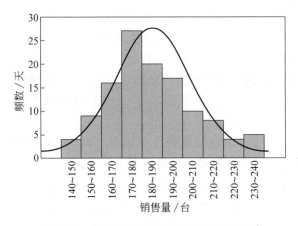

图3.17 某公司电脑销售量分布的直方图

从图3.17可以直观地看出,电脑销售量的分布右边的尾部比左边的尾部长一些,略微有一些右偏分布。

对于等距分组的数据,可以用矩形的高度直接表示频数的分布。如果是不等距分组数据,用矩形的高度来表示各组频数的分布就不再适用(读者可以自己想一想为什么)了。这时,如果不是用矩形的高度而是用矩形的面积来表示各组的频数分布,或根据频数密度(密度＝频数/组距)来绘制直方图,就可以准确地表示各组数据分布的特征。实际上,无论是等距分布数据还是不等距分组数据,用矩形的面积来表示各组的频数分布才是合适的,因为这样可使直方图下的总面积等于1。比如在等距分组中,矩形的高度与各组的频数成比例,如果取矩形的宽度(各组组距)为一个单位,高度表示比例(即频率),则直方图下的总面积等于1。在直方图中,实际上是用矩形的面积来表示各组的频数分布。

直方图与条形图不同。首先,条形图是用条形的长度(横置时)表示各类别频数的多少,其宽度(表示类别)则是固定的;直方图是用面积表示各组频数的多少,矩形的高度表示每一组的频数或频率,宽度则表示各组的组距,因此其高度与宽度均有意义。其次,由于分组数据具有连续性,直方图的各矩形通常是连续排列,而条形图则是分开排列。最后,条形图主要用于展示分类数据,而直方图则主要用于展示数值型数据。

2　未分组数据:茎叶图和箱线图

(1) 茎叶图

直方图主要用于展示分组数据的分布,对于未分组的原始数据则可以用茎叶图和箱线图来观察分布。

▶定义 3.18　由"茎"和"叶"两部分组成的、反映原始数据分布的图形,称为茎叶图(stem-and-leaf display)。

茎叶图由"茎"和"叶"两部分构成,其图形是由数字组成的。通过茎叶图,可以看出数据的分布形状及数据的离散状况,比如,分布是否对称,数据是否集中,是否有离群点等等。

绘制茎叶图的关键是设计好树茎。制作茎叶图时,首先把一个数字分成两部分,通常是以该组数据的高位数值作为树茎,而且树叶上只保留该数值的最后一个数字。例如,125 分成 12|5,12 分成 1|2,1.25 分成 12|5(单位:0.01),等等,前部分是树茎,后部分是树叶。树茎一经确定,树叶就自然地长在相应的树茎上了。下面就是用表 3.12 的数据制作的茎叶图,见图 3.18。

树茎	树叶	数据个数
14	1349	4
15	023345689	9
16	0011233455567888	16
17	011222223344455556677888999	27
18	00122345667777888999	20
19	00124455666667788	17
20	0123356789	10
21	00113458	8
22	3568	4
23	33447	5

图 3.18　某电脑公司销售量数据的茎叶图

上面的茎叶图显得过于拥挤,可以把它扩展,形成扩展的茎叶图。比如,可以将图 3.18 扩展一倍,即每一个树茎重复两次,一次有记号"＊",表示该行叶子上的数为 0～4,另一次有记号"·",表示该行叶子上的数为 5～9,于是可得到图 3.19。

树茎	树叶	数据个数
14＊	134	3
14·	9	1
15＊	02334	5
15·	5689	4
16＊	00112334	8
16·	55567888	8
17＊	0112222233444	13
17·	55556677888999	14
18＊	0012234	7
18·	5667777888999	13
19＊	001244	6
19·	55666667788	11
20＊	01233	5
20·	56789	5
21＊	001134	6
21·	58	2
22＊	3	1
22·	568	3
23＊	3344	4
23·	7	1

图 3.19　扩展的茎叶图

从图 3.19 中可以看出电脑销售量分布的一些细节。

对于一组数据,茎叶图到底有多少行比较合适呢?经验表明,如果数据

的个数为 $n(20 \leqslant n \leqslant 300)$，则茎叶图的最大行数不超过
$$L = [10 \times \lg n], \qquad(3.3)$$
方括号表示括号中数据的整数部分。如本例中 $n=50$，则 $L=[10 \times \lg 120]=[20.79]=20$。按照这个标准，图 3.19 的茎叶图的行数比较合适。当所研究的数据较多时，可根据需要将茎叶图再"拉长"或"扩展"。比如可以把茎叶图拉长 5 位，即每个茎上的数重复 5 次。其中有记号"*"的茎，叶子上的数为 0 和 1；有记号"t"的茎，叶子上的数为 2 和 3(two 和 three)；有记号"f"的茎，叶子上的数为 4 和 5(four 和 five)；有记号"s"的茎，叶子上的数为 6 和 7(six 和 seven)；有记号"·"的茎，叶子上的数为 8 和 9。当然，这些记号可以不要，只要看明白就行。

图 3.18 相当于对原始数据按照组距为 10 进行的分组，也就是每一行的数据宽度为 10；而图 3.19 则相当于按照组距为 5 进行的分组，即每一行的数据宽度为 5。

当然，根据式(3.3)确定的行数只是一个大致的标准。在实际应用中，茎叶图行数的确定还要根据数据的分散状况及数据分布的特征来确定，总之要以能充分显示出数据的分布特征为目的。

茎叶图类似于横置的直方图，与直方图相比，茎叶图既能给出数据的分布状况，又能给出每一个原始数值，即保留了原始数据的信息。而直方图虽然能很好地显示数据的分布，但不能保留原始的数值。在应用方面，直方图通常适用于大批量数据，茎叶图通常适用于小批量数据。

(2) 箱线图

▶ **定义 3.19**　由一组数据的最大值、最小值、中位数和两个四分位数 5 个特征值绘制而成的、反映原始数据分布的图形，称为箱线图(box plot)。

对于一组数据，统计上也称为一个数据"批"(batch)，或单批数据，而对于多组数据也称为多批数据。对于单批数据，可以绘制简单箱线图；对于多批数据，可以绘制批比较箱线图。通过箱线图，不仅可以反映出一组数据分布的特征，还可以进行多组数据分布特征的比较。

箱线图是由一个箱子和两条线段组成。根据绘制箱线图时所使用统计量的不同，箱线图有不同的类型，包括中位数/四分位数/极差(Median/Quart./Range)箱线图、均值/标准误差/标准差(Mean/SE/SD)箱线图、均值/标准差/1.96 倍的标准差(Mean/SD/1.96 * SD)箱线图、均值/标准误差/

1.96 倍的标准误差(Mean/SE/1.96 * SE)箱线图①。

中位数/四分位数/极差(Median/Quart./Range)箱线图是最常见的。该箱线图是用中位数(median)、四分位数(quartiles)、最大值(maximum)和最小值(minimum)来描述一组数据分布特征的图形。它是用中位数来描述一组数据的集中趋势；由两个四分位数形成的箱子和两个极值与箱子相连的线分别用来描述数据的离散程度。该箱线图的绘制方法是：先找出一组数据的5个特征值，即数据的最大值、最小值、中位数和两个四分位数；然后，连接两个四分位数画出箱子；再将两个极值点与箱子相连接，中位数在箱子中间。Median/Quart./Range 箱线图的一般形式如图 3.20 所示。

图 3.20　Median/Quart./Range 箱线图

例如，对表 3.12 中的数据，最大值=237；最小值=141；中位数=182；下四分位数=170.25；上四分位数=197。绘制的箱线图如图 3.21 所示。

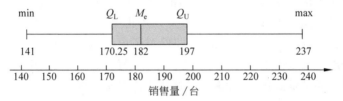

图 3.21　某电脑公司销售量数据的 Median/Quart./Rang 箱线图

通过箱线图的形状，就可以看出数据分布的特征。图 3.22 就是几种不同的箱线图与其所对应的分布形状的比较。

下面介绍其他箱线图的绘制方法。

Mean/SE/SD 箱线图：该箱线图是用均值(mean)、均值的抽样标准误差 SE(standard error)和标准差 SD(standard deviation)来描述一组数据分布特

---

① 中位数(median)是一组数据排序后处于中间位置上的变量值，用 M_e 表示；四分位数(quartiles)是一组数据排序后处在数据 25%位置和 75%位置上的两个值，用 Q_L 表示下四分位数，Q_U 表示上四分位数；极差是一组数据的最大值(maximum)和最小值(minimum)之差；均值(mean)是一组数据的平均数。标准差(standard deviation)是一组数据中各变量值与其平均数值离差的平均数；均值的抽样标准误差(standard error)是样本标准差(或总体标准差)除以数据个数的平方根。均值的抽样标准差将在的第 6 章中介绍，其余的统计量将在第 4 章中介绍。

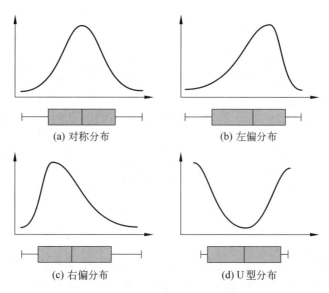

图 3.22 不同分布的箱线图

征的图形。箱子中间的点表示变量的均值；箱子表示距离均值±1倍的标准误差，两条线表示距离均值±1倍的标准差。例如，根据表 3.11 中的数据绘制的电脑销售量的 Mean/SE/SD 箱线图如图 3.23(a)所示。

Mean/SD/1.96 ∗ SD 箱线图：该箱线图是用均值(mean)、标准差 SD (standard deviation)来描述一组数据分布特征的图形。箱子中间的点表示变量的均值；箱子表示距离均值±1倍的标准差。如果一组数据是正态分布，则图中的线表示均值±1.96倍的标准差的"95%的置信区间"。例如，根据表 3.11 中的数据绘制的电脑销售量的 Mean/SD/1.96 ∗ SD 箱线图如图 3.23(b)所示。

Mean/SE/1.96 ∗ SE 箱线图：该箱线图是用均值(mean)、均值的抽样标准误差 SE(standard error)来描述一组数据分布特征的图形。箱子中间的点表示变量的均值；不过，该图中的箱子表示距离均值1倍的标准误差。如果一组数据是正态分布，则图中的线表示变量均值±1.96倍的标准误差的"95%的置信区间"。例如，根据表 3.11 中的数据绘制的电脑销售量的 Mean/SE/1.96 ∗ SE 箱线图如图 3.23(c)所示。

对于多批数据，可以将各批数据的箱线图并列起来，从而进行分布特征的比较。先看下面的例子。

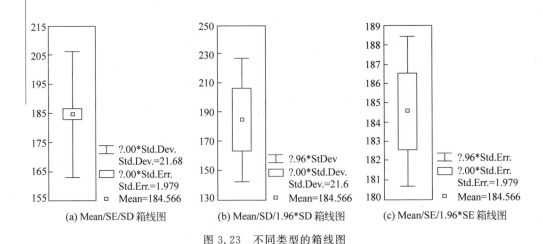

(a) Mean/SE/SD 箱线图　　(b) Mean/SD/1.96*SD 箱线图　　(c) Mean/SE/1.96*SE 箱线图

图 3.23　不同类型的箱线图

【例 3.7】 从某大学经济管理专业二年级学生中随机抽取 11 人，对 8 门主要课程的考试成绩进行调查，所得结果如表 3.16。试绘制各科考试成绩的批比较箱线图，并分析各科考试成绩的分布特征。

表 3.16　11 名学生各科的考试成绩数据

	B	C	D	E	F	G	H	I	J	K	L	M
1		学生编号										
2	课程名称	1	2	3	4	5	6	7	8	9	10	11
3	英语	76	90	97	71	70	93	86	83	78	85	81
4	经济数学	65	95	51	74	78	63	91	82	75	71	55
5	西方经济学	93	81	76	88	66	79	83	92	78	86	78
6	市场营销学	74	87	85	69	90	80	77	84	91	74	70
7	财务管理	68	75	70	84	73	60	76	81	88	68	75
8	基础会计学	70	73	92	65	78	87	90	70	66	79	68
9	统计学	55	91	68	73	84	81	70	69	94	62	71
10	计算机应用基础	85	78	81	95	70	67	82	72	80	81	77

解　首先计算出 11 个学生各科考试成绩的最大值、最小值、中位数和两个四分位数，如表 3.17。根据表 3.17 的计算结果绘制的箱线图如图 3.24 所示。

由图 3.24 可以看出，在 8 门课程中，平均考试成绩较高的是英语和西方经济学(中位数较高)，较低的是基础会计学和统计学；从考试成绩的离散程度来看，英语和市场营销学的考试成绩比较集中(箱子较短)，且大体上为对称分布(中位数在箱子的中间位置)；而经济数学、基础会计学和统计学课程的考试成绩则比较分散。

表 3.17　各学科考试成绩的特征值

	A	B	C	D	E	F	G	H	I	J	K	L
1	课程名称	最小值		Q_L			M_e			Q_U		最大值
2	英语	70	71	76	78	81	83	85	86	90	93	97
3	经济数学	51	55	63	65	71	74	75	78	82	91	95
4	西方经济学	66	76	78	78	79	81	83	86	88	92	93
5	市场营销学	69	70	74	74	77	80	84	85	87	90	91
6	财务管理	60	68	68	70	73	75	75	76	81	84	88
7	基础会计学	65	66	68	70	70	73	78	79	87	90	92
8	统计学	55	62	68	69	70	71	73	81	84	91	94
9	计算机应用基础	67	70	72	77	78	80	81	81	82	84	95

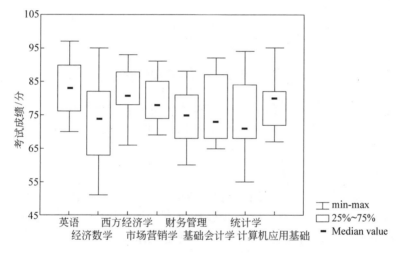

图 3.24　8 门课程考试成绩的箱线图

当关心每个学生考试成绩的分布时,可以把每个学生作为所关心的变量来做箱线图。根据表 3.16 中的数据绘制的箱线图如图 3.25。

从图 3.25 可以看出,在 11 名学生中,第 2 号学生各科的平均考试成绩最高,而且各学科成绩之间的离散程度也较小;而第 1 号学生的平均考试成绩最低,而且各科考试成绩的离散程度也较大;各科考试成绩之间离散程度最大的是第 3 号学生。

上面的两个箱线图中,由于考试成绩水平之间和离散程度差异都不大,箱线图很容易比较[①]。股票分析中常用的 K 线图与箱线图类似,只不过 K 线

---

① 如果观测值的水平之间差异较大时,箱线图就很难进行比较,这时可对数据进行适当的变换,以使不同的箱线图之间具有可比性。有关这一问题,可参见文献(Hoaglin,1998)。

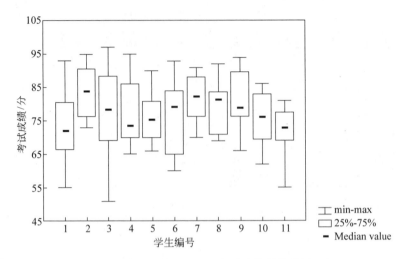

图 3.25　11 名学生课程考试成绩的箱线图

图是用开盘价、收盘价、最高价、最低价这 4 个数据绘制而成的。

箱线图的绘制可以由计算机来实现,例如,上面的图 3.24 和图 3.25 就是由 STATISTICA 软件绘制而成的。

3　时间序列数据：线图(line plot)

如果数值型数据是在不同时间上取得的,即时间序列数据,则可以绘制线图。线图是在平面坐标上用折线表现数据变化特征的图形。线图主要用于显示时间序列数据,以反映事物发展变化的规律和趋势。

【例 3.8】　已知 1991—2003 年我国城乡居民家庭的人均收入数据如表 3.18。试绘制线图。

根据表 3.18 数据绘制的线图如图 3.26 所示。

从图 3.26 可以清楚地看出,城乡居民的家庭人均收入逐年提高,而且城镇居民的家庭人均收入高于农村,从 1993 年后这种差距有扩大的趋势。

绘制线图时应注意以下几点：

(1) 时间一般绘在横轴,观测值绘在纵轴。

(2) 图形的长宽比例要适当,一般应绘成横轴略大于纵轴的长方形,其长宽比例大致为 10∶7。图形过扁或过于瘦高,不仅不美观,而且会给人造成视觉上的错觉,不便于对数据变化的理解。

(3) 一般情况下,纵轴数据下端应从"0"开始,以便于比较。数据与"0"之间的间距过大,可以采取折断的符号将纵轴折断。

表 3.18　1991—2003 年城乡居民家庭人均收入　　　　单位：元

	A	B	C
1	年份	城镇居民	农村居民
2	1991	1700.6	708.6
3	1992	2026.6	784.0
4	1993	2577.4	921.6
5	1994	3496.2	1221.0
6	1995	4283.0	1577.7
7	1996	4838.9	1926.1
8	1997	5160.3	2091.1
9	1998	5425.1	2162.0
10	1999	5854.0	2210.3
11	2000	6280.0	2253.4
12	2001	6859.6	2366.4
13	2002	7702.8	2475.6
14	2003	8472.2	2622.2

资料来源：《中国统计年鉴 2004》，北京：中国统计出版社，2004，第 357 页。

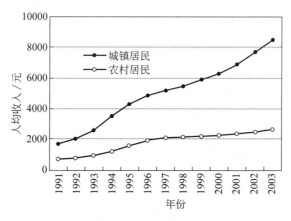

图 3.26　城乡居民家庭人均收入

4　多变量数据的图示

上面介绍的一些图形描述的都是单变量数据。当有两个或两个以上变量时，利用一般的点图方法就很难做到了，为此，人们研究了多变量的图示方法，其中有散点图、三维散点图、气泡图、雷达图、脸谱图、星座图、连接向量图等。这里主要介绍散点图、三维散点图、气泡图和雷达图的绘制方法。

(1) 二维散点图(2D Scatterplots)

二维散点图是用二维坐标展示两个变量之间关系的一种图形。它是用

坐标横轴代表变量 x, 纵轴代表变量 y, 每组数据 (x_i, y_i) 在坐标系中用一个点表示, n 组数据在坐标系中形成的 n 个点称为散点, 由坐标及其散点形成的二维数据图称为散点图。

【例 3.9】 小麦的单位面积产量与降雨量和温度等有一定关系。为了解它们之间的关系形态, 收集到如下数据, 见表 3.19。试绘制小麦产量与降雨量的散点图, 并分析它们之间的关系。

表 3.19 小麦产量与降雨量和温度的数据

	A	B	C
1	温度/℃	降雨量/mm	产量/kg/hm²
2	6	25	2250
3	8	40	3450
4	10	58	4500
5	13	68	5750
6	14	110	5800
7	16	98	7500
8	21	120	8250

解 根据表 3.19 中的数据绘制的散点图如图 3.27 所示。

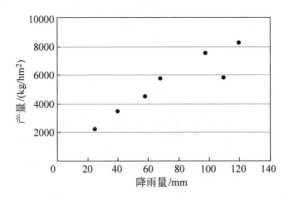

图 3.27 小麦产量与降雨量的散点图

从图 3.27 可以看出, 小麦产量与降雨量之间具有明显的线性关系, 随着降雨量的增多, 产量也随之增加。

(2) 三维散点图 (3D Scatterplots)

当考察 3 个变量之间的关系时, 二维散点图不再适用, 这时可以绘制三维散点图和气泡图来展示 3 个变量之间的关系。例如, 根据表 3.19 中的数据, 绘制小麦产量、降雨量和温度的三维散点图如图 3.28 所示。

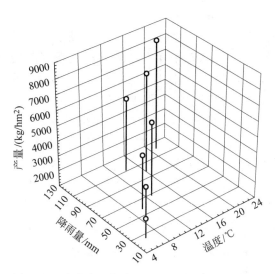

图 3.28 小麦产量与降雨量和温度的三维散点图

从图 3.28 可以看出,随着气温的增高,降雨量也在增加;随着气温和降雨量的增加,小麦的产量也在提高。

(3) 气泡图(bubble chart)

气泡图也可用于展示三个变量之间的关系。它与散点图类似,绘制时将一个变量放在横轴,另一个变量放在纵轴,而第三个变量则用气泡的大小来表示。例如,根据表 3.19 中的数据绘制的气泡图如图 3.29 所示。

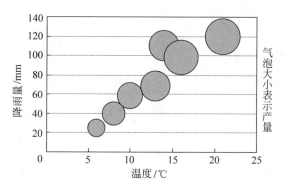

图 3.29 小麦产量与降雨量和温度的气泡图

从图 3.29 可以看出,随着气温的增高,降雨量也在增加;随着气温和降雨量的增加,小麦的产量也在提高(气泡在变大)。

(4) 雷达图(radar chart)

雷达图是显示多个变量的常用图示方法,也称为蜘蛛图(spider chart)。设有 n 组样本 $S_1, S_2, \cdots, S_n$,每个样本测得 P 个变量 $X_1, X_2, \cdots, X_p$,要绘制这 P 个变量的雷达图,其具体做法是:先做一个圆,然后将圆 P 等分,得到 P 个点,令这 P 个点分别对应 P 个变量,再将这 P 个点与圆心连线,得到 P 个辐射状的半径,这 P 个半径分别作为 P 个变量的坐标轴,每个变量值的大小由半径上的点到圆心的距离表示,再将同一样本的值在 P 个坐标上的点连线。这样,n 个样本形成的 n 个多边形就是一个雷达图。

雷达图在显示或对比各变量的数值总和时十分有用。假定各变量的取值具有相同的正负号,则总的绝对值与图形所围成的区域成正比。此外,利用雷达图也可以研究多个样本之间的相似程度。

【例 3.10】 2003 年我国城乡居民家庭平均每人各项生活消费支出构成数据如表 3.20。试绘制雷达图。

表 3.20　2003 年城乡居民家庭平均每人生活消费支出构成(%)

	A	B	C
1	项　目	城镇居民	农村居民
2	食品	37.12	45.59
3	衣着	9.79	5.67
4	家庭设备用品及服务	6.30	4.20
5	医疗保健	7.31	5.96
6	交通通信	11.08	8.36
7	教育文化娱乐服务	14.35	12.13
8	居住	10.74	15.87
9	杂项商品与服务	3.30	2.21

资料来源:《中国统计年鉴 2004》,北京:中国统计出版社,2004,第 359、385 页。

根据上表数据绘制的雷达图如图 3.30。从图中可以得到以下几点结论:无论是城镇居民还是农村居民,家庭消费支出中食品支出的比重都最大,杂项商品与服务支出的比重都最小;除食品支出和居住支出外,城镇居民的支出比重都高于农村;城镇居民支出和农村居民支出在结构上具有很大的相似性。

下面的图 3.31 总结了数据的类型和图示方法。

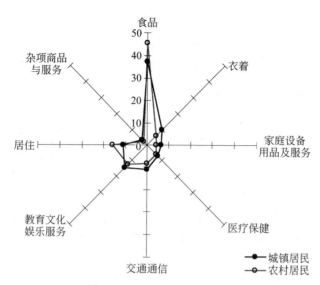

图 3.30 2003 年城乡居民家庭人均消费支出构成

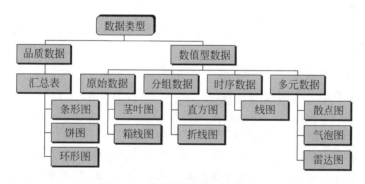

图 3.31 数据的类型与图示方法

3.4 合理使用图表

统计表和统计图是显示统计数据的两种方式。在日常生活中,阅读报刊,或者在看电视、查阅计算机网络时,我们都能看到大量的统计表格和统计图形。统计表把杂乱的数据有条理地组织在一张简明的表格内,统计图把数据形象地显示出来。显然,看统计表和统计图要比看那些枯燥的数字更有趣,也更容易理解。在对某些实际问题进行研究时,也经常要使用统计表和统计图。正确地使用统计表和统计图是做好统计分析的最基本技能。前几节,已经介绍了不同类型统计数据的图示方法,本节将要介绍统计图表的合理使用问题。

3.4.1 鉴别图形优劣的准则

一张精心设计的图形是展示数据的最有效工具。上面介绍了用图形来展示统计数据的方法。借助于计算机可以很容易地绘制出漂亮的图表,但需要注意的是,初学者往往会在图形的修饰上花费太多的时间和精力,这样做得不偿失,也未必合理,或许会画蛇添足。

精心设计的图形可以准确表达数据所要传递的信息。设计图形时,应绘制得尽可能简洁,以能够清晰地显示数据、合理地表达统计目的为依据。Edward R. Tufte 在其著作 *The Visual Display of Quantitative Information* (1983)中使用"图优性(graphical excellency)"来描述一个好图。Tufte 指出,一张好的图形应包括以下基本特征。

(1) 显示数据。
(2) 让读者把注意力集中在图形的内容上,而不是制作图形的程序上。
(3) 避免歪曲。
(4) 强调数据之间的比较。
(5) 服务于一个明确的目的。
(6) 有对图形的统计描述和文字说明。

Tufte 还提出了 5 种鉴别图形优劣的准则。

(1) 一张好的图形应当精心设计,有助于洞察问题的实质。
(2) 一张好的图形应当使复杂的观点得到简明、确切、高效的阐述。
(3) 一张好的图形应当能在最短的时间内以最少的笔墨给读者提供最大量的信息。
(4) 一张好的图形应当是多维的。
(5) 一张好的图形应当表述数据的真实情况。

在绘制图形时,应避免一切不必要的修饰。过于花哨的修饰往往会使人注重图形本身,而忽略了图形所要表达的信息。图形体现的视觉效果应与数据所体现的事物特征相一致,否则有可能歪曲数据,给人留下错误的印象。

3.4.2 统计表的设计

统计表是用于展示数据的另一个基本工具。在数据的收集、整理、描述和分析过程中,都要使用统计表。许多杂乱的数据,既不便于阅读,也不便于理解和分析,一旦整理在一张统计表内,就会使这些数据变得一目了然,清晰易懂。充分利用和制作好统计表是做好统计分析的基本要求。

统计表的形式多种多样,根据使用者的要求和统计数据本身的特点,可以绘制形式多样的统计表。比如,表 3.21 就是一种比较常见的统计表。

表 3.21　2002—2003 年城镇居民家庭抽样调查资料　　←——表头

	项　目	单位	2002 年	2003 年	
	调查户数	户	45317	48028	
	平均每户家庭人口	人	3.04	3.01	
行标题	平均每户就业人口	人	1.58	1.58	数字资料
	平均每户就业面	%	51.97	52.49	
	平均每一就业者负担人数	人	1.92	1.91	
	平均每人全部年收入	元	8177.40	9061.22	
	＃可支配收入	元	7702.80	8472.20	
	平均每人消费性支出	元	6029.88	6510.94	

资料来源:《中国统计年鉴 2004》,北京:中国统计出版社,2004,第 359 页。
注:本表为城镇居民家庭收支抽样调查材料。　　　　　　　　　　　附加

从表 3.21 可以看出,统计表一般由 4 个主要部分组成,即表头、行标题、列标题和数字资料,此外,必要时可以在统计表的下方加上表外附加。表头应放在表的上方,它所说明的是统计表的主要内容;行标题和列标题通常安排在统计表的第一列和第一行,它所表示的主要是所研究问题的类别名称和变量名称,如果是时间序列数据,行标题和列标题也可以是时间,当数据较多时,通常将时间放在行标题的位置。表的其余部分是具体的数字资料;表外附加通常放在统计表的下方,主要包括数据来源、变量的注释和必要的说明等内容。

由于使用者的目的以及统计数据的特点不同,统计表的设计在形式和结构上会有较大差异,但其设计上的基本要求则是一致的。尽管计算机的应用对统计表的形式要求越来越少,但"科学、实用、简练、美观"仍然是设计和使用统计表所要求的。具体来说,设计和使用统计表时要注意以下几点:

首先,要合理安排统计表的结构,比如行标题、列标题、数字资料的位置应安排合理。当然,由于强调的问题不同,行标题和列标题可以互换,但应使

统计表的横竖长度比例适当,避免出现过高或过长的表格形式。

其次,表头一般应包括表号、总标题和表中数据的单位等内容。总标题应简明确切地概括出统计表的内容,一般需要表明统计数据的时间(When)、地点(Where)以及何种数据(What),即标题内容应满足 3W 要求。如果表中的全部数据都是同一计量单位,可放在表的右上角标明,若各变量的计量单位不同,则应放在每个变量后或单列出一列标明。

再次,表中的上下两条横线一般用粗线,中间的其他线要用细线,这样使人看起来清楚、醒目。通常情况下,统计表的左右两边不封口,列标题之间在必要时可用竖线分开,而行标题之间通常不必用横线隔开。总之表中尽量少用横竖线。表中的数据一般是右对齐,有小数点时应以小数点对齐,而且小数点的位数应统一。对于没有数字的表格单元,一般用"—"表示,一张填好的统计表不应出现空白单元格。

最后,在使用统计表时,必要时可在表的下方加上注释,特别要注意注明数据来源,以对他人劳动成果的尊重,备读者查阅使用。

也许人人都会用统计表,但用好并不容易。过去,使用统计表有很多细节要求,比如,统计表的两端不要封口,等等。随着计算机应用,这些限制越来越少了。计算机使统计表变得更漂亮,形式更多样。但简捷、明快仍然是统计表所要求的。与绘制图形一样,使用统计表也不要画蛇添足,不必要的线就不应该画上,表格越简明越好。比较下面的表 3.22、表 3.23、表 3.24 3 个统计表,看看你更喜欢用哪一个。

表 3.22 某城市居民关注广告类型的频数分布

广告类型	人数(人)	频率(%)
商品广告	112	56.0
服务广告	51	25.5
金融广告	9	4.5
房地产广告	16	8.0
招生招聘广告	10	5.0
其他广告	2	1.0
合计	200	100

表 3.23 某城市居民关注广告类型的频数分布

广告类型	人数（人）	频率（%）
商品广告	112	56.0
服务广告	51	25.5
金融广告	9	4.5
房地产广告	16	8.0
招生招聘广告	10	5.0
其他广告	2	1.0
合计	200	100

表 3.24 某城市居民关注广告类型的频数分布

广告类型	人数（人）	频率（%）
商品广告	112	56.0
服务广告	51	25.5
金融广告	9	4.5
房地产广告	16	8.0
招生招聘广告	10	5.0
其他广告	2	1.0
合计	200	100

按照你的喜欢程度对这 3 个表格作一个排序，你会得出什么结论？是表 3.24、表 3.23、表 3.22 吗？应该是！表 3.22 有两点不足：一是表中所用的线太多，有点儿喧宾夺主，线成了主角儿，数据成了配角儿；二是表格中列的间距太宽，这样会使你看数据时，眼睛从一侧到另一侧，距离有些远。表 3.23 所用的线就少多了，列与列之间的间隔也较合适，但那两条竖线就像两堵墙，妨碍你的眼睛从一列移动到另一列，总体来说还算可以。最简明的要算是表 3.24，优点不言而喻。

许多人使用统计表时还会犯的一个毛病就是丢三落四。比如，统计表没有表头，没有编号，不注明数据来源，表格中数据小数点的位数不统一，不标出计量单位，等等。这些都是不好的习惯。

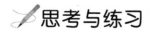
思考与练习

思考题

3.1 数据的预处理包括哪些内容？

3.2 分类数据和顺序数据的整理和图示方法各有哪些?
3.3 数值型数据的分组方法有哪些?简述组距分组的步骤。
3.4 直方图与条形图有何区别?
3.5 绘制线图应注意哪些问题?
3.6 饼图和环形图有什么不同?
3.7 茎叶图与直方图相比有什么优点?它们的应用场合分别是什么?
3.8 鉴别图表优劣的准则有哪些?
3.9 统计表由哪几个主要部分组成?
3.10 制作统计表应注意哪几个问题?

练习题

3.1 为评价家电行业售后服务的质量,随机抽取了由100个家庭构成的一个样本。服务质量的等级分别表示为:A. 好;B. 较好;C. 一般;D. 较差;E. 较差。调查结果如下:

B	E	C	C	A	D	C	B	A	E
D	A	C	B	C	D	E	C	E	E
A	D	B	C	C	A	E	D	C	B
B	A	C	D	E	A	B	D	D	C
C	B	C	E	D	B	C	C	B	C
D	A	C	B	C	D	E	C	E	B
B	E	C	C	A	D	C	B	A	E
B	A	C	D	E	A	B	D	D	C
A	D	B	C	C	A	E	D	C	B
C	B	C	E	D	B	C	C	B	C

(1) 指出上面的数据属于什么类型?

(2) 用 Excel 制作一张频数分布表。

(3) 绘制一张条形图,反映评价等级的分布。

(4) 绘制评价等级的 Pareto 图。

3.2 某行业管理局所属40个企业2002年的产品销售收入数据如下(单位:万元):

152	124	129	116	100	103	92	95	127	104
105	119	114	115	87	103	118	142	135	125
117	108	105	110	107	137	120	136	117	108
97	88	123	115	119	138	112	146	113	126

(1) 根据上面的数据进行适当的分组,编制频数分布表,并计算出累积频数和累积频率。

(2) 如果按规定:销售收入在 125 万元以上为先进企业,115～125 万元为良好企业,105～115 万元为一般企业,105 万元以下为落后企业,按先进企业、良好企业、一般企业、落后企业进行分组。

3.3 某百货公司连续 40 天的商品销售额如下(单位:万元):

41	25	29	47	38	34	30	38	43	40
46	36	45	37	37	36	45	43	33	44
35	28	46	34	30	37	44	26	38	44
42	36	37	37	49	39	42	32	36	35

根据上面的数据进行适当的分组,编制频数分布表,并绘制直方图。

3.4 利用下面的数据构建茎叶图和箱线图。

57	29	29	36	31
23	47	23	28	28
35	51	39	18	46
18	26	50	29	33
21	46	41	52	28
21	43	19	42	20

3.5 为了确定灯泡的使用寿命(单位:h),在一批灯泡中随机抽取 100 只进行测试,所得结果如下:

700	716	728	719	685	709	691	684	705	718
706	715	712	722	691	708	690	692	707	701
708	729	694	681	695	685	706	661	735	665
668	710	693	697	674	658	698	666	696	698
706	692	691	747	699	682	698	700	710	722
694	690	736	689	696	651	673	749	708	727
688	689	683	685	702	741	698	713	676	702
701	671	718	707	683	717	733	712	683	692
693	697	664	681	721	720	677	679	695	691
713	699	725	726	704	729	703	696	717	688

(1) 利用计算机对上面的数据进行排序。

(2) 以 10 为组距进行等距分组,整理成频数分布表。

(3) 根据分组数据绘制直方图,说明数据分布的特点。

(4) 制作茎叶图,并与直方图作比较。

3.6 一种袋装食品用生产线自动装填,每袋重量大约为50g,但由于某些原因,每袋重量不会恰好是50g。下面是随机抽取的100袋食品,测得的重量数据如下:

57	46	49	54	55	58	49	61	51	49
51	60	52	54	51	55	60	56	47	47
53	51	48	53	50	52	40	45	57	53
52	51	46	48	47	53	47	53	44	47
50	52	53	47	45	48	54	52	48	46
49	52	59	53	50	43	53	46	57	49
49	44	57	52	42	49	43	47	46	48
51	59	45	45	46	52	55	47	49	50
54	47	48	44	57	47	53	58	52	48
55	53	57	49	56	56	57	53	41	48

(1) 构建这些数据的频数分布表。

(2) 绘制频数分布的直方图。

(3) 说明数据分布的特征。

3.7 下面是一种金属零件重量的误差数据(单位:g):

61.4	46.8	65.1	61.7	77.4
63.9	54.6	71.1	60.5	52.7
73.4	87.8	32.5	27.3	47.5
57.3	60.5	52.9	40.1	47.9
54.8	60.1	19.9	30.4	58.6
56.8	46.8	32.7	81.6	60.2
76.4	54.9	37.4	71.6	48.2
32.1	39.1	19.1	48.9	38.1
53.3	26.4	53.3	55.1	58.1
27.3	67.9	74.1	55.6	32.5

(1) 以10为组距构建零件重量误差的频数分布表。

(2) 绘制直方图,说明零件重量误差分布的特征。

3.8 下面是北方某城市1~2月份各天气温的记录数据(单位:℃):

−3	2	−4	−7	−11	−1	7	8	9	−6
−14	−18	−15	−9	−6	−1	0	5	−4	−9
−6	−8	−12	−16	−19	−15	−22	−25	−24	−19
−8	−6	−15	−11	−12	−19	−25	−24	−18	−17
−14	−22	−13	−9	−6	0	−1	5	−4	−9
−3	2	−4	−4	−16	−1	7	5	−6	−5

(1) 指出上面的数据属于什么类型。
(2) 对上面的数据进行适当的分组。
(3) 绘制直方图,说明该城市气温分布的特点。

3.9 下面是某考试管理中心对 2005 年参加成人自学考试的 12000 名学生的年龄分组数据:

年龄/岁	18~19	20~21	22~24	25~29	30~34	35~39	40~44	45~59
百分比/%	1.9	34.7	34.1	17.2	6.4	2.7	1.8	1.2

(1) 对这个年龄分布作直方图。
(2) 从直方图分析成人自学考试人员年龄分布的特点。

3.10 下面是 A、B 两个班学生的数学考试成绩数据:

A 班

44	57	59	60	61	61	62	63	63	65
66	66	67	69	70	70	71	72	73	73
73	74	74	74	75	75	75	75	75	76
76	77	77	77	78	78	79	80	80	82
85	85	86	86	90	92	92	92	93	96

B 班

35	39	40	44	44	48	51	52	52	54
55	56	56	57	57	57	58	59	60	61
61	62	63	64	66	68	68	70	70	71
71	73	74	74	79	81	82	83	83	84
85	90	91	91	94	95	96	100	100	100

(1) 将两个班的考试成绩用一个公共的茎制成茎叶图。
(2) 比较两个班考试成绩分布的特点。

3.11 对于下面的数据绘制散点图。

x	2	3	4	1	8	7
y	25	25	20	30	16	18

3.12 甲乙两个班各有40名学生,期末统计学考试成绩的分布如下:

考试成绩	人 数	
	甲班	乙班
优	3	6
良	6	15
中	18	9
及格	9	8
不及格	4	2

(1) 根据上面的数据,画出两个班考试成绩的对比条形图和环形图。
(2) 比较两个班考试成绩分布的特点。
(3) 画出雷达图,比较两个班考试成绩的分布是否相似。

3.13 2005年4月北京亚运村汽车交易市场的汽车销售数据(单位:辆)如下:

国产车销售排行前10名	销售量	进口车销售排行前10名	销售量
福美来	556	丰田	149
夏利	541	现代	102
捷达	370	日产	68
松花江	298	奔驰	30
富康	277	宝马	30
哈飞路宝	200	大众汽车	23
高尔夫	190	克莱斯勒	17
东方之子	181	本田	16
长安奥拓	145	雷克萨斯	10
爱丽舍	117	奥迪	6

(1) 画出国产汽车和进口汽车销售量的对比条形图和环形图。
(2) 分别画出国产汽车和进口汽车销售量的Pareto图。

3.14 已知1978—1999年我国的国内生产总值数据如下(按当年价格计算,单位:亿元):

年份	国内生产总值	第一产业	第二产业	第三产业
1978	3624.1	1018.4	1745.2	860.5
1979	4038.2	1258.9	1913.5	865.8
1980	4517.8	1359.4	2192.0	966.4
1981	4862.4	1545.6	2255.5	1061.3
1982	5294.7	1761.6	2383.0	1150.1
1983	5934.5	1960.8	2646.2	1327.5
1984	7171.0	2295.5	3105.7	1769.8
1985	8964.4	2541.6	3866.6	2556.2
1986	10202.2	2763.9	4492.7	2945.6
1987	11962.5	3204.3	5251.6	3506.6
1988	14928.3	3831.0	6587.2	4510.1
1989	16909.2	4228.0	7278.0	5403.2
1990	18547.9	5017.0	7717.4	5813.5
1991	21617.8	5288.6	9102.2	7227.0
1992	26638.1	5800.0	11699.5	9138.6
1993	34634.4	6882.1	16428.5	11323.8
1994	46759.4	9457.2	22372.2	14930.0
1995	58478.1	11993.0	28537.9	17947.2
1996	67884.6	13844.2	33612.9	20427.5
1997	74462.6	14211.2	37222.7	23028.7
1998	78345.2	14552.4	38619.3	25173.5
1999	81910.9	14457.2	40417.9	27035.8

(1) 用 Excel 绘制国内生产总值的线图。

(2) 绘制第一、第二、第三产业国内生产总值的线图。

(3) 根据 1999 年的国内生产总值及其构成数据,绘制饼图。

3.15 1997 年我国几个主要城市各月份的平均相对湿度数据如下表,试绘制箱线图,并分析各城市平均相对湿度的分布特征。

月份	北京	长春	南京	郑州	武汉	广州	成都	昆明	兰州	西安
1	49	70	76	57	77	72	79	65	51	67
2	41	68	71	57	75	80	83	65	41	67
3	47	50	77	68	81	80	81	58	49	74
4	50	39	72	67	75	84	79	61	46	70
5	55	56	68	63	71	83	75	58	41	58
6	57	54	73	57	74	87	82	72	43	42

续表

月份	北京	长春	南京	郑州	武汉	广州	成都	昆明	兰州	西安
7	69	70	82	74	81	86	84	84	58	62
8	74	79	82	71	73	84	78	74	57	55
9	68	66	71	67	71	81	75	77	55	65
10	47	59	75	53	72	80	78	76	45	65
11	66	59	82	77	78	72	78	71	53	73
12	56	57	82	65	82	75	82	71	52	72

资料来源:《中国统计年鉴1998》,北京:中国统计出版社,1998,第10页。

人物传记[①]

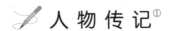

John W. Tukey(1915—2000)起初是一位化学家,之后成为一位数学家,在第二次世界大战期间,通过他称做"真正的问题体验和真正的数据体验"的职业,转而学习统计。1937年Tukey来到普林斯顿大学学习化学,却在1939年获得了数学博士学位。战争期间,他研究有关测距仪和轰炸机轰炸的精确度问题。战后,他把时间在普林斯顿大学和附近的贝尔实验室之间进行了分配,后者是当时世界一流的工业研究团队。

Tukey把大量的精力投入到对那些数据复杂的零乱问题的统计研究中:医院里医生对病人使用的麻醉剂的安全问题,对人类性行为的金塞研究问题,执行核试验禁令的监控问题,以及空气质量和环境污染问题。

从这些"真正的问题体验和真正的数据体验"中,Tukey发展了探索性数据分析。他发明了很多工具,例如箱线图和茎叶图。更重要的是,他发展了数据分析的哲学,改变了统计学家们的思维方式,因而被称为数据分析的哲学家。

① 资料来源:参考文献(David,1999,p.78)。

第4章

数据的概括性度量

一些人使用统计就像喝醉酒的人使用街灯柱——支撑的功能多于照明。

——Andrew Lang

> **统计应用：一种测量的平均数比单个的测量更可靠**[①]
>
> 即使用一种很准确、很可靠的仪器对同一物体进行重复测量，由于一些无法控制的因素的影响，每次得到的结果也不见得一样。
>
> 国际标准与技术协会（National Institute of Standards and Technology, NIST）的原子钟非常准确，它的准确程度是每600万年误差1秒，但也并不是百分之百准确。世界标准时间是世界协调时间（Universal Coordinated Time），它是由位于法国的塞夫尔的国际计量局（BIPM）"编辑"的。BIPM 并没有比 NIST 更好的钟，它给出的时间是根据世界各地200个原子钟的平均时间得来的。下面是 NIST 的时间与正确时间的10个误差数据（单位：s）：
>
> 0.000000007　　0.000000005　　0.000000006　　0.000000000
> 0.000000002　　0.000000000　　−0.000000003　　−0.000000005
> −0.000000001　−0.000000001
>
> 长期来讲，对时间的度量并没有偏差。NIST 的秒有时比 BIPM 的短，有时比 BIPM 的长，并不是都较短或较长。尽管 NIST 的测量

[①] 资料来源：参考文献（David，2003）（注：本书作者作了简单整理）。

> 很准确,但从上面的数字还是可以看出有些差异。世界上没有百分之百可靠的度量,但用多次测量的平均数比只用一次测量的结果可靠程度会更高。这就是 BIPM 要结合很多原子钟给出世界标准时间的原因。

利用图表展示数据,可以对数据分布的形状和特征有一个大致的了解。但要进一步掌握数据分布的特征,还需要找到反映数据分布特征的各个代表值。数据分布的特征可以从 3 个方面进行测度和描述:一是分布的集中趋势,反映各数据向其中心值靠拢或聚集的程度;二是分布的离散程度,反映各数据远离其中心值的趋势;三是分布的形状,反映数据分布的偏态和峰态。这 3 个方面分别反映了数据分布特征的不同侧面,要全面把握数据分布的特征,需要同时对这 3 个特征进行描述和分析。本章将重点讨论分布特征值的计算方法、特点及其应用场合。

4.1 集中趋势的度量

集中趋势(central tendency)是指一组数据向某一中心值靠拢的程度,它反映了一组数据中心点的位置所在。集中趋势测度也就是寻找数据水平的代表值或中心值。在本节中,将从统计数据的不同类型出发,从低层次的测量数据开始逐步介绍集中趋势的各个测度值。需要重新强调的是,低层次数据的集中趋势测度值适用于高层次的测量数据,反过来,高层次数据的集中趋势测度值并不适用于低层次的测量数据。因此,选用哪一个测度值来反映数据的集中趋势,要根据所掌握的数据的类型和特点来确定。

4.1.1 分类数据:众数

▶定义 4.1　一组数据中出现频数最多的变量值,称为众数(mode),用 M_o 表示。

众数主要用于测度分类数据的集中趋势,当然也适用于作为顺序数据以及数值型数据集中趋势的测度值。一般情况下,只有在数据量较大的情况下,众数才有意义。

【例 4.1】　根据第 3 章表 3.5 中的数据,计算"饮料品牌"的众数。

解 这里的变量为"饮料品牌",它是个分类变量,不同的品牌就是变量值。在所调查的 50 人当中,购买可口可乐的人数最多,为 15 人,占总被调查人数的 30%,因此众数为"可口可乐"这一品牌,即 M_o=可口可乐。

这就是说,可以用"可口可乐"作为"饮料品牌"这一变量的一个概括性度量。当然它对这一变量的代表性则需要进一步分析。

【例 4.2】 根据第 3 章表 3.9 和表 3.10 中的数据,计算甲、乙两个城市对住房状况满意程度评价的众数。

解 这里的变量为"回答类别",其变量值为非常不满意、不满意、一般、满意、非常满意。从表中看到,甲城市中对住房表示不满意的户数最多,为 108 户,因此众数为"不满意"这一类别,即 M_o=不满意;同样乙城市中对住房表示不满意的户数也最多,为 99 户,因此众数也为"不满意"这一类别,即 M_o=不满意。

上述结果表明,两个城市家庭对目前的住房状况总体上来说是不满意的。

【例 4.3】 在某城市中随机抽取 9 个家庭,调查得到每个家庭的人均月收入数据如下(单位:元),计算人均月收入的众数。

1080 750 1080 1080 850 960 2000 1250 1630

解 人均月收入出现频数最多的是 1080,因此,众数为 M_o=1080(元)。

众数是一个位置代表值,它不受数据中极端值的影响。从分布的角度看,众数是具有明显集中趋势点的数值,一组数据分布的最高峰点所对应的数值即为众数。当然,如果数据的分布没有明显的集中趋势或最高峰点,众数也可能不存在;如果有两个或多个最高峰点,也可以有两个或多个众数。众数的示意图见图 4.1。

4.1.2 顺序数据:中位数和分位数

在一组数据中可以找出处在某个位置上的数据,这些位置上的数据就是相应的分位数,其中包括中位数、四分位数、十分位数、百分位数等。

1 中位数

▶定义 4.2 一组数据排序后处于中间位置上的变量值,称为中位数(median),用 M_e 表示。

中位数将全部数据等分成两部分,每部分包含 50% 的数据,一部分数据比中位数大,另一部分则比中位数小。中位数主要用于测度顺序数据的集中

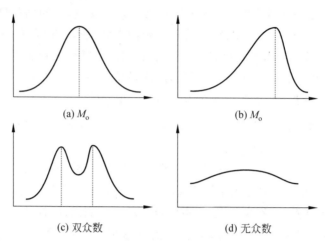

图 4.1 众数示意图

趋势,当然也适用于作为数值型数据的集中趋势,但不适用于分类数据。

根据未分组数据计算中位数时,要先对数据进行排序,然后确定中位数的位置,最后确定中位数的具体数值。中位数位置的确定公式为

$$中位数位置 = \frac{n+1}{2}, \quad (4.1)$$

式中 n 为数据个数。

设一组数据为 $x_1, x_2, \cdots, x_n$,按从小到大排序后为 $x_{(1)}, x_{(2)}, \cdots, x_{(n)}$,则中位数为

$$M_e = \begin{cases} x_{\left(\frac{n+1}{2}\right)}, & n \text{ 为奇数}, \\ \frac{1}{2}\{x_{\left(\frac{n}{2}\right)} + x_{\left(\frac{n}{2}+1\right)}\}, & n \text{ 为偶数}。 \end{cases} \quad (4.2)$$

【例 4.4】 根据第 3 章表 3.9 和表 3.10 中的数据,计算甲、乙两个城市家庭对住房满意程度评价的中位数。

解 这是一个顺序数据,变量为对住房满意状况的"回答类别",其中的 5 个选项即为变量值。由于变量值本身就是排序的,根据中位数的位置确定公式有:中位数位置=(300+1)/2=150.5。从表 3.9 的累积次数中可以很容易看到,中位数在"一般"这一类中,因此中位数是"一般"这一类别,即 $M_e=$ 一般。

同样,乙城市的中位数也是"一般"这一类别,即 $M_e=$ 一般。

这就是说,对于甲、乙城市而言,可以用"一般"作为对住房满意状况评价的一个代表值。当然,其代表性如何还需进一步分析。

对于数值型数据,也可以计算中位数。

【例 4.5】 在某城市中随机抽取 9 个家庭,调查得到每个家庭的人均月收入数据如下(单位:元),计算人均月收入的中位数。

1500　750　780　1080　850　960　2000　1250　1630

解　先将上面的数据排序,结果如下:

750　780　850　960　1080　1250　1500　1630　2000

中位数位置=(9+1)÷2=5,中位数为 1080,即 M_e=1080(元)。

再看看当数据个数为偶数时怎样计算中位数。

假定在例 4.5 中抽取了 10 家庭,每个家庭的人均月收入数据排序后为

660　750　780　850　960　1080　1250　1500　1630　2000

中位数位置=(10+1)÷2=5.5,中位数为

$$M_e = \frac{960+1080}{2} = 1020(元)。$$

中位数是一个位置代表值,其特点是不受极端值的影响。在研究收入分配时很有用。

2　四分位数

中位数是从中间点将全部数据等分为两部分。与中位数类似的还有四分位数(quartile)、十分位数(decile)和百分位数(percentile)等。它们分别是用 3 个点、9 个点和 99 个点将数据 4 等分、10 等分和 100 等分后各分位点上的值。这里我们只介绍四分位数的计算。

▶**定义 4.3**　一组数据排序后处于 25% 和 75% 位置上的值,称为四分位数,也称四分位点。

四分位数是通过 3 个点将全部数据等分为 4 部分,其中每部分包含 25% 的数据。很显然,中间的四分位数就是中位数,因此通常所说的四分位数是指处在 25% 位置上的数值(称为下四分位数)和处在 75% 位置上的数值(称为上四分位数)。与中位数的计算方法类似,根据未分组数据计算四分位数时,首先对数据进行排序,然后确定四分位数所在的位置,该位置上的数值就是四分位数。与中位数不同的是,四分位数位置的确定方法有几种,每种方法得到的结果会有一定差异,但差异不会很大。由于不同的统计软件使用的计算方法可能不一样,因此,对同一组数据用不同软件得到的四分位数结果也可能会有所差异。下面分别介绍四分位数的位置确定方法。

方法 1　定义公式。设下四分位数为 Q_L,上四分位数为 Q_U,根据四分位

数的定义有

$$Q_L \text{位置} = \frac{n}{4}; \qquad Q_U \text{位置} = \frac{3n}{4}. \qquad (4.3)$$

方法 2 一种较为准确的算法是按下列公式确定位置：

$$Q_L \text{位置} = \frac{n+1}{4}; \qquad Q_U \text{位置} = \frac{3(n+1)}{4}. \qquad (4.4)$$

方法 3 以中位数为中心，从两端再计算出中位数，确定公式如下：

$$Q \text{位置} = \frac{\left[\frac{n+1}{2}\right]+1}{2}, \qquad (4.5)$$

其中 $\left[\frac{n+1}{2}\right]$ 表示中位数的位置取整。这样计算出的四分位数的位置，要么是整数，要么在两个数之间 0.5 的位置上。

方法 4 Excel 给出的四分位数位置的确定方法是：

$$Q_L \text{位置} = \frac{n+3}{4}, \qquad Q_U \text{位置} = \frac{3n+1}{4}. \qquad (4.6)$$

无论哪种算法，如果位置是整数，四分位数就是该位置对应的值；如果是在 0.5 的位置上，则取该位置两侧值的平均数；如果是在 0.25 或 0.75 的位置上，则四分位数等于该位置的下侧值加上按比例分摊位置两侧数值的差值。

【例 4.6】 根据例 4.5 中 9 个家庭的收入调查数据，用不同方法计算人均月收入的四分位数。

解 根据方法 1 有

$Q_L \text{位置} = \frac{n}{4} = \frac{9}{4} = 2.25$，即 Q_L 在第 2 个数值（780）和第 3 个数值（850）之间 0.25 的位置上，因此，$Q_L = 780 + (850 - 780) \times 0.25 = 797.5$（元）。

$Q_U \text{位置} = \frac{3n}{4} = \frac{3 \times 9}{4} = 6.75$，即 Q_U 在第 6 个数值（1250）和第 7 个数值（1500）之间 0.75 的位置上，因此，$Q_U = 1250 + (1500 - 1250) \times 0.75 = 1437.5$（元）。

根据方法 2 有

$Q_L \text{位置} = \frac{n+1}{4} = \frac{9+1}{4} = 2.5$，即 Q_L 在第 2 个数值（780）和第 3 个数值（850）之间 0.5 的位置上，因此，$Q_L = (780 + 850) \div 2 = 815$（元）。

$Q_U \text{位置} = \frac{3(n+1)}{4} = \frac{3 \times (9+1)}{4} = 7.5$，即 Q_U 在第 7 个数值（1500）和第 8 个数值（1630）之间 0.5 的位置上，因此，$Q_U = (1500 + 1630) \div 2 = 1565$（元）。

根据方法 3 有

$$Q \text{ 位置} = \frac{\left[\frac{n+1}{2}\right]+1}{2} = \frac{\left[\frac{9+1}{2}\right]+1}{2} = 3$$

。Q_L 是从最小值数第 3 个数值，即 850 元；Q_U 是从最大值数第 3 个数值，即 1500 元。

根据方法 4 有

$$Q_L \text{ 位置} = \frac{9+3}{4} = 3, Q_L = 850(\text{元});$$

$$Q_U \text{ 位置} = \frac{3 \times 9 + 1}{4} = 7, Q_U = 1500(\text{元})。$$

可见，4 种方法计算的四分位数不全相同。但对它们的解释是一样的。粗略地说，排序数据中，至少 25% 的数据将小于或等于 Q_L，而至少 75% 的数据将大于或等于 Q_L；至少 75% 的数据将小于或等于 Q_U，而至少 25% 的数据将大于或等于 Q_U。由于 Q_L 和 Q_U 之间包含了 50% 的数据，因此，就上面的例子而言，可以说大约有一半的家庭人均月收入在 Q_L 和 Q_U 之间。

4.1.3 数值型数据：平均数

▶**定义 4.4** 一组数据相加后除以数据的个数而得到的结果，称为平均数，也称为均值(mean)。

平均数在统计学中具有重要的地位，是集中趋势的最主要测度值，它主要适用于数值型数据，而不适用于分类数据和顺序数据。根据所掌握数据的不同，平均数有不同的计算形式和计算公式。

1 简单平均数与加权平均数

根据未经分组的原始数据计算平均数。设一组样本数据为 $x_1, x_2, \cdots, x_n$，样本容量(样本数据的个数)为 n，则样本平均数用 $\bar{x}$ (读作 x-bar)表示，计算公式[①]为

---

① 如果有总体的全部数据 $x_1, x_2, \cdots, x_N$，则总体平均数用 μ 表示，其计算公式为

$$\mu = \frac{x_1 + x_2 + \cdots + x_N}{N} = \frac{\sum_{i=1}^{N} x_i}{N}。$$

同样，如果原始数据被分成 k 组，各组的组中值分别用 $M_1, M_2, \cdots, M_k$ 表示，各组变量值出现的频数分别用 $f_1, f_2, \cdots, f_k$ 表示，则总体加权平均数的计算公式为

$$\mu = \frac{M_1 f_1 + M_2 f_2 + \cdots + M_k f_k}{f_1 + f_2 + \cdots + f_k} = \frac{\sum_{i=1}^{k} M_i f_i}{N}。$$

$$\bar{x} = \frac{x_1 + x_2 + \cdots + x_n}{n} = \frac{\sum_{i=1}^{n} x_i}{n}。 \quad (4.7)$$

例如,根据例 4.5 中的数据,计算 9 个家庭人均月收入的平均数为

$$\bar{x} = \frac{1500 + 750 + \cdots + 1250 + 1630}{9} = \frac{10800}{9} = 1200(元)。$$

根据分组数据计算平均数。设原始数据被分成 k 组,各组的组中值分别用 $M_1, M_2, \cdots, M_k$ 表示,各组变量值出现的频数分别用 $f_1, f_2, \cdots, f_k$ 表示,则样本加权平均数的计算公式为

$$\bar{x} = \frac{M_1 f_1 + M_2 f_2 + \cdots + M_k f_k}{f_1 + f_2 + \cdots + f_k} = \frac{\sum_{i=1}^{k} M_i f_i}{n}, \quad (4.8)$$

式中 $n = \sum f_i$,即为样本容量。

【例 4.7】 根据第 3 章表 3.13 中的数据,计算电脑销售量的平均数。

解 计算过程见表 4.1。

表 4.1 某电脑公司销售量数据平均数计算表

	A	B	C	D
1	按销售量分组	组中值	频数	$M_i f_i$
2	(台)	M_i	f_i	
3	140~150	145	4	580
4	150~160	155	9	1395
5	160~170	165	16	2640
6	170~180	175	27	4725
7	180~190	185	20	3700
8	190~200	195	17	3315
9	200~210	205	10	2050
10	210~220	215	8	1720
11	220~230	225	4	900
12	230~240	235	5	1175
13	合计	—	120	22200

根据式(4.8)得

$$\bar{x} = \frac{\sum_{i=1}^{k} x_i f_i}{n} = \frac{22200}{120} = 185(台)。$$

根据式(4.8)计算平均数时,是用各组的组中值代表各组的实际数据,使

用这一代表值时是假定各组数据在组内是均匀分布的,如果实际数据与这一假定相吻合,计算的结果还是比较准确的,否则误差会较大。

式(4.7)称为简单平均数(simple mean),其数值的大小只与变量值的大小有关。式(4.8)称为加权平均数(weighted mean),其数值的大小不仅受各组组中值(M_i)大小的影响,而且受各组变量值出现的频数即权数(f_i)大小的影响。如果某一组的权数较大,说明该组的数据较多,那么该组数据的大小对平均数的影响就越大;反之则越小。实际上,将式(4.8)变形为下面的形式,就能更清楚地看出这一点。

$$\bar{x} = \frac{\sum_{i=1}^{k} M_i f_i}{n} = \sum_{i=1}^{k} M_i \cdot \frac{f_i}{n} \text{。} \tag{4.9}$$

由式(4.9)可以清楚地看出,平均数受各组的组中值(M_i)大小和各组权数 f_i/n 大小的影响。当我们掌握的不是各组变量值出现的频数,而是频率时,也可直接根据式(4.9)计算平均数。

平均数在统计学中具有重要的地位,它是进行统计分析和统计推断的基础。从统计思想上看,平均数是一组数据的重心所在,是数据误差相互抵消后的必然性结果。比如对同一事物进行多次测量,若所得结果不一致,可能是由于测量误差所致,也可能是其他因素的偶然影响,利用平均数作为其代表值,则可以使误差相互抵消,反映出事物必然性的数量特征。

平均数与中位数各自满足不同的数学性质。中位数可以最小化它与每个变量值离差的绝对值之和,也就是说,每个变量值与中位数的离差绝对值之和最小,即

$$\sum_{i=1}^{n} |x_i - M_e| = \min, \tag{4.10}$$

而平均数则具有使各变量值与平均数离差平方和最小的数学性质,即

$$\sum_{i=1}^{n} (x_i - \bar{x})^2 = \min \text{。} \tag{4.11}$$

【**例 4.8**】 根据例 4.5 中 9 个家庭人均月收入的数据,验证中位数和平均数的数学性质。

解 有关的计算过程见表 4.2。

表 4.2 中位数和平均数数学性质的验证计算表

	A	B	C	D	E
1	月收入	$\|x_i - M_e\|$	$\|x_i - \bar{x}\|$	$(x_i - M_e)^2$	$(x_i - \bar{x})^2$
2	1500	420	300	176400	90000
3	750	330	450	108900	202500
4	780	300	420	90000	176400
5	1080	0	120	0	14400
6	850	230	350	52900	122500
7	960	120	240	14400	57600
8	2000	920	800	846400	640000
9	1250	170	50	28900	2500
10	1630	550	430	302500	184900
11	合计	3040	3160	1620400	1490800

从表 4.2 的计算结果,可以看出式(4.10)和式(4.11)成立。

2 一种特殊的平均数:几何平均数

▶定义 4.5 n 个变量值乘积的 n 次方根,称为几何平均数(geometric mean),用 G_m 表示。

几何平均数的计算公式为

$$G_m = \sqrt[n]{x_1 \cdot x_2 \cdot \cdots \cdot x_n} = \sqrt[n]{\prod_{i=1}^{n} x_i}, \quad (4.12)$$

式中 $\prod$ 为连乘符号。

几何平均数是适用于特殊数据的一种平均数,它主要用于计算比率的平均。当所掌握的变量值本身是比率的形式,这时就应采用几何平均法计算平均比率。在实际应用中,几何平均数主要用于计算现象的平均增长率。

【例 4.9】 某水泥生产企业 1999 年的水泥产量为 100 万吨,2000 年与 1999 年相比增长率为 9%,2001 年与 2000 年相比增长率为 16%,2002 年与 2001 年相比增长率为 20%。求各年的年平均增长率。

解 通过给出的数据可知,各年与前一年相比的比值(即发展速度)分别为 109%,116%,120%,则平均发展速度等于

$$G_m = \sqrt[n]{x_1 \cdot x_2 \cdot \cdots \cdot x_n} = \sqrt[3]{109\% \times 116\% \times 120\%} = 114.91\%,$$

年平均增长率为 114.91% − 100% = 14.91%。

在本题中,如果采用算术平均数计算,则年平均增长率为:(9% + 16% + 20%) ÷ 3 = 15%,尽管与几何平均的结果相差不大,但这一结果是错误的。因为根据各年的增长率可知,2000 年的产量为 109×(100×109%)万吨,2001

年为 126.44×(109×116%) 万吨,2002 年为 151.728×(126.44×120%) 万吨。如果按照算术平均计算的平均增长率计算,2002 年的产量应为 100×115%×115%×115%=152.0875 万吨,而实际产量为 151.728 万吨,它与按几何平均法计算的平均增长率推算的结果是一致的,即 100×114.91%×114.91%×114.91%=151.728 万吨。从下面的分析中也可以看出这一点。

设开始的数值为 y_0,逐年增长率为 $G_1, G_2, \cdots, G_n$,第 n 年的数值为

$$y_n = y_0(1+G_1)(1+G_2)\cdots(1+G_n) = y_0 \prod_{i=1}^{n}(1+G_i)。 \quad (4.13)$$

从 y_0 到 y_n 用 n 年,每年的增长率都相同,这个增长率 G 就是平均增长率 $\bar{G}$,即上式中的 G_i 都等于 G。因此有

$$(1+G)^n = \prod_{i=1}^{n}(1+G_i), \quad (4.14)$$

$$\bar{G} = \sqrt[n]{\prod_{i=1}^{n}(1+G_i)} - 1。 \quad (4.15)$$

当所平均的各比率数值差别不大时,算术平均和几何平均的结果相差不大,如果各比率的数值相差较大时,二者的差别就很明显。

【例 4.10】 一位投资者持有一种股票,在 2000 年,2001 年,2002 年和 2003 年收益率分别为 4.5%,2.1%,25.5%,1.9%。计算该投资者在这 4 年内的平均收益率。

解 根据式(4.15)得

$$\bar{G} = \sqrt[n]{\prod_{i=1}^{n}(1+G_i)} - 1$$
$$= \sqrt[4]{104.5\% \times 102.1\% \times 125.5\% \times 101.9\%} - 1$$
$$= 8.0787\%,$$

即该投资者的投资年平均收益率为 8.0787%。假定该投资者最初投入 10000 元,按各年的收益率计算,2003 年的本利总和应为

$$10000 \times 104.5\% \times 102.1\% \times 125.5\% \times 101.9\% = 10000 \times (108.0787\%)^4$$
$$= 13644.57(元)。$$

如果按算术平均计算,平均收益率则为

$$\bar{G} = (4.5\% + 2.1\% + 25.5\% + 1.9\%) \div 4 = 8.5\%。$$

按这样的平均收益率计算,该投资者 2003 年的本利总和应为

$$10000 \times (108.5\%)^4 = 13858.59(元)。$$

二者相差 214.02 元,而这部分收益投资者是没有拿到的。这说明,对于比率数据的平均采用几何平均要比算术平均更合理。当然,几何平均数也可以看作是平均数的一种变形。对式(4.12)两端取对数得

$$\lg G_m = \frac{1}{n}(\lg x_1 + \lg x_2 + \cdots + \lg x_n) = \frac{\sum_{i=1}^{n} \lg x_i}{n}。 \quad (4.16)$$

可以看出,几何平均数的对数是各变量值对数的算术平均。需要注意的是,当数据中出现零值或负值时不宜计算几何平均数。

4.1.4 众数、中位数和平均数的比较

众数、中位数和平均数是集中趋势的 3 个主要测度值,它们具有不同的特点和应用场合。

1 众数、中位数和平均数的关系

从分布的角度看,众数始终是一组数据分布的最高峰值,中位数是处于一组数据中间位置上的值,而平均数则是全部数据的算术平均。因此,对于具有单峰分布的大多数数据而言,众数、中位数和平均数之间具有以下关系:如果数据的分布是对称的,众数(M_o)、中位数(M_e)和平均数($\bar{x}$)必定相等,即 $M_o = M_e = \bar{x}$;如果数据是左偏分布,说明数据存在极小值,必然拉动平均数向极小值一方靠,而众数和中位数由于是位置代表值,不受极值的影响,因此三者之间的关系表现为:$\bar{x} < M_e < M_o$;如果数据是右偏分布,说明数据存在极大值,必然拉动平均数向极大值一方靠,则 $M_o < M_e < \bar{x}$。上述关系如图 4.2 所示:

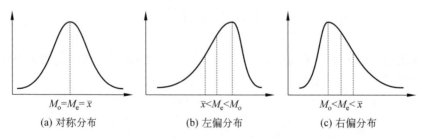

(a) 对称分布   (b) 左偏分布   (c) 右偏分布

图 4.2 不同分布的众数、中位数和平均数

2 众数、中位数和平均数的特点与应用场合

众数、中位数和平均数各自具有不同的特点,掌握它们之间的关系和各

自的不同特点，有助于在实际应用中选择合理的测度值来描述数据的集中趋势。

众数是一组数据分布的峰值，它是一种位置代表值，不受极端值的影响。其缺点是具有不惟一性，对于一组数据可能有一个众数，也可能有两个或多个众数，也可能没有众数。众数只有在数据量较多时才有意义，当数据量较少时，不宜使用众数。虽然对于顺序数据以及数值型数据也可以计算众数，但众数主要适合于作为分类数据的集中趋势测度值。

中位数是一组数据中间位置上的代表值，与中位数类似的还有四分位数、十分位数和百分位数等，它们也都是位置代表值，其特点是不受数据极端值的影响。当一组数据的分布偏斜程度较大时，使用中位数也许是一个好的选择。中位数以及其他分位数主要适合于作为顺序数据的集中趋势测度值，虽然对于顺序数据也可以使用众数，但以中位数为宜。

平均数是对数值型数据计算的，而且利用了全部数据信息，它是实际中应用最广泛的集中趋势测度值。平均数主要适合于作为数值型数据的集中趋势测度值，虽然对于数值型数据也可以计算众数和中位数，但以平均数为宜。当数据呈对称分布或接近对称分布时，3个代表值相等或接近相等，这时则应选择平均数作为集中趋势的代表值。但平均数主要缺点是易受数据极端值的影响，对于偏态分布的数据，平均数的代表性较差。因此，当数据为偏态分布，特别是当偏斜的程度较大时，可以考虑选择众数或中位数等位置代表值，这时它们的代表性要比平均数好。

4.2 离散程度的度量

集中趋势只是数据分布的一个特征，它所反映的是各变量值向其中心值聚集的程度。而各变量值之间的差异状况如何呢？这就需要考察数据的分散程度。数据的分散程度是数据分布的另一个重要特征，它所反映的是各变量值远离其中心值的程度，因此也称为离中趋势。集中趋势的各测度值是对数据水平的一个概括性度量，它对一组数据的代表程度，取决于该组数据的离散水平。数据的离散程度越大，集中趋势的测度值对该组数据的代表性就越差，离散程度越小，其代表性就越好。而离中趋势的各测度值就是对数据离散程度所作的描述。

描述数据离散程度采用的测度值，根据所依据数据类型的不同主要有异众比率、四分位差、方差和标准差。此外,还有极差、平均差以及测度相对离散程度的离散系数等。

4.2.1 分类数据:异众比率

▶定义 4.6 非众数组的频数占总频数的比率,称为异众比率(variation ratio)。用 V_r 表示。

异众比率的计算公式为

$$V_r = \frac{\sum f_i - f_m}{\sum f_i} = 1 - \frac{f_m}{\sum f_i}, \quad (4.17)$$

式中 $\sum f_i$ 表示变量值的总频数,f_m 表示众数组的频数。

异众比率主要用于衡量众数对一组数据的代表程度。异众比率越大,说明非众数组的频数占总频数的比重越大,众数的代表性就越差;异众比率越小,说明非众数组的频数占总频数的比重越小,众数的代表性越好。异众比率主要适合测度分类数据的离散程度,当然,对于顺序数据以及数值型数据也可以计算异众比率。

【例 4.11】 根据第 3 章表 3.7 中的数据,计算异众比率。

解 根据式(4.17)得

$$V_r = \frac{50 - 15}{50} = 1 - \frac{15}{50} = 0.7 = 70\%。$$

这说明在所调查的 50 人当中,购买其他品牌饮料的人数占 70%,异众比率比较大。因此,用"可口可乐"来代表消费者购买饮料品牌的状况,其代表性不是很好。

此外,利用异众比率还可以对不同样本(或总体)的离散程度进行比较。假定在另一个时间对该超市作了同一问题的 100 人抽查,购买"可口可乐"的人数为 40 人,则异众比率为 60%。通过比较可知,本次调查的异众比率小于上一次调查,因此用"可口可乐"作为消费者购买饮料品牌的代表值比上一次调查要好些。

4.2.2 顺序数据:四分位差

▶定义 4.7 上四分位数与下四分位数之差,称为四分位差(quartile deviation),也称为内距或四分间距(inter-quartile range),用 Q_d 表示。

四分位差的计算公式为

$$Q_d = Q_U - Q_L 。 \quad (4.18)$$

四分位差反映了中间 50% 数据的离散程度,其数值越小,说明中间的数据越集中,数值越大,说明中间的数据越分散。四分位差不受极值的影响。此外,由于中位数处于数据的中间位置,因此,四分位差的大小在一定程度上也说明了中位数对一组数据的代表程度。

四分位差主要用于测度顺序数据的离散程度。当然,对于数值型数据也可以计算四分位差,但不适合于分类数据。

【例 4.12】 根据例 4.6 方法 1 的计算结果,计算家庭人均月收入的四分位差。

解 根据例 4.6 的计算结果可知,$Q_L = 797.5$,$Q_U = 1437.5$。四分位差为:$Q_d = 1437.5 - 797.5 = 640$(元)。

4.2.3 数值型数据:方差和标准差

测度数值型数据离散程度的方法主要有极差、平均差、方差和标准差,其中最常用的是方差和标准差。

1 极差

▶定义 4.8 一组数据的最大值与最小值之差,称为极差(range),也称全距,用 R 表示。

极差的计算公式为

$$R = \max(x_i) - \min(x_i), \quad (4.19)$$

式中 $\max(x_i)$ 和 $\min(x_i)$ 分别表示一组数据的最大值和最小值。

例如,根据例 4.5 中的数据,计算 9 个家庭人均月收入的极差为 $R = 2000 - 750 = 1250$(元)。

极差是描述数据离散程度的最简单测度值,计算简单,易于理解,但它容易受极端值的影响。由于极差它只是利用了一组数据两端的信息,不能反映出中间数据的分散状况,因而不能准确描述出数据的分散程度。

2 平均差

▶定义 4.9 各变量值与其平均数离差绝对值的平均数,称为平均差(mean deviation),也称平均绝对离差(mean absolute deviation),用 M_d 表示。

根据未分组数据计算平均差的公式为

$$M_d = \frac{\sum_{i=1}^{n} |x_i - \bar{x}|}{n}。 \tag{4.20}$$

根据分组数据计算平均差的公式为

$$M_d = \frac{\sum_{i=1}^{k} |M_i - \bar{x}| f_i}{n}。 \tag{4.21}$$

【例 4.13】 根据第 3 章表 3.13 中的数据,计算电脑销售量的平均差。

解 已知 $\bar{x} = 185$,计算过程见表 4.3。

表 4.3 某电脑公司销售量数据平均差计算表

	A	B	C	D	E
1	按销售量分组	组中值 M_i	频数 f_i	$\|M_i - \bar{x}\|$	$\|M_i - \bar{x}\| f_i$
2	(台)				
3	140~150	145	4	40	160
4	150~160	155	9	30	270
5	160~170	165	16	20	320
6	170~180	175	27	10	270
7	180~190	185	20	0	0
8	190~200	195	17	10	170
9	200~210	205	10	20	200
10	210~220	215	8	30	240
11	220~230	225	4	40	160
12	230~240	235	5	50	250
13	合计	—	120	—	2040

根据式(4.21)得

$$M_d = \frac{\sum_{i=1}^{k} |M_i - \bar{x}| f_i}{n} = \frac{2040}{120} = 17(台)。$$

平均差以平均数为中心,反映了每个数据与平均数的平均差异程度,它能全面准确地反映一组数据的离散状况。平均差越大说明数据的离散程度就越大,反之,则说明数据的离散程度就越小。为了避免离差之和等于 0 而无法计算平均差这一问题,平均差在计算时对离差取了绝对值,以离差的绝对值来表示总离差,这就给计算带来了不便,因而实际中应用较少。但平均差的实际意义比较清楚,容易理解。

3　方差和标准差

平均差在数学处理上是通过绝对值消去离差的正负号,如果用平方的办法消去离差的正负号,则更便于数学上的处理。这样计算的离差平均数称为方差。方差(或标准差)是实际中应用最广泛的离散程度测度值,它反映了每个数据与其平均数相比平均相差的数值,因此它能准确地反映出数据的离散程度。

▶ **定义 4.10**　各变量值与其平均数离差平方的平均数,称为方差(variance)。

设样本方差为 s^2,根据未分组数据和分组数据计算样本方差的公式[①]分别为

未分组数据
$$s^2 = \frac{\sum_{i=1}^{n}(x_i - \bar{x})^2}{n-1}; \qquad (4.22)$$

分组数据
$$s^2 = \frac{\sum_{i=1}^{k}(M_i - \bar{x})^2 f_i}{n-1}。 \qquad (4.23)$$

样本方差则是用样本数据个数或总频数减 1 去除离差平方和,其中样本数据个数减 1 即 $n-1$ 称为自由度(degree of freedom)。自由度是指附加给独立的观测值的约束或限制的个数。从字面含义来看,自由度是指一组数据中可以自由取值的个数。当样本数据的个数为 n 时,若样本平均数 $\bar{x}$ 确定后,则附加给 n 个观测值的约束个数就是 1 个,因此只有 $n-1$ 个数据可以自由取值,其中必有一个数据不能自由取值。按着这一逻辑,如果对 n 个观测值附加的约束个数为 k 个,自由度则为 $n-k$。例如,假定样本有 3 个数值,即 $x_1=2, x_2=4, x_3=9$,则 $\bar{x}=5$。当 $\bar{x}=5$ 确定后,x_1, x_2 和 x_3 只有两个数据可以自由取值,另一个则不能自由取值,比如 $x_1=6, x_2=7$,那么 x_3 则必然取 2,而

---

①　如果能得到总体数据,对于未分组的原始数据,总体方差(population variance) σ^2 的计算公式为

$$\sigma^2 = \frac{\sum_{i=1}^{N}(x_i - \mu)^2}{N}。$$

对于分组数据,总体方差的计算公式为

$$\sigma^2 = \frac{\sum_{i=1}^{k}(M_i - \mu)^2 f_i}{N}。$$

开平方后即得到总体的标准差。

不能取其他值。

样本方差的自由度为什么是 $n-1$ 呢？因为在计算离差平方和 $\sum_{i=1}^{n}(x_i-\bar{x})^2$ 时，必须先求出样本均值 $\bar{x}$，而 $\bar{x}$ 则是附件给 $\sum_{i=1}^{n}(x_i-\bar{x})^2$ 的一个约束，因此，计算离差平方和时只有 $n-1$ 个独立的观测值，而不是 n 个。样本方差用自由度去除，其原因可以从多方面来解释，从实际应用的角度看，在抽样估计中，当我们用样本方差 s^2 去估计总体方差 σ^2 时，它是 σ^2 的无偏估计量，对这一问题的进一步了解可参考第 7 章参数估计。

▶定义 4.11 方差的平方根，称为标准差（standard deviation）。

与方差不同的是，标准差是具有量纲的，它与变量值的计量单位相同，其实际意义要比方差清楚。因此，在对实际问题进行分析时，更多地使用标准差。

方差开方后即得到标准差，相应的计算公式分别为

未分组数据 $\qquad s=\sqrt{\dfrac{\sum_{i=1}^{n}(x_i-\bar{x})^2}{n-1}}$； (4.24)

分组数据 $\qquad s=\sqrt{\dfrac{\sum_{i=1}^{k}(M_i-\bar{x})^2 f_i}{n-1}}$。 (4.25)

【例 4.14】 根据第 3 章表 3.13 中的数据，计算电脑销售量的标准差。

解 已知 $\bar{x}=185$，计算过程见表 4.4。

表 4.4 某电脑公司销售量数据标准差计算表

	A	B	C	D	E
1	按销售量分组	组中值	频数	$(M_i-\bar{x})^2$	$(M_i-\bar{x})^2 f_i$
2	（台）	M_i	f_i		
3	140~150	145	4	1600	6400
4	150~160	155	9	900	8100
5	160~170	165	16	400	6400
6	170~180	175	27	100	2700
7	180~190	185	20	0	0
8	190~200	195	17	100	1700
9	200~210	205	10	400	4000
10	210~220	215	8	900	7200
11	220~230	225	4	1600	6400
12	230~240	235	5	2500	12500
13	合计	—	120	—	55400

第4章 数据的概括性度量

根据式(4.25)得样本标准差为

$$s = \sqrt{\frac{\sum_{i=1}^{k}(M_i - \bar{x})^2 f_i}{n-1}} = \sqrt{\frac{55400}{120-1}} = 21.58(台)。$$

4 相对位置的度量

有了平均数和标准差之后,可以计算一组数据中各个数值的标准分数,以测度每个数据在该组数据中相对位置,并可以用它来判断一组数据是否有离群数据。

• 标准分数

▶定义 4.12 变量值与其平均数的离差除以标准差后的值,称为标准分数(standard score),也称标准化值或 z 分数。

设标准分数为 z,则有

$$z_i = \frac{x_i - \bar{x}}{s}。 \tag{4.26}$$

标准分数给出了一组数据中各数值的相对位置。比如,如果某个数值的标准分数为 -1.5,就知道该数值低于平均数 1.5 倍的标准差。式(4.26)也就是常用的统计标准化公式,在对多个具有不同量纲的变量进行处理时,常常需要对各变量数值进行标准化处理。

【例 4.15】 根据例 4.5 的数据,计算每个家庭人均月收入的标准分数。

解 根据已知数据计算得: $\bar{x}=1200, s=431.68$。由式(4.26)得每个家庭人均月收入的标准分数如表 4.5。

表 4.5 9 个家庭人均月收入的标准分数

	A	B	C
1	家庭编号	人均月收入(元)	标准分数 z
2	1	1500	0.695
3	2	750	−1.042
4	3	780	−0.973
5	4	1080	−0.278
6	5	850	−0.811
7	6	960	−0.556
8	7	2000	1.853
9	8	1250	0.116
10	9	1630	0.996

由表 4.5 可知,收入最低的家庭其人均收入与平均数相比低 1.042 个标

准差；而收入最高的家庭人均收入比平均数高 1.853 个标准差。

标准分数具有平均数为 0、标准差为 1 的特性，即

$$\bar{z} = \frac{\sum z_i}{n} = \frac{1}{n} \cdot \frac{\sum (x_i - \bar{x})}{s} = \frac{1}{n} \cdot \frac{0}{s} = 0, \quad (4.27)$$

$$s_z^2 = \frac{\sum (z_i - \bar{z})^2}{n} = \frac{\sum (z_i - 0)^2}{n} = \frac{\sum z^2}{n}$$

$$= \frac{1}{n} \cdot \frac{\sum (x_i - \bar{x})^2}{s^2} = \frac{s^2}{s^2} = 1. \quad (4.28)$$

实际上，z 分数只是将原始数据进行了线性变换，它并没有改变一个数据在改组数据中的位置，也没有改变该组数分布的形状，而只是将该组数据变为平均数为 0，标准差为 1。

比如，一组数据为 25,28,31,34,37,40,43，其平均数为 34，标准差为 6。其变换可用图 4.3 表示。

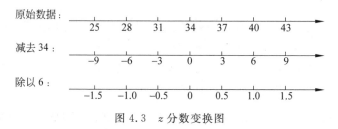

图 4.3 z 分数变换图

- **经验法则**

经验法则表明，当一组数据对称分布时：

约有 68% 的数据在平均数加减 1 个标准差的范围之内；

约有 95% 的数据在平均数加减 2 个标准差的范围之内；

约有 99% 的数据在平均数加减 3 个标准差的范围之内。

根据表 4.5 的结果，在平均数加减 1 个标准差范围内，1200±431.68＝(768.32,1631.68)，共有 7 个家庭，占家庭总数的 77.78%；在平均数加减 2 个标准差范围内，1200±2×431.68＝(336.64,2063.36)，共有 9 个家庭，占家庭总数的 100%。没有在 2 个标准差之外的数据。

可以想像，一组数据中低于或高于平均数 3 倍标准差之外的数值是很少的，也就是说，在平均数加减 3 个标准差的范围内几乎包含了全部数据，而在 3 个标准差之外的数据，在统计上也称为异常值或离群点(outlier)。比如，9

个家庭的人均月收入数据中就没有异常值或离群点。

- **Chebyshev 不等式**

经验法则适合于对称分布的数据。如果一组数据不是对称分布,经验法则就不再使用,这时可使用 Chebyshev 不等式(Chebyshev's inequality),它对任何分布形状的数据都适用。需要注意的是,Chebyshev 不等式提供的是"下界",也就是"所占比例至少是多少",对于任意分布形态的数据,根据 Chebyshev 不等式,至少有 $(1-1/k^2)$ 的数据落在 k 个标准差之内,其中 k 是大于 1 的任意值,但不一定是整数。对于 $k=2,3,4$,该不等式的含义是:

至少有 75% 的数据落在平均数加减 2 个标准差的范围之内;

至少有 89% 的数据落在平均数加减 3 个标准差的范围之内;

至少有 94% 的数据落在平均数加减 4 个标准差的范围之内。

4.2.4 相对离散程度:离散系数

上面介绍的极差、平均差、方差和标准差等都是反映数据分散程度的绝对值,其数值的大小一方面受原变量值本身水平高低的影响,也就是与变量的平均数大小有关,变量值绝对水平高的,离散程度的测度值自然也就大,绝对水平小的离散程度的测度值自然也就小;另一方面,它们与原变量值的计量单位相同,采用不同计量单位计量的变量值,其离散程度的测度值也就不同。因此,对于平均水平不同或计量单位不同的不同组别的变量值,是不能用上述离散程度的测度值直接比较其离散程度的。为消除变量值水平高低和计量单位不同对离散程度测度值的影响,需要计算离散系数。

▶ **定义 4.13** 一组数据的标准差与其相应的平均数之比,称为离散系数(coefficient of variation),也称为变异系数。

离散系数是测度数据离散程度的相对统计量。离散系数通常是就标准差来计算的,因此也称为标准差系数,其计算公式为

$$v_s = \frac{s}{\bar{x}}。 \tag{4.29}$$

离散系数的作用主要是用于比较对不同样本数据的离散程度。离散系数大的说明数据的离散程度也就大,离散系数小的说明数据的离散程度也

就小①。

【例 4.16】 某管理局抽查了所属的 8 家企业,其产品销售数据如表 4.6。试比较产品销售额与销售利润的离散程度。

表 4.6 某管理局所属 8 家企业的产品销售数据

	A	B	C
1	企业编号	销售额(万元)	销售利润(万元)
2		x_1	x_2
3	1	170	8.1
4	2	220	12.5
5	3	390	18
6	4	430	22
7	5	480	26.5
8	6	650	40
9	7	950	64
10	8	1000	69

解 由于销售额与利润额的数据水平不同,不能直接用标准差进行比较,需要计算离散系数。由表 4.6 中的数据计算得

$$\bar{x}_1 = 536.25(万元), \quad s_1 = 309.19(万元), \quad v_1 = \frac{309.19}{536.25} = 0.557,$$

$$\bar{x}_2 = 32.5125(万元), \quad s_2 = 23.09(万元), \quad v_2 = \frac{23.09}{32.5125} = 0.710。$$

计算结果表明,$v_1 < v_2$,说明产品销售额的离散程度小于销售利润的离散程度。

总之,反映数据离散程度的各个测度值,适用于各不同类型的数据。对于分类数据,主要用异众比率来测度其离散程度;对于顺序数据,虽然也可以计算异众比率,但主要是用四分位差来测度其离散程度;对于数值型数据,虽然可以计算异众比率、四分位差、极差和平均差等,但主要是用方差或标准差来测度其离散程度。当需要对不同样本数据的离散程度进行比较时,则使用离散系数。由此可见,选用哪一个测度值来反映数据的离散程度,要根据所掌握的数据的类型和分析目的来确定。

---

① 当平均数接近 0 时,离散系数的值趋于增大,此时必须慎重解释。

4.3 偏态与峰态的度量

集中趋势和离散程度是数据分布的两个重要特征,但要全面了解数据分布的特点,还需要知道数据分布的形状是否对称、偏斜的程度以及分布的扁平程度等。偏态和峰态就是对分布形状的测度。

4.3.1 偏态及其测度

偏态一词是由统计学家 Pearson 于 1895 年首次提出的,它是对数据分布对称性的测度。

▶定义 4.14　数据分布的不对称性,称为偏态(skewness)。

前面已经提到,利用众数、中位数和平均数之间的关系就可以大体上判断数据分布是对称、左偏还是右偏。显然,判别偏态的方向并不困难,但要测度偏斜的程度则需要计算偏态系数。

▶定义 4.15　对数据分布不对称性的度量值,称为偏态系数(coefficient of skewness),记作 SK。

偏态系数的计算方法有很多。在根据未分组的原始数据计算偏态系数时,通常采用下面的公式:

$$\mathrm{SK} = \frac{n \sum (x_i - \bar{x})^3}{(n-1)(n-2)s^3}, \tag{4.30}$$

式中 s^3 是样本标准差的三次方。

偏态系数测度了数据分布的非对称性程度。如果一组数据的分布是对称的,则偏态系数等于 0;如果偏态系数明显不同于 0,表明分布是非对称的。若偏态系数大于 1 或小于 −1,被称为高度偏态分布;若偏态系数在 0.5~1 或 −1~−0.5 之间,被认为是中等偏态分布;偏态系数越接近 0,偏斜程度就越低。例如,根据第 3 章表 3.11 中的原始数据,由式(4.30)计算的偏态系数为 0.4,表明销售量的分布有一定的偏斜,且为右偏,但偏斜程度不大。

根据分组数据计算偏态系数,可采用下面的公式:

$$\mathrm{SK} = \frac{\sum_{i=1}^{k} (M_i - \bar{x})^3 f_i}{n s^3}, \tag{4.31}$$

从式(4.31)可以看到,它是离差三次方的平均数再除以标准差的三次方。当分布对称时,离差三次方后正负离差可以相互抵消,因而 SK 的分子等于 0,则 SK=0;当分布不对称时,正负离差不能抵消,就形成了正或负的偏态系数 SK。当 SK 为正值时,表示正偏离差值较大,可以判断为正偏或右偏;反之,当 SK 为负值时,表示负离差数值较大,可判断为负偏或左偏。在计算 SK 时,将离差三次方的平均数除以 s^3 是将偏态系数转化为相对数。SK 的数值越大,表示偏斜的程度就越大。

【例 4.17】 根据表 4.4 的数据计算电脑销售量的偏态系数。

解 计算过程见表 4.7。

表 4.7 某电脑公司销售量偏态及峰态计算表

	A	B	C	D	E
1	按销售量分组	组中值	频数	$(M_i-\bar{x})^3 f_i$	$(M_i-\bar{x})^4 f_i$
2	(台)	M_i	f_i		
3	140~150	145	4	−256000	10240000
4	150~160	155	9	−243000	7290000
5	160~170	165	16	−128000	2560000
6	170~180	175	27	−27000	270000
7	180~190	185	20	0	0
8	190~200	195	17	17000	170000
9	200~210	205	10	80000	1600000
10	210~220	215	8	216000	6480000
11	220~230	225	4	256000	10240000
12	230~240	235	5	625000	31250000
13	合计	—	120	540000	70100000

将计算结果代入式(4.31)得

$$\text{SK} = \frac{\sum_{i=1}^{k}(M_i-\bar{x})^3 f_i}{ns^3} = \frac{\sum_{i=1}^{10}(M_i-185)^3 f_i}{120 \times (21.58)^3}$$

$$= \frac{540000}{120 \times (21.58)^3} = 0.448 。$$

由计算结果可以看出,偏态系数为正值,但数值不是很大,说明电脑销售量的分布为右偏分布,但偏斜程度不是很大。从第 3 章的图 3.17 销售量分布的直方图也可以看出这一点。

4.3.2 峰态及其测度

峰态一词是由统计学家 Pearson 于 1905 年首次提出的。它是对数据分布平峰或尖峰程度的测度。

▶定义 4.16 数据分布的平峰或尖峰程度,称为峰态(kurtosis)。
对峰态的测度同样需要计算峰态系数。

▶定义 4.17 对数据分布峰态的度量值,称为峰态系数(coefficient of kurtosis),记作 K。

峰态通常是与标准正态分布相比较而言的。如果一组数据服从标准正态分布,则峰态系数的值等于 0,若峰态系数的值明显不同于 0,表明分布比正态分布更平或更尖,通常称为平峰分布或尖峰分布,如图 4.4 所示。

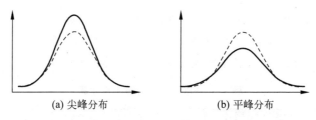

(a) 尖峰分布　　　　(b) 平峰分布

图 4.4　尖峰分布与平峰分布示意图

在根据未分组数据计算峰态系数时,通常采用下面的公式:

$$K = \frac{n(n+1)\sum(x_i-\bar{x})^4 - 3\left[\sum(x_i-\bar{x})^2\right]^2(n-1)}{(n-1)(n-2)(n-3)s^4}, \quad (4.32)$$

例如,根据第 3 章表 3.11 中的原始数据,由式(4.32)计算的峰态系数为 -0.18。

根据分组数据计算峰态系数是用离差四次方的平均数,再除以标准差的四次方,其计算公式为

$$K = \frac{\sum_{i=1}^{k}(M_i-\bar{x})^4 f_i}{ns^4} - 3, \quad (4.33)$$

式中 s^4 是样本标准差的四次方。

公式中将离差的四次方除以 s^4 是为了将峰态系数转化成相对数。用峰态系数说明分布的尖峰和扁平程度,是通过与标准正态分布的峰态系数进行比较而言的。由于正态分布的峰态系数为 0,当 $K>0$ 时为尖峰分布,数据的分布也更集中,当 $K<0$ 时为扁平分布,数据的分布也越分散。

需要注意的是,式(4.33)中也可以不减 3,此时的比较标准是 3。当 $K>3$

时为尖峰分布,等 $K<3$ 时为扁平分布。

【例 4.18】 根据表 4.7 中的数据,计算电脑销售量分布的峰态系数。

解 根据表 4.7 的计算结果,代入式(4.33)得

$$K = \frac{\sum_{i=1}^{k}(M_i - \bar{x})^4 f_i}{ns^4} - 3 = \frac{70100000}{120 \times (21.58)^4} - 3$$

$$= 2.694 - 3 = -0.306。$$

由于 $K=-0.306<0$,说明电脑销售量的分布与正态分布相比略有一些平峰。

本章介绍了数据分布特征的各种测度值,其中多数都可以通过 Excel【数据分析】工具中的【描述统计】命令得出计算结果。下面利用第 3 章中表 3.11 中的数据,用 Excel 给出各描述统计量的计算结果,见表 4.8。

表 4.8 Excel 输出的描述统计量

	A	B	C	D
1	销售量			
2	234		列1	
3	143			
4	187		平均	184.5667
5	161		标准误差	1.9792
6	150		中位数	182
7	228		众数	196
8	153		标准差	21.68054
9	166		方差	470.04594
10	154		峰度	-0.22436
11	174		偏度	0.40528
12	156		区域	96
13	203		最小值	141
14	159		最大值	237
15	198		求和	22148
16	160		观测数	120
17	152		最大(1)	237
18	161		最小(1)	141
19	162		置信度(95.0%)	3.91892
20	163			

除了使用 Excel 中的【数据分析】工具中的【描述统计】计算描述统计量之外,还可以使用 Excel 提供的统计函数计算所需要的统计量。下面的表 4.9 给出了 Excel 计算描述统计量的几个主要函数。

表 4.9　Excel 中的描述统计函数

函数名	语法	功能
AVEDEV	AVEDEV（number1,number2,…）	计算平均差
AVERAGE	AVERAGE（number1,number2,…）	计算平均数
GEOMEAN	GEOMEAN（number1,number2,…）	计算几何平均数
HARMEAN	HARMEAN（number1,number2,…）	计算简单调和平均数
KURT	KURT（number1,number2,…）	计算峰态系数
MODE	MODE（number1,number2,…）	计算众数
MEDIAN	MEDIAN（number1,number2,…）	计算中位数
QUARTILE	QUARTILE（array,quart）	计算四分位数
SKEW	SKEW（number1,number2,…）	计算偏态系数
STDEV	STDEV（number1,number2,…）	计算样本标准差
STDEVP	STDEVP（number1,number2,…）	计算总体标准差
TRIMMEAN	TRIMMEAN（array,percent）	计算切尾均值

下面的图 4.5 总结了数据的分布特征和适用的描述性统计量。

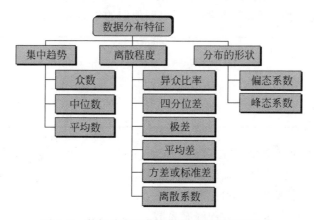

图 4.5　数据分布的特征与适用的描述统计量

思考与练习

思考题

4.1　一组数据的分布特征可以从哪几个方面进行测度？

4.2　怎样理解均值在统计学中的地位？

4.3　简述四分位数的计算方法。

4.4 对于比率数据的平均为什么采用几何平均?

4.5 简述众数、中位数和均值的特点和应用场合。

4.6 简述异众比率、四分位差、方差或标准差的适用场合。

4.7 标准分数有哪些用途?

4.8 为什么要计算离散系数?

4.9 测度数据分布形状的统计量有哪些?

练习题

4.1 一家汽车零售店的 10 名销售人员 5 月份销售的汽车数量(单位:台)排序后如下:

2　　4　　7　　10　　10　　10　　12　　12　　14　　15

(1) 计算汽车销售量的众数、中位数和平均数。

(2) 根据定义公式计算四分位数。

(3) 计算销售量的标准差。

(4) 说明汽车销售量分布的特征。

4.2 随机抽取 25 个网络用户,得到他们的年龄数据如下(单位:周岁):

19	15	29	25	24
23	21	38	22	18
30	20	19	19	16
23	27	22	34	24
41	20	31	17	23

(1) 计算众数、中位数。

(2) 根据定义公式计算四分位数。

(3) 计算平均数和标准差。

(4) 计算偏态系数和峰态系数。

(5) 对网民年龄的分布特征进行综合分析。

4.3 某银行为缩短顾客到银行办理业务等待的时间,准备采用两种排队方式进行试验:一种是所有顾客都进入一个等待队列;另一种是顾客在 3 个业务窗口处列队 3 排等待。为比较哪种排队方式使顾客等待的时间更短,两种排队方式各随机抽取 9 名顾客,得到第一种排队方式的平均等待时间为 7.2min,标准差为 1.97min,第二种排队方式的等待时间(单位:min)如下:

5.5　6.6　6.7　6.8　7.1　7.3　7.4　7.8　7.8

(1) 画出第二种排队方式等待时间的茎叶图。
(2) 计算第二种排队时间的平均数和标准差。
(3) 比两种排队方式等待时间的离散程度。
(4) 如果让你来选择一种排队方式,你会选择哪一种?试说明理由。

4.4　某百货公司6月份各天的销售额数据如下(单位:万元):

257	276	297	252	238	310	240	236	265	278
271	292	261	281	301	274	267	280	291	258
272	284	268	303	273	263	322	249	269	295

(1) 计算该百货公司日销售额的均值和中位数。
(2) 按式(4.4)计算四分位数。
(3) 计算日销售额的标准差。

4.5　甲、乙两个企业生产3种产品的单位成本和总成本资料如下:

产品名称	单位成本/元	总成本/元	
		甲企业	乙企业
A	15	2100	3255
B	20	3000	1500
C	30	1500	1500

比较哪个企业的总平均成本高?并分析其原因。

4.6　在某地区抽取的120家企业按利润额进行分组,结果如下:

按利润额分组/万元	企业数/个
200~300	19
300~400	30
400~500	42
500~600	18
600以上	11
合计	120

(1) 计算120家企业利润额的均值和标准差。
(2) 计算分布的偏态系数和峰态系数。

4.7　为研究少年儿童的成长发育状况,某研究所的一位调查人员在某城市抽取100名7~17岁的少年儿童作为样本,另一位调查人员则抽取了 1000 名 7~17 岁的少年儿童作为样本。请回答下面的问题，并解释其原因。

(1) 哪一位调查研究人员在其所抽取的样本中得到的少年儿童的平均身高较大？或者这两组样本的平均身高相同？

(2) 哪一位调查研究人员在其所抽取的样本中得到的少年儿童身高的标准差较大？或者这两组样本的标准差相同？

(3) 哪一位调查研究人员有可能得到这 1100 名少年儿童的最高者或最低者？或者对两位调查研究人员来说，这种机会是相同的？

4.8 一项关于大学生体重状况的研究发现，男生的平均体重为 60kg，标准差为 5kg；女生的平均体重为 50kg，标准差为 5kg。请回答下面的问题：

(1) 是男生的体重差异大还是女生的体重差异大？为什么？

(2) 以磅为单位(1kg＝2.2lb)，求体重的平均数和标准差。

(3) 粗略地估计一下，男生中有百分之几的人体重在 55kg 到 65kg 之间？

(4) 粗略地估计一下，女生中有百分之几的人体重在 40kg 到 60kg 之间？

4.9 一家公司在招收职员时，首先要通过两项能力测试。在 A 项测试中，其平均分数是 100 分，标准差是 15 分；在 B 项测试中，其平均分数是 400 分，标准差是 50 分。一位应试者在 A 项测试中得了 115 分，在 B 项测试中得了 425 分。与平均分数相比，该位应试者哪一项测试更为理想？

4.10 一条成品生产线平均每天的产量为 3700 件，标准差为 50 件。如果某一天的产量低于或高于平均产量，并落入正负两个标准差的范围之外，就认为该生产线"失去控制"。下面是一周各天的产量，该生产线哪几天失去了控制？

时间	周一	周二	周三	周四	周五	周六	周日
产量/件	3850	3670	3690	3720	3610	3590	3700

4.11 对 10 名成年人和 10 名幼儿的身高(单位：cm)进行抽样调查，结果如下：

成年组	166	169	172	177	180	170	172	174	168	173
幼儿组	68	69	68	70	71	73	72	73	74	75

(1) 要比较成年组和幼儿组的身高差异,你会采用什么样的统计量? 为什么?

(2) 比较分析哪一组的身高差异大?

4.12 一种产品需要人工组装,现有 3 种可供选择的组装方法。为检验哪种方法更好,随机抽取 15 个工人,让他们分别用 3 种方法组装。下面是 15 个工人分别用 3 种方法在相同的时间内组装的产品数量(单位:个):

方法 A	方法 B	方法 C
164	129	125
167	130	126
168	129	126
165	130	127
170	131	126
165	130	128
164	129	127
168	127	126
164	128	127
162	128	127
163	127	125
166	128	126
167	128	116
166	125	126
165	132	125

(1) 你准备采用什么方法来评价组装方法的优劣?

(2) 如果让你选择一种方法,你会作出怎样的选择?试说明理由。

4.13 在金融证券领域,一项投资的预期收益率的变化通常用该项投资的风险来衡量。预期收益率的变化越小,投资风险越低,预期收益率的变化越大,投资风险就越高。下面的两个直方图,分别反映了 200 种商业类股票和 200 种高科技类股票的收益率分布。在股票市场上,高收益率往往伴随着高风险。但投资于哪类股票,往往与投资者的类型有一定关系。

(1) 你认为该用什么样的统计量来反映投资的风险?

(2) 如果选择风险小的股票进行投资,应该选择商业类股票还是高科技类股票?

(3) 如果你进行股票投资,你会选择商业类股票还是高科技类股票?

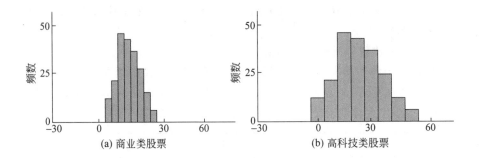

(a) 商业类股票　　　　　(b) 高科技类股票

人物传记[①]

Pafnuty Lvovich Chebyshev

P. L. Chebyshev（1821—1894）出生于俄国。他的父母属于贵族阶层,他接受了良好的私人教育;他很快迷上了数学,并最终在莫斯科大学攻读数学和物理。还在学生时代,Chebyshev 就因为他的一篇有关方程根计算问题的论文而获得了银质奖章,这篇论文现在很有名。他在圣彼得堡大学教授数学并开始对机械工程学产生强烈兴趣时撰写了许多杰出的论文,前者只是其中的一篇(在其他方面,他主要致力于弹道学的研究,带来了炮弹的多种创新,并发明了一台计算机)。他始终强调理论与实践的统一,他说:"远古时代数学就受到了人们特别的关注;如今,由于数学对工业和艺术的影响,它引起了人们更多的兴趣。理论与实践的统一能够带来十分有益的结果;并不只有实践这一方受益;在它的影响下科学也将前进,因为它能为科学发现新的研究对象,发现那些长期以来熟知的事物可供挖掘的新的方面。"

---

① 资料来源:参考文献(Heinz,1998,P.103-104)。

Chebyshev 解决问题的典型做法就是建立计算法则（计算的方法），这些法则要么能够给出一个精确的数值结果，要么能够在精确定义的范围内给出近似修正。这一方法在统计领域中一个最为重要的例子就是我们现在所称的 Chebyshev 定理。该定理认为"不考虑总体频数分布的形状，观测值落入均值周围 k 倍标准差的比例至少为

$$1-\frac{1}{k^2},$$

假定 k 大于等于 1。"因此可以得到附表中所列的预测值。

如果标准差的倍数 k 等于	那么所有观测值落入范围 $\mu \pm k\sigma$ 的比例至少等于
1	$1-(1/1^2)=0.00$
2	$1-(1/2^2)=0.75$
3	$1-(1/3^2)=0.89$
4	$1-(1/4^2)=0.94$

为了实际操作的目的，对于很多只有一些轻微偏斜的频数分布，可以类似于完全对称的分布来进行处理。

无论怎样，Chebyshev 定理证明了 Chebyshev 所带来的根本性变化：他是第一位在极限理论中坚持绝对精确的数学家。用另一位杰出的俄国数学家 A. N. Kolmogorov 的话来说，"他始终立志于使用在任何多次检验下都绝对有效的不等式形式来精确估计极限规律中可能存在的偏差。"

第 5 章

概率与概率分布

数学定律不能百分之百确切地用在现实生活里;能百分之百确切地用数学定律描述的,就不是现实生活。

——Alber Einstein

统计应用:买彩不是"押宝"[①]

山东的一打工者为了碰运气,半个小时花去了 1000 元钱,买了 500 张即开型福利彩票,结果也没撞上大奖。和男青年同来的小马说,他俩是从聊城来打工的,一个月只挣 500 多元,本想买几张彩票碰碰运气,可工友小吴却较上了劲,非想中个大奖。

投身彩市,自制力或自控力是极为重要的,而自制力的核心应该放在"戒贪"上。美国股市上有一句名言:"多头和空头都可能在华尔街证券市场上大发横财,只有贪得无厌和犹豫不决的人例外。"这句话同样适用于彩票。

赢彩的人总是少数,法国人就有这样的喙语:"中彩的机会比空难还少。"一般地说,博彩者可分为博彩投机者和博彩爱好者两类。一个博彩投机者和一个博彩业余爱好者相比,他们的动机以及在彩票市场上所花费的时间是不完全一样的。前者把买彩当作"押宝"、"投资",把自己整个事业乃至命运都与彩票市场联系在一起,投入了所有的时间和精力;而后者只是作为一种业余爱好,作为增添生活情

---

① 资料来源:根据 http://www.zhcw.com(中彩网)相关资料整理而成。

趣的方式之一。两者相比,心情压力、风险意识都是大大不同的。彩票投资中风险和收益并存,众多彩迷利用闲暇机会纷纷入市,但在彩票市场上不会人人都赚,只有一部分甚至一小部分人大赚,而绝大多数人则是要赔的,这是彩市不变的法则。

曾有一位款姐玩彩,让人心惊肉跳。也许是懒得花费时间精挑细选,她全部随机选号,一下子花去了 2 万多元,开奖后那一期特奖和一等奖都没有中出。这位款姐肯定是亏大本了。这么大包大揽地花钞票买彩票,肯定是不好的,除非你是一个真正的大款,有钱没地方花,纯粹图个潇洒快活。

但是,对于普通老百姓来说,彩票只是一种数字游戏,是社会筹集闲散资金的一种方式,而不是一种如同大款似的金钱投资,更不是赌博。虽然只有 7 位数,但排列组合却可达到几百万之多,所以一次买彩票 20 注与 200 注的中奖机率并没有多大的差别。而且对于中低收入者来说,每期投注 20 元才是比较恰当的,既为生活增加了一些情趣,又对个人生活的影响不大。业余投彩如果亏损了,还有工资保证生活,但如果将投彩作为一种"押宝"、"投机",一旦失手,作为普通老百姓的你就有可能衣食难保了!

有这样一位彩民以极快的速度接受了彩票这种游戏,但却把发财的梦孤注一掷地"押"在买彩上,本不富裕的他基本上是节衣缩食,把大部分生活费花在了彩票上,企盼着中一回大奖,赚上一笔,发大财。但事与愿违,他买了不少,却中的不多,结果生活越来越窘迫。很显然,这种极端的做法脱离了玩彩票的原则和初衷。

在充满风险、机遇和挑战的彩票市场上,博彩者要发财,必须记住一条真理:适可而止。贪得无厌的结果往往是一贫如洗。有人曾做过统计,最赚钱的彩票,中彩的概率最高是 1/(500 万),有的甚至达到 1/(1000 万)。想一口吃一个胖子几乎是天方夜谭。博彩者千万不能贪心,不要幻想一次交易就赚个富翁,要有耐心,要认真谨慎地对待每一次投注,切不可陷入"贪心不足蛇吞象"的误区。量力而行,限额投注,是玩彩的基本方法,也是彩票吸引人的原因所在。所以用极少的资金投注,用平常心等待大奖的光临,才是真正的幸运。

当你去购买彩票时,希望自己中大奖,但你一定知道,能否中奖结果是极不确定的。当你去投资股票时,预期得到较高的收益率,但你不可能确切地预测出收益率。在现实生活中,有很多这类事情,能否成功具有不确定性,比如,一笔新投资盈利的可能性有多大?一项工程按期完成的可能性有多大?等等。概率论为解决这种不确定性问题提供了有效的方法。在本章中,将学习如何用概率来度量不确定性,并介绍概率分布的有关知识。考虑到学习后几章推断统计的需要,本章对概率部分的介绍主要侧重于概念性的,而对概率分布的介绍则相对详细一些。

5.1 事件及其概率

概率是对某一特定事件出现可能性大小的一种数值度量。为理解概率的含义,首先需要介绍概率中的一些基本概念,并在此基础上讨论一些简单的概率计算问题。

5.1.1 试验、事件和样本空间

在概率语言中,所谓一次试验是指对试验单元进行一次观察或测量的过程。例如,从一副 52 张扑克牌中抽取一张,并观察其结果(纸牌的数字或花色),这一过程便视作一次试验。类似地,记录下某公司的年销售额也是一种试验,观察股票价格指数也是一种试验,等等。

▶定义 5.1　对一个或多个试验对象进行一次观察或测量的过程,称为一次试验(experiment)。

下面就是试验的几个例子。
- 抛一枚均匀硬币,观察其出现正面或反面的情况。
- 投掷一颗骰子,观察其出现的点数。
- 从一批次品率为 p 的产品中随机抽出一个,观察其是正品还是次品。
- 进行一场足球比赛,观察其是获胜、失利还是平局。

上面的例子有一些共同的特点,那就是在试验之前无法确切地知道它的结果。比如,在抛出硬币之前,不知道它会出现哪一面,但知道它只有两个可能结果,即要么出现正面,要么出现反面,这样的试验在相同条件下可以重复地进行。在一场足球比赛之前,并不知道是某个球队获胜、失利还是打成平局,但知道比赛结果只有 3 个,获胜、失利或平局,这样的比赛在相同条件下也

可以重复地进行。总结上面的试验,可以看出它们具有3个共同的特点:

(1) 可以在相同条件下重复地进行。

(2) 每次试验的可能结果不止一个,但试验的所有可能结果在试验之前是确切地知道的。

(3) 在试验结束之前,不能确定该次试验的确切结果。

将具有上面特点的试验称为随机试验,而随机试验的结果则称为事件。

▶ 定义 5.2 试验的结果称为事件(event)。

事件是试验中可能出现也可能不出现的结果,因此也称为随机事件。比如,从一副扑克牌中随机抽取一张,这就是一次试验,此项试验中可能出现一些事先无法确切知道的结果,如"抽得一张黑桃A","抽得一张红桃5","抽得一张方块10","抽得一张梅花3",等等,这些结果则称为事件。在概率中,随机事件通常用大写英文字母 $A, B, C, \cdots$ 表示。

有些事件可以看成是一些事件组合而成的,而有些事件则不能被分解成其他事件的组合。不能被分解成其他事件组合的最简单的事件称为基本事件。

▶ 定义 5.3 不能被分解成其他事件组合的基本事件,称为简单事件(simple event)。

简单事件是不能再分解的事件,它是一项试验最基本的结果。例如,抛掷一枚均匀硬币,"出现正面"和"出现反面"都是简单事件。抛一颗骰子"出现点数3"也是一个基本事件,但事件"出现的点数小于3"则不是简单事件,因为它可以分解成"出现点数1"和"出现点数2"两个事件的组合。

▶ 定义 5.4 在一定条件下,一定发生的事件称为必然事件,用符号 Ω 表示;在一定条件下,一定不发生的事件称为不可能事件,用符号 $\varnothing$ 表示。

例如,在抛掷一颗骰子的试验中,"点数小于7"就是一个必然事件,而"点数大于7"则是一个不可能事件。

在一项试验中,可以罗列出试验的所有可能结果(即简单事件),将一项试验中所有可能结果的全体定义为样本空间,而样本空间中每一个特定的试验结果被称为样本点,它们是样本空间的组成元素。

▶ 定义 5.5 一项试验中所有可能结果的集合,称为样本空间(sample space),用符号 Ω 表示。

▶定义 5.6 样本空间中每一个特定的试验结果,被称为样本点(sample point),用符号 ω 表示。

样本空间是试验中所有可能结果的集合,它显然是一个必然事件。

结合前面给出的一些例子,给出几个相应试验的样本空间和样本点,如表 5.1 所示。

表 5.1 试验与样本空间

试 验	样本空间 $\Omega = \{\omega\}$
抛一枚硬币	{正面朝上,反面朝上}
抛掷一颗骰子	{1点,2点,3点,4点,5点,6点}
抽出一件产品检测	{合格,不合格}
一场足球比赛	{获胜,失利,平局}

5.1.2 事件的概率

对于随机事件,在一项试验中无法肯定其是否发生,但可以对其发生的可能性大小进行度量,这样的度量值称为概率。

▶定义 5.7 事件 A 发生的概率(probability)是一个介于 0 和 1 之间的一个值,用以度量试验完成时事件 A 发生的可能性大小,记作 $P(A)$。

当试验的次数很多时,概率 $P(A)$ 可以由所观察到的事件 A 发生次数(频数)的比例来逼近。假定在相同条件下,重复进行 n 次试验,事件 A 发生了 m 次,则事件 A 发生的概率可以写为

$$P(A) = \frac{\text{事件 } A \text{ 发生的次数}}{\text{重复试验次数}} = \frac{m}{n} = p。 \tag{5.1}$$

比值 m/n 越大,表示事件 A 发生越频繁,也就意味着在一次试验中事件 A 发生的可能性(即概率)就越大。实事上,随着试验次数 n 的增大,比值 m/n 将围绕某一常数 p 上下波动,并且其波动的幅度将随着试验次数 n 的增大而减小,进而趋于稳定,这个稳定的频率就是事件 A 的概率。

【例 5.1】抛掷一枚硬币,观察其出现的是正面还是反面,并将事件 A 定义为:事件 $A=$ 出现正面,这一事件的概率记作 $P(A)$。请说明概率 $P(A)=1/2$ 的含义。

解 观察到正面的概率 $P(A)=1/2$ 并不意味着抛掷多次硬币恰好有一

半结果正面朝上。例如,不能期望抛掷 2 次硬币恰好有 1 次正面朝上,或者抛掷 10 次硬币恰好有 5 次正面朝上。它的意思是说在连续多次的抛掷中,可以认为出现正面的次数接近一半。比值 1/2 是对掷一次硬币观察到正面朝上的可能性的度量。

尽管可以将事件的概率设想成大量重复试验中该事件出现次数的比例。但有些试验确是不能重复的。比如,投资 10000 元开设一家餐馆,那么这家餐馆将生存 5 年的概率就是个未知的值,而且不可能重复试验把这个概率估计出来。这个事件发生的概率是一个常数,但却不知道。不过,这可以用已经生存了 5 年的类似餐馆所占的比例,作为所求概率的一个近似值。

5.1.3 概率的性质和运算法则

概率有许多性质,这里只给出几种主要事件的概率运算,并且只给出结论,而对其具体推导过程不作过多介绍。

1 互斥事件及其概率

抛掷一枚硬币,要么出现正面,要么出现反面,这就是说,在一次抛掷中,出现正面时,反面就不可能出现。在一项试验中,若两个事件中有一个发生时,另一个就不可能发生,称这两个事件是互斥事件。

▶**定义 5.8** 在试验中,两个事件有一个发生时,另一个就不能发生,称这两个事件为互斥事件(mutually exclusive events)。

用集合的语言来说,互斥事件也就是指"没有公共样本点的两个事件"。为了直观描述互斥事件在样本空间中的位置关系,使用一种名为文氏图(Venn diagram)的工具。互斥事件的文氏图如图 5.1 所示。

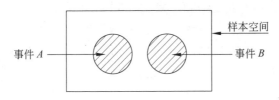

图 5.1 互斥事件

两个事件互斥的概念也可以推广到多个事件的情形。

▶**定义 5.9** 若事件 $A_1, A_2, \cdots, A_n$ 中任意两个事件互斥,则称这 n 个事件为互斥事件。

【例 5.2】 在一所城市中随机抽取 600 个家庭,用以确定拥有个人电脑的家庭所占的比例。定义如下事件:

A——600 个家庭中恰好有 265 个家庭拥有电脑。

B——恰好有 100 个家庭拥有电脑。

C——特定户主张三家拥有电脑。

说明下列各对事件是否为互斥事件,并说明你的理由。

(1) A 与 B; (2) A 与 C; (3) B 与 C。

解 (1) 事件 A 与 B 是互斥事件。因为你观察到恰好有 265 个家庭拥有电脑,就不可能恰好有 100 个家庭拥有电脑。

(2) 事件 A 与 C 不是互斥事件。因为张三也许正是这 265 个家庭之一,因而事件 A 与 C 有可能同时发生。

(3) 事件 B 与 C 不是互斥事件。理由同(2)。

【例 5.3】 同时抛掷两枚硬币,并考察其结果。恰好有一枚正面朝上的概率是多少?

解 用 H 表示正面,T 表示反面,而用下标 1 和 2 分别表示硬币 1 和硬币 2。该项试验会有 4 个互斥事件之一发生:

(1) 两枚硬币都正面朝上,记这一事件为 H_1H_2;

(2) 1 号硬币正面朝上而 2 号硬币反面朝上,记这一事件为 H_1T_2;

(3) 1 号硬币反面朝上而 2 号硬币正面朝上,记这一事件为 T_1H_2;

(4) 两枚硬币都是反面朝上,记这一事件为 T_1T_2。

由于每一枚硬币出现正面或出现反面的概率都是 1/2,当抛掷的次数逐渐增大时,上面的 4 个简单事件中每一事件发生的相对频数(概率)将近似等于 1/4。因为仅当 H_1T_2 或 T_1H_2 发生时,才会恰好有一枚硬币朝上的事件发生,而事件 H_1T_2 与 T_1H_2 又为互斥事件,两个事件中一个事件发生或者另一个事件发生的概率便是 1/2(1/4+1/4)。因此,抛掷两枚硬币,恰好有一枚出现正面的概率等于 H_1T_2 或 T_1H_2 发生的概率,也就是两种事件中每个事件发生的概率之和。

从上面的例子中,可以得出互斥事件的概率加法规则,也称为互斥事件的概率加法公式。

互斥事件的加法规则(addition law):若两个事件 A 与 B 互斥,则事件 A 发生**或**事件 B 发生的概率等于这两个事件各自的概率之和,即

$$P(A \text{ 或 } B) = P(A) + P(B)。 \tag{5.2}$$

对于例5.3,恰好有一枚硬币正面朝上的概率可表示为
$$P(A \text{ 或 } B) = P(A) + P(B) = \frac{1}{4} + \frac{1}{4} = \frac{1}{2}.$$

【例5.4】 抛掷一枚骰子,并考察其结果。求出其点数为1点或2点或3点或4点或5点或6点的概率。

解 抛掷一枚骰子,出现的点数(1点、2点、3点、4点、5点、6点)共有6个互斥事件,而且每个事件出现的概率都为1/6。根据互斥事件的加法规则,得

$P(1\text{点或}2\text{点或}3\text{点或}4\text{点或}5\text{点或}6\text{点})$
$= P(1\text{点}) + P(2\text{点}) + P(3\text{点}) + P(4\text{点}) + P(5\text{点}) + P(6\text{点})$
$= \frac{1}{6} + \frac{1}{6} + \frac{1}{6} + \frac{1}{6} + \frac{1}{6} + \frac{1}{6} = 1.$

从例5.4中可以看出,事件(1点或2点或3点或4点或5点或6点)是一个必然事件,也就是说,抛掷一枚骰子,肯定会有其中之一结果发生,其概率必然等于1。这实际上也是概率的性质之一。反之,不可能事件的概率则等于0。

通过上面的几个例子,我们将概率的性质总结如下:

概率的性质

1. 非负性:对于任意事件A,$P(A) \geqslant 0$。

2. 规范性:一个事件的概率是一个介于0与1之间的值,即对于任意事件A,$0 \leqslant P(A) \leqslant 1$。

3. 必然事件的概率等于1,不可能事件的概率等于0,即$P(\Omega) = 1$,$P(\varnothing) = 0$。

4. 若两个事件A与B互斥,A发生或者B发生的概率等于两个事件各自的概率之和,即
$$P(A \text{ 或 } B) = P(A) + P(B).$$

---

2 事件的补及其概率

考察抛掷两枚骰子的试验。两枚骰子的点数之和等于9是一个事件,记为A。而两枚骰子的点数之和不等于9是另一个事件,记为$\overline{A}$。可以看出,事件$\overline{A}$是事件A不发生的事件,称事件$\overline{A}$是事件A的补(complement),或称为补事件。

▶定义 5.10　事件 A 不发生的事件,称为事件 A 的补事件,记为 $\overline{A}$。

为了直观描述事件与事件的补在样本空间中的位置关系,仍然使用文氏图来表示,见图 5.2。

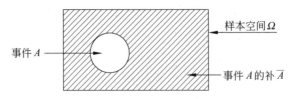

图 5.2　样本空间的互补事件

图 5.2 中的整个矩形区域代表特定试验的样本空间 Ω,它涵盖所有的样本点。圆形区域用于表示某一事件 A,那么样本空间中"挖去"区域 A 之后剩下的阴影区域就是事件 A 的补事件 $\overline{A}$,它所包含的样本点不属于事件 A,反之亦然。显然,事件 A 与其补事件 $\overline{A}$ 是两个互斥事件(也称为不相容事件)。因此,在特定试验过程中,事件 A 和它的补事件 $\overline{A}$ 必然会有一个发生。二者之间的概率关系可以表示为

$$P(\overline{A}) = 1 - P(A)。 \tag{5.3}$$

当把某一试验结果划分为感兴趣的两大类时,只要已知其中一个事件的发生概率,就能利用式(5.3)获得另一事件的概率。当考察的事件 A 相对复杂,而它的补相对简单时,可以先计算事件 $\overline{A}$ 的概率,尔后再寻求事件 A 的概率。

3　广义加法公式

上面的式(5.2)仅适用于 A 与 B 为互斥事件的场合。适用于一般情形的加法公式可以表述如下:

对于任意两个事件 A 和 B,广义加法公式可表示为

$$P(A \cup B) = P(A) + P(B) - P(A \cap B), \tag{5.4}$$

等式左边一项称为两个事件的并,有下面的定义。

▶定义 5.11　A 发生或者 B 发生的事件,称为 A 与 B 的并(union),记为 $A \cup B$。

事件的并的文氏图如图 5.3 所示。

从图 5.3 可以看出,两个圆形区域覆盖的所有阴影部分构成了它们的并,它是所有属于 A 或属于 B 或同时属于二者的样本点构成的事件。稍做细分会发现,事件 A 和事件 B 的并由 3 部分组成:属于事件 A 的所有样本点;属

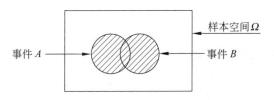

图 5.3 事件的并

于事件 B 的所有样本点；两个圆相互重叠的部分，它是指有一些样本点同时包含在事件 A 和 B 中。事件 A 与 B 的并的实际含义是：只要 A 和 B 中的任何一个事件发生，事件 A 和 B 的并也就发生了。所以，通俗地说，加法公式是用于计算事件"A 发生或 B 发生或 A，B 同时发生"的概率。

等式右边最后一项称为两个事件的交，其定义如下。

▶ **定义 5.12** 事件 A 与事件 B 同时发生的事件，称为 A 与 B 的交（intersection），记为 $A \cap B$，或简记为 AB。

事件的交用文氏图来表示如图 5.4 所示。

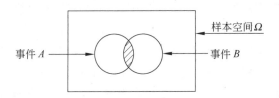

图 5.4 事件的交

从图 5.4 可以看出：事件 A 与事件 B 的交是事件 A 和事件 B 的交叉部分，也就是图中的重叠阴影区域，它是由所有同时属于事件 A 和事件 B 的样本点构成的事件。

有了上述的直观了解，对于加法公式 (5.4) 的逻辑含义就可以更好地理解。$P(A \cup B)$ 计算的是事件 A 和事件 B 包含的所有样本点的发生概率，而等式右边的前两项之和 $P(A) + P(B)$ 不但涉及了 $A \cup B$ 中的所有样本点，并且由于事件 A 与事件 B 交叉部分的存在，使得事件 A 和 B 的交的发生概率被重复计算了两次，因此应该把 AB 部分予以扣除。

【例 5.5】 一家计算机软件开发公司的人事部门最近做了一项调查，发现在最近两年内离职的公司员工中有 40% 是因为对工资不满意，有 30% 是因为对工作不满意，有 15% 是因为他们对工资和工作都不满意。求两年内离职的员工中，离职原因是因为对工资不满意、或者对工作不满意、或者二者都不满意的概率。

解 A＝员工离职是因为对工资不满意，

B＝员工离职是因为对工作不满意。

依题意有：$P(A)=0.40,P(B)=0.30,P(AB)=0.15$。

根据概率的加法公式得

$$P(A\cup B) = P(A)+P(B)-P(AB) = 0.40+0.30-0.15 = 0.55,$$

即员工离职是因为对工资不满意或对工作不满意的概率是 0.55。

互斥事件的加法公式实际上是广义加法公式的一个特例。因为对于互斥事件，其交的概率 $P(AB)=0$，这一点是容易理解的。因为对于互斥事件，若其中一个事件发生另一事件就必然不会发生，换句话说，两个互斥事件同时发生的可能性为零。

5.1.4 条件概率与事件的独立性

1 条件概率

前面讨论的概率问题是在多次重复试验中事件发生的相对频数。由于在定义试验时没有附加任何特殊条件，所以这种概率称为无条件概率。

但有时是已经知道某个事件已经发生了，在这种情况下，来求与之相关的另一个事件发生的概率。例如，一家饮料公司准备推出一种新的饮料，为估计新饮料的市场销售前景，公司先在几个超市试销，结果销售效果良好。那么该公司有理由认为新饮料在市场上将有良好的销售效果。设 A＝新饮料在整个市场上销售良好，B＝新饮料的试销情况良好。现在想要回答的是：已知事件 B 发生的条件下，事件 A 发生的概率有多大？也就是在已知新饮料试销良好的情况下，它在整个市场上的销售良好的概率是多大？这就是条件概率问题。

▶**定义 5.13** 已知事件 B 发生的条件下事件 A 发生的概率，称为已知 B 时 A 的条件概率(conditional probability)，或称为给定 B 下 A 的概率，记为 $P(A|B)$。

利用文氏图可以直观地体会条件概率的内涵，见图 5.5。

条件概率的计算公式为

$$P(A\mid B) = \frac{P(AB)}{P(B)}。 \qquad (5.5)$$

关于公式(5.5)的严格证明很多概率论教程都有介绍，这里仅结合文氏

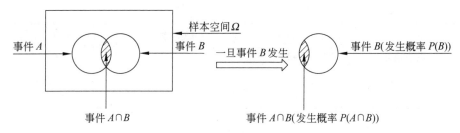

图 5.5 条件概率的文氏图

图从逻辑上给予说明。通过图 5.5 可以看到,如果事件 B 已经发生,它所涵盖的圆形区域中只有左边与事件 A 的圆形区域相交的那部分(即 AB)才是能够观测到事件 A 发生的区域,因此后者占前者的比例理论上表征了在事件 B 发生的条件下事件 A 的发生概率,即 $P(A|B) = \dfrac{P(AB)}{P(B)}$。

在讨论条件概率时,通常把两个事件的交的概率 $P(AB)$ 称为**联合概率**,而单个事件发生的概率 $P(A)$, $P(B)$ 均称为**边际概率**,它们与前文所定义过的概念并无本质区别,只是为了强调条件概率问题考虑的事件相关性。

【例 5.6】 一家超市所作的一项调查表明,有 80% 的顾客到超市是来购买食品,60% 的人是来购买其他商品,35% 的人既购买食品也购买其他商品。求:

(1) 已知某顾客来超市购买食品的条件下,也购买其他商品的概率。
(2) 已知某顾客来超市购买其他商品的条件下,也购买食品的概率。

解 设 $A =$ 顾客购买食品,$B =$ 顾客购买其他商品。依题意有
$$P(A) = 0.80, \quad P(B) = 0.60, \quad P(AB) = 0.35。$$

(1) 在已知某顾客购买食品的条件下,也购买其他商品的概率为
$$P(B|A) = \frac{P(AB)}{P(A)} = \frac{0.35}{0.80} = 0.4375。$$

(2) 在已知某顾客购买其他商品的条件下,也购买食品的概率为
$$P(A|B) = \frac{P(AB)}{P(B)} = \frac{0.35}{0.60} = 0.5833。$$

【例 5.7】 一家计算机公司从两个供应商处购买了同一种计算机配件,质量状况如表 5.2 所示。

表 5.2　甲乙两个供应商提供的配件

	正品数	次品数	合计
供应商甲	84	6	90
供应商乙	102	8	110
合　　计	186	14	200

从这 200 个配件中任取一个进行检查,求:

(1) 取出的一个为正品的概率。

(2) 取出的一个为供应商甲供应的配件的概率。

(3) 取出一个为供应商甲供应的正品的概率。

(4) 已知取出的一个为供应商甲供应的配件,它是正品的概率。

解　设 $A=$ 取出的一个为正品,$B=$ 取出的一个为供应商甲供应的配件。所求的概率分别为

(1) $P(A) = \dfrac{186}{200} = 0.93$;

(2) $P(B) = \dfrac{90}{200} = 0.45$;

(3) "取出一个为供应商甲供应的正品"等价于事件 A 与事件 B 同时发生,即 AB,因此所求的概率为

$$P(AB) = \dfrac{84}{200} = 0.42;$$

(4) 求的是在已知事件 B 发生的条件下事件 A 发生的概率,因此有

$$P(A \mid B) = \dfrac{P(AB)}{P(B)} = \dfrac{0.42}{0.45} = 0.9333。$$

2　乘法公式(multiplication law)

回顾关于两个事件广义加法公式(5.4),实践中往往比较容易获得事件 A 和事件 B 的概率 $P(A), P(B)$,那么要计算事件 A 或事件 B 的概率 $P(A \cup B)$,关键是求出两个事件交的概率 $P(AB)$。根据条件概率公式(5.5),即可得到

$$P(AB) = P(B)P(A \mid B) = P(A)P(B \mid A)。 \tag{5.6}$$

式(5.6)就是概率的乘法公式。

【例 5.8】　一家报社的发行部已知在某社区有 75% 的住户订阅了该报社的日报,而且还知道某个订阅日报的住户订阅其晚报的概率为 50%。求某住

户既订阅日报又订阅晚报的概率。

解 设 $A=$ 某住户订阅了日报,$B=$ 某个订阅了日报的住户订阅了晚报,则所求的概率为 $P(AB)$。

依题意有 $P(A)=0.75$,$P(B|A)=0.50$。住户既订阅日报又订阅晚报的概率为

$$P(AB) = P(A)P(B \mid A) = 0.75 \times 0.50 = 0.375。$$

【**例 5.9**】 从一个装有 3 个红球、2 个白球的盒子里摸球(摸出后球不放回),求连续两次摸中红球的概率。

解 设事件 $A=$ 第二次摸到红球,$B=$ 第一次摸到红球。

第一次摸中红球的概率 $P(B)=3/5$,摸出一个红球后不放回再次摸中红球的概率 $P(A|B)=2/4$。因此,连续两次摸中红球的概率为

$$P(AB) = P(B)P(A \mid B) = \frac{3}{5} \times \frac{2}{4} = 0.3。$$

3 独立事件

从条件概率可以知道,已经发生的事件 B 应与考察的事件 A 存在相关性,正因为如此,条件概率才得以与一般概率相区别。但现实中的确有这样的两事件,在特定试验中它们互不影响,事件 A 的概率不会因为事件 B 的发生而有所改变,故将具有如此特征的事件 A 和事件 B 称为独立事件。

▶**定义 5.14** 若 $P(A|B)=P(A)$ 或 $P(B|A)=P(B)$,则称事件 A 与事件 B 独立,或称独立事件(independent events)。

独立性意味着事件 A 的发生与否不会影响事件 B 的发生。当欲求两个事件同时发生的概率时,独立性的概念十分重要。若两个事件相互独立[①],则这两个事件同时发生的概率等于它们各自发生的概率之积。即

$$P(AB) = P(A)P(B), \quad (5.7)$$

式(5.7)就是两个独立事件的概率乘法公式。

两个独立事件的乘法公式可以推广到 n 个独立的事件。若事件 A_1,A_2,$\cdots$,A_n 相互独立,则有

$$P(A_1 A_2 \cdots A_n) = P(A_1)P(A_2)\cdots P(A_n)。 \quad (5.8)$$

---

① 独立事件与互斥事件不同:互斥事件的含义是,某一事件 B 如果发生了,那么它的互斥事件 A 必然不会发生,因此存在互斥关系的两个事件肯定是相关的,而不是独立事件。

【例 5.10】 一个旅游景点的管理员根据以往的经验得知,有 80% 的游客在古建筑前照相留念。求接下来的两位游客都照相留念的概率。

解 设事件 $A=$ 第一位游客照相留念,$B=$ 第二位游客照相留念。

两位游客都照相留念是两个事件的交 AB。在没有其他信息的情况下,可以假定事件 A 和事件 B 是相互独立的。因此,两位游客都照相留念的概率为

$$P(AB) = P(A)P(B) = 0.80 \times 0.80 = 0.64。$$

【例 5.11】 将例 5.9 稍做修改。假定是从两个同样装有 3 个红球、2 个白球的盒子中摸球。每个盒子里摸一个。求连续两次摸中红球的概率。

解 设事件 $A=$ 从第一个盒子里摸到红球,$B=$ 从第二个盒子里摸到红球。

显然从第一个盒子里摸出红球并不影响从第二个盒子里摸出红球的可能性大小,因此二者是相互独立的。根据式(5.8)求得连续摸出红球的概率为

$$P(AB) = P(A)P(B) = \frac{3}{5} \times \frac{3}{5} = 0.36。$$

5.1.5 全概率公式与逆概率公式

1 全概率公式

条件概率和乘法公式对于概率理论及其应用中的真正意义在于,它们能将一个相对复杂的事件分解成相对简单的便于计算概率的多个事件,而全概率公式正是这一思路的一般实现。全概率公式如下:

$$P(A) = \sum_{i=1}^{n} P(AB_i) = \sum_{i=1}^{n} P(B_i) P(A \mid B_i), \tag{5.9}$$

其中 $B_1, B_2, \cdots, B_n$ 是互不相容的事件,且 $B_1 \cup B_2 \cup \cdots \cup B_n = \Omega$,$P(B_i) > 0 (i=1,2,\cdots,n)$。

概率论中把满足上述条件的一组事件 $B_1, B_2, \cdots, B_n$ 称为完备事件组,由于它们的并恰好等于样本空间,相互之间又无交叉,所以它们实质上是对样本空间的一个分割,如图 5.6 所示。

文氏图 5.6 中的阴影区域代表事件 A,可见通过样本空间完备事件组的划分,事件 A 也被分解成多个事件,它们分别是事件 A 与各个完备事件的交 $A \cap B_i (i=1,\cdots,n)$。运用全概率公式计算某一复杂事件 A 的概率,关键就在

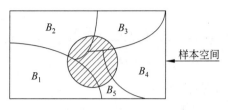

图 5.6 完备事件组

于构造合适的完备事件组,使得这些事件的概率和给定这些事件下 A 的条件概率较易于确定。

【例 5.12】 假设在 n 张彩票中只有一张中奖奖券,那么第二个人摸到奖券的概率是多少?

解 定义事件 $A=$ 第二个人摸到奖券。

要直接计算 $P(A)$ 是比较困难的,因此尝试寻找一组完备事件。回顾事件与事件的补,它们是互斥事件的特例,"特殊"就在于它们不但不相容,而且恰好将样本空间划分为两部分,显然它们是符合作为完备事件组的要求的。自然地会定义事件 $B=$ 第一个人摸到奖券,$\bar{B}$ 是事件 B 的补事件,因为根据古典方法可以十分方便地计算 $P(B), P(A|B), P(\bar{B}), P(A|\bar{B})$ 的数值如下(奖券是不放回抽取的):

$$P(B) = \frac{1}{n}, \qquad P(\bar{B}) = 1 - P(B) = \frac{n-1}{n},$$

$$P(A|B) = 0, \qquad P(A|\bar{B}) = \frac{1}{n-1},$$

这样,利用全概率公式(5.9),就能得到第二个人摸中奖券的概率为

$$P(A) = P(B)P(A|B) + P(\bar{B})P(A|\bar{B}) = \frac{1}{n} \times 0 + \frac{n-1}{n} \times \frac{1}{n-1} = \frac{1}{n}。$$

注意到这个结果与 $P(B)$ 是完全一致的,实际上,用类似的方法还可以计算第三个人、第四个人……摸中奖券的概率,结果都是 $1/n$,这就是经典的"摸彩不论先后,中奖机会均等"的概率问题。在很多场合下,选择事件与事件的补作为完备事件组常常是一个简便而有效的途径,当然,还有很多场合需要构造数量更多的完备事件才能达到计算复杂事件概率的目的。

2 逆概率公式

在概率论中,由全概率公式可以推得另一个著名公式,即逆概率公式,也

称贝叶斯公式。

$$P(B_j \mid A) = \frac{P(B_j)P(A \mid B_j)}{\sum_{i=1}^{n} P(B_i)P(A \mid B_i)}, \quad j=1,\cdots,n, \quad (5.10)$$

其中 $B_1, B_2, \cdots, B_n$ 为完备事件组。

公式(5.10)涉及3组概率：$P(B_i)$，$P(A|B_i)$ 与 $P(B_i|A)$，目的在于计算条件概率 $P(B_i|A)$，$i=1,2,\cdots,n$。此时，条件概率是结合某一事件已经发生的信息来"修正"相关事件发生的概率，所以逆概率公式就是要在事件 A 已经发生的条件下来重新计算完备事件组 $B_1, B_2, \cdots, B_n$ 中每个事件发生的概率。为便于区分，$P(B_i)$ 被称为事件 B_i 的先验概率(prior probability)，因为它是初始的、没有其他信息的概率；而 $P(B_i|A)$ 称为事件 B_i 的后验概率(posterior probability)，它是获得有关事件 A 已经发生的信息之后修正得到的概率。

【例5.13】 某考生回答一道四选一的考题，假设他知道正确答案的概率为 1/2，而他不知道正确答案时猜对的概率应该为 1/4。考试结束后发现他答对了，那么他知道正确答案的概率是多大呢？

解 分别定义事件 A=该考生答对了，B=该考生知道正确答案，根据已知条件有

$$P(B) = \frac{1}{2}; \; P(\bar{B}) = 1 - \frac{1}{2} = \frac{1}{2}; \; P(A \mid \bar{B}) = \frac{1}{4}; \; P(A \mid B) = 1。$$

利用公式(5.10)计算得到

$$P(B \mid A) = \frac{P(B)P(A \mid B)}{P(B)P(A \mid B) + P(\bar{B})P(A \mid \bar{B})} = \frac{\frac{1}{2} \times 1}{\frac{1}{2} \times 1 + \frac{1}{2} \times \frac{1}{4}} = 0.8。$$

说明这个考生答对考题并不是因为猜测的可能性达 80%。

逆概率公式在自然社会现象的很多领域都有应用，因为它有利于人们通过事后信息推断更为精确的事件概率。然而，逆概率公式的运用往往由于先验概率的未知而产生障碍，它经常只是一个主观估计值，并且随着后验概率的不断修正，先验概率也不断变化，这对于很多研究者是缺乏说服力的。但不可否认，贝叶斯公式的理念开拓了概率计算的新领域，它也将有更为广阔的发展前景。

5.2 离散型概率分布

现实生活中,我们需要研究一项试验结果的某些取值。比如,抽查 50 个产品,观察其中的次品数 X;国庆长假一个旅游景点的游客人数 X,等等。这里,X 取哪些值以及 X 取某些值的概率又是多少?事先都是不知道的,为回答这些问题,需要研究随机变量的取值及其概率分布。本节将在上节介绍的概率知识的基础上,学习离散型随机变量的概率分布,这些概率分布为所研究的许多数据提供了很好的模型。一旦知道了一个随机变量的概率分布模型,就很容易确定一系列事件的概率。

5.2.1 随机变量

在商业及管理领域,研究工作主要是依赖于某个样本数据,而这些样本数据通常是由某个变量的一个或多个观测值所组成。比如,调查 100 个消费者,考察他们对饮料的偏好,并记录下喜欢某一特定品牌饮料的人数 X;调查一座写字楼,记录下每平方米的出租价格 X,等等。这样的一些观察也就是前面所说的试验。由于记录某次试验结果时事先并不知道 X 取哪一个值,因此称 X 为随机变量[①]。

▶定义 5.15 某次试验结果的数值性描述,称为随机变量(random variable)。

随机变量用数值来描述的特定试验一切可能出现的结果,它的取值事先不能确定,即具有随机性。例如抛一枚硬币,其结果就是一个随机变量 X,因为在抛掷之前并不知道出现的是正面还是反面,若用数值 1 表示正面朝上,0 表示反面朝上,则 X 可能取 0,也可能取 1。

根据随机变量取值的不同,可以将其分为离散型随机变量和连续型随机变量两种[②]。

[①] 在本章中,我们用大写字母 X,Y,Z 等表示随机变量,用相应的小写字母表示随机变量的取值,比如,随机变量 X 的取值表示为 $x_1,x_2,x_3,\cdots$。

[②] 严格地说,随机变量应分为离散型随机变量和非离散型随机变量,但后者范围太广,其中最重要也最常见的是连续型随机变量。

▶定义 5.16 只能取有限个或可数个值的随机变量,称为离散型随机变量(discrete random variable)。

▶定义 5.17 可以取一个或多个区间中任何值的随机变量,称为连续型随机变量(continuous random variable)。

为便于理解,可将随机变量的取值设想为数轴上的点,每一个试验结果对应一个点。如果一个随机变量仅限于取数轴上有限个或可列个孤立的点,它就是离散型的;如果一个随机变量是在数轴上的一个或多个区间内取任何值,那么它就是连续型的。在上面的例子中,在 100 个消费者组成的样本中,喜欢某一特定品牌饮料的人数 X 只能取 $0,1,2,\cdots,100$ 这些数值之一,故称 X 为离散型随机变量;反之,每平方米写字楼的出租价格 X 在理论上可以取大于 0 的无穷多个数值中的任何一个,因此称之为连续型随机变量。多数情况下,试验结果是可以直接用数值来描述的,但也有一些试验结果本身体现为某种非数值的属性,比如,观察一辆汽车买主的性别,结果有两个即男或女,这时可用数字代码来表示,比如用 1 表示男性,0 表示女性,但这样定义的数值没有实质性的大小含义,数值与试验结果的对应也是随意的。表 5.3 给出了随机变量的几个例子。

表 5.3 随机变量的几个例子

试 验	随机变量(X)	随机变量的取值 x（试验结果）
检查 50 件产品	合格品数	$0,1,2,3,\cdots,50$
一家餐馆营业一天	顾客人数	$0,1,2,3,\cdots$
检测某产品的使用寿命	产品使用的时间长度,以分钟计	$X \geqslant 0$
某班级终考及格率	终考及格的学生比例,以百分数计	$0 \leqslant X \leqslant 100\%$
某电话用户每次通话时间长度	每次通话时长,以分钟计	$X > 0$

5.2.2 离散型随机变量的概率分布

离散型随机变量 X 只取有限个可能的值 $x_1, x_2, \cdots$,而且是以确定的概率取这些值,即 $P(X=x_i)=p_i (i=1,2,\cdots)$。因此,可以列出 X 的所有可能取值 $x_1, x_2, \cdots$,以及取每个值的概率 $p_1, p_2, \cdots$,将它们用表格的形式表现出来,就是离散型随机变量的概率分布。

▶定义 5.18 列出随机变量 X 的所有可能取值 $x_1, x_2, \cdots$,以及取每个值的概率 $p_1, p_2, \cdots$,并用表格的形式表现出来,称为离散型随机变量的概率分布(probability distribution)。

离散型随机变量的概率分布可以用表 5.4 的形式表现出来。

表 5.4 离散型随机变量的概率分布

$X = x_i$	x_1	x_2	$\cdots$
$P(X = x_i) = p_i$	p_1	p_2	$\cdots$

$P(X = x_i) = p_i (i = 1, 2, \cdots)$ 也称为概率函数。将 X 取某个值的概率记作 p_i,离散型概率分布具有以下性质:

(1) $p_i \geqslant 0$;

(2) $\sum_i p_i = 1$, $i = 1, 2, \cdots$。

【例 5.14】 投掷一颗骰子后出现的点数 X 是一个离散型随机变量。写出掷一颗骰子出现点数的概率分布。

解 掷一颗骰子出现的可能点数为 1,2,3,4,5,6 共 6 个数值,而且出现每个点数的概率相等。相应的概率分布如表 5.5 所示。

表 5.5 掷一颗骰子出现点数的概率分布

$X = x_i$	1	2	3	4	5	6
$P(X = x_i) = p_i$	$\frac{1}{6}$	$\frac{1}{6}$	$\frac{1}{6}$	$\frac{1}{6}$	$\frac{1}{6}$	$\frac{1}{6}$

【例 5.15】 一部电梯在一周内发生故障的次数 X 及相应的概率如表 5.6 所示。

表 5.6 一部电梯一周发生故障的次数及概率分布

故障次数($X = x_i$)	0	1	2	3
概率($P(X = x_i) = p_i$)	0.10	0.25	0.35	a

(1) 确定 a 的值。

(2) 求正好发生两次故障的概率。

(3) 求故障次数多于一次的概率。

(4) 最多发生一次故障的概率。

解 (1) 由于 $0.10+0.25+0.35+a=1$,所以,$a=0.30$。

(2) $P(X=2)=0.35$。

(3) $P(X\leqslant 2)=0.10+0.25+0.35=0.70$。

(4) $P(X>1)=0.35+0.30=0.65$。

5.2.3 离散型随机变量的数学期望和方差

虽然概率分布全面刻画了随机变量所有可能取值的概率分配情况,但还需要知道以概率分布为模型的随机变量 X 取值的平均数和方差,以便更全面地掌握随机变量分布的特征。

1 数学期望

与第4章介绍的平均数类似,随机变量的数学期望是对随机变量概率分布的一个概括性度量。

▶**定义5.19** 离散型随机变量 X 的数学期望(expected value)是 X 所有可能取值 $x_i(i=1,2,\cdots)$ 与其相应的概率 $p_i(i=1,2,\cdots)$ 的乘积之和,用 μ 或 $E(X)$ 表示,即

$$\mu = E(X) = \sum_i x_i p_i 。 \tag{5.11}$$

数学期望又称均值,它实质上是随机变量所有可能取值的一个加权平均,其权数就是取值的概率。

2 方差

▶**定义5.20** 离散型随机变量 X 的方差等于 $(x_i-\mu)^2$ 与其相应的概率 p_i 的乘积之和,用 σ^2 或 $D(X)$ 表示,即

$$\sigma^2 = D(X) = \sum_i (x_i-\mu)^2 p_i 。 \tag{5.12}$$

▶**定义5.21** 随机变量 X 的标准差等于其方差的算术平方根,用 σ 或 $\sqrt{D(X)}$ 表示。

方差(或标准差)反映了随机变量 X 取值的离散程度。由于标准差的单位与随机变量的单位相同,相对于方差更易于解释,所以对实际问题的分析常使用标准差。

【例 5.16】 一家计算机配件供应商声称,他所提供的配件 100 个中拥有次品的个数 X 及概率如表 5.7 所示。

表 5.7 每 100 个配件中的次品数及概率分布

次品数($X=x_i$)	0	1	2	3
概率(p_i)	0.75	0.12	0.08	0.05

求该供应商提供的配件的次品数的数学期望和标准差。

解 根据表 5.7 中的数据得

$$\mu = E(X) = \sum_i x_i p_i = 0 \times 0.75 + 1 \times 0.12 + 2 \times 0.08 + 3 \times 0.05 = 0.43,$$

$$\sigma^2 = D(X) = \sum_i (x_i - \mu)^2 p_i$$
$$= (0-0.43)^2 \times 0.75 + (1-0.43)^2 \times 0.12 +$$
$$(2-0.43)^2 \times 0.08 + (3-0.43)^2 \times 0.05$$
$$= 0.7051,$$
$$\sigma = 0.8397。$$

5.2.4 几种常用的离散型概率分布

掌握随机变量概率分布的好处是:只要确知一个随机变量的概率分布,并用一定的公式表达出来,就能根据这一分布计算出随机变量的任意一个取值的概率。下面介绍几种常用的离散型概率分布,其中包括两点分布、二项分布、泊松分布以及超几何概率分布。

1 两点分布

最简单的随机试验是只有两种可能结果的试验,称之为伯努利(Bernoulli)试验。如常说的抛一枚硬币(要么正面朝上,要么反面朝上)、检查一个产品质量(要么合格,要么不合格)等。一般地,把两个试验结果分别看作是"成功"与"失败",用数值"1"和"0"表示,若定义一次伯努利试验成功的次数为离散型随机变量 X,它的概率分布就是最简单的一个分布类型,即两点分布,亦称伯努利分布。

▶**定义 5.22** 如果随机变量 X 只可能取 0 和 1 两个值,它们的概率分布为

$$P(X=1)=p, \qquad P(X=0)=1-p=q$$

或

$$P(X=x)=p^x q^{1-x}, \qquad 0<p<1,$$

则称 X 服从参数为 p 的两点分布,也称 0-1 分布。

参数 p 的含义是指一次伯努利试验中成功的可能性大小。对于抛一枚硬币的试验,用"1"表示正面朝上(成功),随机变量 X 的分布就是 $P(X=1)=p=1/2, P(X=0)=1-p=1/2$。很多现象都可以用两点分布来描述,只要它们满足仅有两种可能结果这一条件。两点分布虽然简单,但它却是另一个十分重要的离散型概率分布的基础,即下面将要介绍的二项分布。

2 二项分布

若将伯努利试验独立地重复 n 次,n 是一固定数值,则该试验称为 n 重伯努利试验。具体说,n 重伯努利试验满足下列条件:

(1) 一次试验只有两种可能结果,即"成功"和"失败"。这里的"成功"是指感兴趣的某种特征。例如,产品分为"合格品"与"不合格品",如果对"合格品"感兴趣,则"成功"就表示"合格品"。

(2) 一次试验"成功"的概率为 p,"失败"的概率为 $q=1-p$,而且概率 p 对每次试验都是相同的。

(3) 试验是相互独立的。

(4) 试验可以重复进行 n 次。

(5) 在 n 次试验中,"成功"的次数对应一个离散型随机变量,用 X 表示。这样,在 n 次试验中,出现"成功"的次数的概率分布就是二项分布。

▶**定义 5.23** 在 n 次试验中,出现"成功"的次数的概率为

$$P(X=x)=C_n^x p^x q^{n-x}, \quad x=0,1,2,\cdots,n, \quad (5.13)$$

称随机变量 X 服从参数为 (n,p) 的二项分布(binomial distribution),记作 $X \sim B(n,p)$。

容易证明,当 $n=1$ 时,二项分布就等同于两点分布,因为此时只进行了一次伯努利试验。

二项分布的数学期望和方差分别为

$$\mu=E(X)=np, \qquad \sigma^2=D(X)=npq. \qquad (5.14)$$

根据式(5.13)可以直接计算 n 次伯努利试验中恰好有 x 次成功的概率，x 可以取 0 到 n 中的任何一个数。如果将所有成功的次数及相应的概率都列出来，就是二项分布。

【例 5.17】 已知一批产品的次品率为 4%，从中有放回地抽取 5 个。求 5 个产品中：

(1) 没有次品的概率是多少？

(2) 恰好有 1 个次品的概率是多少？

(3) 有 3 个以下次品的概率是多少？

解 抽取一个产品相当于一次试验，因此 $n=5$。由于是有放回地抽取，所以每次试验是独立的，每次抽取的次品率都是 4%。

设 X 为抽取的次品数，显然 $X \sim B(n, p)$。根据式(5.13)有

(1) $P(X=0) = C_5^0 (0.04)^0 (1-0.04)^{5-0} = 0.815372698$。

(2) $P(X=1) = C_5^1 (0.04)^1 (1-0.04)^{5-1} = 0.169869312$。

(3) $P(X<3) = P(X=0) + P(X=1) + P(X=2)$
$= C_5^0 (0.04)^0 (1-0.04)^{5-0} + C_5^1 (0.04)^1 (1-0.04)^{5-1} +$
$\quad C_5^2 (0.04)^2 (1-0.04)^{5-2}$
$= 0.815372698 + 0.169869312 + 0.014155776$
$= 0.9993978$。

当试验次数 n 偏大时，随机变量取不同值的概率计算则会显得繁琐，幸运的是，人们已经研究总结出 n 重伯努利试验的概率表格，一旦确定了参数 n, p 的数值就可以使用这些表格查询试验过程中出现不同成功次数所对应的概率值。在此建议利用统计软件来计算二项分布的概率值。下面以本例中的问题(2)为例，说明用 Excel 计算二项分布概率值的操作步骤。

用 Excel 计算二项分布概率值的操作步骤

第 1 步：进入 Excel 表格界面，将鼠标停留在某一空白单元格(作为概率值计算结果的输出单元)。

第 2 步：在 Excel 表格界面中，直接单击【fx】(插入函数)命令。

第 3 步：在复选框【函数分类】中单击【统计】选项，并在【函数名】中单击【BINOMDIST】选项，然后单击【确定】。

第 4 步：在【Number_s】后填入试验成功次数（本例为 1）；

在【Trials】后填入总试验次数（本例为 5）；

在【Probability_s】后填入每次试验的成功概率（本例为 0.04）；

在【Cumulative】后填入 0（或 FALSE），表示计算成功次数恰好等于指定数值的概率（填入 1 或 TRUE 表示计算成功次数小于或等于指定数值的累积概率值）。此时出现的界面如图 5.7 所示。

图 5.7　二项分布的概率计算过程

得到的计算结果与手工计算的一致。

对于本例的问题(3)，计算步骤与上述一致，只需在 Number_s 后填入试验成功次数 2，在 Cumulative 后填入 1 即可，计算结果为 0.999397786。

也可用 Excel 提供的统计函数"BINOMDIST"生成累积二项分布的概率表。现以试验次数 $n=10$，每次试验成功的概率分别为 0.01，0.05，0.1，0.2，0.3，0.4，0.5，试验成功的次数分别为 0，1，2，3，4，5，6，7，8，9 为例，说明生成二项分布表的过程，具体操作步骤如下。

用 Excel 生成累积二项分布概率表的操作步骤

第 1 步：将试验次数 n 的数值输入到工作表的 A 列，试验成功的次数输入到 B 列，每次试验成功的概率输入到第 1 行，形成二项分布的表头。如图 5.8 所示。

第 2 步：在 C3 单元格输入公式"=BINOMDIST($B3,$A2,C$2,1)"，然后将其向下、向右复制即可得到累积二项分布的概率表，结果如图 5.9 所示。

	A	B	C	D	E	F	G	H	I
1	试验次数	成功次数	每次试验成功的概率						
2	n	k	0.01	0.05	0.1	0.2	0.3	0.4	0.5
3	10	0							
4	10	1							
5	10	2							
6	10	3							
7	10	4							
8	10	5							
9	10	6							
10	10	7							
11	10	8							
12	10	9							

图 5.8　二项分布表的表头

C3　　　　　　　f_x　=BINOMDIST($B3,$A3,C$2,1)

	A	B	C	D	E	F	G	H	I
1	试验次数	成功次数	每次试验成功的概率						
2	n	k	0.01	0.05	0.1	0.2	0.3	0.4	0.5
3	10	0	0.9044	0.5987	0.3487	0.1074	0.0282	0.0060	0.0010
4	10	1	0.9957	0.9139	0.7361	0.3758	0.1493	0.0464	0.0107
5	10	2	0.9999	0.9885	0.9298	0.6778	0.3828	0.1673	0.0547
6	10	3	1.0000	0.9990	0.9872	0.8791	0.6496	0.3823	0.1719
7	10	4	1.0000	0.9999	0.9984	0.9672	0.8497	0.6331	0.3770
8	10	5	1.0000	1.0000	0.9999	0.9936	0.9527	0.8338	0.6230
9	10	6	1.0000	1.0000	1.0000	0.9991	0.9894	0.9452	0.8281
10	10	7	1.0000	1.0000	1.0000	0.9999	0.9984	0.9877	0.9453
11	10	8	1.0000	1.0000	1.0000	1.0000	0.9999	0.9983	0.9893
12	10	9	1.0000	1.0000	1.0000	1.0000	1.0000	0.9999	0.9990

图 5.9　累积二项分布概率表

3　泊松分布

1837 年法国数学家泊松（D. Poisson,1781—1840）首次提出了"泊松概率分布",它最初是作为二项分布的一个近似而被发现的,但随着概率理论的发展和实践的检验,证实泊松分布对某一类随机现象有很贴切的描述,这类现象称作"泊松试验",通俗地说,它具有两个重要特征:

（1）所考察的事件在任意两个长度相等的区间里发生一次的机会均等;

（2）所考察的事件在任何一个区间里发生与否和在其他区间里发生与否没有相互影响,即独立。

针对任何符合以上条件的泊松试验,人们可以定义一个只取非负整数的随机变量 X,它表示"一定时间段或一定空间区域或其他特定单位内某一事件出现的次数",这往往是人们希望估计的,例如:

- 一定时间段内,某航空公司接到的订票电话数;
- 一定时间内,到车站等候公共汽车的人数;
- 一定路段内,路面出现大损坏的次数;
- 一定时间段内,放射性物质放射的粒子数;

- 一匹布上发现的疵点个数；
- 一定页数的书刊上出现的错别字个数。

诸如这样的只取非负整数的随机变量服从的概率分布均为泊松分布。

▶ **定义 5.24** 如果随机变量 X 的概率分布的一般表达式为

$$P(X=x) = \frac{\lambda^x e^{-\lambda}}{x!}, \quad x=0,1,2,\cdots, \quad \lambda > 0,$$

(5.15)

则称 X 服从参数为 λ 的泊松分布（Poisson distribution），记作 $X \sim P(\lambda)$。

可以证明，λ 是一定区间单位内随机变量 X 的数学期望或均值，$e = 2.71828$。

【**例 5.18**】 假定某航空公司预订票处平均每小时接到 42 次订票电话，那么 10 分钟内恰好接到 6 次电话的概率是多少？

解 如果有理由认为任意两段间隔相同的时间内航空公司接到一次电话的概率相等，并且不同时间段内是否接收到电话相互独立，就可以把该问题看作一个泊松试验。由题意知道，每 60 分钟接到电话的平均次数是 42 次，所以 10 分钟内接到电话的平均次数应为 $\frac{10}{60} \times 42 = 7$ 次，定义随机变量 X 为"10 分钟内航空公司预订票处接到的电话次数"，它服从参数为 $\lambda = 7$ 的泊松分布，X 为 6 的概率通过公式(5.15)计算得到

$$P(X=6) = \frac{\lambda^x e^{-\lambda}}{x!} = \frac{7^6 e^{-7}}{6!} = 0.149。$$

其实，不仅是有关时间间隔的随机试验，还有有关长度、距离等单位间隔的随机试验，只要它们具备泊松试验的特征，就可以应用泊松分布来刻画一定单位间隔内不同事件发生次数的概率。

对于泊松分布，也可以由 Excel 提供的统计函数"POISSON"直接计算其概率值。具体步骤如下。

用 Excel 计算泊松分布概率值的操作步骤

第 1 步：进入 Excel 表格界面，将鼠标停留在某一空白单元格（作为概率值计算结果的输出单元）。

第 2 步：在 Excel 表格界面中，直接单击【fx】（插入函数）命令。

第 3 步：在复选框【函数分类】中单击【统计】选项，并在【函数名】中单击

【POISSON】选项,然后单击【确定】。

第 4 步:在【X】后填入事件出现的次数(本例为 6);

在【Means】后填入泊松分布的均值 λ(本例为 7);

在【Cumulative】后填入 0(或 FALSE)表示计算事件出现次数恰好等于指定数值的概率值(填入 1 或 TRUE 表示计算事件出现次数小于或等于指定数值的累积概率值)此时出现的界面如图 5.10 所示。

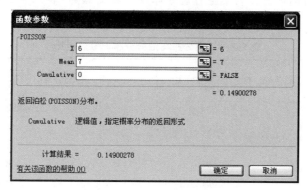

图 5.10　泊松分布的概率计算过程

图 5.10 显示的计算结果与前面计算得到的结果一致。

泊松分布的另一重要用途是作为二项概率分布的近似。对一个 n 重伯努利试验,p 代表每次伯努利试验中成功的概率,当试验次数 n 相对很大,成功概率 p 相对很小,而乘积 np 大小适中时,泊松分布的一般表达式与二项分布的一般表达式近似相等,即有

$$C_n^x p^x (1-p)^{n-x} \approx \frac{\lambda^x}{x!} e^{-\lambda}, \tag{5.16}$$

其中 $\lambda = np$。也就是说,服从二项分布的随机变量 X 取某一特定值 x 的概率可以用服从泊松分布的随机变量 X 取相同数值的概率来近似,并且已经证明,当 $p \leqslant 0.05$ 而 $n \geqslant 20$ 时这一近似效果很好。我们用下面的例子来演示泊松分布对二项分布的近似情况。

【例 5.19】　一个由 500 人组成的团体,其中恰好有 x 人在元旦过生日的可能性有多大?

解　把某个人在元旦过生日看作是一次"成功",该例题探讨的是 $n=500$ 重伯努利试验,由于团体中每个人的生日恰好在元旦的概率都是 $p=1/365$ 且互不影响,所以随机变量 $X=$"该团体中在元旦过生日的人数"服从参数为

(500,1/365)的二项分布,由公式(5.13)有

$$P(X=x)=C_{500}^{x}\left(\frac{1}{365}\right)^{x}\left(1-\frac{1}{365}\right)^{500-x}, \quad x=0,1,2,\cdots,500。$$

显然,这样的概率计算是相当复杂的,注意到这里 n 相对偏大,p 相对偏小,$np=\frac{500}{365}=1.3699$ 比较适中,所以可以考虑运用参数为 $\lambda=np=1.3699$ 的泊松分布来近似计算。为了更直观地体现二者的差异,表 5.8 罗列了若干在 X 不同取值下的两个概率值,以供比较。

表 5.8 二项分布与泊松分布近似的对比

x	二项分布:$C_{500}^{x}\left(\frac{1}{365}\right)^{x}\left(1-\frac{1}{365}\right)^{500-x}$	泊松分布:$\frac{(1.3699)^{x}}{x!}e^{-1.3699}$
0	0.2537	0.2541
1	0.3484	0.3481
2	0.2388	0.2385
3	0.1089	0.1089
4	0.0372	0.0373
5	0.0101	0.0102
6	0.0023	0.0023

表 5.8 说明,在 n,p 满足一定条件下,泊松分布对二项分布的近似是比较理想的,且随着随机变量取值的增大,二者计算得到的概率值也越来越接近。

4 超几何分布

二项分布所适用的 n 重伯努利试验要求 n 次试验之间是独立的,每次伯努利试验中成功的概率相等。因此,从理论上讲,二项分布只适合于重置抽样(即从总体中抽出一个个体观察完后放回总体,然后再抽下一个总体)。但在实际抽样中,很少采用重复抽样。不过,但总体的元素数目 N 很大而样本量 n 相对于 N 来说很小时,二项分布仍然适用。

但如果是采用不重复抽样,各次试验并不独立,成功的概率也互不相等,而且总体元素的数目很小或样本量 n 相对于 N 来说较大时,二项分布就不再适用,这时,样本中"成功"的次数则服从超几何概率分布。

▶**定义 5.25** 如果随机变量 X 的概率分布为

$$P(X=x)=\frac{C_{M}^{x}C_{N-M}^{n-x}}{C_{N}^{n}}, \quad x=0,1,\cdots,l, \qquad (5.17)$$

则称 X 服从参数为 n, N, M 的超几何分布（hypergeometric distribution），记作 $X \sim H(n, N, M)$。

式(5.17)中 $l = \min(M, n)$，n 为试验次数，N 为总体中元素个数，M 为总体中代表成功的元素的个数。

为帮助理解超几何分布中各个参数的含义，考虑从一个有限总体中进行不放回抽样的问题，因为这一过程常会遇到超几何分布。

设有一批包含 N 个同类产品组成的总体，已知其中 M 个为不合格品（次品），现从中随机不放回地取出 n 个，定义随机变量 $X=$"抽取的产品中含有的次品数"，这是一个离散型随机变量，当 $n \leqslant M$ 时，X 可以取 $0, 1, \cdots, n$ 中的任一个数；当 $n > M$ 时，X 只能取 $0, 1, \cdots, M$ 中的任意数。可以证明 X 的概率分布服从超几何分布，如式(5.17)所示，n, N, M 为参数。实际上，如果产品的抽取是可放回的，随机变量 X 则服从二项分布，因为此时每次试验抽中次品（代表成功）的概率都是 $p = M/N$。

【例 5.20】 假定有 10 支股票，其中有 3 支购买后可以获利，另外 7 支购买后将会亏损。如果打算从 10 支股票中选择 4 支购买，但并不知道哪 3 支是获利的，哪 7 支是亏损的。求：

(1) 所有 3 支能获利的股票都被选中的概率有多大？
(2) 3 支可获利的股票中有 2 支被选中的概率有多大？

解 本例中，总体元素数 $N = 10$，其中成功的次数 $M = 3$，样本量 $n = 4$。
(1) 根据式(5.17)得

$$P(X = 3) = \frac{C_3^3 C_{10-3}^{4-3}}{C_{10}^4} = \frac{1 \times 7}{210} = \frac{1}{30};$$

(2) $P(X \geqslant 2) = P(X = 2) + P(X = 3)$

$$= \frac{C_3^3 C_{10-3}^{4-3}}{C_{10}^4} + \frac{C_3^2 C_{10-3}^{4-2}}{C_{10}^4}$$

$$= \frac{1}{30} + \frac{3}{10} = \frac{1}{3}。$$

超几何分布概率也可以利用 Excel 来计算，现以本例的问题(1)为例说明具体操作步骤。

用 Excel 计算超几何分布概率值的操作步骤

第 1 步：进入 Excel 表格界面，将鼠标停留在某一空白单元格（作为概率值计算结果的输出单元）。

第2步：在 Excel 表格界面中，直接单击【fx】(插入函数)命令。

第3步：在复选框【函数分类】中单击【统计】选项，并在【函数名】中单击【HYPGEOMDIST】选项，然后单击【确定】。

第4步：在【Sample_s】后填入样本中成功的次数 x(本例为 3)；

在【Number_sample】后填入样本量 n(本例为 4)；

在【Population_s】后填入总体中成功的次数 M(本例为 3)；

在【Number_pop】后填入总体中的个体总数 N(本例为 10)；

单击【确定】后出现的界面如图 5.11 所示。

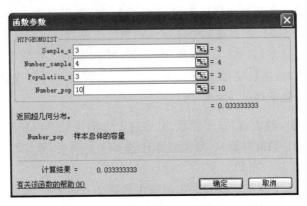

图 5.11　超几何分布的概率计算过程

图 5.11 显示的计算结果与前面计算得到的结果完全一致。

由于超几何分布所描述的试验与 n 重伯努利试验相似，超几何分布与二项分布之间也存在着十分特殊而有意义的联系。从直观上来看，如果总体中的元素个数 N 很大($N\to\infty$)，使得 M 的有限变化相对于 N 而言比较微小，那么超几何分布趋向于二项分布，即

$$\frac{C_M^x C_{N-M}^{n-x}}{C_N^n} \xrightarrow{N\to\infty} C_n^x p^x q^{n-x}, \tag{5.18}$$

其中 $p=M/N$。这是因为在 N 趋于无穷时，每次抽取的样品即使不放回，对其后代表成功的事件发生的概率也不会有太大影响，可以近似认为不变，而这恰好满足了二项分布的前提。

至此，关于离散型随机变量常见的几种概率分布类型都给予了简要的介绍。除此之外，还有很多可用于描述不同性质随机变量的概率分布，如几何分布、负二项分布等，在此没有一一罗列。下一节将进入有关连续型概率分布的讨论，它是与离散型概率分布同样应用广泛的内容，只是刻画的对象不

同。在结束本节的讨论之前,将 4 种主要离散型概率分布的数学期望与方差的计算公式总结于表 5.9 中。

表 5.9 几种离散型概率分布的数学期望与方差

概率分布	数学期望 μ	方差 σ^2
两点分布	p	pq
二项分布 $B(n,p)$	np	npq
泊松分布 $P(\lambda)$	λ	λ
超几何分布 $H(n,N,M)$	$n\dfrac{M}{N}$	$n\dfrac{M}{N}\left(1-\dfrac{M}{N}\right)\dfrac{N-n}{N-1}$

5.3 连续型概率分布

5.3.1 概率密度函数

回顾上一节有关随机变量与概率分布的定义,连续型随机变量被直观地理解为"可以取某一个或若干个区间内任意数值的随机变量",在数轴上它的所有取值充满一个甚至多个区间,从而是不可数的,这是连续型随机变量与离散型随机变量的本质区别,也决定了计算这两类随机变量的概率的不同:对一个离散型随机变量,可以计算其某一特定取值的概率;而对一个连续型随机变量,讨论其特定取值的概率是没有意义也是不可能的(因为它取任何一个特定值的概率都等于 0),必须在某一区间内考虑相应的概率问题。连续型概率分布是用于刻画连续型随机变量在不同范围内取值的概率大小的,与离散型概率分布中的分布列相对应,连续型概率分布主要是通过概率密度函数进行描述。

设 X 是一连续型随机变量,它代表某一区间或多个区间中的任意数值,它的概率分布通过概率密度函数(probability density function)来表述,记作 $f(x)$。

概率密度函数只是给出了连续型随机变量某一特定值的函数值,这一函数值不是真正意义上的取值概率,连续型随机变量在给定区间内取值的概率对应的是概率密度函数 $f(x)$ 曲线(或直线)在该区间上围成的面积[①],这一特征恰恰意味着连续型随机变量在某一点的概率值为 0,因为它对应的面积为

---

① 该面积是由积分来计算的,由于比较复杂,本文未给出说明。

0。所以对任一区间端点的取舍并不影响该区间的概率,即 $P(x_1<X<x_2)=P(x_1\leqslant X<x_2)=P(x_1<X\leqslant x_2)=P(x_1\leqslant X\leqslant x_2)$。因此,只要知道 $P(X\leqslant x_1)$ 和 $P(X\leqslant x_2)$,就可以求出 $P(x_1\leqslant X\leqslant x_2)$。

▶ **定义 5.26** 对于随机变量 X,设 x 为任意实数,则函数 $F(x)=P(X\leqslant x)$ 称为随机变量 X 的分布函数。

从上述定义可以看出,分布函数 F 在 x 处的取值,就是随机变量 X 的取值落在区间 $(-\infty,x)$ 上的概率。

下面主要介绍3种常见的连续型概率分布:正态分布、均匀分布和指数分布,尤其是正态分布,它在整个概率理论中具有十分重要的地位,在统计推断中也具有非常广泛的应用,因此在本节中将重点介绍。

5.3.2 正态分布

1 正态分布

正态分布最初是由 C. F. 高斯(Carl Friedrich Gauss,1777—1855)作为描述误差相对频数分布的模型而提出来的。令人惊讶的是,这条曲线竟然为许多不同领域的数据的相对频数提供了一个恰当的模型,因而得到十分广泛的应用。正态分布在概率论和数理统计中具有十分重要的地位。在现实生活中,有许多现象都可以由正态分布来描述,其他一些分布(如二项分布)可以利用正态分布作近似计算,而且由正态分布也可以导出其他一些重要的分布,如 χ^2 分布、t 分布、F 分布等。

正态分布的一般定义如下。

▶ **定义 5.27** 如果随机变量 X 的概率密度函数为

$$f(x)=\frac{1}{\sqrt{2\pi}\sigma}e^{-\frac{1}{2\sigma^2}(x-\mu)^2}, \quad -\infty<x<\infty, \quad (5.19)$$

则称 X 为正态随机变量,或称 X 服从参数为 μ,σ^2 的正态分布(normal distribution),记作 $X\sim N(\mu,\sigma^2)$。

式(5.19)中 μ 是正态随机变量 X 的均值,它可为任意实数,σ^2 是正态随机变量 X 的方差,且 $\sigma>0$,$\pi=3.1415926$,$e=2.71828$。

由上述定义可以看出,不同的 μ 值和不同的 σ 值,对应于不同的正态分布。正态分布概率密度函数的图形如图 5.12 所示。

从图 5.12 可以看出正态曲线具有如下性质:

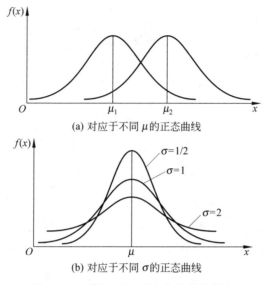

(a) 对应于不同 μ 的正态曲线

(b) 对应于不同 σ 的正态曲线

图 5.12　不同 μ 和 σ 对正态曲线的影响

(1) 正态曲线的图形是关于 $x=\mu$ 的对称钟形曲线，且峰值在 $x=\mu$ 处。

(2) 正态分布的两个参数均值 μ 和标准差 σ 一旦确定，正态分布的具体形式也就惟一确定，不同参数取值的正态分布构成一个完整的"正态分布族"。

(3) 正态分布的均值 μ 可以是实数轴上的任意数值，它决定正态曲线的具体位置，标准差 σ 相同而均值不同的正态曲线在坐标轴上体现为水平位移。

(4) 正态分布的标准差 σ 为大于零的实数，它决定正态曲线的"陡峭"或"扁平"程度。σ 越大，正态曲线越扁平；σ 越小，正态曲线越陡峭。

(5) 当 X 的取值向横轴左右两个方向无限延伸时，正态曲线的左右两个尾端也无限渐近横轴，但理论上永远不会与之相交。

(6) 与其他连续型随机变量相同，正态随机变量在特定区间上的取值概率由正态曲线下的面积给出，而且其曲线下的总面积等于 1。

经验法则总结了正态分布在一些常用区间上的概率值，其图形如图 5.13 所示。

- 正态随机变量落入其均值左右各 1 个标准差内的概率是 68.26%；
- 正态随机变量落入其均值左右各 2 个标准差内的概率是 95.44%；
- 正态随机变量落入其均值左右各 3 个标准差内的概率是 99.72%。

2　标准正态分布

由于正态分布是一个分布族，对于每一个服从正态分布的随机变量，要

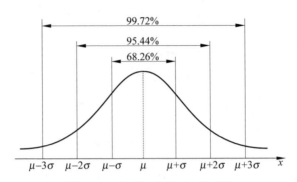

图 5.13 常用区间的正态概率值

通过其分布函数计算其概率都是十分繁琐的。如果能通过一定的变量代换处理将一般的正态分布都统成一种分布,将会大大简化概率的计算,这就是下面将要介绍的标准化正态分布。

▶ **定义 5.28** 如果正态分布的随机变量具有均值为 0,标准差为 1,则称该随机变量服从标准正态分布(standard normal distribution),记为 $N(0,1)$。

标准正态分布的概率密度函数用 $\varphi(x)$ 表示,有

$$\varphi(x) = \frac{1}{\sqrt{2\pi}} e^{-\frac{1}{2}x^2}, \quad -\infty < x < \infty。 \tag{5.20}$$

对于服从标准正态分布的随机变量,其在某一区间上的取值概率可以通过书后所附的标准正态分布概率表查得。

有了标准正态分布后,就可以将任何一个服从一般正态分布的随机变量 $X \sim N(\mu, \sigma^2)$ 转换成标准正态分布 $N(0,1)$,转换公式为

$$Z = \frac{X - \mu}{\sigma}, \tag{5.21}$$

Z 是一个服从标准正态分布的随机变量,即 $Z \sim N(0,1)$。

一般地,对于服从标准正态分布的随机变量 Z,设其分布函数为 $\Phi(Z)$,则标准正态变量在任何一个区间上的概率可表示为

$$P(a \leqslant Z \leqslant b) = \Phi(b) - \Phi(a), \tag{5.22}$$

$$P(|Z| \leqslant a) = 2\Phi(a) - 1。 \tag{5.23}$$

对于负的 z,可以由下式得到

$$\Phi(-z) = 1 - \Phi(z)。 \tag{5.24}$$

同样,对于服从一般正态分布的随机变量 X,取值在某一区间上的概率都

可以通过标准正态分布求得。

$$P(a \leqslant X \leqslant b) = \Phi\left(\frac{b-\mu}{\sigma}\right) - \Phi\left(\frac{a-\mu}{\sigma}\right), \qquad (5.25)$$

$$P(X \leqslant x) = \Phi\left(\frac{x-\mu}{\sigma}\right). \qquad (5.26)$$

下面将通过举例来简单介绍如何使用标准正态分布表计算各种标准正态分布概率值以及如何根据已知的标准正态分布概率值查找相应的区间点。

【例 5.21】 计算 $P(0.00 \leqslant Z \leqslant 1.00)$。

解 这一概率对应的是图 5.14 中的阴影部分：

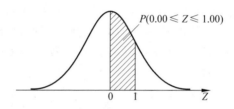

图 5.14 概率 $P(0.00 \leqslant Z \leqslant 1.00)$

一般地，正态分布表中最左一列对应的是 Z 值的整数位数值与第一位小数值，第 1 行对应的是 Z 值第二位小数值，行列交会处给出的概率值就是标准正态随机变量在其均值为 0 与 Z 的某一正值之间的曲线下面积。所以要计算 $P(0.00 \leqslant Z \leqslant 1.00)$，首先在表的左列中找到 1.0，然后在表的第 1 行找到 0.00，二者相交处对应的数值便是：$P(0.00 \leqslant Z \leqslant 1.00) = 0.3413$。

表 5.10 标准正态分布表（部分）

z	0.00	0.01	0.02
⋮			
0.9	0.3159	0.3186	0.3212
1.0	0.3413	0.3438	0.3461
1.1	0.3643	0.3665	0.3686
1.2	0.3849	0.3869	0.3888
⋮			

【例 5.22】 计算 $P(-1.10 \leqslant Z \leqslant 1.10)$。

解 正态分布的对称性决定了 $P(-1.10 \leqslant Z \leqslant 0.00) = P(0.00 \leqslant Z \leqslant 1.10)$，故只需按照例 5.21 中计算 $P(0.00 \leqslant Z \leqslant 1.00)$ 的步骤即能查找到

$P(0.00 \leqslant Z \leqslant 1.10) = 0.3643$,则 $P(-1.10 \leqslant Z \leqslant 1.10) = 2P(0.00 \leqslant Z \leqslant 1.10) = 2 \times 0.3643 = 0.7286$。如图 5.15 所示。

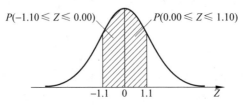

图 5.15 概率 $P(-1.10 \leqslant Z \leqslant 1.10)$

【例 5.23】 计算 $P(1.00 \leqslant Z \leqslant 1.22)$。

解 由图 5.16 可以看到,概率 $P(1.00 \leqslant Z \leqslant 1.22)$ 对应的阴影部分面积等于概率 $P(0.00 \leqslant Z \leqslant 1.22)$ 和 $P(0.00 \leqslant Z \leqslant 1.00)$ 分别对应的阴影部分面积之差,所以 $P(1.00 \leqslant Z \leqslant 1.22) = P(0.00 \leqslant Z \leqslant 1.22) - P(0.00 \leqslant Z \leqslant 1.00) = 0.3888 - 0.3413 = 0.0475$。

【例 5.24】 计算 $P(Z \geqslant 1.10)$。

解 我们已经知道,正态曲线下的总面积为 1 且左右对称,所以正态曲线下正态变量大于零对应的右侧面积恰好为 0.5,即 $P(Z \geqslant 0.00) = 0.5$(正态变量小于零对应的左侧面积亦为 0.5),根据概率 $P(Z \geqslant 1.10)$ 对应的阴影部分,有 $P(Z \geqslant 1.10) = P(Z \geqslant 0.00) - P(0.00 \leqslant Z \leqslant 1.10) = 0.5 - 0.3643 = 0.1357$。如图 5.17 所示。

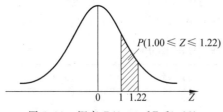

图 5.16 概率 $P(1.00 \leqslant Z \leqslant 1.22)$

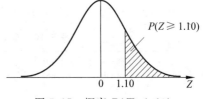

图 5.17 概率 $P(Z \geqslant 1.10)$

【例 5.25】 计算 $P(Z \geqslant -0.90)$。

解 由前面的例题可以知道,$P(-0.90 \leqslant Z \leqslant 0.00) = P(0.00 \leqslant Z \leqslant 0.90)$,$P(Z \geqslant 0.00) = 0.5$,所以

$$P(Z \geqslant -0.90) = P(-0.90 \leqslant Z \leqslant 0.00) + P(Z \geqslant 0.00)$$
$$= P(0.00 \leqslant Z \leqslant 0.90) + P(X \geqslant 0.00)$$
$$= 0.3159 + 0.5 = 0.8159。$$

【例5.26】 计算概率值等于0.14对应的标准正态变量Z的下限取值。

解 这是与前面所有例题计算方向相反的一个问题,但也是常见的关于正态分布的另一类问题。已知正态曲线下某一区间的阴影面积,需要寻找的是该区间对应的左侧区间点。如图5.18所示。

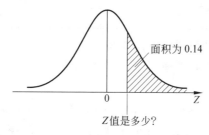

图5.18 对应于某一概率值的正态变量的取值

可以简单地计算得到Z在0到该区间点之间取值的概率等于$0.5-0.14$,即0.36,查找正态分布表发现,最为接近该值的是左列1.0与第一行0.08相交处的0.3599,所以标准正态变量Z大于或等于1.08的概率大约为0.14。

下面的这个例子则是一般正态分布的概率计算问题。

【例5.27】 假定某公司职员每周的加班津贴服从均值为50元、标准差为10元的正态分布,那么全公司中有多少比例的职员每周的加班津贴会超过70元,又有多少比例的职员每周的加班津贴在40元到60元之间呢?

解 定义$X=$"该公司职员每周的加班津贴",由已知条件有$X \sim N(50, 10^2)$,利用公式(5.26)计算得

$$P(X > 70) = 1 - P(X \leqslant 70)$$
$$= 1 - \Phi\left(\frac{70-50}{10}\right) = 1 - \Phi(2)$$
$$= 1 - 0.97725 = 0.02275。$$

利用公式(5.25)计算得

$$P(40 \leqslant X \leqslant 60) = \Phi\left(\frac{60-50}{10}\right) - \Phi\left(\frac{40-50}{10}\right)$$
$$= \Phi(1) - \Phi(-1) = 2\Phi(1) - 1$$
$$= 2 \times 0.8413 - 1 = 0.6826。$$

所以,该公司中只有2.275%的职员每周有超过70元的加班津贴,而68.26%的职员每周的加班津贴在40元到60元之间。凑巧的是,40元与60

元恰好是均值50元加减一倍标准差10元后的上下限,经验法则的结果与68.26%的概率结果完全吻合。

3 用Excel计算正态分布的概率

在实际应用中,可以直接利用Excel计算正态分布的概率值,下面结合例5.27说明其具体操作步骤。

用Excel计算正态分布概率值的操作步骤

第1步:进入Excel表格界面,将鼠标停留在某一空白单元格(作为概率值计算结果的输出单元)。

第2步:在Excel表格界面中,直接单击【fx】(插入函数)命令。

第3步:在复选框【函数分类】中单击【统计】选项,并在【函数名】中单击【NORMDIST】选项,然后单击【确定】。

第4步:在【X】后填入正态分布函数计算的区间点(即x)(本例为70);

在【Mean】后填入正态分布的均值μ(本例为50);

在【Standard_dev】后填入正态分布的标准差σ(本例为10);

在【Cumulative】后填入1(或TRUE)表示计算事件出现次数小于或等于指定数值的累积概率值;

单击【确定】后出现的界面如图5.19所示。

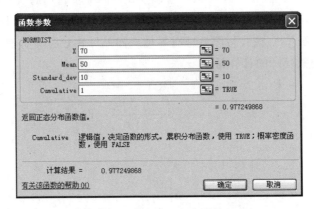

图5.19 正态分布的概率计算过程

图 5.19 输入的这些数值计算得到的是事件 $P(X<70)$ 的概率,用 1 减去计算结果即得到 $P(X>70)$ 的值,即 $1-0.977249868=0.022750132$,与上面计算的结果一致。

上面的例 5.21～例 5.25 标准正态分布概率的计算与上述步骤类似,只需要使用"NORMSDIST"函数即可。一般正态分布的区间点的计算则使用"NORMINV"命令,标准正态分布的区间点的计算则使用"NORMSINV"函数。

当然也可以用 Excel 提供的统计函数"NORMSDIST"计算标准正态分布的累积概率表,即 $P(Z\leqslant x)$。生成正态分布累积概率分布表的具体操作步骤如下。

用 Excel 生成标准正态分布累积概率表的操作步骤

第 1 步:将 x 的值输入到工作表的 A 列,将 x 取值的尾数输入到第 1 行,如图 5.20 所示。

	A	B	C	D	E	F	G	H	I	J	K
1	x	0.00	0.01	0.02	0.03	0.04	0.05	0.06	0.07	0.08	0.09
2	0.0										
3	0.1										
4	0.2										
5	0.3										
6	0.4										
7	0.5										
8	0.6										
9	0.7										
10	0.8										
11	0.9										
12	1.0										
13	1.1										
14	1.2										
15	1.3										
16	1.4										
17	1.5										
18	1.6										
19	1.7										
20	1.8										
21	1.9										
22	2.0										

图 5.20 标准正态分布表的表头

第 2 步:在 B3 单元格输入公式"=NORMSDIST($A2+B$1)",然后将其向下、向右复制即可得到标准正态分布的概率表,结果如图 5.21 所示。

	A	B	C	D	E	F	G	H	I	J	K
1	x	0.00	0.01	0.02	0.03	0.04	0.05	0.06	0.07	0.08	0.09
2	0.0	0.5000	0.5040	0.5080	0.5120	0.5160	0.5199	0.5239	0.5279	0.5319	0.5359
3	0.1	0.5398	0.5438	0.5478	0.5517	0.5557	0.5596	0.5636	0.5675	0.5714	0.5753
4	0.2	0.5793	0.5832	0.5871	0.5910	0.5948	0.5987	0.6026	0.6064	0.6103	0.6141
5	0.3	0.6179	0.6217	0.6255	0.6293	0.6331	0.6368	0.6406	0.6443	0.6480	0.6517
6	0.4	0.6554	0.6591	0.6628	0.6664	0.6700	0.6736	0.6772	0.6808	0.6844	0.6879
7	0.5	0.6915	0.6950	0.6985	0.7019	0.7054	0.7088	0.7123	0.7157	0.7190	0.7224
8	0.6	0.7257	0.7291	0.7324	0.7357	0.7389	0.7422	0.7454	0.7486	0.7517	0.7549
9	0.7	0.7580	0.7611	0.7642	0.7673	0.7704	0.7734	0.7764	0.7794	0.7823	0.7852
10	0.8	0.7881	0.7910	0.7939	0.7967	0.7995	0.8023	0.8051	0.8078	0.8106	0.8133
11	0.9	0.8159	0.8186	0.8212	0.8238	0.8264	0.8289	0.8315	0.8340	0.8365	0.8389
12	1.0	0.8413	0.8438	0.8461	0.8485	0.8508	0.8531	0.8554	0.8577	0.8599	0.8621
13	1.1	0.8643	0.8665	0.8686	0.8708	0.8729	0.8749	0.8770	0.8790	0.8810	0.8830
14	1.2	0.8849	0.8869	0.8888	0.8907	0.8925	0.8944	0.8962	0.8980	0.8997	0.9015
15	1.3	0.9032	0.9049	0.9066	0.9082	0.9099	0.9115	0.9131	0.9147	0.9162	0.9177
16	1.4	0.9192	0.9207	0.9222	0.9236	0.9251	0.9265	0.9279	0.9292	0.9306	0.9319
17	1.5	0.9332	0.9345	0.9357	0.9370	0.9382	0.9394	0.9406	0.9418	0.9429	0.9441
18	1.6	0.9452	0.9463	0.9474	0.9484	0.9495	0.9505	0.9515	0.9525	0.9535	0.9545
19	1.7	0.9554	0.9564	0.9573	0.9582	0.9591	0.9599	0.9608	0.9616	0.9625	0.9633
20	1.8	0.9641	0.9649	0.9656	0.9664	0.9671	0.9678	0.9686	0.9693	0.9699	0.9706
21	1.9	0.9713	0.9719	0.9726	0.9732	0.9738	0.9744	0.9750	0.9756	0.9761	0.9767
22	2.0	0.9772	0.9778	0.9783	0.9788	0.9793	0.9798	0.9803	0.9808	0.9812	0.9817

图 5.21 标准正态分布概率表

同样,使用 Excel 提供的统计函数【NORMSINV】,可以生成标准正态分布的分位数表,标准正态分布的分位数是根据标准正态分布随机变量分布累积概率的值计算相应的临界值,即如果有 $P(Z \leqslant x) = p$,则对于任意给定的 $p(0 \leqslant p \leqslant 1)$ 可以求出相应的 x。生成标准正态分布分位数表的具体操作步骤如下。

用 Excel 生成标准正态分布分位数表的操作步骤

第 1 步:将标准正态变量累积概率的值输入到工作表的 A 列,其尾数输入到第 1 行,如图 5.22 所示。

	A	B	C	D	E	F	G	H	I	J	K
1	p	0.000	0.001	0.002	0.003	0.004	0.005	0.006	0.007	0.008	0.009
2	0.50										
3	0.51										
4	0.52										
5	0.53										
6	0.54										
7	0.55										
8	0.56										
9	0.57										
10	0.58										
11	0.59										
12	0.60										
13	0.61										
14	0.62										
15	0.63										
16	0.64										
17	0.65										

图 5.22 标准正态分布的分位数表的表头

第2步：在B2单元格输入公式"＝NORMSINV（＄A2＋B＄1）"，然后将其向下、向右复制即可得到标准正态分布的分位数表，结果如图5.23所示。

	A	B	C	D	E	F	G	H	I	J	K
1	p	0.000	0.001	0.002	0.003	0.004	0.005	0.006	0.007	0.008	0.009
2	0.50	0.0000	0.0025	0.0050	0.0075	0.0100	0.0125	0.0150	0.0175	0.0201	0.0226
3	0.51	0.0251	0.0276	0.0301	0.0326	0.0351	0.0376	0.0401	0.0426	0.0451	0.0476
4	0.52	0.0502	0.0527	0.0552	0.0577	0.0602	0.0627	0.0652	0.0677	0.0702	0.0728
5	0.53	0.0753	0.0778	0.0803	0.0828	0.0853	0.0878	0.0904	0.0929	0.0954	0.0979
6	0.54	0.1004	0.1030	0.1055	0.1080	0.1105	0.1130	0.1156	0.1181	0.1206	0.1231
7	0.55	0.1257	0.1282	0.1307	0.1332	0.1358	0.1383	0.1408	0.1434	0.1459	0.1484
8	0.56	0.1510	0.1535	0.1560	0.1586	0.1611	0.1637	0.1662	0.1687	0.1713	0.1738
9	0.57	0.1764	0.1789	0.1815	0.1840	0.1866	0.1891	0.1917	0.1942	0.1968	0.1993
10	0.58	0.2019	0.2045	0.2070	0.2096	0.2121	0.2147	0.2173	0.2198	0.2224	0.2250
11	0.59	0.2275	0.2301	0.2327	0.2353	0.2378	0.2404	0.2430	0.2456	0.2482	0.2508
12	0.60	0.2533	0.2559	0.2585	0.2611	0.2637	0.2663	0.2689	0.2715	0.2741	0.2767
13	0.61	0.2793	0.2819	0.2845	0.2871	0.2898	0.2924	0.2950	0.2976	0.3002	0.3029
14	0.62	0.3055	0.3081	0.3107	0.3134	0.3160	0.3186	0.3213	0.3239	0.3266	0.3292
15	0.63	0.3319	0.3345	0.3372	0.3398	0.3425	0.3451	0.3478	0.3505	0.3531	0.3558
16	0.64	0.3585	0.3611	0.3638	0.3665	0.3692	0.3719	0.3745	0.3772	0.3799	0.3826
17	0.65	0.3853	0.3880	0.3907	0.3934	0.3961	0.3989	0.4016	0.4043	0.4070	0.4097

图5.23　标准正态分布分位数表

4　用Excel绘制标准正态分布概率密度函数曲线

绘制标准正态分布密度函数曲线，首先要根据正态分布概率函数"NORMDIST"给出绘图所需要的数据，然后进行绘图。具体操作步骤如下。

用Excel绘制标准正态分布概率密度函数曲线的操作步骤

第1步：在工作表的第1列A3：A63输入一个等差数列，初始值为"－3"，步长为"0.1"，终值为"3"，作为标准化后的标准正态变量的值。

第2步：在单元格B1输入正态变量的均值（如"0"），在单元格D1输入正态变量的标准差（如"1"）。

第3步：在单元格B3输入公式"＝A3＊＄D＄1＋＄B＄1"，并将其复制到B4：B63区域，作为未作标准化变换的正态变量的值。

第4步：在单元格C3输入公式"＝NORMDIST(B3,＄B＄1,＄D＄1,0)"，并将其复制到C4：C63区域，作为与B4：B63区域正态变量的值相对应的正态分布概率密度函数的结果。准备好的数据如图5.24所示。

第5步：将B3：B63作为横坐标、C3：C63作为纵坐标，根据"图表向导"绘制折线图，结果如图5.25所示。单击"完成"，即可得到标准正态分布图。如图5.26所示。

	A	B	C	D	E
		fx	=NORMDIST(B3,B1,D1,0)		
1	均值=	0	标准差=	1	
2	z		x		
3	-3.00	-3.00	0.004432		
4	-2.90	-2.90	0.005953		
5	-2.80	-2.80	0.007915		
6	-2.70	-2.70	0.010421		
7	-2.60	-2.60	0.013583		
8	-2.50	-2.50	0.017528		
9	-2.40	-2.40	0.022395		
10	-2.30	-2.30	0.028327		
11	-2.20	-2.20	0.035475		
12	-2.10	-2.10	0.043984		
13	-2.00	-2.00	0.053991		

图 5.24 标准正态分布概率密度函数的数据清单

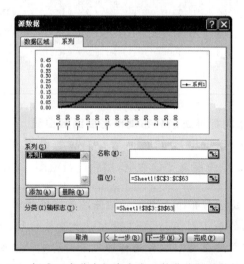

图 5.25 标准正态分布概率密度函数曲线图的数据来源

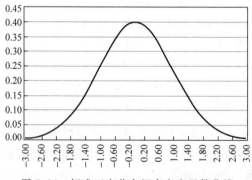

图 5.26 标准正态分布概率密度函数曲线

5 数据正态性的评估方法

在后面的几章中,将学习如何利用样本信息对总体进行推断。其中多数推断都是以总体近似服从正态分布这一假定为前提的。因此,在进行推断之前,确定样本数据是否来自正态分布的总体是很重要的。用来检验数据是否服从正态分布的描述性方法有很多,这里介绍以下 3 种方法。

(1) 对数据画出频数分布的直方图或茎叶图。若数据近似服从正态分布,则图形的形状与上面给出的正态曲线应该相似。

(2) 求出样本数据的四分位差 Q_d 和标准差 s,然后计算比值 Q_d/s。若数据近似服从正态分布,则有 $Q_d/s \approx 1.3$。

【例 5.28】 根据第 3 章表 3.11 中某计算机公司 2002 年前 4 个月各天的销售量数据,用上面提到的方法(2)判断该数据是否近似服从正态分布。

解 根据第四分位数的定义公式计算的结果可知 $Q_d = 196 - 168 = 28$,$s = 21.68$,比值

$$Q_d/s = 28/21.68 = 1.2915 \approx 1.3,$$

所以,可以认为电脑销售量数据近似服从正态分布。

(3) 对数据作正态概率图(normal probability plots)

正态概率图是用来判断一组数据是否服从正态分布的一种图形。它可以在概率纸上绘制,也可以在普通纸上绘制。下面给出在普通纸上绘制正态概率图的具体步骤。

第 1 步 将样本观测值从小到大排列,即将样本数据 $x_1, x_2, \cdots, x_j, \cdots, x_n$ 排列成 $x_{(1)}, x_{(2)}, \cdots, x_{(j)}, \cdots, x_{(n)}$,这里的 $x_{(1)}$ 是最小的观测值,$x_{(2)}$ 是第 2 小的观测值,等等,$x_{(n)}$ 是最大观测值。

第 2 步 求出样本观测值的标准正态分数 z_i。标准正态分数 z_i 满足

$$\frac{j - 0.5}{n} = P(Z \leqslant z_i) = \Phi(z_i)。$$

例如,如果 $(j-0.5)/n = 0.05$,即 $\Phi(z_i) = 0.05$,意味着 $z_i = 1.645$。

第 3 步 将 z_i 作为纵轴,x_j 作为横轴,绘制图形,即为标准正态概率图。

正态概率图十分有用,它可以用来判断数据是否服从正态分布。如果数据服从正态分布,由 (x_i, z_i) 形成的点将紧密围绕在一条直线周围。在进行统计推断时,如果假定数据服从正态分布,可以用正态概率图来验证这一假设。

【例 5.29】 一家电脑公司连续 10 天的销售额(单位:万元)分别为 176,191,214,,220,205,192,201,190,183,185。绘制正态概率图,判断该组数据

是否服从正态分布。

解 先将数据排序并求出标准正态分数,如表 5.11 所示。

表 5.11 标准正态概率图的计算表

	A	B	C	D
1	j	$x_{(j)}$	$(j-0.5)/10$	z_i
2	1	176	0.05	-1.645
3	2	183	0.15	-1.036
4	3	185	0.25	-0.674
5	4	190	0.35	-0.385
6	5	191	0.45	-0.126
7	6	192	0.55	0.126
8	7	201	0.65	0.385
9	8	205	0.75	0.674
10	9	214	0.85	1.036
11	10	220	0.95	1.645

将 z_i 作为纵轴,x_j 作为横轴,绘制的标准正态概率图如图 5.27 所示。

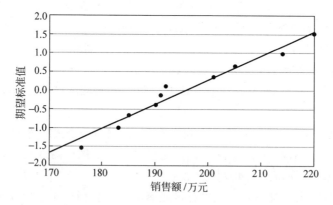

图 5.27 电脑公司销售额的正态概率图

从图 5.27 可以看出,由 (x_i, z_i) 形成的点较紧密地围绕在一条直线周围,可以说该组数据基本上服从正态分布。

6 二项分布的正态近似

可以证明,当样本量 n 越来越大时,二项分布越来越近似服从正态分布。这时,二项随机变量的直方图的形状接近正态分布图形的形状。

即使对于小样本,当 $p=0.5$ 时,二项分布的正态近似仍然相当好,此时随机变量 X 的分布是相对于其平均值 $\mu=np$ 对称的。当 p 趋于 0 或 1 时,二项分布将呈现出偏态,但当 n 变大时,这种偏斜就会消失。一般来说,只要当 n 大到使 np 和 $n(1-p)$ 都大于或等于 5 时,近似的效果就相当好。

设随机变量服从二项分布,即 $X \sim B(n,p)$,当 n 很大时可以用正态随机变量 X^* 对 X 进行近似,且有均值 $\mu=np$,标准差 $\sigma=\sqrt{np(1-p)}$,即 $X^* \sim N(np,\sqrt{np(1-p)})$,$X$ 取某一特定值 x 的概率为

$$P(X=x) \approx P(x-0.5 \leqslant X^* \leqslant x+0.5)$$
$$= \Phi\left(\frac{x+0.5-np}{\sqrt{np(1-p)}}\right) - \Phi\left(\frac{x-0.5-np}{\sqrt{np(1-p)}}\right), \quad (5.27)$$

X 落入区间 $[a,b]$ 的概率为

$$P(a \leqslant X \leqslant b) \approx \Phi\left(\frac{b+0.5-np}{\sqrt{np(1-p)}}\right) - \Phi\left(\frac{a-0.5-np}{\sqrt{np(1-p)}}\right). \quad (5.28)$$

使用连续型随机变量近似离散型随机变量,关键在于前者取任一单个值的概率为 0,因此需要通过对某一特定取值加减 0.5 之后再来计算正态分布概率值,这一变换称为连续性修正(continuity correction),其中加减的 0.5 称为连续性修正因子(continuity correction factor)。

【例 5.30】 考虑某离散型随机变量 X,若 $X \sim B(100,0.2)$,试计算这 100 次伯努利试验中恰好有 15 次成功的概率。

解 由于 $np=100 \times 0.2=20>5$,且 $n(1-p)=100 \times (1-0.2)=80>5$,所以可以利用正态分布进行近似计算,根据公式(5.27)有

$$P(X=15) \approx P(14.5 \leqslant X^* \leqslant 15.5)$$
$$= \Phi\left(\frac{15.5-20}{\sqrt{100 \times 0.2 \times (1-0.2)}}\right) - \Phi\left(\frac{14.5-20}{\sqrt{100 \times 0.2 \times (1-0.2)}}\right)$$
$$= \Phi(-1.125) - \Phi(-1.375)$$
$$= \Phi(1.375) - \Phi(1.125)$$
$$\approx 0.9154 - 0.8697$$
$$= 0.0457。$$

对于试验次数 n 偏大的二项分布,正态分布的近似大大减轻了其概率计算的繁琐。实际上,概率论的相关定理[①]还证明了正态分布对其他概率分布更一般意义下的近似,二项分布只是其中一个特例。但无论怎样,它们都有正态分布不可替代的作用,当然,在应用正态分布的过程中必须确保相关条

---

① 中心极限定理。

件的满足,绝不可滥用。

5.3.3 其他连续型概率分布

除上面介绍的正态分布外,还有几个常用的连续型概率分布,这就是均匀分布和指数分布。

1 均匀分布

对于随机变量只在区间$[a,b]$内取值,其概率分布常用均匀分布来描述。

▶**定义 5.29** 如果随机变量 X 具有如下的概率密度函数

$$f(x) = \begin{cases} \dfrac{1}{b-a}, & a \leqslant x \leqslant b, a < b, \\ 0, & \text{其他}, \end{cases} \tag{5.29}$$

则称 X 服从区间 $[a,b]$ 上的均匀分布(uniform distribution),记作 $X \sim U[a,b]$。

可见,服从均匀分布的随机变量在其取值范围内$[a,b]$的概率密度函数是个常量,也就是说,均匀随机变量在区间内取任何一个值的概率都相同,因此,在所有可能取值的范围内分布是均匀的。

均匀分布的直观概率意义是:将区间$[a,b]$划分为任意个小区间,随机变量 X 在任何小区间上取值的概率大小与该小区间的长度成正比,而与该小区间的具体位置(区间的上下限)无关。理论上已经证明,服从均匀分布的随机变量 X 在某取值范围$[a,b]$的任一子区间$[c,d]$上取值的概率可以利用下面的一般公式直接计算,即

$$P(c \leqslant X \leqslant d) = \frac{d-c}{b-a}。 \tag{5.30}$$

同样有

$$P(X < c) = \frac{c-a}{b-a}, \tag{5.31}$$

$$P(X > c) = \frac{b-c}{b-a}。 \tag{5.32}$$

图 5.28 是服从均匀分布 $U[a,b]$的随机变量 X 的概率密度函数图。由于图中矩形的高度是个常数,等于 $1/(b-a)$,这样就保证了矩形的总面积等于 1。图中阴影部分的面积代表了该随机变量在子区间$[c,d]$上的概率,它恰好等于公式(5.30)给出的结果。

现实生活中有很多随机变量可以认为是服从均匀分布的,下面考虑一个简单的例子。

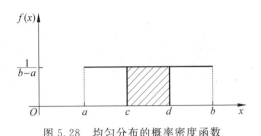

图 5.28 均匀分布的概率密度函数

【例 5.31】 某公共汽车站从早上 6 时起每隔 15min 开出一趟班车,假定某乘客在 6 点以后到达车站的时刻是随机的,所以有理由认为他等候乘车的时间长度 X 服从参数为 $a=0,b=15$ 的均匀分布。试求该乘客等候乘车的时间长度少于 5min 的概率。

解 由题意知道,随机变量 X 的概率密度函数为

$$f(x) = \begin{cases} \frac{1}{15}, & 0 \leqslant x \leqslant 15, \\ 0, & \text{其他。} \end{cases}$$

X 落入区间 [0,15] 的任一子区间 [0,d] 的概率是 $P(0 \leqslant X \leqslant d) = \frac{d}{15}$,等候乘车的时间长度少于 5min 即有 $d=5$,因此该事件发生的概率等于 $5/15 = 1/3$。

2 指数分布

指数分布是用于描述等待某一特定事件发生所需时间的一种连续型概率分布,例如:某些产品的寿命,两辆汽车先后到达某加油站的间隔时间,某人接到一次拨错号码的电话所等待的时间等,这些随机变量通常可以认为只取非负值,因而常用近似的服从指数分布来描述。

▶ **定义 5.30** 如果随机变量 X 具有如下的概率密度函数

$$f(x) = \begin{cases} \lambda e^{-\lambda x}, & x \geqslant 0; \quad \lambda > 0, \\ 0, & \text{其他,} \end{cases} \quad (5.33)$$

则称 X 服从参数为 λ 的指数分布(exponential distribution),记作 $X \sim E(\lambda)$。

图 5.29 是指数分布概率密度函数的一般形式。

与其他任何连续型随机变量一样,服从指数分布的随机变量在某一区间取值的概率等于如图 5.29 所示的概率密度函数曲线与该区间围成的面积。概率论证明,该类随机变量取小于或等于某一特定值 x 的概率是

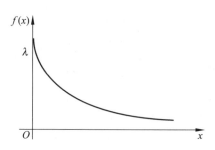

图 5.29 指数分布的概率密度函数

$$P(X \leqslant x) = 1 - e^{-\lambda x}. \tag{5.34}$$

服从指数分布的随机变量 X 落入任一区间 $(a,b)(0 \leqslant a < b)$ 的概率是

$$P(a < X \leqslant b) = P(X \leqslant b) - P(X \leqslant a) = e^{-\lambda a} - e^{-\lambda b}. \tag{5.35}$$

有了上述结果就能够十分方便地计算出各种情形下指数分布的概率值。

【例 5.32】 假定某加油站在一辆汽车到达之后等待下一辆汽车到达所需要的时间 X(单位:min)服从参数为 $1/5$ 的指数分布,如果现在正好有一辆汽车刚刚到站加油,试分别求以下几个事件发生的概率:

(1) 下一辆汽车到站前需要等待 5min 以上;

(2) 下一辆汽车到站前需要等待 5~10min。

解 既然随机变量 X 服从参数为 $1/5$ 的指数分布,则它的概率密度函数为

$$f(x) = \begin{cases} \dfrac{1}{5} e^{-\frac{1}{5}x}, & x \geqslant 0, \\ 0, & \text{其他}. \end{cases}$$

(1) 由公式(5.34)可以直接计算事件$\{X \leqslant 5\}$的概率

$$P(X \leqslant 5) = 1 - e^{-\frac{1}{5} \times 5} = 1 - e^{-1} \approx 0.632.$$

显然,事件$\{X > 5\}$是$\{X \leqslant 5\}$的互补事件,所以

$$P(X > 5) = 1 - P(X \leqslant 5) = 1 - 0.632 = 0.368,$$

即等待下一辆汽车到站加油的时间超过 5min 的概率是 0.368。

(2) 由公式(5.35)直接计算等待时间在 5~10min 之间的概率

$$P(5 < X \leqslant 10) = e^{-\frac{1}{5} \times 5} - e^{-\frac{1}{5} \times 10} = e^{-1} - e^{-2} \approx 0.233.$$

Excel 提供了计算服从指数分布的随机变量小于或等于某一数值的概率值的函数,下面以例 5.32 中的问题(2)为例,说明用 Excel 计算指数分布概率的具体步骤。

用 Excel 计算指数分布概率值的操作步骤

第1步：进入 Excel 表格界面，将鼠标停留在某一空白单元格(作为概率值计算结果的输出单元)。

第2步：在 Excel 表格界面中，直接单击【fx】(插入函数)命令。

第3步：在复选框【函数分类】中单击【统计】选项，并在【函数名】中单击【EXPONDIST】选项，然后确定。

第4步：在【X】后填入指数分布函数计算的区间点(即 x)(本例为5)；

在【Lambda】后填入参数 λ(本例为0.2)；

在【Cumulative】后填入1(或 TRUE)表示计算事件出现次数小于或等于指定数值的累积概率值(填入0或 FALSE 则表示计算事件出现次数大于指定数值的累积概率值)，单击"确定"后出现的界面如图5.30所示。

图5.30 指数分布的概率计算过程

图5.30输入的这些数值计算得到的是事件 $P(X>5)$ 的概率，用1减去计算结果即得到 $P(X\leqslant 5)$ 的值，即 $1-0.632120559=0.367879441$，与上面计算的结果一致。

考虑与时间间隔有关的概率分布，此时自然会联想到泊松分布。与指数分布不同的是，泊松分布目的在于确定特定时间(也可以是空间等)间隔内某一事件的发生次数，概率密度函数中的 λ 是特定时间间隔内某一事件发生的平均次数。

那么，连续型的指数分布与离散型的泊松分布之间是否存在某种关系呢？研究发现，二者的确有着十分紧密且重要的关联。实际上，如果某一事件在特定时间间隔内发生的次数服从泊松分布，则该事件先后两次发生之间的时间间隔服从指数分布。

在本节结束之前将上面讨论过的三种常用连续型概率分布的数学期望和方差总结如下,由于其间涉及较复杂的积分运算,所以表 5.12 直接给出了各类概率分布数学期望与方差的计算结果,具体步骤读者可参看相关统计教程。

表 5.12　几种连续型概率分布的数学期望与方差

概率分布	数学期望 μ	方差 σ^2
正态分布	μ	σ^2
均匀分布	$\dfrac{a+b}{2}$	$\dfrac{1}{12}(b-a)^2$
指数分布	$\dfrac{1}{\lambda}$	$\dfrac{1}{\lambda^2}$

思考与练习

思考题

5.1　简述试验与事件的含义。

5.2　简述样本空间的含义。

5.3　简述概率与频率的关系。

5.4　什么是互斥事件?互斥事件的加法规则是什么?

5.5　概率具有哪些基本性质?

5.6　何谓条件概率?

5.7　两个事件独立意味着什么?

5.8　什么是随机变量?它有哪些类型?

5.9　什么是离散型随机变量的概率分布?

5.10　两点分布与二项分布有什么不同?

5.11　简述 n 重伯努利试验的条件。

5.12　超几何分布的适用场合是什么?

5.13　简述概率密度函数和分布函数的含义。

5.14　判断数据正态性的方法主要有哪些?

5.15　简述标准正态概率图的绘制步骤。

5.16　在什么条件下用正态分布近似计算二项分布的概率效果比较好?

5.17 均匀分布和指数分布所描述的现象各有什么特点?

练习题

5.1 写出下列随机事件的基本空间:

(1) 抛 3 枚硬币。

(2) 把两个不同颜色的球分别放入两个格子。

(3) 把两个相同颜色的球分别放入两个格子。

(4) 灯泡的寿命(单位:h)。

(5) 某产品的不合格率(%)。

5.2 假定某布袋中装有红、黄、蓝、绿、黑等 5 个不同颜色的玻璃球,一次从中取出 3 个球,请写出这个随机试验的基本空间。

5.3 试定义下列事件的互补事件:

(1) $A=$ 先后投掷两枚硬币,都为反面。

(2) $A=$ 连续射击两次,都没有命中目标。

(3) $A=$ 抽查 3 个产品,至少有 1 个次品。

5.4 向两个相邻的军火库发射一枚导弹,如果命中第一个和第二个军火库的概率分别是 0.06、0.09,而且只要命中其中任何一个军火库都会引起另一个军火库的爆炸。试求炸毁这两个军火库的概率有多大。

5.5 已知某产品的合格率是 98%,现有一检查系统,它能以 0.98 的概率正确地判断出合格品,而对不合格品进行检查时,有 0.05 的可能性判断错误(错判为合格品),该检查系统产生错判的概率是多少?

5.6 有一男女比例为 51:49 的人群,已知男性中 5% 是色盲,女性中 0.25% 是色盲,现随机抽中一个色盲者,求这个人恰好是男性的概率。

5.7 消费者协会经过调查发现,某品牌空调器有重要缺陷的产品数出现的概率分布如下:

X	0	1	2	3	4	5	6	7	8	9	10
P	0.041	0.130	0.209	0.223	0.178	0.114	0.061	0.028	0.011	0.004	0.001

根据这些数值,分别计算:

(1) 有 2 到 5 个(包括 2 个与 5 个在内)空调器出现重要缺陷的可能性。

(2) 只有不到 2 个空调器出现重要缺陷的可能性。

(3) 有超过 5 个空调器出现重要缺陷的可能性。

5.8 设 X 是参数为 $n=4$ 和 $p=0.5$ 的二项随机变量。求以下概率:
(1) $P(X<2)$。 (2) $P(X\leqslant 2)$。

5.9 一条食品生产线每 8 小时一班中出现故障的次数服从平均值为 1.5 的泊松分布。求:
(1) 晚班期间恰好发生两次事故的概率。
(2) 下午班期间发生少于两次事故的概率。
(3) 连续三班无故障的概率。

5.10 假定 X 服从 $N=12, n=7, M=5$ 的超几何分布。求:
(1) $P(X=3)$。 (2) $P(X\leqslant 2)$。 (3) $P(X>3)$。

5.11 求标准正态分布的概率:
(1) $P(0\leqslant Z\leqslant 1.2)$。
(2) $P(0\leqslant Z\leqslant 1.49)$。
(3) $P(-0.48\leqslant Z\leqslant 0)$。
(4) $P(-1.37\leqslant Z\leqslant 0)$。
(5) $P(Z>1.33)$。

5.12 由 30 辆汽车构成的一个随机样本,测得每百公里的耗油量数据(单位:L)如下:

9.19	10.01	9.60	9.27	9.78	8.82
9.63	8.82	10.50	8.83	9.35	8.65
10.10	9.43	10.12	9.39	9.54	8.51
9.70	10.03	9.49	9.48	9.36	9.14
10.09	9.85	9.37	9.64	9.68	9.75

试判断该种汽车的耗油量是否近似服从正态分布?

5.13 设 X 是一个参数为 n 和 p 的二项随机变量,对于下面的 4 组取值,说明正态分布是否为二项分布的良好近似?
(1) $n=23, p=0.30$。 (2) $n=3, p=0.01$。
(3) $n=100, p=0.97$。 (4) $n=15, p=0.45$。

5.14 某城市有 1‰ 的青少年有犯罪记录,问要从这个城市里选出多少青少年,才能使得里面至少有一个具有犯罪记录的概率不小于 0.95?

5.15 假定一块蛋糕上的葡萄干粒数服从泊松分布,如果想让每块蛋糕上至少有一粒葡萄干的概率大于等于 0.98,蛋糕上葡萄干的平均粒数应该是多少?

5.16 设 X 服从 $\lambda=0.5$ 的指数分布。求:
 (1) $P(X>2)$。 (2) $P(X\leqslant 3)$。

5.17 某电话室公用电话每次的通话时间长度(单位:min)服从如下的概率分布:

$$f(x) = \begin{cases} \dfrac{1}{5}e^{-\frac{1}{5}x}, & x \geqslant 0, \\ 0, & \text{其他。} \end{cases}$$

当走进电话室时,若恰好有人开始打电话,计算下列几个事件发生的概率:
 (1) 等待时间不超过 2min。
 (2) 等待时间为 3~5min。

5.18 某公司决定对职员增发"销售代表"奖,计划根据过去一段时期内的销售状况对月销售额最高的 5% 的职员发放该奖金。已知这段时期每人每月的平均销售额(单位:元)服从均值为 40000、方差为 360000 的正态分布,那么公司应该把"销售代表"奖的最低发放标准定为多少元?

人物传记[①]

James Bernoulli

James Bernoulli(1654—1705)也被称作 Jacques 或 Jakob,出生于瑞士巴塞尔,他的家族由于具有新教徒信仰而在几个世纪前逃亡到安特卫普,这也使得他的家族在三代人之中产生了 9 个一流的数学家。James 本人被安排攻读神学并完成了学业,但是,他很快违背了父亲的意愿,转而研究数学和天文学。在途经荷兰、法国和英国的旅行中,他熟识了这些科学的现状,并带回了他本人有关彗星和地球引力的理论。不久以后,他被委派到巴塞尔大学担任数学教授。受到 G. W. Leibniz 有关无穷小微积分学研究的启示,James 用它

---

① 资料来源:International Encyclopedia of Statistics. New York:The Free Press, 1978(1):18-19。

来解决大量的数学问题(尤其是在天文学和机械学中),并用它来描述许多重要曲线的特征。事实上,他对对数曲线十分着迷,他说:"因为这条完美的曲线在进行变换之后类型仍然保持不变,所以它可以看作是在逆境中坚韧和持久的象征;甚至可以作为人体在经受不同变化最终死亡之后复苏的象征。实际上,如果今天要效仿 Archimedes,我会把这条曲线连同 Eadem Mutata Resurgo 的墓志铭(尽管发生了变化,我仍然会复苏)刻在我的墓碑上。"

他的确这样做了。然而,相对于 James Bernoulli 有关对数曲线的描述,更为重要的是他对概率的研究。在他出生的那个年代,de Fermat 和 Pascal 通过书信交流发展了概率的基本原理,而 James Bernoulli 则成为第一个撰写有关这一主题的书籍的人。他用拉丁文撰写了 The Art of Conjecturing(推测的艺术)一书,该书在他死后的 1713 年出版。书中系统地阐述了排列组合理论、概率论在各项运动中的应用以及二项概率分布的发展。James Bernoulli 在有关概率本质的问题(客观还是主观)上也提出了许多哲学想法,并且用充满智慧的有趣的例题来进行点缀。

Carl Friedrich Gauss

C. F. Gauss(1777—1855)出生于德国中部一个行政区,他家境贫寒(他的父亲是一名砖匠和园丁;他的母亲没有上过学,甚至不会写字)。然而 C. F. Gauss 长大后成了历史上最伟大的数学家之一。他的早熟可能无人能及。他 3 岁以前,在看父亲计算工资的时候发现了一个错误,并说出了正确的结果。上学的时候,C. F. Gauss 心算的速度和正确性令他的算术老师十分吃惊;不久以后,C. F. Gauss 精通了所能获得的最好的教科书并超过了他的老师。行政区的公爵注意到 C. F. Gauss 惊人的能力并资助他到 Göttingen 大学学习。在那里,C. F. Gauss 发现可以用直尺和圆规绘制规则的 17 边形;数学家们研究这一技巧已有 2000 年了。

之后不久，C. F. Gauss 在 1801 年出版了 *Disquisitiones Arithmeticae* 一书，这一著作使算术理论远远超越了它最初的状态，并奠定了 C. F. Gauss 作为与 Archimedes 和 I. Newton 同等的一流数学天才的地位。随后，Gauss 的另一著作是在 1809 年出版的 *Theoria Motus Corporum Coelestium*，他在书中建立了计算天体轨道的方法。也就是在这本书里，C. F. Gauss 初次使用了现代科学中最为普遍的两种工具，即最小二乘理论和正态曲线。虽然有关正态曲线的研究，P. S. Laplace 先于 C. F. Gauss，但很快人们便把该曲线称作高斯曲线，至今在很多国家还十分有名。（直到 1893 年 K. Pearson 才引入了正态曲线这一术语，而这有点不幸，因为它给人们留下了错误的印象，认为非正态概率密度函数有点反常或稀有。）显然，C. F. Gauss 第一个使用了钟形曲线作为描述随机误差的模型。在他的一本有关天体力学的书中写到："严格地说，对轨道的研究依赖于对一种规律的认识，那就是误差发生的概率随着误差大小的增长而减小；但是这一规律又依赖于许多模糊的、不确定的考虑——包括生理学的——这些考虑无法进行计算，以致在应用天文学的任何场合下几乎都没有可能合理地指定这样一种规律。不过，我们在最一般的情况下对这一规律和最可能的轨道之间关系的研究无论如何也不会被看作是一种无聊空洞的思考的。用 $\phi\Delta$ 表示每一个误差 Δ 发生的概率。这样，尽管我们不能给出这一函数的确切形式，但我们至少可以确信它在 $\Delta=0$ 时最大，Δ 取两个相反数时它的取值相等，如果 Δ 为最大误差或超过最大误差时，这一概率将为零。"

到 30 岁的时候，C. F. Gauss 成为 Göttingen 天文台的主管，并在这度过了他的余生。他不仅对天文学做出了巨大的贡献，而且也对数学和物理的所有分支做出了贡献。他出版的数百部书籍证明他是这样一个人：他用最不寻常的方式将纯数学家的兴趣与抽象思维、严密逻辑结合起来，将理论物理学家的兴趣与物理世界数学模型的建立结合起来，将天文学家敏锐的观察天赋、实验主义者的技巧与测度方法的创造应用结合起来。（在其他方面，C. F. Gauss 发明了磁力计、光度计和电报机。）

第 6 章

抽样与抽样分布

你不必吃完整头牛,才知道它的肉是咬不动的。

——Samel Johnson

统计应用:"抓阄"征兵计划[①]

在美国的对越战争中,为使前线有足够的士兵,美国政府制定了一个"抓阄"的征兵计划。该计划打算把 1 到 366 的号码随机地分配给一年中每一天,然后由军事部门按分配的号码顺序把生日与之对应的年轻人分批征召入伍。这种方法的目的是为了给大家相等的机会卷入这场不受欢迎的战争中,因此被征召的可能性应该是随机的。

在第一年的征兵计划中,号码 1 被分配给了 9 月 14 日,分配方法是随机抽取一个大容器中的 366 个写上了日子的乒乓球。结果所有年满 18 岁且生于 9 月 14 日的合格青年将作为第一批被征召入伍。生日被分配为号码 2 的青年则在第二批被征召入伍,以此类推。

并不是所有的人都被征召入伍,因此,生日被分配的号码较大的人也许永远轮不上到军队服役。这种抓阄看起来对决定应该被征召入伍是一个相当不错的方法。然而,在抓阄的第二天,当所有的日子和它们对应的号码公布以后,统计学家们开始研究这些数据。经过观察和计算,统计学家们发现了一些规律。例如,本应期望应该有差不多一半的较小的号码(1 到 183)被分配给前半年的日子,即从 1 月

---

① 资料来源:参考文献(Gudmund,2000)。

份到6月份；另外一半较小的号码被分配给后半年的日子,从7月份到12月份。由于抓阄的随机性,前半年中可能不会分到正好一半较小的号码,但是应当接近一半。

然而结果是,有73个较小的号码被分配给了前半年的日子,同时有110个较小的号码被分配给了后半年的日子。换句话说,如果你生于后半年的某一天,那么,你因为被分配给一个较小号码而去服兵役的机会要大于生于前半年的人。在这种情况下,两个数字之间只应该有随机误差,而73和110之间的差别超出了随机性所解释的范围。这种非随机性是由于乒乓球在被抽取之前没有被充分搅拌造成的。在第二年,主管这件事的部门在抓阄之前咨询了统计学家(这可能使生于后半年的人感觉稍微舒服些)。

抽样是一种常用的统计技术,其目的在于推断所关心的总体特征。本章首先介绍常用的一些抽样方法,然后讨论样本统计量的抽样分布,包括一个总体参数推断和两个总体参数推断时样本统计量的抽样分布。

6.1 概率抽样方法

样本是按照一定的抽样规则从总体中抽取的一部分元素的集合。根据抽取的原则不同,抽样方法有概率抽样和非概率抽样两种。概率抽样是根据一个已知的概率来抽取样本单位,也就是说,哪个单位被抽中与否不取决于研究人员的主观意愿,而是取决于客观的机会——概率。因此,哪个单位被抽中与否完全是随机的。非概率抽样则是研究人员有意识地选取样本单位,样本单位的抽取不是随机的。一般的抽样推断都是建立在概率抽样的基础上。因此本节主要介绍一些常用的概率抽样方法。

6.1.1 简单随机抽样

▶定义6.1 从含有 N 个元素的总体中,抽取 n 个元素作为样本,使得总体中的每一个元素都有相同的机会(概率)被抽中,这样的抽样方式称为简单随机抽样(simple random sampling),也称纯随机抽样。

根据简单随机抽样抽取的样本称为简单随机样本。

▶**定义 6.2** 从含有 N 个元素的总体中,抽取 n 个元素作为样本,使得总体中的每一个容量为 n 样本都有相同的机会(概率)被抽中,这样抽出的样本称为简单随机抽样样本(simple random sample)。

简单随机抽样有两种抽取元素的具体方法,即重复抽样和不重复抽样。

▶**定义 6.3** 从总体中抽取一个元素后,把这个元素放回到总体中,再抽取第二个元素,直至抽取 n 个元素为止,这样的抽样方法称为重复抽样(sampling with replacement)。

由于一个元素有可能被重复抽中,所以称为重复抽样。

▶**定义 6.4** 一个元素被抽中后不再放回总体,然后再从所剩下的元素中抽取第二个元素,直到抽取 n 个元素为止,这样的抽样方法称为不重复抽样(sampling without replacement)。

不重复抽样时,每个总体元素不可能被重复抽中,所以称为不重复抽样。

下面通过一个例子说明用 Excel 抽出一个随机样本的过程。

【**例 6.1**】 某班级共有 30 名学生,他们的名单如表 6.1 所示。用 Excel 抽出一个由 5 名学生构成的随机样本。

表 6.1 某班 30 名学生的名单

	A	B	C
1	张松	李佳	刘晓军
2	王翔	马凤良	李国胜
3	田雨	陈风	蒋亚迪
4	徐丽娜	杨波	崔勇
5	张志杰	孙学伟	黄向春
6	赵颖	林丽	姜洋
7	王智强	谭英键	隗佳
8	宋媛	欧阳飞	千静
9	袁方	吴迪	李华
10	张建国	周祥	高云

解 用 Excel 抽取随机样本的具体步骤如下。

用 Excel 抽取随机样本的操作步骤[①]

第 1 步:将 30 名学生的名单录入到 Excel 工作表中的一列(本例将学生名单

---

① 对于数值型数据,可将第 2 步省略,而直接根据原始数据进行抽样。

录入到 B 列)。

第 2 步:给每个学生一个数字代码,分别为 1,2,…,30,并按顺序排列,将代码录入到 Excel 工作表中的一列,与学生名单相对应(本例将数字代码录入到 A 列)。

第 3 步:选择【工具】下拉菜单,并选择【数据分析】选项,然后在【数据分析】选项中选择【抽样】。

第 4 步:在【抽样】对话框中的【输入区域】中输入学生代码区域,在【抽样方法】中单击【随机】。在【样本数】中输入需要抽样的学生个数(本例为 5)。在【输出区域】中选择抽样结果放置的区域。单击【确定】后即得到要抽取的样本代码。如表 6.2 所示。

表 6.2 Excel 的随机抽样结果

	A	B	C	D
1	1	张松	抽样结果	
2	2	王翔	28	于静
3	3	田雨	18	欧阳飞
4	4	徐丽娜	9	袁方
5	5	张志杰	5	张志杰
6	6	赵颖	29	李华
7	7	王智强		
8	8	宋媛		
9	9	袁方		
10	10	张建国		
11	.	.		
12	.	.		
13	.	.		
14	28	于静		
15	29	李华		
16	30	高云		

6.1.2 分层抽样

▶定义 6.5 在抽样之前先将总体的元素划分为若干层(类),然后从各个层中抽取一定数量的元素组成一个样本,这样的抽样方式称为分层抽样,也称分类抽样(stratified sampling)。

在分层或分类时,应使层内各元素的差异尽可能小,而使层与层之间的差异尽可能大。各层的划分可根据研究者的判断或研究的需要进行。比如,研究的对象为人时,可按性别、年龄等分层;研究收入的差异时,可按城乡分层,等等。

分层抽样是一种常用的抽样方式。它具有以下优点:(1)分层抽样除了可以对总体进行估计外,还可以对各层的子总体进行估计;(2)分层抽样可以按自然区域或行政区域进行分层,使抽样的组织和实施都比较方便;(3)分层抽样的样本分布在各个层内,从而使样本在总体中的分布比较均匀;(4)分层抽样可以提高估计的精度。

例如,假定某大学的商学院想对今年的毕业生进行一次调查,以便了解他们的就业倾向。该学院有5个专业:会计、金融、市场营销、经营管理、信息系统。今年共有1500名毕业生,其中会计专业500名,金融专业350名,市场营销专业300名,营销管理专业150名,信息系统专业200名。假定要选取180人作为样本,各专业应抽取的人数分别为:会计专业45人,金融专业40人,市场营销专业35人,营销管理专业30人,信息系统专业30人。

6.1.3 系统抽样

▶定义6.6 先将总体各元素按某种顺序排列,并按某种规则确定一个随机起点,然后,每隔一定的间隔抽取一个元素,直至抽取n个元素形成一个样本。这样的抽样方式称为系统抽样(systematic sampling),也称等距抽样或机械抽样。

系统抽样具有以下优点:(1)简便易行。当样本容量很大时,简单随机抽样是相当麻烦的,而系统抽样有了总体元素的排序,只要确定出抽样的起点和间隔后,样本元素也就随之确定,而且可以利用现有的排列顺序,如抽选学生时利用学校的花名册,抽选居民时可利用居委会的居民记录等,方便于操作。因此系统抽样常用来代替简单随机抽样。(2)系统抽样的样本在总体中的分布一般也比较均匀,因此,样误差通常要小于简单随机抽样。如果掌握了总体的有关信息,将总体各元素按有关标志排列,就可以提高估计的精度。

6.1.4 整群抽样

▶定义6.7 先将总体划分成若干群,然后在以群作为抽样单位从中抽取部分群,在对抽中的各个群中所包含的所有元素进行观察,这样的抽样方式称为整群抽样(cluster sampling)。

整群抽样时群的划分可以是按自然的或行政的区域进行,也可以是人为地组成群。比如,在抽选地区时,可以将一个地区作为一群,在抽取居民户时,可以将一个居民户作为一群。

整群抽样的优点是:(1)不需要有总体元素的具体名单而只要有群的名单就可以进行抽样,而群的名单比较容易得到。(2)整群抽样时群内各元素比较集中,对样本进行调查比较方便,节约费用。(3)当群内的各元素存在差异时,整群抽样可以提供较好的结果,理想的情况是每一群都是整个总体的一个缩影,在这种情况下,抽取很少的群就可以提供有关总体特征的信息。如果实际情况不是这样,整群抽样的误差会很大,效果也就很差。

6.2　3种不同性质的分布

一般总体参数的值是一个常数,尽管这个常数通常是未知的,但它不会随着样本的不同而变化。相反,样本统计量的值却完全依赖于所抽取的样本,比如,不同的样本就会有不同的样本均值。正因为样本统计量是依据样本而变化的,所以根据统计量来推断总体的参数必然具有某种不确定性。那么,应如何判断用样本统计量来推断总体参数时的可靠性呢?幸运的是,样本统计量的分布具有某种确定的性质,而这些性质是已知的,而且反映在它的抽样分布之中。样本统计量的分布提供了有关该统计量长远而稳定的信息,它构成了推断总体参数的理论基础。本章主要介绍抽样分布的有关知识,它是进一步学习参数估计、假设检验、方差分析等内容的基础。

为更好地理解抽样分布的原理,首先介绍3种不同性质的分布:即总体分布、样本分布和抽样分布。

6.2.1　总体分布

总体是所研究的若干个元素(个体)的集合。总体中每个元素的取值是不同的,这些观测值所形成的分布就是总体分布。

▶定义6.8　总体中各元素的观测值所形成的相对频数分布,称为总体分布(population distribution)。

如果总体中的所有观测值都能得到,那就可以通过直方图来观察它的分布状况。但现实中,几乎得不到总体的所有观测值,正因为如此,才有了抽样推断的必要。因此,总体的分布往往是不知道的。通常是根据经验大致了解总体的分布类型,或者可以假定它服从某种分布,比如假定某种零件的尺寸服从正态分布,等等。而研究者所关心的主要是总体的一些参数,如均值、比例、方差等。只要知道了样本统计量的抽样分布,就可以推断这些参数了。

6.2.2 样本分布

样本是从总体中所抽取的部分元素的集合。样本中所含的元素个数称为样本容量或样本量。样本分布的定义如下。

▶**定义 6.9** 从总体中抽取一个容量为 n 的样本,由这 n 个观测值形成的相对频数分布,称为样本分布(sample distribution)。

由于样本是从总体中抽取的,其中包含着总体的一些信息和特征,因此样本分布也称经验分布。特别是当样本容量 n 逐渐增大时,样本的分布也逐渐接近总体的分布。但由于样本是随机抽取的,当样本容量很小时,样本的分布就有可能与总体的分布不一致,或许会有较大的差异。

需要注意的是,样本分布是指一个样本中各观测值的分布,它与下面将要介绍的抽样分布是不同的。

6.2.3 抽样分布

在第 1 章中,曾介绍过参数和统计量的概念。参数是用来描述总体特征的概括性度量,比如总体均值 μ、比例 π、方差 σ^2 等。而统计量则是用来描述样本特征的概括性度量,比如样本均值 $\bar{x}$、比例 p、方差 s^2 等[①]。统计量是样本的函数,由于不同的样本计算出来的统计量的值是不同的,因而统计量是一个随机变量。通常情况下,总体的参数是根据样本统计量来推断的,比如用样本均值 $\bar{x}$、比例 p、方差 s^2 来推断总体的均值 μ、比例 π、方差 σ^2 等,而进行这种推断的理论依据就是样本统计量的抽样分布。

从一般意义上说,抽样分布(sampling distribution)是指样本统计量的概率分布,比如,样本均值的分布、样本比例的分布、样本方差的分布等都称为抽样分布。说得具体一些,样本统计量的抽样分布可定义如下。

▶**定义 6.10** 某个样本统计量的抽样分布,从理论上说就是在重复选取容量为 n 的样本时,由该统计量的所有可能取值形成的相对频数分布。

---

① 严格地讲,统计量作为一个随机变量时,应该用大写字母来表示,如样本均值用 $\bar{X}$ 表示,样本比例用 P 表示,样本方差用 S^2 表示等,而相应地根据一个具体的样本算出的样本统计量的取值应该用小写字母表示。但本书中为书写方便,统一用小写字母表示。请读者注意区分。

由于现实中不可能将所有的样本都抽出来,因此,统计量的抽样分布实际上是一种理论分布。

6.3 一个总体参数推断时样本统计量的抽样分布

在参数估计中,如果研究的是一个总体,所关心的参数主要是总体均值 μ、比例 π、方差 σ^2 等。相应地,用于推断这些参数的统计量分别是样本均值 $\bar{x}$、比例 p、方差 s^2 等。这时,就需要研究单一总体参数推断时样本统计量的抽样分布。从总体的 N 个元素中抽取一个容量为 n 的随机样本,在重复抽样条件下,共有 N^n 个可能的样本,在不重复抽样条件下,共有 $C_N^n = \dfrac{N!}{n!(N-n)!}$ 个可能的样本。对于每一个样本,都可以计算出样本均值、样本比例、样本方差等,因此样本均值、样本比例、样本方差都是一个随机变量,也都有自己的分布。本节主要讨论一个总体参数推断时样本统计量的抽样分布,包括样本均值的抽样分布、样本比例的抽样分布和样本方差的抽样分布等。

6.3.1 样本均值的抽样分布

样本均值的抽样分布是所有的样本均值形成的分布,即 $\bar{x}$ 的概率分布。

▶ **定义 6.11** 在重复选取容量为 n 的样本时,由样本均值的所有可能取值形成的相对频数分布,称为样本均值的抽样分布。

1 $\bar{x}$ 抽样分布的形成过程

为更好地理解抽样分布的概念,下面通过一个简单的例子,说明样本均值抽样分布的形成过程。

【例 6.2】 设一个总体含有 4 个元素(个体),即总体元素个数 $N=4$,4 个元素的取值分别为:$x_1=1, x_2=2, x_3=3, x_4=4$。从总体中采取重复抽样方法抽取容量为 $n=2$ 的随机样本,写出样本均值 $\bar{x}$ 的抽样分布。

解 先来看看总体的分布状况,如

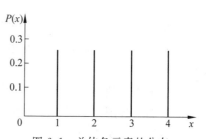

图 6.1 总体各元素的分布

图 6.1 所示。

此时注意到：总体的分布为均匀分布，即 x_i 取每一个值的概率都相同。这样，可以按下面的公式计算总体均值和方差：

总体均值　　$\mu = \dfrac{\sum\limits_{i=1}^{4} x_i}{N} = \dfrac{10}{4} = 2.5$，

总体方差　　$\sigma^2 = \dfrac{\sum\limits_{i=1}^{4}(x_i-\mu)^2}{4} = \dfrac{5}{4} = 1.25$。

从总体中采取重复抽样方法抽取容量为 $n=2$ 的随机样本，共有 $4^2=16$ 个可能的样本。然后计算出每一个样本的均值 $\bar{x}_i$，结果如表 6.3 所示。

表 6.3　16 个可能的样本及其均值 $\bar{x}$ 和方差 s^2

样　本	样本中的元素	样本均值 $\bar{x}$	样本方差 s^2
1	1,1	1.0	0
2	1,2	1.5	0.5
3	1,3	2.0	2
4	1,4	2.5	4.5
5	2,1	1.5	0.5
6	2,2	2.0	0
7	2,3	2.5	0.5
8	2,4	3.0	2
9	3,1	2.0	2
10	3,2	2.5	0.5
11	3,3	3.0	0
12	3,4	3.5	0.5
13	4,1	2.5	4.5
14	4,2	3.0	2
15	4,3	3.5	0.5
16	4,4	4.0	0

由于每个样本被抽中的概率相同，均为 1/16。将样本均值经整理后如表 6.4 所示。

将 $\bar{x}$ 的分布绘成图 6.2。通过比较总体分布和样本均值的抽样分布，不难看出它们的区别。尽管总体为均匀分布，但样本均值的抽样分布在形状上却是对称的。

表 6.4　样本均值 $\bar{x}$ 的分布

$\bar{x}$ 的取值	$\bar{x}$ 的个数	$\bar{x}$ 取值的概率 $P(\bar{x})$
1.0	1	1/16
1.5	2	2/16
2.0	3	3/16
2.5	4	4/16
3.0	3	3/16
3.5	2	2/16
4.0	1	1/16

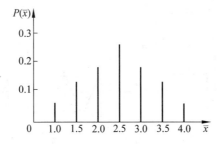

图 6.2　样本均值的抽样分布

抽样均值抽样分布的形成过程可以概括成图 6.3。

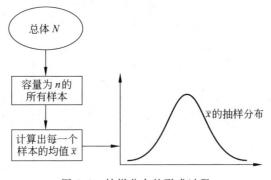

图 6.3　抽样分布的形成过程

不仅要关心样本均值 $\bar{x}$ 的抽样分布,还需要知道 $\bar{x}$ 抽样分布的性质,包括 $\bar{x}$ 的均值、标准差、$\bar{x}$ 抽样分布本身的形状等。

2　$\bar{x}$ 抽样分布的形式

$\bar{x}$ 抽样分布的形式与原有总体的分布和样本容量 n 的大小有关。

如果原有总体是正态分布，那么，无论样本容量的大小，样本均值的抽样分布都服从正态分布。

如果原有总体的分布是非正态分布，就要看样本容量的大小了。随着样本容量 n 的增大（通常要求 $n \geqslant 30$），不论原来的总体是否服从正态分布，样本均值的抽样分布都将趋于正态分布，其分布的数学期望为总体均值 μ，方差为总体方差的 $1/n$。这就是统计上著名的中心极限定理（central limit theorem）。这一定理可以表述为：从均值为 μ、方差为 σ^2 的总体中，抽取容量为 n 的随机样本，当 n 充分大时（通常要求 $n \geqslant 30$），样本均值 $\bar{x}$ 的抽样分布近似服从均值为 μ、方差为 σ^2/n 的正态分布。图 6.4 说明了随着样本容量的增大，样本均值趋于正态分布的过程。

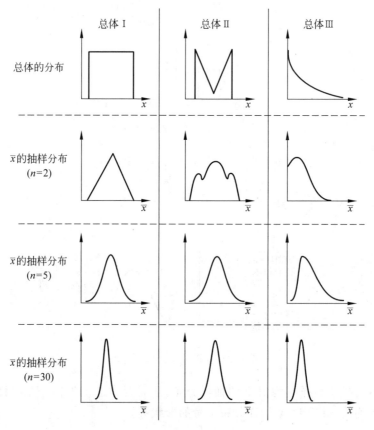

图 6.4　$\bar{x}$ 的抽样分布趋于正态分布的过程

如果总体不是正态分布,当 n 为小样本时(通常 $n<30$),样本均值的分布则不是正态分布,这时就不能按正态分布进行来推断总体均值。样本均值的抽样分布与总体分布的关系可以用图 6.5 来描述。

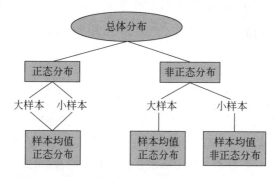

图 6.5 抽样均值的抽样分布与总体分布的关系

3 $\bar{x}$ 抽样分布的特征

从抽样推断的角度看,所关心的样本均值分布的特征主要是数学期望和方差。这两个特征一方面与总体分布的均值和方差有关,另一方面也与抽样的方法是重复抽样还是不重复抽样有关。

设总体共有 N 个元素,其均值为 μ,方差为 σ^2,从中抽取容量为 n 的样本,样本均值的数学期望(即样本均值的均值)记为 $E(\bar{x})$,样本均值的方差记为 $\sigma_{\bar{x}}^2$,则无论是重复抽样还是不重复抽样,样本均值的数学期望始终等于总体均值,即

$$E(\bar{x}) = \mu, \tag{6.1}$$

而样本均值的方差则与抽样方法有关。在重复抽样条件下,样本均值的方差为总体方差的 $1/n$,即

$$\sigma_{\bar{x}}^2 = \frac{\sigma^2}{n}, \tag{6.2}$$

即 $\bar{x} \sim N\left(\mu, \frac{\sigma^2}{n}\right)$。等价地有 $\dfrac{\bar{x}-\mu}{\sigma/\sqrt{n}} \sim N(0,1)$。

在不重复抽样条件下,样本均值的方差则需要用修正系数 $\dfrac{N-n}{N-1}$ 去修正重复抽样时样本均值的方差,即

$$\sigma_{\bar{x}}^2 = \frac{\sigma^2}{n}\left(\frac{N-n}{N-1}\right), \tag{6.3}$$

即 $\bar{x} \sim N\left(\mu, \dfrac{\sigma^2}{n}\left(\dfrac{N-n}{N-1}\right)\right)$。

这些结论可以通过上面的例 6.2 进行验证。通过计算这 16 个样本均值的均值得

$$\text{样本均值的均值} = \frac{1.0+1.5+\cdots+3.5+4.0}{16} = \frac{40}{16} = 2.5 = \mu;$$

样本均值的方差为

$$\sigma_{\bar{x}}^2 = \frac{\sum_{i=1}^{16}(\bar{x}_i-\mu)^2}{16} = \frac{10}{16} = 0.625 = \frac{1.25}{2} = \frac{\sigma^2}{n}。$$

对于无限总体进行不重复抽样时,可以按重复抽样来处理。此时样本均值的方差仍可按式(6.2)计算。对于有限总体,当 N 很大,而抽样比 n/N 很小时,其修正系数 $\dfrac{N-n}{N-1}$ 趋于 1,这时样本均值的方差也可以按式(6.2)来计算。

4 统计量的标准误

▶**定义 6.12** 样本统计量的抽样分布的标准差,称为统计量的标准误(standard error),也称为标准误差[①]。

标准误衡量的是统计量的离散程度,它测度了用样本统计量估计总体参数的精确程度。

▶**定义 6.13** 当计算标准误时涉及的总体参数未知时,用样本统计量代替计算的标准误,称为估计的标准误,也称估计标准误差(standard error of estimation)。

以样本均值的抽样分布为例,在重复抽样条件下,样本均值的标准误为

$$\sigma_{\bar{x}} = \frac{\sigma}{\sqrt{n}}。 \tag{6.4}$$

当总体标准差 σ 未知时,可用样本标准差 s 代替,则样本均值的估计标准误为

$$\hat{\sigma}_{\bar{x}} = \frac{s}{\sqrt{n}}。 \tag{6.5}$$

---

① 标准误与第 4 章介绍的标准差(standard deviation)是两个不同的概念。标准差是根据原始观测值计算的,反映一组原始数据的离散程度。而标准误差(standard error)是根据样本统计量计算的,反映统计量的离散程度。比如,样本均值的标准误是根据多个样本的样本均值 $\bar{x}$ 计算的,反映样本均值的离散程度。

6.3.2 样本比例的抽样分布

在商务与经济管理中,许多情况下要用到比例估计,也就是用样本比例 p 去推断总体的比例 π。所谓比例是指总体(或样本)中具有某种属性的单位与全部单位总数之比。比如,一个班级的学生按性别分为男、女两类,男生人数与全班总人数之比就是比例,女生人数与全班人数之比也是一个比例。再如,产品可分为合格品与不合格品,合格品(或不合格品)与全部产品总数之比就是比例。

比例问题适用于研究分类变量。就一个具有 N 个元素的总体而言,具有某种属性的元素个数为 N_0,具有另一种属性的元素个数为 N_1,将具有某种属性的元素个数与总体全部元素个数之比称为总体比例,用 π 表示,则有 $\pi = N_0/N$,而具有另一种属性的元素个数与总体全部单位数之比则为 $N_1/N = 1-\pi$。相应地,样本比例用 p 表示,同样有 $p = n_0/n, n_1/n = 1-p$。

▶ **定义 6.14** 在重复选取容量为 n 的样本时,由样本比例的所有可能取值形成的相对频数分布,称为样本比例的抽样分布。

p 的抽样分布是样本比例 p 的所有可能取值的概率分布。当样本容量很大时,样本比例 p 的抽样分布可用正态分布近似。对于一个具体的样本比例 p,若 $np \geqslant 5$ 和 $n(1-p) \geqslant 5$,就可以认为样本容量足够大。

同样,对于 p 的分布,也需要知道它的数学期望(p 的所有可能取值的均值)和方差。可以证明,p 的数学期望 $E(p)$ 等总体的比例 π,即

$$E(p) = \pi, \tag{6.6}$$

而 p 的方差则与抽样方法有关。设 p 的抽样方差为 σ_p^2,在重复抽样条件下,有

$$\sigma_p^2 = \frac{\pi(1-\pi)}{n}, \tag{6.7}$$

即 $p \sim N\left(\pi, \dfrac{\pi(1-\pi)}{n}\right)$。

在不重复抽样条件下,则用修正系数加以修正,即

$$\sigma_p^2 = \frac{\pi(1-\pi)}{n}\left(\frac{N-n}{N-1}\right), \tag{6.8}$$

即 $p \sim N\left(\pi, \dfrac{\pi(1-\pi)}{n}\left(\dfrac{N-n}{N-1}\right)\right)$。

与样本均值分布的方差一样,对于无限总体进行不重复抽样时,可以按

重复抽样来处理。此时样本比例的方差仍可按式(6.7)计算。对于有限总体,当 N 很大,而抽样比 $n/N \leqslant 5\%$ 时,其修正系数 $\left(\dfrac{N-n}{N-1}\right)$ 趋于 1,这时样本比例的方差也可以按式(6.7)来计算。

6.3.3 样本方差的抽样分布

要用样本方差 s^2 去推断总体的方差 σ^2,也必须知道样本方差的抽样分布。

▶**定义 6.15** 在重复选取容量为 n 的样本时,由样本方差的所有可能取值形成的相对频数分布,称为样本方差的抽样分布。

作为估计量的样本方差是如何分布的呢?统计证明,对于来自正态总体[①]的简单随机样本,则比值

$$\frac{(n-1)s^2}{\sigma^2}$$

的抽样分布服从自由度为 $(n-1)$ 的 χ^2 分布,即

$$\chi^2 = \frac{(n-1)s^2}{\sigma^2} \sim \chi^2(n-1)。 \tag{6.9}$$

χ^2 分布是由 Abbe 于 1863 年首先给出,后来由 Hermert 和 K. Pearson 分别于 1875 年和 1900 年推导出来。

设总体服从一般正态分布,则 $z = \dfrac{x-\mu}{\sigma} \sim N(0,1)$。

令 $y = z^2$,则 y 服从自由度为 1 的 χ^2 分布,即 $y \sim \chi^2(1)$。

进一步可推导出,当总体 $y \sim N(\mu, \sigma^2)$ 时,从中抽取容量为 n 的样本,则

$$\frac{\sum_{i=1}^{n}(x_i - \bar{x})^2}{\sigma^2} \sim \chi^2(n-1), \tag{6.10}$$

即

$$\frac{(n-1)s^2}{\sigma^2} \sim \chi^2(n-1)。 \tag{6.11}$$

χ^2 分布具有如下性质和特点:

---

① 由于 t 变量、χ^2 变量和 F 变量都是从正态变量 z 中衍生出来的,所以在使用这 3 个变量时,已经事先假定了数据服从正态分布。如果数据不服从正态分布,使用这 3 个变量有时是不合适的。在后几章介绍的估计和检验中,当使用 t 分布、χ^2 分布和 F 分布时,通常都假定总体服从正态分布。

(1) χ^2 分布的变量值始终为正。

(2) $\chi^2(n)$ 分布的形状取决于其自由度 n 的大小,通常为不对称的右偏分布,但随着自由度的增大逐渐趋于对称,如图 6.6 所示。

(3) χ^2 分布的期望为:$E(\chi^2)=n$,方差为 $D(\chi^2)=2n$(n 为自由度)。

(4) χ^2 分布具有可加性。若 U 和 V 为两个独立的 χ^2 分布随机变量,$U \sim \chi^2(n_1)$,$V \sim \chi^2(n_2)$,则 $U+V$ 这一随机变量服从自由度为 n_1+n_2 的 χ^2 分布。

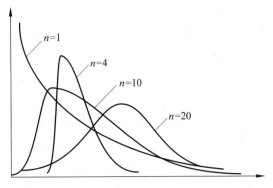

图 6.6 不同自由度的 χ^2 分布

例如,根据表 6.3 中样本方差的取值绘制的图形如图 6.7 所示,可以看出样本方差分布的不对称性。

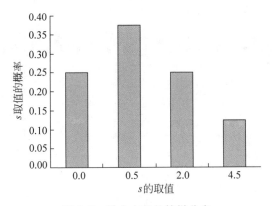

图 6.7 样本方差的抽样分布

χ^2 分布通常可用于总体方差的估计和非参数检验等。用书后所附的 χ^2 分布表很容易查到给定显著性水平 α 的临界值。这样,可以利用 χ^2 分布来推断总体方差的区间。

利用 Excel 提供的 CHIDIST 统计函数，可以计算 χ^2 分布右单尾的概率值，其语法为 CHIDIST(x,df)，其中 df 为自由度，x 是随机变量的取值。（给定自由度和 χ^2 统计量取值的右尾概率，也可以利用"插入函数"命令来实现。）

【例 6.3】 计算自由度为 8，χ^2 统计量的取值大于 10 的概率。

解 在 Excel 工作表的计算单元格输入函数"＝CHIDIST(10,8)"，结果等于 0.265026。

同样，利用 Excel 提供的 CHIINV 统计函数，也可以计算 χ^2 分布右单尾的概率值为 α 的临界值，其语法为 CHIINV(α,df)，其中 df 为自由度。

【例 6.4】 计算自由度为 10，χ^2 分布右尾概率为 0.1 的临界值。

解 在 Excel 工作表的计算单元格输入函数"＝CHIINV(0.1,10)"，结果等于 15.9872。

这里也可以用 Excel 提供的统计函数 CHIINV 构建 χ^2 分布的临界值表，该表是根据 χ^2 分布的右尾概率 α 计算的相应的临界值，即如果 $P(\chi^2 \geqslant x) = \alpha$，则对于任意给定的概率 $p(0 \leqslant \alpha \leqslant 1)$，可以求出相应的 x。生成 χ^2 分布临界值表的具体操作步骤如下。

用 Excel 生成 χ^2 分布临界值表的操作步骤

第 1 步：将 χ^2 分布自由度 df 的值输入到工作表的 A 列，将右尾概率 α 的取值输入到第 1 行，如图 6.8 所示。

A	B	C	D	E	F	G	H	I	J	K
df/α	0.995	0.990	0.975	0.950	0.900	0.100	0.050	0.025	0.010	0.005
1										
2										
3										
4										
5										
6										
7										
8										
9										
10										
11										
12										
13										
14										
15										
16										
17										
18										
19										
20										

图 6.8 χ^2 分布临界值表的表头

第 2 步:在 B2 单元格输入公式"＝CHIINV(B\$1,\$A2)",然后将其向下、向右复制即可得到 χ^2 分布的临界值表,结果如图 6.9 所示。

df/α	0.995	0.990	0.975	0.950	0.900	0.100	0.050	0.025	0.010	0.005
1	0.0000	0.0002	0.0010	0.0039	0.0158	2.7055	3.8415	5.0239	6.6349	7.8794
2	0.0100	0.0201	0.0506	0.1026	0.2107	4.6052	5.9915	7.3778	9.2103	10.5966
3	0.0717	0.1148	0.2158	0.3518	0.5844	6.2514	7.8147	9.3484	11.3449	12.8382
4	0.2070	0.2971	0.4844	0.7107	1.0636	7.7794	9.4877	11.1433	13.2767	14.8603
5	0.4117	0.5543	0.8312	1.1455	1.6103	9.2364	11.0705	12.8325	15.0863	16.7496
6	0.6757	0.8721	1.2373	1.6354	2.2041	10.6446	12.5916	14.4494	16.8119	18.5476
7	0.9893	1.2390	1.6899	2.1673	2.8331	12.0170	14.0671	16.0128	18.4753	20.2777
8	1.3444	1.6465	2.1797	2.7326	3.4895	13.3616	15.5073	17.5345	20.0902	21.9550
9	1.7349	2.0879	2.7004	3.3251	4.1682	14.6837	16.9190	19.0228	21.6660	23.5894
10	2.1559	2.5582	3.2470	3.9403	4.8652	15.9872	18.3070	20.4832	23.2093	25.1882
11	2.6032	3.0535	3.8157	4.5748	5.5778	17.2750	19.6751	21.9200	24.7250	26.7568
12	3.0738	3.5706	4.4038	5.2260	6.3038	18.5493	21.0261	23.3367	26.2170	28.2995
13	3.5650	4.1069	5.0088	5.8919	7.0415	19.8119	22.3620	24.7356	27.6882	29.8195
14	4.0747	4.6604	5.6287	6.5706	7.7895	21.0641	23.6848	26.1189	29.1412	31.3193
15	4.6009	5.2293	6.2621	7.2609	8.5468	22.3071	24.9958	27.4884	30.5779	32.8013
16	5.1422	5.8122	6.9077	7.9616	9.3122	23.5418	26.2962	28.8454	31.9999	34.2672
17	5.6972	6.4078	7.5642	8.6718	10.0852	24.7690	27.5871	30.1910	33.4087	35.7185
18	6.2648	7.0149	8.2307	9.3905	10.8649	25.9894	28.8693	31.5264	34.8053	37.1565
19	6.8440	7.6327	8.9065	10.1170	11.6509	27.2036	30.1435	32.8523	36.1909	38.5823
20	7.4338	8.2604	9.5908	10.8508	12.4426	28.4120	31.4104	34.1696	37.5662	39.9968

图 6.9　χ^2 分布的临界值表

下面将单一总体参数推断时样本统计量的抽样分布形式概括如下,见图 6.10。

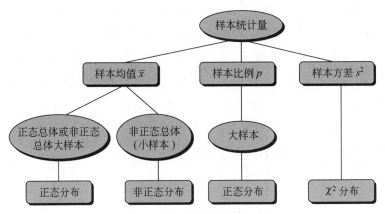

图 6.10　样本统计量的抽样分布

6.4 两个总体参数推断时样本统计量的抽样分布

在实际问题中,有时研究的是两个总体,即总体 1 和总体 2,所关心的总体参数主要是两个总体均值之差 $\mu_1-\mu_2$,两个总体比例之差 $\pi_1-\pi_2$,两个总体的方差比 σ_1^2/σ_2^2。相应地,用于推断这些参数的统计量分别是两个样本均值之差 $\bar{x}_1-\bar{x}_2$,两个样本比例之差 p_1-p_2,两个样本方差比 s_1^2/s_2^2。因此,此时需要分别研究两个总体参数推断时样本统计量的抽样分布。包括两个样本均值之差的抽样分布、比例之差的抽样分布、方差比的抽样分布。

6.4.1 两个样本均值之差的抽样分布

▶**定义 6.16** 从两个总体中分别独立地抽取容量为 n_1 和 n_2 的样本,在重复选取容量为 n_1 和 n_2 的样本时,由两个样本均值之差的所有可能取值形成的相对频数分布,称为两个样本均值之差的抽样分布。

为推断两个总体的均值之差,则需要独立地从两个总体中分别抽取样本。假定从总体 1 中取容量为 n_1 的样本,其样本均值为 $\bar{x}_1$,从总体 2 中抽取容量为 n_2 的样本,样本均值为 $\bar{x}_2$。当两个总体都为正态分布时,两个样本均值之差 $\bar{x}_1-\bar{x}_2$ 的抽样分布服从正态分布,其分布的数学期望为两个总体均值之差,即

$$E(\bar{x}_1-\bar{x}_2)=\mu_1-\mu_2。 \qquad (6.12)$$

其分布的方差 $\sigma_{\bar{x}_1-\bar{x}_2}^2$ 为各自的方差之和,即

$$\sigma_{\bar{x}_1-\bar{x}_2}^2=\frac{\sigma_1^2}{n_1}+\frac{\sigma_2^2}{n_2}, \qquad (6.13)$$

即 $(\bar{x}_1-\bar{x}_2)\sim N\left(\mu_1-\mu_2,\frac{\sigma_1^2}{n_1}+\frac{\sigma_2^2}{n_2}\right)$。

两个样本均值之差的抽样分布可用下面的图 6.11 来表示。

两个总体为非正态分布,当 n_1 和 n_2 比较大时,一般要求 $n_1\geqslant 30,n_2\geqslant 30$,两个样本均值之差的抽样分布仍然可以用正态分布来近似。

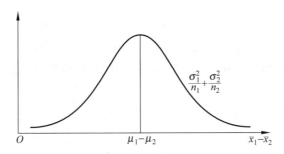

图 6.11 两个样本均值之差 $\bar{x}_1 - \bar{x}_2$ 的抽样分布

6.4.2 两个样本比例之差的抽样分布

▶**定义 6.17** 从两个服从二项分布的总体中,分别独立地抽取容量为 n_1 和 n_2 的样本,在重复选取容量为 n_1 和 n_2 的样本时,由两个样本比例之差的所有可能取值形成的相对频数分布,称为两个样本比例之差的抽样分布。

设两个总体都服从二项分布,分别从两个总体中抽取容量为 n_1 和 n_2 的独立样本,当两个样本都为大样本时,则两个样本比例之差的抽样分布可用正态分布来近似,其分布的数学期望为

$$E(p_1 - p_2) = \pi_1 - \pi_2 。 \tag{6.14}$$

方差 $\sigma^2_{p_1 - p_2}$ 为

$$\sigma^2_{p_1 - p_2} = \frac{\pi_1(1-\pi_1)}{n_1} + \frac{\pi_2(1-\pi_2)}{n_2}, \tag{6.15}$$

即

$$(p_1 - p_2) \sim N\left(\pi_1 - \pi_2, \frac{\pi_1(1-\pi_1)}{n_1} + \frac{\pi_2(1-\pi_2)}{n_2}\right)。$$

6.4.3 两个样本方差比的抽样分布

▶**定义 6.18** 从两个正态总体中分别独立地抽取容量为 n_1 和 n_2 的样本,在重复选取容量为 n_1 和 n_2 的样本时,由两个样本方差比的所有可能取值形成的相对频数分布,称为两个样本方差比的抽样分布。

设两个总体都为一般正态分布,分别从两个总体中抽取容量为 n_1 和 n_2 的独立样本,两个样本方差比 s_1^2/s_2^2 的抽样分布服从 F 分布,即

$$\frac{s_1^2}{s_2^2} \sim F(n_1-1, n_2-1)。 \tag{6.16}$$

下面介绍有关 F 分布的知识。

F 分布是由统计学家 R. A. Fisher 提出的,所以以其姓氏的第一个字母来命名。

设 U 是服从自由度为 n_1 的 χ^2 分布的随机变量,即 $U \sim \chi^2(n_1)$,V 是服从自由度为 n_2 的 χ^2 分布的随机变量,即 $V \sim \chi^2(n_2)$,且 U 和 V 相互独立,则

$$F = \frac{U/n_1}{V/n_2}, \tag{6.17}$$

称 F 为服从自由度 n_1 和 n_2 的 F 分布,记为 $F \sim F(n_1, n_2)$。

由上一节介绍的样本方差的抽样分布可知,样本方差的抽样分布服从 $\chi^2(n-1)$ 分布,即

$$\frac{(n_1-1)s_1^2}{\sigma_1^2} \sim \chi^2(n_1-1),$$

$$\frac{(n_2-1)s_2^2}{\sigma_2^2} \sim \chi^2(n_2-1)。$$

两个独立的 χ^2 分布除以自由度后相比即得到 F 分布,即

$$\frac{(n_1-1)s_1^2}{\sigma_1^2(n_1-1)} \bigg/ \frac{(n_2-1)s_2^2}{\sigma_2^2(n_2-1)} = \frac{s_1^2}{s_2^2} \cdot \frac{\sigma_2^2}{\sigma_1^2} \sim F(n_1-1, n_2-1)。$$

F 分布的图形如图 6.12 所示。

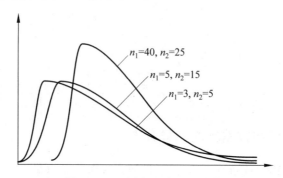

图 6.12 不同自由度的 F 分布

从图 6.12 可以看出,F 分布的图形是右偏的。F 分布除了用于两个总体方差比的估计外,还广泛应用于方差分析和回归分析等。

利用 Excel 提供的 FDIST 统计函数,可以计算 F 分布右单尾的概率值,其语法为 FDIST(x,df1,df2),其中 x 是随机变量的取值,df1 为分子自由度,

df2 为分母自由度。

【例 6.5】 计算分子自由度为 4,分母自由度为 6,F 统计量的取值大于 2.5 的概率。

解 在 Excel 工作表的计算单元格输入函数"=FDIST(2.5,4,6)",结果等于 0.151611。

同样,利用 Excel 提供的 FINV 统计函数,也可以计算 F 分布右单尾的概率值为 α 的临界值,其语法为 FINV(α,df1,df2),其中 df1 为分子自由度,df2 为分母自由度。

【例 6.6】 计算分子自由度为 4,分母自由度为 6,F 分布右尾概率为 0.05 的临界值。

解 在 Excel 工作表的计算单元格输入函数"=FINV(0.05,4,6)",结果等于 4.533677。

这里也可以用 Excel 提供的统计函数 FINV 构建 F 分布的临界值表,该表是根据 F 分布的右尾概率 α 计算的相应的临界值,即如果 $P(F \geqslant x) = \alpha$,则对于任意给定的概率 $p(0 \leqslant \alpha \leqslant 1)$,可以求出相应的 x。生成 F 分布临界值表的具体操作步骤如下。

用 Excel 生成 F 分布临界值表的操作步骤

第 1 步:在 B1 单元格输入 F 分布右尾概率 α 的取值(如 $\alpha = 0.05$),在第 2 行输入分子自由度 df1 的值,在第 1 列输入分母自由度 df2 的值,如图 6.13 所示。

	A	B	C	D	E	F	G	H	I	J	K
1	α =	0.05									
2	df2/df1	1	2	3	4	5	6	7	8	9	10
3	1										
4	2										
5	3										
6	4										
7	5										
8	6										
9	7										
10	8										
11	9										
12	10										
13	11										
14	12										
15	13										
16	14										
17	15										
18	16										
19	17										
20	18										
21	19										
22	20										

图 6.13 F 分布临界值表的表头

第 2 步：在 B3 单元格输入公式"=FINV(B1,B$2,$A3)"，然后将其向下、向右复制即可得到 F 分布的临界值表，结果如图 6.14 所示。

	A	B	C	D	E	F	G	H	I	J	K
1	α=	0.05									
2	df2/df1	1	2	3	4	5	6	7	8	9	10
3	1	161.448	199.500	215.707	224.583	230.162	233.986	236.768	238.883	240.543	241.882
4	2	18.513	19.000	19.164	19.247	19.296	19.330	19.353	19.371	19.385	19.396
5	3	10.128	9.552	9.277	9.117	9.013	8.941	8.887	8.845	8.812	8.786
6	4	7.709	6.944	6.591	6.388	6.256	6.163	6.094	6.041	5.999	5.964
7	5	6.608	5.786	5.409	5.192	5.050	4.950	4.876	4.818	4.772	4.735
8	6	5.987	5.143	4.757	4.534	4.387	4.284	4.207	4.147	4.099	4.060
9	7	5.591	4.737	4.347	4.120	3.972	3.866	3.787	3.726	3.677	3.637
10	8	5.318	4.459	4.066	3.838	3.687	3.581	3.500	3.438	3.388	3.347
11	9	5.117	4.256	3.863	3.633	3.482	3.374	3.293	3.230	3.179	3.137
12	10	4.965	4.103	3.708	3.478	3.326	3.217	3.135	3.072	3.020	2.978
13	11	4.844	3.982	3.587	3.357	3.204	3.095	3.012	2.948	2.896	2.854
14	12	4.747	3.885	3.490	3.259	3.106	2.996	2.913	2.849	2.796	2.753
15	13	4.667	3.806	3.411	3.179	3.025	2.915	2.832	2.767	2.714	2.671
16	14	4.600	3.739	3.344	3.112	2.958	2.848	2.764	2.699	2.646	2.602
17	15	4.543	3.682	3.287	3.056	2.901	2.790	2.707	2.641	2.588	2.544
18	16	4.494	3.634	3.239	3.007	2.852	2.741	2.657	2.591	2.538	2.494
19	17	4.451	3.592	3.197	2.965	2.810	2.699	2.614	2.548	2.494	2.450
20	18	4.414	3.555	3.160	2.928	2.773	2.661	2.577	2.510	2.456	2.412
21	19	4.381	3.522	3.127	2.895	2.740	2.628	2.544	2.477	2.423	2.378
22	20	4.351	3.493	3.098	2.866	2.711	2.599	2.514	2.447	2.393	2.348

图 6.14　F 分布的临界值表

除上面介绍的 χ^2 分布和 F 分布外，在参数估计和假设检验中还用到另一个重要的小样本分布，即 t 分布。有关它的知识将在参数估计一章中作介绍。

思考与练习

思考题

6.1　解释总体分布、样本分布和抽样分布的含义。

6.2　解释中心极限定理的含义。

6.3　重复抽样和不重复抽样相比，抽样均值抽样分布的标准差有何不同？

6.4　样本均值的分布与总体分布的关系是什么？

6.5　样本方差和两个样本的方差比各服从什么分布？

6.6　χ^2 分布和 F 分布的图形各有什么特点？

练习题

6.1　从均值为 200、标准差为 50 的总体中，抽取 $n=100$ 的简单随机样本，用样本均值 $\bar{x}$ 估计总体均值。

  (1) $\bar{x}$ 的数学期望是多少？

  (2) $\bar{x}$ 的标准差是多少？

  (3) $\bar{x}$ 的抽样分布是什么？

  (4) 样本方差 s^2 的抽样分布是什么？

6.2 假定总体共有 1000 个单位，均值 $\mu=32$，标准差 $\sigma=5$。从中抽取一个容量为 30 的简单随机样本用于获得总体信息。

  (1) $\bar{x}$ 的数学期望是多少？

  (2) $\bar{x}$ 的标准差是多少？

6.3 从一个标准差为 5 的总体中抽出一个容量为 40 的样本，样本均值为 25。样本均值的抽样标准差 $\sigma_{\bar{x}}$ 等于多少？

6.4 设总体均值为 $\mu=17$，标准差 $\sigma=10$。从该总体中抽取一个容量为 25 的随机样本，其均值为 $\bar{x}_{25}$；同样，抽取一个容量为 100 的随机样本，样本均值为 $\bar{x}_{100}$。

  (1) 描述 $\bar{x}_{25}$ 的抽样分布。

  (2) 描述 $\bar{x}_{100}$ 的抽样分布。

6.5 从 $\sigma=10$ 的总体中抽取容量为 50 的随机样本，求样本均值的抽样标准差。

  (1) 重复抽样。

  (2) 不重复抽样，总体单位数分别为 50000, 5000, 500。

6.6 从 $\pi=0.4$ 的总体中，抽取一个容量为 100 的简单随机样本。

  (1) p 的数学期望是多少？

  (2) p 的标准差是多少？

  (3) p 的分布是什么？

6.7 假定总体比例为 $\pi=0.55$，从该总体中分别抽取容量为 100, 200, 500 和 1000 的样本。

  (1) 分别计算样本比例的标准差 σ_p。

  (2) 当样本容量增大时，样本比例的标准差有何变化？

6.8 假定顾客在超市一次性购物的平均消费是 85 元，标准差是 9 元。从中随机抽取 40 个顾客，每个顾客消费金额大于 87 元的概率是多少？

6.9 在校大学生每月的平均支出是 448 元，标准差是 21 元。随机抽取 49 名学生，样本均值在 441~446 之间的概率是多少？

6.10 假设一个总体共有 8 个数值，54, 55, 59, 63, 64, 68, 69, 70。从该

总体中按重复抽样方式抽取 $n=2$ 的随机样本。

(1) 计算出总体的均值和标准差。

(2) 一共有多少个可能的样本？

(3) 抽出所有可能的样本，并计算出每个样本的均值。

(4) 画出样本均值的抽样分布的直方图，说明样本均值分布的特征。

(5) 计算所有样本均值的平均数和标准差，并与总体的均值和标准差进行比较，得到的结论是什么？

6.11 从均值为 $\mu=4.5$，方差为 $\sigma^2=8.25$ 的总体中，抽取 50 个由 $n=5$ 个观测值组成的随机样本，结果见下表：

1,8,0,6,6	1,6,0,0,9	3,6,4,2,0	4,5,3,4,8	2,3,7,6,3
2,1,7,2,9	6,8,5,2,8	1,5,0,5,8	5,6,7,8,2	2,0,6,3,3
4,5,7,7,1	2,4,9,4,6	4,6,2,6,2	3,8,6,0,1	1,9,0,3,2
3,6,1,8,1	6,7,0,4,3	1,8,8,2,1	1,4,4,9,0	8,9,2,7,0
9,8,6,2,9	0,5,9,9,6	9,0,6,1,7	7,7,9,8,1	1,5,0,5,1
6,8,8,3,5	4,4,7,5,6	3,7,3,4,3	9,2,9,8,7	7,8,7,7,6
9,5,7,7,9	6,6,5,5,6	4,5,2,6,6,	6,8,9,6,0	9,3,7,3,9
7,6,4,4,7	5,0,6,6,5	9,3,7,1,3	3,4,6,7,0	5,1,1,4,0
6,5,6,4,2	3,0,4,9,6	1,9,6,9,2	8,4,7,6,9	2,5,7,7,9
8,6,8,6,0	3,0,7,4,1	5,1,2,3,4	6,9,4,4,2	3,0,6,9,7

(1) 计算每一个样本的均值。

(2) 构造 50 个样本均值的相对频数分布，以此代表样本均值 $\bar{x}$ 的抽样分布。

(3) 计算 50 个样本均值的平均值和标准差 $\sigma_{\bar{x}}$。

6.12 来自一个样本的 50 个观测值如下：

17.6	16.4	3.8	4.8	0.1	19.0	3.2	0.1	19.2	15.6
5.7	7.3	6.0	0.1	8.6	1.7	10.9	10.1	0.2	1.5
0.9	1.0	6.0	3.8	2.4	0.7	9.5	15.2	0.6	42.1
0.5	0.8	2.5	1.5	3.6	18.4	2.3	0.0	21.9	15.7
12.8	3.0	7.3	1.9	0.7	0.1	4.7	9.1	9.2	0.5

(1) 用组距为 10 构建频数分布表，并画出直方图。

(2) 这组数据大概是什么分布？

人物传记[①]

William Sealy Gosset

W. S. Gosset(1876—1937)出生于英国坎特伯雷,他是古老的雨格诺教徒家族的最后一代后裔,这个家族是在南特法令废除之后迁离法国的。他在Winchester学习,而后在牛津大学专攻数学和自然科学。毕业后,他加入了都柏林的一家酿酒公司Arthur Guinness and Son,并在那儿终生任职,直到最后成为伦敦一家新的酿酒公司的首席酿酒师。

早期Gosset就意识到对各个程序仔细进行科学分析的必要性,从原材料到酵母发酵,每一个程序都深深影响到酿酒公司的最终产品——啤酒——的质量。公司送他到伦敦大学学院学习,师从K. Pearson。

当时,有关大样本的估计理论已经十分成熟,但Gosset注意到小样本的估计理论还存在空缺。而小样本恰好是Gosset在酿酒公司工作时遇到的典型问题。因此Gosset本人发展了小样本理论。他在1908年发表的一篇著名论文"均值的可能误差"中提出,当n很小时,s是σ一个不稳定的估计;所以,通常用于度量估计精度的标准对于小样本和未知的σ是失效的。他的论文提出了一种统计量的抽样分布,也就是现在所熟知的"学生t"分布,并利用t分布族引入了小样本估计。无论怎样高估这一成就的重要性都是不过分的。就如今天所验证的那样,无论是在估计领域,还是在假设检验和方差分析领域,它都是统计推断的根本。R. Fisher先生十分敬佩Gosset,并和Gosset一样对农业试验充满了兴趣,他把Gosset称作

[①] 资料来源:Dictionary of Scientific Biography . New York:Scribner's,1972:476-477; International Encyclopedia of Statistics,New York:Free Press,1978(1):409-413.

"统计学中的法拉第",因为 Gosset 具有相似的把握普遍原理的能力,并能通过实际运用进一步发展原理。

为了避免公司的质量控制进程受到竞争者的干扰,除了一篇论文以外,Gosset 所有的论文都是以"学生"这一笔名发表的。多年以来,"学生"的论文一直充满着浪漫主义色彩,只有少数几个人知道他真正的身份,甚至到他死后一段时间还维持着这种状态。

第7章

参数估计

不像其他科学,统计从来不打算使自己完美无缺,统计意味着你永远不需要确定无疑。

——Gudmund R. Iversen

统计应用:一次失败的民意调查[①]

抽样调查由于其独特的优势在实际中得到十分广泛的应用,并取得了良好的效果。但如果在抽样设计、抽样程序、抽样推断中的任何一个环节出现问题,都有可能造成调查的失败。下面的例子就是历史上非常有名的抽样调查失败的例子,它成了统计中非常著名的抽样调查失败的案例。

在1936年的美国总统选举前,一份名为 Literary Digest 的杂志进行了一次民意调查。调查的焦点是谁将成为下一届总统——是挑战者,堪萨斯州州长 Alf Landon,还是现任总统 Franklin Delano Roosevelt。为了解选民意向,民意调查专家们根据电话簿和车辆登记簿上的名单给一大批人发了简单的调查表(电话和汽车在1936年并不像现在那样普及,所以这些名单比较容易得到)。尽管发出的调查表大约有一千万张,但收回的比例并不高。在收回的调查表中,Alf Landon 非常受欢迎。于是该杂志预测 Landon 将赢得选举。但事实上是 Franklin Delano Roosevelt 赢得了这次选举。

[①] 资料来源:Jeffrey Witwer. DATA Analysis: An Introduction. Englewood Cliffs. NJ: Prentice Hall, 1992: 97.

> 这次调查失败的主要原因是抽样框出现了问题。在经济大萧条时期由于电话和汽车并不普及,只是富裕阶层才会拥有,调查有电话和汽车的人们,并不能够反映全体选民的观点。此外,只有少数的问卷被收回。这些都是值得怀疑的。

参数估计是推断统计的重要内容之一。它是在抽样及抽样分布的基础上,根据样本统计量来推断所关心的总体参数。本章将以上一章介绍的抽样分布为基础,讨论参数估计的基本方法,内容包括一个总体参数的估计,如总体均值的估计、总体比例的估计、总体方差的估计;两个总体参数的估计,如两个总体均值之差的估计、两个总体比例之差的估计、两个总体方差比的估计等,最后讨论参数估计中样本容量的确定问题。

7.1 参数估计的一般问题

7.1.1 估计量与估计值

如果掌握了所研究的总体的全部数据,那么只需要作一些简单的统计描述,就可以得到有关总体的数量特征,比如,总体均值、方差、比例等。但现实情况比较复杂,有些现象的范围比较广,不可能对总体中的每个单位都进行测定。或者有些总体的单位数很多,不可能也没有必要进行一一测定。这就需要从总体中抽取一部分单位进行调查,进而利用样本提供的信息来推断总体的特征。

所谓参数估计(parameter estimation)也就是用样本统计量去估计总体的参数。比如,用样本均值 $\bar{x}$ 估计总体均值 μ,用样本比例 p 估计总体比例 π,用样本方差 s^2 估计总体方差 σ^2,等等。如果将总体参数笼统地用一个符号 θ 来表示,而用于估计总体参数的统计量用 $\hat{\theta}$ 表示,参数估计也就是如何用 $\hat{\theta}$ 来估计 θ。

▶定义 7.1 用来估计总体参数的统计量的名称,称为估计量(estimator),用符号 $\hat{\theta}$ 表示。

样本均值、样本比例、样本方差等都可以是一个估计量。

▶定义7.2 用来估计总体参数时计算出来的估计量的具体数值,称为估计值(estimate)。

比如,若要估计一个班学生考试的平均分数,从中抽取一个随机样本,全班的平均分数是不知道的,称为参数,用 θ 表示,根据样本计算的平均分数 $\bar{x}$ 就是一个估计量,用 $\hat{\theta}$ 表示,假定计算出来的样本平均分数为 80 分,这个 80 分就是估计量的具体数值,称为估计值。

7.1.2 点估计与区间估计

参数估计的方法有点估计和区间估计两种。

1 点估计

▶定义 7.3　用样本统计量 $\hat{\theta}$ 的某个取值直接作为总体参数 θ 的估计值,称为参数的点估计(point estimate)。

比如,用样本均值 $\bar{x}$ 直接作为总体均值 μ 的估计值,用样本比例 p 直接作为总体比例 π 的估计值,用样本方差 s^2 直接作为总体方差 σ^2 的估计值,等等。假定要估计一个班学生考试成绩的平均分数,根据抽出的一个随机样本计算的平均分数为 80 分,用 80 分作为全班平均考试分数的一个估计值,这就是点估计。再比如,若要估计一批产品的合格率,根据抽样结果合格率为 96%,将 96% 直接作为这批产品合格率的估计值,这也是一个点估计。

虽然在重复抽样条件下,点估计的均值可望等于总体真值(比如,$E(\bar{x}) = \mu$),但由于样本是随机的,抽出一个具体的样本得到的估计值很可能不同于总体真值。在用点估计值代表总体参数值的同时,还必须给出点估计值的可靠性,也就是说,我们必须能说出点估计值与总体参数的真实值接近的程度。但一个点估计量的可靠性是由它的抽样标准误差来衡量的,这表明一个具体的点估计值无法给出估计的可靠性的度量,因此就不能完全依赖于一个点估计值,而是围绕点估计值构造总体参数的一个区间,这就是区间估计。

2 区间估计

▶定义 7.4　在点估计的基础上,给出总体参数估计的一个范围,称为参数的区间估计(interval estimate)。

总体参数的估计区间通常是由样本统计量加减抽样误差而得到的。与点估计不同,进行区间估计时,根据样本统计量的抽样分布可以对样本统计量与总体参数的接近程度给出一个概率度量。下面将以总体均值的区间估计为例来说明区间估计的基本原理。

由样本均值的抽样分布可知,在重复抽样或无限总体抽样的情况下,样本均值的数学期望等于总体均值,即 $E(\bar{x})=\mu$,样本均值的标准误差为 $\sigma_{\bar{x}}=\sigma/\sqrt{n}$,由此可知样本均值 $\bar{x}$ 落在总体均值 μ 的两侧各为一个抽样标准差范围内的概率为 0.6826;落在两个抽样标准差范围内的概率为 0.9544,落在 3 个抽样标准差范围内的概率为 0.9972,等等。

实际上,此时可以求出样本均值 $\bar{x}$ 落在总体均值 μ 的两侧任何一个抽样标准差值范围内的概率。但实际估计时,情况恰好相反。$\bar{x}$ 是已知的,而 μ 是未知的,也正是将要估计的。由于 $\bar{x}$ 与 μ 的距离是对称的,如果某个样本的平均值落在 μ 的两个标准差范围之内,反过来,μ 也被包括在以 $\bar{x}$ 为中心左右两个标准误差的范围之内。因此约有 95% 的样本均值会落在 μ 的两个标准误差的范围之内。也就是说,约有 95% 的样本均值所构造的两个标准误差的区间会包括 μ。通俗地说,如果抽取 100 个样本来估计总体的均值,由 100 个样本所构造的 100 区间中,约有 95 个区间包含总体均值,而另外 5 个区间则不包含总体均值。图 7.1 给出了区间估计的示意图。

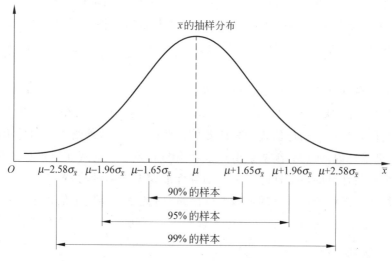

图 7.1 区间估计示意图

▶**定义 7.5** 由样本统计量所构造的总体参数的估计区间,称为置信区间(confidence interval),其中区间的最小值称为置信下限,最大值称为置信上限。

由于统计学家在某种程度上确信这个区间会包含真正的总体参数,所以给它取名为置信区间,原因是,如果抽取了许多不同的样本,比如说抽取100个样本,根据每一个样本构造一个置信区间,这样,由100个样本构造的总体参数的100个置信区间中,有95%的区间包含了总体参数的真值,而5%则没包含,则95%这个值被称为置信水平。

▶定义7.6　如果将构造置信区间的步骤重复多次,置信区间中包含总体参数真值的次数所占的比率,称为置信水平(confidence level),或称为置信系数(confidence coefficient)。

在构造置信区间时,可以用所希望的任意值作为置信水平。比较常用的置信水平及正态分布曲线下右侧面积为 $\alpha/2$ 时的 z 值($z_{\alpha/2}$)如表7.1所示。

表7.1　常用置信水平的 $z_{\alpha/2}$ 值

置信水平/%	α	$\alpha/2$	$z_{\alpha/2}$
90	0.10	0.05	1.645
95	0.05	0.025	1.96
99	0.01	0.005	2.58

有关置信区间的概念可用下面的图7.2来表示。

图7.2　置信区间示意图

从图7.1和图7.2不难看出,当样本容量给定时,置信区间的宽度随着置信系数的增大而增大,从直觉上说,区间比较宽时,才会使这一区间有更大的可能性包含参数的真值;当置信水平固定时,置信区间的宽度随样本容量的增大而减小,换言之,较大的样本所提供的有关总体的信息要比较小的样本多。

对置信区间的理解,有以下几点需要注意:

(1) 如果用某种方法构造的所有区间中有95%的区间包含总体参数的真值,5%的区间不包含总体参数的真值,那么,用该方法构造的区间称为置信水平为95%的置信区间。同样,其他置信水平的区间也可以用类似的方式进行表述。

(2) 总体参数的真值是固定的、未知的,而用样本构造的区间则是不固定的。若抽取不同的样本,用该方法可以得到不同的区间,从这个意义上说,置信区间是一个随机区间,它会因样本的不同而不同,而且不是所有的区间都包含总体参数的真值。一个置信区间就像是为捕获未知参数而撒出去的网,不是所有撒网的地点都能捕获到参数。

(3) 在实际问题中,进行估计时往往只抽取一个样本,此时所构造的是与该样本相联系的一定置信水平(比如95%)下的置信区间。由于用该样本所构造的区间是一个特定的区间,而不再是随机区间,故无法知道这个样本所产生的区间是否包含总体参数的真值。所以,只能希望这个区间是大量包含总体参数真值的区间中的一个,但它也可能是少数几个不包含参数真值的区间中的一个。比如,从一个总体中抽取20个随机样本,得到的总体均值μ的20个估计区间,如图7.3所示。图中每个区间中间的点表示μ的点估计,即样本均值$\bar{x}$。可以看出20个区间中只有第8个区间没有包含总体均值μ。如果这是95%的置信区间,最后只有5%的区间没有包含μ。

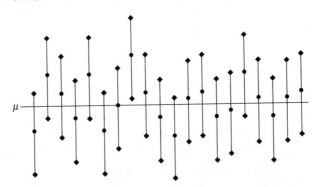

图7.3 重复构造出的μ的20个置信区间

比如用95%的置信水平得到某班学生考试成绩的置信区间为60~80,需要特别注意的是:此时不能说60~80这个区间以95%的概率包含全班学生平均考试成绩的真值,或者表述为全班学生的平均考试成绩以95%的概率落在60~80分之间,这类表述是错误的,因为总体均值μ是一个常数,而不是一个随机变量。μ要么落在这个范围内,要么不在这个范围内,这里并不涉及概率。只是知道在多次抽样中有95%的样本得到的区间包含全班学生平均考试成绩的真值。它的真正意义是如果做了100次抽样,大概有95次找到的区间包含真值,有5次找到的区间不包含真值。假定全班考试成绩平均数的真值为 70，60～80 这个区间一定包含真值，如果全班考试成绩平均数的真值为 50，那么区间 60～80 就绝对不包含真值，无论作多少次试验。因此，这个概率不是用来描述某个特定的区间包含总体参数真值可能性的，而是针对随机区间而言的。一个特定的区间"总是包含"或"绝对不包含"参数的真值，总体参数的真值落在这个区间的概率不是 1 就是 0，不存在"可能包含"或"可能不包含"的问题。但是，用概率可以知道在多次抽样得到的区间中大概有多少个区间包含了参数的真值。

7.1.3 评价估计量的标准

参数估计是用样本估计量 $\hat{\theta}$ 作为总体参数 θ 的估计。实际上，用于估计 θ 的估计量有很多，比如，可以用样本均值作为总体均值的估计量，也可以用样本中位数作为总体均值的估计量，等等。那么，究竟用样本的哪种估计量作为总体参数的估计呢？自然要用估计效果最好的那种估计量。什么样的估计量才算是一个好的估计量呢？这就需要有一定的评价标准。统计学家给出了评价估计量的一些标准，主要有以下几个。

1 无偏性（unbiasedness）

▶**定义 7.7** 无偏性是指估计量抽样分布的数学期望等于被估计的总体参数。设总体参数为 θ，所选择的估计量为 $\hat{\theta}$，如果 $E(\hat{\theta}) = \theta$，则称 $\hat{\theta}$ 为 θ 的无偏估计量。

图 7.4 给出了点估计量无偏和有偏的情形。

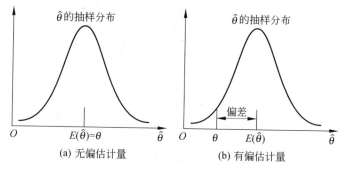

图 7.4 无偏和有偏点估计量的例子

在讨论抽样分布时，曾经提到 $E(\bar{x}) = \mu$ 和 $E(p) = \pi$，同样可以证明，$E(s^2) = \sigma^2$，因此 $\bar{x}, p, s^2$ 分别是总体均值 μ、总体比例 π、总体方差 σ^2 的无偏估

计量。

2 有效性(efficiency)

一个无偏的估计量并不意味着它就非常接近被估计的参数,它还必须与总体参数的离散程度比较小。对同一总体参数的两个无偏点估计量,有更小标准差的估计量更有效。假定有两个用于估计总体参数的无偏估计量,分别用 $\hat{\theta}_1$ 和 $\hat{\theta}_2$ 表示,它们的抽样分布的方差分别用 $D(\hat{\theta}_1)$ 和 $D(\hat{\theta}_2)$ 表示,如果 $\hat{\theta}_1$ 的方差小于 $\hat{\theta}_2$ 的方差,即 $D(\hat{\theta}_1)<D(\hat{\theta}_2)$,就称 $\hat{\theta}_1$ 是比 $\hat{\theta}_2$ 更有效的一个估计量。在无偏估计的条件下,估计量的方差越小,估计也就越有效。

▶ **定义 7.8** 对同一总体参数的两个无偏估计量 $\hat{\theta}_1$ 和 $\hat{\theta}_2$,若 $D(\hat{\theta}_1)<D(\hat{\theta}_2)$,则称 $\hat{\theta}_1$ 是比 $\hat{\theta}_2$ 更有效的一个估计量。

图 7.5 说明了两个无偏估计量 $\hat{\theta}_1$ 和 $\hat{\theta}_2$ 的抽样分布。可以看到,$\hat{\theta}_1$ 的方差比 $\hat{\theta}_2$ 的方差小,因此 $\hat{\theta}_1$ 的值比 $\hat{\theta}_2$ 的值更接近总体的参数。即 $\hat{\theta}_1$ 比 $\hat{\theta}_2$ 更有效,是一个更好的估计量。

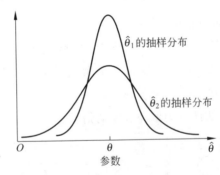

图 7.5 两个无偏点估计量的抽样分布

3 一致性(consistency)

▶ **定义 7.9** 一致性是指随着样本容量的增大,点估计量的值越来越接近被估总体的参数。

换言之,一个大样本给出的估计量要比一个小样本给出的估计量更接近总体的参数。在介绍抽样分布时,曾给出样本均值抽样分布的标准差为 $\sigma_{\bar{x}}=\sigma/\sqrt{n}$。由于 $\sigma_{\bar{x}}$ 与样本容量大小有关,样本容量越大,$\sigma_{\bar{x}}$ 的值就越小。因此可以说,大样本容量给出的估计量更接近于总体均值 μ。从这个意义上说,样本均值是总体均值的一个一致估计量。对于一致性,也可以用下面的图 7.6 直观地说明它的意义。

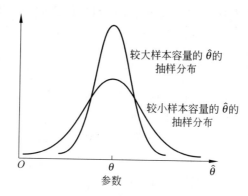

图 7.6　两个不同容量样本的样本统计量的抽样分布

7.2　一个总体参数的区间估计

研究一个总体时,所关心的参数主要有总体均值 μ、总体比例 π 和总体方差 σ^2 等。这一节将介绍如何来用样本统计量来构造总体参数的置信区间。

7.2.1　总体均值的区间估计

在对总体均值进行区间估计时,需要考虑总体是否为正态分布、总体方差是否已知、用于构造估计量的样本是大样本还是小样本等几种情况。

1　正态总体、方差已知,或非正态总体、大样本

当总体服从正态分布且 σ^2 已知时,或者总体不是正态分布但大样本时,样本均值 $\bar{x}$ 的抽样分布均为正态分布,其数学期望为总体均值 μ,方差为 σ^2/n。而样本均值经过标准化以后的随机变量则服从标准正态分布,即

$$z = \frac{\bar{x} - \mu}{\sigma/\sqrt{n}} \sim N(0,1)。 \tag{7.1}$$

根据式(7.1)和正态分布的性质可以得出总体均值 μ 所在 $1-\alpha$ 置信水平下的置信区间为

$$\bar{x} \pm z_{\alpha/2} \frac{\sigma}{\sqrt{n}}, \tag{7.2}$$

式中 $\bar{x}-z_{\alpha/2}\frac{\sigma}{\sqrt{n}}$ 称为置信下限，$\bar{x}+z_{\alpha/2}\frac{\sigma}{\sqrt{n}}$ 称为置信上限；α 是预先所确定的一个概率值，也被称为风险值，它是总体均值不包括在置信区间的概率；$1-\alpha$ 称为置信水平；$z_{\alpha/2}$ 是标准正态分布上侧面积为 $\alpha/2$ 时的 z 值；$z_{\alpha/2}\frac{\sigma}{\sqrt{n}}$ 是估计总体均值时的边际误差(margin error)，也称为估计误差或误差范围。这就是说，总体均值的置信区间由两部分组成：点估计值和描述估计量精度的±值，这个±值称为边际误差。

如果总体服从正态分布但 σ^2 未知，或总体并不服从正态分布，只要是在大样本条件下，式(7.1)中的总体方差 σ^2 可以用样本方差 s^2 代替，这时总体均值 μ 在 $1-\alpha$ 置信水平下的置信区间可以写为

$$\bar{x} \pm z_{\alpha/2}\frac{s}{\sqrt{n}}。 \qquad (7.3)$$

【例 7.1】 一家食品生产企业以生产袋装食品为主，每天的产量大约为 8000 袋左右。按规定每袋的重量应为 100g。为对产量质量进行监测，企业质检部门经常要进行抽检，以分析每袋重量是否符合要求。现从某天生产的一批食品中随机抽取 25 袋，测得每袋重量如表 7.2 所示。

表 7.2　25 袋食品的重量

112.5	101.0	103.0	102.0	100.5
102.6	107.5	95.0	108.8	115.6
100.0	123.5	102.0	101.6	102.2
116.6	95.4	97.8	108.6	105.0
136.8	102.8	101.5	98.4	93.3

已知产品重量的分布服从正态分布，且总体标准差为 10g。试估计该批产品平均重量的置信区间，置信水平为 95%。

解 已知 $\sigma=10, n=25$，置信水平为 $1-\alpha=95\%$，查标准正态分布表得 $z_{\alpha/2}=1.96$。

根据样本数据计算的样本均值为

$$\bar{x} = \frac{\sum_{i=1}^{n} x_i}{n} = \frac{2634}{25} = 105.36。$$

根据式(7.2)得

$$\bar{x} \pm z_{\alpha/2} \frac{\sigma}{\sqrt{n}} = 105.36 \pm 1.96 \times \frac{10}{\sqrt{25}},$$

即 $105.36 \pm 3.92 = (101.44, 109.28)$，该批食品平均重量 95% 的置信区间为 $101.44 \sim 109.28$ g。[①]（该天生产的食品的平均重量是否在 $101.44 \sim 109.28$ g 之间？请读者自己思考。）

在例 7.1 中，事先假定食品重量服从正态分布，为了判断这一假定是否成立，可以根据样本数据绘制正态概率图，如图 7.7 所示。

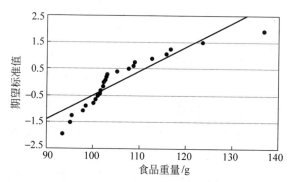

图 7.7　食品重量的正态概率图

从图 7.7 可以看出，食品重量服从正态分布的假定基本上成立。

【例 7.2】　一家保险公司收集到由 36 位投保个人组成的随机样本，得到每位投保人的年龄数据如表 7.3 所示。

表 7.3　36 位投保人年龄的数据　　　　　（单位：周岁）

23	35	39	27	36	44
36	42	46	43	31	33
42	53	45	54	47	24
34	28	39	36	44	40
39	49	38	34	48	50
34	39	45	48	45	32

试建立投保人年龄 90% 的置信区间。

---

① 通常情况下，当用原始数据构建总体均值 μ 的置信区间时，置信区间的计算结果应保留的小数点位数要比原始数据中使用的小数点多一位。比如，原始数据有一位小数，置信区间的结果应保留两位小数。当不知道原始数据，只使用汇总统计量 $(n, \bar{x}, s)$ 时，置信区间的计算结果保留的小数点位数应与样本均值使用的小数点位数相同。

解 已知,$n=36$,$1-\alpha=90\%$,$z_{\alpha/2}=1.645$。由于总体方差未知,但为大样本,可用样本方差来代替总体方差。

根据样本数据计算的样本均值和标准差如下:

$$\bar{x}=\frac{\sum_{i=1}^{n}x_i}{n}=39.5,\qquad s=\sqrt{\frac{\sum_{i=1}^{n}(x_i-\bar{x})^2}{n-1}}=7.77。$$

根据式(7.3)得

$$\bar{x}\pm z_{\alpha/2}\frac{s}{\sqrt{n}}=39.5\pm 1.645\times\frac{7.77}{\sqrt{36}},$$

即 $39.5\pm 2.13=(37.4,41.6)$,投保人平均年龄 90% 的置信区间为 37.4～41.6 岁。

2 正态总体、方差未知、小样本

如果总体服从正态分布,则无论样本容量如何,样本均值 $\bar{x}$ 的抽样分布都服从正态分布。这时,只要总体方差 σ^2 已知,即使是在小样本的情况下,也可以按式(7.1)建立总体均值的置信区间。但是,如果总体方差 σ^2 未知,而且是在小样本情况下,则需要用样本方差 s^2 代替 σ^2,这时,样本均值经过标准化以后的随机变量则服从自由度为 $(n-1)$ 的 t 分布,即

$$t=\frac{\bar{x}-\mu}{s/\sqrt{n}}\sim t(n-1), \tag{7.4}$$

因此,需要采用 t 分布来建立总体均值 μ 的置信区间。

t 分布是类似正态分布的一种对称分布,它通常要比正态分布平坦和分散。一个特定的 t 分布依赖于称之为自由度的参数。随着自由度的增大,t 分布也逐渐趋于正态分布,如图 7.8 所示。

根据 t 分布建立的总体均值 μ 在 $1-\alpha$ 置信水平下的置信区间为

$$\bar{x}\pm t_{\alpha/2}\frac{s}{\sqrt{n}}, \tag{7.5}$$

式中 $t_{\alpha/2}$ 是自由度为 $n-1$ 时,t 分布中右侧面积为 $\alpha/2$ 时的 t 值,该值可通过书后所附的 t 分表查得,也可利用 Excel 提供的 TINV 统计函数计算 t 分布的临界值,其语法为 TINV(α,df),其中 α 为对应于双尾 t 分布的概率,即如果要求 $t_{\alpha/2}=t_{0.05/2}=t_{0.025}$ 的临界值,应输入的 α 值为 0.05。例如,函数"=TINV(0.05,20)"的结果为 2.085963。

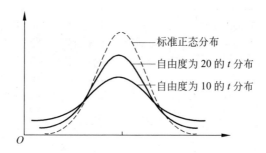

图 7.8 不同自由度的 t 分布与标准正态分布的比较

也可以用 Excel 提供的统计函数 TINV 构建 t 分布的临界值表,该表是根据 t 分布的右尾概率 α 计算的相应的临界值,即如果 $P(t \geqslant x) = \alpha$,则对于任意给定的概率 $p(0 \leqslant \alpha \leqslant 1)$,可以求出相应的 x。生成 t 分布临界值表的具体操作步骤如下。

用 Excel 生成 t 分布临界值表的操作步骤

第 1 步:将 t 分布自由度 df 的值输入到工作表的 A 列,将右尾概率 α 的取值输入到第 1 行,如图 7.9 所示。

	A	B	C	D	E	F	G	H
1	df/α	0.100	0.050	0.025	0.010	0.005	0.001	0.0005
2	1							
3	2							
4	3							
5	4							
6	5							
7	6							
8	7							
9	8							
10	9							
11	10							
12	11							
13	12							
14	13							
15	14							
16	15							
17	16							
18	17							
19	18							
20	19							
21	20							

图 7.9 t 分布临界值表的表头

第 2 步:在 B2 单元格输入公式"=TINV(B\$1*\$A2)",然后将其向下、向右复制即可得到 t 分布的临界值表,结果如图 7.10 所示。

B2 =TINV(B$1*2,$A2)

	A	B	C	D	E	F	G	H
1	**df/α**	**0.100**	**0.050**	**0.025**	**0.010**	**0.005**	**0.001**	**0.0005**
2	**1**	3.0777	6.3138	12.7062	31.8205	63.6567	318.3088	636.6192
3	**2**	1.8856	2.9200	4.3027	6.9646	9.9248	22.3271	31.5991
4	**3**	1.6377	2.3534	3.1824	4.5407	5.8409	10.2145	12.9240
5	**4**	1.5332	2.1318	2.7764	3.7469	4.6041	7.1732	8.6103
6	**5**	1.4759	2.0150	2.5706	3.3649	4.0321	5.8934	6.8688
7	**6**	1.4398	1.9432	2.4469	3.1427	3.7074	5.2076	5.9588
8	**7**	1.4149	1.8946	2.3646	2.9980	3.4995	4.7853	5.4079
9	**8**	1.3968	1.8595	2.3060	2.8965	3.3554	4.5008	5.0413
10	**9**	1.3830	1.8331	2.2622	2.8214	3.2498	4.2968	4.7809
11	**10**	1.3722	1.8125	2.2281	2.7638	3.1693	4.1437	4.5869
12	**11**	1.3634	1.7959	2.2010	2.7181	3.1058	4.0247	4.4370
13	**12**	1.3562	1.7823	2.1788	2.6810	3.0545	3.9296	4.3178
14	**13**	1.3502	1.7709	2.1604	2.6503	3.0123	3.8520	4.2208
15	**14**	1.3450	1.7613	2.1448	2.6245	2.9768	3.7874	4.1405
16	**15**	1.3406	1.7531	2.1314	2.6025	2.9467	3.7328	4.0728
17	**16**	1.3368	1.7459	2.1199	2.5835	2.9208	3.6862	4.0150
18	**17**	1.3334	1.7396	2.1098	2.5669	2.8982	3.6458	3.9651
19	**18**	1.3304	1.7341	2.1009	2.5524	2.8784	3.6105	3.9216
20	**19**	1.3277	1.7291	2.0930	2.5395	2.8609	3.5794	3.8834
21	**20**	1.3253	1.7247	2.0860	2.5280	2.8453	3.5518	3.8495

图 7.10 t 分布的临界值表

【例 7.3】 已知某种灯泡的寿命服从正态分布,现从一批灯泡中随机抽取 16 只,测得其使用寿命(单位:h)如下:

1510	1450	1480	1460	1520	1480	1490	1460
1480	1510	1530	1470	1500	1520	1510	1470

建立该批灯泡平均使用寿命 95%的置信区间。

解 根据抽样结果计算得

$$\bar{x} = \frac{\sum_{i=1}^{n} x_i}{n} = \frac{23840}{16} = 1490(\text{h}),$$

$$s = \sqrt{\frac{\sum_{i=1}^{n}(x_i - \bar{x})^2}{n-1}} = \sqrt{\frac{9200}{16-1}} = 24.77(\text{h})。$$

根据 $\alpha=0.05$ 查 t 分布表得 $t_{\alpha/2}(n-1)=t_{0.025}(15)=2.131$,由式(7.5)得平均使用寿命的置信区间为

$$\bar{x} \pm t_{\alpha/2}\frac{s}{\sqrt{n}} = 1490 \pm 2.131 \times \frac{24.77}{\sqrt{16}},$$

即 1490±13.2=(1476.8,1503.2),该种灯泡平均使用寿命 95%的置信区间为 1476.8~1503.2h。

为了判断该灯泡寿命服从正态分布的假定是否成立,可以根据样本数据

绘制正态概率图,如图 7.11 所示。

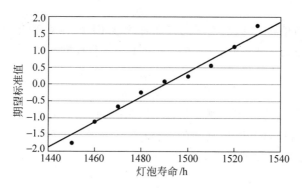

图 7.11　灯泡寿命的正态概率图

从图 7.11 可以看出,灯泡寿命服从正态分布的假定没有任何问题。下面将总体均值的区间估计作一个总结,如表 7.4 所示。

表 7.4　不同情况总体均值的区间估计

总体分布	样本容量	σ 已知	σ 未知
正态分布	大样本($n \geq 30$)	$\bar{x} \pm z_{\alpha/2} \dfrac{\sigma}{\sqrt{n}}$	$\bar{x} \pm z_{\alpha/2} \dfrac{s}{\sqrt{n}}$
	小样本($n < 30$)	$\bar{x} \pm z_{\alpha/2} \dfrac{\sigma}{\sqrt{n}}$	$\bar{x} \pm t_{\alpha/2} \dfrac{s}{\sqrt{n}}$
非正态分布	大样本($n \geq 30$)	$\bar{x} \pm z_{\alpha/2} \dfrac{\sigma}{\sqrt{n}}$	$\bar{x} \pm z_{\alpha/2} \dfrac{s}{\sqrt{n}}$

7.2.2　总体比例的区间估计

这里只讨论大样本情况下总体比例的估计问题①。如第 6 章所述,当样本容量足够大时,比例 p 的抽样分布可用正态分布近似。p 的数学期望等于总体的比例 π,即 $E(p) = \pi$;p 的方差为 $\sigma_p^2 = \dfrac{\pi(1-\pi)}{n}$。而样本比例经标准化后的随机变量则服从标准正态分布,即

---

① 对于总体比例的估计,确定样本容量是否"足够大"的一般经验规则是:区间 $p \pm 2\sqrt{p(1-p)/2}$ 中不包含 0 或 1。或者要求 $np \geq 5$ 和 $n(1-p) \geq 5$。

$$z = \frac{p - \pi}{\sqrt{\pi(1-\pi)/n}} \sim N(0,1)。 \tag{7.6}$$

与总体均值的区间估计类似,在样本比例 p 的基础上加减边际误差 $z_{\alpha/2}\sigma_p$,即得总体比例 π 在 $1-\alpha$ 置信水平下的置信区间

$$p \pm z_{\alpha/2} \sqrt{\frac{\pi(1-\pi)}{n}}。 \tag{7.7}$$

用式(7.7)计算总体比例 π 的置信区间时,π 值应该是已知的。但实际情况则不然,π 值恰好是所要估计的,所以需要用样本比例 p 来代替 π。这时,总体比例的置信区间可表示为

$$p \pm z_{\alpha/2} \sqrt{\frac{p(1-p)}{n}}, \tag{7.8}$$

式中 $1-\alpha$ 为置信水平;$z_{\alpha/2}$ 是标准正态分布上侧面积为 $\alpha/2$ 时的 z 值;$z_{\alpha/2}\sqrt{\frac{p(1-p)}{n}}$ 是估计总体比例时的边际误差;这就是说,总体比例的置信区间由两部分组成:点估计值和描述估计量精度的"±"值,这个"±"值称为边际误差。

【例 7.4】 某城市想要估计下岗职工中女性所占的比例,随机抽取了 100 名下岗职工,其中 65 人为女性职工。试以 95% 的置信水平估计该城市下岗职工中女性比例的置信区间。

解 已知 $n=100, z_{\alpha/2}=1.96$。根据抽样结果计算的样本比例为 $p = \frac{65}{100} = 65\%$。

根据式(7.8)得

$$p \pm z_{\alpha/2}\sqrt{\frac{p(1-p)}{n}} = 65\% \pm 1.96 \times \sqrt{\frac{65\% \times (1-65\%)}{100}},$$

即 $65\% \pm 9.35\% = (55.65\%, 74.35\%)$,该城市下岗职工中女性比例在 95% 置信水平下的置信区间为 $55.65\% \sim 74.35\%$。

最后需要说明的是:虽然比例 p 随着样本容量 n 的增大而近似服从正态分布,但究竟多大才能使 p 近似服从正态分布呢? 这与 p 的取值大小有关。当 p 接近于 0.5 时,用较小的样本就可使 p 的分布趋于正态分布,但当 p 接近于 0 和 1 时,就要很大的样本才能使 p 的分布趋于正态分布。统计学家 W. G. Cochran 提出一个标准可供参考,见表 7.5。

表 7.5 比例近似服从正态分布要求的样本容量

p	近似服从正态分布要求的样本容量
0.5	30
0.4~0.6	50
0.3~0.7	80
0.2~0.8	200
0.1~0.9	600

7.2.3 总体方差的区间估计

这里只讨论正态总体方差的估计问题。根据第 6 章的抽样知识,样本方差服从自由度为 $(n-1)$ 的 χ^2 分布。因此,用 χ^2 分布构造总体方差的置信区间。

怎样来构造总体方差的置信区间呢? 若给定一个显著性水平 α,用 χ^2 分布构造的总体方差 σ^2 的置信区间可用下面的图 7.12 来表示。

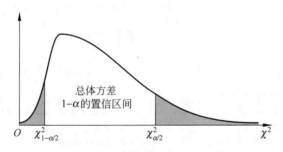

图 7.12 自由度为 $n-1$ 的 χ^2 分布

由图 7.12 可以看出,建立总体方差 σ^2 的置信区间,也就是要找到一个 χ^2 值,使其满足

$$\chi^2_{1-\alpha/2} \leqslant \chi^2 \leqslant \chi^2_{\alpha/2} 。 \tag{7.9}$$

由于 $\dfrac{(n-1)s^2}{\sigma^2} \sim \chi^2(n-1)$,可用它来代替 χ^2,于是有

$$\chi^2_{1-\alpha/2} \leqslant \frac{(n-1)s^2}{\sigma^2} \leqslant \chi^2_{\alpha/2} 。 \tag{7.10}$$

根据式(7.10)可以推导出总体方差 σ^2 的在 $1-\alpha$ 置信水平下的置信区间为

$$\frac{(n-1)s^2}{\chi^2_{\alpha/2}} \leqslant \sigma^2 \leqslant \frac{(n-1)s^2}{\chi^2_{1-\alpha/2}}. \tag{7.11}$$

【例 7.5】 这里仍利用例 7.1 的数据,以 95% 的置信水平建立该种食品重量方差的置信区间。

解 根据样本数据计算的样本方差为

$$s^2 = \frac{\sum_{i=1}^{n}(x_i - \bar{x})^2}{n-1} = \frac{2237.02}{25-1} = 93.21.$$

根据显著性水平 $\alpha=0.05$ 和自由度 $(n-1)=(25-1)=24$,查 χ^2 分布表得 $\chi^2_{\alpha/2}(n-1) = \chi^2_{0.025}(25-1) = 39.3641$,$\chi^2_{1-\alpha/2}(n-1) = \chi^2_{0.975}(25-1) = 12.4011$。总体方差 σ^2 的置信区间为

$$\frac{(25-1) \times 93.21}{39.3641} \leqslant \sigma^2 \leqslant \frac{(25-1) \times 93.21}{12.4011},$$

即 $56.83 \leqslant \sigma^2 \leqslant 180.39$。相应地,总体标准差的置信区间则为 $7.54 \leqslant \sigma \leqslant 13.43$。该企业生产的食品总体重量标准差的 95% 的置信区间为 $7.54 \sim 13.43\text{g}$[①]。

下面的图 7.13 总结了一个总体参数估计的不同情形及所使用的分布。

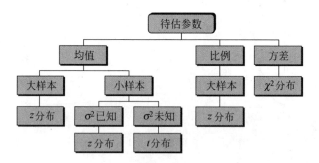

图 7.13 一个总体参数的估计及所使用的分布

7.2.4 正态总体未来观测值的预测区间估计

与总体均值的置信区间估计不同,有时关心的是预测随机变量未来的观

---

① 当用原始数据构建总体方差 σ^2 或标准差 σ 的置信区间时,置信区间的计算结果应保留的小数点位数要比原始数据中使用的小数点多一位。如,原始数据有一位小数,置信区间的结果应保留两位小数。当不知道原始数据,只使用汇总统计量 (n,s) 时,置信区间的计算结果应保留的小数点位数应与样本方差或标准差使用的小数点位数相同。

测值,并希望求出某个未来观测值的取值范围,这个范围就是对某个未来观测值的预测区间估计。以上面的例 7.3 为例,现在不是估计灯泡平均使用寿命的区间,而是估计一个新灯泡使用寿命的区间。假定你购买了一只新灯泡,这只灯泡的寿命预计是多少?灯泡寿命的取值范围是多少?在这一问题中,所抽取的 16 只灯泡样本的均值 $\bar{x}$ 就是你购买的那只新灯泡寿命的合理点预测。那么,这只新灯泡寿命的预测区间又是多少呢?

假如 $x_1, x_2, \cdots, x_n$ 是从正态总体中抽出的一个随机样本。此时希望预测单个未来观测值,比如 x_{n+1}。那么,所抽取的样本的样本均值 $\bar{x}$ 就是 x_{n+1} 的合理预测。预测误差的期望为 $E(x_{n+1} - \bar{x}) = \mu - \mu = 0$,预测误差的方差为

$$D(x_{n+1} - \bar{x}) = \sigma^2 + \frac{\sigma^2}{n} = \sigma^2 \left(1 + \frac{1}{n}\right). \tag{7.12}$$

未来观测值 x_{n+1} 是独立于当前样本均值 $\bar{x}$ 的。由于原来的观测值服从正态分布,所以预测误差也服从正态分布。因此,将未来观测值 x_{n+1} 经标准化后服从标准正态分布,即

$$z = \frac{x_{n+1} - \bar{x}}{\sigma \sqrt{1 + \frac{1}{n}}} \sim N(0, 1). \tag{7.13}$$

当总体方差 σ^2 未知时,用样本方差 s^2 代替,此时,未来观测值 x_{n+1} 经标准化后则服从自由度为 $n-1$ 的 t 分布,即

$$t = \frac{x_{n+1} - \bar{x}}{s \sqrt{1 + \frac{1}{n}}} \sim t(n-1). \tag{7.14}$$

与总体均值的置信区间估计类似,利用 t 分布可以得到来自正态总体的某个未来观测值 x_{n+1} 的预测区间为

$$\bar{x} \pm t_{\alpha/2} s \sqrt{1 + \frac{1}{n}}. \tag{7.15}$$

未来观测值 x_{n+1} 的预测区间总是比 μ 的置信区间要长,因为 x_{n+1} 的预测误差比 μ 的估计误差要大。直观地看,x_{n+1} 的预测误差是两个随机变量的差 $(x_{n+1} - \bar{x})$,而用于置信区间的估计误差是一个随机变量和常数的差 $(\bar{x} - \mu)$。随着 n 的增大 $(n \to \infty)$,估计 μ 的误差接近于 0,置信区间的长度也就趋于 0,变为 μ 的真实值,但未来观测值 x_{n+1} 的预测误差总是存在,其预测区间的长度接近于 $2 z_{\alpha/2} \sigma$。

此外,总体均值的置信区间估计对正态性的假定不是很敏感,而未来观测值 x_{n+1} 的预测区间估计则不然,它对正态性假设很敏感,因为它与从正态

总体中随机抽取的单个观测值有关。

【例 7.6】 仍利用例 7.3 的数据,假定你要购买一只灯泡,以 95% 的置信水平建立该灯泡的预测区间。

解 根据例 7.3 的计算结果,新灯泡使用寿命的点估计值为 1490h。根据 $\alpha=0.05$ 查 t 分布表得 $t_{\alpha/2}(n-1)=t_{0.025}(15)=2.131$,由式(7.15)得新灯泡的预测区间为

$$1490 \pm 2.131 \times 24.77 \times \sqrt{1+\frac{1}{16}},$$

即 $1490\pm54.4=(1435.6,1544.4)$,该只新灯泡使用寿命 95% 的预测区间为 1435.6~1544.4h。与总体均值的置信区间(1476.8,1503.2)相比,新灯泡的预测区间要长得多。

7.3 两个总体参数的区间估计

对于两个总体,所关心的参数主要有两个总体的均值之差 $\mu_1-\mu_2$、两个总体的比例之差 $\pi_1-\pi_2$、两个总体的方差比 σ_1^2/σ_2^2 等。

7.3.1 两个总体均值之差的区间估计

设两个总体的均值分别为 μ_1 和 μ_2,从两个总体中分别抽取容量为 n_1 和 n_2 的两个随机样本,其样本均值分别为 $\bar{x}_1$ 和 $\bar{x}_2$。估计两个总体均值之差 $\mu_1-\mu_2$ 的估计量显然是两个样本的均值之差 $\bar{x}_1-\bar{x}_2$。

1 两个总体均值之差的估计:独立样本

(1) 大样本的估计

▶**定义 7.10** 如果两个样本是从两个总体中独立地抽取的,即一个样本中的元素与另一个样本中的元素相互独立,则称为独立样本(independent sample)。

如果两个总体都为正态分布,或两个总体不服从正态分布但两个样本都为大样本($n_1\geqslant30$ 和 $n_2\geqslant30$)时,根据抽样分布的知识可知,两个样本均值之差 $\bar{x}_1-\bar{x}_2$ 的抽样分布服从期望值为 $\mu_1-\mu_2$、方差为 $\dfrac{\sigma_1^2}{n_1}+\dfrac{\sigma_2^2}{n_2}$ 的正态分布,而两个样本均值之差经标准化后则服从标准正态分布,即

$$z = \frac{(\bar{x}_1 - \bar{x}_2) - (\mu_1 - \mu_2)}{\sqrt{\frac{\sigma_1^2}{n_1} + \frac{\sigma_2^2}{n_2}}} \sim N(0,1)。 \qquad (7.16)$$

当两个总体的方差 σ_1^2 和 σ_2^2 都已知时,两个总体均值之差 $\mu_1 - \mu_2$ 在 $1-\alpha$ 置信水平下的置信区间为

$$(\bar{x}_1 - \bar{x}_2) \pm z_{\alpha/2} \sqrt{\frac{\sigma_1^2}{n_1} + \frac{\sigma_2^2}{n_2}}。 \qquad (7.17)$$

当两个总体的方差 σ_1^2 和 σ_2^2 未知时,可用两个样本方差 s_1^2 和 s_2^2 来代替,这时,两个总体均值之差 $\mu_1 - \mu_2$ 在 $1-\alpha$ 置信水平下的置信区间为

$$(\bar{x}_1 - \bar{x}_2) \pm z_{\alpha/2} \sqrt{\frac{s_1^2}{n_1} + \frac{s_2^2}{n_2}}。 \qquad (7.18)$$

【例 7.7】 某地区教育管理部门想估计两所中学的学生高考英语平均分数之差,为此在两所中学独立地抽取两个随机样本,有关数据如表 7.6 所示。

表 7.6 两个样本的有关数据

中学 1	中学 2
$n_1 = 46$	$n_2 = 33$
$\bar{x}_1 = 86$	$\bar{x}_2 = 78$
$s_1 = 5.8$	$s_2 = 7.2$

建立两所中学高考英语平均分数之差在 95% 置信水平下的置信区间。

解 根据式(7.18)得

$$(\bar{x}_1 - \bar{x}_2) \pm z_{\alpha/2} \sqrt{\frac{s_1^2}{n_1} + \frac{s_2^2}{n_2}} = (86 - 78) \pm 1.96 \times \sqrt{\frac{5.8^2}{46} + \frac{7.2^2}{33}},$$

即 $8 \pm 2.97 = (5.03, 10.97)$,两所中学高考英语平均分数之差 95% 的置信区间为 $5.03 \sim 10.97$ 分。

(2) 小样本的估计

当两个样本都为小样本的情况下,为估计两个总体的均值之差,需要作出以下假定:

- 两个总体都服从正态分布。
- 两个随机样本独立地分别抽自两个总体。

在上述假定下,无论样本容量的大小,两个样本均值之差都服从正态分布。当两个总体方差 σ_1^2 和 σ_2^2 已知时,可用式(7.17)建立两个总体均值之差的置信区间。

① 当两个总体的方差 σ_1^2 和 σ_2^2 未知但相等时，即 $\sigma_1^2 = \sigma_2^2$，则需要用两个样本的方差 s_1^2 和 s_2^2 来估计，这时，需要将两个样本的数据组合在一起，以给出总体方差的合并估计量 s_p^2，计算公式为

$$s_p^2 = \frac{(n_1-1)s_1^2 + (n_2-1)s_2^2}{n_1 + n_2 - 2}。 \tag{7.19}$$

这时，两个样本均值之差经标准化后服从自由度为 (n_1+n_2-2) 的 t 分布，即

$$t = \frac{(\bar{x}_1 - \bar{x}_2) - (\mu_1 - \mu_2)}{s_p\sqrt{\dfrac{1}{n_1} + \dfrac{1}{n_2}}} \sim t(n_1 + n_2 - 2)。 \tag{7.20}$$

因此，两个总体均值之差 $\mu_1 - \mu_2$ 在 $1-\alpha$ 置信水平下的置信区间为

$$(\bar{x}_1 - \bar{x}_2) \pm t_{\alpha/2}(n_1 + n_2 - 2)\sqrt{s_p^2\left(\frac{1}{n_1} + \frac{1}{n_2}\right)}。 \tag{7.21}$$

【例 7.8】为估计两种方法组装产品所需时间的差异，分别对两种不同的组装方法各随机安排 12 个工人，每个工人组装一件产品所需的时间如表 7.7 所示。

表 7.7　两种方法组装产品所需的时间　　　　（单位：min）

方法 1	方法 2	方法 1	方法 2
28.3	27.6	36.0	31.7
30.1	22.2	37.2	26.0
29.0	31.0	38.5	32.0
37.6	33.8	34.4	31.2
32.1	20.0	28.0	33.4
28.8	30.2	30.0	26.5

假定两种方法组装产品的时间服从正态分布，且方差相等。试以 95% 的置信水平建立两种方法组装产品所需平均时间差值的置信区间。

解　根据样本数据计算得到：

方法 1　$\bar{x}_1 = 32.5, s_1^2 = 15.996$；

方法 2　$\bar{x}_2 = 28.8, s_2^2 = 19.358$。

总体方差的合并估计量为

$$s_p^2 = \frac{(n_1-1)s_1^2 + (n_2-1)s_2^2}{n_1 + n_2 - 2}$$

$$= \frac{(12-1) \times 15.996 + (12-1) \times 19.358}{12 + 12 - 2} = 17.677。$$

根据 $\alpha = 0.05$，自由度 $(12+12-2) = 22$，查 t 分布表得 $t_{0.05/2}(22) =$

2.0739。两个总体均值之差 $\mu_1 - \mu_2$ 在95%置信水平下的置信区间为

$$(\bar{x}_1 - \bar{x}_2) \pm t_{\alpha/2}(n_1 + n_2 - 2) \sqrt{s_p^2 \left(\frac{1}{n_1} + \frac{1}{n_2}\right)}$$

$$= (32.5 - 28.8) \pm 2.0739 \times \sqrt{17.677 \times \left(\frac{1}{12} + \frac{1}{12}\right)}$$

$$= 3.7 \pm 3.56,$$

即(0.14,7.26),两种方法组装产品所需平均时间之差在95%置信水平下的置信区间为0.14~7.26min。

为检验两种方法组装产品的时间服从正态分布的假定是否成立,可以绘制正态概率图,如图7.14所示。

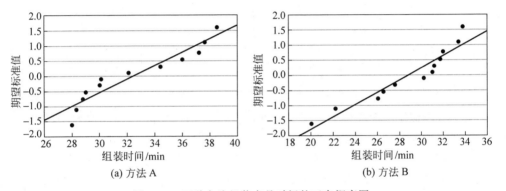

图 7.14　两种方法组装产品时间的正态概率图

从图7.14可以看出,对两种方法组装产品时间服从正态分布的假定没有问题。

② 当两个总体的方差 σ_1^2 和 σ_2^2 未知且不相等时,即 $\sigma_1^2 \neq \sigma_2^2$,只要两个总体都服从正态分布,而且两个样本的容量相等,即 $n_1 = n_2 = n$,可以采用下面的公式建立两个总体均值之差在 $1-\alpha$ 置信水平下的置信区间:

$$(\bar{x}_1 - \bar{x}_2) \pm t_{\alpha/2}(n_1 + n_2 - 2) \sqrt{\frac{s_1^2}{n_1} + \frac{s_2^2}{n_2}}。 \quad (7.22)$$

当两个总体的方差 σ_1^2 和 σ_2^2 未知且不相等,而且两个样本的容量也不相等,即 $n_1 \neq n_2$ 时,两个样本均值之差经标准化后不再服从自由度为 $(n_1 + n_2 - 2)$ 的 t 分布,而是近似服从自由度为 v 的 t 分布,自由度 v 的计算公式为

$$v = \frac{\left(\frac{s_1^2}{n_1} + \frac{s_2^2}{n_2}\right)^2}{\frac{(s_1^2/n_1)^2}{n_1 - 1} + \frac{(s_2^2/n_2)^2}{n_2 - 1}}。 \quad (7.23)$$

两个总体均值之差在 $1-\alpha$ 置信水平下的置信区间为

$$(\bar{x}_1 - \bar{x}_2) \pm t_{\alpha/2}(v)\sqrt{\frac{s_1^2}{n_1} + \frac{s_2^2}{n_2}}。 \qquad (7.24)$$

【例 7.9】 仍然沿用例 7.8 的数据。假定第一种方法随机安排 12 个工人,第二种方法随机安排 8 个工人,即 $n_1=12, n_2=8$,所得的有关数据(单位:min)如表 7.8 所示。

表 7.8 两种方法组装产品所需的时间

方法 1	方法 2	方法 1	方法 2
28.3	27.6	36.0	31.7
30.1	22.2	37.2	26.5
29.0	31.0	38.5	
37.6	33.8	34.4	
32.1	20.0	28.0	
28.8	30.2	30.0	

同时假定两个总体的方差不相等,试以 95% 的置信水平建立两种方法组装产品所需平均时间差值的置信区间。

解 根据表 7.8 的数据计算得到:

方法 1 $\bar{x}_1 = 32.5, s_1^2 = 15.996$;

方法 2 $\bar{x}_2 = 27.875, s_2^2 = 23.014$。

计算的自由度为

$$v = \frac{\left(\frac{15.996}{12} + \frac{23.014}{8}\right)^2}{\frac{(15.996/12)^2}{12-1} + \frac{(23.014/8)^2}{8-1}} = 13.188 \approx 13。$$

根据自由度 13 查 t 分布表得 $t_{0.05/2}(13) = 2.1604$。两个总体均值之差 $\mu_1 - \mu_2$ 在 $1-\alpha$ 置信水平下的置信区间为

$$(\bar{x}_1 - \bar{x}_2) \pm t_{\alpha/2}(v)\sqrt{\frac{s_1^2}{n_1} + \frac{s_2^2}{n_2}}$$

$$= (32.5 - 27.875) \pm 2.1604 \times \sqrt{\frac{15.996}{12} + \frac{23.014}{8}}$$

$$= 4.625 \pm 4.433,$$

即 $(0.192, 9.058)$,两种方法组装产品所需平均时间之差在 95% 置信水平下的置信区间为 $0.192 \sim 9.058$ min。

2 两个总体均值之差的估计：匹配样本

在上面的例 7.8 中，使用的是两个独立的样本。但使用独立样本来估计两个总体均值之差时存在着潜在的弊端。比如，在对每种方法随机指派 12 个工人时，偶尔可能会使技术比较差的 12 个工人指定给方法 1，而技术较好的 12 个工人指定给方法 2。这种不公平的指派，可能会掩盖两种方法组装产品所需时间的真正差异。

为解决这一问题，可以使用匹配样本(matched sample)，即一个样本中的数据与另一个样本中的数据相对应。比如，先指定 12 个工人用第一种方法组装产品，然后再让这 12 个工人用第二种方法组装产品，这样得到的两种方法组装产品的数据就是匹配数据。匹配样本可以消除由于样本指定的不公平造成的两个方法组装时间上的差异。

使用匹配样本进行估计时，在大样本条件下，两个总体均值之差 $\mu_d = \mu_1 - \mu_2$ 在 $1-\alpha$ 置信水平下的置信区间为

$$\bar{d} \pm z_{\alpha/2} \frac{\sigma_d}{\sqrt{n}}, \qquad (7.25)$$

式中 d 表示两个匹配样本对应数据的差值；$\bar{d}$ 表示各差值的均值；σ_d 表示各差值的标准差。当总体的 σ_d 未知时，可用样本差值的标准差 s_d 来代替。

在小样本情况下，假定两个总体各观测值的配对差服从正态分布。两个总体均值之差 $\mu_d = \mu_1 - \mu_2$ 在 $1-\alpha$ 置信水平下的置信区间为

$$\bar{d} \pm t_{\alpha/2}(n-1) \frac{s_d}{\sqrt{n}}。 \qquad (7.26)$$

【例 7.10】 由 10 名学生组成一个随机样本，让他们分别采用 A 和 B 两套试卷进行测试，结果（单位：分）如表 7.9 所示。

表 7.9 10 名学生两套试卷的得分

学生编号	试卷 A	试卷 B	差值 d
1	78	71	7
2	63	44	19
3	72	61	11
4	89	84	5
5	91	74	17
6	49	51	−2
7	68	55	13
8	76	60	16
9	85	77	8
10	55	39	16

假定两套试卷分数之差服从正态分布,试建立两套试卷平均分数之差 $\mu_d = \mu_1 - \mu_2$ 在95%置信水平下的置信区间。

解 根据表7.9的数据计算得

$$\bar{d} = \frac{\sum_{i=1}^{n} d_i}{n_d} = \frac{110}{10} = 11, \quad s_d = \sqrt{\frac{\sum_{i=1}^{n}(d_i - \bar{d})^2}{n_d - 1}} = 6.53。$$

根据自由度 $(10-1) = 9$,查 t 分布表得 $t_{0.05/2}(9) = 2.2622$。根据式(7.26)得两套试卷分数之差 $\mu_d = \mu_1 - \mu_2$ 在95%置信水平下的置信区间为

$$\bar{d} \pm t_{\alpha/2}(n-1) \frac{s_d}{\sqrt{n}} = 11 \pm 2.2622 \times \frac{6.53}{\sqrt{10}} = 11 \pm 4.67,$$

即(6.3,15.7),两套试卷所产生的分数之差95%的置信区间为6.3～15.7分。

两套试卷分数之差的正态概率图如图7.15所示。

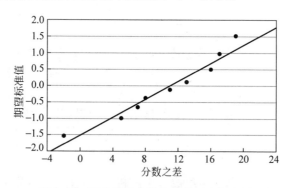

图7.15 两套试卷分数之差的正态概率图

从图7.15可以看出,对两套试卷分数之差服从正态分布的假定没有任何问题。

7.3.2 两个总体比例之差的区间估计

根据第6章抽样分布的知识可知,从两个二项总体中抽出两个独立的样本,则两个样本比例之差的抽样分布服从正态分布。同样,将两个样本的比例之差经标准化后则服从标准正态分布,即

$$Z = \frac{(p_1 - p_2) - (\pi_1 - \pi_2)}{\sqrt{\frac{\pi_1(1-\pi_1)}{n_1} + \frac{\pi_2(1-\pi_2)}{n_2}}} \sim N(0,1)。 \quad (7.27)$$

由于两个总体比例 π_1 和 π_2 通常是未知时,可用样本比例 p_1 和 p_2 来代替。因此,根据正态分布建立的两个总体比例之差$(\pi_1-\pi_2)$在 $1-\alpha$ 置信水平下的置信区间为

$$(p_1-p_2)\pm z_{\alpha/2}\sqrt{\frac{p_1(1-p_1)}{n_1}+\frac{p_2(1-p_2)}{n_2}}。 \quad (7.28)$$

【**例 7.11**】 在某个电视节目的收视率调查中,农村随机调查了 400 人,有 32% 的人收看了该节目;城市随机调查了 500 人,有 45% 的人收看了该节目。试以 95% 置信水平估计城市与农村收视率差别的置信区间。

解 设城市收视率为 $p_1=45\%$,农村收视率为 $p_2=32\%$。当 $\alpha=0.05$ 时,$z_{\alpha/2}=1.96$。因此,置信区间为

$$(p_1-p_2)\pm z_{\alpha/2}\sqrt{\frac{p_1(1-p_1)}{n_1}+\frac{p_2(1-p_2)}{n_2}}$$
$$=(45\%-32\%)\pm 1.96\times\sqrt{\frac{45\%(1-45\%)}{500}+\frac{32\%(1-32\%)}{400}}$$
$$=13\%\pm 6.32\%,$$

即 $(6.68\%,19.32\%)$,城市与农村收视率差值 95% 的置信区间为 6.68%~19.32%。

7.3.3 两个总方差比的区间估计

在实际问题中,经常会遇到比较两个总体的方差问题。比如,希望比较用两种不同方法生产的产品性能的稳定性,比较不同测量工具的精度,等等。

由于两个样本方差比的抽样分布服从 $F(n_1-1,n_2-2)$ 分布,因此可用 F 分布来构造两个总体方差比 σ_1^2/σ_2^2 的置信区间。用 F 分布构造的两个总体方差比 σ_1^2/σ_2^2 的置信区间可用图 7.16 来表示。

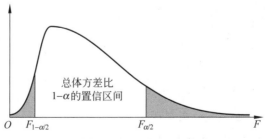

图 7.16 方差比置信区间示意图

建立两个总体方差比的置信区间,也就是要找到一个 F 值,使其满足
$$F_{1-\alpha/2} \leqslant F \leqslant F_{\alpha/2} \text{。} \tag{7.29}$$
由于 $\dfrac{s_1^2}{s_2^2} \cdot \dfrac{\sigma_2^2}{\sigma_1^2} \sim F(n_1-1, n_2-1)$,故可用它来代替 F,于是有
$$F_{1-\alpha/2} \leqslant \dfrac{s_1^2}{s_2^2} \cdot \dfrac{\sigma_2^2}{\sigma_1^2} \leqslant F_{\alpha/2} \text{。} \tag{7.30}$$

根据式(7.30)可以推导出两个总体方差比 σ_1^2/σ_2^2 在 $1-\alpha$ 置信水平下的置信区间为
$$\dfrac{s_1^2/s_2^2}{F_{\alpha/2}} \leqslant \dfrac{\sigma_1^2}{\sigma_2^2} \leqslant \dfrac{s_1^2/s_2^2}{F_{1-\alpha/2}}, \tag{7.31}$$

式中 $F_{\alpha/2}$ 和 $F_{1-\alpha/2}$ 为分子自由度为 (n_1-1) 和分母自由度为 (n_2-1) 的 F 分布上侧面积为 $\alpha/2$ 和 $1-\alpha/2$ 的分位数。由于 F 分布表中只给出面积较小的右分位数,此时可利用下面的关系求得 $F_{1-\alpha/2}$ 的分位数值
$$F_{1-\alpha}(n_1, n_2) = \dfrac{1}{F_\alpha(n_2, n_1)}, \tag{7.32}$$

n_1 表示第一自由度,n_2 表示第二自由度。

【例 7.12】 为研究男女学生在生活费支出(单位:元)上的差异,在某大学各随机抽取 25 名男学生和 25 名女学生,得到下面的结果

男学生 $\bar{x}_1 = 520, s_1^2 = 260$;
女学生 $\bar{x}_2 = 480, s_2^2 = 280$。

试以 90% 置信水平估计男女学生生活费支出方差比的置信区间。

解 根据自由度 $n_1 = 25-1 = 24$ 和 $n_2 = 25-1 = 24$ 查 F 分布表得
$$F_{\alpha/2}(24, 24) = F_{0.05}(24, 24) = 1.98 \text{。}$$

根据式(7.32)得
$$F_{1-\alpha/2}(24, 24) = F_{0.95}(24, 24) = \dfrac{1}{1.98} = 0.505,$$

根据式(7.31)得
$$\dfrac{260/280}{1.98} \leqslant \dfrac{\sigma_1^2}{\sigma_2^2} \leqslant \dfrac{260/280}{0.505},$$

即 $0.47 \leqslant \dfrac{\sigma_1^2}{\sigma_2^2} \leqslant 1.84$,男女学生生活费支出方差比在 90% 置信水平下的置信区间为 0.47~1.84。

下面将前两节介绍的参数估计方法小结,给出表 7.10(a) 和表 7.10(b)。

第7章 参数估计

表 7.10(a) 一个总体参数的区间估计

参 数	点估计量(值)	标准误差	$(1-\alpha)$ 的置信区间	假定条件
总体均值 μ	$\bar{x}$	$\dfrac{\sigma}{\sqrt{n}}$	$\bar{x} \pm z_{\alpha/2} \dfrac{\sigma}{\sqrt{n}}$	(1) σ 已知 (2) 大样本 ($n \geq 30$)
总体均值 μ	$\bar{x}$	$\dfrac{\sigma}{\sqrt{n}}$	$\bar{x} \pm z_{\alpha/2} \dfrac{s}{\sqrt{n}}$	(1) σ 未知 (2) 大样本 ($n \geq 30$)
总体均值 μ	$\bar{x}$		$\bar{x} \pm t_{\alpha/2} \dfrac{s}{\sqrt{n}}$	(1) 正态总体 (2) σ 未知 (3) 小样本 ($n<30$)
总体比例 π	p	$\sqrt{\dfrac{\pi(1-\pi)}{n}}$	$p \pm z_{\alpha/2} \sqrt{\dfrac{p(1-p)}{n}}$	(1) 二项总体 (2) 大样本 ($n \geq 30$)
总体方差 σ^2	s^2	(不要求)	$\dfrac{(n-1)s^2}{\chi^2_{\alpha/2}} \leq \sigma^2 \leq \dfrac{(n-1)s^2}{\chi^2_{1-\alpha/2}}$	正态总体

表 7.10(b) 两个总体参数的区间估计

参 数	点估计量(值)	标准误差	$(1-\alpha)$ 的置信区间	假定条件
$\mu_1-\mu_2$ 两个总体均值之差	$\bar{x}_1-\bar{x}_2$	$\sqrt{\dfrac{\sigma_1^2}{n_1}+\dfrac{\sigma_2^2}{n_2}}$	$(\bar{x}_1-\bar{x}_2)\pm z_{\alpha/2}\sqrt{\dfrac{\sigma_1^2}{n_1}+\dfrac{\sigma_2^2}{n_2}}$	(1) 独立大样本 $(n_1\geqslant 30,n_2\geqslant 30)$ (2) σ_1,σ_2 已知
	$\bar{x}_1-\bar{x}_2$	$\sqrt{\dfrac{\sigma_1^2}{n_1}+\dfrac{\sigma_2^2}{n_2}}$	$(\bar{x}_1-\bar{x}_2)\pm z_{\alpha/2}\sqrt{\dfrac{s_1^2}{n_1}+\dfrac{s_2^2}{n_2}}$	(1) 独立大样本 $(n_1\geqslant 30,n_2\geqslant 30)$ (2) σ_1,σ_2 未知
	$\bar{x}_1-\bar{x}_2$	$\sqrt{\dfrac{\sigma_1^2}{n_1}+\dfrac{\sigma_2^2}{n_2}}$	$(\bar{x}_1-\bar{x}_2)\pm t_{\alpha/2}(n_1+n_2-2)\sqrt{s_p^2\left(\dfrac{1}{n_1}+\dfrac{1}{n_2}\right)}$	(1) 两个正态总体 (2) 独立小样本 $(n_1<30,n_2<30)$ (3) σ_1,σ_2 未知但相等
	$\bar{x}_1-\bar{x}_2$	$\sqrt{\dfrac{\sigma_1^2}{n_1}+\dfrac{\sigma_2^2}{n_2}}$	$(\bar{x}_1-\bar{x}_2)\pm t_{\alpha/2}(n_1+n_2-2)\sqrt{\dfrac{s_1^2}{n_1}+\dfrac{s_2^2}{n_2}}$	(1) 两个正态总体 (2) 独立小样本 $(n_1<30,n_2<30)$ (3) σ_1,σ_2 未知且不等 (4) $n_1=n_2$
	$\bar{x}_1-\bar{x}_2$	$\sqrt{\dfrac{\sigma_1^2}{n_1}+\dfrac{\sigma_2^2}{n_2}}$	$(\bar{x}_1-\bar{x}_2)\pm t_{\alpha/2}(v)\sqrt{\dfrac{s_1^2}{n_1}+\dfrac{s_2^2}{n_2}}$	(1) 两个正态总体 (2) 独立小样本 $(n_1<30,n_2<30)$ (3) σ_1,σ_2 未知且不相等 (4) $n_1\neq n_2$

续表

参 数	点估计量(值)	标准误差	$(1-\alpha)$ 的置信区间	假定条件
$\mu_d = \mu_1 - \mu_2$ 两个总体均值之差	$\bar{d}$	$\dfrac{\sigma_d}{\sqrt{n}}$	$\bar{d} \pm z_{\alpha/2} \dfrac{\sigma_d}{\sqrt{n}}$	匹配大样本 $(n_1 \geq 30, n_2 \geq 30)$
	$\bar{d}$	$\dfrac{\sigma_d}{\sqrt{n}}$	$\bar{d} \pm t_{\alpha/2}(n-1) \dfrac{s_d}{\sqrt{n}}$	(1) 两个正态总体 (2) 匹配小样本 $(n_1 < 30, n_2 < 30)$
$\pi_1 - \pi_2$ 两个总体比例之差	$p_1 - p_2$	$\sqrt{\dfrac{\pi_1(1-\pi_1)}{n_1} + \dfrac{\pi_2(1-\pi_2)}{n_2}}$	$(p_1 - p_2) \pm z_{\alpha/2} \sqrt{\dfrac{p_1(1-p_1)}{n_1} + \dfrac{p_2(1-p_2)}{n_2}}$	(1) 两个二项总体 (2) 大样本 $(n_1 \geq 30, n_2 \geq 30)$
σ_1^2/σ_2^2 两个总体方差比	s_1^2/s_2^2	(不要求)	$\dfrac{s_1^2/s_2^2}{F_{\alpha/2}} \leq \dfrac{\sigma_1^2}{\sigma_2^2} \leq \dfrac{s_1^2/s_2^2}{F_{1-\alpha/2}}$	两个正态总体

下面的图 7.17 总结了两个总体参数估计的不同情形及所使用的分布。

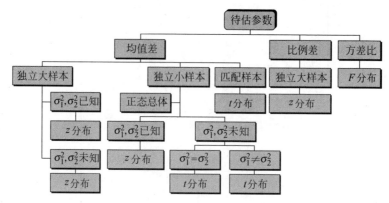

图 7.17　两个总体参数的估计及所使用的分布

7.4　样本容量的确定

在进行参数估计之前，首先应该确定一个适当的样本容量，也就是应该抽取一个多大的样本来估计总体参数。在进行估计时，总是希望提高估计的可靠程度。但在一定的样本容量下，要提高估计的可靠程度（置信水平），就应扩大置信区间，而过宽的置信区间在实际估计中往往是没有意义的。比如，要说出某一天会下雨，置信区间并不宽，但可靠性相对较低，如果说第三季度会下一场雨，尽管很可靠，但准确性又太差，也就是置信区间太宽了，这样的估计是没有意义的。如果想要缩小置信区间，又不降低置信程度，就需要增加样本容量。但样本容量的增加也会受到许多限制。比如会增加调查的费用和工作量。通常，样本容量的确定与可以容忍的置信区间的宽度以及对此区间设置的置信水平有一定关系。因此，如何确定一个适当的样本容量，也是抽样估计中需要考虑的问题。

7.4.1　估计总体均值时样本容量的确定

上面已经讲到，总体均值的置信区间是由样本均值 $\bar{x}$ 和边际误差两部分组成。在重复抽样或无限总体抽样条件下，边际误差为 $z_{\alpha/2}\dfrac{\sigma}{\sqrt{n}}$。$z_{\alpha/2}$ 的值和样本容量 n 共同确定了边际误差的大小。一旦确定了置信水平 $1-\alpha$，$z_{\alpha/2}$ 的值就确定了。对于给定的 $z_{\alpha/2}$ 的值和总体标准差 σ,就可以确定任一希望的边际误差所需要的样本容量。令 E 代表所希望达到的边际误差,即

$$E = z_{\alpha/2} \frac{\sigma}{\sqrt{n}}。 \tag{7.33}$$

由此可以推导出确定样本容量的公式如下

$$n = \frac{z_{\alpha/2}^2 \sigma^2}{E^2}, \tag{7.34}$$

式中的 E 值是使用者在给定的置信水平下可以接受的边际误差,$z_{\alpha/2}$ 的值可直接由区间估计中所用到的置信水平确定。如果能求出 σ 的具体值,就可以用上面的公式计算所需的样本容量。在实际应用中,如果 σ 的值未知,可以用以前相同或类似的样本的标准差来代替;也可以用试验调查的办法,选择一个初始样本,以该样本的样本标准差作为 σ 的估计值。

从式(7.34)可以看出,样本容量与置信水平成正比,在其他条件不变的情况下,置信水平越大,所需的样本容量也就越大;样本容量与总体方差成正比,总体的差异越大,所要求的样本容量也越大;样本容量与边际误差的平方成反比,即可以接受的边际误差的平方越大,所需的样本容量就越小。

需要说明的是:根据式(7.34)计算出的样本容量不一定是整数,通常是将样本容量取成较大的整数,也就是将小数点后面的数值一律进位成整数,如 24.68 取 25,24.32 也取 25 等。这就是样本容量的圆整法则。

【**例 7.13**】 拥有工商管理学士学位的大学毕业生年薪的标准差大约为 2000 元,假定想要估计年薪 95% 的置信区间,希望边际误差为 400 元,应抽取多大的样本容量?

解 已知 $\sigma = 2000, E = 400, z_{\alpha/2} = 1.96$。
根据式(7.34)得

$$n = \frac{z_{\alpha/2}^2 \sigma^2}{E^2} = \frac{(1.96)^2 \times 2000^2}{400^2} = 96.04 \approx 97,$$

即应抽取 97 人作为样本。

7.4.2 估计总体比例时样本容量的确定

与估计总体均值时样本容量的确定方法类似,在重复抽样或无限总体抽样条件下,估计总体比例置信区间的边际误差为 $z_{\alpha/2}\sqrt{\frac{\pi(1-\pi)}{n}}$,$z_{\alpha/2}$ 的值、总体比例 π 和样本容量 n 共同确定了边际误差的大小。一旦确定了置信水平

$1-\alpha$，$z_{\alpha/2}$ 的值就确定了。由于总体比例的值是固定的，所以边际误差由样本容量来确定，样本容量越大，边际误差就越小，估计的精度就越好。因此，对于给定的 $z_{\alpha/2}$ 的值，就可以确定任一希望的边际误差所需要的样本容量。令 E 代表所希望达到的边际误差，即

$$E = z_{\alpha/2}\sqrt{\frac{\pi(1-\pi)}{n}}, \qquad (7.35)$$

由此可以推导出重复抽样或无限总体抽样条件下确定样本容量的公式如下：

$$n = \frac{z_{\alpha/2}^2 \pi(1-\pi)}{E^2}, \qquad (7.36)$$

式中的边际误差 E 必须是使用者事先确定的，大多数情况下，一般取 E 的值小于 0.10。$z_{\alpha/2}$ 的值可直接由区间估计中所用到的置信水平确定。如果能求出 π 的具体值，就可以用上面的公式计算所需的样本容量。在实际应用中，如果 π 的值不知道，可以用类似的样本比例来代替；也可以用试验调查的办法，选择一个初始样本，以该样本的比例作为 π 的估计值。当果 π 的值无法知道时，通常取使 $\pi(1-\pi)$ 最大值的 0.5。

【例 7.14】 根据以往的生产统计，某种产品的合格率约为 90%，现要求边际误差为 5%，在求 95% 的置信区间时，应抽取多少个产品作为样本？

解 已知 $\pi=90\%$，$E=5\%$，$z_{\alpha/2}=1.96$。根据式(7.36)得

$$n = \frac{z_{\alpha/2}^2 \pi(1-\pi)}{E^2} = \frac{1.96^2 \times 0.9(1-0.9)}{0.05^2} = 138.3 \approx 139,$$

即应抽取 139 个产品作为样本。

7.4.3 估计两个总体均值之差时样本容量的确定

在估计两个总体均值之差时，样本容量的确定方法与上述类似。在给定边际误差 E 和置信水平 $1-\alpha$ 的条件下，估计两个总体均值之差所需的样本容量为

$$n_1 = n_2 = \frac{z_{\alpha/2}^2(\sigma_1^2 + \sigma_2^2)}{E^2}, \qquad (7.37)$$

其中 n_1 和 n_2 为来自两个总体的样本容量；σ_1^2 和 σ_2^2 为两个总体的方差。

【例 7.15】 一所中学的教务处想要估计试验班和普通班考试成绩平均分数差值的置信区间。要求置信水平为 95%，预先估计两个班考试分数的方差分别为：试验班 $\sigma_1^2=90$，普通班 $\sigma_2^2=120$。如果要求估计的误差范围（边际

误差)不超过 5 分,在两个班应分别抽取多少名学生进行调查?

解 已知 $\sigma_1^2=90, \sigma_2^2=120, E=5, z_{\alpha/2}=1.96$。根据式(7.37)得

$$n_1 = n_2 = \frac{z_{\alpha/2}^2(\sigma_1^2+\sigma_2^2)}{E^2} = \frac{1.96^2 \times (90+120)}{5^2}$$

$$= 32.269 \approx 33,$$

即应各抽取 33 人作为样本。

7.4.4 估计两个总体比例之差时样本容量的确定

同样,在给定边际误差 E 和置信水平 $1-\alpha$ 的条件下,估计两个总体比例之差所需的样本容量为

$$n_1 = n_2 = \frac{z_{\alpha/2}^2[\pi_1(1-\pi_1)+\pi_2(1-\pi_2)]}{E^2}, \quad (7.38)$$

其中 n_1 和 n_2 为来自两个总体的样本容量;π_1 和 π_2 为两个总体的比例。

【例 7.16】 一家瓶装饮料制造商想要估计顾客对一种新型饮料认知的广告效果。于是,在广告前和广告后分别从市场营销区各抽选一个消费者随机样本,并询问这些消费者是否听说过这种新型饮料。这位制造商想以 10% 的误差范围和 95% 的置信水平估计广告前后知道该新型饮料消费者的比例之差,此时抽取的两个样本分别应包括多少人?(假定两个样本容量相等)

解 已知 $E=10\%, z_{\alpha/2}=1.96$。由于没有 π_1 和 π_2 的信息,这时用 0.5 作为 π_1 和 π_2 的近似值。

根据式(7.38)得

$$n_1 = n_2 = \frac{z_{\alpha/2}^2[\pi_1(1-\pi_1)+\pi_2(1-\pi_2)]}{E^2}$$

$$= \frac{1.96^2 \times [0.5 \times (1-0.5)+0.5 \times (1-0.5)]}{0.1^2}$$

$$= 192.08,$$

即应各抽取 193 位消费者作为样本。

思考与练习

思考题

7.1 解释估计量和估计值。

7.2 简述评价估计量好坏的标准。

7.3 解释置信水平的含义。

7.4 怎样理解置信区间？

7.5 解释95%的置信区间。

7.6 $z_{\alpha/2}\dfrac{\sigma}{\sqrt{n}}$的含义是什么？

7.7 均值的置信区间估计和新观测值的预测区间估计有什么不同？

7.8 解释独立样本和匹配样本的含义。

7.9 在对两个总体均值之差的小样本估计中，对两个总体和样本都有哪些假定？

7.10 简述样本容量与置信水平、总体方差、边际误差的关系。

练习题

7.1 从一个标准差为5的总体中抽出一个样本容量为40的样本，样本均值为25。

(1) 样本均值的抽样标准差 $\sigma_{\bar{x}}$ 等于多少？

(2) 在95%的置信水平下，边际误差是多少？

7.2 某快餐店想要估计每位顾客午餐的平均花费金额，在为期3周的时间里选取49名顾客组成了一个简单随机样本。

(1) 假定总体标准差为15元，求样本均值的抽样标准误差。

(2) 在95%的置信水平下，求边际误差。

(3) 如果样本均值为120元，求总体均值 μ 的95%的置信区间。

7.3 从一个总体中随机抽取 $n=100$ 的随机样本，得到 $\bar{x}=104560$，假定总体标准差 $\sigma=85414$，构建总体均值 μ 的95%的置信区间。

7.4 从总体中抽取一个 $n=100$ 的简单随机样本，得到 $\bar{x}=81, s=12$。

(1) 构建 μ 的90%的置信区间。

(2) 构建 μ 的95%的置信区间。

(3) 构建 μ 的99%的置信区间。

7.5 利用下面的信息，构建总体均值的置信区间。

(1) $\bar{x}=25, \sigma=3.5, n=60$，置信水平为95%。

(2) $\bar{x}=119.6, s=23.89, n=75$，置信水平为98%。

(3) $\bar{x}=3.419, s=0.974, n=32$，置信水平为90%。

7.6 利用下面的信息，构建总体均值 μ 的置信区间。

(1) 总体服从正态分布，且已知 $\sigma=500, n=15, \bar{x}=8900$，置信水平为95%。

(2) 总体不服从正态分布,且已知 $\sigma=500, n=35, \bar{x}=8900$,置信水平为 95%。

(3) 总体不服从正态分布,σ 未知,$n=35, \bar{x}=8900, s=500$,置信水平为 90%。

(4) 总体不服从正态分布,σ 未知,$n=35, \bar{x}=8900, s=500$,置信水平为 99%。

7.7 某大学为了解学生每天上网的时间,在全校 7500 名学生中采取不重复抽样方法随机抽取 36 人,调查他们每天上网的时间,得到下面的数据(单位:h):

3.3	3.1	6.2	5.8	2.3	4.1	5.4	4.5	3.2
4.4	2.0	5.4	2.6	6.4	1.8	3.5	5.7	2.3
2.1	1.9	1.2	5.1	4.3	4.2	3.6	0.8	1.5
4.7	1.4	1.2	2.9	3.5	2.4	0.5	3.6	2.5

求该校大学生平均上网时间的置信区间,置信水平分别为 90%,95% 和 99%。

7.8 从一个正态总体中随机抽取容量为 8 的样本,各样本值分别为:10,8,12,15,6,13,5,11。求总体均值 μ 95% 的置信区间。

7.9 某居民小区为研究职工上班从家里到单位的距离,抽取了由 16 人组成的一个随机样本,他们到单位的距离(单位:km)分别是

10 3 14 8 6 9 12 11 5 10 15 9 16 13 2

求职工上班从家里到单位平均距离 95% 的置信区间。

7.10 从一批零件中随机抽取 36 个,测得其平均长度为 149.5cm,标准差为 1.93cm。

(1) 试确定该种零件平均长度 95% 的置信区间。

(2) 在上面的估计中,你使用了统计中的哪一个重要定理?请简要解释这一定理。

7.11 某企业生产的袋装食品采用自动打包机包装,每袋标准重量为 100g。现从某天生产的一批产品中按重复抽样随机抽取 50 包进行检查,测得每包重量如下:

每包重量/g	包数
96～98	2
98～100	3
100～102	34
102～104	7
104～106	4
合计	50

已知食品包重服从正态分布，要求：

(1) 确定该种食品平均重量的95%的置信区间。

(2) 如果规定食品重量低于100g属于不合格，确定该批食品合格率的95%的置信区间。

7.12 假设总体服从正态分布，利用下面的数据构建总体均值 μ 的99%的置信区间。

16.4	17.1	17.0	15.6	16.2
14.8	16.0	15.6	17.3	17.4
15.6	15.7	17.2	16.6	16.0
15.3	15.4	16.0	15.8	17.2
14.6	15.5	14.9	17.7	16.3

7.13 一家研究机构想估计在网络公司工作的员工每周加班的平均时间，为此随机抽取了18个员工，得到他们每周加班的时间数据如下（单位：h）：

6	21	17	20	7	0	8	16	29
3	8	12	11	9	21	25	15	16

假定员工每周加班的时间服从正态分布，估计网络公司员工平均每周加班时间的90%的置信区间。

7.14 利用下面的样本数据构建总体比例 π 的置信区间。

(1) $n=44, p=0.51$，置信水平为99%。

(2) $n=300, p=0.82$，置信水平为95%。

(3) $n=1150, p=0.48$，置信水平为90%。

7.15 在一项家电市场调查中，随机抽取了200个居民户，调查他们是否拥有某一品牌的电视机。其中拥有该品牌电视机的家庭占 23%。求总体比例的置信区间,置信水平分别为 90% 和 95%。

7.16 一位银行的管理人员想估计每位顾客在该银行的月平均存款额。他假设所有顾客月存款额的标准差为 1000 元,要求的估计误差在 200 元以内,置信水平为 99% 应选取多大的样本?

7.17 要估计总体比例 π,计算下列各题所需的样本容量。

(1) $E=0.02, \pi=0.40$,置信水平为 96%。

(2) $E=0.04, \pi$ 未知,置信水平为 95%。

(3) $E=0.05, \pi=0.55$,置信水平为 90%。

7.18 某居民小区共有居民 500 户,小区管理者准备采取一项新的供水设施,想了解居民是否赞成。采取重复抽样方法随机抽取了 50 户,其中有 32 户赞成,18 户反对。

(1) 求总体中赞成该项改革的户数比例的置信区间,置信水平为 95%。

(2) 如果小区管理者预计赞成的比例能达到 80%,估计的边际误差不超过 10%,应抽取多少户进行调查?

7.19 根据下面的样本结果,计算总体标准差 σ 的 90% 的置信区间。

(1) $\bar{x}=21, s=2, n=50$。

(2) $\bar{x}=1.3, s=0.02, n=15$。

(3) $\bar{x}=167, s=31, n=22$。

7.20 顾客到银行办理业务时往往需要等待一些时间,而等待时间的长短与许多因素有关,比如,银行的业务员办理业务的速度,顾客等待排队的方式等。为此,某银行准备采取两种排队方式进行试验,第一种排队方式是:所有顾客都进入一个等待队列;第二种排队方式是:顾客在 3 个业务窗口处列队 3 排等待。为比较哪种排队方式使顾客等的时间更短,银行各随机抽取的 10 名顾客,他们在办理业务时所等待的时间(单位:min)如下:

| 方式 1 | 6.5 | 6.6 | 6.7 | 6.8 | 7.1 | 7.3 | 7.4 | 7.7 | 7.7 | 7.7 |
| 方式 2 | 4.2 | 5.4 | 5.8 | 6.2 | 6.7 | 7.7 | 7.7 | 8.5 | 9.3 | 10.0 |

(1) 构建第一种排队方式等待时间标准差的 95% 的置信区间。

(2) 构建第二种排队方式等待时间标准差的 95% 的置信区间。

(3) 根据(1)和(2)的结果,你认为哪种排队方式更好?

7.21 已知两个正态总体的方差未知但相等。从两个总体中分别抽取两个独立的随机样本,它们的均值和标准差如下表:

来自总体 1 的样本	来自总体 2 的样本
$n_1 = 14$	$n_2 = 7$
$\bar{x}_1 = 53.2$	$\bar{x}_2 = 43.4$
$s_1^2 = 96.8$	$s_2^2 = 102.0$

(1) 求 $\mu_1 - \mu_2$ 的 90% 的置信区间。

(2) 求 $\mu_1 - \mu_2$ 的 95% 的置信区间。

(3) 求 $\mu_1 - \mu_2$ 的 99% 的置信区间。

7.22 从两个正态总体中分别抽取两个独立的随机样本,它们的均值和标准差如下表:

来自总体 1 的样本	来自总体 2 的样本
$\bar{x}_1 = 25$	$\bar{x}_2 = 23$
$s_1^2 = 16$	$s_2^2 = 20$

(1) 设 $n_1 = n_2 = 100$,求 $\mu_1 - \mu_2$ 95% 的置信区间。

(2) 设 $n_1 = n_2 = 10, \sigma_1^2 = \sigma_2^2$,求 $\mu_1 - \mu_2$ 95% 的置信区间。

(3) 设 $n_1 = n_2 = 10, \sigma_1^2 \neq \sigma_2^2$,求 $\mu_1 - \mu_2$ 95% 的置信区间。

(4) 设 $n_1 = 10, n_2 = 20, \sigma_1^2 = \sigma_2^2$,求 $\mu_1 - \mu_2$ 95% 的置信区间。

(5) 设 $n_1 = 10, n_2 = 20, \sigma_1^2 \neq \sigma_2^2$,求 $\mu_1 - \mu_2$ 95% 的置信区间。

7.23 下表是由 4 对观测值组成的随机样本。

配对号	来自总体 A 的样本	来自总体 B 的样本
1	2	0
2	5	7
3	10	6
4	8	5

(1) 计算 A 与 B 各对观测值之差,再利用得出的差值计算 $\bar{d}$ 和 s_d。

(2) 设 μ_1 和 μ_2 分别为总体 A 和总体 B 的均值,构造 $\mu_d = \mu_1 - \mu_2$ 的 95% 的置信区间。

7.24 一家人才测评机构对随机抽取的 10 名小企业的经理人用两种方法进行自信心测试,得到的自信心测试分数如下:

人员编号	方法 1	方法 2
1	78	71
2	63	44
3	72	61
4	89	84
5	91	74
6	49	51
7	68	55
8	76	60
9	85	77
10	55	39

构建两种方法平均自信心得分之差 $\mu_d = \mu_1 - \mu_2$ 的 95% 的置信区间。

7.25 从两个总体中各抽取一个 $n_1 = n_2 = 250$ 的独立随机样本,来自总体 1 的样本比例为 $p_1 = 40\%$,来自总体 2 的样本比例为 $p_2 = 30\%$。

(1) 构造 $\pi_1 - \pi_2$ 的 90% 的置信区间。

(2) 构造 $\pi_1 - \pi_2$ 的 95% 的置信区间。

7.26 生产工序的方差是工序质量的一个重要度量。当方差较大时,需要对工序进行改进以减小方差。下面是两部机器生产的袋茶重量(单位:g)的数据。

机器 1			机器 2		
3.45	3.22	3.90	3.22	3.28	3.35
3.20	2.98	3.70	3.38	3.19	3.30
3.22	3.75	3.28	3.30	3.20	3.05
3.50	3.38	3.35	3.30	3.29	3.33
2.95	3.45	3.20	3.34	3.35	3.27
3.16	3.48	3.12	3.28	3.16	3.28
3.20	3.18	3.25	3.30	3.34	3.25

构造两个总体方差比 σ_1^2/σ_2^2 的 95% 的置信区间。

7.27 根据以往的生产数据,某种产品的废品率为 2%。如果要求 95% 的置信区间,若要求边际误差不超过 4%,应抽取多大的样本?

7.28 某超市想要估计每个顾客平均每次购物花费的金额。根据过去的经验,标准差大约为 120 元,现要求以 95% 的置信水平估计每个顾客平均购物金额的置信区间,并要求边际误差不超过 20 元,应抽取多少个顾客作为样本?

7.29 假定两个总体的标准差分别为：$\sigma_1=12, \sigma_2=15$，若要求误差范围不超过 5，相应的置信水平为 95%，假定 $n_1=n_2$，估计两个总体均值之差 $\mu_1-\mu_2$ 时所需的样本容量为多大?

7.30 假定 $n_1=n_2$，边际误差 $E=0.05$，相应的置信水平为 95%，估计两个总体比例之差 $\pi_1-\pi_2$ 时所需的样本容量为多大?

人物传记[1]

Jerzy Nveyman

J. Neyman(1894—1981)出生于比萨拉比亚的 Benderey。他在华沙大学学习，20 世纪 20 年代他拓展了抽样理论，并为波兰政府完成了一套复杂的分层抽样方案，从而获得了世界性的声望。20 世纪 30 年代，他进入伦敦大学学院，在这里 R. A. Fisher 和 E. S. Pearson 刚刚取代了长期以来由 K. Pearson 占有的位置。Neyman 后来很快转到伯克利的加利福尼亚大学，在那里他度过了一段很长且卓著的职业生涯，他与 Fisher 有很多相同的兴趣——农业试验、人工影响天气试验、遗传学、天文学以及医学诊断——然而，当著名而痛苦的有关估计和假设检验本质问题的论战开始时，他们最终却成了对立的双方。但是多年以来，Neyman 与 Egon S. Pearson 有大量的合作；他们两人也因为有关估计和假设检验的 Neyman-Pearson 理论而一起名垂千古，这一理论现在已被普遍接受。

Neyman 和 Pearson 在估计理论中引入了"置信区间"的概念，而大约同一时间 Fisher 提出了"可信区间"的概念，在一段时期里这两个概念相处十分融洽，看起来似乎是同一事物的两个名称而已。但是最终发现，实际上它们是两个不同的概念。例如，Fisher 的一个

---

[1] 资料来源：参考文献(Heinz, 1998, p. 294)。

95%的可信区间认为,围绕已计算的一个样本统计量而建立起来的区间,将以95%的概率包含某一给定的参数。与Fisher不同的是,Neyman-Pearson是在抽取样本和计算任何统计量之前来建立区间的。Neyman-Pearson的一个95%的置信区间只是认为,使用他们的公式最终将得到一个区间,100个这样的区间会有95个包含给定的参数,但是抽样之后计算得到的实际的区间,要么一定包含这个参数,要么一定不包含这个参数。

第 8 章

假设检验

……正如一个法庭宣告某一判决为"无罪（not guilty）"而不为"清白（innocent）"，统计检验的结论也应为"不拒绝"而不为"接受"。

——Jan Kmenta

统计应用： 药物筛选中的假设检验[①]

对于一个制药公司，不断开发研制新的药物是其在日益激烈的市场竞争浪潮中成功角逐的必然要素，而药物筛选成为所有制药公司所面临的一个极其重要的决策问题。查尔斯·W.邓内特曾在他的一篇题为"药物筛选：无休止地探索新的更好的药物"的文章中写道："从事研究工作的化学家们往往知道，为了治疗一种特定的疾病，应该寻找哪些类型的化学结构，而且这些化学家能人工合成所希望的那种类型的化合物。然而有时他们的知识可能是模糊的，因而必须对广阔范围内的许多化合物进行检验。在这种情形下，研究过程变得很长，要求很多人付出多年的努力才能开发出一种有用的新药。"制药行业中的人们所称的药物筛选就是指为了少数几种可能有效的药物而对数千种甚至更多的化合物进行检验的过程。可想而知，由于药物与人类健康之间紧密而敏感的利害关系，药物筛选中所采用的试验方法必需具有高度组织化、精确、有效，并且，对于制药行业而言，"任何能提高检验方法效率的东西都会增加发现新药的机会"。

---

① 资料来源：参考文献（Terry，2001，p.389）。

统计学是对药物筛选技术做出了巨大贡献的学科之一，同样用邓内特的话来说，"药物筛选过程中有两种可能的行为：1.'拒绝'开发的新药，这意味着所检验的药物无效或只有微弱的效果。此时采取的行动就是将该药物废弃。2.暂时'接受'开发的新药，此时需要采取的行动是对该药物进行进一步的细致试验"。无论是药物研究者还是患者，大家共同的期盼都是希望成功研制出针对特定疾病的更有疗效的新药，根据上述两种可能出现的研究结果，人们提出了如下相应的假设形式：

H_0：开发研制的新药对治疗某种特定疾病无效（或效果微弱）

H_1：开发研制的新药对治疗某种特定疾病有效

对此类问题进行分析处理的过程即为统计假设检验，尽管假设 H_0, H_1 的内容均属描述性质，但在某项具体的实际药物试验中则通常可以利用合适的量化指标来测度该药物对治疗特定疾病是否有效。以假想的某制药公司开发研制治疗恶性肿瘤的药物筛选为例，研究者利用 80 只移植有癌细胞的小白鼠进行试验，将这 80 只白鼠随机分成两组，其中一组的 40 只白鼠接受该药物处理，而另外一组的 40 只白鼠不做任何处理。一段观察期之后，测量两组白鼠体内的肿瘤重量，并分别计算两组白鼠体内肿瘤的平均重量。理论上，接受药物处理的所有白鼠体内肿瘤的平均重量 μ_1 与没有接受药物处理的所有白鼠体内肿瘤的平均重量 μ_2 之间的大小关系可以用于说明该公司研制的新药是否有效，此时建立的假设便体现为数量形式：

$H_0 : \mu_1 \geqslant \mu_2,$

$H_1 : \mu_1 < \mu_2.$

H_1 表示接受药物处理的所有白鼠体内肿瘤的平均重量小于没有接受药物处理的所有白鼠体内肿瘤的平均重量，因此，如果试验得到的样本数据能够提供证据使研究者倾向于相信 H_1 的真实性，那么制药公司就可以对该药物作进一步试验，否则将放弃。而最终结论的得出就依赖于假设检验的实施，将药物筛选的初始阶段看作是一个统计决策问题是合适的。当然，这样的决策过程不可避免地面临着不同类型、不同程度的错误的发生。

假设检验是推断统计的另一项重要内容，它与参数估计类似，但角度不同。参数估计是利用样本信息推断未知的总体参数,而假设检验则是先对总体参数提出一个假设值,然后利用样本信息判断这一假设是否成立。假设检验方法在许多领域都有应用。本章首先介绍有关假设检验的一些基本问题,然后介绍一个总体参数和两个总体参数的检验方法。

8.1 假设检验的基本问题

8.1.1 假设的陈述

现实生活中,人们经常要对某个"假设"做出判断,确定它是真的还是假的。在研究领域,研究者在检验一种新的理论时,首先要提出一种自己认为是正确的看法,即假设。用统计语言来说,"假设"就是对总体参数的一种事先猜想,可以将其定义如下。

▶ 定义8.1 对总体参数的具体数值所作的陈述,称为假设(hypothesis),或称统计假设。

一个假设的提出总是以一定的理由为基础的,但这些理由通常又是不完全充分的,因而产生了"检验"的需求,也就是要进行判断。比如,在某种新药的开发研究中,研究人员需要判断新药是否比原有药物更有效;在对某一品牌洗衣粉的抽检中,抽检人员需要判断其净含量是否达到了说明书中所声明的重量;公司在收到一批货物时,质检人员需要判断该批货物的属性是否与合同中规定的一致,等等。假设检验也就是利用样本信息判断假设是否成立的过程。

▶ 定义8.2 先对总体参数提出某种假设,然后利用样本信息判断假设是否成立的过程,称为假设检验(hypothesis test)。

在假设检验中,首先需要提出两种假设,即原假设和备择假设。

▶ 定义8.3 通常将研究者想收集证据予以支持的假设称为备择假设(alternative hypothesis),或称研究假设,用 H_1 或 H_a 表示。

备择假设通常是用于支持你自己的看法。比如你正在作一项研究,并想使用假设检验来支持你的说法,就应该把你认为正确的看法作为备择假设。假如你开发了一种新药以提高疗效,如果你想要提供这种药物疗效有显著提高的证据(这是你自然想要支持的),就应该把你想要支持的说法作为备择假设。

▶ **定义 8.4** 通常将研究者想收集证据予以反对的假设称为原假设(null hypothesis)，或称零假设，用 H_0 表示。

确定原假设和备择假设在假设检验中十分重要，它直接关系到检验的结论。下面通过几个例子来说明原假设和备择假设的建立方法。

【例 8.1】 一种零件的生产标准是直径应为 10cm，为对生产过程进行控制，质量监测人员定期对一台加工机床进行检查，确定这台机床生产的零件是否符合标准要求。如果零件的平均直径大于或小于 10cm，则表明生产过程不正常，必须进行调整。试陈述用来检验生产过程是否正常的原假设和备择假设。

解 设这台机床生产的所有零件平均直径的真值为 μ。如果 $\mu=10$ 表明生产过程正常，如果 $\mu>10$ 或 $\mu<10$，则表明机床的生产过程不正常，研究者要检测这两种可能情况中的任何一种。根据原假设和备择假设的定义，研究者想收集证据予以证明的假设应该是"生产过程不正常"，因为如果研究者事先认为生产过程正常，也就没有必要去进行检验了。所以建立的原假设和备择假设应为

$H_0: \mu = 10$ （生产过程正常），
$H_1: \mu \neq 10$ （生产过程不正常）。

【例 8.2】 某品牌洗涤剂在它的产品说明书中声称：平均净含量不少于 500g。从消费者的利益出发，有关研究人员要通过抽检其中的一批产品来验证该产品制造商的说明是否属实。试陈述用于检验的原假设与备择假设。

解 设该品牌洗涤剂平均净含量的真值为 μ。如果抽检的结果发现 $\mu < 500$，则表明该产品说明书中关于其净含量的内容是不真实的，有关部门应对其采取相应的措施。一般来说，研究者抽检的意图是倾向于证实这种洗涤剂的平均净含量并不符合说明书中的陈述，因为这会损害消费者的利益，如果研究者对产品说明丝毫没有质疑，也就没有抽检的必要了。所以 $\mu < 500$ 是研究者想要收集证据支持的观点。建立的原假设与备择假设应为

$H_0: \mu \geqslant 500$ （净含量符合说明书），
$H_1: \mu < 500$ （净含量不符合说明书）。

【例 8.3】 一家研究机构估计，某城市中家庭拥有汽车的比例超过 30%。为验证这一估计是否正确，该研究机构随机抽取了一个样本进行检验。试陈

述用于检验的原假设与备择假设。

解 设该城市中家庭拥有汽车的比例真值为 π。显然,研究者想收集证据予以支持的假设是"该城市中家庭拥有汽车的比例超过 30％"。因此建立的原假设与备择假设应为

$H_0: \pi \leqslant 30\%$ (家庭拥有汽车的比例不超过 30％),

$H_1: \pi > 30\%$ (家庭拥有汽车的比例超过 30％)。

通过上面几个例子可以得到建立假设的如下几点认识:

(1) 原假设和备择假设是一个完备事件组,而且相互对立。这意味着,在一项假设检验中,原假设和备择假设必有一个成立,而且只有一个成立。

(2) 在建立假设时,通常是先确定备择假设,然后再确定原假设。这样做的原因是备择假设是所关心的,是想予以支持或证实的,因而比较清楚,容易确定。由于原假设和备择假设是对立的,只要确定了备择假设,原假设就很容易确定出来。

(3) 在假设检验中,等号"＝"总是放在原假设上。比如,设假设的总体真值为 μ_0,原假设总是 $H_0: \mu = \mu_0$,$H_0: \mu \geqslant \mu_0$ 或 $H_0: \mu \leqslant \mu_0$。而相应的备择假设则为 $H_1: \mu \neq \mu_0$,$H_1: \mu < \mu_0$ 或 $H_1: \mu > \mu_0$。将"＝"符号放在原假设上是因为希望涵盖备择假设 H_1 不出现的所有情况。假设检验的惯例是在原假设 H_0 中只写"＝",所以也可以将上面的例 8.3 写成 $H_0: \mu = 30\%$。因为感兴趣的备择假设是 $H_1: \mu < 30\%$。如果作出拒绝原假设 $H_0: \mu = 30\%$ 而倾向于备择假设 $H_1: \mu > 30\%$ 的决策,同样也就意味着拒绝了 $H_0: \mu < 30\%$。换句话说,如果事实上备择假设不正确的话,$H_0: \mu = 30\%$ 就代表了可能有的最坏情况。这样,为数学表述上的方便,就将与 H_1 对立的所有可能情况放进只含一个等号的原假设之中。

(4) 尽管已经给出了原假设与备择假设的定义,依据这样的定义通常就能确定两个假设的内容,但它们本质上是带有一定的主观色彩的,因为所谓的"研究者想收集证据予以支持的假设"和"研究者想要收集证据予以反对的假设"显然最终仍都取决于研究者本人的意向。所以,在面对某一实际问题时,由于不同的研究者有不同的研究目的,即使对同一问题也可能提出截然相反的原假设和备择假设,这是十分正常的,也并不违背关于原假设与备择假设的最初定义。无论怎样确定假设的形式,只要它们符合研究者的最终目的,便是合理的。通常情况下,由于检验的目的不同,原假设可以根据 3 种情况来确定:①如果检验的目的是确定参数是否已经发生变化,这时,原假设的值可以根据过去的经验、对过程的了解情况来确定。②如果检验的目的是证

明某种理论或模型是否正确,原假设的值可以通过有关这个过程的一些理论或模型来确定。③如果检验的目的是检验是否符合某种特定标准,原假设的值可以根据事先设计的标准或合同的要求来确定。

(5) 假设检验的目的主要是收集证据拒绝原假设。原假设最初被假设是成立的,之后就是要根据样本数据,确定是否有足够的不符合原假设的证据以拒绝原假设。这与法庭上对被告的定罪类似:先要假定被告是无罪的,直到有证据证明他是有罪的。被告人在审判前被认为是无罪的(原假设被认为是真),审判中需要提供证据。如果有足够的证据与原假设(被告无罪)不符,则拒绝原假设(被告被认为有罪)。如果没有足够的证据证明被告有罪,法庭就不能认定被告有罪。但这里也没有证明被告就是清白的。假设检验得出的统计结论都是根据原假设进行阐述的。这时要么拒绝原假设,要么不拒绝原假设。当不能拒绝原假设时,从来不说"接受原假设",因为没有证明原假设是真的(如果采用"接受"原假设的说法,则意味着你证明了原假设是正确的)。原假设在开始进行检验时被认定是真的,在没有足够的证据拒绝原假设时,并不等于"证明"了原假设是真的。它仅仅意味着:此时没有足够的证据拒绝原假设,因此不能拒绝原假设。当拒绝原假设时,得出的结论是清楚的,比如,在上面的例 8.2 中,如果拒绝原假设,就可以说该品牌洗涤剂的净含量与说明书所标识的不相符。但如果不拒绝原假设,就只能说样本提供的证据还不足以推翻原假设,此时也并不等于承认原假设是对的,因而不能说该品牌洗涤剂的净含量大于或等于 500g。因此,当不拒绝原假设时,实际上并未给出明确的结论。也就是说,不拒绝原假设,此时并未说该洗涤剂的净含量大于或等于 500g,也未说它小于 500g。

在假设检验中,研究者感兴趣的备择假设的内容,可以是原假设 H_0 某一特定方向的变化,也可以是一种没有特定方向的变化。比如,在上面的例 8.2 中,研究者感兴趣的是洗涤剂的净含量是否低于 500g,同样,在例 8.3 中,研究者感兴趣的是家庭拥有汽车的比例是否高于 30%。这种具有方向性的假设检验称为单侧检验(或称单尾检验)。相反,在例 8.1 中,研究者感兴趣的备择假设没有特定的方向,只是关心备择假设 H_1 是否不同于原假设 H_0,并不关心是大于还是小于,这种没有特定方向的假设检验称为双侧检验(或称双尾检验)。

▶ **定义 8.5** 备择假设具有特定的方向性,并含有符号">"或"<"的假设检验,称为单侧检验或单尾检验(one-tailed test)。

▶**定义 8.6** 备择假设没有特定的方向性,并含有符号"$\neq$"的假设检验,称为双侧检验或称双尾检验(two-tailed test)。

在单侧检验中,由于研究者感兴趣的方向不同,又可分为左侧检验和右侧检验。如果研究者感兴趣的备择假设的方向为"$<$",称为左侧检验;如果研究者感兴趣的备择假设的方向为"$>$",称为右侧检验。比如,上面的例 8.2 属于左侧检验,而例 8.3 则属于右侧检验。

设 μ 为总体参数(这里代表总体均值),μ_0 为假设的参数的具体数值,这时可将假设检验的基本形式总结如下,见表 8.1。

表 8.1 假设检验的基本形式

假 设	双侧检验	单侧检验	
		左侧检验	右侧检验
原假设	$H_0: \mu = \mu_0$	$H_0: \mu \geq \mu_0$	$H_0: \mu \leq \mu_0$
备择假设	$H_1: \mu \neq \mu_0$	$H_1: \mu < \mu_0$	$H_1: \mu > \mu_0$

8.1.2 两类错误与显著性水平

假设检验的目的是要根据样本信息作出决策,也就是作出是否拒绝原假设而倾向于备择假设的决策。显然,研究者总是希望能作出正确的决策,但由于决策是建立在样本信息的基础之上,而样本又是随机的,因而就有可能犯错误。

如前所述,原假设与备择假设不能同时成立,即要么拒绝原假设 H_0,要么不拒绝 H_0。此时希望的情况是:当原假设 H_0 正确时没有拒绝它,当原假设 H_0 不正确时拒绝它,但很难保证不犯错误。假设检验过程中可能发生以下两类错误。

▶**定义 8.7** 当原假设为正确时拒绝原假设,所犯的错误称为第Ⅰ类错误(type Ⅰ error),又称弃真错误。犯第Ⅰ类错误的概率通常记为 α。

▶**定义 8.8** 当原假设为错误时没有拒绝原假设,所犯的错误称为第Ⅱ类错误(type Ⅱ error),又称取伪错误。犯第Ⅱ类错误的概

率通常记为 β。①

假设检验中的结论及其后果有以下 4 种情况,见表 8.2。

表 8.2 假设检验的结论与后果

决策结果	实际情况	
	H_0 正确	H_0 不正确
未拒绝 H_0	正确决策	第 II 类错误(β)
拒绝 H_0	第 I 类错误(α)	正确决策

需要注意的是:只有当原假设被拒绝时,才可能犯第 I 类错误;只有当原假设未被拒绝时,才可能犯第 II 类错误。因此,可以不犯第 I 类错误或不犯第 II 类错误,但难以保证两类错误都不犯。从直觉上说,这两类错误的概率之间存在这样的关系:在样本容量不变的情况下,要减小 α 就会使 β 增大,而要增大 α 就会使 β 减小,两类错误就像一个跷跷板。人们自然希望犯两类错误的概率都尽可能小,但实际上难以做到,要使 α 和 β 同时减小的惟一办法是增加样本容量。但样本容量的增加又会受许多因素的限制,所以人们只能在两类错误的发生概率之间进行平衡,以使 α 与 β 控制在能够接受的范围内。一般来说,对于一个给定的样本,如果犯第 I 类错误的代价比犯第 II 类错误的代价相对较高,则将犯第 I 类错误的概率定得低些较为合理;反之,如果犯第 I 类错误的代价比犯第 II 类错误的代价相对较低,则将犯第 I 类错误的概率定得高些。至于假设检验中先控制哪类错误,一般来说,发生哪一类错误的后果更为严重,就应该首要控制哪类错误发生的概率。但由于犯第 I 类错误的概率是可以由研究者控制的,因此在假设检验中,人们往往先控制第 I 类错误的发生概率。

发生第 I 类错误概率也常被用于检验结论的可靠性度量,并将这一概率称为显著性水平。

▶ **定义 8.9** 假设检验中犯的第 I 类错误的概率,称为显著性水平(level of significance),记为 α。

Significant(显著的)的意义在这里并不是"重要的",而是指"非偶然的"。

---

① 根据 β 的定义,它是指没有拒绝一个错误的原假设的概率。这也就是说,$1-\beta$ 是指拒绝一个错误的原假设的概率,这个概率被称为检验能力(power of test),也被称为检验的势或检验的功效(power)。

如果样本提供的证据拒绝原假设,就说检验的结果是显著的;如果不拒绝原假设,则说检验的结果是不显著的。一项检验在统计上是"显著的"(拒绝原假设),是指:这样的(样本)结果不是偶然得到的,或者说,不是靠机遇能够得到的。同样,如果检验的结果是不显著的(没有充分的证据拒绝原假设),则表明这样的样本结果是偶然得到的。比如说,给出的显著性水平 $\alpha=0.05$,如果样本检验的结果拒绝原假设 H_0,则表明在 5% 这么小的概率下,竟然能得到这样的一组样本数据(样本统计量落在拒绝域),这显然不是一件偶然的事,因而说样本检验的结果是显著的。同样,如果在 $\alpha=0.05$ 的显著性水平下没有拒绝原假设,则表明在 5% 这么小的概率下,没有得到这样的一组样本数据(检验统计量没有落在拒绝域),因而没有充分证据拒绝原假设,因此称样本检验的结果是不显著的。

显著性水平是指当原假设实际上是正确时,检验统计量落在拒绝域的概率。它是人们事先指定的犯第 Ⅰ 类错误概率 α 的最大允许值。显著性水平 α 越小,犯第 Ⅰ 类错误的可能性自然就越小,但犯第 Ⅱ 类错误的可能性则随之增大。实际应用中,显著性水平是我们事先给出的一个值,但究竟确定一个多大的显著性水平值合适?一般情况下,人们认为犯第 Ⅰ 类错误的后果更严重一些,因此通常会取一个较小的 α 值。著名的英国统计学家 Ronald Fisher 在他的研究中把小概率的标准定为 0.05,所以作为一个普遍适用的原则,人们通常选择显著性水平为 0.05 或比 0.05 更小的概率。常用的显著性水平有 $\alpha=0.01, \alpha=0.05, \alpha=0.1$ 等,当然也可以取其他值。

确定了显著性水平 α 就等于控制了第 Ⅰ 类错误的概率,但犯第 Ⅱ 类错误的概率 β 却是不确定的。在拒绝原假设 H_0 时,此时犯错误的概率不超过给定的显著性水平 α,但当样本观测显示没有充分的理由拒绝原假设时,也无法确切知道第 Ⅱ 类错误发生的概率[①]。因此,在假设检验中采用"不拒绝 H_0"而不采用"接受 H_0"的表述方法,这种说法实质上并未做出明确结论,在多数场合下便避免了第二类错误发生的风险,因为"接受 H_0"所得结论可靠性将由第 Ⅱ 类错误的概率 β 来测量,而 β 的控制又相对复杂。此外,"接受 H_0"的说法有时会产生误导,因为这种说法似乎暗示着原假设 H_0 已经被证明是正确的了。但事实上,H_0 的真实值是永远也无法知道的,H_0 只是对总体真实值的一个假定值,由样本提供的信息也就自然无法证明它是否正确。因此,采

[①] 对第 Ⅱ 类错误也能进行控制,但这部分内容理论上相对复杂,本章没有将其纳入讨论,较为专业的统计学教材均有涉及,有兴趣的读者可以另作参考。

用"不拒绝 H_0"的表述方法更合理一些,因为这种表述意味着样本提供的证据不够强大,因而没有足够的理由拒绝 H_0。当然,不拒绝原假设 H_0 并不意味着 H_0 为真的概率很高,它可能只是意味着得到强结论需要更多的数据。[①]

8.1.3 检验统计量与拒绝域

在提出具体的假设之后,研究者需要提供可靠的证据来支持他所提出的备择假设。实际操作过程中,提出证据的信息主要是来自所抽取的样本,假设检验也就是要凭借可能获得的样本观测结果帮助研究者作出最后的判断和决策。一个很自然的想法是,如果样本提供的证据能够证明原假设是不真实的,研究者就有理由拒绝它,而倾向于选择备择假设。

在一般的假设检验过程中,研究者都倾向于通过样本信息提供对备择假设的支持,而倾向于作出"拒绝原假设"的结论。通常,样本能够提供的信息十分丰富和繁杂,针对特定的研究问题,往往需要对这些信息进行压缩和提炼,检验统计量便是对样本信息进行压缩和概括的结果。

▶ **定义 8.10**　根据样本观测结果计算得到的,并据以对原假设和备择假设作出决策的某个样本统计量,称为检验统计量(test statistic)。

检验统计量实际上是总体参数的点估计量(比如,样本均值 $\bar{x}$ 就是总体均值 μ 的一个点估计量),但点估计量并不能直接作为检验的统计量,只有将其标准化后,才能用于度量它与原假设的参数值之间的差异程度。而对点估计量标准化的依据则是:①原假设 H_0 为真;②点估计量的抽样分布。实际上,假设检验中所用的检验统计量都是标准化检验统计量,它反映了点估计量(比如样本均值)与假设的总体参数(比如假设的总体均值)相比相差多少个标准差。为叙述方便,通常将标准化检验统计量简称为检验统计量。对于总体均值和总体比例的检验,标准化的检验统计量可表示为

$$\text{标准化检验统计量} = \frac{\text{点估计量} - \text{假设值}}{\text{点估计量的抽样标准差}} \quad (8.1)$$

检验统计量是一个随机变量,随着样本观测结果的不同它的具体数值也是不同的,但只要已知一组特定的样本观测结果,检验统计量的值也就惟一

[①] 一般来说,总是认为拒绝原假设 H_0 是强结论,而不拒绝原假设看作是弱结论。不拒绝原假设意味着没有找到足够的证据拒绝它,这实际上是作出强的陈述。而表述为"接受"原假设,则意味着作出了弱的陈述。

确定了。假设检验的基本原理就是根据检验统计量建立一个准则,依据这个准则和计算得到的检验统计量值,研究者就可以决定是否拒绝原假设。但统计量的哪些值将导致拒绝原假设而倾向于备择假设?这就需要找出能够拒绝原假设的统计量的所有可能取值,这些取值的集合则称为拒绝域。

▶定义 8.11　能够拒绝原假设的检验统计量的所有可能取值的集合,称为拒绝域(rejection region)。

拒绝域就是由显著性水平 α 所围成的区域。如果利用样本观测结果计算出来的检验统计量的具体数值落在了拒绝域内,就拒绝原假设,否则就不拒绝原假设。

拒绝域的大小与事先选定的显著性水平有一定关系。在确定了显著性水平 α 之后,就可以根据 α 值的大小确定出拒绝域的具体边界值。拒绝域的边界值称为临界值。

▶定义 8.12　根据给定的显著性水平确定的拒绝域的边界值,称为临界值(critical value)。

在给定显著性水平 α 后,查书后所附的统计表就可以得到具体的临界值(也可以直接由 Excel 中的函数命令计算得到)。将检验统计量的值与临界值进行比较,就可作出拒绝或不拒绝原假设的决策。

当样本容量固定时,拒绝域的面积随 α 的减小而减小。α 值越小,为拒绝原假设所需要的检验统计量的临界值与原假设的参数值就越远。拒绝域的位置则取决于检验是单侧检验还是双侧检验。双侧检验的拒绝域在抽样分布的两侧(所以称为双侧检验),而单侧检验中,如果备择假设具有符号"<",拒绝域位于抽样分布的左侧,故称为左侧检验,如果备择假设具有符号">",拒绝域位于抽样分布的右侧,故称为右侧检验[①]。在给定显著性水平 α 条件下,拒绝域和临界值可用图 8.1 来表示。

从图 8.1 可以得出利用统计量进行检验时的决策准则如下

双侧检验:|统计量|>临界值,拒绝原假设。

左侧检验:统计量的值<-临界值,拒绝原假设。

---

① 在左侧检验中,备择假设具有符号"<"。如果样本统计量的值大于或等于假设的总体参数的数值 μ_0,自然不会拒绝原假设。但由于样本是随机的,因而也会出现样本统计量的值小于假设的总体参数值 μ_0 的情况。这时允许它比假定的总体参数的数值小,但直到小到不能允许的程度,就可以怀疑原假设的真实性,也就是要拒绝原假设。而这种允许程度的界限就是给定的显著性水平 α 的临界值。右侧检验的道理是一样的,请读者自己领悟。

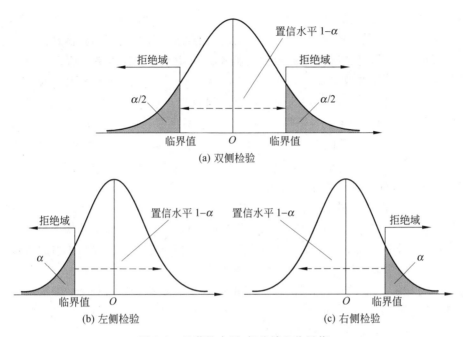

图 8.1 显著性水平、拒绝域和临界值

右侧检验：统计量的值＞临界值，拒绝原假设。

8.1.4 利用 P 值进行决策

传统的统计量检验方法是在检验之前确定显著性水平 α 的，这也就意味着事先确定了拒绝域。这样，不论检验统计量的值是大还是小，只要它的值落入拒绝域就拒绝原假设 H_0，否则就不拒绝原假设 H_0。这种固定的显著性水平 α 对检验结果的可靠性起一种度量作用。但不足的是，α 是犯第 I 类错误的上限控制值，它只能提供检验结论可靠性的一个大致范围，而对于一个特定的假设检验问题，却无法给出观测数据与原假设之间不一致程度的精确度量，也就是说，仅从显著性水平来比较，如果选择的 α 值相同，所有检验结论的可靠性都一样。要测量出样本观测数据与原假设中假设值 μ_0 的偏离程度，则需要计算 P 值。

▶ **定义 8.13** 如果原假设 H_0 是正确的，所得到的样本结果会像实际观测结果那么极端或更极端的概率，称为 P 值(P-value)，也称为观察到的显著性水平(observed significance level)。

P 值与原假设的对或错的概率无关,它是关于数据的概率,由 P 值可知,在某个总体的许多样本中,某一类数据出现的经常程度。也就是说,P 值是当原假设正确时,得到所观测的数据的概率。由 P 值可知,如果原假设是正确的话,这样的样本数据出现的可能性有多大。如果这样的样本数据出现的可能性很小,就是原假设不对的合理证据。但我们永远也不会知道对总体的原假设是否正确。如果取显著性水平为 5%,则只能说:如果原假设为真,这样的数据只有 5% 的可能性会发生。P 值是反映实际观测到的数据与原假设 H_0 之间不一致程度的一个概率值。P 值越小,说明实际观测到的数据与 H_0 之间不一致的程度就越大,检验的结果也就越显著。由于 P 值是在原假设为真的情况下得到的目前这个样本数据的概率,因此,用 P 值进行检验的基本思想是:小的 P 值表明在原假设为真时得到目前这样一个样本结果的可能性很小,所以应该拒绝原假设。需要注意的是,P 值不是给定样本结果时原假设为真的概率,而是给定原假设为真时样本结果出现的概率。

为理解 P 值的计算过程,统一使用符号 z 表示检验统计量,z_c 表示根据样本数据计算得到的检验统计量值,对于假设检验的 3 种基本形式,从抽样分布上看,计算 P 值的一般表达式如下。

左侧检验　　$H_0: \mu \geqslant \mu_0$；　　$H_1: \mu < \mu_0$。

P 值是当 $\mu = \mu_0$ 时检验统计量小于或等于根据实际观测样本数据计算得到的检验统计量值的概率,即 P 值 $= P(z \leqslant z_c | \mu = \mu_0)$；

右侧检验　　$H_0: \mu \leqslant \mu_0$；　　$H_1: \mu > \mu_0$。

P 值是当 $\mu = \mu_0$ 时检验统计量大于或等于根据实际观测样本数据计算得到的检验统计量值的概率,即 P 值 $= P(z \geqslant z_c | \mu = \mu_0)$；

双侧检验　　$H_0: \mu = \mu_0$；　　$H_1: \mu \neq \mu_0$。

P 值是当 $\mu = \mu_0$ 时检验统计量大于或等于根据实际观测样本数据计算得到的检验统计量绝对值的概率的两倍,即 P 值 $= 2P(z \geqslant |z_c| \| \mu = \mu_0)$。

对于不同检验的 P 值,可以用下面的图 8.2 来表示。

有了 P 值后,可以进一步理解显著性水平的含义:显著性水平是事先所要求的用于拒绝原假设的概率,即 P 值。如果事先给出一个显著性水平,实际上也就是说此时所要求的 P 值要小到何种程度,这个 P 值就叫显著性水平,用 α 表示。如果事先确定了一个显著性水平 α,也就意味着要求用于拒绝原假设 H_0 的证据必须强到 P 值小于 α 的程度。比如选择 $\alpha = 0.05$,样本数据能拒绝原假设的证据要强到:当 H_0 正确时,这种样本结果发生的频率不超过 5%;如果选择 $\alpha = 0.01$,就是要求拒绝原假设 H_0 的证据要更强,这种样本

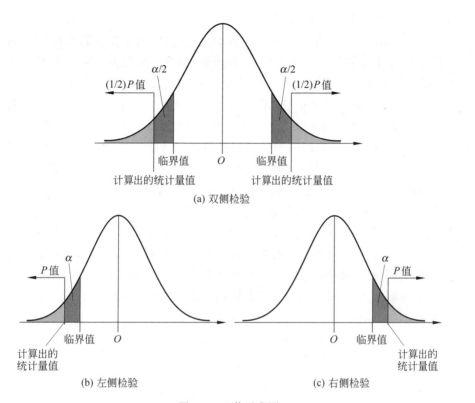

图 8.2 P 值示意图

结果发生的频率只有 1%。如果 P 值小于或等于 α，就称该组数据不利于原假设的证据有 α 的显著性水平。

在实际检验中，究竟确定多大的 P 值合适？显著性检验的目的是要描述样本所提供不利于原假设的证据有多强。但是，要证明原假设不正确，P 值要多小才能令人信服呢？这要根据两种情况来确定：(1) 原假设 H_0 的可信度有多高？如果 H_0 所代表的假设是人们多年来一直相信的，就需要很强的证据（小的 P 值）才能说服他们。(2) 拒绝 H_0 的结论是什么？如果拒绝 H_0 而肯定 H_1，那就需要有很强的证据显示要支持 H_1。比如，H_1 代表要花很多钱把产品包装改换成另一种包装，此时就要有很强的证据显示新包装一定会增加销售量（因为拒绝 H_0 要花很高的成本）。

计算机的使用使 P 值的计算十分容易。在现代统计检验中，并不再需要给出 5% 或 1% 这类传统的显著性水平。P 值提供了更多的信息，它可使我们选择任意水平来评估结果是否具有统计上的显著性。只要你认为这么大的 P 值就算是显著了,就可以在这样的 P 值水平上拒绝原假设了[①]。然而,传统的显著性水平,如 1%、5%、10% 等,已经被人们普遍接受为"拒绝原假设足够证据"的标准,大概可以说:$P<0.10$ 代表有"一些证据"不利于原假设;$P<0.05$ 代表有"适度证据"不利于原假设;$P<0.01$ 代表有"很强证据"不利于原假设[②]。

P 值是用于确定是否拒绝原假设的另一个重要工具,它有效地补充了 α 提供的关于检验可靠性的有限信息。由于传统的假设检验中,究竟选择多大的 α 比较合适是难以定论的,而用 P 值进行检验则可以避免这一问题。此外,与传统的统计量检验相比,利用 P 值进行检验比根据统计量检验提供更多的信息。比如,根据事先确定的 α 进行检验时,只要统计量的值落在拒绝域,这时拒绝原假设得出的结论都是一样的,即结果显著。但实际上,统计量落在拒绝域不同的地方,实际的显著性是不同的。比如,统计量落在临界值附近与落在远离临界值的地方,实际的显著性就有较大差异。而 P 值给出的是实际算出的显著水平,它告诉我们实际的显著性水平是多少。而统计量检验是事先给出的一个显著性水平,以此为标准进行决策,如果这时拒绝原假设,也仅仅是知道犯错误的可能性是 α 那么大,但究竟是多少却不知道。而 P 值则是算出的犯第 I 类错误的实际概率。从图 8.3 可以容易看出这一点。

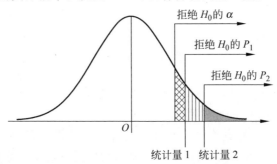

图 8.3 拒绝 H_0 的两个统计量的不同显著性

---

① P 值越小,表明结果越显著。但检验结果究竟是"显著的"、"中度显著的"还是"高度显著的",需要由研究者自己根据 P 值大小和实际问题来决定。

② 假设检验的"弱点"是:它只度量不利于原假设的证据强度。检验并没有说想要支持的看法的证据到底有多强。比如,要检验"这枚硬币是均匀的",将这个假设用得到正面的概率 π 来表示成:$H_0: \pi = 1/2$。真正的硬币没有哪一个是百分之百是均匀的,故得知这项检验并不会完全正确。如果这枚硬币出现正面的概率为 0.502,从实际观点来看,可能认为它已经是均匀的了。但统计检验可不管什么"实际观点"。它只会问是不是有足够证据显示 π 并不是恰好等于 0.5。检验把焦点放在不利于某个确切的原假设的证据上面,这是应用假设检验时许多困扰的来源。

由图 8.3 提供的信息可知：与其人为地把显著性水平 α 固定在某一水平上，不如直接取检验统计量的 P 值；与其大致知道犯第 I 错误的概率，不如直接确定犯第 I 类错误的概率；与其为选择"适当的" α 而苦恼，不如干脆把真正的 α 算出来。

利用 P 值进行决策的规则十分简单。在已知 P 值的条件下，将其与给定的显著性水平 α 值进行比较，就可以确定是否应该拒绝原假设。当然，也可以根据需要来进行决策，而不必事先规定显著性水平。从图 8.2 可以看出，单侧检验中，P 值位于抽样分布的一侧，而双侧检验 P 值则位于分布的两侧，每一侧的 P 值为 1/2。通常，是将两侧面积的总和定义为 P 值，这样定义的好处是可以将 P 值直接与给定的显著性水平 α 进行比较[①]。因此，不论是单侧检验还是双侧检验，用 P 值进行决策的准则都是

$$\text{如果 } P < \alpha \text{，拒绝 } H_0\text{；} \quad \text{如果 } P > \alpha \text{，不拒绝 } H_0\text{。}$$

P 值计算可以通过查表来求得，但毕竟很麻烦，幸运的是，计算机的应用使得 P 值的计算十分容易，多数统计软件都能够输出有关假设检验的主要计算结果，其中就包括 P 值。可以说，P 值的应用几乎取代了传统的统计量检验方法，它不仅能得到与统计量检验相同的结论，而且给出了统计量检验不能给出的信息。

有关 P 值的具体计算，本书中将使用 Excel 进行计算，具体的计算方法及其应用将在下面再作介绍。

8.1.5 统计显著性与实际显著性

在假设检验中，如果原假设被拒绝，就称样本结果在统计上是显著的 (statistically significant)。实际上，在"显著"和"不显著"之间没有清楚的界限，只是在 P 值越来越小时，就有越来越强的证据而已。0.049 和 0.051 这两个 P 值并没有多少实质的差别，即使非要把这种差别找出来（0.051−0.049 =0.002），又有什么实质上的意义呢？退一步说，把这么小的差别找出来干什么呢？把 $P \leqslant 0.05$ 当作"显著水平"的普遍标准，没有什么道理。作一次检验并达到 $\alpha = 0.05$ 的显著性水平，这是所发现的好证据，而作了好几十次检验，有一两次达到标准，可就不是什么证据了。因此，要避免使用固定的显著性水平（比如，$\alpha = 0.05$）来作出决定，而应使用 P 值，从而可根据需要来决定

[①] 在双侧检验中，如果将一侧的面积定义为 P 值，则需要将 P 值与 $\alpha/2$ 进行比较，若 P 值 $< \alpha/2$ 则拒绝原假设。

是否要拒绝原假设(在需要与风险之间进行权衡)。

在进行决策时,P 值越小则拒绝原假设的证据就越强,P 值越小,检验的结果也就越显著。但需要注意的是,当 P 值很小而拒绝原假设时,并不一定就意味着检验的结果有实际意义。也就是说,一个在统计上显著的结论在实际中却不见得很重要,也不意味着就有实际意义。因为 P 值与样本的大小密切相关。从检验统计量的计算公式(见式(8.2))可以看出,样本容量越大,检验统计量的值也就越大,P 值就越小,就越有可能拒绝原假设。可以说,当样本容量很大时,几乎总是拒绝原假设。因此,当样本容量很大时,解释假设检验的结果一定要小心。因为,在大样本情况下,总是能把与假设值的任何细微差别都查出来,即使这种差别几乎没有任何实际显著性。可见,较大的样本会让显著性检验比较敏感,在总体真值不变的情况下,大的样本会使 P 值变小,而小的 P 值也不一定就有实际意义。

比如,检验一枚硬币是否均匀,原假设是 $H_0: \pi = 1/2$。分别投掷 1000 次、4040 次和 10000 次得到的检验 P 值越来越小,最终导致拒绝原假设,见图 8.4。这表明,当样本容量很大时几乎总是导致拒绝原假设。实际上,没有任何一枚硬币是绝对均匀的。当投掷 1000 次时,未拒绝原假设,表明硬币均匀,当投掷 10000 次时,就会拒绝原假设,表明硬币不均匀。但将如此小的差别找出来又有什么实际意义呢?在实际检验时,样本容量大一些,可以使得抓到的 P 值抓得更准些而已。因此,在解释假设检验的结果时,最好既报告 P 值,也要报告样本大小。

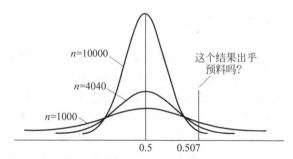

图 8.4　投掷硬币 1000 次、4040 次和 10000 次时出现正面样本比例的抽样分布

在实际检验中,不要把统计上的显著性与实际上的显著性混同起来。当设定一个原假设,比如,$H_0: \mu = 1$,其意义很可能是 μ 接近于 1,且接近到这样一种程度,以致为了实际目的都可以把它看作是 1。然而,1.1 是否"实际上无异于"1? 这在某种程度上已不是一个统计学问题,而是一个与研究相关联的

实际问题,因而不能靠假设检验来解决这个问题。

本节介绍了假设检验的一些基本问题,理解其中的一些基本概念有助于对假设检验的实际应用。最后再对假设检验结果的表述作一个简单总结。

(1) 在假设检验中,对原假设 H_0 采取"拒绝"或"不拒绝"的表述方式,而不采取"接受"的表述方式。"不拒绝"的表述实际上意味着并未给出明确的结论,原假设正确与否尚未确定。如果说"接受"原假设,则意味着已经证明了原假设是正确的,而实际上,假设检验并不提供原假设"正确"的证据,它只提供不利于原假设的证据。举一个简单的例子说明"接受"的表述不妥,比如,原假设为 $H_0: \mu = 10$,从该总体中抽出一个随机样本,得到 $\bar{x} = 9.8$,在 $\alpha = 0.05$ 的水平上,样本提供的证据没有推翻这一假设,如果说"接受"原假设,这意味着样本提供的证据已经证明 $\mu = 10$ 是正确的。如果将原假设改为 $H_0: \mu = 10.5$。同样,在 $\alpha = 0.05$ 的水平上,同一个样本提供的证据也没有推翻这一假设,此时又说"接受"原假设。但这两个原假设究竟哪一个是"真实的"呢? 不知道。所以,表述为"接受"一个原假设,应该注意到另一个原假设也可能同样地与数据相符。因此,宁愿说"不拒绝"。当然,在实际检验中,针对一个具体的问题,将检验结果表述为"不拒绝"原假设,这似乎让人感到无所适从。比如,想购买一批产品,检验的结果没有拒绝原假设,即达到合同规定的标准要求,而是否购买这批产品呢? 这时,你可能会对检验结果采取某种默认态度,退一步说,此时可以将检验结果表述为"可以接受"原假设,但这并不等于说"确实接受"它。

(2) 在假设检验时,如果原假设被拒绝,则称检验结果是"统计上显著的";如果不拒绝原假设,则称检验结果是"统计上不显著的"。

下面将假设检验的具体步骤总结如下。

假设检验的步骤

第 1 步　陈述原假设 H_0 和备择假设 H_1。

第 2 步　从所研究的总体中抽出一个随机样本。

第 3 步　确定一个适当的检验统计量,并利用样本数据算出其具体数值。

第 4 步　确定一个适当的显著性水平 α,并计算出其临界值,指定拒绝域。

第 5 步　将统计量的值与临界值进行比较,并作出决策:若统计量的值落在拒绝域内,拒绝原假设 H_0,否则不拒绝原假设 H_0 (也可以直接利用 P 值作出决策)。

8.2 一个总体参数的检验

本节将在上一节的基础上介绍假设检验的具体应用①。与参数估计类似,当研究一个总体时,要检验的参数主要是总体均值 μ、总体比例 π 和总体方差 σ^2。上一节介绍的所有概念都适用于将要介绍的检验方法,但由于检验的参数不同,计算检验统计量的方法则有所不同。

8.2.1 总体均值的检验

在对总体均值进行假设检验时,采用什么检验步骤和检验统计量取决于所抽取的样本是大样本($n \geq 30$)还是小样本($n < 30$),此外还需要区分总体是否服从正态分布、总体方差 σ^2 是否已知等几种情况。

1 大样本的检验方法

假设检验的重要一步是确定适当的检验统计量。根据第 6 章抽样分布的知识,在大样本情况下,样本均值的抽样分布近似服从正态分布,其抽样标准差为 $\sigma/\sqrt{n}$。将样本均值 $\bar{x}$ 经过标准化后即可得到检验的统计量。可以证明,样本均值经标准化后服从标准正态分布,因而采用正态分布的检验统计量。设假设的总体均值为 μ_0,当总体方差 σ^2 已知时,总体均值检验的统计量为

$$z = \frac{\bar{x} - \mu_0}{\sigma/\sqrt{n}} \qquad (8.2)$$

当总体方差 σ^2 未知时,可以用样本方差 s^2 来代替总体方差,此时总体均值检验的统计量为

$$z = \frac{\bar{x} - \mu_0}{s/\sqrt{n}} \qquad (8.3)$$

【例 8.4】 一种罐装饮料采用自动生产线生产,每罐的容量是 255ml,标准差为 5ml。为检验每罐容量是否符合要求,质检人员在某天生产的饮料中随机抽取了 40 罐进行检验,测得每罐平均容量为 255.8ml。取显著性水平 $\alpha = 0.05$,检验该天生产的饮料容量是否符合标准要求。

---

① 从实际应用角度看,主张直接利用 P 值进行检验。但考虑到学习假设检验方法和掌握假设检验思想的需要,本书将同时介绍 P 值检验方法和统计量检验方法。

解 此时关心的是饮料容量是否符合要求,也就是 μ 是否为 255ml。大于或小于 255ml 都不符合要求,因而属于双侧检验问题。提出的原假设和备择假设为

$$H_0:\mu=255;\quad H_1:\mu\neq 255。$$

计算检验统计量的具体数值,得

$$z=\frac{255.8-255}{5/\sqrt{40}}=1.01。$$

检验统计量数值的含义是:样本均值与假设的总体均值相比,相差 1.01 个抽样标准差。

根据给定的显著性水平 $\alpha=0.05$,查书后所附的标准正态分布表得 $z_{\alpha/2}=z_{0.025}=1.96$。由于 $|z|=1.01 < z_{\alpha/2}=1.96$,所以,不拒绝原假设。检验结果表明:样本提供的证据还不足以推翻原假设,因此不能证明该天生产的饮料不符合标准要求。上面的决策过程可用图 8.5 来表示。

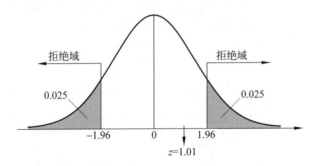

图 8.5 例 8.4 中的拒绝域

此题中的检验也可以利用 P 值进行。P 值可以利用 Excel 中的统计函数功能计算,具体的操作步骤如下。

用 Excel 计算正态分布 P 值的操作步骤

第 1 步:进入 Excel 表格界面,直接单击【fx】(插入函数)命令。

第 2 步:在函数分类中单击【统计】,并在函数名菜单下选择【NORMSDIST】,然后单击【确定】。此时出现的界面如图 8.6 所示。

第 3 步:将 z 的绝对值 1.01 录入,得到的函数值为 0.8437523455,该值表示的是在标准正态分布条件下 z 值为 1.01 左边的面积。

第 4 步:$z=1.01$ 右边和 $z=-1.01$ 左边的面积是一样的,所以双侧检验最后的 P 值为 $P=2\times(1-0.843752355)=0.312495$。

图 8.6 统计量的 P 值计算过程

图 8.7 给出了 P 值的示意图。

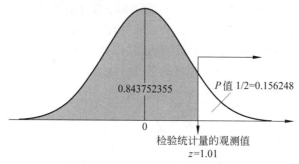

图 8.7 标准正态分布 z 值示意图

由于 P 值 $=0.312495$ 远远大于 $\alpha=0.05$，所以不拒绝 H_0，得到的结论与前面相同。

【例 8.5】 一种机床加工的零件尺寸绝对平均误差为 1.35mm。生产厂家现采用一种新的机床进行加工以期进一步降低误差。为检验新机床加工的零件平均误差与旧机床相比是否有显著降低，从某天生产的零件中随机抽取 50 个进行检验。50 个零件尺寸的绝对误差数据如表 8.3 所示。

表 8.3 50 个零件尺寸的误差数据　　　　　　　　（单位：mm）

1.26	1.19	1.31	0.97	1.81
1.13	0.96	1.06	1.00	0.94
0.98	1.10	1.12	1.03	1.16
1.12	1.12	0.95	1.02	1.13
1.23	0.74	1.50	0.50	0.59
0.99	1.45	1.24	1.01	2.03
1.98	1.97	0.91	1.22	1.06
1.11	1.54	1.08	1.10	1.64
1.70	2.37	1.38	1.60	1.26
1.17	1.12	1.23	0.82	0.86

利用这些样本数据,检验新机床加工的零件尺寸的平均误差与旧机床相比是否有显著降低?($\alpha=0.01$)。

解 这里关心的是新机床加工的零件尺寸的平均误差与旧机床相比是否有显著降低,也就是 μ 是否<1.35。因此属于单侧检验问题,而且属于左侧检验。提出的假设为

$$H_0: \mu \geq 1.35; \quad H_1: \mu < 1.35。$$

根据样本数据计算得 $\bar{x}=1.2152$,$s=0.365749$。

计算检验统计量的具体数值为

$$z = \frac{1.2152 - 1.35}{0.365749/\sqrt{50}} = -2.6061,$$

该检验统计量数值的含义是样本均值与假设的总体均值相比,相差 -2.6061 个抽样标准差。

根据给定的显著性水平 $\alpha=0.01$,查标准正态分布表得 $z_\alpha = z_{0.01} = -2.33$。由于 $z=-2.6061 < z_{0.01}=-2.33$,所以拒绝原假设。检验结果表明:新机床加工的零件尺寸的平均误差与旧机床相比有显著降低。

如果用 P 值进行检验,当使用统计量计算 P 值时,与例题 8.4 给出的步骤完全一致。若直接输入 -2.6061,即可得到 P 值为 0.004579(因为该命令给出的是分布的左侧面积,恰好就是 P 值;若输入 2.6061,给出的左侧面积为 0.995421,P 值则为 $1-0.995421=0.004579$)。

如果直接根据原始数据使用 P 值进行检验,可直接利用原始数据计算 P 值。这时,可按下列步骤操作。

用 Excel 计算正态分布 P 值的操作步骤

第 1 步:进入 Excel 表格界面,直接单击【fx】(插入函数)命令。

第 2 步:在函数分类中单击【统计】,并在函数名菜单下选择【ZTEST】,然后单击【确定】。

第 3 步:在所出现的对话框【Array】框中,输入原始数据所在区域;在【X】后输入参数的某一假定值(这里为 1.35);在【Sigma】后输入已知的总体标准差(若未总体标准差未知则可忽略不填,系统将自动使用样本标准差代替),如图 8.8 所示。

第 4 步:给出的分布左侧面积为 0.995421058,用 1 减去该值,即为单侧检验的 P 值,即 P 值 $=1-0.995421058=0.004578942$。

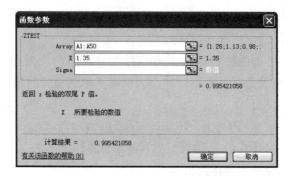

图 8.8　原始数据的 P 值计算过程

由于 P 值小于给定的显著性水平 $\alpha=0.01$，所以拒绝原假设，结论与统计量检验一致。

上面的决策过程可用下面的图 8.9 来表示。

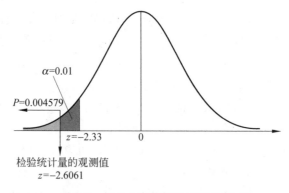

图 8.9　例 8.5 中的拒绝域和 P 值

【例 8.6】　某一小麦品种的平均产量为 $5200\text{kg}/\text{hm}^2$。一家研究机构对小麦品种进行了改良以期提高产量。为检验改良后的新品种产量是否有显著提高，随机抽取了 36 个地块进行试种，得到的样本平均产量为 $5275\text{kg}/\text{hm}^2$，标准差为 $120\text{kg}/\text{hm}^2$。试检验改良后的新品种产量是否有显著提高？（$\alpha=0.05$）

解　研究机构自然希望新品种产量能提高，因而也就想收集证据支持"产量有显著提高"的假设，也就是 $\mu>5200$。因此属于单侧检验问题，而且属于右侧检验。提出的假设为

$$H_0: \mu \leqslant 5200; \quad H_1: \mu > 5200。$$

计算检验统计量的具体数值得

$$z = \frac{5275 - 5200}{120/\sqrt{36}} = 3.75。$$

根据给定的显著性水平 $\alpha = 0.05$，查标准正态分布表得 $z_\alpha = z_{0.05} = 1.645$。由于 $z = 3.75 > z_{0.05} = 1.645$，所以拒绝原假设。检验结果表明：改良后的新品种产量有显著提高。

计算 P 值为 $0.000088 < \alpha = 0.05$，同样拒绝原假设。

上面的决策过程可用下面的图 8.10 来表示。

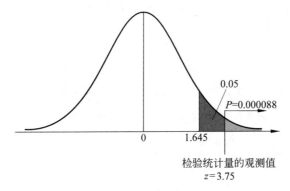

图 8.10　例 8.6 中的拒绝域和 P 值

上面通过 3 个例子介绍了一个总体均值的检验方法和步骤，这些步骤对以后介绍的其他检验也普遍适用。下面将对大样本总体均值的检验问题作一总结，见表 8.4。

表 8.4　大样本情况下一个总体均值的检验方法

	双侧检验	左侧检验	右侧检验
假设形式	$H_0: \mu = \mu_0$；$H_1: \mu \neq \mu_0$	$H_0: \mu \geq \mu_0$；$H_1: \mu < \mu_0$	$H_0: \mu \leq \mu_0$；$H_1: \mu > \mu_0$
检验统计量	σ 已知：$z = \dfrac{\bar{x} - \mu_0}{\sigma/\sqrt{n}}$；　σ 未知：$z = \dfrac{\bar{x} - \mu_0}{s/\sqrt{n}}$		
α 与拒绝域	$\lvert z \rvert > z_{\alpha/2}$	$z < -z_\alpha$	$z > z_\alpha$
P 值决策准则	$P < \alpha$，拒绝 H_0		

2　小样本的检验方法

在小样本（$n < 30$）情形下，检验统计量的选择与总体是否服从正态分布、总体方差是否已知有着密切联系。本节的内容都是首先以总体服从正态分

布为假定前提的[①],而后再依照总体方差是否已知来选择合适的检验统计量。

当总体方差 σ^2 已知时,即使是在小样本情况下,检验统计量式(8.2)仍然服从标准正态分布,因而仍可按式(8.2)给出的检验统计量对总体均值进行检验,检验的程序与大样本时完全相同,不再进行赘述。这里着重介绍小样本情形下总体方差未知时总体均值的检验方法。

对于小样本,当总体方差 σ^2 未知时,需要用样本方差 s^2 代替总体方差 σ^2,此时式(8.2)给出的检验统计量不再服从标准正态分布,而是服从自由度为 $n-1$ 的 t 分布。因此需要采用 t 分布来检验总体均值,通常称之为"t 检验"。检验的统计量为

$$t = \frac{\bar{x} - \mu_0}{s/\sqrt{n}}。 \tag{8.4}$$

下面的表 8.5 总结了小样本时总体均值的检验方法。

表 8.5 小样本情况下一个总体均值的检验方法

	双侧检验	左侧检验	右侧检验
假设形式	$H_0: \mu = \mu_0$;$H_1: \mu \neq \mu_0$	$H_0: \mu \geq \mu_0$;$H_1: \mu < \mu_0$	$H_0: \mu \leq \mu_0$;$H_1: \mu > \mu_0$
检验统计量	σ 未知:$t = \dfrac{\bar{x} - \mu_0}{s/\sqrt{n}}$ $\left(\sigma \text{ 已知}: z = \dfrac{\bar{x} - \mu_0}{\sigma/\sqrt{n}}\right)$		
α 与拒绝域	$\lvert t \rvert > t_{\alpha/2}(n-1)$	$t < -t_\alpha(n-1)$	$t > t_\alpha(n-1)$
P 值决策准则	$P < \alpha$,拒绝 H_0		

【例 8.7】 一种汽车配件的标准长度要求为 12cm,高于或低于该标准均被认为是不合格的。汽车生产企业在购进配件时,通常是经过招标,然后对中标的配件提供商提供的样品进行检验,以决定是否采购。现对一个配件提供商提供的 10 个样本进行了检验,结果如下(单位:cm)

12.2　10.8　12.0　11.8　11.9　12.4　11.3　12.2　12.0　12.3

假定该供货商生产的配件长度服从正态分布,在 0.05 的显著性水平下,检验该供货商提供的配件是否符合要求?

解 依题意建立如下原假设与备择假设:

$$H_0: \mu = 12; \quad H_1: \mu \neq 12。$$

[①] 如果无法确定总体是否服从正态分布,可以考虑将样本容量增大到 30 以上,然后按大样本的方法进行检验。当然也可以考虑使用本书以外的其他检验方法,如非参数符号检验法,有关非参数检验的内容请参考相关书籍。

根据样本数据计算得：$\bar{x}=11.89, s=0.4932$。

由于 $n<30$ 为小样本，采用式(8.4)计算检验统计量为

$$t=\frac{11.89-12}{0.4932/\sqrt{10}}=-0.7053。$$

根据自由度 $n-1=10-1=9$，查 t 分布表得 $t_{\alpha/2}(n-1)=t_{0.025}(9)=2.262$，由于 $|t|=0.7053<t_{0.025}(9)=2.262$，所以不拒绝原假设，样本提供的证据还不足以推翻原假设。

t 检验的 P 值同样可以利用 Excel 计算，具体操作步骤如下。

用 Excel 计算 t 分布 P 值的操作步骤

第 1 步：进入 Excel 表格界面，直接单击【fx】（插入函数）命令。

第 2 步：在函数分类中单击【统计】，并在函数名菜单下选择【TDIST】，然后单击【确定】。

第 3 步：在出现对话框的【X】栏中输入计算出的 t 的绝对值 0.7053；

在【Deg-freedom】（自由度）栏中，输入本例中的自由度 9；

在【Tails】栏中，输入 2（表明是双侧检验，如果是单测检验则在该栏输入 1）。

用 Excel 计算 P 值的结果为 0.498469786，如图 8.11 所示。

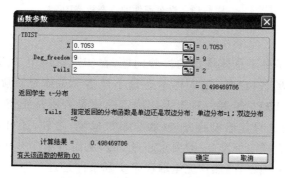

图 8.11　t 分布的 P 值计算过程

由于 P 值 $=0.498469786>0.05$，所以不拒绝原假设。

上面的决策过程可用下面的图 8.12 来表示。

为了判断该供货商生产的配件长度服从正态分布的假定是否成立，可以画出样本数据的正态概率图，如图 8.13 所示。

从图 8.13 可看出，该供货商生产的配件服从正态分布的假定基本上是成

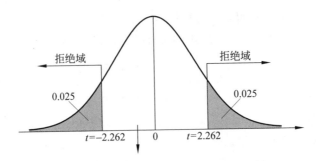

图 8.12　例 8.7 中的 t 分布的拒绝域

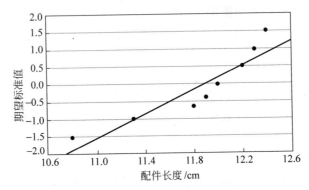

图 8.13　汽车配件的正态概率图

立的。

　　上面讨论了一个总体均值的检验问题,在实际应用中,首先需要弄清各种方法的适用场合,比如,是大样本还是小样本?总体是否服从正态分布?总体方差是否已知?等等。对于无法确定总体是否服从正态分布的小样本情形,除了考虑选择其他检验方法(如非参数检验)之外,还可以通过增加样本容量来达到大样本标准(一般要求超过 30),从而将小样本问题转换为大样本下的假设检验问题,当然这完全取决于实际条件是否允许。图 8.14 给出了一个总体检验的基本流程,作为不同情况下检验统计量选择形式的总结。

8.2.2　总体比例的检验

　　在参数估计一章中我们曾介绍了比例的概念。总体比例是指总体中具有某种相同特征的个体所占的比例,这些特征可以是数值型的(如一定的重量、一定的厚度或一定规格等),也可以是品质型的(如男女性别、学历等级、

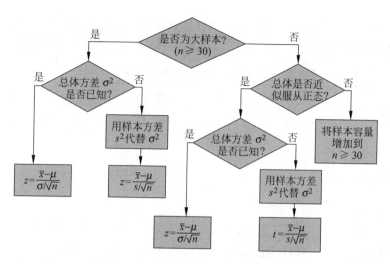

图 8.14　一个总体均值检验的基本流程

职称高低等)。通常用字母 π 表示总体比例,π_0 表示对总体比例的某一假设值,用 p 表示样本比例。总体比例的检验与上面介绍的总体均值检验基本上是相同的,区别只在于参数和检验统计量的形式不同。所以总体均值检验的整个程序都可以作为总体比例检验的参考,甚至有很多内容可以完全"照搬"。因此,本节将尽可能综合介绍总体比例的检验方法,而且只考虑大样本[1]情形下的总体比例检验[2]。

总体比例检验的三种基本形式为

双侧检验　　$H_0:\pi=\pi_0$,$H_1:\pi\neq\pi_0$;

左侧检验　　$H_0:\pi\geq\pi_0$,$H_1:\pi<\pi_0$;

右侧检验　　$H_0:\pi\leq\pi_0$,$H_1:\pi>\pi_0$。

在构造检验统计量时,仍然利用样本比例 p 与总体比例 π 之间的距离等于多少个标准差 σ_p 来衡量,因为在大样本情形下统计量 p 近似服从正态分布,而标准化统计量

$$z=\frac{p-\pi_0}{\sqrt{\dfrac{\pi_0(1-\pi_0)}{n}}}, \tag{8.5}$$

则近似服从标准正态分布。式(8.5)就是总体比例检验的统计量。

---

[1]　总体比例检验时,确定样本容量是否"足够大"的方法与总体比例的区间估计一样,参见第 7 章。

[2]　因为实践中较少对总体比例进行小样本检验,且其检验程序相对复杂。

在给定显著性水平 α 的条件下,总体比例检验的显著性水平、拒绝域和临界值的图示可参见图 8.1。表 8.6 总结了大样本情况下总体比例检验的一般方法。

表 8.6　大样本情况下一个总体比例的检验方法

	双侧检验	左侧检验	右侧检验
假设形式	$H_0:\pi=\pi_0$；$H_1:\pi\neq\pi_0$	$H_0:\pi\geq\pi_0$；$H_1:\pi<\pi_0$	$H_0:\pi\leq\pi_0$；$H_1:\pi>\pi_0$
检验统计量	$z=\dfrac{p-\pi_0}{\sqrt{\dfrac{\pi_0(1-\pi_0)}{n}}}$		
α 与拒绝域	$\|z\|>z_{\alpha/2}$	$z<-z_\alpha$	$z>z_\alpha$
P 值决策准则	$P<\alpha$,拒绝 H_0		

【例 8.8】 一种以休闲和娱乐为主题的杂志,声称其读者群中有 80% 为女性。为验证这一说法是否属实,某研究部门抽取了由 200 人组成的一个随机样本,发现有 146 个女性经常阅读该杂志。分别取显著性水平 $\alpha=0.05$ 和 $\alpha=0.01$,检验该杂志读者群中女性的比例是否为 80%？它们的 P 值各是多少？

解　研究机构想证明的是杂志所声称的说法是否属实,也就是读者中女性比例是否等于 80%,因此提出的原假设和备择假设为

$$H_0:\pi=80\%;\quad H_1:\pi\neq 80\%。$$

根据抽样结果计算得 $p=\dfrac{146}{200}=73\%$,检验统计量为

$$z=\dfrac{0.73-0.8}{\sqrt{\dfrac{0.8(1-0.8)}{200}}}=-2.475。$$

根据显著性水平 $\alpha=0.05$ 查标准正态分布表得 $z_{\alpha/2}=z_{0.025}=1.96$。由于 $|z|=2.475>z_{\alpha/2}=1.96$,所以拒绝原假设。在显著性水平为 0.05 的条件下,样本提供的证据表明该杂志的说法并不属实。

根据显著性水平 $\alpha=0.01$ 查标准正态分布表得 $z_{\alpha/2}=z_{0.05}=2.58$。由于 $|z|=2.475<z_{\alpha/2}=2.58$,所以不拒绝原假设。在显著性水平为 0.01 的条件下,样本提供的证据表明尚不能推翻原假设。

图 8.15(a) 和图 8.15(b) 分别显示了 0.05 和 0.01 显著性水平的拒绝域。

由 Excel 计算出的 P 值为 0.013328。显著性水平为 0.05 时,$P<\alpha=0.05$,拒绝 H_0；显著性水平为 0.01 时,$P>\alpha=0.01$,不拒绝 H_0。结论与统计量检验一致。

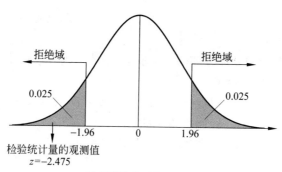

(a) 显著性水平为 0.05

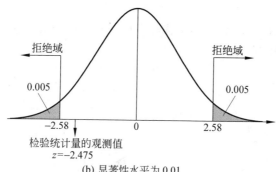

(b) 显著性水平为 0.01

图 8.15　例 8.8 中的拒绝域

从上面的例子可以看出,对于同一个检验,不同的显著性水平将会得出不同的结论。这是自然的,请读者领悟其中的道理。

总体比例左侧检验和右侧检验中拒绝域的建立,读者可直接参照相应的大样本情形下总体均值的检验方法,这里不再另作总结。

8.2.3　总体方差的检验

对于多数生产和生活领域而言,仅仅保证所观测到的样本均值维持在特定水平范围之内并不意味着整个过程的运转正常,方差的大小是否适度则是需要考虑的另一个重要因素。一个方差大的产品自然意味着其质量或性能不稳定。因此,总体方差 σ^2 的检验也是假设检验的重要内容之一。

与总体均值和总体比例检验所通常使用的抽样分布(正态分布或 t 分布)不同,一个总体方差的检验所利用的是 χ^2 分布[①]。此外,总体方差的检验,不

---

① 参见第 6 章和第 7 章的有关内容。

论样本容量 n 是大还是小,都要求总体服从正态分布,这是由检验统计量的抽样分布决定的。

用 σ_0^2 表示假定的总体方差的某一取值,总体方差假设检验的3种基本形式如下:

双侧检验　$H_0:\sigma^2=\sigma_0^2$, $H_1:\sigma^2\neq\sigma_0^2$;
左侧检验　$H_0:\sigma^2\geqslant\sigma_0^2$, $H_1:\sigma^2<\sigma_0^2$;
右侧检验　$H_0:\sigma^2\leqslant\sigma_0^2$, $H_1:\sigma^2>\sigma_0^2$。

检验的统计量为

$$\chi^2=\frac{(n-1)s^2}{\sigma_0^2}。 \tag{8.6}$$

对于给定的显著性水平 α,双侧检验的拒绝域如图8.16所示。对于单侧检验,拒绝域在分布一侧的尾部。

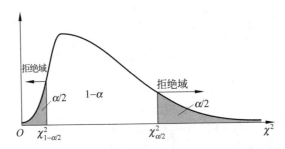

图8.16　显著性水平为 α 时双侧检验的临界值和拒绝域

表8.7总结了一个总体方差检验的一般方法。

表8.7　一个总体方差检验的方法

	双侧检验	左侧检验	右侧检验
假设形式	$H_0:\sigma^2=\sigma_0^2$; $H_1:\sigma^2\neq\sigma_0^2$	$H_0:\sigma^2\geqslant\sigma_0^2$; $H_1:\sigma^2<\sigma_0^2$	$H_0:\sigma^2\leqslant\sigma_0^2$; $H_1:\sigma^2>\sigma_0^2$
检验统计量		$\chi^2=\frac{(n-1)s^2}{\sigma_0^2}$	
α 与拒绝域	$\chi^2>\chi^2_{\alpha/2}(n-1)$ 或 $\chi^2<\chi^2_{1-\alpha/2}(n-1)$	$\chi^2<\chi^2_{1-\alpha}(n-1)$	$\chi^2>\chi^2_{\alpha}(n-1)$
P 值决策准则		$P<\alpha$,拒绝 H_0	

下面通过一个例子来说明总体方差假设检验的一般程序。

【例8.9】　啤酒生产企业采用自动生产线灌装啤酒,每瓶的装填量为

640ml,但由于受某些不可控因素的影响,每瓶的装填量会有差异。此时,不仅每瓶的平均装填量很重要,装填量的方差 σ^2 同样很重要。如果 σ^2 很大,会出现装填量太多或太少的情况,这样要么生产企业不划算,要么消费者不满意。假定生产标准规定每瓶装填量的标准差不应超过或不应低于 4ml。企业质检部门抽取了 10 瓶啤酒进行检验,得到的样本标准差为 $s=3.8$ml。试以 0.10 的显著性水平检验装填量的标准差是否符合要求?

解 依题意提出如下假设:
$$H_0:\sigma^2=4^2,\quad H_1:\sigma^2\neq 4^2。$$

计算的检验统计量为
$$\chi^2=\frac{(10-1)\times 3.8^2}{4^2}=8.1225。$$

根据显著性水平 $\alpha=0.10$ 和自由度 $(10-1)=9$ 查 χ^2 分布表得 $\chi^2_{0.10/2}(n-1)=\chi^2_{0.05}(10-1)=16.9190$,$\chi^2_{1-0.10/2}(n-1)=\chi^2_{0.95}(10-1)=3.32511$,由于 $\chi^2_{0.95}(9)=3.32511<\chi^2=8.1225<\chi^2_{0.05}(9)=16.9190$,所以不拒绝原假设 H_0。样本提供的证据还不足以推翻原假设。(若需要计算 P 值,可使用 Excel 统计函数中的【CHIDIST】函数)

上面检验的统计量和拒绝域可用图 8.17 表示。

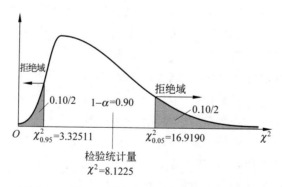

图 8.17 例 8.9 的检验统计量、临界值和拒绝域

实际应用中,右侧检验是最为常见的总体方差检验形式,因为一般来说,在涉及时间、含量、尺寸等测度的场合,人们总是希望其变化幅度很小,也就是有较小的方差,大的方差往往不被接受。针对这种情况,通常将"总体方差大于某一最大容许值"作为备择假设,其对立面作为原假设,再利用右侧检验的检验程序作出决策。当然,与总体均值和总体比例检验一样,也可以进行

其他形式的总体方差检验。

上面介绍了一个总体参数假设检验的问题,并详细总结了总体均值、总体比例以及总体方差检验的过程和拒绝域的图示,目的是帮助读者系统地掌握假设检验的一般方法和程序。至于下面将要介绍的两个总体参数的假设检验其程序也是一样的,只是统计量的计算要复杂一些。幸运的是,对于两个总体参数的检验,Excel 都有现成的程序(需要有原始数据)。因此在介绍上也主要是以 Excel 的应用为主,一般不再给出拒绝域的图示。

8.3 两个总体参数的检验

与第 7 章介绍的参数估计类似,两个总体参数的检验主要包括两个总体均值之差 $\mu_1-\mu_2$ 的检验、两个总体比例之差 $\pi_1-\pi_2$ 的检验和两个总体方差比 σ_1^2/σ_2^2 的检验等,检验的程序可仿照一个总体参数的检验进行。

8.3.1 两个总体均值之差的检验

在实际研究中,常常需要比较两个总体的差异,比如,一所学校的重点班和普通班两个班级学生的英语平均成绩是否有显著差异?生产企业在改进生产线后的平均产量与原生产线的平均产量相比是否有显著提高?等等,这些都属于两个总体均值之差($\mu_1-\mu_2$)的检验问题。

两个总体均值之差的 3 种基本假设检验形式如下[①]:

双侧检验　$H_0:\mu_1-\mu_2=0$, $H_1:\mu_1-\mu_2\neq 0$;
左侧检验　$H_0:\mu_1-\mu_2\geq 0$, $H_1:\mu_1-\mu_2<0$;
右侧检验　$H_0:\mu_1-\mu_2\leq 0$, $H_1:\mu_1-\mu_2>0$。

与参数估计类似,根据样本获得方式的不同,两个总体均值的检验也分为独立样本和匹配样本两种情形,而且也有大样本与小样本之分。

1　两个总体均值之差的检验:独立样本

两个总体均值之差检验的统计量是以两个样本均值之差($\bar{x}_1-\bar{x}_2$)的抽样分布为基础构造出来的。对于大样本和小样本两种情形,由于两个样本均值之差经标准化后的分布不同,检验的统计量也略有差异。

---

① 两个总体均值之差的假设值也可以是任意非零值,两个总体比例之差也一样。

(1) 大样本的检验方法

在大样本情况下,两个样本均值之差 $\bar{x}_1-\bar{x}_2$ 的抽样分布近似服从正态分布,而 $\bar{x}_1-\bar{x}_2$ 经过标准化后则服从标准正态分布。如果两个总体的方差 σ_1^2,σ_2^2 已知,则采用下面的检验统计量:

$$z=\frac{(\bar{x}_1-\bar{x}_2)-(\mu_1-\mu_2)}{\sqrt{\frac{\sigma_1^2}{n_1}+\frac{\sigma_2^2}{n_2}}}。 \tag{8.7}$$

当两个总体方差 σ_1^2,σ_2^2 未知时,可以分别用样本方差 s_1^2,s_2^2 替代,此时检验统计量为

$$z=\frac{(\bar{x}_1-\bar{x}_2)-(\mu_1-\mu_2)}{\sqrt{\frac{s_1^2}{n_1}+\frac{s_2^2}{n_2}}}。 \tag{8.8}$$

根据上面介绍的假设检验思路,可以将两个总体均值之差的检验方法概括成表 8.8。

表 8.8 独立大样本情况下两个总体均值之差的检验方法

	双侧检验	左侧检验	右侧检验
假设形式	$H_0:\mu_1-\mu_2=0$ $H_1:\mu_1-\mu_2\neq 0$	$H_0:\mu_1-\mu_2\geq 0$ $H_1:\mu_1-\mu_2<0$	$H_0:\mu_1-\mu_2\leq 0$ $H_1:\mu_1-\mu_2>0$
检验统计量	σ_1^2,σ_2^2 已知:$z=\frac{(\bar{x}_1-\bar{x}_2)-(\mu_1-\mu_2)}{\sqrt{\sigma_1^2/n_1+\sigma_2^2/n_2}}$;$\sigma_1^2,\sigma_2^2$ 未知:$z=\frac{(\bar{x}_1-\bar{x}_2)-(\mu_1-\mu_2)}{\sqrt{s_1^2/n_1+s_2^2/n_2}}$		
α 与拒绝域	$\|z\|>z_{\alpha/2}$	$z<-z_\alpha$	$z>z_\alpha$
P 值决策准则	$P<\alpha$,拒绝 H_0		

【例 8.10】 某公司对男女职员的平均小时工资进行了调查,独立抽取了具有同类工作经验的男女职员的两个随机样本,并记录下两个样本的均值、方差等数据如表 8.9 所示。

表 8.9 两个独立样本的有关计算结果

男性职员	女性职员
$n_1=44$	$n_2=32$
$\bar{x}_1=75$ 元	$\bar{x}_2=70$ 元
$s_1^2=64$ 元	$s_2^2=42.25$ 元

在显著性水平为 0.05 的条件下,能否认为男性职员与女性职员的平均小时工资存在显著差异[1]?

解 设 μ_1 为男性职员的平均小时工资;μ_2 为女性职员的平均小时工资。

这里关心的只是男女职员的平均小时工资是否存在差异,所以提出的原假设和备择假设为

$$H_0: \mu_1 - \mu_2 = 0, \quad H_1: \mu_1 - \mu_2 \neq 0。$$

由于两个总体的方差未知,所以采用式(8.8)给出的统计量,计算结果为

$$z = \frac{\overline{x}_1 - \overline{x}_2}{\sqrt{s_1^2/n_1 + s_2^2/n_2}} = \frac{75 - 70}{\sqrt{64/44 + 42.25/32}} = 3.002。$$

与显著性水平 $\alpha = 0.05$ 对应的临界值分别为 1.96 和 -1.96,由于 $|z| = 3.002 > z_{0.025} = 1.96$,所以拒绝原假设,可以认为该公司男女职员的平均小时工资之间存在显著差异。

(2) 小样本的检验方法

当两个样本都为独立小样本的情况下,检验两个总体的均值之差时,需要假定两个总体都服从正态分布。检验时有以下 4 种情况:

① 总体服从正态分布,当两个总体方差 σ_1^2 和 σ_2^2 已知时,无论样本容量的大小[2],两个样本均值之差的抽样分布都服从正态分布,这时可用式(8.7)作为检验的统计量[3]。

② 总体服从正态分布,当两个总体的方差 σ_1^2 和 σ_2^2 未知但相等时,即 $\sigma_1^2 = \sigma_2^2$,则需要用两个样本的方差 s_1^2 和 s_2^2 来估计,这是需要将两个样本的数据组合在一起,以给出总体方差的合并估计量[4],用 s_p^2,计算公式为

$$s_p^2 = \frac{(n_1 - 1)s_1^2 + (n_2 - 1)s_2^2}{n_1 + n_2 - 2}, \tag{8.9}$$

这时,两个样本均值之差经标准化后服从自由度为 $(n_1 + n_2 - 2)$ 的 t 分布,因

---

[1] 在有原始数据的情况下,当两个总体的方差已知时,可直接利用 Excel【数据分析】工具中的【z-检验:双样本平均差检验】来完成。

[2] 如果两个总体均服从正态分布且方差已知,两个总体均值之差的假设检验是无需区分样本容量大小的。

[3] 在这种情况下,可利用 Excel【数据分析】工具中提供的【z-检验:双样本平均差检验】进行检验。

[4] 与大样本下两个总体方差未知的处理方式不同,由于事先假定了两个总体方差相等,所以并不是利用两个样本方差 s_1^2, s_2^2 来分别估计两个总体方差,而是通过将两个样本方差"合并"之后直接给出总体方差 σ^2 的"合并估计量"。

而采用的检验统计量为[①]

$$t = \frac{(\bar{x}_1 - \bar{x}_2) - (\mu_1 - \mu_2)}{s_p \sqrt{\dfrac{1}{n_1} + \dfrac{1}{n_2}}}. \tag{8.10}$$

③ 总体服从正态分布,当两个总体的方差 σ_1^2 和 σ_2^2 未知且不相等时,即 $\sigma_1^2 \neq \sigma_2^2$,如果两个样本的样本容量相等,即 $n_1 = n_2 = n$,两个样本均值之差经标准化后服从自由度为 $n_1 + n_2 - 2 = 2(n-1)$ 的 t 分布,因而采用的检验统计量为[②]

$$t = \frac{(\bar{x}_1 - \bar{x}_2) - (\mu_1 - \mu_2)}{\sqrt{\dfrac{s_1^2}{n_1} + \dfrac{s_2^2}{n_2}}} = \frac{(\bar{x}_1 - \bar{x}_2) - (\mu_1 - \mu_2)}{\sqrt{\dfrac{s_1^2 + s_2^2}{n}}}. \tag{8.11}$$

④ 总体服从正态分布,当两个总体的方差 σ_1^2 和 σ_2^2 未知且不相等时,即 $\sigma_1^2 \neq \sigma_2^2$,而且两个样本的样本容量也不相等,即 $n_1 \neq n_2$,两个样本均值之差经标准化后不再服从自由度为 $(n_1 + n_2 - 2)$ 的 t 分布,而是近似服从自由度为 v 的 t 分布。这时检验的统计量为[③]

$$t = \frac{(\bar{x}_1 - \bar{x}_2) - (\mu_1 - \mu_2)}{\sqrt{\dfrac{s_1^2}{n_1} + \dfrac{s_2^2}{n_2}}}. \tag{8.12}$$

该统计量的自由度为 v,其计算公式为

$$v = \frac{\left(\dfrac{s_1^2}{n_1} + \dfrac{s_2^2}{n_2}\right)^2}{\dfrac{(s_1^2/n_1)^2}{n_1 - 1} + \dfrac{(s_2^2/n_2)^2}{n_2 - 1}}. \tag{8.13}$$

式(8.13)计算的自由度一般为非整数,需四舍五入后再查 t 分布表。

下面的表 8.10 总结了独立小样本情况下两个总体均值之差检验的一般方法。

[①] 在这种情况下,可利用 Excel【数据分析】工具中堤供的【t-检验:双样本等方差假设】进行检验。

[②] 在这种情况下,可利用 Excel【数据分析】工具中提供的【t-检验:双样本异方差假设】进行检验。

[③] 在这种情况下,也可利用 Excel【数据分析】工具中提供的【t-检验:双样本异方差假设】进行检验。

表 8.10 独立小样本情况下两个总体均值之差的检验方法

	双侧检验	左侧检验	右侧检验
假设形式	$H_0:\mu_1-\mu_2=0$ $H_1:\mu_1-\mu_2\neq 0$	$H_0:\mu_1-\mu_2\geqslant 0$ $H_1:\mu_1-\mu_2<0$	$H_0:\mu_1-\mu_2\leqslant 0$ $H_1:\mu_1-\mu_2>0$
检验统计量	σ_1^2 和 σ_2^2 已知	$z=\dfrac{(\bar{x}_1-\bar{x}_2)-(\mu_1-\mu_2)}{\sqrt{\dfrac{\sigma_1^2}{n_1}+\dfrac{\sigma_2^2}{n_2}}}$（拒绝域同上）	
	① σ_1^2,σ_2^2 未知 ② $\sigma_1^2=\sigma_2^2$	$t=\dfrac{(\bar{x}_1-\bar{x}_2)-(\mu_1-\mu_2)}{s_p\sqrt{\dfrac{1}{n_1}+\dfrac{1}{n_2}}}$ 自由度: n_1+n_2-2	
	① σ_1^2,σ_2^2 未知 ② $\sigma_1^2\neq\sigma_2^2$ ③ $n_1=n_2=n$	$t=\dfrac{(\bar{x}_1-\bar{x}_2)-(\mu_1-\mu_2)}{\sqrt{\dfrac{s_1^2}{n_1}+\dfrac{s_2^2}{n_2}}}=\dfrac{(\bar{x}_1-\bar{x}_2)-(\mu_1-\mu_2)}{\sqrt{\dfrac{s_1^2+s_2^2}{n}}}$ 自由度: $n_1+n_2-2=2(n-1)$	
	① σ_1^2,σ_2^2 未知 ② $\sigma_1^2\neq\sigma_2^2$ ③ $n_1\neq n_2$	$t=\dfrac{(\bar{x}_1-\bar{x}_2)-(\mu_1-\mu_2)}{\sqrt{\dfrac{s_1^2}{n_1}+\dfrac{s_2^2}{n_2}}}$, 自由度: $v=\dfrac{\left(\dfrac{s_1^2}{n_1}+\dfrac{s_2^2}{n_2}\right)^2}{\dfrac{(s_1^2/n_1)^2}{n_1-1}+\dfrac{(s_2^2/n_2)^2}{n_2-1}}$	
α 与拒绝域	$\|t\|>t_{\alpha/2}$	$t<-t_\alpha$	$t>t_\alpha$
P 值决策准则		$P<\alpha$, 拒绝 H_0	

【例 8.11】 甲、乙两台机床同时加工某种同类型的零件,已知两台机床加工的零件直径(单位:cm)分别服从正态分布 $N(\mu_1,\sigma_1^2)$,$N(\mu_2,\sigma_2^2)$,并且有 $\sigma_1^2=\sigma_2^2$。为比较两台机床的加工精度有无显著差异,分别独立抽取了甲机床加工的 8 个零件和乙机床加工的 7 个零件,通过测量得到如下数据,见表 8.11。

表 8.11 两台机床加工零件的样本数据 (单位:cm)

机床	零件直径							
甲	20.5	19.8	19.7	20.4	20.1	20.0	19.0	19.9
乙	20.7	19.8	19.5	20.8	20.4	19.6	20.2	

在 $\alpha=0.05$ 的显著性水平下,样本数据是否提供证据支持"两台机床加工的零件直径不一致"的看法?

解 提出的原假设和备择假设为
$$H_0: \mu_1 - \mu_2 = 0, \ H_1: \mu_1 - \mu_2 \neq 0。$$
两个独立样本的样本容量都小于 30，两个总体方差未知但相等。根据样本数据计算得
$$\bar{x}_1 = 19.925, \quad \bar{x}_2 = 20.143, \quad s_1^2 = 0.2164, \quad s_2^2 = 0.2729。$$
总体方差的合并估计量为
$$\begin{aligned} s_p^2 &= \frac{(n_1-1)s_1^2 + (n_2-1)s_2^2}{n_1+n_2-2} \\ &= \frac{(8-1) \times 0.2164 + (7-1) \times 0.2729}{8+7-2} \\ &= 0.2425。 \end{aligned}$$
计算的检验统计量为
$$t = \frac{\bar{x}_1 - \bar{x}_2}{s_p\sqrt{1/n_1+1/n_2}} = \frac{19.925-20.143}{\sqrt{(1/8+1/7) \times 0.2425}} = -0.855。$$

根据自由度 $n_1+n_2-2=8+7-2=13$，$\alpha=0.05$ 对应的 t 分布临界值分别是 2.160 和 −2.160，检验统计量的值没有落入拒绝域，因而不拒绝原假设。也就是说，在 0.05 的显著性水平下，没有理由认为甲、乙两台机床加工的零件直径不一致。

在有原始数据的情况下，上述检验可直接由 Excel 提供的检验程序进行，具体步骤如下。

Excel 进行检验的操作步骤

第 1 步：将原始数据输入到 Excel 工作表中。

第 2 步：选择【工具】下拉菜单并选择【数据分析】选项。

第 3 步：在【数据分析】对话框中选择【t-检验：双样本等方差假设】。

第 4 步：当对话框出现后

在【变量 1 的区域】方框中输入第一个样本的数据区域；

在【变量 2 的区域】方框中输入第二个样本的数据区域；

在【假设平均差】方框中输入两个总体均值之差的假定值（本例为 0）；

在【α】方框中输入给定的显著性水平（本例为 0.05）；

在【输出选项】选择计算结果的输出位置。

上述过程如图 8.18 所示。

第 5 步：单击【确定】。Excel 将给出的本例检验结果如表 8.12 所示。

图 8.18　Excel 的检验过程

表 8.12　Excel 输出的检验结果

	A	B	C
1	t-检验：双样本等方差假设		
2			
3		变量 1	变量 2
4	平均	19.925	20.14285714
5	方差	0.216428571	0.272857143
6	观测值	8	7
7	合并方差	0.242472527	
8	假设平均差	0	
9	df	13	
10	t Stat	-0.854848035	
11	P(T<=t) 单尾	0.204056849	
12	t 单尾临界	1.770931704	
13	P(T<=t) 双尾	0.408113698	
14	t 双尾临界	2.16036824	

可以看到,上述输出结果中的样本均值、样本方差、合并估计量、检验统计量的值与前面计算得到的结果基本一致(仅存在四舍五入的差别),由于例题中提出的是双侧检验,所以只需将检验统计量的值与输出结果中的"t 双尾临界"值进行比较,或是将"$P(T\leqslant t)$ 双尾"值 0.408113698 与 $\alpha=0.05$ 进行比较,就可以得到完全相同的决策结果。从两台机床加工零件尺寸的箱线图也可以看出两台机床加工零件直径有明显差异,见图 8.19。

从两台机床加工零件尺寸的正态概率图可以看出,对两台机床加工零件的直径服从正态分布的假定没有问题,见图 8.20。

【例 8.12】 以例 8.11 为背景,假定两台机床加工的零件直径(单位：cm)分别服从正态分布 $N(\mu_1,\sigma_1^2)$,$N(\mu_2,\sigma_2^2)$,并且有 $\sigma_1^2 \neq \sigma_2^2$。由于两个样本的

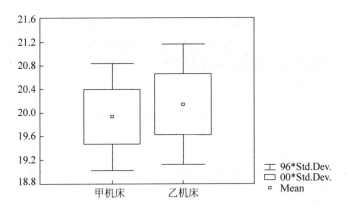

图 8.19　两台机床加工零件直径的 Mean/SD/1.96 * SD 箱线图

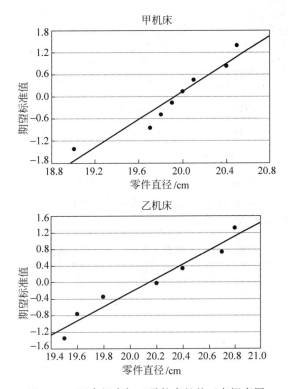

图 8.20　两台机床加工零件直径的正态概率图

样本容量不相等,即 $n_1 \neq n_2$,在 $\alpha=0.05$ 的显著性水平下,利用 Excel 检验:样本数据是否提供证据支持"两台机床加工的零件直径不一致"的看法?

解 根据给定的条件,应采用式(8.12)给出的统计量。在采用 Excel 进行检验时,与例 8.11 给出的步骤一样,只需要将第 3 步中的【t-检验:双样本等方差假设】改选成【t-检验:双样本异方差假设】即可。由 Excel 给出的检验结果如表 8.13 所示。

表 8.13 Excel 输出的检验结果

	A	B	C
1	t-检验:双样本异方差假设		
2			
3		变量 1	变量 2
4	平均	19.925	20.14285714
5	方差	0.216428571	0.272857143
6	观测值	8	7
7	假设平均差	0	
8	df	12	
9	t Stat	−0.847794808	
10	P(T<=t) 单尾	0.206571505	
11	t 单尾临界	1.782286745	
12	P(T<=t) 双尾	0.413143011	
13	t 双尾临界	2.178812792	

由于"$P(T \leqslant t)$ 双尾"值 $= 0.408113698 > \alpha = 0.05$,所以不拒绝原假设,没有理由认为甲、乙两台机床加工的零件直径不一致。

【例 8.13】 沿用第 7 章中例 7.8。为估计两种方法组装产品所需时间的差异,分别对两种不同的组装方法各随机安排 12 个工人,每个工人组装一件产品所需的时间如表 8.14 所示。

表 8.14 两种方法组装产品所需的时间　　　　　　（单位:min）

方法 1	方法 2	方法 1	方法 2
28.3	27.6	36.0	31.7
30.1	22.2	37.2	26.0
29.0	31.0	38.5	32.0
37.6	33.8	34.4	31.2
32.1	20.0	28.0	33.4
28.8	30.2	30.0	26.5

假定两种方法组装产品的时间服从正态分布,但方差未知且不相等。取显著性水平 0.05,能否认为方法 1 组装产品的平均时间显著地高于方法 2?

解 依题意提出如下假设:

$$H_0: \mu_1 - \mu_2 \leqslant 0, \quad H_1: \mu_1 - \mu_2 > 0.$$

由于两个样本的样本容量相等,所以采用式(8.11)给出的统计量。利用 Excel 中的【t-检验:双样本异方差假设】给出的检验结果如表 8.15 所示。

表 8.15 Excel 输出的检验结果

	A	B	C
1	t-检验:双样本异方差假设		
2			
3		变量 1	变量 2
4	平均	32.5	28.8
5	方差	15.99636364	19.35818182
6	观测值	12	12
7	假设平均差	0	
8	df	22	
9	t Stat	2.155607659	
10	P(T<=t) 单尾	0.021158417	
11	t 单尾临界	1.717144187	
12	P(T<=t) 双尾	0.042316835	
13	t 双尾临界	2.073875294	

由于"$P(T \leqslant t)$ 单尾"值 $= 0.021158417 < \alpha = 0.05$,所以拒绝原假设,有理由认为方法 1 组装产品的平均时间显著地高于方法 2。从两种方法组装产品所需时间的箱线图也可以明显看出,第一种方法所需的时间高于第二种方法,见图 8.21。

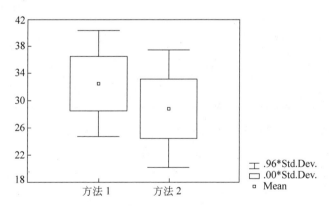

图 8.21 两种方法组装产品所需时间的 Mean/SD/1.96 * SD 箱线图

2 两个总体均值之差的检验:匹配样本

独立样本提供的数据值可能因为样本个体在其他因素方面的"不同质"

而对它们所提供的有关总体均值的信息产生干扰,为有效地排除样本个体之间这些"额外"差异带来的误差,可以考虑选用匹配样本。为便于介绍匹配样本时两个总体均值之差的假设检验,首先定义几个新的符号:

d_i　第 $i(i=1,\cdots,n)$ 个配对样本数据的差值;

$\bar{d}$　配对样本数据差值的平均值,即 $\bar{d} = \dfrac{\sum\limits_{i=1}^{n} d_i}{n}$;

s_d^2　配对样本数据差值的方差,即 $s_d^2 = \dfrac{\sum\limits_{i=1}^{n} (d_i - \bar{d})^2}{n-1}$。

在检验时,需要假定两个总体配对差值构成的总体服从正态分布[①],而且配对差是由差值总体中随机抽取的。对于小样本情形,配对差值经标准化后服从自由度为 $n-1$ 的 t 分布[②]。因此选择的检验统计量为[③]

$$t = \frac{\bar{d} - (\mu_1 - \mu_2)}{s_d/\sqrt{n}}。 \tag{8.14}$$

匹配小样本情形下两个总体均值之差的检验方法如表 8.16 所示。

表 8.16　匹配小样本情形下两个总体均值之差的检验方法

	双侧检验	左侧检验	右侧检验
假设形式	$H_0: \mu_1 - \mu_2 = 0$ $H_1: \mu_1 - \mu_2 \neq 0$	$H_0: \mu_1 - \mu_2 \geqslant 0$ $H_1: \mu_1 - \mu_2 < 0$	$H_0: \mu_1 - \mu_2 \leqslant 0$ $H_1: \mu_1 - \mu_2 > 0$
检验统计量	\multicolumn{3}{c}{$t = \dfrac{\bar{d}}{s_d/\sqrt{n}}$,自由度: $n-1$}
α 与拒绝域	$\lvert t \rvert > t_{\alpha/2}(n-1)$	$t < -t_\alpha(n-1)$	$t > t_\alpha(n-1)$
P 值决策准则	\multicolumn{3}{c}{$P < \alpha$,拒绝 H_0}

【例 8.14】　某饮料公司开发研制出一新产品,为比较消费者对新老产品口感的满意程度,该公司随机抽选一组消费者(共 8 人),每个消费者先品尝一种饮料,然后再品尝另一种饮料,两种饮料的品尝顺序是随机的,而后每个消

[①] 当差值总体为非正态分布时,不宜采用小样本配对数据 t 检验方法,这时可考虑用非参数检验中的符号等级检验。有兴趣的读者可参考非参数统计方面的书籍。

[②] 对于大样本情形,该统计量服从标准正态分布,此时可按正态分布进行检验。

[③] 在这种情况下,可利用 Excel【数据分析】工具中提供的【t-检验:平均值的成对二样本分析】进行检验。

费者要对两种饮料分别进行评分(0~10分),评分结果如表8.17所示。

表 8.17 两种饮料平分等级的样本数据

消费者编号		1	2	3	4	5	6	7	8
评价等级/分	旧饮料	5	4	7	3	5	8	5	6
	新饮料	6	6	7	4	3	9	7	6

取显著性水平 $\alpha=0.05$,该公司是否有证据认为消费者对两种饮料的评分存在显著差异?

解 设 μ_1=消费者对旧款饮料的平均评分,μ_2=消费者对新款饮料的平均评分。

依题意建立的原假设与备择假设为

$$H_0:\mu_1-\mu_2=0, \qquad H_0:\mu_1-\mu_2\neq 0。$$

利用 Excel 中的【t-检验:平均值的成对二样本分析】给出的检验结果如表8.18所示。

表 8.18 Excel 输出的检验结果

	A	B	C
1	t-检验:成对双样本均值分析		
2			
3		变量 1	变量 2
4	平均值	5.375	6
5	方差	2.553571429	3.428571429
6	观测值	8	8
7	泊松相关系数[注]	0.724206824	
8	假设平均差	0	
9	df	7	
10	t Stat	-1.357241785	
11	P(T<=t) 单尾	0.108418773	
12	t 单尾临界	1.894577508	
13	P(T<=t) 双尾	0.216837546	
14	t 双尾临界	2.36462256	

注:泊松相关系数,即为 Pearson 相关系数,见第11章一元线性回归。

由于"$P(T\leqslant t)$双尾"值$=0.216837546>\alpha=0.05$,所以不拒绝原假设,也就是说没有足够的证据支持"消费者对新老饮料的评分有显著差异"的看法。

图8.22总结了两个总体均值之差检验的不同情形及统计量的选择程序。

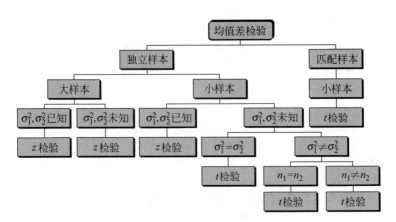

图 8.22　两个总体均值之差检验的不同情形及统计量的选择

8.3.2　两个总体比例之差的检验

两个总体比例之差 $\pi_1-\pi_2$ 的检验思路与一个总体比例的检验类似,只是由于涉及两个总体,在形式上相对复杂一些。

当 $n_1 p_1$,$n_1(1-p_1)$,$n_2 p_2$,$n_2(1-p_2)$ 都大于或等于 5 时,就可以认为是大样本。根据两个样本比例之差的抽样分布,可以得到两个总体比例之差检验的统计量为

$$z=\frac{(p_1-p_2)-(\pi_1-\pi_2)}{\sigma_{p_1-p_2}}, \tag{8.15}$$

其中 $\sigma_{p_1-p_2}=\sqrt{\dfrac{\pi_1(1-\pi_1)}{n_1}+\dfrac{\pi_2(1-\pi_2)}{n_2}}$,即两个样本比例之差抽样分布的标准差。

但由于两个总体的比例 π_1 和 π_2 是未知,需要利用两个样本比例 p_1,p_2 来估计 $\sigma_{p_1-p_2}$。这时有两种情况:一是在原假设成立的情况下,即 $H_0:\pi_1-\pi_2=0$ 或 $H_0:\pi_1=\pi_2$,$\pi_1=\pi_2=\pi$ 的最佳估计量是将两个样本合并后得到的合并比例 p。如果设 x_1 表示样本 1 中具有某种属性的单位数,x_2 表示样本 2 中具有某种属性的单位数,则合并后的比例为

$$p=\frac{x_1+x_2}{n_1+n_2}=\frac{p_1 n_1+p_2 n_2}{n_1+n_2}。 \tag{8.16}$$

这时两个样本比例之差 (p_1-p_2) 抽样分布的标准差 $\sigma_{p_1-p_2}$ 的最佳估计量为

$$\sigma_{p_1-p_2} = \sqrt{\frac{\pi_1(1-\pi_1)}{n_1} + \frac{\pi_2(1-\pi_2)}{n_2}}$$

$$= \sqrt{\frac{p(1-p)}{n_1} + \frac{p(1-p)}{n_2}} = \sqrt{p(1-p)\left(\frac{1}{n_1} + \frac{1}{n_2}\right)}。 \quad (8.17)$$

将式(8.17)代入到式(8.15)中得到两个总体比例之差检验的统计量为

$$z = \frac{p_1 - p_2}{\sqrt{p(1-p)\left(\frac{1}{n_1} + \frac{1}{n_2}\right)}}。 \quad (8.18)$$

第二种情况是,当我们要检验假设 $H_0:\pi_1-\pi_2=d_0, d_0 \neq 0$ 时,可直接用两个样本的比例 p_1 和 p_2 来作为相应两个总体比例 π_1 和 π_2 的估计量,从而得到两个样本比例之差抽样分布的标准差 $\sigma_{p_1-p_2}$ 的估计为

$$\sigma_{p_1-p_2} = \sqrt{\frac{\pi_1(1-\pi_1)}{n_1} + \frac{\pi_2(1-\pi_2)}{n_2}}$$

$$= \sqrt{\frac{p_1(1-p_1)}{n_1} + \frac{p_2(1-p_2)}{n_2}}。 \quad (8.19)$$

这时得到两个总体比例之差检验的统计量为

$$z = \frac{(p_1-p_2)-d_0}{\sqrt{\frac{p_1(1-p_1)}{n_1} + \frac{p_2(1-p_2)}{n_2}}}, \quad (8.20)$$

与两个总体均值之差类似,两个总体比例之差的检验方法可概括在下面的表 8.19 中。

表 8.19 两个总体比例之差的检验方法

	双侧检验	左侧检验	右侧检验
假设形式	$H_0:\pi_1-\pi_2=0$ $H_1:\pi_1-\pi_2\neq 0$	$H_0:\pi_1-\pi_2 \geqslant 0$ $H_1:\pi_1-\pi_2 < 0$	$H_0:\pi_1-\pi_2 \leqslant 0$ $H_1:\pi_1-\pi_2 > 0$
检验统计量	检验 $H_0:\pi_1-\pi_2=0$　$z=\dfrac{p_1-p_2}{\sqrt{p(1-p)\left(\frac{1}{n_1}+\frac{1}{n_2}\right)}}$ 检验 $H_0:\pi_1-\pi_2=d_0$　$z=\dfrac{(p_1-p_2)-d_0}{\sqrt{\frac{p_1(1-p_1)}{n_1}+\frac{p_2(1-p_2)}{n_2}}}$		
α 与拒绝域	$\|z\|>z_{\alpha/2}$	$z<-z_\alpha$	$z>z_\alpha$
P 值决策准则	$P<\alpha$,拒绝 H_0		

【例 8.15】 一所大学准备采取一项学生在宿舍上网收费的措施,为了解男女学生对这一措施的看法是否存在差异,分别抽取了 200 名男学生和 200 名女学生进行调查,其中的一个问题是:"你是否赞成采取上网收费的措施?"其中男学生表示赞成的比例为 27%,女学生表示赞成的比例为 35%。调查者认为,男学生中表示赞成的比例显著低于女学生。取显著性水平 $\alpha=0.05$,样本提供的证据是否支持调查者的看法?

解 设 $\pi_1=$ 男学生中表示赞成的比例,$\pi_2=$ 女学生中表示赞成的比例。依题意提出的原假设与备择假设应为

$$H_0: \pi_1-\pi_2 \geqslant 0, \quad H_1: \pi_1-\pi_2<0.$$

两个样本的比例分别为 $p_1=27\%, p_2=35\%$。

由于要检验"男学生中表示赞成的比例显著低于女学生"(不是检验二者的差值是多少),所以选择式(8.18)作为检验统计量。首先计算两个样本的合并比例 p:

$$p=\frac{n_1 p_1+n_2 p_2}{n_1+n_2}=\frac{200 \times 0.27+200 \times 0.35}{200+200}=0.31.$$

计算的检验统计量为

$$z=\frac{p_1-p_2}{\sqrt{p(1-p)\left(\dfrac{1}{n_1}+\dfrac{1}{n_2}\right)}}$$

$$=\frac{0.27-0.35}{\sqrt{0.31 \times(1-0.31) \times\left(\dfrac{1}{200}+\dfrac{1}{200}\right)}}=-1.72976.$$

由于 $z=-1.72976<-z_{0.05}=-1.645$,所以拒绝原假设,样本提供的证据是支持调查者的看法。由 Excel 计算的 P 值为 $0.041837<0.05$,同样拒绝原假设。

【例 8.16】 有两种方法生产同一种产品,方法 1 的生产成本较高而次品率较低,方法 2 的生产成本较低而次品率则较高。管理人员在选择生产方法时,决定对两种方法的次品率进行比较,如方法 1 比方法 2 的次品率低 8% 以上,则决定采用方法 1,否则就采用方法 2。管理人员从方法 1 生产的产品中随机抽取 300 个,发现有 33 个次品,从方法 2 生产的产品中也随机抽取 300 个,发现有 84 个次品。用显著性水平 $\alpha=0.01$ 进行检验,说明管理人员应决定采用哪种方法进行生产?

解 设 π_1=方法 1 的次品率,π_2=方法 2 的次品率。依题意提出的原假设与备择假设应为

$$H_0: \pi_2 - \pi_1 \leqslant 8\%, \quad H_1: \pi_2 - \pi_1 > 8\%.$$

两个样本的比例分别为 $p_1=11\%$,$p_2=28\%$。

因为要检验"方法 1 的次品率是否比方法 2 低 8%"(不是检验二者的差值是否等于 0),所以选择式(8.20)作为检验统计量。计算结果为

$$z = \frac{(0.11-0.28)-0.08}{\sqrt{\dfrac{0.11\times(1-0.11)}{300}+\dfrac{0.28\times(1-0.28)}{300}}} = -7.91229.$$

由于 $z=-7.91229<-z_{0.01}=-2.33$,所以拒绝原假设,表明方法 1 的次品率显著地低于方法 2 达 8%,所以应采用方法 1 进行生产。由 Excel 计算的 P 值为 $1.22E-15<0.01$,同样拒绝原假设。

8.3.3 两个总体方差比的检验

在实际应用中,经常要对两个总体的方差进行比较。在比较两个总体方差时,通常是对其比值 σ_1^2/σ_2^2(或 σ_2^2/σ_1^2)进行推断。由于当两个样本是从两个正态总体中分别独立地抽取时,方差比 σ_1^2/σ_2^2 的估计量的抽样分布是熟知的[①]。通常将原假设与备择假设的基本形式表示成两个总体方差比值与数值 1 之间的比较关系。

由于两个样本方差比 s_1^2/s_2^2 是两个总体方差比值 σ_1^2/σ_2^2 的理想估计量,而当样本容量为 n_1 和 n_2 的两个样本分别独立地抽自两个正态总体时,统计量

$$F = \frac{s_1^2/\sigma_1^2}{s_2^2/\sigma_2^2} \tag{8.21}$$

服从 $F(n_1-1, n_2-1)$ 分布,所以选择式(8.21)作为两个总体方差比检验的统计量。在原假设成立的条件下,检验统计量式(8.21)变为

$$F = \frac{s_1^2}{s_2^2} \quad \left(\text{或 } F = \frac{s_2^2}{s_1^2}\right). \tag{8.22}$$

两个总体方差比的检验方法概括在表 8.20 中。

可以看到,两个总体方差比的双侧检验是用较大的样本方差除以较小的

---

① 两个样本方差比的抽样分布为 F 分布。见第 6 章抽样与抽样分布。

样本方差(实际上顺序是任意的),这样做是为了能保证拒绝域总发生在抽样分布的右侧,所以只需将检验统计量的值与右侧的 $\alpha/2$ 分位数进行比较即可作出判断。而单侧检验时,也可以将任何一个单侧检验问题安排为右侧检验,如果想检验 σ_1^2 是否大于 σ_2^2,备择假设设为 $H_1: \frac{\sigma_1^2}{\sigma_2^2} > 1$;如果想检验 σ_1^2 是否小于 σ_2^2,备择假设则可设为 $H_1: \frac{\sigma_2^2}{\sigma_1^2} > 1$。所以无论是两个总体方差比的左侧检验还是右侧检验,二者的拒绝域相同。而 F 分布右侧的任何分位数都可以查表得到或由 Excel 算出。

表 8.20　两个总体方差比的检验方法

	双侧检验	左侧检验	右侧检验
假设形式	$H_0: \frac{\sigma_1^2}{\sigma_2^2}=1$；$H_1: \frac{\sigma_1^2}{\sigma_2^2} \neq 1$	$H_0: \frac{\sigma_1^2}{\sigma_2^2} \geq 1$；$H_1: \frac{\sigma_1^2}{\sigma_2^2} < 1$	$H_0: \frac{\sigma_1^2}{\sigma_2^2} \leq 1$；$H_1: \frac{\sigma_1^2}{\sigma_2^2} > 1$
检验统计量	$F=\frac{\text{较大的样本方差}}{\text{较小的样本方差}}$	$F=\frac{s_1^2}{s_2^2}$（或 $F=\frac{s_2^2}{s_1^2}$）	
α 与拒绝域	$F > F_{\alpha/2}(n_1-1, n_2-1)$	$F > F_\alpha(n_1-1, n_2-1)$	
P 值决策准则	$P < \alpha$,拒绝 H_0		

【例 8.17】　一家房地产开发公司准备购进一批灯泡,公司打算在两个供货商之间选择一家购买,两家供货商生产的灯泡平均使用寿命差别不大,价格也很相近,考虑的主要因素就是灯泡使用寿命的方差大小。如果方差相同,就选择距离较近的一家供货商进货。为此,公司管理人员对两家供货商提供的样品进行了检测,得到的数据如表 8.21 所示。

表 8.21　两家供货商提供的灯泡使用寿命数据　　　　（单位：h）

供货商 1	650	569	622	630	596
	637	628	706	617	624
	563	580	711	480	688
	723	651	569	709	632
供货商 2	568	681	636	607	555
	496	540	539	529	562
	589	646	596	617	584

试以 $\alpha=0.05$ 的显著性水平检验两家供货商灯泡使用寿命的方差是否有显著差异?

解 现在感兴趣的是两个总体方差是否存在显著差异,因而为双侧检验问题。建立的原假设与备择假设为

$$H_0: \frac{\sigma_1^2}{\sigma_2^2}=1, \quad H_1: \frac{\sigma_1^2}{\sigma_2^2}\neq 1.$$

尽管可以用统计量进行检验,这里还是建议使用 Excel 提供的检验程序。与上面给出的步骤类似,在【数据分析】对话框中选择【F-检验 双样本方差】即可。

需要特别注意的是:Excel 只给出了单侧检验程序,当 $s_1^2/s_2^2<1$ 时,做的是左侧检验

$$H_0: \sigma_1^2 \geqslant \sigma_2^2, \quad H_1: \sigma_1^2 < \sigma_2^2.$$

检验的拒绝域为 $F<F_{1-\alpha}(n_1-1, n_2-1)$。

当 $s_1^2/s_2^2>1$ 时,做的是右侧检验

$$H_0: \sigma_1^2 \leqslant \sigma_2^2, \quad H_1: \sigma_1^2 > \sigma_2^2.$$

检验的拒绝域为 $F>F_\alpha(n_1-1, n_2-1)$。

实际上也可以用来做双侧检验。给定显著性水平为 α 的双侧检验,用 Excel 做显著性水平为 $\alpha/2$ 的单侧检验(本例中应输入 0.025)。当 $F<s_1^2/s_2^2<1$ 时,输出结果中给出了左尾的临界值 $F_{1-\alpha/2}(n_1-1, n_2-1)$;当 $F=s_1^2/s_2^2>1$ 时,输出结果中给出了右尾的临界值 $F_{\alpha/2}(n_1-1, n_2-1)$($F$ 分布的中心位置大概在 1 左右)。实际上,对于双侧检验,当 $F=s_1^2/s_2^2<1$ 时,由于右侧临界值 $F_{\alpha/2}(n_1-1, n_2-1)>1$,所以只需将 F 值与左侧临界值 $F_{1-\alpha/2}(n_1-1, n_2-1)$ 相比,若 $F<F_{1-\alpha/2}(n_1-1, n_2-1)$,则拒绝原假设;同理,当 $F=s_1^2/s_2^2>1$ 时,只需将 F 值与右侧临界值 $F_{\alpha/2}(n_1-1, n_2-1)$ 相比。若 $F>F_{\alpha/2}(n_1-1, n_2-1)$ 则拒绝原假设。

将供货商 1 作为样本 1,供货商 2 作为样本 2。本例得到的检验结果如表 8.22 所示(显著性水平应输入 $\alpha/2=0.025$)。

由于 $s_1^2/s_2^2>1$,所以将检验统计量与 $F_{\alpha/2}(n_1-1, n_2-1)$ 进行比较。由于 $F=1.5116<F_{\alpha/2}=2.8607$,不拒绝原假设。若利用 P 值进行检验[①],则需将 Excel 输出的 P 值乘以 2,即 $P=2\times 0.217541513=0.435083027$,由于

---

① 在根据统计量计算 P 值时,可利用统计函数命令中的【FDIST】函数。

P 值$>\alpha=0.05$,同样也不拒绝原假设。没有证据认为这两个总体的方差有显著差异。

表 8.22 Excel 输出的检验结果

	A	B	C
1	F-检验 双样本方差分析		
2			
3		变量 1	变量 2
4	平均值	629.25	583
5	方差	3675.460526	2431.428571
6	观测值	20	15
7	df	19	14
8	F	1.511646515	
9	P(F<=f) 单尾	0.217541513	
10	F 单尾临界	2.860716108	

如果将样本 1 和样本 2 互换,即将供货商 2 定为样本 1(共 15 个),将供货商 1 定为样本 2(共 20 个),则 Excel 输出的结果如表 8.23 所示。

表 8.23 Excel 输出的检验结果

	A	B	C
1	F-检验 双样本方差分析		
2			
3		变量 1	变量 2
4	平均值	583	629.25
5	方差	2431.428571	3675.460526
6	观测值	15	20
7	df	14	19
8	F	0.661530318	
9	P(F<=f) 单尾	0.217541513	
10	F 单尾临界	0.349562157	

由于 $s_1^2/s_2^2<1$,这时应将统计量 F 值与左侧临界值 $F_{1-\alpha/2}$ 进行比较。由于 $F=0.6615>F_{1-0.025}=F_{0.975}=0.3496$,不拒绝原假设。利用 P 值进行检验,由于 $P=2\times0.217541513=0.435083027>\alpha=0.05$,同样不拒绝原假设。检验结果与上面完全一致。

图 8.23 是两个总体方差比双侧检验的图示。

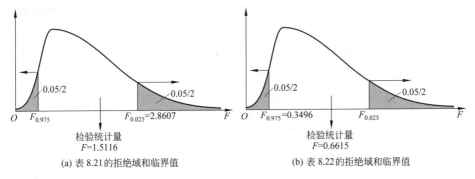

(a) 表 8.21 的拒绝域和临界值　　(b) 表 8.22 的拒绝域和临界值

图 8.23　两个总体方差比的双侧检验

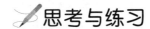

思考与练习

思考题

8.1　解释原假设和备择假设。

8.2　什么是标准化检验统计量？为什么要对统计量进行标准化？

8.3　怎样理解显著性水平？

8.4　怎样理解统计显著性与实际显著性？

8.5　样本容量的大小与显著性有怎样的关系？

8.6　第 I 类错误和第 II 类错误分别是指什么？它们发生的概率大小之间存在怎样的关系？

8.7　显著性水平对假设检验决策的意义是什么？

8.8　什么是 P 值？利用 P 值进行检验和利用统计量进行检验有什么不同？

8.9　在假设检验中，为什么采取"不拒绝原假设"而不采取"接受原假设"的表述方式？

8.10　怎样表述假设检验的结果？

8.11　比较单侧检验和双侧检验的区别。

8.12　大样本情形下的总体均值检验应该构造什么检验统计量？

8.13　分别列出大样本情形下总体均值左侧检验、右侧检验及双侧检验的拒绝域。

8.14　小样本情形下的总体均值检验应该构造什么检验统计量？应用前提是什么？

8.15 分别列出小样本情形下总体均值左侧检验、右侧检验及双侧检验的拒绝域。

8.16 总体比例检验中"大样本"概念是指什么？检验统计量的形式怎样？

8.17 简述假设检验的一般步骤。

8.18 总结不同情形总体均值检验的基本程序。

练习题

8.1 某乐器厂以往生产的乐器采用的是一种镍合金弦线，这种弦线的平均抗拉强度不超过 1035MPa，现产品开发小组研究了一种新型弦线，他们认为其抗拉强度得到了提高，但要寻找证据予以支持。在对研究小组开发的产品进行检验时，应该采取以下哪种形式的假设？为什么？

(1) $\begin{cases} H_0: \mu \leqslant 1035, \\ H_1: \mu > 1035; \end{cases}$ (2) $\begin{cases} H_0: \mu \geqslant 1035, \\ H_1: \mu < 1035; \end{cases}$ (3) $\begin{cases} H_0: \mu = 1035, \\ H_1: \mu \neq 1035. \end{cases}$

8.2 研究人员发现，当禽类被拘禁在一个很小的空间内时，就会发生同类相残的现象。一名孵化并出售小鸡的商人想检验某一品种的小鸡因为同类相残而导致的死亡率是否小于 0.04。试帮助这位商人定义检验参数并建立适当的原假设和备择假设。

8.3 一条产品生产线用于生产玻璃纸，正常状态下要求玻璃纸的横向延伸率为 65，质量控制监督人员需要定期进行抽检，如果证实玻璃纸的横向延伸率不符合规格，该生产线就必须立即停产调整。监控人员应该怎样提出原假设和备择假设，来达到判断该生产线是否运转正常的目的？

8.4 一家大型超市连锁店上个月接到许多消费者投诉某种品牌炸土豆片中 60g 一袋的某种土豆片的重量不符。店方猜想引起这些投诉的原因是运输过程中沉积在食品袋底部的土豆片碎屑，但为了使顾客们对花钱买到的土豆片感到物有所值，店方仍然决定对来自于一家最大的供应商的下一批袋装炸土豆片的平均重量(单位：g) μ 进行检验，假设陈述如下

$$H_0: \mu \geqslant 60, \quad H_1: \mu < 60。$$

如果有证据可以拒绝原假设，店方就拒收这批炸土豆片并向供应商提出投诉。

(1) 与这一假设检验问题相关联的第Ⅰ类错误是什么？

(2) 与这一假设检验问题相关联的第Ⅱ类错误是什么？

(3) 你认为连锁店的顾客们会将哪类错误看得较为严重？而供应商

会将哪类错误看得较为严重？

8.5 某种纤维原有的平均强度不超过6g，现希望通过改进工艺来提高其平均强度。研究人员测得了100个关于新纤维的强度数据，发现其均值为6.35g。假定纤维强度的标准差仍保持为1.19g不变，在5%的显著性水平下对该问题进行假设检验。

(1) 选择检验统计量并说明其抽样分布是什么样的？
(2) 检验的拒绝规则是什么？
(3) 计算检验统计量的值，你的结论是什么？

8.6 一项调查显示，每天每个家庭看电视的平均时间为7.25h，假定该调查中包括了200个家庭，且样本标准差为平均每天2.5h。据报道，10年前每天每个家庭看电视的平均时间是6.70h，取显著性水平$\alpha=0.01$，这个调查是否提供了证据支持你认为"如今每个家庭每天收看电视的平均时间增加了"？

8.7 从一个正态总体中抽取的20个样本数据如下表：

| 8.1 | 8.8 | 8.4 | 8.2 | 8.3 | 8.2 | 8.2 | 8.3 | 8.5 | 8.1 |
| 8.4 | 8.4 | 8.3 | 8.5 | 8.4 | 8.5 | 8.2 | 8.7 | 8.6 | 8.3 |

在$\alpha=0.01$的显著性水平下，检验假设：$H_0:\mu=8.3, H_1:\mu\neq 8.3$。

8.8 为监测空气质量，某城市环保部门每隔几周对空气烟尘质量进行一次随机测试。已知该城市过去每立方米空气中悬浮颗粒的平均值是$82\mu g$。在最近一段时间的检测中，每立方米空气中悬浮颗粒的数值如下（单位：μg）：

81.6	86.6	80.0	71.6
96.6	74.9	83.0	85.5
68.6	70.9	88.5	94.9
77.3	76.1	92.2	72.5
85.8	68.7	58.3	72.4
66.6	71.7	73.2	73.2
78.6	61.7	86.9	75.6
74.0	82.5	87.0	83.0

根据最近的测量数据，在显著性水平$\alpha=0.01$时，能否认为该城市空气中悬浮颗粒的平均值显著低于过去的平均值？

8.9 安装在一种联合收割机的金属板的平均重量为25kg。对某企业生

产的 20 块金属板进行测量,得到的重量数据如下:

22.6	26.6	23.1	23.5
27.0	25.3	28.6	24.5
26.2	30.4	27.4	24.9
25.8	23.2	26.9	26.1
22.2	28.1	24.2	23.6

假设金属板的重量服从正态分布,在 $\alpha=0.05$ 显著性水平下,检验该企业生产的金属板是否符合要求?

8.10 在对消费者的一项调查表明,17%的人早餐饮料是牛奶。某城市的牛奶生产商认为,该城市的人早餐饮用牛奶的比例更高。为验证这一说法,生产商随机抽取 550 人的一个随机样本,其中 115 人早餐饮用牛奶。在 $\alpha=0.05$ 显著性水平下,检验该生产商的说法是否属实?

8.11 经验表明,一个矩形的宽与长之比等于 0.618 时会给人们比较良好的感觉。某工艺品企业生产的矩形工艺品框架的宽与长要求也按这一比例设计,假定其总体服从正态分布,现随机抽取了 20 个框架测得比值分别为

0.699	0.749	0.654	0.670	0.612
0.672	0.615	0.606	0.690	0.628
0.668	0.611	0.606	0.609	0.601
0.553	0.570	0.844	0.576	0.933

在显著性水平 $\alpha=0.05$ 时,能否认为该企业生产的工艺品框架宽与长的平均比例为 0.618?

8.12 一位著名的医生声称有 75%的女性所穿鞋子过小,一个研究组织对 356 名女性进行了研究,发现其中有 313 名妇女所穿鞋子的号码至少小一号。取 $\alpha=0.01$,检验如下的假设:

$$H_0: \pi=0.75, \quad H_1: \pi \neq 0.75.$$

对这位医生的论断你有什么看法?

8.13 一个视频录像设备(VCR)的平均使用寿命为 6 年,标准差为 0.75 年,而抽选了由 30 台电视组成的一个随机样本表明,电视使用寿命的样本方差为 2 年。试构造一个假设检验,能够帮助判定电视的使用寿命的方差是否显著大于视频录像设备的使用寿命的标准差。并在 $\alpha=0.05$ 的

显著性水平下作出结论。

8.14 某生产线是按照两种操作平均装配时间之差为 5min 而设计的，两种装配操作的独立样本产生如下资料：

操 作 A	操 作 B
$n_1 = 100$	$n_2 = 50$
$\bar{x}_1 = 14.8$	$\bar{x}_2 = 10.4$
$s_1 = 0.8$	$s_2 = 0.6$

对 $\alpha = 0.02$，检验平均装配时间之差是否等于 5min。

8.15 某市场研究机构用一组被调查者样本来给某特定商品的潜在购买力打分。样本中每个人都分别在看过该产品的新的电视广告之前与之后打分。潜在购买力的分值为 0～10 分，分值越高表示潜在购买力越高。原假设认为"看后"平均得分小于或等于"看前"平均得分，拒绝该假设就表明广告提高了平均潜在购买力得分。对 $\alpha = 0.05$ 的显著性水平，用下列数据检验该假设，并对该广告给予评价。

个体	购买力得分		个体	购买力得分	
	看后	看前		看后	看前
1	6	5	5	3	5
2	6	4	6	9	8
3	7	7	7	7	5
4	4	3	8	6	6

8.16 某企业为比较两种方法对员工进行培训的效果，采用方法 1 对 15 名员工进行培训，采用方法 2 对 12 名员工进行培训。培训后的测试分数如下：

方 法 1			方 法 2		
56	51	45	59	57	53
47	52	43	52	56	65
42	53	52	53	55	53
50	42	48	54	64	57
47	44	44			

在 $\alpha = 0.05$ 显著性水平下，检验两种方法的培训效果是否有差异？

8.17 利用下面的样本信息检验假设：$H_0: \pi_1 - \pi_2 = 0, H_0: \pi_1 - \pi_2 \neq 0$。($\alpha = 0.05$)

样 本 1	样 本 2
$n_1 = 368$	$n_2 = 558$
$x_1 = 175$	$x_2 = 182$

8.18 为研究小企业经理们是否认为他们获得了成功。在随机抽取 100 个小企业的女性经理中，认为自己成功的人数为 24 人；而在对 95 个男性经理的调查中，认为自己成功的人数为 39 人。在 $\alpha = 0.01$ 的显著性水平下，检验男女经理认为自己成功的人数比例是否有显著差异？

8.19 在旅游业中，特定目的地的旅游文化由旅游手册提供，这种小册子由旅游管理当局向有需要的旅游者免费提供。有人曾进行过一项研究，内容是调查信息的追求者（即需要旅游手册者）与非追求者之间在种种旅游消费方面的差别。两个独立随机样本分别由 288 名信息追求者和 367 名非信息追求者组成。对样本成员就他们最近一次离家两天或两天以上的愉快旅行或度假提出若干问题。问题之一是："你这次度假是积极的（即主要包括一些富有挑战性的事件或教育活动），还是消极的（即主要是休息和放松）？"每个样本中消极休假的人数列于下表，试问：这些数据是否提供了充分证据，说明信息追求者消极度假的可能性比非信息追求者小？显著性水平 $\alpha = 0.10$。

	信息追求者	非信息追求者
被调查人数	288	367
消极度假人数	197	301

8.20 来自总体 1 的一个容量为 16 的样本的方差 $s_1^2 = 5.8$，来自总体 2 的一个容量为 20 的样本的方差 $s_2^2 = 2.4$。在 $\alpha = 0.05$ 显著性水平下，检验下列假设：

$$H_0: \sigma_1^2 \leqslant \sigma_2^2, \quad H_1: \sigma_1^2 > \sigma_2^2.$$

8.21 若检验的原假设为 $H_0: \sigma_1^2/\sigma_2^2 = 1$，对下列情况计算检验统计量的值。

(1) $H_1: \sigma_1^2/\sigma_2^2 > 1, s_1^2 = 1.75$。$s_2^2 = 1.23$。

(2) $H_1: \sigma_1^2/\sigma_2^2 < 1, s_1^2 = 1.52$。$s_2^2 = 5.90$。

(3) $H_1: \sigma_1^2/\sigma_2^2 \neq 1, s_1^2 = 2264$。$s_2^2 = 4009$。

8.22 下面为来自两个正态总体的样本数据,在 $\alpha=0.05$ 的显著性水平下,检验下列假设:

$$H_0: \sigma_1^2 \geqslant \sigma_2^2, \quad H_1: \sigma_1^2 < \sigma_2^2。$$

样 本 1		样 本 2	
130	173	160	104
146	177	92	149
124	122	164	162
152	130	166	136
147	102	176	157
		197	110

8.23 生产工序中的方差是工序质量的一个重要测度,通常较大的方差就意味着要通过寻找减小工序方差的途径来改进工序。某杂志上刊载了关于两部机器生产的袋茶重量的数据(单位:g)如下,请进行检验以确定这两部机器生产的袋茶重量的方差是否存在显著差异。取 $\alpha=0.05$。

机器 1	2.95	3.45	3.50	3.75	3.48	3.26	3.33	3.20
	3.16	3.20	3.22	3.38	3.90	3.36	3.25	3.28
	3.20	3.22	2.98	3.45	3.70	3.34	3.18	3.35
	3.12							
机器 2	3.22	3.30	3.34	3.28	3.29	3.25	3.30	3.27
	3.38	3.34	3.35	3.19	3.35	3.05	3.36	3.28
	3.30	3.28	3.30	3.20	3.16	3.33		

8.24 为比较新旧两种肥料对产量的影响,以便决定是否采用新肥料。研究者选择了面积相等、土壤等条件相同的 40 块田地,分别施用新旧两种肥料,得到的产量数据如下:

旧 肥 料					新 肥 料				
109	101	97	98	100	105	109	110	118	109
98	98	94	99	104	113	111	111	99	112
103	88	108	102	106	106	117	99	107	119
97	105	102	104	101	110	111	103	110	119

取显著性水平 $\alpha=0.05$ 用 Excel 检验:

(1) 新肥料获得的平均产量是否显著地高于旧肥料？假定条件为

① 两种肥料产量的方差未知但相等，即 $\sigma_1^2 = \sigma_2^2$。

② 两种肥料产量的方差未知且不相等，即 $\sigma_1^2 \neq \sigma_2^2$。

(2) 两种肥料产量的方差是否有显著差异？

人物传记[①]

Egon Sharpe Pearson

E. S. Pearson(1895—1980)出生于英国伦敦，是 K. Pearson 之子。他在剑桥大学接受教育，并紧跟他父亲的脚步。早期，E. S. Pearson 进入了伦敦大学院他父亲所在的系；1933 年，他父亲辞职后，他担任了为取代他父亲而设立的新职务之一，另一个职务由 R. A. Fisher 担任。在担任这一职务和 *Biometrika* 杂志主编的过程中，他为统计学作出了十分重要的贡献（他本人发表了大约 133 篇论文）；最重要的是，他同 J. Neyman 一起作为一代假设检验理论的创立者而知名。

Neyman-Pearson 方法与 Fisher 的方法有很大区别，也正是这一区别导致了长期且痛苦的论战。Fisher 认为假设检验是一种程序，研究人员依照这一程序可以对某一总体参数形成一种判断，与之不同的是，Neyman-Pearson 把它看作是一种方法，决策者在不确定的条件下进行运作，利用这一方法可以在两种可能中做出明确选择，而同时又要控制错误发生的概率（并使相关成本达到最小）。Fisher 只假定一个参数的取值，而 Neyman-Pearson 则明确地给出两个对立假设，H_0 和 H_a——W. S. Gosset 对他们的建议。这第一步就与 Fisher 完全忽视备择假设的做法形成鲜明对比。（在 Fisher 的方法中，如果判定考察的参数值不可能是真值，那么什么才是参数真值呢？）

[①] 资料来源：参考文献（Heinz，1998，p.295）。

此外，Neyman-Pearson 引入了正式的接受/拒绝原则，也引入了两类错误的概念（发生的概率分别为 α 和 β），他们还研究了犯这两类错误的成本。（Fisher 作为一个从事研究的科学家，他对这类成本表现得不关心或许是可以理解的。事实上，譬如说一个药品制造商做出错误决策所带来的成本与一个遗传学研究者提出错误观点所带来的成本有本质差别。）

最后，Neyman-Pearson 还引入了假设检验势的概念，并注意到获取观测数据的成本（取决于样本容量）是如何与犯第 I 类或第 II 类错误所带来的成本之间进行转换的。

第9章

方差分析与试验设计

> 警惕过多地检验。你对数据越苛求,数据会越多地向你供认,但在威逼下得到的供词,在科学询查的法庭上是不容许的。
>
> ——Stephen M.Stigler

统计应用: SARS病毒灭活疫苗临床试验

2004年12月5日,科技部、卫生部、国家食品药品监督管理局共同宣布:中国自主研制的SARS病毒灭活疫苗Ⅰ期临床试验圆满结束。经对36人的试验结果表明,36位受试者均未出现异常反应,其中24位接种疫苗的受试者全部产生了抗体,这表明我国自主研制的疫苗是安全有效的。Ⅰ期临床试验的完成,标志着SARS疫苗研究的难关已经基本攻克。中国由此成为世界上第一个完成SARS灭活疫苗Ⅰ期临床试验的国家。

2003年SARS疫情发生后,全国防治非典型肺炎指挥部科技攻关组迅速成立,并将SARS疫苗的研制确定为其重要任务之一。科技部积极组织协调,形成了由北京科兴生物制品有限公司、中国疾病预防控制中心病毒病预防控制所、中国医学科学院实验动物研究所共同组成的疫苗研制项目课题组,研究人员包括北京科兴生物制品有限公司、中国医学科学院实验动物研究所、中国疾病预防控制中心病毒病预防控制所、中日友好医院等部门在内的100多位科研人员和医生。这项攻关课题启动于2003年春非典疫情初期。参与研制的临床医师、科研人员和疫苗生产企业人员的通力合作,顺利完成了

SARS疫苗临床前研究。

2004年1月19日，SARS病毒灭活疫苗获准进入Ⅰ期临床研究，主要目的是评价其安全性，并得出初步免疫原性。本次试验共选择36名年龄在21岁到40岁的健康人作为志愿者，男女各18人，在中日友好医院接受了SARS疫苗临床研究。免疫接种分16个单位和32个单位两种剂量，并设安慰剂(不含疫苗的有效成分)对照组，各12人。这次SARS疫苗临床研究方案经过有关部门严格审核，完全按照国际规范，采用知情同意、伦理审查、随机双盲等规范化操作。

本次SARS病毒灭活疫苗Ⅰ期临床采用随机双盲的实验设计，以防止由于对治疗的了解而引起的有意识和无意识的在实施和评价临床试验中的偏差。受试者和参加临床试验或临床评价的研究人员或疫苗研制方的工作人员均不知道也不能识别受试者接受了何种注射(疫苗或安慰剂)。疫苗研制者提供外观完全无区别的A与B两种"疫苗"，医护人员和受试者均不知A与B哪个是试验疫苗或安慰剂(安慰剂不含SARS病毒灭活疫苗的有效成分)。在试验实施过程中一直保持盲态。只有在试验结束、完成数据清理、数据已达到可以接受水平，可由指定人员揭盲，打开密封的设盲信封，从而知道哪个受试者接种的是试验疫苗，哪个受试者接种的是安慰剂。

任何新药在广泛地用于临床之前，都需要先在动物身上进行试验，证明它安全有效；然后要在健康的志愿者中进行一个剂量或一个疗程的耐受试验，证明人体能够耐受并给出临床上将来能够使用的安全剂量，最后要在患者身上进行试验。试验设计是取得数据的有效方法，而试验设计数据的分析方法则主要是本章将要介绍的方差分析。

方差分析是在20世纪20年代发展起来的一种统计方法，它的基本原理是由英国统计学家R. A. Fisher在进行试验设计时为解释试验数据而首先引入的。目前，方差分析方法被广泛应用于分析心理学、生物学、工程和医药的试验数据。从形式上看，方差分析是比较多个总体的均值是否相等，但本质上它所研究的是变量之间的关系，这与第10章和第11章中将要介绍的回归分析方法有许多相同之处,但又有本质区别①。在研究一个(或多个)分类型自变量与一个数值型因变量之间的关系时,方差分析就是其中的主要方法之一。本章将要介绍的内容包括单因素方差分析、双因素方差分析以及试验设计的基本知识。

9.1 方差分析引论

与第 8 章介绍的假设检验方法相比,方差分析不仅可以提高检验的效率,同时由于它是将所有的样本信息结合在一起,也增加了分析的可靠性。例如,设 4 个总体的均值分别为 $\mu_1, \mu_2, \mu_3, \mu_4$,如果用一般假设检验方法,如 t 检验,一次只能研究两个样本,要检验 4 个总体的均值是否相等。需要作 6 次检验:检验 1 $H_0: \mu_1 = \mu_2$,检验 2 $H_0: \mu_1 = \mu_3$,检验 3 $H_0: \mu_1 = \mu_4$,检验 4 $H_0: \mu_2 = \mu_3$,检验 5 $H_0: \mu_2 = \mu_4$,检验 6 $H_0: \mu_3 = \mu_4$。很显然,作这样的两两比较十分繁琐。而且,每次检验两个的做法共需进行 6 次不同的检验,如果 $\alpha = 0.05$,每次检验犯第 Ⅰ 类错误的概率都是 0.05,作多次检验会使犯第 Ⅰ 类错误的概率相应地增加,检验完成时,犯第 Ⅰ 类错误的概率会大于 0.05,即连续作 6 次检验犯第 Ⅰ 类错误的概率为 $1-(1-\alpha)^6 = 0.265$,而置信水平则会降低到 $0.95^6 = 0.735$。

一般来说,随着增加个体显著性检验的次数,偶然因素导致差别的可能性也会增加(并非均值真的存在差别)。而方差分析方法是同时考虑所有的样本,因此排除了累积错误的概率,从而避免拒绝一个真实的原假设。

---

① 在研究两个数值型变量的关系时,所用的方法则是回归分析,见第 10 章。方差分析与回归分析表面上看有很大差别,实际上,它们之间有密切的关系。

两种方法的主要区别是:方差分析中沿水平轴的自变量是分类变量,而回归分析沿水平轴的自变量是数值型变量。在方差分析中,既然自变量是分类变量,那就可以把它放在水平轴的任意位置上,见图 9.1。在该图中,4 个行业实际上可以放在水平轴的任何位置上,例如,可以按其他方式来排列这 4 个行业,这时散点图的形式就会有所不同。因此,既然散点图上"行业"排列的位置是任意的,若再像回归分析那样作一条穿过各点的直线也就毫无意义。而回归分析则不同,自变量是数值型变量,它在水平轴上的位置是从低到高的数值排列的,因此只有一种方式来放这些数值,并且可以画出一条穿过这些点的直线。

当所有自变量都是分类型变量时,常常用方差分析方法来代替多元回归分析。

9.1.1 方差分析及其有关术语

▶**定义 9.1** 检验多个总体均值是否相等的统计方法,称为方差分析 (analysis of variance, ANOVA)。

方差分析研究的是分类型自变量对数值型因变量的影响,例如,它们之间有没有关系、关系的强度如何等,所采用的方法就是通过检验各总体的均值是否相等来判断分类型自变量对数值型因变量是否有显著影响。

为更好地理解方差分析的含义,先通过一个例子来说明方差分析的有关概念以及方差分析所要解决的问题。

【**例 9.1**】 消费者与产品生产者、销售者或服务的提供者之间经常发生纠纷。当发生纠纷后,消费者常常会向消费者协会投诉。为了对几个行业的服务质量进行评价,消费者协会在零售业、旅游业、航空公司、家电制造业分别抽取了不同的企业作为样本。其中零售业抽取 7 家,旅游业抽取 6 家,航空公司抽取 5 家,家电制造业抽取 5 家。每个行业中所抽取的这些企业,假定它们在服务对象、服务内容、企业规模等方面基本上是相同的。然后统计出最近一年中消费者对总共 23 家企业投诉的次数,结果如表 9.1 所示。

表 9.1 消费者对 4 个行业的投诉次数

	B	C	D	E
1	行业			
2	零售业	旅游业	航空公司	家电制造业
3	57	68	31	44
4	66	39	49	51
5	49	29	21	65
6	40	45	34	77
7	34	56	40	58
8	53	51		
9	44			

一般而言,受到投诉的次数越多,说明服务的质量也就越差。消费者协会想知道这几个行业之间的服务质量是否有显著差异?

要分析 4 个行业之间的服务质量是否有显著差异,实际上也就是要判断"行业"对"投诉次数"是否有显著影响,作出这种判断最终归结为检验这 4 个行业被投诉次数的均值是否相等。如果它们的均值相等,就意味着"行业"对投诉次数是没有影响的,也就是它们之间的服务质量没有显著差异;如果均值不全相等,则意味着"行业"对投诉次数是有影响的,它们之间的服务质量应该有显著差异。

为便于表述,先给出如下定义:

▶ 定义9.2　在方差分析中,所要检验的对象称为因素或因子(factor)。

▶ 定义9.3　因素的不同表现称为水平或处理(treatment)。

▶ 定义9.4　每个因子水平下得到的样本数据称为观测值。

例如,在例9.1中,是要分析行业对投诉次数是否有显著影响。这里的"行业"是要检验的对象,称为"因素"或"因子";零售业、旅游业、航空公司、家电制造业是"行业"这一因素的具体表现,我们称之为"水平"或"处理";在每个行业下得到的样本数据(被投诉次数)称为观测值。由于这里只涉及"行业"一个因素,因此称为单因素四水平的试验。因素的每一个水平可以看作是一个总体,例如零售业、旅游业、航空公司、家电制造业可以看作是4个总体,上面的数据可以看作是从这4个总体中抽取的样本数据。再例如,要在不同的温度下进行一项试验,温度就是一个因素,在20℃,25℃,30℃,35℃4个温度值下做试验,每个温度值就是一个水平,共有4个水平,在每个温度下试验得到的数据就是观测值。

在只有一个因素的方差分析(称为单因素方差分析)中,涉及两个变量:一个是分类型自变量,一个是数值型因变量。当研究分类型自变量对数值型因变量的影响时,所用的方法就是方差分析。例如,在例9.1中,要研究"行业"对投诉次数是否有影响,这里的"行业"就是自变量,它是一个分类变量,零售业、旅游业、航空公司、家电制造业就是"行业"这个自变量的具体取值,这里称为"行业"这个因素的水平或处理。"投诉次数"是因变量,它是一个数值型变量,不同的投诉次数就是因变量的取值。方差分析要研究的就是分类型自变量对数值型因变量的影响。在上面的例子中,也就是研究"行业"对"投诉次数"的影响。

9.1.2　方差分析的基本思想和原理

为分析分类自变量对数值型因变量的影响,需要从数据误差来源的分析入手。

1　图形描述

怎样判断行业对投诉次数是否有显著影响呢?或者说,行业与投诉次数之间是否有显著的关系呢？首先画出它们的散点图或箱线图,例如,图 9.1 是 4 个行业被投诉次数的散点图,图中的折线是由投诉次数的均值连接而成的。

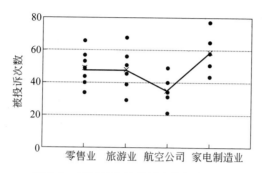

图 9.1　不同行业被投诉次数的散点图

将 4 个行业被投诉次数绘制成箱线图,可以更清楚地看出被投诉次数之间是否存在差异,如图 9.2 所示。

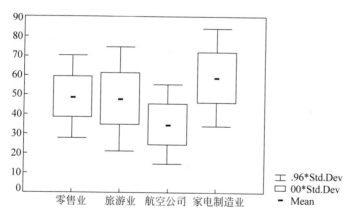

图 9.2　不同行业被投诉次数的 Mean/SD/1.96 * SD 箱线图

从散点图和箱线图可以看出,不同行业被投诉的次数是有明显差异的,而且,即使是在同一个行业,不同企业被投诉的次数也明显不同。从图中可以看出,家电制造业被投诉的次数较高,而航空公司被投诉的次数较低。这表明行业与被投诉次数之间有一定的关系。如果行业与被投诉次数之间没有关系,那么它们被投诉次数的均值应该差不多相同,在散点图上所呈现的模式也就应该很接近。

2 误差分解

仅仅从散点图上观察还不能提供充分的证据证明不同行业被投诉次数之间有显著差异，也许这种差异是由于抽样的随机性造成的。因此，还需要有更准确的方法来检验这种差异是否显著，也就是进行方差分析。之所以叫方差分析，因为虽然感兴趣的是均值，但在判断均值之间是否有差异时则需要借助于方差。这个名字也表示：它是通过对数据误差来源的分析来判断不同总体的均值是否相等，进而分析自变量对因变量是否有显著影响。因此，进行方差分析时，需要考察数据误差的来源。下面结合表9.1中的数据说明数据之间的误差来源及其分解过程。

首先，注意到在同一行业（同一个总体）下，样本的各观测值是不同的。例如，在零售业中，所抽取的7家企业之间被投诉的次数是不同的。由于企业是随机抽取，因此它们之间的差异可以看成是随机因素的影响造成的，或者说是由于抽样的随机性所造成的，称之为随机误差。

▶ **定义 9.5** 来自水平内部的数据误差，称为组内误差（within groups）。

例如，零售业中所抽取的7家企业被投诉次数之间的误差就是组内误差，它反映了一个样本内部数据的离散程度。显然，组内误差只含有随机误差。

其次，在不同行业（不同总体）之间各观测值也是不同的。这种差异可能是由于抽样的随机性所造成的，也可能是由于行业本身所造成的，后者所形成的误差是由系统性因素造成的，称为系统误差。

▶ **定义 9.6** 来自不同水平之间的数据误差，称为组间误差（between groups）。

例如，4个行业被投诉次数之间的误差就是组间误差，它反映了不同样本之间数据的离散程度。组间误差中既包含随机误差，也包含系统误差。

在方差分析中，数据的误差是用平方和（sum of squares）来表示的。

▶ **定义 9.7** 反映全部数据误差大小的平方和，称为总平方和（sum of squares for total），记为 SST。

例如，所抽取的全部23家企业被投诉次数之间的误差就是总误差平方和，它反映了全部观测值的离散状况。

▶ **定义 9.8** 反映组内误差大小的平方和，称为组内平方和，也称为误差项平方和（sum of squares for error），记为 SSE。

例如，每个样本内部的数据平方和加在一起就是组内平方和，它反映了每个样本内各观测值的总离散状况。

▶ 定义9.9 反映组间误差大小的平方和,称为组间平方和,也称为水平项平方和(sum of squares for factor A),记为 SSA。

例如,4个行业被投诉次数之间的误差平方和就是组间平方和,它反映了样本均值之间的差异程度。

图9.3给出了数据误差的分解过程。有关各误差的计算方法将在9.2节中介绍。

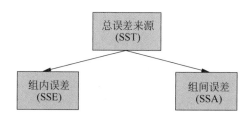

图 9.3　数据误差的分解图

3　误差分析

如果不同行业对投诉次数没有影响,那么在组间误差中只包含有随机误差,而没有系统误差。这时,组间误差与组内误差经过平均后的数值(称为均方或方差)就应该很接近,它们的比值就会接近1;反之,如果不同行业对投诉次数有影响,在组间误差中除了包含随机误差外,还会包含有系统误差,这时组间误差平均后的数值就会大于组内误差平均后的数值,它们之间的比值就会大于1。当这个比值大到某种程度时,就认为因素的不同水平之间存在着显著差异,也就是自变量对因变量有影响。因此,判断行业对投诉次数是否有显著影响这一问题,实际上也就是检验被投诉次数的差异主要是由于什么原因所引起的。如果这种差异主要是系统误差,此时就认为不同行业对投诉次数有显著影响。在方差分析的假定前提下(见下面的问题),要检验行业(分类自变量)对投诉次数(数值型因变量)是否有显著影响,在形式上也就转化为检验4个行业被投诉次数的均值是否相等的问题。

9.1.3　方差分析中的基本假定

方差分析中有3个基本的假定:

(1) 每个总体都应服从正态分布。也就是说,对于因素的每一个水平,其观测值是来自正态分布总体的简单随机样本。例如,在例9.1中,每个行业被投诉的次数必须服从正态分布。

为判断4个行业被投诉的次数是否都服从正态分布,分别画出它们样本数据的正态概率图,如图9.4所示。

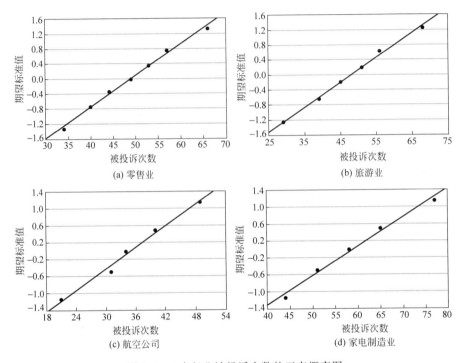

图9.4 4个行业被投诉次数的正态概率图

从图9.4可以看出,4个行业被投诉的次数服从正态分布的假定都是成立的。

(2) 各个总体的方差 σ^2 必须相同。也就是说,对于各组观察数据,是从具有相同方差的正态总体中抽取的。例如,在例9.1中,每个行业被投诉次数的方差都相同。

(3) 观测值是独立的。例如,在例9.1中,每个被抽中的企业被投诉的次数都与其他企业被投诉的次数独立。

在上述假定成立的前提下,要分析自变量对因变量是否有影响,形式上也就转化为检验自变量的各个水平(总体)的均值是否相等。例如,判断行业对投诉次数是否有显著影响,实际上也就是检验具有同方差的4个正态总体的均值(被投诉次数的均值)是否相等。

尽管不知道 4 个总体的均值,但可以用样本数据来检验它们是否相等。如果 4 个总体的均值相等,可以期望 4 个样本的均值也会很接近。事实上,4 个样本的均值越接近,推断 4 个总体均值相等的证据也就越充分;反之,样本均值越不同,推断总体均值不同的证据就越充分。换句话说,样本均值变动越小,越支持 H_0;样本均值变动越大,越支持 H_1。如果原假设 $H_0: \mu_1 = \mu_2 = \mu_3 = \mu_4$(4 个行业被投诉次数的均值相同)为真,则意味着每个样本都来自均值为 μ、差为 σ^2 的同一个正态总体。由样本均值的抽样分布可知,来自正态总体的一个简单随机样本的样本均值 $\bar{x}$ 服从均值为 μ、方差为 σ^2/n 的正态分布,如图 9.5 所示。

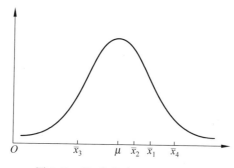

图 9.5 H_0 为真时 $\bar{x}$ 的抽样分布

如果 $\mu_1, \mu_2, \mu_3, \mu_4$ 完全不同,则意味着 4 个样本分别来自均值不同的 4 个正态总体,因此有 4 个不同的抽样分布,如图 9.6 所示。在这种情况下,各样本均值也不像 H_0 为真时那样接近了。

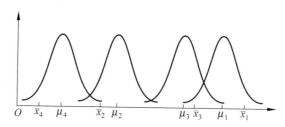

图 9.6 4 个行业被投诉次数的均值全不相同时 $\bar{x}$ 的抽样分布

9.1.4 问题的一般提法

设因素有 k 个水平,每个水平的均值分别用 $\mu_1, \mu_2, \cdots, \mu_k$ 表示,要检验 k 个水平(总体)的均值是否相等,需要提出如下假设:

$H_0: \mu_1 = \mu_2 = \cdots = \mu_k$ 自变量对因变量没有显著影响；

$H_1: \mu_1, \mu_2, \cdots, \mu_k$ 不全相等 自变量对因变量有显著影响。

例如，在例 9.1 中，设零售业被投诉次数的均值分为 μ_1，旅游业被投诉次数的均值为 μ_2，航空公司被投诉次数的均值为 μ_3，家电制造业被投诉次数的均值为 μ_4。为检验行业对投诉次数是否有影响，需要提出如下假设：

$H_0: \mu_1 = \mu_2 = \mu_3 = \mu_4$ 行业对投诉次数没有显著差异；

$H_1: \mu_1, \mu_2, \mu_3, \mu_4$ 不全相等 行业对投诉次数有显著差异。

9.2 单因素方差分析

根据所分析的分类自变量的多少，方差分析可分为单因素方差分析和双因素方差分析。

▶ **定义 9.10** 当方差分析中只涉及一个分类型自变量时，称为单因素方差分析(one-way analysis of variance)。

单因素方差分析研究的是一个分类型自变量对一个数值型因变量的影响。例如，要检验不同行业被投诉次数的均值是否相等，这里只涉及"行业"一个因素，因而属于单因素方差分析。

9.2.1 数据结构

进行单因素方差分析时，需要得到下面的数据结构，如表 9.2 所示。

表 9.2 单因素方差分析的数据结构

	A	B	C	D	E
1	观测值	因素(i)			
2	(j)	A_1	A_2	$\cdots$	A_k
3	1	x_{11}	x_{21}		x_{k1}
4	2	x_{12}	x_{22}		x_{k2}
5	$\vdots$	$\vdots$	$\vdots$	$\vdots$	$\vdots$
6	n	x_{1n}	x_{2n}	$\cdots$	x_{kn}

为叙述方便，在单因素方差分析中，用 A 表示因素，因素的 k 个水平(总体)分别用 $A_1, A_2, \cdots, A_k$ 表示，每个观测值用 $x_{ij}(i=1,2,\cdots,k; j=1,2,\cdots,n)$ 表示，即 x_{ij} 表示第 i 个水平(总体)的第 j 个观测值。例如，x_{21} 表示第二水

平的第一个观测值。其中,从不同水平中所抽取的样本容量可以相等,也可以不相等。

9.2.2 分析步骤

为检验自变量对因变量是否有显著影响,首先需要提出"两个变量在总体中没有关系"的一个原假设,然后构造一个用于检验的统计量来检验这一假设是否成立。具体来说,方差分析包括提出假设、确定检验的统计量、决策分析等步骤。

1 提出假设

在方差分析中,原假设所描述的是在按照自变量的取值分成的类中,因变量的均值相等。因此,检验因素的 k 个水平(总体)的均值是否相等,需要提出假设如下形式的假设:

$H_0: \mu_1 = \mu_2 = \cdots = \mu_i = \cdots = \mu_k$　　自变量对因变量没有显著影响

$H_1: \mu_i (i = 1, 2, \cdots, k)$ 不全相等　　自变量对因变量有显著影响

式中 μ_i 为第 i 个总体的均值。

如果拒绝原假设,则意味着自变量对因变量有显著影响,也就是自变量与因变量之间有显著关系;如果不拒绝原假设 H_0,则没有证据显示自变量对因变量有显著影响,也就是说,不能认为自变量与因变量之间有显著关系。

需要注意的是,拒绝原假设 H_0 时,只是表明至少有两个总体的均值不相等,并不意味着所有的均值都不相等。

2 构造检验的统计量

为检验 H_0 是否成立,需要确定检验的统计量。如何构造这一统计量呢?在此结合表 9.2 的数据结构说明其计算过程。

(1) 计算各样本的均值。假定从第 i 个总体中抽取一个容量为 n_i 的简单随机样本,令 $\bar{x}_i$ 为第 i 个总体的样本均值,则有

$$\bar{x}_i = \frac{\sum_{j=1}^{n_i} x_{ij}}{n_i}, \qquad i = 1, 2, \cdots, k, \tag{9.1}$$

式中 n_i 为第 i 个总体的样本容量;x_{ij} 为第 i 个总体的第 j 个观测值。例如,根据表 9.1 中的数据,计算零售业的样本均值为

$$\bar{x}_1 = \frac{\sum_{j=1}^{7} x_{1j}}{n_1} = \frac{57 + 66 + 49 + 40 + 34 + 53 + 44}{7} = 49。$$

同样可以得到旅游业、航空公司、家电制造业的均值。结果见表9.3。

表9.3 消费者对4个行业的投诉次数及其均值

	B	C	D	E
1	行业			
2	零售业	旅游业	航空公司	家电制造业
3	57	68	31	44
4	66	39	49	51
5	49	29	21	65
6	40	45	34	77
7	34	56	40	58
8	53	51		
9	44			
10	$\bar{x}_1 = 49$	$\bar{x}_2 = 48$	$\bar{x}_3 = 35$	$\bar{x}_4 = 59$
11	7	6	5	5
12	$\bar{\bar{x}} = \dfrac{57+66+\cdots+77+58}{23} = 47.869565$			

(2) 计算全部观测值的总均值。它是全部观测值的总和除以观测值的总个数,令总均值为 $\bar{\bar{x}}$,则有

$$\bar{\bar{x}} = \frac{\sum_{i=1}^{k}\sum_{j=1}^{n_i} x_{ij}}{n} = \frac{\sum_{i=1}^{k} n_i \bar{x}_i}{n}, \quad (9.2)$$

式中 $n = n_1 + n_2 + \cdots + n_k$。根据表9.1的数据,计算的总均值见表9.3。

(3) 计算误差平方和。为构造检验的统计量,在方差分析中,需要计算3个误差平方和,它们是总误差平方和、水平项误差平方和、误差项平方和。

① 总误差平方和,简记为SST。它是全部观测值 x_{ij} 与总平均值 $\bar{\bar{x}}$ 的误差平方和,其计算公式为

$$\text{SST} = \sum_{i=1}^{k}\sum_{j=1}^{n_i} (x_{ij} - \bar{\bar{x}})^2 。 \quad (9.3)$$

例如,在例9.1中已经计算出 $\bar{\bar{x}} = 47.869565$。计算出的总误差平方和为

$\text{SST} = (57 - 47.869565)^2 + \cdots + (58 - 47.869565)^2 = 4164.608696$。

它反映了全部23个观测值与这23个观测值平均数之间的差异。

② 水平项误差平方和,简记为SSA,它是各组平均值 $\bar{x}_i (i=1,2,\cdots,k)$ 与总平均值 $\bar{\bar{x}}$ 的误差平方和,反映各样本均值之间的差异程度,因此又称为组间平方和。其计算公式为

$$\text{SSA} = \sum_{i=1}^{k}\sum_{j=1}^{n_i} (\bar{x}_i - \bar{\bar{x}})^2 = \sum_{i=1}^{k} n_i (\bar{x}_i - \bar{\bar{x}})^2 。 \quad (9.4)$$

例如,根据例 9.1 计算,得

$$\text{SSA} = \sum_{i=1}^{4} n_i (\bar{x}_i - \bar{\bar{x}})^2$$
$$= 7 \times (49 - 47.869565)^2 + 6 \times (48 - 47.869565)^2$$
$$+ 5 \times (35 - 47.869565)^2 + 5 \times (59 - 49.869565)^2$$
$$= 1456.608696。$$

③ 误差项平方和,简记为 SSE。它是每个水平或组的各样本数据与其组平均值误差的平方和,反映了每个样本各观测值的离散状况,因此又称为组内平方和或残差平方和。前面已经提到,该平方和实际上反映的是随机误差的大小。其计算公式为

$$\text{SSE} = \sum_{i=1}^{k} \sum_{j=1}^{n_i} (x_{ij} - \bar{x}_i)^2。 \tag{9.5}$$

在例 9.1 中,先求出每个行业被投诉的次数与其平均数的误差平方和,然后将 4 个行业的误差平方和加总,即为 SSE。例如,计算出 4 个行业的误差项平方和分别为

零售业 $\sum_{j=1}^{7} (x_{1j} - \bar{x}_1)^2 = (57 - 49)^2 + (66 - 49)^2 + \cdots + (44 - 49)^2 = 700$;

旅游业 $\sum_{j=1}^{6} (x_{2j} - \bar{x}_2)^2 = (68 - 48)^2 + (39 - 48)^2 + \cdots + (51 - 48)^2 = 924$;

航空公司 $\sum_{j=1}^{5} (x_{3j} - \bar{x}_3)^2 = (31 - 35)^2 + (49 - 35)^2 + \cdots + (40 - 35)^2 = 434$;

家电制造业 $\sum_{j=1}^{5} (x_{4j} - \bar{x}_4)^2 = (44 - 59)^2 + (51 - 59)^2 + \cdots + (58 - 59)^2 = 650$。

然后将其加总可以得到

$$\text{SSE} = 700 + 924 + 434 + 650 = 2708。$$

上述 3 个平方和之间的关系为

$$\sum_{i=1}^{k} \sum_{j=1}^{n_i} (x_{ij} - \bar{\bar{x}})^2 = \sum_{i=1}^{k} \sum_{j=1}^{n_i} (x_{ij} - \bar{x}_i)^2 + \sum_{i=1}^{k} n_i (\bar{x}_i - \bar{\bar{x}})^2, \tag{9.6}$$

即

$$\text{SST} = \text{SSA} + \text{SSE}。$$

从上面的计算结果也可以验证这一点:

$$4164.608696 = 1456.608696 + 2708。$$

从上述 3 个误差平方和可以看出,SSA 是对随机误差和系统误差的大小

的度量,它反映了自变量(行业)对因变量(投诉次数)的影响,也称为自变量效应或因子效应;SSE 是对随机误差的大小的度量,它反映了除自变量对因变量的影响之外,其他因素对因变量的总影响,因此 SSE 也被称为残差变量,它所引起的误差也称为残差效应;SST 是全部数据总误差程度的度量,它反映了自变量和残差变量的共同影响,因此它等于自变量效应加残差效应。

如果原假设成立,即 $H_0: \mu_1 = \mu_2 = \cdots = \mu_i = \cdots \mu_k$ 为真,则表明没有系统误差,组间平方和 SSA 除以它的自由度后的均方与组内平方和 SSE 和除以它的自由度后的均方相比较,二者的差异就不会太大;如果组间均方显著地大于组内均方,说明各水平(总体)之间的差异显然不仅仅有随机误差,还有系统误差。用例 9.1 来说,如果行业对投诉次数没有影响,那么 4 个行业被投诉次数的均值之间的差异与每个行业被投诉次数的内部差异相比,二者就不会相差很大;反之,则意味着行业对投诉次数有影响。可见,判断因素的水平是否对其观测值有显著影响,实际上也就是比较组间方差与组内方差之间差异的大小。那么,它们之间的差异大到何种程度,才表明有系统误差存在呢?也就是说,要检验这种差异,就需要构造一个用于检验的统计量。

(4) 计算统计量。由于各误差平方和的大小与观测值的多少有关,为了消除观测值多少对误差平方和大小的影响,需要将其平均,也就是用各平方和除以它们所对应的自由度,这一结果称为均方(mean square),也称为方差。3 个平方和所对应的自由度分别是:

SST 的自由度为 $n-1$,其中 n 为全部观测值的个数;

SSA 的自由度为 $k-1$,其中 k 为因素水平(总体)的个数;

SSE 的自由度为 $n-k$。

由于主要是比较组间均方和组内均方之间的差异,所以通常只计算 SSA 的均方和 SSE 的均值方。SSA 的均方也称为组间均方或称为组间方差,记为 MSA,其计算公式为

$$\text{MSA} = \frac{\text{组间平方和}}{\text{自由度}} = \frac{\text{SSA}}{k-1}。 \tag{9.7}$$

例如,根据例 9.1 计算的 MSA 为

$$\text{MSA} = \frac{\text{SSA}}{k-1} = \frac{1456.608696}{4-1} = 485.536232。$$

SSE 的均方也称为组内均方或称为组内方差,记为 MSE,其计算公式为

$$\text{MSE} = \frac{\text{组内平方和}}{\text{自由度}} = \frac{\text{SSE}}{n-k}。 \tag{9.8}$$

例如,根据例 9.1 计算的 MSE 为

$$\text{MSE} = \frac{\text{SSE}}{n-k} = \frac{2708}{23-4} = 142.526316。$$

将上述的 MSA 和 MSE 进行对比,即得到所需要的检验统计量 F。当 H_0 为真时,二者的比值服从分子自由度为 $k-1$、分母自由度为 $n-k$ 的 F 分布,即

$$F = \frac{\text{MSA}}{\text{MSE}} \sim F(k-1, n-k)。 \tag{9.9}$$

例如,根据上述例 9.1 计算,得

$$F = \frac{\text{MSA}}{\text{MSE}} = \frac{485.536232}{142.526316} = 3.406643。$$

3 统计决策

计算出检验的统计量后,将统计量的值 F 与给定的显著性水平 α 的临界值 F_α 进行比较,从而作出对原假设 H_0 的决策。图 9.7 描述了 F 统计量的抽样分布以及在显著性水平 α 下的拒绝域。

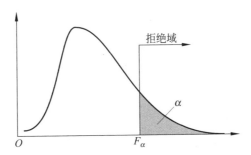

图 9.7 统计量 F 的抽样分布

根据给定的显著性水平 α,在 F 分布表中查找与分子自由度 $df_1 = k-1$、分母自由度 $df_2 = n-k$ 相应的临界值 $F_\alpha(k-1, n-k)$。

若 $F > F_\alpha$,则拒绝原假设 H_0,即 $\mu_1 = \mu_2 = \cdots = \mu_k$ 不成立,表明 $\mu_i(i=1,2,\cdots,k)$ 之间的差异是显著的。也就是说,所检验的因素(行业)对观测值(投诉次数)有显著影响。

若 $F < F_\alpha$,则不拒绝原假设 H_0,没有证据表明 $\mu_i(i=1,2,\cdots,k)$ 之间有显著差异,也就是说,这时还不能认为所检验的因素(行业)对观测值(投诉次数)有显著影响[①]。

[①] 当检验的因素只有两个水平时,单因素方差分析与两个独立样本均值之差的 t 检验的结果完全相同,因为当因素的水平 $k=2$ 时,检验的 t 统计量与 F 统计量的关系为 $F = t^2$。

例如，根据上面的计算结果，计算出的 $F=3.406643$。若取显著性水平 $\alpha=0.05$，根据分子 $df_1=k-1=4-1=3$ 和分母自由度 $df_2=n-k=23-4=19$，查 F 分布表得到临界值 $F_{0.05}(3,19)=3.13$。由于 $F>F_\alpha$，拒绝原假设 H_0，即 $\mu_1=\mu_2=\mu_3=\mu_4$ 不成立，表明 μ_1,μ_2,μ_3,μ_4 之间有显著的差异。也就是说，可以认为行业对投诉次数有显著影响。

4 方差分析表（analysis of variance table）

上面详细介绍了方差分析的计算步骤和过程。为使计算过程更加清晰，通常将上述过程的内容列在一张表内，这就是方差分析表。其一般形式如表 9.4 所示。

表 9.4 方差分析表的一般形式

	A	B	C	D	E	F	G
1,2	误差来源	平方和 SS	自由度 df	均方 MS	F值	P值	F临界值
3	组间（因素影响）	SSA	k-1	MSA	MSA/MSE		
4	组内（误差）	SSE	n-k	MSE			
5	总和	SST	n-1				

对于例 9.1 的计算结果列成方差分析表如表 9.5 所示。

表 9.5 4个行业被投诉次数的方差分析表

	A	B	C	D	E	F	G
31	方差分析						
32	差异源	SS	df	MS	F	P-value	F crit
33	组间	1456.6087	3	485.53623	3.4066427	0.0387645	3.1273544
34	组内	2708	19	142.52632			
35							
36	总计	4164.6087	22				

5 用 Excel 进行方差分析

从上面介绍的分析过程可以看到，进行方差分析需要大量的计算工作，要用手工计算是十分繁琐的。幸运的是这些计算工作可以由计算机来完成，目前的统计软件中都有现成的方差分析程序。只要理解了方差分析的基本原理，就可以对计算机输出的结果进行合理的解释和分析。在这里，利用熟悉的 Excel 软件，结合表 9.1 的数据，给出用 Excel 进行方差分析的步骤和结果如下。

用 Excel 进行方差分析的操作步骤

第 1 步：选择【工具】下拉菜单。

第 2 步：选择【数据分析】选项。

第 3 步：在分析工具中选择【单因素方差分析】，然后单击【确定】。

第 4 步：当对话框出现时。

在【输入区域】方框内键入数据单元格区域 A3:D9；

在【α】方框内键入 0.05（可根据需要确定）；

在【输出选项】中选择输出区域（这里我们选新工作表组）；

结果如图 9.8 所示。

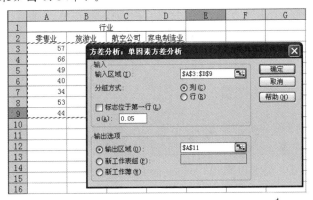

图 9.8 用 Excel 进行方差分析的步骤

单击【确定】后，得到下面的输出结果，如表 9.6 所示。

表 9.6 Excel 输出的方差分析结果

	A	B	C	D	E	F	G
1	方差分析：单因素方差分析						
2							
3	SUMMARY						
4	组	计数	求和	平均	方差		
5	列 1	7	343	49	116.66667		
6	列 2	6	288	48	184.8		
7	列 3	5	175	35	108.5		
8	列 4	5	295	59	162.5		
9							
10							
11	方差分析						
12	差异源	SS	df	MS	F	P-value	F crit
13	组间	1456.6087	3	485.53623	3.4066427	0.0387645	3.1273544
14	组内	2708	19	142.52632			
15							
16	总计	4164.6087	22				

表中的"方差分析"部分：SS 表示平方和；df 为自由度；MS 表示均方；F 为检验的统计量；P-value 为用于检验的 P 值；F crit 为给定的 α 水平下的临界值。

从方差分析表中可以看到，由于 $F=3.406643 > F_{0.05}(3, 19) = 3.1273544$，所以拒绝原假设 H_0，即 $\mu_1 = \mu_2 = \mu_3 = \mu_4$ 不成立，表明 $\mu_1, \mu_2, \mu_3, \mu_4$ 之间的差异是显著的。也就是说，可以认为行业对投诉次数的影响是显著的。

在进行决策时，可以直接利用方差分析表中的 P 值与显著性水平 α 的值进行比较。若 $P < \alpha$，则拒绝 H_0；$P > \alpha$，则不拒绝 H_0。在本例中，$P = 0.038765 < \alpha = 0.05$，拒绝 H_0，即行业对投诉次数的影响是显著的。

9.2.3 关系强度的测量

例 9.1 的方差分析结果显示，不同行业被投诉次数的均值之间有显著差异，这意味着行业（自变量）与投诉次数（因变量）之间的关系是显著的。从图 9.1 的散点图中也可以看出，不同行业的投诉次数之间是有明显差异的。

表 9.5 中给出了自变量（行业）的平方和（组间 SS），它度量了自变量（行业）对因变量（投诉次数）的影响效应。实际上，只要自变量平方和（组间 SS）不等于 0，就表明两个变量之间有关系（只是是否显著的问题）。当自变量的平方和比残差平方和（组内 SS）大，而且大到一定程度时，就意味着两个变量之间的关系显著，大得越多，表明它们之间的关系就越强。反之，当自变量的平方和比残差平方和小时，就意味着两个变量之间的关系不显著，小得越多，表明这它们之间的关系就越弱。

那么，怎样度量它们之间的关系强度呢？可以用自变量平方和（SSA）占总平方和（SST）的比例大小来反映。自变量平方和占总平方和的比例记为 R^2，即

$$R^2 = \frac{SSA(\text{组间 SS})}{SST(\text{总 SS})}, \tag{9.10}$$

其平方根 R 就可以用来测量两个变量之间的关系强度[①]。

例如，根据表 9.5 中的结果计算得

$$R^2 = \frac{SSA(\text{组间 SS})}{SST(\text{总 SS})} = \frac{1456.608696}{4164.608696} = 0.349759 = 34.9759\%,$$

[①] 参见第 10 章，在那里，将 R^2 定义为判定系数，其平方根定义为相关系数。

这表明,行业(自变量)对投诉次数(因变量)的影响效应占总效应的 34.9759%,而残差效应则占 65.0241%。也就是说,行业对投诉次数差异解释的比例达到近 35%,而其他因素(残差变量)所解释的比例近为 65%以上。尽管 R^2 并不高,但行业对投诉次数的影响已经达到了统计上显著的程度。

R^2 的平方根(类似于第 11 章中介绍的相关系数 r)可以用来测量自变量与因变量之间的关系强度。例如根据上面的结果可以计算出 $R=0.591404$,这表明行业与投诉次数之间的有中等以上的关系。

9.2.4 方差分析中的多重比较

通过上面的分析得出的结论是:不同行业被投诉次数的均值不全同。但究竟哪些均值之间不相等呢?这种差异到底出现在哪些行业之间呢?也就是说,μ_1 与 μ_2、μ_1 与 μ_3、μ_1 与 μ_4、μ_2 与 μ_3、μ_2 与 μ_4、μ_3 与 μ_4 之间究竟是哪两个均值不同呢?这就需要做进一步的分析,所使用的方法就是多重比较方法(multiple comparison procedures),它是通过对总体均值之间的配对比较来进一步检验到底哪些均值之间存在差异。

多重比较方法有许多种,这里只介绍由 Fisher 提出的最小显著差异方法(least significant difference),简记为 LSD。使用该方法进行检验的具体步骤为

第 1 步　提出假设　$H_0: \mu_i = \mu_j$, $H_1: \mu_i \neq \mu_j$。

第 2 步　计算检验统计量　$\bar{x}_i - \bar{x}_j$。

第 3 步　计算 LSD,其公式为

$$\text{LSD} = t_{\alpha/2} \sqrt{\text{MSE}\left(\frac{1}{n_i} + \frac{1}{n_j}\right)}, \tag{9.11}$$

式中 $t_{\alpha/2}$ 为 t 分布的临界值,通过查 t 分布表得到,其自由度为 $(n-k)$,这里的 k 是因素中水平的个数。MSE 为组内均方。n_i 和 n_j 是第 i 个样本和第 j 个样本的样本容量。

第 4 步　根据显著性水平 α 作出决策,如果 $|\bar{x}_i - \bar{x}_j| > \text{LSD}$,则拒绝 H_0;如果 $|\bar{x}_i - \bar{x}_j| < \text{LSD}$,则不拒绝 H_0。

【例 9.2】　根据表 9.6 中的输出结果,对 4 个行业的均值做多重比较($\alpha=0.05$)。

解　第 1 步　提出如下假设

检验 1　$H_0: \mu_1 = \mu_2$,　$H_1: \mu_1 \neq \mu_2$;

检验 2　$H_0: \mu_1 = \mu_3$,　$H_1: \mu_1 \neq \mu_3$;

检验 3　$H_0: \mu_1 = \mu_4$,　$H_1: \mu_1 \neq \mu_4$;

检验 4　$H_0: \mu_2 = \mu_3$,　$H_1: \mu_2 \neq \mu_3$;

检验 5　　$H_0:\mu_2=\mu_4$，　$H_1:\mu_2\neq\mu_4$；

检验 6　　$H_0:\mu_3=\mu_4$，　$H_1:\mu_3\neq\mu_4$。

第 2 步　计算检验统计量

$|\bar{x}_1-\bar{x}_2|=|49-48|=1$，

$|\bar{x}_1-\bar{x}_3|=|49-35|=14$，

$|\bar{x}_1-\bar{x}_4|=|49-59|=10$，

$|\bar{x}_2-\bar{x}_3|=|48-35|=13$，

$|\bar{x}_2-\bar{x}_4|=|48-59|=11$，

$|\bar{x}_3-\bar{x}_4|=|35-59|=24$。

第 3 步　计算 LSD。根据表 9.6 的结果，MSE＝142.526316。由于 4 个行业的样本容量不同，需要分别计算 LSD。根据自由度＝$n-k=23-4=19$，查 t 分布表得 $t_{\alpha/2}=t_{0.025}=2.093$。对于各检验的 LSD 如下

检验 1　　$\text{LSD}_1=2.093\times\sqrt{142.526316\times\left(\dfrac{1}{7}+\dfrac{1}{6}\right)}=13.90$；

检验 2　　$\text{LSD}_2=2.093\times\sqrt{142.526316\times\left(\dfrac{1}{7}+\dfrac{1}{5}\right)}=14.63$；

检验 3　　$\text{LSD}_3=\text{LSD}_2=14.63$；

检验 4　　$\text{LSD}_4=2.093\times\sqrt{142.526316\times\left(\dfrac{1}{6}+\dfrac{1}{5}\right)}=15.13$；

检验 5　　$\text{LSD}_5=\text{LSD}_4=15.13$；

检验 6　　$\text{LSD}_6=2.093\times\sqrt{142.526316\times\left(\dfrac{1}{5}+\dfrac{1}{5}\right)}=15.80$。

第 4 步　作出决策。

$|\bar{x}_1-\bar{x}_2|=1<13.90$，不拒绝 H_0，不能认为零售业与旅游业的投诉次数之间有显著差异；

$|\bar{x}_1-\bar{x}_3|=14<14.63$，不拒绝 H_0，不能认为零售业与航空公司的投诉次数之间有显著差异；

$|\bar{x}_1-\bar{x}_4|=10<14.63$，不拒绝 H_0，不能认为零售业与家电制造业的投诉次数之间有显著差异；

$|\bar{x}_2-\bar{x}_3|=13<15.13$，不拒绝 H_0，不能认为旅游业与航空公司的投诉次数之间有显著差异；

$|\bar{x}_2-\bar{x}_4|=11<15.13$，不拒绝 H_0，不能认为旅游业与家电制造业的投诉次数之间有显著差异；

$|\bar{x}_3-\bar{x}_4|=24>15.80$，拒绝 H_0，航空公司与家电制造业的投诉次数之间有显著差异。

9.3 双因素方差分析

9.3.1 双因素方差分析及其类型

单因素方差分析只是考虑一个分类型自变量对数值型因变量的影响。在对实际问题的研究中,有时需要考虑几个因素对试验结果的影响。例如,分析影响彩电销售量的因素时,需要考虑品牌、销售地区、价格、质量等多个因素的影响。当研究两个因素对试验结果的影响时就是双因素方差分析。

▶定义 9.11 当方差分析中涉及两个分类型自变量时,称为双因素方差分析(two-way analysis of variance)。

先看下面的例子。

【例 9.3】 有 4 个品牌的彩电在 5 个地区销售,为分析彩电的品牌("品牌"因素)和销售地区("地区"因素)对销售量的影响,对每个品牌在各地区的销售量取得以下数据(单位:台),如表 9.7 所示。试分析品牌和销售地区对彩电的销售量是否有显著影响?($\alpha=0.05$)

表 9.7 4 个品牌的彩电在 5 个地区的销售量数据

	A	B	C	D	E	F	G
1	品牌因素		地区因素				
2			地区1	地区2	地区3	地区4	地区5
3		品牌1	365	350	343	340	323
4		品牌2	345	368	363	330	333
5		品牌3	358	323	353	343	308
6		品牌4	288	280	298	260	298

在上面的例子中,品牌和地区是两个分类型自变量,销售量是一个数值型因变量。同时分析品牌和销售地区对销售量的影响,分析究竟是一个因素在起作用,或是两个因素都起作用,或是两个因素都不起作用,这就是一个双因素方差分析问题。

在双因素方差分析中,由于有两个影响因素,例如,彩电的"品牌"因素和销售"地区"因素,如果"品牌"因素和"地区"因素对销售量的影响是相互独立的,分别判断"品牌"因素和"地区"因素对销售量的影响,这时的双因素方差分析称为无交互作用(interaction)的双因素方差分析,或称为无重复双因素分析(two-factor without replication);如果除了"品牌"因素和"地区"因素对销售量的单独影响外,两个因素的搭配还会对销售量产生一种新的影响效应,例如,某个地区对某种品牌的彩电有特殊偏好,这就是两个因素结合后产生的新效应,这时的双因素方差分析称为有交互作用的双因素方差分析,或称为可重复双因素分析(two-factor with replication)。

9.3.2 无交互作用的双因素方差分析

1 数据结构

在无交互作用的双因素方差分析中,由于有两个因素,在获取数据时,需要将一个因素安排在"行(row)"的位置,称为行因素;另一个因素安排在"列(column)"的位置,称为列因素。设行因素有 k 个水平:行1,行2,…,行k;列因素有 r 个水平:列1,列2,…,列r。行因素和列因素的每一个水平都可以搭配成一组,观察它们对试验数据的影响,共抽取 kr 个观察数据,其数据结构如表9.8所示。

表9.8 双因素方差分析的数据结构

	A	B	C	D	E	F	G
1			列因素 (j)				平均值
2			列1	列2	…	列r	$\bar{x}_{i\cdot}$
3	行因素 (i)	行1	x_{11}	x_{12}	…	x_{1r}	$\bar{x}_{1\cdot}$
4		行2	x_{21}	x_{22}	…	x_{2r}	$\bar{x}_{2\cdot}$
5		⋮	⋮	⋮	⋮	⋮	⋮
6		行k	x_{k1}	x_{k2}	…	x_{kr}	$\bar{x}_{k\cdot}$
7	平均值 $\bar{x}_{\cdot j}$		$\bar{x}_{\cdot 1}$	$\bar{x}_{\cdot 2}$	…	$\bar{x}_{\cdot r}$	$\bar{\bar{x}}$

表9.8中,行因素共有 k 个水平,列因素共有 r 个水平。每一个观察值 $x_{ij}(i=1,2,\cdots,k;j=1,2,\cdots,r)$ 看作是由行因素的 k 个水平和列因素的 r 个水平所组合成的 $k\times r$ 个总体中抽取的样本容量为1的独立随机样本。这 $k\times r$ 个总体中的每一个总体都服从正态分布,且有相同的方差。

其中,$\bar{x}_{i\cdot}$ 是行因素的第 i 个水平下各观察值的平均值,其计算公式为

$$\bar{x}_{i\cdot}=\frac{\sum_{j=1}^{r}x_{ij}}{r}, \quad i=1,2,\cdots,k。 \tag{9.12}$$

$\bar{x}_{\cdot j}$ 是列因素的第 j 个水平下的各观察数据的均值,其计算公式为

$$\bar{x}_{\cdot j}=\frac{\sum_{i=1}^{k}x_{ij}}{k}, \quad j=1,2,\cdots,r。 \tag{9.13}$$

$\bar{x}$ 是全部 kr 个样本数据的总平均值,其计算公式为

$$\bar{x} = \frac{\sum_{i=1}^{k}\sum_{j=1}^{r} x_{ij}}{kr}。 \tag{9.14}$$

2 分析步骤

与单因素方差分析类似,双因素方差分析也包括提出假设、确定检验的统计量、决策分析等步骤。

(1) 提出假设

为了检验两个因素的影响,需要对两个因素分别提出如下假设。

对行因素提出的假设为

$H_0: \mu_1 = \mu_2 = \cdots = \mu_i = \cdots = \mu_k$ 行因素(自变量)对因变量没有显著影响;
$H_1: \mu_i (i=1,2,\cdots,k)$ 不完全相等   行因素(自变量)对因变量有显著影响。

式中 μ_i 为行因素的第 i 个水平的均值。

对列因素提出的假设为

$H_0: \mu_1 = \mu_2 = \cdots = \mu_j = \cdots = \mu_r$ 列因素(自变量)对因变量没有显著影响;
$H_1: \mu_j (j=1,2,\cdots,r)$ 不完全相等   列因素(自变量)对因变量有显著影响。

式中 μ_j 为列因素的第 j 个水平的均值。

(2) 构造检验的统计量

为检验 H_0 是否成立,则需要分别确定检验行因素和列因素的统计量。与单因素方差分析构造统计量的方法一样,也需要从总误差平方和的分解入手。总误差平方和是全部样本观察 $x_{ij}(i=1,2,\cdots,k; j=1,2,\cdots,r)$ 与总的样本平均值 $\bar{x}$ 的误差平方和,记为 SST,即

$$\begin{aligned} \text{SST} &= \sum_{i=1}^{k}\sum_{j=1}^{r}(x_{ij}-\bar{x})^2 \\ &= \sum_{i=1}^{k}\sum_{j=1}^{r}(\bar{x}_{i\cdot}-\bar{x})^2 + \sum_{i=1}^{k}\sum_{j=1}^{r}(\bar{x}_{\cdot j}-\bar{x})^2 \\ &\quad + \sum_{i=1}^{k}\sum_{j=1}^{r}(x_{ij}-\bar{x}_{i\cdot}-\bar{x}_{\cdot j}+\bar{x})^2, \end{aligned} \tag{9.15}$$

其中分解后的等式右边的第一项是行因素所产生的误差平方和,记为 SSR,即

$$\text{SSR} = \sum_{i=1}^{k}\sum_{j=1}^{r}(\bar{x}_{i\cdot}-\bar{x})^2。 \tag{9.16}$$

第二项是列因素所产生的误差平方和,记为 SSC,即

$$SSC = \sum_{i=1}^{k} \sum_{j=1}^{r} (\bar{x}_{.j} - \bar{\bar{x}})^2 \text{。} \quad (9.17)$$

第三项是除行因素和列影响之外的剩余因素影响产生的误差平方和,称为随机误差项平方和,记为 SSE,即

$$SSE = \sum_{i=1}^{k} \sum_{j=1}^{r} (x_{ij} - \bar{x}_{i.} - \bar{x}_{.j} + \bar{\bar{x}})^2 \text{。} \quad (9.18)$$

上述各平方和的关系是

$$SST = SSR + SSC + SSE \text{。} \quad (9.19)$$

在上述误差平方和的基础上,计算均方(mean square)。也就是将各平方和除以相应的自由度,即为均方。与各误差平方和相对应的自由度分别是:

总误差平方和 SST 的自由度为 $kr-1$;

行因素的误差平方和 SSR 的自由度为 $k-1$;

列因素的误差平方和 SSC 的自由度为 $r-1$;

随机误差平方和 SSE 的自由度为 $(k-1)\times(r-1)$。

为构造的检验统计量,需要计算下列各均方:

行因素的均方,记为 MSR,即

$$MSR = \frac{SSR}{k-1} \text{。} \quad (9.20)$$

列因素的均方,记为 MSC,即

$$MSC = \frac{SSC}{r-1} \text{。} \quad (9.21)$$

随机误差项的均方,记为 MSE,即

$$MSE = \frac{SSE}{(k-1)(r-1)} \text{。} \quad (9.22)$$

为检验行因素对因变量的影响是否显著,采用下面的统计量

$$F_R = \frac{MSR}{MSE} \sim F(k-1,(k-1)(r-1)) \text{。} \quad (9.23)$$

为检验列因素的影响是否显著,采用下面的统计量

$$F_C = \frac{MSC}{MSE} \sim F(r-1,(k-1)(r-1)) \text{。} \quad (9.24)$$

(3) 统计决策

计算出检验的统计量后,根据给定的显著性水平 α 和两个自由度,查 F

第9章 方差分析与试验设计

分布表得到相应的临界值 F_α，然后将 F_R 和 F_C 与 F_α 进行比较，若

若 $F_R > F_\alpha$，则拒绝原假设 H_0，即 $\mu_1 = \mu_2 = \cdots = \mu_i = \cdots = \mu_k$ 不成立，表明 $\mu_i(i=1,2,\cdots,k)$ 之间的差异是显著的。也就是说，所检验的行因素对观测值有显著影响。

若 $F_C > F_\alpha$，则拒绝原假设 H_0，即 $\mu_1 = \mu_2 = \cdots = \mu_j = \cdots = \mu_r$ 不成立，表明 $\mu_j(j=1,2,\cdots,r)$ 之间的差异是显著的，也就是说，所检验的列因素对观测值有显著影响。

上面讨论了双因素方差分析的计算步骤和过程。为使计算过程更加清晰，通常将上述过程的内容列成方差分析表，其一般形式如表9.9。

表9.9 双因素方差分析表

	A	B	C	D	E	F	G
1	误差来源	误差平方和 SS	自由度 df	均方 MS	F 值	P 值	F 临界值
2	行因素	SSR	$k-1$	MSR	F_R		
3	列因素	SSC	$r-1$	MSC	F_C		
4	误差	SSE	$(k-1)\times(r-1)$	MSE			
5	总和	SST	$kr-1$				

【例9.4】 根据例9.3中的数据，分析品牌和地区对销售量是否有显著影响？($\alpha=0.05$)

解 首先对两个因素分别提出如下假设。

行因素（品牌）

$H_0: \mu_1 = \mu_2 = \mu_3 = \mu_4$ 品牌对销售量没有显著影响；

$H_1: \mu_1, \mu_2, \mu_3, \mu_4$ 不全相等 品牌对销售量有显著影响。

列因素（地区）

$H_0: \mu_1 = \mu_2 = \mu_3 = \mu_4 = \mu_5$ 地区对销售量没有显著影响；

$H_1: \mu_1, \mu_2, \mu_3, \mu_4, \mu_5$ 不全相等 地区对销售量有显著影响。

由于双因素方差分析的计算复杂，这里直接利用 Excel 给出其计算结果，步骤与上面介绍的类似，只需要在第3步中的【单因素方差分析】改为【无重复双因素分析】即可。表9.10就是 Excel 输出的分析结果。

上表中的"行"指行因素，即品牌因素，"列"指列因素，即地区因素。根据方差分析表的计算结果得出以下结论：

由于 $F_R = 18.107773 > F_\alpha = 3.4903$，所以拒绝原假设 H_0，表明 $\mu_1, \mu_2, \mu_3, \mu_4$ 之间的差异是显著的，这说明品牌对销售量有显著影响。

表 9.10　Excel 输出的方差分析结果

	A	B	C	D	E	F	G
1	方差分析：无重复双因素分析						
2							
3	SUMMARY	计数	求和	平均	方差		
4	行 1	5	1721	344.2	233.7		
5	行 2	5	1739	347.8	295.7		
6	行 3	5	1685	337	442.5		
7	行 4	5	1424	284.8	249.2		
8							
9	列 1	4	1356	339	1224.6667		
10	列 2	4	1321	330.25	1464.25		
11	列 3	4	1357	339.25	822.91667		
12	列 4	4	1273	318.25	1538.9167		
13	列 5	4	1262	315.5	241.66667		
14							
15	方差分析						
16	差异源	SS	df	MS	F	P-value	F crit
17	行	13004.55	3	4334.85	18.107773	9.456E-05	3.4902996
18	列	2011.7	4	502.925	2.1008459	0.1436649	3.2591601
19	误差	2872.7	12	239.39167			
20							
21	总计	17888.95	19				

由于 $F_c=2.100846<F_a=3.25916$，所以不拒绝原假设 H_0，表明 $\mu_1,\mu_2,\mu_3,\mu_4,\mu_5$ 之间的差异不显著，不能认为地区对销售量有显著影响。

直接用 P-value 进行分析，结论也是一样。用于检验行因素的 P-value=9.46E−05<α=0.05，所以拒绝原假设 H_0；用于检验列因素的 P-value=0.143665>α=0.05，所以不拒绝原假设 H_0。

3　关系强度的测量

例 9.4 的方差分析结果显示，不同品牌的销售量均值之间有显著差异，这意味着品牌(行自变量)与销售量(因变量)之间的关系是显著的。而不同地区的销售量的均值之间没有显著差异，表明地区(列自变量)与销售量(因变量)之间的关系是不显著的。那么，两个变量合起来与销售量之间的关系强度究竟如何呢？

表 9.10 中给出了行自变量(品牌)的平方和(行 SS)、列自变量(地区)的平方和(列 SS)、误差项平方和(误差 SS)。其中行平方和度量了品牌这个自变量对因变量(销售量)的影响效应；列平方和度量了地区这个自变量对因变量(销售量)的影响效应。这两个平方和加在一起则度量了两个自变量对因

变量的联合效应,联合效应与总平方和的比值定义为 R^2,其平方根 R 则反映了这两个自变量合起来与因变量之间的关系强度[①],即

$$R^2 = \frac{联合效应}{总效应} = \frac{SSR + SSC}{SST}。\qquad(9.25)$$

例如,根据表 9.10 的输出结果计算,得

$$R^2 = \frac{SSR + SSC}{SST} = \frac{13004.55 + 2011.70}{17888.95} = 0.8394 = 83.94\%,$$

这表明,品牌因素和地区因素合起来总共解释了销售量差异的 83.94%,其他因素(残差变量)只解释了销售量差异的 16.06%。而 $R = 0.9162$,表明品牌和地区两个因素合起来与销售量之间有较强的关系。

当然,也可以分别考察品牌和地区与销售量之间的关系,这就需要分别作每个自变量与销售量的单因素方差分析,并分别计算每个 R^2 进行分析。下面给出分别对品牌和地区因素对销售量的单因素方差分析结果,见表 9.11 和表 9.12,请读者自己进行分析。

表 9.11 品牌与销售量的单因素方差分析结果

	A	B	C	D	E	F	G
1	方差分析						
2	差异源	SS	df	MS	F	P-value	F crit
3	组间	13004.55	3	4334.85	14.19982	8.973E-05	3.238867
4	组内	4884.4	16	305.275			
5							
6	总计	17888.95	19				

表 9.12 地区与销售量的单因素方差分析结果

	A	B	C	D	E	F	G
1	方差分析						
2	差异源	SS	df	MS	F	P-value	F crit
3	组间	2011.7	4	502.925	0.4751374	0.7534433	3.0555682
4	组内	15877.25	15	1058.4833			
5							
6	总计	17888.95	19				

由表 9.11 和表 9.12 可以发现,与双因素方差分析所得的结论一致。但双因素方差分析中的误差平方和等于 2872.7,比分别进行单因素方差分析时的任何一个平方和(4884.4 和 15877.25)都小,而且 P 值也变得更小了。这

[①] R^2 称为多重判定系数,R 称为多重相关系数。见第 11 章多元线性回归。

是因为在双因素方差分析中,误差平方和不包括两个自变量中的任何一个,因而减少了残差效应。而在分别作单因素方差分析时,将行因素(品牌)作自变量时,列因素(地区)被包括在残差中,同样,将列因素作自变量时,行因素被包括在残差中。因此,对于两个自变量而言,进行双因素方差分析要优于分别对两个因素进行单因素方差分析[①]。

9.3.3 有交互作用的双因素方差分析

在上面的分析中假定两个因素对因变量的影响是独立的,但如果两个因素搭配在一起会对因变量产生一种新的效应,就需要考虑交互作用对因变量的影响,这就是有交互作用的双因素方差分析。

【例 9.5】 城市道路交通管理部门为研究不同的路段和不同的时间段对行车时间的影响,让一名交通警察分别在两个路段和高峰期与非高峰期亲自驾车进行试验,通过试验取得共获得 20 个行车时间的数据,如表 9.13 所示。试分析路段、时段以及路段和时段的交互作用对行车时间的影响。($\alpha=0.05$)

设行变量有 k 个水平,例如,表 9.13 中的行变量(时段)有 2 个水平,即高峰期和非高峰期;列变量有 r 个水平,例如,表 9.13 中的列变量(路段)有 2 个水平,即路段 1 和路段 2;行变量中每一个水平的行数(Excel 中称为每一个样本的行数)为 m,例如,表 9.13 中的行变量的每一个水平(即每一个样本)的行数各有 5 行;观察数据的总数为 n,例如,表 9.13 中共有 $n=20$ 个数据。

表 9.13 不同时段和不同路段的行车时间 (单位:min)

	A	B	C	D
1			路段(列变量)	
2			路段1	路段2
3	时段(行变量)	高峰期	26	19
4			24	20
5			27	23
6			25	22
7			25	21
8		非高峰期	20	18
9			17	17
10			22	13
11			21	16
12			17	12

---

① 类似于用两个自变量的多元回归代替分别作两个一元回归。见第 11 章多元线性回归。

与无交互作用的方差分析方法类似,有交互作用的双因素方差分析也需要提出假设、构造检验的统计量、决策分析等步骤。提出假设时,需要对行变量、列变量和交互作用变量分别提出假设,方法与上述类似,这里不再赘述。有交互作用的双因素方差分析表的数据结构与表 9.13 类似,其方差分析表的一般形式如表 9.14 所示。

表 9.14 有交互作用的双因素方差分析表的结构

	A	B	C	D	E	F	G
1	误差来源	平方和 SS	自由度 df	均方 MS	F 值	P 值	F 临界值
2	行因素	SSR	$k-1$	$MSR = \dfrac{SSR}{k-1}$	$F_R = \dfrac{MSR}{MSE}$		
3	列因素	SSC	$r-1$	$MSC = \dfrac{SSC}{r-1}$	$F_C = \dfrac{MSC}{MSE}$		
4	交互作用	SSRC	$(k-1)(r-1)$	$MSRC = \dfrac{SSRC}{(k-1)(r-1)}$	$F_{RC} = \dfrac{MSRC}{MSE}$		
5	误差	SSE	$kr(m-1)$	$MSE = \dfrac{SSE}{kr(m-1)}$			
6	总和	SST	$n-1$				

设 x_{ijl} 为对应于行因素的第 i 个水平和列因素的第 j 个水平的第 l 行的观测值;

$\bar{x}_{i\cdot}$ 为行因素的第 i 个水平的样本均值;

$\bar{x}_{\cdot j}$ 为列因素的第 j 个水平的样本均值;

$\bar{x}_{ij}$ 为对应于行因素的第 i 个水平和列因素的第 j 个水平组合的样本均值;

$\bar{x}$ 为全部 n 个观察值的总均值。

各平方和的计算公式如下:

总平方和(SST)

$$\mathrm{SST} = \sum_{i=1}^{k}\sum_{j=1}^{r}\sum_{l=1}^{m}(x_{ijl}-\bar{x})^2 \text{。} \quad (9.26)$$

行变量平方和(SSR)

$$\mathrm{SSR} = rm\sum_{i=1}^{k}(\bar{x}_{i\cdot}-\bar{x})^2 \text{。} \quad (9.27)$$

列变量平方和(SSC)

$$\text{SSC} = km \sum_{j=1}^{r} (\bar{x}_{\cdot j} - \bar{x})^2 。 \tag{9.28}$$

交互作用平方和(SSRC)

$$\text{SSRC} = m \sum_{i=1}^{k} \sum_{j=1}^{r} (\bar{x}_{ij} - \bar{x}_{i\cdot} - \bar{x}_{\cdot j} + \bar{x})^2 。 \tag{9.29}$$

误差项平方和(SSE)

$$\text{SSE} = \text{SST} - \text{SSR} - \text{SSC} - \text{SSRC} 。 \tag{9.30}$$

下面对例 9.5 中提出的问题,说明用 Excel 进行有交互作用的双因素方差分析的步骤,并对结果进行分析。首先,将数据按图 9.9 的形式输入到 Excel 工作表中,然后按下列步骤操作。

用 Excel 进行有交互作用的双因素方差分析的操作步骤

第 1 步：选择【工具】下拉菜单,并选择【数据分析】选项。

第 2 步：在分析工具中选择【素方差分析：可重复双因素分析】,然后单击【确定】。

第 3 步：当对话框出现时

在【输入区域】方框内键入 A1:C11；

在【α】方框内键入 0.05(可根据需要确定)；

在【每一样本的行数】方框内键入 5；

在【输出选项】中选择输出区域(这里我们选新工作表组)；

结果如图 9.9 所示。

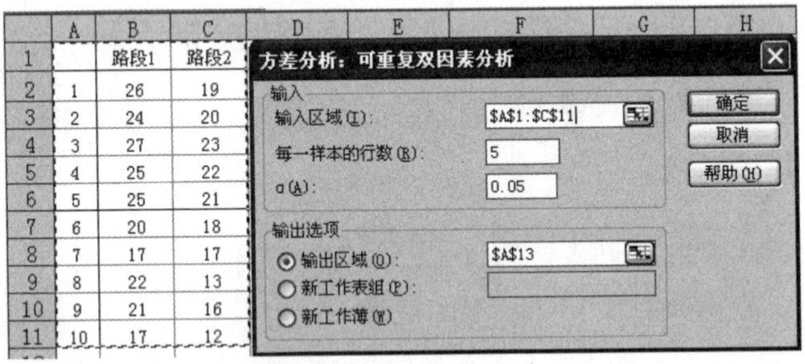

图 9.9 用 Excel 进行方差分析的步骤

单击【确定】后得到如表 9.15 所示的输出结果。

表 9.15　Excel 输出的有交互作用的双因素方差分析结果

	A	B	C	D	E	F	G
1	方差分析：可重复双因素分析						
2							
3	SUMMARY	路段1	路段2	总计			
4	1						
5	计数	5	5	10			
6	求和	127	105	232			
7	平均	25.4	21	23.2			
8	方差	1.3	2.5	7.0667			
9							
10	6						
11	计数	5	5	10			
12	求和	97	76	173			
13	平均	19.4	15.2	17.3			
14	方差	5.3	6.7	10.2333			
15							
16	总计						
17	计数	10	10				
18	求和	224	181				
19	平均	22.4	18.1				
20	方差	12.9333	13.4333				
21							
22	方差分析						
23	差异源	SS	df	MS	F	P-value	F crit
24	样本	174.0500	1	174.0500	44.0633	0.0000	4.4940
25	列	92.4500	1	92.4500	23.4051	0.0002	4.4940
26	交互	0.0500	1	0.0500	0.0127	0.9118	4.4940
27	内部	63.2000	16	3.9500			
28							
29	总计	329.75	19				

由表 9.15 输出的结果可知，用于检验"时段"（行因素，输出表中为"样本"）的 P-value＝0.0000＜α＝0.05，拒绝原假设，表明不同时段的行车时间之间有显著差异，即时段对行车时间有显著影响；用于检验"路段"（列因素）的 P-value＝0.0002＜α＝0.05，同样拒绝原假设，表明不同路段的行车时间之间有显著差异，即路段对行车时间也有显著影响；交互作用反映的是时段因素和路段因素联合产生的对行车时间的附加效应，用于检验的 P-value＝0.9118＞α＝0.05，因此不拒绝原假设，没有证据表明时段和路段的交互作用对行车时间有显著影响。

同样，也可以用各平方和占总平方和（SST）的比例即 R^2 来反映时段因素、路段因素、交互作用以及残差等对行车时间的关系强度。读者可仿照前面的方法进行分析。

9.4 试验设计初步

试验设计已成为数理统计的一个重要分支,包含丰富的内容,其数据分析方法主要是方差分析。本节主要介绍试验设计的一些基本知识。

9.4.1 完全随机化设计

▶ **定义 9.12** 收集样本数据的过程称为试验(experiment)。

▶ **定义 9.13** 收集样本数据的计划称为试验设计(experimental design)。

试验设计是研究如何科学地安排试验,以便用尽可能少的试验获得尽可能多的信息。试验设计有完全随机化设计、随机化区组设计、因子设计等不同类型。

▶ **定义 9.14** 将 k 种"处理"随机地指派给试验单元的设计,称为完全随机化设计(completely randomized design)。

▶ **定义 9.15** 接受"处理"的对象或实体,称为试验单元(experiment unit),或称抽样单元。

在试验性研究中,对感兴趣的变量是明确规定的,因此,研究中的一个或多个因素可以被控制,使得数据可以按照因素如何影响变量来获取。下面将通过一个例子来说明完全随机化设计的过程。

【例 9.6】 一家种业开发股份公司研究出 3 个新的小麦品种:品种 1、品种 2、品种 3。公司需要分析不同品种对产量的影响。为此需要选择一些地块,在每个地块种上不同的品种,然后获得产量数据,进而分析小麦品种对产量的影响是否显著。这一过程就是试验设计的过程。

这里的"小麦品种"就是试验因子或因素,品种 1、品种 2、品种 3 就是因子的 3 个不同水平,称为处理。假定此时选取 3 个面积相同的地块,这里的"地块"就是接受处理的对象或实体,称为试验单元。然后将每个品种随机地指派给其中的一个地块,例如,品种 1 随机地指派给地块 2,品种 2 指派给地块 1,品种 3 指派给地块 3。这一过程就是随机化设计过程。

完全随机化设计除符合"随机化"要求外,还必须符合"可重复性"原则,重复(replication)是指在一个试验中每个试验条件可以"复制"。可重复性就是在每个试验条件下试验可重复进行。例如,在上面的例子中,由于只抽取 3

个地块,只能获得3个产量的数据,也就是对应与每个处理的样本容量为1。为获得每个品种更多的数据,必须重复基本试验步骤。例如,假定不是抽取3个地块,而是12个地块,然后将每个处理(每个品种)之一随机地指派给其中的4个地块,这就相当于重复做了4次试验。这一过程称为"复制"过程。

上面就是完全随机化设计的基本步骤。在设计达到要求后就可以获取试验数据了。假定通过上述设计后取得了如下样本数据,见表9.16。

表9.16 3个小麦品种在12个地块上的产量数据

A	B	C	D	E	F
1		产量			
2 小麦品种	品种1	368	349	351	342
3	品种2	386	383	370	357
4	品种3	351	348	336	331

有了试验数据后,需要分析每个品种的产量是否相同,也就是要分析品种对产量是否有显著影响。很显然,分析完全随机化设计数据的方法就是在9.2节中介绍的单因素方差分析。下面就是对表9.16数据的分析结果,见表9.17。

表9.17 3个小麦品种的方差分析结果

	A	B	C	D	E	F	G
1	方差分析						
2	差异源	SS	df	MS	F	P-value	F crit
3	组间	2186	2	1093	8.422089	0.0086788	4.256492
4	组内	1168	9	129.77778			
5							
6	总计	3354	11				

由于 $P\text{-value}=0.008679<\alpha=0.05$,表明小麦品种对产量有显著影响。其 $R^2=\dfrac{2186}{3354}=65.18\%$,表明品种因素解释了产量差异的65.18%,其余的34.82%是由其他因素所解释的。

9.4.2 随机化区组设计

完全随机化试验设计看起来似乎很公平,但不同地块土壤的好坏是不同的[①]。在随机指派不同品种时,如果对某一个品种是有利的,例如,抽到了土

[①] 在经济问题研究中的试验其试验单元通常是非同质的,因此需要使用随机化区组设计。其中,区组的划分类似于分层抽样。

壤好的地块，这就不公平了。那么怎样消除这种由"随机"造成的不公平呢？这就需要随机区组化设计，它可以消除由于土壤好坏对产量的影响。

▶ **定义9.16** 先按一定规则将试验单元划分为若干同质组，称为"区组（block）"，然后再将各种处理随机地指派给各个区组，这样的试验设计称为随机化区组设计（randomized block design）。

例如，在例9.6中，首先根据土壤的好坏分成几个区组，假定分成4个区组：区组1、区组2、区组3、区组4，每个区组中有3个地块。在每个区组内的3个地块以抽签方式决定所种的小麦品种。这种分组后再将每个品种（处理）随机地指派给每一个区组的设计就是随机化区组设计。假定通过随机化区组设计后得到的数据如表9.18所示。

表9.18 3个小麦品种在4个区组上的产量数据

	A	B	C	D	E	F
1			区组			
2			区组1	区组2	区组3	区组4
3	小麦品种	品种1	355	349	341	337
4		品种2	377	369	361	356
5		品种3	349	346	331	339

由于每一个区组中只作一次试验（即无重复试验），无法求交互作用。因此，对表9.18中数据的分析采用无交互作用的双因素方差分析。其结果如表9.19所示。

表9.19 3个小麦品种在4个区组上产量的方差分析表

	A	B	C	D	E	F	G
1	方差分析						
2	差异源	SS	df	MS	F	P-value	F crit
3	行（品种）	1371.1667	2	685.58333	67.619178	7.666E-05	5.1432494
4	列（区组）	581.66667	3	193.88889	19.123288	0.0017895	4.7570552
5	误差	60.833333	6	10.138889			
6							
7	总计	2013.6667	11				

由于检验"品种"的 $P\text{-value}=0.0001<\alpha=0.05$，表明小麦品种对产量有显著影响。其 $R^2 = \dfrac{1371.167+581.6667}{2013.667} = 96.98\%$，表明品种因素解释了产量差异的96.98%，其余的3.02%是由其他因素所解释的。

需要注意的是：由于试验按单个因素（小麦品种）设计的，感兴趣的也正是这一因素。地块区组划分的目的主要是为了从误差项（MSE）中消除地块差异的影响。因此感兴趣的主要是用于小麦品种检验的 F 统计量及其 P 值。如果土壤好坏成为研究的另一个因素，则应该使用另外一种试验设计，这就是下面将要讨论的因子设计。

9.4.3 因子设计

假定除了关心小麦品种对产量的影响外，还关心施肥方式对产量的影响，这时感兴趣的因素有两个：小麦品种和施肥方式。假定有甲、乙两种施肥方式，这样 3 个小麦品种和两种施肥方式的搭配共有 $3\times2=6$ 种。如果我们选择 30 个地块进行实验，每一种搭配可以做 5 次试验，也就是每个品种（处理）的样本容量为 5，即相当于每个品种（处理）重复做了 5 次试验。这种考虑两个因素（可推广到多个因素）的搭配试验设计称为因子设计，该设计主要用于分析两个因素及其交互作用对试验结果的影响。

▶定义 9.17 两个或多个因素的搭配试验设计，称为因子设计（factorial design）。

假定对 3 个品种、两种施肥方式的因子试验取得了下面的数据，如表 9.20 所示。

表 9.20 小麦品种与施肥方式的因子试验的数据

	A	B	C	D
1			施肥方式	
2			甲	乙
3		品种1	81	89
4			82	92
5			79	87
6			81	85
7	小麦品种		78	86
8		品种2	71	77
9			72	81
10			72	77
11			66	73
12			72	79
13		品种3	76	89
14			79	87
15			77	84
16			76	83
17			78	87

现在需要分析小麦品种、施肥方式以及二者交互作用对产量的影响。采用 Excel 中【可重复双因素方差分析】得到下面的输出结果，如表 9.21 所示。

表 9.21 小麦品种与施肥方式因子试验的方差分析表

	A	B	C	D	E	F	G
1	方差分析：可重复双因素分析						
2	差异源	SS	df	MS	F	P-value	F crit
3	样本	560	2	280	54.3689	0.0000	3.4028
4	列	480	1	480	93.2039	0.0000	4.2597
5	交互	10.4	2	5.2	1.0097	0.3793	3.4028
6	内部	123.6	24	5.15			
7							
8	总计	1174	29				

由于检验品种的 $P_{小麦品种}$-value＝0.0000＜α＝0.05，表明小麦品种对产量有显著影响；检验施肥方式的 $P_{施肥方式}$-value＝0.0000＜α＝0.05，表明施肥方式对产量有显著影响；检验交互作用的 $P_{交互作用}$-value＝0.3793＞α＝0.05，没有证据表明小麦品种与施肥方式的交互作用对产量有显著影响。

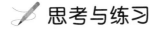

思考与练习

思考题

9.1　什么是方差分析？它所研究的是什么？

9.2　要检验多个总体均值是否相等时，为什么不作两两比较，而用方差分析方法？

9.3　方差分析包括哪些类型？它们有何区别？

9.4　方差分析中有哪些基本假定？

9.5　简述方差分析的基本思想。

9.6　解释因子和处理的含义。

9.7　解释组内误差和组间误差的含义。

9.8　解释组内方差和组间方差的含义。

9.9　简述方差分析的基本步骤。

9.10　方差分析中多重比较的作用是什么？

9.11　什么是交互作用？

9.12　解释无交互作用和有交互作用的双因素方差分析。

9.13　解释 R^2 的含义和作用。

9.14 解释试验、试验设计、试验单元的含义。

9.15 简述完全随机化设计、随机化区组设计、因子设计的含义和区别。

练习题

9.1 从 3 个总体中各抽取容量不同的样本数据,结果如下。检验 3 个总体的均值之间是否有显著差异?($\alpha=0.01$)

样本 1	样本 2	样本 3
158	153	169
148	142	158
161	156	180
154	149	
169		

9.2 下面是来自 5 个总体的样本数据:

样本 1	样本 2	样本 3	样本 4	样本 5
14	10	11	16	14
13	9	12	17	12
10	12	13	14	13
	9	12	16	13
	10		17	12
				14

取显著性水平 $\alpha=0.01$,检验 5 个总体的均值是否相等?

9.3 一家牛奶公司有 4 台机器装填牛奶,每桶的容量为 4l。下面是从 4 台机器中抽取的样本数据:

机器 1	机器 2	机器 3	机器 4
4.05	3.99	3.97	4.00
4.01	4.02	3.98	4.02
4.02	4.01	3.97	3.99
4.04	3.99	3.95	4.01
	4.00	4.00	
	4.00		

取显著性水平 $\alpha=0.01$,检验4台机器的装填量是否相同?

9.4 一家管理咨询公司为不同的客户进行人力资源管理讲座。每次讲座的内容基本上一样的,但讲座的听课者有时是高级管理者,有时是中级管理者,有时是低级管理者。该咨询公司认为,不同层次的管理者对讲座的满意度是不同的。对听完讲座后随机抽取的不同层次管理者的满意度评分如下(评分标准从 1~10,10 代表非常满意):

高级管理者	中级管理者	低级管理者
7	8	5
7	9	6
8	8	5
7	10	7
9	9	4
	10	8
	8	

取显著性水平 $\alpha=0.05$,检验管理者的水平不同是否会导致评分的显著性差异?

9.5 某家电制造公司准备购进一批 $5^\#$ 电池,现有 A,B,C 三个电池生产企业愿意供货,为比较它们生产的电池质量,从每个企业各随机抽取 5 只电池,经试验得其寿命(单位:h)数据如下:

试验号	电池生产企业		
	A	B	C
1	50	32	45
2	50	28	42
3	43	30	38
4	40	34	48
5	39	26	40

试分析3个企业生产的电池的平均寿命之间有无显著差异?($\alpha=0.05$)如果有差异,用 LSD 方法检验哪些企业之间有差异?

9.6 一家产品制造公司管理者想比较 A,B,C 3 种不同的培训方式对产品组装时间的多少是否有显著影响,将 20 名新员工随机分配进行各种培训方式。在培训结束后,参加培训的员工组装一件产品所花的时间如下(单位:min):

培训方式		
A	B	C
8.8	8.2	8.6
9.3	6.7	8.5
8.7	7.4	9.1
9.0	8.0	8.2
8.6	8.2	8.3
8.3	7.8	7.9
9.5	8.8	9.9
9.4	8.4	9.4
9.2	7.9	

取显著性水平 $\alpha=0.05$，确定不同培训方式对产品组装的时间是否有显著影响？

9.7 某企业准备用 3 种方法组装一种新的产品，为确定哪种方法每小时生产的产品数量最多，随机抽取了 30 名工人，并指定每个人使用其中的一种方法。通过对每个工人生产的产品数进行方差分析得到下面的结果：

方差分析表

差异源	SS	df	MS	F	P-value	F crit
组间			210		0.245946	3.354131
组内	3836		—		—	—
总计		29	—		—	—

（1）完成上面的方差分析表。

（2）若显著性水平 $\alpha=0.05$，检验 3 种方法组装的产品数量之间是否有显著差异？

9.8 一家汽车制造商准备购进一批轮胎。考虑的因素主要有轮供应商和耐磨程度。为了对磨损程度进行测试，分别在低速（40km/h）、中速（80km/h）、高速（120km/h）下进行测试。下面是对 5 家供应商抽取的轮胎随机样本在轮胎行驶 1000km 后的磨损程度。

供应商	车速		
	低速	中速	高速
1	3.7	4.5	3.1
2	3.4	3.9	2.8
3	3.5	4.1	3.0
4	3.2	3.5	2.6
5	3.9	4.8	3.4

取显著性水平 $\alpha=0.01$,检验:
(1) 不同车速对磨损程度是否有显著影响?
(2) 不同供应商生产的轮胎的磨损程度是否有显著差异?

9.9 有 5 种不同品种的种子和 4 种不同的施肥方案,在 20 块同样面积的土地上,分别采用 5 种种子和 4 种施肥方案搭配进行试验,取得的收获量数据如下表所示:

品种	施肥方案			
	1	2	3	4
1	12.0	9.5	10.4	9.7
2	13.7	11.5	12.4	9.6
3	14.3	12.3	11.4	11.1
4	14.2	14.0	12.5	12.0
5	13.0	14.0	13.1	11.4

检验种子的不同品种对收获量的影响是否有显著差异?不同的施肥方案对收获量的影响是否有显著差异?($\alpha=0.05$)

9.10 为研究食品的包装和销售地区对其销售量是否有影响,在某周的 3 个不同地区中用 3 种不同包装方法进行销售,获得的销售量数据如下:

销售地区(A)	包装方法(B)		
	B_1	B_2	B_3
A_1	45	75	30
A_2	50	50	40
A_3	35	65	50

检验不同的地区和不同的包装方法对该食品的销售量是否有显著

影响？（α＝0.05）

9.11　一家超市连锁店进行一项研究,确定超市所在的位置和竞争者的数量对销售额是否有显著影响。下面是获得的月销售额数据(单位：万元)：

超市位置	竞争者数量			
	0	1	2	>3
位于市内居民小区	41 30 45	38 31 39	59 48 51	47 40 39
位于写字楼	25 31 22	29 35 30	44 48 50	43 42 53
位于郊区	18 29 33	22 17 25	29 28 26	24 27 32

取显著性水平 $\alpha=0.01$，检验：
(1) 竞争者的数量对销售额是否有显著影响？
(2) 超市的位置对销售额是否有显著影响？
(3) 竞争者的数量和超市的位置对销售额是否有交互影响？

9.12　为检验广告媒体和广告方案对产品销售量的影响,一家营销公司做了一项试验,考察3种广告方案和两种广告媒体,获得的销售量数据如下：

广告方案	广告媒体	
	报纸	电视
A	8 12	12 8
B	22 14	26 30
C	10 18	18 14

检验广告方案、广告媒体或其交互作用对销售量的影响是否显著？（α＝0.05）

人物传记[①]

Ronald Aylmer Fisher

R. A. Fisher(1890—1962)出生于英国伦敦，在剑桥大学攻读数学和物理。他早年居无定所——在一家投资公司任过职，在加拿大的一个农场工作过，在英国的公立学校教过书。他对生物测定学产生了兴趣，而这一兴趣令他在1919年加入了位于Rothamsted的一个世界著名的农业试验场。在那里，他负责对有关田间试验和天气记录的66年累积数据进行分类和再评估——在这个过程中，他成为了那个世纪的主导统计学家之一。早期他发表了开创新纪元的 Statistics Methods for Research Workers(1925)(研究人员的统计方法)，该书再版14次并被翻译成各种语言，成为世界各地研究者的"圣经"。其后还有两本同样深具影响的著作，The Genetical Thoory of Natural Seletion(1930)(自然选择的遗传理论)——一本把达尔文的进化论和孟德尔的遗传学融合到一起的书，以及 The Design Experiments(1935)(实验设计)；这些书籍奠定了Fisher作为一个一流统计学家和一流遗传学家的地位。实际上，在他晚年迁往澳大利亚之前，Fisher先后在伦敦大学学院和剑桥大学长期担任优生学教授。

然而，上面所引用的作品仅仅是介绍Fisher诸多作品的一个开端。在近50年的时间里，他每两个月发表一篇论文，而且绝大部分论文都开辟了新天地！因此，我们很难确定他的诸多贡献中哪一个是最值得称颂的，也绝对没有可能用少许的篇幅来展示这位多产的

---

① 资料来源：Dictionary of Scientific Biography, New York：Scribner's,1972(5)：7-11; International Encyclopedia of Statistics, New York：Free Press,1978(1)：352-358.

学者是如何彻彻底底地纵横统计学这一领域的。他是在实验中使用随机分组、拉丁方格、因子设计和混合设计的先驱者。之后，他推进了估计理论（并引入了无偏性、一致性、有效性等概念），使相关、回归和方差（和协方差）分析发展成现在的状态。是 Fisher 在 W. S. Gosset 研究的基础上建立了小样本假设检验的综合理论。

不足为奇，Fisher 的一生获得了无数荣誉和奖励（他甚至在 1952 年被封为爵士）；不幸的是，对有关估计和假设检验的本质问题，Fisher 也卷入了与其他统计学家之间异常持久和激烈的论战中。在 Fisher 的估计理论中，他引入了可信区间（fiducial interval）的概念，即在一定概率水平下可以确信包含某一参数取值的数值范围。这一区间可以表示为 $\mu = \overline{X} \pm (z\sigma_X)$；Fisher 在获取一个样本并计算得到 $\overline{X}$ 之后建立这一范围。在给定一个样本结果的情况下，他就可以用可信区间的形式作出概率陈述，告诉我们可以相信参数将以一定的概率落入这个范围（拉丁文 fiducia 意思是"信任"），当然概率的大小依赖于 z 的取值。（现代统计学家一般都反对这个观点。）

Fisher 有关假设检验的观点与其他统计学家也存在微小但却十分重要的差异。Fisher 认为假设检验是数据分析的一种形式，是人们在研究中加入的主观信息。他的具体做法是：

1. 假定某一参数的取值；

2. 选择一个检验统计量（例如 z 统计量或 t 统计量），该统计量的分布在假定的参数取值为真时应该是完全已知的；

3. 从研究总体中抽取一个随机样本；

4. 计算检验统计量的值；

5. 计算概率 P 值或者说观测的显著性水平，也就是在假定的参数取值为真时，检验统计量大于或等于实际观测值的概率；

6. 使用如下的临界点来判断参数假设值的正确性：

a. 如果 P 值 $\leqslant 0.01$，则可以给出较强的判定结果，拒绝假定的参数取值。

b. 如果 $0.01 < P$ 值 $\leqslant 0.05$，则可以给出较弱的判定结果，拒绝假定的参数取值。

c. 如果 P 值 > 0.05，则判定结果倾向于接受假定的参数取值。

Fisher 有关假设检验的这一观点同样也遭到了现代统计学家们的反对。然而，Fisher 的工作大大促进了现代假设检验理论的发展，无论怎样，他的科学成就是如此之多且具有决定性意义，没有任何事物能够掩盖它们的光泽或影响到 Fisher 作为那个世纪最伟大的科学家之一的地位。

第 10 章

一元线性回归

不要过于教条地对待研究的结果,尤其当数据的质量受到怀疑时。

——Damodar N.Gujarati

统计应用: 回归分析在投资风险中的应用[①]

在股票市场上投资对每个人来说都是很具吸引力的。但是,股票投资是有风险的,与一支股票相联系的风险可以通过下列两种方式进行衡量。第一个是系统风险(systematic risk),即可由市场解释的股价变动——随着股市的上涨或下跌,该股票趋于同一方向变化。标准普尔指数是最常用的对股市衡量的指标。例如,我们通常发现消费品生产公司的股票与标准普尔指数高度相关,而公用事业股票与股市的相关性要小一些。风险的第二种类型称为特定风险(specific risk),它是由于其他因素引起的股价变动。例如,公司的盈利能力、买进战略等。特定风险通过估计值的标准误差来衡量。

系统风险是通过一个称为 β 的指标来刻画。β 等于 1,表明特定股票的变化与市场同步;而 β 小于 1,表明这支股票要比市场更加稳定;β 大于 1,说明这支股票要比市场的变化大得多。因此,拥有大的 β 值的股票要比那些 β 值小的股票风险更大。β 值通过建立特定股

---

① 资料来源:参考文献(James,2004)。

票的收益(因变量)对市场平均收益(自变量)的回归模型进行计算。回归直线的斜率就是 β 风险,这可以通过下图来解释。

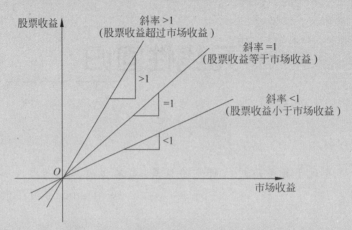

β 风险的图解

在图上面画出某只股票收益关于市场平均收益的回归线,此时可观察到如果斜率等于1,这只股票变化的比率(幅度)与市场平均水平一样。但是,当这只股票价格变化的幅度没有市场平均水平大时,回归线的斜率小于1;而当该股票价格变化幅度超过市场平均价格的变化时,斜率将大于1。负的斜率表明股票变化的方向与市场相反(例如,如果市场上升,该股票价格下降)。

在方差分析一章中,介绍了分类型自变量与数值型因变量之间关系的分析方法。而本章则主要介绍数值型自变量和数值型因变量之间关系的分析方法,这就是相关与回归分析。相关与回归是处理变量之间关系的一种统计方法。从所处理的变量多少来看,如果研究的是两个变量之间的关系,称为简单相关与简单回归分析;如果研究的是两个以上变量之间的关系,称为多元相关与多元回归分析。从变量之间的关系上看,有线性相关与线性回归分析及非线性相关与非线性回归分析。本章主要讨论简单线性相关和简单线性回归的基本原理与方法。

10.1 变量间关系的度量

10.1.1 变量间的关系

在生产和经营活动中,经常要对变量之间的关系进行分析。例如,在企业生产中,要对影响生产成本的各种因素进行分析,以达到控制成本的目的;在农业生产中,需要研究农作物产量与施肥量之间的关系,以便分析施肥对产量的影响,进而确定合理的施肥量;在商业活动中,需要分析广告费支出与销售量之间的关系,进而通过广告费支出来预测销售量,等等。统计分析的目的在于如何根据统计数据确定变量之间的关系形态及其关联的程度,并探索出其内在的数量规律性。人们在实践中发现,变量之间的关系可分为两种类型,即函数关系和相关关系。

函数关系是人们比较熟悉的。设有两个变量 x 和 y,变量 y 随变量 x 一起变化,并完全依赖于 x,当变量 x 取某个数值时,y 依确定的关系取相应的值,则称 y 是 x 的函数,记为 $y=f(x)$,其中 x 称为自变量,y 称为因变量。下面给出几个函数关系的例子。

【例10.1】 某种产品的销售额与销售量之间的关系。设销售额为 y,销售量为 x,销售价格为 p,则 x 与 y 之间的关系可表示为 $y=px$。这就是说,在销售价格不变的情况下,对于该商品的某一销售量,总有一个销售额与之对应,即销售额完全由销售量所确定,二者之间为线性函数关系。

【例10.2】 企业的原材料消耗额(y)与产量(x_1)、单位产品消耗(x_2)、原材料价格(x_3)之间的关系可表示为 $y=x_1 x_2 x_3$。这里的 y 与 x_1,x_2,x_3 之间是一种确定的函数关系,但它们不是线性函数关系。

函数关系是一一对应的确定关系。但在实际问题中,变量之间的关系往往不那么简单。例如,考察居民储蓄与居民家庭收入这两个变量,它们之间就不存在完全确定的关系。也就是说,收入水平相同的家庭,他们的储蓄额往往不同,反之,储蓄额相同的家庭,他们的收入水平也可能不同。可见家庭储蓄并不能完全由家庭收入所确定,因为家庭收入尽管与家庭储蓄有密切的关系,但它并不是影响储蓄的惟一因素,还有银行利率、消费水平等其他因素的影响。正是由于影响一个变量的因素非常之多,才造成了变量之间关系的不确定性。

▶ **定义 10.1**　变量之间存在的不确定的数量关系,称为相关关系(correlation)。

下面是相关关系的几个例子。

【例 10.3】　从遗传学角度看,子女的身高(y)与其父母身高(x)有很大关系。一般来说,父母身高较高时,其子女的身高通常也比较高,父母身高较低时,其子女的身高通常也较低。但是实际情况并不完全是这样,因为它们之间并不是完全确定的关系。显然,子女的身高并不是完全由父母身高一个因素所决定,还有其他许多因素的影响,因此二者之间属于相关关系。

【例 10.4】　考察一个人的收入(y)水平同他受教育程度(x)这两个变量,它们之间就不存在确定的函数关系。也就是说,受教育程度相同的人,他们的收入水平往往不同,同样,收入水平相同的人,他们受教育的程度也可能不同。因为受教育程度尽管与一个人的收入多少有关系,但它并不是影响收入的惟一因素,还有其他因素(如职业,工作年限等)的影响。因此,收入水平与受教育程度之间是一种相关关系。

【例 10.5】　农作物的单位面积产量(y)与施肥量(x)有密切的关系。在一定条件下,施肥量越多,单位面积产量就越高。但产量并不是由施肥量一个因素决定的,还有其他许多因素的影响,如降雨量、温度、管理水平等。因此农作物的单位面积产量与施肥量之间并不是函数关系,而是一种相关关系。

从上面的几个例子,可看出相关关系的特点:一个变量的取值不能由另一个变量惟一确定,当变量 x 取某个值时,变量 y 的取值可能有几个。对这种关系不确定的变量显然不能用函数关系进行描述,但也不是无任何规律可寻。通过对大量数据的观察与研究,就会发现许多变量之间确实存在着一定的客观规律。例如,平均来说,父亲身高较高时,其子女的身高一般也较高;收入水平高的家庭,其家庭储蓄一般也较多。相关与回归分析正是描述与探索这类变量之间关系及其规律的统计方法。

10.1.2　相关关系的描述与测度

相关分析就是对两个变量之间线性关系的描述与度量,它要解决的问题包括:

(1) 变量之间是否存在关系?

(2) 如果存在关系,它们之间是什么样的关系?

(3) 变量之间的关系强度如何？

(4) 样本所反映的变量之间的关系能否代表总体变量之间的关系？

为解决这些问题，在进行相关分析时，对总体主要有以下两个假定：① 两个变量之间是线性关系。② 两个变量都是随机变量。

在进行相关分析时，首先需要绘制散点图来判断变量之间的关系形态，如果是线性关系，则可以利用相关系数来测度两个变量之间的关系强度，最后对相关系数进行显著性检验，以判断样本所反映的关系能否用来代表两个变量总体上的关系。

1 散点图

对于两个变量 x 和 y，通过观察或试验可以得到若干组数据，记为 $(x_i, y_i)(i=1,2,\cdots,n)$。用坐标的水平轴代表变量 x，纵轴代表因变量 y，每组数据 (x_i, y_i) 在坐标系中用一个点表示，n 组数据在坐标系中形成的 n 个点称为散点，由坐标及其散点形成的二维数据图称为散点图（scatter diagram）。

散点图是描述变量之间关系的一种直观方法，从中可以大体上看出变量之间的关系形态及关系强度。图 10.1 就是不同形态的散点图。

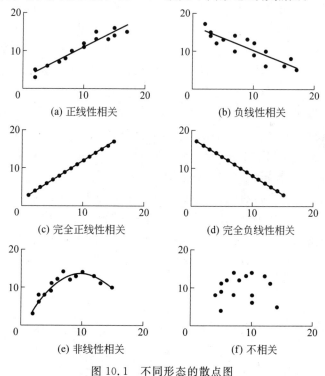

图 10.1　不同形态的散点图

从图 10.1 可以看出，相关关系的表现形态大体上可分为线性相关、非线性相关、完全相关和不相关等几种。就两个变量而言，如果变量之间的关系近似地表现为一条直线，则称为线性相关，如图 10.1(a)和(b)；如果变量之间的关系近似地表现为一条曲线，则称为非线性相关或曲线相关；如图 10.1(e)；如果一个变量的取值完全依赖于另一个变量，各观测点落在一条直线上，称为完全相关，如图 10.1(c)和(d)，这实际上就是函数关系；如果两个变量的观测点很分散，无任何规律，则表示变量之间没有相关关系，如图 10.1(f)。

在线性相关中，若两个变量的变动方向相同，一个变量的数值增加，另一个变量的数值也随之增加，或一个变量的数值减少，另一个变量的数值也随之减少，则称为正相关，如图 10.1(a)；若两个变量的变动方向相反，一个变量的数值增加，另一个变量的数值随之减少，或一个变量的数值减少，另一个变量的数值随之增加，则称为负相关，如图 10.1(b)。

【例 10.6】 一家大型商业银行在多个地区设有分行，其业务主要是进行基础设施建设、国家重点项目建设、固定资产投资等项目的贷款。近年来，该银行的贷款额平稳增长，但不良贷款额也有较大比例的提高，这给银行业务的发展带来较大压力。为弄清楚不良贷款形成的原因，管理者希望利用银行业务的有关数据做些定量分析，以便找出控制不良贷款的办法。表 10.1 就是该银行所属的 25 家分行 2002 年的有关业务数据。

管理者想知道，不良贷款是否与贷款余额、应收贷款、贷款项目的多少、固定资产投资等因素有关？如果有关系，它们之间是一种什么样的关系？关系强度如何？试绘制散点图，并分析不良贷款与贷款余额、应收贷款、贷款项目个数、固定资产投资额之间的关系。

解 用 Excel 绘制的散点图如图 10.2～图 10.5 所示。

从各散点图可以看出，不良贷款与贷款余额、应收贷款、贷款项目个数、固定资产投资额之间都具有一定的线性关系。但从各散点的分布情况看，不良贷款与贷款余额的线性关系比较密切，而与固定资产投资额之间的关系最不密切。

2 相关系数

通过散点图可以判断两个变量之间有无相关关系，并对变量间的关系形态作出大致的描述，但散点图不能准确反映变量之间的关系强度。因此，为准确度量两个变量之间的关系强度，需要计算相关系数。

表 10.1　某商业银行 2002 年的主要业务数据

	A	B	C	D	E	F
1	分行编号	不良贷款（亿元）	各项贷款余额（亿元）	本年累计应收贷款（亿元）	贷款项目个数（个）	本年固定资产投资额（亿元）
2	1	0.9	67.3	6.8	5	51.9
3	2	1.1	111.3	19.8	16	90.9
4	3	4.8	173.0	7.7	17	73.7
5	4	3.2	80.8	7.2	10	14.5
6	5	7.8	199.7	16.5	19	63.2
7	6	2.7	16.2	2.2	1	2.2
8	7	1.6	107.4	10.7	17	20.2
9	8	12.5	185.4	27.1	18	43.8
10	9	1.0	96.1	1.7	10	55.9
11	10	2.6	72.8	9.1	14	64.3
12	11	0.3	64.2	2.1	11	42.7
13	12	4.0	132.2	11.2	23	76.7
14	13	0.8	58.6	6.0	14	22.8
15	14	3.5	174.6	12.7	26	117.1
16	15	10.2	263.5	15.6	34	146.7
17	16	3.0	79.3	8.9	15	29.9
18	17	0.2	14.8	0.6	2	42.1
19	18	0.4	73.5	5.9	11	25.3
20	19	1.0	24.7	5.0	4	13.4
21	20	6.8	139.4	7.2	28	64.3
22	21	11.6	368.2	16.8	32	163.9
23	22	1.6	95.7	3.8	10	44.5
24	23	1.2	109.6	10.3	14	67.9
25	24	7.2	196.2	15.8	16	39.7
26	25	3.2	102.2	12.0	10	97.1

▶定义 10.2　根据样本数据计算的度量两个变量之间线性关系强度的统计量，称为相关系数(correlation coefficient)。

若相关系数是根据总体全部数据计算的，称为总体相关系数，记为 ρ；若是根据样本数据计算的，则称为样本相关系数，记为 r。样本相关系数的计算公式为

$$r = \frac{\sum(x-\bar{x})(y-\bar{y})}{\sqrt{\sum(x-\bar{x})^2 \sum(y-\bar{y})^2}} \text{。} \tag{10.1}$$

为了根据原始数据计算 r，可由式(10.1)推导出下面的简化计算公式：

$$r = \frac{n\sum xy - \sum x \sum y}{\sqrt{n\sum x^2 - (\sum x)^2}\sqrt{n\sum y^2 - (\sum y)^2}} \text{。} \tag{10.2}$$

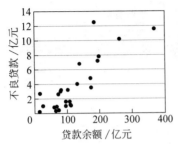

图 10.2 不良贷款与贷款余额的散点图

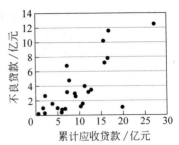

图 10.3 不良贷款与累计应收贷款的散点图

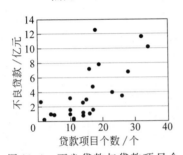

图 10.4 不良贷款与贷款项目个数的散点图

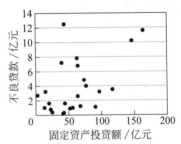

图 10.5 不良贷款与固定资产投资额的散点图

按上述计算公式计算的相关系数也称为线性相关系数(linear correlation coefficient),或称为 Pearson 相关系数(Pearson's correlation coefficient)。

【例 10.7】 根据表 10.1 中的数据,计算不良贷款、各项贷款余额、累积应收贷款、贷款项目个数、固定资产投资额之间的相关系数。

解 用 Excel 计算的相关矩阵如表 10.2 所示。

表 10.2 不良贷款、贷款余额、应收贷款、贷款项目个数、固定资产投资额之间的相关矩阵

	A	B	C	D	E	F
1		不良贷款	各项贷款余额	累积应收贷款	贷款项目个数	固定资产投资额
2	不良贷款	1				
3	各项贷款余额	0.843571	1			
4	累积应收贷款	0.731505	0.678772	1		
5	贷款项目个数	0.700281	0.848416	0.585831	1	
6	固定资产投资额	0.518518	0.779702	0.472431	0.746646	1

从相关矩阵可以看出,在不良贷款与其他几个变量的关系中,与贷款余额的相关系数最大,而与固定资产投资额的相关系数最小。

在上面的相关矩阵中,各相关系数的数值说明了什么?为解释各数值的

含义,首先需要对相关系数 r 的性质有所了解。相关系数的性质可总结如下。

(1) r 的取值范围在 $+1$ 和 -1 之间,即 $-1 \leqslant r \leqslant 1$。若 $0 < r \leqslant 1$,表明 x 与 y 之间存在正线性相关关系;若 $-1 \leqslant r < 0$,表明 x 与 y 之间存在负线性相关关系;若 $r = +1$,表明 x 与 y 之间为完全正线性相关关系;若 $r = -1$,表明 x 与 y 之间为完全负线性相关关系。可见当 $|r| = 1$ 时,y 的取值完全依赖于 x,二者之间即为函数关系;当 $r = 0$ 时,说明 y 的取值与 x 无关,即二者之间不存在线性相关关系。

(2) r 具有对称性。x 与 y 之间的相关系数 r_{xy} 和 y 与 x 之间的相关系数 r_{yx} 相等,即 $r_{xy} = r_{yx}$。

(3) r 数值大小与 x 和 y 的原点及尺度无关。改变 x 和 y 的数据原点及计量尺度,并不改变 r 数值大小。

(4) r 仅仅是 x 与 y 之间线性关系的一个度量,它不能用于描述非线性关系。这意味着,$r = 0$ 只表示两个变量之间不存在线性相关关系,并不说明变量之间没有任何关系,例如它们之间可能存在非线性相关关系。变量之间的非线性相关程度较大时,就可能会导致 $r = 0$。因此,当 $r = 0$ 或很小时,不能轻易得出两个变量之间不存在相关关系的结论,而应结合散点图作出合理的解释。

(5) r 虽然是两个变量之间线性关系的一个度量,却不一定意味着 x 与 y 一定有因果关系。

了解相关系数的性质有助于对其实际意义的解释。但根据实际数据计算出的 r,其取值一般在 $-1 < r < 1$ 之间,在说明两个变量之间的线性关系强度时,根据经验可将相关程度分为以下几种情况:当 $|r| \geqslant 0.8$ 时,可视为高度相关;$0.5 \leqslant |r| < 0.8$ 时,可视为中度相关;$0.3 \leqslant |r| < 0.5$ 时,视为低度相关;当 $|r| < 0.3$ 时,说明两个变量之间的相关程度极弱,可视为不相关。但这种解释必须建立在对相关系数的显著性进行检验的基础之上。

10.1.3 相关关系的显著性检验

一般情况下,总体相关系数 ρ 是未知的,通常是根据样本相关系数 r 作为 ρ 的近似估计值。但由于 r 是根据样本数据计算出来的,它受到抽样波动的影响。由于抽取的样本不同,r 的取值也就不同,因此 r 是一个随机变量。能否根据样本相关系数说明总体的相关程度呢?这就需要考察样本相关系数的可靠性,也就是进行显著性检验。

1 r 的抽样分布

为了对样本相关系数 r 的显著性进行检验,需要考察 r 的抽样分布。r 的抽样分布随总体相关系数 ρ 和样本容量 n 的大小而变化。当样本数据来自正态总体时，随着 n 的增大，r 的抽样分布趋于正态分布，尤其是在总体相关系数 ρ 很小或接近 0 时，趋于正态分布的趋势非常明显。而当 ρ 远离 0 时，除非 n 非常大，否则 r 的抽样分布呈现一定的偏态。因为 r 是围绕 ρ 的周围分布的，当 ρ 的数值接近 +1 或 -1 时，比如 $\rho=0.96$，r 的值可能以 0.96 为中心向两个方向变化，又由于 r 的取值范围在 +1 和 -1 之间，所以一方的变化以 +1 为限，全距是 0.4，而向另一方的变化以 -1 为限，全距是 1.96，两个方向变化的全距不等，因此 r 的抽样分布也不可能对称。但当 $\rho=0$ 或接近于 0 时，两个方向的变化的全距接近相等，所以 r 的抽样分布也就接近对称了。

总之，当 ρ 为较大的正值时，r 呈现左偏分布；当 ρ 为较大的负值时，r 呈现右偏分布。只有当 ρ 接近于 0，而样本容量 n 很大时，才能认为 r 是接近于正态分布的随机变量。然而，在以样本 r 来估计总体 ρ 时，总是假设 r 为正态分布，但这一假设常常会带来一些严重后果。

2 r 的显著性检验

如果对 r 服从正态分布的假设成立，可以应用正态分布来检验。但从上面对 r 抽样分布的讨论可知，对 r 的正态性假设具有很大的风险，因此通常情况下不采用正态检验，而采用 R. A. Fisher 提出的 t 分布检验，该检验可以用于小样本，也可以用于大样本。检验的具体步骤如下：

第 1 步　提出假设

$$H_0: \rho=0; \quad H_1: \rho \neq 0;$$

第 2 步　计算检验的统计量

$$t = |r| \sqrt{\frac{n-2}{1-r^2}} \sim t(n-2); \tag{10.3}$$

第 3 步　进行决策。根据给定的显著性水平 α 和自由度 $df = n-2$ 查 t 分布表，查出 $t_{\alpha/2}(n-2)$ 的临界值。若 $|t| > t_{\alpha/2}$，则拒绝原假设 H_0，表明总体的两个变量之间存在显著的线性关系[①]。

【例 10.8】　根据表 10.2 计算的相关系数，检验不良贷款与贷款余额之

---

① 需要注意的是，即使统计检验表明相关系数在统计上是显著的，并不一定意味着两个变量之间就存在重要的相关性。因为在大样本情况下，几乎总是导致相关系数显著。比如，$r=0.1$，在大样本情况下，也可能使得 r 通过检验，但实际上，一个变量取值的差异能由另一个变量的取值来解释的比例只有 10%，这实际上很难说明两个变量之间就有实际意义上的显著关系。对这一问题的进一步理解，请参见 10.2 节中有关判定系数 R^2 讨论。

间的相关系数是否显著($\alpha=0.05$)。

解 第1步 提出假设

$$H_0: \rho = 0; \quad H_1: \rho \neq 0;$$

第2步 计算检验的统计量

$$t = |r| \sqrt{\frac{n-2}{1-r^2}} = |0.8436| \sqrt{\frac{25-2}{1-0.8436^2}} = 7.5344;$$

第3步 进行决策。根据显著性水平 $\alpha=0.05$ 和自由度 $n-2=25-2=23$ 查 t 分布表得：$t_{\alpha/2}(n-2)=2.0687$。由于 $t=7.5344 > t_{\alpha/2}=2.0687$，所以拒绝原假设 H_0，说明不良贷款与贷款余额之间存在着显著的正线性相关关系。

为了对其他相关系数进行检验，表 10.3 给出了各相关系数检验的统计量，请读者自行检验并进行分析。

表 10.3 各相关系数检验的统计量

	A	B	C	D	E
1		不良贷款	各项贷款余额	累计应收贷款	贷款项目个数
2	各项贷款余额	7.533515			
3	累计应收贷款	5.145188	4.432870		
4	贷款项目个数	4.704564	7.686824	3.466726	
5	固定资产投资额	2.908224	5.971918	2.570663	5.382848

注：本表统计量直接利用 Excel 计算得出，没有计算误差。

10.2 一元线性回归

相关分析的目的在于测度变量之间的关系强度，它所使用的测度工具就是相关系数。而回归分析则侧重于考察变量之间的数量伴随关系，并通过一定的数学表达式将这种关系描述出来，进而确定一个或几个变量（自变量）的变化对另一个特定变量（因变量）的影响程度。具体来说，回归分析主要解决以下几个方面的问题：从一组样本数据出发，确定出变量之间的数学关系式；对这些关系式的可信程度进行各种统计检验，并从影响某一特定变量的诸多变量中找出哪些变量的影响是显著的，哪些是不显著的；利用所求的关系式，根据一个或几个变量的取值来估计或预测另一个特定变量的取值，并给出这种估计或预测的可靠程度。

10.2.1 一元线性回归模型

1 回归模型

▶定义 10.3　在回归分析中,被预测或被解释的变量,称为因变量(dependent variable),用 y 表示。

▶定义 10.4　在回归分析中,用来预测或用来解释因变量的一个或多个变量,称为自变量(independent variable),用 x 表示。

例如,在分析贷款余额对不良贷款的影响时,目的是要预测一定贷款余额条件下的不良贷款是多少。因此不良贷款是被预测的变量,称为因变量,而用来预测不良贷款的贷款余额就是自变量。

当回归中只涉及一个自变量时称为一元回归,若因变量 y 与自变量 x 之间为线性关系时称为一元线性回归。在回归分析中,首先假定自变量 x 是可控制的,而因变量 y 是随机的,但很多情况下并非如此。本章所讨论的回归方法对于变量是预先固定和自变量是随机的情况都适用,但固定自变量的情况比较容易描述,因此下面主要讲述固定自变量的回归问题。

对于具有线性关系的两个变量,可以用一个线性方程来表示它们之间的关系。

▶定义 10.5　描述因变量 y 如何依赖于自变量 x 和误差项 ε 的方程,称为回归模型(regression model)。

只涉及一个自变量的一元线性回归模型可表示为

$$y = \beta_0 + \beta_1 x + \varepsilon. \tag{10.4}$$

在一元线性回归模型中,y 是 x 的线性函数($\beta_0 + \beta_1 x$ 部分)加上误差项 ε。$\beta_0 + \beta_1 x$ 反映了由于 x 的变化而引起的 y 的线性变化;ε 是被称为误差项的随机变量,它反映了除 x 和 y 之间的线性关系之外的随机因素对 y 的影响,是不能由 x 和 y 之间的线性关系所解释的变异性。式中的 β_0 和 β_1 称为模型的参数。

误差项 ε 是未包括在模型中而又影响 y 的全部变量的替代物,为什么不把这些变量引进到模型中来? 即,为什么不构造一个含有尽可能多个变量的复回归模型[①]? 理由是多方面的。Gujarati(古扎拉蒂)在其《计量经济学》

---

① 即使是多元回归模型也同样存在这样的问题。

(Damodar,2000)一书中列出了7点理由：

(1) 理论的含糊性。即使有决定 y 的行为的理论，而且常常是不完全的，影响 y 的变量不是无所知就是知而不确，因此不妨设 ε 作为模型所排除或忽略的全部变量的替代变量。

(2) 数据的欠缺。若明知被忽略变量中的一些变量，并因而考虑用一个复回归而不是一个简单回归，也不一定能得到关于这些变量的数量信息。

(3) 核心变量与周边变量。影响 y 的全部或其中的一些变量，合起来的影响如此之小，充其量是一种非系统的或随机的影响。从实际考虑以及从成本上计算，把它们一一引入模型是不合算的。所以人们希望把它们的联合效应当作一个随机变量来看待。

(4) 人类行为的内在随机性。即使可以成功地把所有有关的变量都引进到模型中来，在个别的 y 中仍不免有一些"内在"的随机性，无论怎么努力也是解释不了的。随机项 ε 也许能很好地反映这种随机性。

(5) 糟糕的替代变量。虽然经典回归模型假定变量 y 和 x 能准确地观测，但实际上数据会受到测量误差的扰乱。由于这些变量不可直接观测，故实际上是用替代变量。这时误差项 ε 又可以用来代表测量误差。

(6) 节省原则。若想保持一个尽可能简单的回归模型。如果此时能用两个或3个变量就"基本上"解释了 y 的行为，并且如果在理论完善或扎实的程度还没有达到足以提出可包含进来的其他变量，那么为什么要引进更多的变量？让 ε 去代表所有的其他变量好了。当然，也不应该只为了保持回归模型简单而排除有关的和重要的变量。

(7) 错误的函数形式。即使有了解释一种现象的在理论上正确的变量，并且可以获得这些变量的数据，却常常不知道回归子(因变量)和回归元(自变量)之间的函数是什么形式。在双变量模型中，人们往往能从散点图来判断关系式的函数形式，而在多变量回归模型中，由于无法从图形上想像一个多维的散点图，要决定适当的函数形式就不容易。

基于上述原因，在回归模型中总会包含随机项 ε，而且它在回归中扮演着重要角色。

式(10.4)被称为理论回归模型，对这一模型，有以下几个主要假定：

(1) 因变量 y 与自变量 x 之间具有线性关系。

(2) 在重复抽样中，自变量 x 的取值是固定的，即假定 x 是非随机的。

在上述两个假定下，对于任何一个给定的 x 值，y 的取值都对应着一个分布，因此，$E(y)=\beta_0+\beta_1 x$ 代表一条直线。但由于单个的数据点是从 y 的分布中抽出来的,可能不在这条直线上,因此,必须包含一个误差项 ε 来描述模型的数据点。

(3) 误差项 ε 是一个期望值为 0 的随机变量,即 $E(\varepsilon)=0$。这意味着在式 (10.4) 中,由于 β_0 和 β_1 都是常数,所以有 $E(\beta_0)=\beta_0$,$E(\beta_1)=\beta_1$。因此对于一个给定的 x 值,y 的期望值为 $E(y)=\beta_0+\beta_1 x$。这实际上等于假定模型的形式为一条直线。

(4) 对于所有的 x 值,ε 的方差 σ^2 都相同。这意味着对于一个特定的 x 值,y 的方差也都等于 σ^2。

(5) 误差项 ε 是一个服从正态分布的随机变量,且独立。即 $\varepsilon \sim N(0,\sigma^2)$。独立性意味着对于一个特定的 x 值,它所对应的 ε 与其他 x 值所对应的 ε 不相关。因此,对于一个特定的 x 值,它所对应的 y 值与其他 x 所对应的 y 值也不相关。这表明,在 x 取某个确定值的情况下,y 的变化由误差项 ε 的方差 σ^2 来决定。当 σ^2 较小时,y 的观测值非常靠近直线,当 σ^2 较大时,y 的观测值将偏离直线。由于 σ^2 是常数,所以 y 的取值不受 x 取值的影响。由于自变量 x 在数据收集前假设是固定的,因此,对于任何一个给定的 x 值,y 都服从期望值为 $\beta_0+\beta_1 x$、方差为 σ^2 的正态分布,且对于不同的 x 都具有相同方差。关于回归模型的假定,如图 10.6 所示。

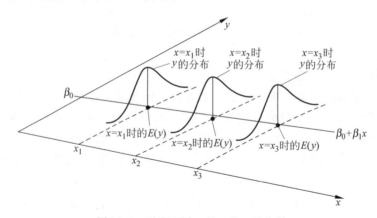

图 10.6　对应不同 x 的 y 和 ε 的分布

从图 10.6 可以看出,$E(y)$ 的值随着 x 的不同而变化,但无论 x 怎样变化,ε 和 y 的概率分布都是正态分布,并且具有相同的方差。

2　回归方程

根据回归模型中的假定,ε 的期望值等于 0,因此 y 的期望值 $E(y)=\beta_0+$

$\beta_1 x$,也就是说,y 的期望值是 x 的线性函数。

▶ **定义 10.6** 描述因变量 y 的期望值如何依赖于自变量 x 的方程,称为回归方程(regression equation)。

一元线性回归方程的形式为

$$E(y) = \beta_0 + \beta_1 x。 \qquad (10.5)$$

一元线性回归方程的图示是一条直线,因此也称为直线回归方程。其中 β_0 是回归直线在 y 轴上的截距,是当 $x=0$ 时 y 的期望值;β_1 是直线的斜率,它表示当 x 每变动一个单位时,y 的平均变动值。

3 估计的回归方程

如果回归方程中的参数 β_0 和 β_1 已知,对于一个给定的 x 值,利用式(10.5)就能计算出 y 的期望值。但总体回归参数 β_0 和 β_1 是未知的,必须利用样本数据去估计它们。用样本统计量 $\hat{\beta}_0$ 和 $\hat{\beta}_1$ 代替回归方程中的未知参数 β_0 和 β_1,这时就得到了估计的回归方程。

▶ **定义 10.7** 根据样本数据求出的回归方程的估计,称为估计的回归方程(estimated regression equation)。

对于一元线性回归,估计的回归方程形式为

$$\hat{y} = \hat{\beta}_0 + \hat{\beta}_1 x, \qquad (10.6)$$

其中:$\hat{\beta}_0$ 是估计的回归直线在 y 轴上的截距,$\hat{\beta}_1$ 是直线的斜率,它表示对于一个给定的 x 值,$\hat{y}$ 是 y 的估计值。$\hat{\beta}_1$ 也表示 x 每变动一个单位时,y 的平均变动值。

10.2.2 参数的最小二乘估计

对于第 i 个 x 值,估计的回归方程可表示为

$$\hat{y}_i = \hat{\beta}_0 + \hat{\beta}_1 x_i。 \qquad (10.7)$$

对于 x 和 y 的 n 对观测值,用于描述其关系的直线有多条,究竟用哪条直线来代表两个变量之间的关系,需要有一个明确的原则。此时自然会想到距离各观测点最近的一条直线,用它来代表 x 与 y 之间的关系与实际数据的误差比其他任何直线都小。德国科学家 K. Gauss 提出用最小化图(见图 10.7)中垂直方向的离差平方和来估计参数 β_0 和 β_1,根据这一方法估计模型参数 β_0 和 β_1 的方法称为最小二乘法。

▶定义 10.8　使因变量的观察值 y_i 与估计值 $\hat{y}_i$ 之间的离差平均和达到最小来估计 β_0 和 β_1 的方法，称为最小二乘法，也称为最小平方法(method of least squares)。

最小二乘法的思想可用图 10.7 表示。

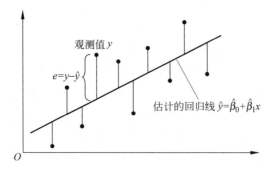

图 10.7　最小二乘法的示意图

用最小二乘法拟合的直线具有一些优良的性质。首先,根据最小二乘法得到的回归直线能使离差平方和达到最小,虽然这并不能保证它就是拟合数据的最佳直线[①]。但这毕竟是一条与数据拟合良好的直线应有的性质。其次,由最小二乘法求得的回归直线可知 β_0 和 β_1 的估计量的抽样分布。再次,在某些条件下, β_0 和 β_1 的最小二乘估计量同其他估计量相比,其抽样分布具有较小的标准差。正是基于上述性质,最小二乘法被广泛用于回归模型参数的估计。

根据最小二乘法使

$$\sum (y_i - \hat{y}_i)^2 = \sum (y_i - \hat{\beta}_0 - \hat{\beta}_1 x_i)^2 \tag{10.8}$$

达到最小值。令 $Q = \sum (y_i - \hat{y}_i)^2$,在给定了样本数据后, Q 是 $\hat{\beta}_0$ 和 $\hat{\beta}_1$ 的函数,且最小值总是存在。根据微积分的极值定理,对 Q 求相应于 $\hat{\beta}_0$ 和 $\hat{\beta}_1$ 的偏导数,并令其等于 0,便可求出 $\hat{\beta}_0$ 和 $\hat{\beta}_1$,即

$$\begin{cases} \dfrac{\partial Q}{\partial \beta_0}\bigg|_{\beta_0 = \hat{\beta}_0} = -2\sum_{i=1}^{n}(y_i - \hat{\beta}_0 - \hat{\beta}_1 x_i)^2 = 0, \\ \dfrac{\partial Q}{\partial \beta_1}\bigg|_{\beta_1 = \hat{\beta}_1} = -2\sum_{i=1}^{n} x_i(y_i - \hat{\beta}_0 - \hat{\beta}_1 x_i)^2 = 0. \end{cases} \tag{10.9}$$

经化简得到求解 $\hat{\beta}_0$ 和 $\hat{\beta}_1$ 的标准方程组

---

① 许多别的拟合直线也具有这种性质。

第 10 章 一元线性回归

$$\begin{cases} \sum_{i=1}^{n} y_i = n\hat{\beta}_0 + \hat{\beta}_1 \sum_{i=1}^{n} x_i, \\ \sum_{i=1}^{n} x_i y_i = \hat{\beta}_0 \sum_{i=1}^{n} x_i + \hat{\beta}_1 \sum_{i=1}^{n} x_i^2. \end{cases} \quad (10.10)$$

解上述方程组得

$$\begin{cases} \hat{\beta}_1 = \dfrac{n \sum_{i=1}^{n} x_i y_i - \sum_{i=1}^{n} x_i \sum_{i=1}^{n} y_i}{n \sum_{i=1}^{n} x_i^2 - \left(\sum_{i=1}^{n} x_i\right)^2}, \\ \hat{\beta}_0 = \bar{y} - \hat{\beta}_1 \bar{x}. \end{cases} \quad (10.11)$$

由式(10.11)可知,当 $x=\bar{x}$ 时,$\hat{y}=\bar{y}$,即回归直线 $\hat{y}_i = \hat{\beta}_0 + \hat{\beta}_1 x_i$ 通过点 $(\bar{x}, \bar{y})$。这是回归直线的重要特征之一,它对于回归直线的作图很有帮助。

【例 10.9】 根据例 10.6 的数据,求不良贷款对贷款余额的估计方程。

解 根据式(10.11)得

$$\begin{cases} \hat{\beta}_1 = \dfrac{25 \times 17080.14 - 3006.7 \times 93.2}{25 \times 516543.37 - (3006.7)^2} = 0.037895, \\ \hat{\beta}_0 = 3.728 - 0.037895 \times 120.268 = -0.8295, \end{cases}$$

即不良贷款对贷款余额的估计方程为 $\hat{y} = -0.8295 + 0.037895x$。回归系数 $\hat{\beta}_1 = 0.037895$ 表示,贷款余额每增加 1 亿元,不良贷款平均增加 0.037895 亿元。在回归分析中,对截距 $\hat{\beta}_0$ 常常不能赋予任何真实意义,例如,在不良贷款与贷款余额的回归中,$\hat{\beta}_0 = -0.037895$,如果要解释的话,它是指当贷款余额为 0 时,不良贷款的平均值为 -0.037895 亿元,但是,当贷款余额为 0(没有贷款)时,自然也就不会有不良贷款,而在这里,它的值为一个负数,这就很难解释得通。因此,在回归分析中,对截距 $\hat{\beta}_0$ 通常不作实际意义上的解释。

将 x_i 的各个取值代入上述估计方程,可以得到不良贷款的各个估计值 $\hat{y}_i$。由图 10.8 可以看出散点图与回归直线的关系。

回归分析中的计算量较大,特别是多元回归,用手工计算几乎是不可能的。因此,在实际分析中,回归的计算完全依赖于计算机。除专门的统计软件外,为大多数人所熟悉的 Excel 也有部分的统计功能,这些功能基本上能满足一些简单的统计分析。下面将结合例 10.9,说明用 Excel 进行回归分析的具体步骤。

首先,将不良贷款与贷款余额的数据输入到 Excel 工作表中的 A2:B26

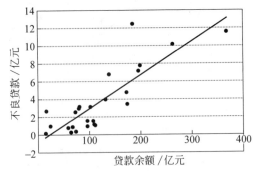

图 10.8 不良贷款对贷款余额的回归直线

单元格。然后按下列步骤进行操作。

用 Excel 进行回归分析的操作步骤

第 1 步：选择【工具】下拉菜单。

第 2 步：选择【数据分析】选项。

第 3 步：在分析工具中选择【回归】，然后单击【确定】。

第 4 步：当对话框出现时

在【Y 值输入区域】方框内键入数据区域 A2：A26；

在【X 值输入区域】方框内键入数据区域 B2：B26；

在【置信度】选项中给出所需的数值（这里使用隐含值 95%）；

在【输出选项】中选择输出区域（这里选新工作表组）；

在【残差】分析选项中选择所需的选项（这里暂时未选）。

结果如图 10.9 所示。

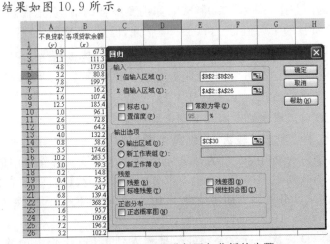

图 10.9 用 Excel 进行回归分析的步骤

单击【确定】后得到下面的结果,如表 10.4 所示。

表 10.4　Excel 输出的回归分析结果

	A	B	C	D	E	F	G
1	SUMMARY OUTPUT						
2							
3	回归统计						
4	Multiple R	0.843571					
5	R Square	0.711613					
6	Adjusted R Squ	0.699074					
7	标准误差	1.979948					
8	观测值	25					
9							
10	方差分析						
11		df	SS	MS	F	Significance F	
12	回归	1	222.486	222.48598	56.753844	1.18349E-07	
13	残差	23	90.16442	3.920192			
14	总计	24	312.6504				
15							
16		Coefficients	标准误差	t Stat	P-value	Lower 95%	Upper 95%
17	Intercept	-0.829521	0.723043	-1.147263	0.263068	-2.325248	0.666206
18	X Variable 1	0.037895	0.005030	7.533515	0.000000	0.027489	0.048300

Excel 输出的回归结果包括以下几个部分:

第一部分是"回归统计",这部分给出了回归分析中的一些常用统计量,包括相关系数(Multiple R)、判定系数(R Square)、修正后的判定系数(Adjusted R Square)、标准误差、观测值的个数等。

第二部分是"方差分析",这部分给出的是回归分析的方差分析表,包括自由度(df)、回归平方和、残差平方和、总平方和(SS)、回归和残差的均方(MS)、检验统计量(F)、F 检验的显著性水平(Significance F)。"方差分析"部分的主要作用是对回归方程的线性关系进行显著性检验。下面将作详细介绍。

第三部分是参数估计的有关内容。包括回归方程的截距(Intercept)、斜率(X Variable 1),截距和斜率的标准误差、用于检验回归系数的 t 统计量 (t Stat)、P-值(P-value),以及截距和斜率的置信区间(Lower 95.0% 和 Upper 95.0%)等。

此外,还有"残差分析"部分,这里暂时未给出其输出结果。对于本章内容所涉及的一些结果,将在后面陆续介绍。

10.2.3 回归直线的拟合优度

回归直线 $\hat{y}_i = \hat{\beta}_0 + \hat{\beta}_1 x_i$ 在一定程度上描述了变量 x 与 y 之间的数量关系,根据这一方程,可根据自变量 x 的取值来估计或预测因变量 y 的取值。但估计或预测的精度如何将取决于回归直线对观测数据的拟合程度。可以想象,如果各观测数据的散点都落在这一直线上,那么这条直线就是对数据的完全拟合,直线充分代表了各个点,此时用 x 来估计 y 是没有误差的。各观察点越是紧密围绕直线,说明直线对观测数据的拟合程度越好,反之则越差。回归直线与各观测点的接近程度称为回归直线对数据的拟合优度(goodness of fit)。为说明直线的拟合优度,则需要计算判定系数。

1 判定系数

判定系数是对估计的回归方程拟合优度的度量。为说明它的含义,需要对因变量 y 取值的变差进行研究。

因变量 y 的取值是不同的,y 取值的这种波动称为变差。变差的产生来自于两个方面:一是自变量 x 的取值不同造成的;二是除 x 以外的其他因素(如 x 对 y 的非线性影响、测量误差等)的影响。对一个具体的观测值来说,变差的大小可以用实际观测值 y 与其均值 $\bar{y}$ 之差 $(y-\bar{y})$ 来表示。而 n 次观察值的总变差可由这些离差的平方和来表示,称为总平方和(total sum of squares),记为 SST,即

$$\text{SST} = \sum(y_i - \bar{y})^2 \quad (10.12)$$

从图 10.10 可以看出,每个观测点的离差都可以分解为

$$y - \bar{y} = (y - \hat{y}) + (\hat{y} - \bar{y}). \quad (10.13)$$

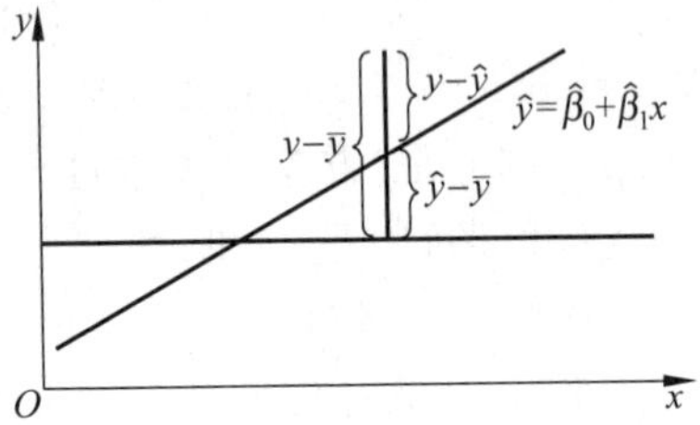

图 10.10 变差分解图

将式(10.13)两边平方,并对所有 n 个点求和,有

$$\sum(y_i - \bar{y})^2 = \sum(y_i - \hat{y}_i)^2 + \sum(\hat{y}_i - \bar{y})^2$$
$$+ 2\sum(y_i - \hat{y}_i)(\hat{y}_i - \bar{y})。 \quad (10.14)$$

可以证明,$\sum(y_i - \hat{y}_i)(\hat{y}_i - \bar{y}) = 0$,因此有

$$\sum(y_i - \bar{y})^2 = \sum(y_i - \hat{y}_i)^2 + \sum(\hat{y}_i - \bar{y})^2, \quad (10.15)$$

第 10 章 一元线性回归

式(10.15)的左边称为总平方和 SST,它可分解为两部分,其中 $\sum(\hat{y}_i-\bar{y})^2$ 是回归值 $\hat{y}_i$ 与均值 $\bar{y}$ 的离差平方和,根据估计的回归方程,估计值 $\hat{y}_i=\hat{\beta}_0+\hat{\beta}_1 x_i$,因此可以把 $(\hat{y}_i-\bar{y})$ 看作是由于自变量 x 的变化引起的 y 的变化,而其平方和 $\sum(\hat{y}-\bar{y})^2$ 则反映了 y 的总变差中由于 x 与 y 之间的线性关系引起的 y 的变化部分,它是可以由回归直线来解释的 y_i 变差部分,称为回归平方和(sum of squares of regression),记为 SSR。另一部分 $\sum(y_i-\hat{y}_i)^2$ 是各实际观测点与回归值的残差 $y_i-\hat{y}_i$ 的平方和,它是除了 x 对 y 的线性影响之外的其他因素对 y 变差的作用,是不能由回归直线来解释的 y_i 变差部分,称为残差平方和或误差平方和(sum of squares of error),记为 SSE。3 个平方和的关系为

总平方和(SST)＝回归平方和(SSR)＋残差平方和(SSE)。　(10.16)

从图 10.10 可以直观地看出,回归直线拟合的好坏取决于 SSR 及 SSE 的大小,或者说取决于回归平方和 SSR 占总平方和 SST 比例 SSR/SST 的大小。各观测点越是靠近直线,SSR/SST 则越大,直线拟合得越好。

▶**定义 10.9**　回归平方和占总平方和的比例,称为判定系数(coefficient of determination),记为 R^2。

R^2 的计算公式为

$$R^2=\frac{\text{SSR}}{\text{SST}}=\frac{\sum(\hat{y}_i-\bar{y})^2}{\sum(y_i-\bar{y})^2}=1-\frac{\sum(y_i-\hat{y}_i)^2}{\sum(y_i-\bar{y})^2}。 \quad (10.17)$$

判定系数 R^2 测度了回归直线对观测数据的拟合程度。若所有观测点都落在直线上,残差平方和 SSE＝0,$R^2=1$,拟合是完全的;如果 y 的变化与 x 无关,x 完全无助于解释 y 的变差,此时 $\hat{y}=\bar{y}$,则 $R^2=0$。可见 R^2 的取值范围是 $[0,1]$。R^2 越接近于 1,表明回归平方和占总平方和的比例越大,回归直线与各观测点越接近,用 x 的变化来解释 y 值变差的部分就越多,回归直线的拟合程度就越好;反之,R^2 越接近于 0,回归直线的拟合程度就越差。

在具体计算 R^2 时,根据式(10.11)有

$$\begin{aligned}\text{SSR}&=\sum(\hat{y}_i-\bar{y})^2=\sum(\hat{\beta}_0+\hat{\beta}_1 x_i-\hat{\beta}_0-\hat{\beta}_1\bar{x})^2\\&=\hat{\beta}_1^2\sum(x_i-\bar{x})^2\\&=\hat{\beta}_1\sum(x_i-\bar{x})(y_i-\bar{y}),\end{aligned} \quad (10.18)$$

所以有

$$R^2 = \frac{\sum(\hat{y}_i - \bar{y})^2}{\sum(y_i - \bar{y})^2} = \frac{\hat{\beta}_1^2 \sum(x_i - \bar{x})^2}{\sum(y_i - \bar{y})^2}$$

$$= \frac{\hat{\beta}_1 \sum(x_i - \bar{x})(y_i - \bar{y})}{\sum(y_i - \bar{y})^2}$$

$$= \left[\frac{\sum(x_i - \bar{x})(y_i - \bar{y})}{\sqrt{\sum(x_i - \bar{x})^2} \cdot \sqrt{\sum(y_i - \bar{y})^2}} \right]^2, \quad (10.19)$$

括号内的部分正是线性相关系数 r。可见在一元线性回归中，相关系数 r 实际上是判定系数的平方根。这一结论不仅可以由相关系数直接计算判定系数 R^2，也可以进一步理解相关系数的意义。相关系数 r 与回归系数 $\hat{\beta}_1$ 的正负号是相同的，实际上，相关系数 r 也从另一个角度说明了回归直线的拟合优度。$|r|$ 越接近1，表明回归直线对观测数据的拟合程度就越高。但用 r 说明回归直线的拟合优度需要慎重，因为 r 的值总是大于 R^2 的值（除非 $r=0$ 或 $|r|=1$）。比如，当 $r=0.5$ 时，表面上看似乎有一半的相关了，但 $R^2 = 0.25$，实际上这只能解释总变差的 25%。$r=0.7$ 才能解释近一半的变差，$r<0.3$ 意味着只有很少一部分变差可由回归直线来解释。

【例10.10】 根据例10.6的数据，计算不良贷款对贷款余额回归的判定系数，并解释其意义。

解 利用表 10.4 Excel 输出的回归分析结果可知，总平方和 SST = 312.6504；回归平方和 SSR = 222.4860；残差平方和 SSE = 90.1644。根据式(10.17)得

$$R^2 = \frac{\text{SSR}}{\text{SST}} = \frac{222.4860}{312.6504} = 0.7116 = 71.16\%,$$

也可以根据相关系数求得 $R^2 = r^2 = (0.843571)^2 = 0.7116 = 71.16\%$。

实际上，表 10.4 中直接给出了判定系数 (R Square) = 0.711613。

判定系数的实际意义是：在不良贷款取值的变差中，有 71.16% 可以由不良贷款与贷款余额之间的线性关系来解释，或者说，在不良贷款取值的变动中，有 71.16% 是由贷款余额所决定的。不良贷款取值的差异有 2/3 以上是由贷款余额决定的，二者之间有较强的线性关系。

2 估计标准误差

上面讲到的判定系数可用于度量回归直线的拟合程度，相关系数也可以

起到类似的作用。而残差平方和则可以说明实际观测值 y_i 与回归估计值 $\hat{y}_i$ 之间的差异程度。对于一个变量的诸多观测值,可以用标准差来测度各观测值在其平均数周围的分散程度。与之类似的一个量可以用来测度各实际观测点在直线周围的散布状况,这个量就是估计标准误差,也称为估计量的标准差或标准误差。

▶定义 10.10 均方残差(MSE)的平方根,称为估计量的标准差(standard error of estimate),或简称为标准误差,用 s_e 来表示。

估计标准误差是对各观测点在直线周围分散程度的一个度量值,它是对误差项 ε 的标准差 σ 的估计。其计算公式为

$$s_e = \sqrt{\frac{\sum(y_i - \hat{y}_i)^2}{n-2}} = \sqrt{\frac{\text{SSE}}{n-2}} = \sqrt{\text{MSE}}。 \quad (10.20)$$

从式(10.20)容易看出,估计标准误差是残差平方和 SSE 除以它的自由度 $n-2$ 后的平方根[①]。

估计标准误差 s_e 可以看作是在排除了 x 对 y 的线性影响后,y 随机波动大小的一个估计量。从估计标准误差的实际意义看,它反映了用估计的回归方程预测因变量 y 时预测误差的大小。若各观测点越靠近直线,s_e 越小,回归直线对各观测点的代表性就越好,根据估计的回归方程进行预测也就越准确;若各观测点全部落在直线上,则 $s_e = 0$。此时用自变量来预测因变量时没有误差。可见 s_e 也从另一个角度说明了回归直线的拟合优度。

从式(10.20)容易看出,回归直线是对 n 个观测点拟合的所有直线中,估计标准误差最小的一条直线,因为回归直线是使 $\sum(y_i - \hat{y}_i)^2$ 为最小确定的。

【例 10.11】 根据例 10.9 的有关结果,计算不良贷款对贷款余额回归的估计标准误差,并解释其意义。

解 利用表 10.4 Excel 输出的回归分析结果可知,SSE=90.1644。根据式(10.20)得

$$s_e = \sqrt{\frac{\text{SSE}}{n-2}} = \sqrt{\frac{90.1644}{25-2}} = 1.9799(亿元)。$$

实际上,表 10.4 中直接给出了该值,即标准误差=1.979948。

---

① 残差平方和 SSE 的自由度之所以是 $n-2$,原因是在计算 SSE 时,必须先求出 $\hat{\beta}_0$ 和 $\hat{\beta}_1$,这两个估计值就是附加给 SSE 的两个约束条件,因此在计算 SSE 时,只有 $n-2$ 个独立的观测值,而不是 n 个。

这就是说，根据贷款余额来估计不良贷款时，平均的估计误差为 1.9799 亿元。

10.2.4 显著性检验

回归分析的主要目的是根据所建立的估计方程用自变量 x 来估计或预测因变量 y 的取值。在建立了估计方程后，还不能马上进行估计或预测，因为该估计方程是根据样本数据得出的，它是否真实地反映了变量 x 和 y 之间的关系，则需要通过检验后才能证实。

如前所述，在根据样本数据拟合回归方程时，实际上已经假定变量 x 与 y 之间存在着线性关系，即 $y=\beta_0+\beta_1 x+\varepsilon$，并假定误差项 ε 是一个服从正态分布的随机变量，且对不同的 x 具有相同的方差。但这些假设是否成立，需要通过检验后才能证实。

回归分析中的显著性检验主要包括两个方面的内容：一是线性关系的检验；二是回归系数的检验。

1 线性关系的检验

线性关系检验是检验自变量 x 和因变量 y 之间的线性关系是否显著，或者说，它们之间能否用一个线性模型 $y=\beta_0+\beta_1 x+\varepsilon$ 来表示。为检验两个变量之间的线性关系是否显著，则需要构造用于检验的一个统计量。该统计量的构造是以回归平方和(SSR)以及残差平方和(SSE)为基础的。将 SSR 除以其相应的自由度（自变量的个数 k，一元线性回归中自由度为 1）后的结果称为均方回归，记为 MSR；将 SSE 除以其相应的自由度（$n-k-1$，一元线性回归中自由度为 $n-2$）后的结果称为均方残差，记为 MSE。如果原假设成立（H_0：$\beta_1=0$，两个变量之间的线性关系不显著），则比值 MSR/MSE 的抽样分布服从分子自由度为 1、分母自由度为 $n-2$ 的 F 分布，即

$$F=\frac{SSR/1}{SSE/(n-2)}=\frac{MSR}{MSE} \sim F(1,n-2)。 \qquad (10.21)$$

所以当原假设 H_0：$\beta_1=0$ 时成立时，MSR/MSE 的值应接近 1，但如果原假设 H_0：$\beta_1=0$ 不成立，MSR/MSE 的值将变得无穷大。因此，较大的 MSR/MSE 值将导致拒绝原假设 H_0，此时就可以断定变量 x 与 y 之间存在着显著的线性关系。线性关系检验的具体步骤如下：

第 1 步 提出假设

H_0：$\beta_1=0$　　两个变量之间的线性关系不显著。

第 2 步 计算检验统计量 F

$$F = \frac{\text{SSR}/1}{\text{SSE}/(n-2)} = \frac{\text{MSR}}{\text{MSE}}。$$

第 3 步 作出决策。确定显著性水平 α，并根据分子自由度 $df_1=1$ 和分母自由度 $df_2=n-2$ 查 F 分布表，找到相应的临界值 F_α。若 $F>F_\alpha$，拒绝 H_0，表明两个变量之间的线性关系是显著的[①]；若 $F<F_\alpha$，不拒绝 H_0，没有证据表明两个变量之间的线性关系显著。

【例 10.12】 根据例 10.9 的有关结果，检验不良贷款与贷款余额之间线性关系的显著性（$\alpha=0.05$）。

解 第 1 步 提出假设

$H_0: \beta_1 = 0$ 两个变量之间的线性关系不显著。

第 2 步 计算检验统计量

$$F = \frac{\text{SSR}/1}{\text{SSE}/(n-2)} = \frac{222.48598/1}{90.164421/(25-2)} = \frac{222.48598}{3.920192} = 56.753844。$$

第 3 步 作出决策。根据显著性水平 $\alpha=0.05$，分子自由度 $df_1=1$ 和分母自由度 $df_2=25-2=23$ 查 F 分布表，找到相应的临界值 $F_\alpha=4.28$。由于 $F>F_\alpha$，拒绝 H_0，表明不良贷款与贷款余额之间的线性关系是显著的。

实际上，在 Excel 输出的回归结果中，方差分析表部分给出了线性关系显著性检验的全部结果。现将该方差分析表列示在表 10.5 中，并说明它的具体应用。

表 10.5 Excel 输出的方差分析表

	A	B	C	D	E	F
1	方差分析					
2		df	SS	MS	F	Significance F
3	回归分析	1	222.486	222.486	56.75384	1.18349E-07
4	残差	23	90.1644	3.92019		
5	总计	24	312.6504			

在 Excel 输出的方差分析表部分除给出了检验统计的 F 值外，还给出了用于检验的显著性 F，即 Significance F，它相当于用于检验的 P 值。除了可

[①] 如果 F 检验表明线性关系显著（拒绝原假设），是指得到的这个样本结果提供的证据表明：这样的线性关系并非是偶然的，或者说，如果线性关系是显著的，就不会靠机遇到这样的样本数据；反之，如果线性不显著，表明得到的这组样本数据只是偶然所得，或者说，样本所表明的线性关系只是偶然的。

以用统计量进行决策外,利用 Significance F 可以得出相同的结论,而且十分简单。具体方法是:将"Significance F"的值与给定的显著性水平 α 的值进行比较,如果 Significance F 的值小于 α 的值,拒绝原假设 H_0,表明因变量 y 与自变量 x 之间有显著的线性关系;如果 Significance F 的值大于 α 的值,不拒绝原假设 H_0,没有证据表明因变量 y 与自变量 x 之间没有显著的线性关系。

在上表的输出结果中, Significance F$=1.18349E-07<\alpha=0.05$,这说明不良贷款与贷款余额之间存在显著的线性关系。

2 回归系数的检验

回归系数的显著性检验是要检验自变量对因变量的影响是否显著。在一元线性回归模型 $y=\beta_0+\beta_1 x+\varepsilon$ 中,如果回归系数 $\beta_1=0$,回归线是一条水平线,表明因变量 y 的取值不依赖于自变量 x,即两个变量之间没有线性关系。如果回归系数 $\beta_1\neq 0$,也不能肯定就得出两个变量之间存在线性关系的结论,要看这种关系是否具有统计意义上的显著性。回归系数的显著性检验就是检验回归系数 β_1 是否等于 0。为检验原假设 $H_0:\beta_1=0$ 是否成立,需要构造用于检验的统计量。为此,需要研究回归系数 β_1 的抽样分布。

估计的回归方程 $\hat{y}_i=\hat{\beta}_0+\hat{\beta}_1 x_i$ 是根据样本数据计算的。当抽取不同的样本时,就会得出不同的估计方程。实际上,$\hat{\beta}_0$ 和 $\hat{\beta}_1$ 是根据最小二乘法得到的用于估计参数 β_0 和 β_1 的统计量,它们都是随机变量,也都有自己的分布。根据检验的需要,这里只讨论 $\hat{\beta}_1$ 的分布。统计证明,$\hat{\beta}_1$ 服从正态分布,其数学期望为 $E(\hat{\beta}_1)=\beta_1$,标准差为

$$\sigma_{\hat{\beta}_1}=\frac{\sigma}{\sqrt{\sum x_i^2-\frac{1}{n}(\sum x_i)^2}}, \tag{10.22}$$

其中 σ 是误差项 ε 的标准差。

由于 σ 未知,用 σ 的估计量 s_e 代入式(10.22),得到 $\sigma_{\hat{\beta}_1}$ 的估计量,即 $\hat{\beta}_1$ 的估计的标准差为

$$s_{\hat{\beta}_1}=\frac{s_e}{\sqrt{\sum x_i^2-\frac{1}{n}(\sum x_i)^2}}, \tag{10.23}$$

这样,就可以构造出用于检验回归系数 β_1 的统计量 t 为

$$t=\frac{\hat{\beta}_1-\beta_1}{s_{\hat{\beta}_1}}。 \tag{10.24}$$

该统计量服从自由度为 $n-2$ 的 t 分布。如果原假设成立,则 $\beta_1=0$,检验的统计量为

$$t = \frac{\hat{\beta}_1}{s_{\hat{\beta}_1}}。 \qquad (10.25)$$

回归系数显著性检验的具体步骤如下:

第 1 步　提出检验

$$H_0: \beta_1 = 0, \quad H_1: \beta_1 \neq 0。$$

第 2 步　计算检验的统计量

$$t = \frac{\hat{\beta}_1}{s_{\hat{\beta}_1}}。$$

第 3 步　作出决策。确定显著性水平 α,并根据自由度 $df=n-2$ 查 t 分布表,找到相应的临界值 $t_{\alpha/2}$。若 $|t|>t_{\alpha/2}$,拒绝 H_0,回归系数等于 0 的可能性小于 α,表明自变量 x 对因变量 y 的影响是显著的,换言之,两个变量之间存在着显著的线性关系;若 $|t|<t_{\alpha/2}$,则不拒绝 H_0,没有证据表明 x 对 y 的影响显著,或者说,二者之间尚不存在显著的线性关系。

【例 10.13】 根据例 10.9 的有关结果,检验回归系数的显著性($\alpha=0.05$)。

第 1 步　提出假设

$$H_0: \beta_1 = 0, \quad H_1: \beta_1 \neq 0。$$

第 2 步　计算检验的统计量

$$t = \frac{\hat{\beta}_1}{s_{\hat{\beta}_1}} = \frac{0.037895}{0.005030} = 7.533797。$$

第 3 步　作出决策。根据给定显著性水平 $\alpha=0.05$,自由度 $=n-2=25-2=23$,查 t 分布表,得 $t_{\alpha/2}=t_{0.025}=2.0687$。由于 $t=7.533797>t_{0.025}=2.0687$,拒绝原假设 H_0。这意味着贷款余额是影响不良贷款的一个显著性因素。

在实际应用中,可以直接利用 Excel 输出的参数估计表进行检验。表中除了给出检验的统计量外,还给出了用于检验的 P 值(P-value)。检验时可直接将 P-value 与给定的显著性水平 α 进行比较。若 P-value$<\alpha$,则拒绝假设 H_0;若 P-value$>\alpha$,则不拒绝假设 H_0。在本例中,P-value$=0.000000<\alpha=0.05$,所以拒绝 H_0。

在进行显著性检验时,有以下两点需要注意:

(1) 在对回归系数进行检验时,如果拒绝了 $H_0: \beta_1=0$,仅仅是表明了在 x

的样本观测值范围内,x 和 y 之间存在线性关系,而且一个线性关系只是解释了 y 的变差中的显著部分。

(2) 在一元线性回归中,自变量只有一个,上面介绍的 F 检验和 t 检验是等价的,也就是说,如果 $H_0: \beta_1 = 0$ 被 t 检验拒绝,它也将被 F 检验所拒绝。但在多元回归分析中,这两种检验的意义是不同的,F 检验只是用来检验总体回归关系的显著性,而 t 检验则是检验各个回归系数的显著性。

表 10.5 中给出的 Excel 输出的回归分析结果,有些已在上述内容中做了介绍,而有些则没有。为使读者能够完全明了 Excel 输出的结果,在本节最后,将给出上面未涉及的一些结果的计算公式,见表 10.6。对这些内容的解释可进一步参考有关的书籍。

表 10.6 Excel 输出的部分结果的计算公式

名　称	计算公式	注　释
Adjusted R Square (修正的 R^2)	$R^2 = 1 - (1-R^2) \times \dfrac{n-1}{n-k-1}$	k 为自变量的个数
Intercept (截距)的抽样标准误差	$s_{\hat{\beta}_0} = s_e \sqrt{\dfrac{1}{n} + \dfrac{(\bar{x})^2}{\sum_{i=1}^{n}(x_i - \bar{x})^2}}$	
Intercept 的置信区间 (Lower 95% 和 Upper 95%)	$\hat{\beta}_0 \pm t_{\alpha/2}(n-2) s_e \sqrt{\dfrac{1}{n} + \dfrac{(\bar{x})^2}{\sum_{i=1}^{n}(x_i - \bar{x})^2}}$	
斜率的置信区间 (Lower 95% 和 Upper 95%)	$\hat{\beta}_1 \pm t_{\alpha/2}(n-2) \dfrac{s_e}{\sqrt{\sum_{i=1}^{n}(x_i - \bar{x})^2}}$	

10.2.5 回归分析结果的评价

前面讨论了建立一元线性回归模型的方法。现在的问题是:已经建立的模型是否合适?或者说,这个拟合的模型有多"好"?要回答这些问题,可以从以下几方面入手。

(1) 所估计的回归系数 $\hat{\beta}_1$ 的符号是否与理论或事先预期相一致。例如,在不良贷款与贷款余额的回归中,可以预期贷款余额越多,不良贷款也可能会越多,也就是说,回归系数 $\hat{\beta}_1$ 的值应该是正的,在上面建立的回归方程中,

得到的回归系数 $\hat{\beta}_1 = 0.037895$，为正值。

(2) 如果理论上认为 y 与 x 之间的关系不仅是正的，而且是统计上显著的，那么所建立的回归方程也应该如此。例如，在不良贷款与贷款余额的回归中，二者之间为正的线性关系，而且，对回归系数 $\hat{\beta}_1$ 的 t 检验结果表明这之间的线性关系是统计上显著的。

(3) 回归模型在多大程度上解释了因变量 y 取值的差异？可以用判定系数 R^2 来回答这一问题。例如，在不良贷款与贷款余额的回归中，得到的 $R^2 = 71.16\%$，解释了不良贷款变差的 2/3 以上，说明拟合的效果还算不错。

(4) 考察关于误差项 ε 的正态性假定是否成立。因为在对线性关系进行 F 检验和回归系数进行 t 检验时，都要求误差项 ε 服从正态分布，否则，所用的检验程序将是无效的。检验 ε 正态性的简单方法是画出残差的直方图或正态概率图。有关这一问题将在 10.4 节详细讨论。

10.3 利用回归方程进行估计和预测

回归分析的主要目的是根据所建立的估计的回归方程进行预测或控制。在回归模型经过各种检验并表明符合预定的要求后，就可以利用它来完成这一目的了。所谓预测（predict）是指通过自变量 x 的取值来预测因变量 y 的取值，例如，根据前面建立的不良贷款与贷款余额的估计方程，给出一个贷款余额的数值，就可以得到不良贷款的一个预测值；而控制（control）则与预测恰好相反，它是根据一个想要的 y 值，求得所要求的 x 值，例如，假定要求不良贷款（y）的数额不超过 2 亿元，那么贷款余额（x）控制在什么水平上。这里主要介绍根据估计方程进行估计和预测的方法，其中包括点估计和区间估计。

10.3.1 点估计

利用估计的回归方程，对于 x 的一个特定值 x_0，求出 y 的一个估计值就是点估计。点估计可分为两种：一是平均值的点估计，二是个别值的点估计[①]。

[①] 平均值的点估计实际上是对总体参数的估计，而个别值的点估计则是对因变量的某个具体取值的估计。

▶ **定义 10.11** 利用估计的回归方程,对于 x 的一个特定值 x_0,求出 y 的平均值的一个估计值 $E(y_0)$,称为平均值的点估计。

例如,在例 10.6 中,得到的估计的回归方程为 $\hat{y} = -0.8295 + 0.037895x$,如果要估计贷款余额为 100 亿元时,所有分行不良贷款的平均值,就是平均值的点估计。根据估计的回归方程得

$$E(y_0) = -0.8295 + 0.037895 \times 100 = 2.96 (亿元)。$$

▶ **定义 10.12** 利用估计的回归方程,对于 x 的一个特定值 x_0,求出 y 的一个个别值的估计值 $\hat{y}_0$,称为个别值的点估计。

如果只想知道贷款余额为 72.8 亿元的那个分行(这里是编号为 10 的那个分行)的不良贷款是多少,则属于个别值的点估计。根据估计的回归方程得

$$\hat{y} = -0.8295 + 0.037895 \times 72.8 = 1.93 (亿元),$$

这就是说,贷款余额为 72.8 亿元的那个分行的不良贷款估计值为 1.93 亿元。

在点估计条件下,对于同一个 x_0,平均值的点估计和个别值的点估计的结果是一样的。但在区间估计中则有所不同。

10.3.2 区间估计

利用估计的回归方程,对于 x 的一个特定值 x_0,求出 y 的一个估计值的区间就是区间估计。区间估计也有两种类型:一是置信区间估计,它是对 x 的一个给定值 x_0,求出 y 的平均值的估计区间,这一区间称为置信区间(confidence interval);二是预测区间估计,它是对 x 的一个给定值 x_0,求出 y 的一个个别值的估计区间,这一区间称为预测区间(prediction interval)。

1 y 的平均值的置信区间估计

▶ **定义 10.13** 对 x 的一个给定值 x_0,求出 y 的平均值的区间估计,称为置信区间估计(confidence interval estimate)。

设 x_0 为自变量 x 的一个特定值或给定值;$E(y_0)$ 为给定 x_0 时因变量 y 的平均值或期望值。当 $x = x_0$ 时,$\hat{y}_0 = \hat{\beta}_0 + \hat{\beta}_1 x_0$ 为 $E(y_0)$ 估计值。

一般来说,不能期望估计值 $\hat{y}_0$ 精确地等于 $E(y_0)$。因此要想用 $\hat{y}_0$ 推断 $E(y_0)$,必须考虑根据估计的回归方程得到的 $\hat{y}_0$ 的方差,对于给定的 x_0,统计学家给出了估计 $\hat{y}_0$ 方差的公式,用 $s_{\hat{y}_0}^2$ 表示 $\hat{y}_0$ 方差的估计量,其计算公式为

$$s_{\hat{y}_0}^2 = s_e^2 \left[\frac{1}{n} + \frac{(x_0 - \bar{x})^2}{\sum_{i=1}^{n}(x_i - \bar{x})^2} \right], \tag{10.26}$$

$\hat{y}_0$ 标准差的估计量计算公式为

$$s_{\hat{y}_0} = s_e \sqrt{\frac{1}{n} + \frac{(x_0 - \bar{x})^2}{\sum_{i=1}^{n}(x_i - \bar{x})^2}}。 \quad (10.27)$$

有了 $\hat{y}_0$ 的标准差之后,对于给定的 x_0,$E(y_0)$ 在 $1-\alpha$ 置信水平下的置信区间可表示为

$$\hat{y}_0 \pm t_{\alpha/2} s_e \sqrt{\frac{1}{n} + \frac{(x_0 - \bar{x})^2}{\sum_{i=1}^{n}(x_i - \bar{x})^2}}。 \quad (10.28)$$

【例 10.14】 根据例 10.9 所求得的估计方程,取 $x_0 = 100$,建立不良贷款 95％ 的置信区间。

解 根据前面的计算结果,已知 $n = 25$,$s_e = 1.9799$,查表得 $t_{\alpha/2}(n-2) = t_{0.025}(25-2) = 2.0687$。

当贷款余额为 100 亿元时,不良贷款的点估计值为

$$E(y_0) = -0.8295 + 0.037895 \times 100 = 2.96(亿元)。$$

根据式(10.28)得 $E(y_0)$ 的置信区间为

$$2.96 \pm 2.0687 \times 1.9799 \times \sqrt{\frac{1}{25} + \frac{(100 - 120.268)^2}{154933.5744}}$$

$$= 2.96 \pm 0.8459,$$

即 $2.1141 \leqslant E(y_0) \leqslant 3.8059$。也就是说,当贷款余额为 100 亿元时,不良贷款的平均值在 2.1141 亿元到 3.8059 亿元之间。

当 $x_0 = \bar{x}$ 时,$\hat{y}_0$ 的标准差的估计量最小,此时,$s_{\hat{y}_0} = s_e \sqrt{1/n}$。这就是说,当 $x_0 = \bar{x}$ 时,估计是最准确的。x_0 偏离 $\bar{x}$ 越远,y 的平均值的置信区间就越宽,估计的效果也就越不好。

2 y 的个别值的预测区间估计

▶ **定义 10.14** 对 x 的一个给定值 x_0,求出 y 的一个个别值的区间估计,称为预测区间估计(prediction interval estimate)。

若不是估计贷款余额为 100 亿元时所有分行的平均不良贷款,而只希望估计贷款余额为 72.8 亿元的那个分行的不良贷款的区间是多少,这个区间则称为预测区间。

为求出预测区间,首先必须知道用于估计的方差。统计学家已给出了 y 的一个个别估计值 y_0 的方差估计量,用 s_{ind}^2 表示,其计算公式为

$$s_{\text{ind}}^2 = s_e^2 + s_{\hat{y}_0}^2 = s_e^2 + s_e^2 \left[\frac{1}{n} + \frac{(x_0 - \bar{x})^2}{\sum_{i=1}^{n}(x_i - \bar{x})^2} \right]$$

$$= s_e^2 \left[1 + \frac{1}{n} + \frac{(x_0 - \bar{x})^2}{\sum_{i=1}^{n}(x_i - \bar{x})^2} \right] \text{。} \tag{10.29}$$

y 的一个个别估计值 y_0 的标准差的估计量为

$$s_{\text{ind}} = s_e \sqrt{1 + \frac{1}{n} + \frac{(x_0 - \bar{x})^2}{\sum_{i=1}^{n}(x_i - \bar{x})^2}} \text{。} \tag{10.30}$$

因此,对于给定的 x_0,y 的一个个别值 y_0 在 $1-\alpha$ 置信水平下的预测区间可表示为

$$\hat{y}_0 \pm t_{\alpha/2} s_e \sqrt{1 + \frac{1}{n} + \frac{(x_0 - \bar{x})^2}{\sum_{i=1}^{n}(x_i - \bar{x})^2}} \text{。} \tag{10.31}$$

与式(10.28)相比,式(10.31)的根号内多了一个 1。因此,即使是对同一个 x_0,这两个区间的宽度也是不一样的,预测区间要比置信区间宽一些。

【**例 10.15**】 根据例 10.9 所求得的估计方程,建立贷款余额为 72.8 亿元的那个分行不良贷款在 95% 置信水平下的预测区间。

解 根据前面的计算结果,已知 $n=25$,$s_e=1.9799$,查表得 $t_{\alpha/2}(n-2) = t_{0.025}(25-2) = 2.0687$。

当贷款余额为 72.8 亿元时,不良贷款的点估计值为

$$\hat{y} = -0.8295 + 0.037895 \times 72.8 = 1.93 (\text{亿元}),$$

不良贷款 95% 的预测区间为

$$1.93 \pm 2.0687 \times 1.9799 \times \sqrt{1 + \frac{1}{25} + \frac{(72.8 - 120.268)^2}{154933.5744}}$$

$$= 1.93 \pm 4.2066,$$

即 $-2.2766 \leq \hat{y}_0 \leq 6.1366$。也就是说,贷款余额为 72.8 亿元的那个分行,其不良贷款的预测区间在 -2.2766 亿元到 6.1366 亿元之间。

表 10.7 给出了 25 家分行不良贷款的置信区间和预测区间。

从表 10.7 可以看出,两个区间的宽度不太一样,y 的个别值的预测区间要宽一些。二者的差别表明,估计 y 的平均值比预测 y 的一个特定值或个别值更精确(请读者想一想为什么?)。同样,当 $x_0 = \bar{x}$ 时,预测区间也是最精确

的。图 10.11 给出了置信区间和预测区间的示意图。

表 10.7　25家分行不良贷款的置信区间和预测区间

	A	B	C	D	E	F	G	H
1	分行	不良贷款	贷款余额	预测$\hat{y}$	置信区间		预测区间	
2	编号	(y)	(x)		置信下限	置信上限	预测下限	预测上限
3	1	0.9	67.3	1.7208	0.7333	2.7083	-2.4964	5.9380
4	2	1.1	111.3	3.3882	2.5636	4.2128	-0.7939	7.5702
5	3	4.8	173	5.7263	4.7401	6.7124	1.5094	9.9431
6	4	3.2	80.8	2.2324	1.3159	3.1489	-1.9687	6.4335
7	5	7.8	199.7	6.7381	5.5742	7.9019	2.4761	11.0000
8	6	2.7	16.2	-0.2156	-1.5737	1.1424	-4.5346	4.1034
9	7	1.6	107.4	3.2404	2.4102	4.0705	-0.9428	7.4235
10	8	12.5	185.4	6.1962	5.1328	7.2595	1.9606	10.4317
11	9	1.0	96.1	2.8122	1.9551	3.6692	-1.3764	7.0007
12	10	2.6	72.8	1.9292	0.9725	2.8859	-2.2809	6.1393
13	11	0.3	64.2	1.6033	0.5975	2.6092	-2.6182	5.8248
14	12	4.0	132.2	4.1802	3.3515	5.0088	-0.0027	8.3630
15	13	0.8	58.6	1.3911	0.3504	2.4319	-2.8388	5.6211
16	14	3.5	174.6	5.7869	4.7914	6.7824	1.5678	10.0059
17	15	10.2	263.5	9.1557	7.4547	10.8567	4.7170	13.5945
18	16	3.0	79.3	2.1755	1.2519	3.0991	-2.0271	6.3782
19	17	0.2	14.8	-0.2687	-1.6384	1.1010	-4.5913	4.0540
20	18	0.4	73.5	1.9557	1.0028	2.9087	-2.2535	6.1650
21	19	1.0	24.7	0.1065	-1.1821	1.3951	-4.1912	4.4041
22	20	6.8	139.4	4.4530	3.6099	5.2962	0.2673	8.6387
23	21	11.6	368.2	13.1233	10.4160	15.8306	8.2102	18.0364
24	22	1.6	95.7	2.7970	1.9387	3.6553	-1.3918	6.9858
25	23	1.2	109.6	3.3237	2.4969	4.1505	-0.8587	7.5062
26	24	7.2	196.2	6.6054	5.4671	7.7437	2.3504	10.8604
27	25	3.2	102.2	3.0433	2.2027	3.8839	-1.1419	7.2285

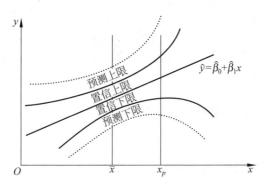

图 10.11　置信区间和预测区间示意图

最后需要注意的是：在利用回归方程进行估计或预测时，不要用样本数据之外的 x 值去预测相对应的 y 值。因为在一元线性回归分析中，总是假定

因变量 y 与自变量 x 之间的关系用线性模型表达是正确的。但实际应用中,它们之间的关系可能是某种曲线。此时总是要假定这条曲线只有一小段位于 x 测量值的范围之内,如图 10.12 所示。如果 x 的取值范围是在 x_L 和 x_U 之间,那么,可以利用回归方程对处于 x_L 和 x_U 之间的 x 值来估计 $E(y)$ 和预测 y。但如果用 x_L 和 x_U 之间以外的 x 值得出的估计值和预测值就会很差。

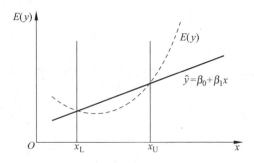

图 10.12　实际数据是曲线而模型为直线的情况

10.4　残差分析

如前所述,在回归模型 $y=\beta_0+\beta_1 x+\varepsilon$ 中,假定 ε 是期望值为 0、方差相等且服从正态分布的一个随机变量。在建立了估计的回归方程后,利用 F 检验和 t 检验确定了 x 和 y 之间的线性关系显著后,就可以利用回归方程进行估计和预测了。但事实上,如果关于 ε 的假定不成立的话,那么,所做的检验以及估计和预测也许不成立。确定有关 ε 的假定是否成立的方法之一就是进行残差分析(residual analysis)。

10.4.1　用残差证实模型的假定

1　残差与残差图

▶ **定义 10.15**　因变量的观测值 y_i 与根据估计的回归方程求出的预测值 $\hat{y}_i$ 之差,称为残差(residual),用 e 表示。

残差反映了用估计的回归方程去预测 y_i 而引起的误差。第 i 个观测值的残差可以写为

$$e_i = y_i - \hat{y}_i. \tag{10.32}$$

根据例 10.9 所求得的估计方程，由 Excel 输出的预测值及残差如表 10.8 所示。

表 10.8 Excel 输出的预测值、残差和标准化残差[①]

	A	B	C	D	E	F	G
1	分行编号	不良贷款 y	贷款余额 x	预测 $\hat{y}_i$	残差 e_i	标准残差 z_{e_i}	杠杆率 h_i
2	1	0.9	67.3	1.7208	-0.8208	-0.4146	0.0581
3	2	1.1	111.3	3.3882	-2.2882	-1.1557	0.0405
4	3	4.8	173.0	5.7263	-0.9263	-0.4678	0.0579
5	4	3.2	80.8	2.2324	0.9676	0.4887	0.0501
6	5	7.8	199.7	6.7381	1.0619	0.5364	0.0807
7	6	2.7	16.2	-0.2156	2.9156	1.4726	0.1099
8	7	1.6	107.4	3.2404	-1.6404	-0.8285	0.0411
9	8	12.5	185.4	6.1962	6.3038	3.1838	0.0674
10	9	1.0	96.1	2.8122	-1.8122	-0.9153	0.0438
11	10	2.6	72.8	1.9292	0.6708	0.3388	0.0545
12	11	0.3	64.2	1.6033	-1.3033	-0.6583	0.0603
13	12	4.0	132.2	4.1802	-0.1802	-0.0910	0.0409
14	13	0.8	58.6	1.3911	-0.5911	-0.2985	0.0645
15	14	3.5	174.6	5.7869	-2.2869	-1.1550	0.0591
16	15	10.2	263.5	9.1557	1.0443	0.5274	0.1724
17	16	3.0	79.3	2.1755	0.8245	0.4164	0.0508
18	17	0.2	14.8	-0.2687	0.4687	0.2367	0.1118
19	18	0.4	73.5	1.9557	-1.5557	-0.7857	0.0541
20	19	1.0	24.7	0.1065	0.8935	0.4513	0.0989
21	20	6.8	139.4	4.4530	2.3470	1.1854	0.0424
22	21	11.6	368.2	13.1233	-1.5233	-0.7694	0.4368
23	22	1.6	95.7	2.7970	-1.1970	-0.6046	0.0439
24	23	1.2	109.6	3.3237	-2.1237	-1.0726	0.0407
25	24	7.2	196.2	6.6054	0.5946	0.3003	0.0772
26	25	3.2	102.2	3.0433	0.1567	0.0791	0.0421

为了分析对误差项 ε 的假定是否成立，可以通过对残差图的分析来完成。常用的残差图有关于 x 的残差图、关于 $\hat{y}$ 的残差图、标准化残差图等。关于 x 的残差图是用横轴表示自变量 x 的值，用纵轴表示对应的残差 $e=y-\hat{y}$，每个 x 的值与对应的残差用图上的一个点来表示。图 10.13 就是根据表 10.8 中的有关结果绘制的不良贷款与贷款余额回归的残差图。

为了分析残差图，首先考察残差图的形态及其所反映的信息。图 10.14 给出了几种不同形态的残差图。

---

① 本表给出的标准化残差图是按式 (10.33) 计算的。而 Excel 给出的标准残差的计算公式为 $z_{e_i} = \dfrac{y_i - \hat{y}_i}{s_e \sqrt{1 - \left(\dfrac{1}{n} + \dfrac{(x_i - \bar{x})^2}{\sum (x_i - \bar{x})^2}\right)}}$，这实际上是学生化删除残差 (studentized deleted residuals)。对这一问题的进一步了解请参阅有关的统计书籍。

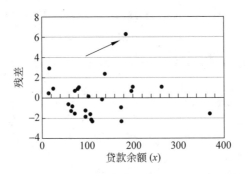

图 10.13 不良贷款对贷款余额回归的残差图

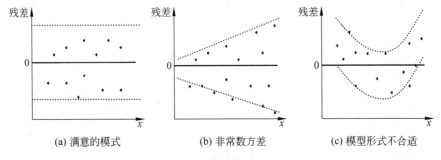

(a) 满意的模式　　　　(b) 非常数方差　　　　(c) 模型形式不合适

图 10.14 不同形态的残差图

若对所有的 x 值，ε 的方差都相同，而且假定描述变量 x 和 y 之间关系的回归模型是合理的，那么残差图中的所有点都应落在一条水平带中间，如图 10.14(a) 所示。但如果对所有的 x 值，ε 的方差是不同的，例如，对于较大的 x 值，相应的残差也较大，如图 10.14(b) 所示，这就意味着违背了 ε 方差相等的假设。如果残差图如图 10.14(c) 所示，表明所选择的回归模型不合理，这时应考虑曲线回归或多元回归模型。

考察图 10.13 不良贷款与贷款余额回归的残差图，可以看出，各残差（有一个点除外）基本上位于一条水平带中间，这表明关于不良贷款和贷款余额回归的线性假定以及对误差项 ε 的假定是成立的。

为检验 ε 正态性假定，可以通过正态概率图来进行分析（也可以用标准化残差进行分析，见下面的标准化残差）。图 10.15 就是不良贷款与贷款余额回归的残差正态概率图。

从图 10.15 可以看出，在不良贷款与贷款余额的回归中，对误差项 ε 的正

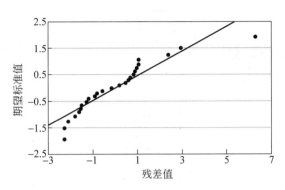

图 10.15 残差的正态概率图

态性假定基本上合理。

2 标准化残差

对 ε 正态性假定的检验,也可以通过对标准化残差的分析来完成。

▶**定义 10.16** 残差除以它的标准差后得到的数值,称为标准化残差(standardized residual),也称为 Pearson 残差或半学生化残差(semi-studentized residuals),用 z_e 表示。

第 i 个观测值的标准化残差可以表示为

$$z_{e_i} = \frac{e_i}{s_e} = \frac{y_i - \hat{y}_i}{s_e}, \tag{10.33}$$

式中 s_e 是残差的标准差的估计。

根据标准化残差图也可以直观地判断误差项 ε 服从正态分布这一假定是否成立。如果这一假定成立,那么标准化残差的分布也应服从正态分布。因此在标准化残差图中,大约有 95% 的标准化残差在 -2 到 +2 之间。在表 10.8 中给出了根据式(10.33)计算的标准化残差。将其绘制成图形如图 10.16 所示。

从图 10.16 可以看出,除了箭头所标识的那个点外,所有的标准化残差都在 -2 和 +2 之间。也可以根据标准化残差绘制正态概率图,来判断 ε 服从正态分布的假定是否成立,标准化残差图的正态概率图与图 10.15 完全一致(请读者想一想为什么)。

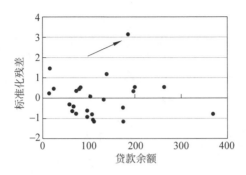

图 10.16　不良贷款对贷款余额回归的标准化残差图

10.4.2　用残差检测异常值和有影响的观测值

残差分析除了可以用于判断有关模型的假定是否成立外,还可以用于分析回归中的异常值(outlier)和对模型有影响的观测值。

1　检测异常值

在一元回归中,通过散点图可以观察出异常值。在散点图中,如果某一个点与其他点所呈现的趋势不相吻合,这个点就有可能是异常点,或称为离群点。例如,观察不良贷款与贷款余额的散点图(见图 10.2),其中有一个点远离其他各点,这个点就是编号为 8 的那家分行的数据,它的贷款余额为 185.4 亿元,而其不良贷款却高达 12.5 亿元。

异常值也可以通过标准化残差来识别。如果某一个观测值所对应的标准化残差较大,就可以识别为异常值。一般情况下,当一个观测值所对应的标准化残差小于 -2 或大于 +2 时,就可以将其视为异常值。例如,在表 10.8 给出的标准化残差中,有一个值为 3.1838,远远大于其他值,也大于 2,因此,该点就是一个异常值。它也就是编号为 8 的那家分行的数据。实际上,从标准化残差图中也可以清楚地看出异常值,如图 10.16 中用箭头所标识的那个点。

异常值的出现可能是不同原因造成的,在处理时应区别对待。如果异常值是一个错误的数据,例如记录错误造成的,应该修正该数据,以便改善回归的效果。如果是由于模型的假定不合理,使得标准化残差偏大,应该考虑采用其他形式的模型,例如非线性模型。如果完全是由于随机因素而造成的异常值,则应该保留该数据。在处理异常值时,若一个异常值是一个有效的观测值,则不应轻易地将其从数据集中予以剔除。

2　检测有影响的观测值

如果某一个或某一些观测值对回归的结果有强烈的影响,那么该观测值或这些观测值就是有影响的观测值。图 10.17 就是一个存在有影响的观测值数据集的散点图。在该图中,不存在强影响值的回归线的斜率与存在强影响值的回归线的斜率是不一样的。表明该有影响的观测值对回归结果的影响比其他任何值都要大得多。

在一元回归中,有影响的观测值可以从散点图中识别出来。一个有影响的观测值可能是一个异常值,即有一个 y 的值远远偏离了散点图中的趋势线;它也可能是对应一个远离自变量 x 平均值 $\bar{x}$ 的观测值;或者是这二者组合而形成的观测值,如图 10.17 所示。

由于一个有影响的观测值对回归方程可能有明显的影响,所以必须对它进行仔细研究。如果该值是在数据收集或录入中出错造成的,则应该予以修正并求出一个新的回归方程;如果它是一个有效的观测值则应该保留它,因为这样的一个观测值有利于分析模型是否合理。

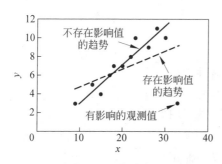
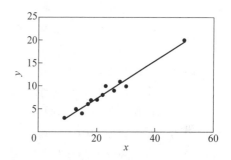

图 10.17　存在一个有影响观测值的散点图　　图 10.18　存在高杠杆率观测值的散点图

如果自变量存在一个极端值,该观测值则称为高杠杆率点(high leverage point)。图 10.18 就是一个含有自变量极端值的散点图。

观测值的杠杆率可以通过自变量的值与其平均值距离的远近来确定,x_i 与其平均数 $\bar{x}$ 越远,其杠杆率就越高。在一元回归中,第 i 个观测值的杠杆率用 h_i 表示,其计算公式为

$$h_i = \frac{1}{n} + \frac{(x_i - \bar{x})^2}{\sum (x_i - \bar{x})^2}。 \qquad (10.34)$$

在一元回归中,如果一个观测值的杠杆率 $h_i > 6/n$,就可以将该观测值识

别为有高杠杆率的点。表 10.8 的 G 列给出了贷款余额(自变量 x)的各杠杆率。由于 $6/n=6/25=0.24$,此时发现有一个杠杆率的值为 0.4368,它可以看作是一个高杠杆率点。这个点就是编号为 21 的那家分行的贷款余额(为 368.2 亿元)。

有影响的观测值可能是由于大的残差和高杠杆率的交互作用而产生的。要查明一个观测值是否是一个有影响的观测值是很困难的。一个有高杠杆率的观测值未必是一个有影响的观测值,它可能对回归直线的斜率没有什么影响,例如图 10.18 中的那个高杠杆率点,对直线的斜率就没有影响。因此,用杠杆率识别一个观测值是否是一个有影响的观测值可能会不准确,这就需要寻找其他方法。有关这一问题,读者可参考有关回归方面的书籍。

思考与练习

思考题

10.1 解释相关关系的含义,说明相关关系的特点。

10.2 相关分析主要解决哪些问题?

10.3 相关分析中有哪些基本假定?

10.4 简述相关系数的性质。

10.5 为什么要对相关系数进行显著性检验?

10.6 简述相关系数显著性检验的步骤。

10.7 解释回归模型、回归方程、估计的回归方程的含义。

10.8 在回归模型中为什么要加入误差项 ε?

10.9 一元线性回归模型中有哪些基本假定?

10.10 简述参数最小二乘估计的基本原理。

10.11 解释总平方和、回归平方和、残差平方和的含义,并说明它们之间的关系。

10.12 简述判定系数的含义和作用。

10.13 在回归分析中,F 检验和 t 检验各有什么作用?

10.14 简述线性关系检验和回归系数检验的具体步骤。

10.15 怎样来评价回归分析的结果?

10.16 什么是置信区间估计和预测区间估计?二者有何区别?

10.17 简要说明残差分析在回归分析中的作用。

练习题

10.1 从某一行业中随机抽取 12 家企业,所得产量与生产费用的数据如下:

企业编号	产量/台	生产费用/万元	企业编号	产量/台	生产费用/万元
1	40	130	7	84	165
2	42	150	8	100	170
3	50	155	9	116	167
4	55	140	10	125	180
5	65	150	11	130	175
6	78	154	12	140	185

(1) 绘制产量与生产费用的散点图,判断二者之间的关系形态。

(2) 计算产量与生产费用之间的线性相关系数。

(3) 对相关系数的显著性进行检验($\alpha=0.05$),并说明二者之间的关系强度。

10.2 学生在期末考试之前用于复习的时间和考试分数之间是否有关系?为研究这一问题,一位研究者抽取了由 8 名学生构成的一个随机样本,得到的数据如下:

复习时间 x/h	20	16	34	23	27	32	18	22
考试分数 y/分	64	61	84	70	88	92	72	77

(1) 绘制复习时间和考试分数的散点图,判断二者之间的关系形态。

(2) 计算相关系数,说明两个变量之间的关系强度。

10.3 根据一组数据建立的线性回归方程为 $\hat{y}=10-0.5x$。

(1) 解释截距 $\hat{\beta}_0$ 的意义。

(2) 解释斜率 $\hat{\beta}_1$ 的意义。

(3) 计算当 $x=6$ 时的 $E(y)$。

10.4 设 SSR=36, SSE=4, $n=18$。

(1) 计算判定系数 R^2 并解释其意义。

(2) 计算估计标准误差 s_e 并解释其意义。

10.5 一家物流公司的管理人员想研究货物的运输距离和运输时间的关系,为此,他抽出了公司中最近 10 个卡车运货记录的随机样本,得到运送距离和运送时间的数据如下:

运送距离 x/km	825	215	1070	550	480	920	1350	325	670	1215
运送时间 y/天	3.5	1.0	4.0	2.0	1.0	3.0	4.5	1.5	3.0	5.0

(1) 绘制运送距离和运送时间的散点图,判断二者之间的关系形态。
(2) 计算线性相关系数,说明两个变量之间的关系强度。
(3) 利用最小二乘法求出估计的回归方程,并解释回归系数的实际意义。

10.6 下面是 7 个地区 2000 年的人均国内生产总值(GDP)和人均消费水平的统计数据:

地　　区	人均 GDP/元	人均消费水平/元
北京	22460	7326
辽宁	11226	4490
上海	34547	11546
江西	4851	2396
河南	5444	2208
贵州	2662	1608
陕西	4549	2035

(1) 人均 GDP 作自变量,人均消费水平作因变量,绘制散点图,并说明二者之间的关系形态。
(2) 计算两个变量之间的线性相关系数,说明两个变量之间的关系强度。
(3) 利用最小二乘法求出估计的回归方程,并解释回归系数的实际意义。
(4) 计算判定系数,并解释其意义。
(5) 检验回归方程线性关系的显著性($\alpha=0.05$)。
(6) 如果某地区的人均 GDP 为 5000 元,预测其人均消费水平。
(7) 求人均 GDP 为 5000 元时,人均消费水平在 95% 置信水平下的置信区间和预测区间。

10.7 随机抽取的 10 家航空公司,对其最近一年的航班正点率和顾客投

诉次数进行了调查,所得数据如下:

航空公司编号	航班正点率/%	投诉次数/次
1	81.8	21
2	76.6	58
3	76.6	85
4	75.7	68
5	73.8	74
6	72.2	93
7	71.2	72
8	70.8	122
9	91.4	18
10	68.5	125

(1) 绘制散点图,说明二者之间的关系形态。

(2) 用航班正点率作自变量,顾客投诉次数作因变量,求出估计的回归方程,并解释回归系数的意义。

(3) 检验回归系数的显著性($\alpha=0.05$)。

(4) 如果航班正点率为80%,估计顾客的投诉次数。

(5) 求航班正点率为80%时,顾客投诉次数在95%置信水平下的置信区间和预测区间。

10.8 下面是20个城市写字楼出租率和每平方米月租金的数据:

地区编号	出租率/%	每平方米月租金/元
1	70.6	99
2	69.8	74
3	73.4	83
4	67.1	70
5	70.1	84
6	68.7	65
7	63.4	67
8	73.5	105
9	71.4	95
10	80.7	107
11	71.2	86
12	62.0	66
13	78.7	106
14	69.5	70

续表

地区编号	出租率/%	每平方米月租金/元
15	68.7	81
16	69.5	75
17	67.7	82
18	68.4	94
19	72.0	92
20	67.9	76

设月租金为自变量，出租率为因变量，用 Excel 进行回归，并对结果进行解释和分析。

10.9 某汽车生产商欲了解广告费用(x)对销售量(y)的影响，收集了过去12年的有关数据。通过计算得到下面的有关结果：

方差分析表

变差来源	df	SS	MS	F	Significance F
回归					2.17E−09
残差		40158.07		—	—
总计	11	1642866.67	—	—	—

参数估计表

	Coefficients	标准误差	t Stat	P-value
Intercept	363.6891	62.45529	5.823191	0.000168
X Variable 1	1.420211	0.071091	19.97749	2.17E−09

(1) 完成上面的方差分析表。
(2) 汽车销售量的变差中有多少是由于广告费用的变动引起的？
(3) 销售量与广告费用之间的相关系数是多少？
(4) 写出估计的回归方程并解释回归系数的实际意义。
(5) 检验线性关系的显著性($\alpha=0.05$)。

10.10 根据下面的数据建立回归方程，计算残差、判定系数 R^2、估计标准误差 s_e，并分析回归方程的拟合程度。

x	15	8	19	12	5
y	47	36	56	44	21

10.11 从 $n=20$ 的样本中得到的有关回归结果是：$SSR=60, SSE=40$。要检验 x 与 y 之间的线性关系是否显著，即检验假设：$H_0: \beta_1=0$。

(1) 线性关系检验的统计量 F 值是多少？
(2) 给定显著性水平 $\alpha=0.05$，F_α 是多少？
(3) 是拒绝原假设还是不拒绝原假设？
(4) 假定 x 与 y 之间是负相关，计算相关系数 r。
(5) 检验 x 与 y 之间的线性关系是否显著？

10.12 从 $n=20$ 的样本中得到的有关回归结果是：$\hat{y}=5+3x$，$s_e=1.0$，$\bar{x}=2$，$\sum_{i=1}^{n}(x_i-\bar{x})^2=20$。

(1) 当 $x=4$ 时，构建 y 的平均值的 95% 的置信区间。
(2) 当 $x=4$ 时，构建 y 的个别值的 95% 的预测区间。

10.13 一家公司拥有多家子公司，公司的管理者想通过广告支出来估计销售收入，为此抽取了 8 家子公司，得到广告支出和销售收入的数据如下（单位：万元）：

广告支出 x	12.5	3.7	21.6	60.0	37.6	6.1	16.8	41.2
销售收入 y	148	55	338	994	541	89	126	379

建立线性回归模型，并求出当 $x=40$ 万元时，销售收入 95% 的置信区间。

10.14 从两个回归分析中得到的残差如下：

回归 1		回归 2	
x	残差	x	残差
1	0.70	1	0.70
2	−0.78	2	1.58
3	1.03	3	1.03
4	0.33	4	0.33
5	2.39	5	−0.39
6	−0.67	6	−0.67
7	0.16	7	−0.56
8	1.65	8	−0.65

续表

回归 1		回归 2	
x	残差	x	残差
9	−1.19	9	−1.19
10	0.84	10	−0.84
11	0.29	11	−0.29
12	−1.28	12	−1.28
13	1.21	13	−0.21
14	−0.37	14	−0.37
15	1.02	15	0.22
16	−0.16	16	−0.16
17	1.42	17	0.82
18	−0.71		
19	−0.63		
20	0.67		

绘制残差图,会得出什么结论?

10.15 随机抽取 7 家超市,得到其广告费支出和销售额数据如下:

超市	广告费支出/万元	销售额/万元
A	1	19
B	2	32
C	4	44
D	6	40
E	10	52
F	14	53
G	20	54

(1) 用广告费支出作自变量 x,销售额为因变量 y,求出估计的回归方程。

(2) 检验广告费支出与销售额之间的线性关系是否显著($\alpha=0.05$)。

(3) 绘制关于 x 的残差图,你觉得关于误差项 ε 的假定被满足了吗?

(4) 你是选用这个模型,还是另寻找一个更好的模型?

10.16 下面是 10 个品牌啤酒的广告费用和销售量的数据:

啤酒品牌	广告费/万元	销售量/万箱
A	120.0	36.3
B	68.7	20.7
C	100.1	15.9
D	76.6	13.2
E	8.7	8.1
F	1.0	7.1
G	21.5	5.6
H	1.4	4.4
I	5.3	4.4
J	1.7	4.3

(1) 用广告费支出作自变量 x，销售额作因变量 y，求出估计的回归方程。

(2) 用残差分析检测是否存在异常值和有影响的观测值。

(3) 简要概括一下你的发现。

人物传记[①]

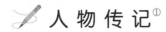

F. Galton(1822—1911)出生于英国伯明翰。由于智力上的早熟，他在非常小的时候就开始学习数学，然后学习医学。但是他从未完成他的学业。在他22岁的时候，他父亲去世并给他留下一笔遗产，他把这笔财产用来旅行：沿着多瑙河到达黑海、埃及，并一直到了非洲西南部当时还未开发的某些地区。回国后，他在伦敦定居并度过了一生(并因为他早期的贡献很快获得了皇家地理学会的金质奖

---

① 资料来源：Dictionary of Scientific Biography，New York：Scribner's，1972(5)：265-267；International Encyclopedia of Statistics，New York：Free Press，1978(1)：359-364.

章)。他没有担任过任何学术或专业职务,但对人类和自然的好奇心永无止境地推动着他,他从未停止过在思想领域的每一个隐蔽之处和空隙中漫步。他创造性地完成了16本专著和200多篇文章,并最终在他去逝前不久为他带来了爵士封号。

我们仅来看看这些有关他的成就的几个例子:他是一位气象学家,系统地绘制了有关天气模式的图形,并在此过程中发现且命名了高气压。他是一位心理学家,测度了感觉的敏锐度和性格特征,并播下了智力测试的种子。与他的表兄弟 Charles Darwin 一样,他是一位生物学家,使指纹识别成为鉴别个人一种确实可靠的方法(他对指纹的分类学至今还在使用)。利用贵族家庭的数据,他还研究了天赋(艺术的、运动的、学者的)的遗传问题,并在诸如 *Hereditary Genius*(遗传的天赋)(1869)和 *Natural Inheritance*(自然遗传)(1889)等书中做出结论,认为即使在排除环境因素应有的影响之后,遗传在天赋的转移中仍扮演着重要角色。实际上,他开始相信一个"培养天赋和健康,抑制愚蠢和体弱"的"优生"计划(他发明了这个词汇)对促进一个高质量社会的发展是至关紧要的。因此,他在伦敦大学学院设立了优生学的遗传学职位;这一职位的第一位担任者是 K. Pearson,他拓展并精炼了 Galton 的许多研究成果——尤其是 Galton 在统计学中的研究成果。

Galton 热衷于收集数值数据,并在分析方面表现出惊人的聪明。所以,他成为现代回归和相关技术的创始人(C. F. Gauss 曾预示过这一点)。1875年,Galton 利用豌豆实验来确定尺寸的遗传规律。他挑选了7组不同尺寸的豌豆,并说服了他在英国不同地区的朋友每一组种植10粒种子,最后把原始的豌豆种子(父代)与新长的豌豆种子(子代)进行尺寸比较。当结果被绘制出来之后,他发现并非每一个子代都与父代一样,取而代之的是,尺寸小的豌豆会得到更大的子代,而尺寸大的豌豆却得到较小的子代。Galton 把这一现象叫做"返祖"(趋向于祖先的某种平均类型),后来又称之为"向平均回归。"一个总体中在某一时期具有某一极端特征(低于或高于总体均值)的个体在未来的某一时期将减弱它的极端性(或者是单个个体或者是整个子代),这一趋势现在被称作回归效应。人们发现它的应用很广,而不仅限于从一代到下一代豌豆大小问题。因此,正如 Galton 进一步发现的那样,平均来说,非常矮小的父辈倾向于有偏高的子代;而非常高大的父辈则倾向于有偏矮的子代。在第一次考试中成绩最差的那些学生在第二次考试中倾向于有更好的成绩(比较接近所有学生的平均成绩),而第一次考试中成绩最好的那些学生在第二次考试中则倾向于有较差的成绩(同样比较接近所有学生的平均成绩)。同样,平均来说,第一年利润最低的公司第二年不会最差,而第一年利润最高的公司第二年则不会是最好的。

但是需要谨慎的是:观测到这一回归效应是一回事;产生回归谬误,把回归效应错误地归因于(如同 Galton 所做的那样)某些重要的隐形因素(例如"倾向平均的趋势")的影响却是另外一回事。真正的解释应该是极端值(尺寸、成绩或是利润)的发生往往纯属偶然;更大的可能是它们不会连续发生两次。

第 11 章

多元线性回归

> 世界上所有的模型都只是对现实世界的某种近似。没有完美的模型。所有的模型都命中注定要被修正、改进以至于被替代。
>
> ——吴喜之

统计应用：预测大学足球比赛的获胜得分差额[①]

为检验一场大学足球比赛中"争球码数"、"传球码数"、"回传次数"、"控球时间"以及"主场优势"等变量对比赛最后得分的影响，分析人员建立了一个多元回归模型。该模型的因变量是"比赛获胜得分的差值"，它等于胜方的最后得分减去负方的最后得分。

分析人员想检验如下自变量能否解释获胜得分的差值：(1)争球码数差(胜方争球码数减去负方争球码数)；(2)传球码数差；(3)回传次数差；(4)控球时间差；(5)主场优势虚拟变量(主场球队代码为1，客场球队代码为0)。

在某年高校足球赛季里，分析人员从高校体育协会前20名球队的比赛中随机抽取了90场，收集到自变量和因变量的数据并进行多元回归分析，得到的回归结果如下表：

由回归分析结果可知，除主场优势变量外，在0.05的显著性水平下，模型中的其余自变量均很显著，而且分析人员预选的这些自变量总共解释了获胜得分差值72%的变差。

[①] 资料来源：Wagner G. 1987. College and Professional Football Scores: A Multiple Regression Analysis. American Economist, XXXI: 33-37.

预测变量	系数	t 值
截距	3.22	2.06*
争球码数差	0.11	12.50*
传球码数差	0.09	10.19*
回传次数差	−2.80	−5.75*
控球时间差	−0.01	−3.94*
主场优势虚拟变量	3.04	1.68
因变量：获胜得分差值 修正的 $R_a^2=0.72$		

* P 值<0.05

在保持其他自变量不变的前提下,回归方程中变量的系数所反映的情况与球迷的期望是一致的。例如,由回归方程可知,随着争球码数的增加,获胜得分差值也趋于增加,争球码数差每增加 1 码,获胜得分差值就会增加 0.11。传球码数差值每增加 1 码,获胜得分差值增加 0.09。回传次数差的回归系数显示,回传次数是获胜得分差值的重要解释变量。每当比对手多回传 1 次,获胜得分差值就减少 2.80(当其他自变量保持不变时)。控球时间差的系数为 −0.01,说明控球时间超过对手 1s,获胜得分差值就会下降 −0.01。回归结果还显示,在给定模型中其他变量的条件下,主场优势并非前 20 名球队比赛获胜得分差值的显著解释变量。

在上一章中介绍了一元线性回归问题。本章将讨论涉及两个及两个以上自变量的回归问题,即多元回归,而且主要是介绍多元线性回归。讨论的重点主要是放在多元回归的计算机解法及其应用上。

11.1 多元线性回归模型

在许多实际问题中,影响因变量的因素往往有多个,这种一个因变量同多个自变量的回归问题就是多元回归,当因变量同各自变量之间为线性关系时,称为多元线性回归。多元线性回归分析的原理同一元线性回归的原理基本相同,但计算上要复杂得多,因此需借助于计算机来完成。

11.1.1 多元回归模型与回归方程

设因变量为 y,k 个自变量分别为 $x_1,x_2,\cdots,x_k$,多元回归线性模型可定义如下。

▶ **定义 11.1** 描述因变量 y 如何依赖于自变量 $x_1,x_2,\cdots,x_k$ 和误差项 ε 的方程,称为多元回归模型(multiple regression model)。

多元回归线性模型的一般形式可表示为

$$y = \beta_0 + \beta_1 x_1 + \beta_2 x_2 + \cdots + \beta_k x_k + \varepsilon, \tag{11.1}$$

其中 $\beta_0,\beta_1,\beta_2,\cdots,\beta_k$ 是模型的参数,ε 为误差项。

式(11.1)表明:y 是 $x_1,x_2,\cdots,x_k$ 的线性函数($\beta_0+\beta_1 x_1+\beta_2 x_2+\cdots+\beta_k x_k$ 部分)加上误差项 ε。误差项反映了除 $x_1,x_2,\cdots,x_k$ 对 y 的线性关系之外的随机因素对 y 的影响,是不能由 $x_1,x_2,\cdots,x_k$ 与 y 之间的线性关系所解释的变异性。

与一元线性回归类似,在多元线性回归模型,对误差项 ε 同样有 3 个基本的假定:

(1) 误差项 ε 是一个期望值为 0 的随机变量,即 $E(\varepsilon)=0$。这意味着对于给定 $x_1,x_2,\cdots,x_k$ 的值,y 的期望值为 $E(y)=\beta_0+\beta_1 x_1+\beta_2 x_2+\cdots+\beta_k x_k$。

(2) 对于自变量 $x_1,x_2,\cdots,x_k$ 的所有值,ε 的方差 σ^2 都相同。

(3) 误差项 ε 是一个服从正态分布的随机变量,且相互独立,即 $\varepsilon \sim N(0,\sigma^2)$。独立性意味着对于自变量 $x_1,x_2,\cdots,x_k$ 一组特定值,它所对应的 ε 与 $x_1,x_2,\cdots,x_k$ 任意一组其他值所对应的 ε 不相关。正态性意味着对于给定的 $x_1,x_2,\cdots,x_k$ 的值,因变量 y 也是一个服从正态分布的随机变量。

▶ **定义 11.2** 描述 y 的期望值如何依赖于 $x_1,x_2,\cdots,x_k$ 的方程,称为多元回归方程(multiple regression equation)。

根据回归模型的假定,得到回归方程如下:

$$E(y) = \beta_0 + \beta_1 x_1 + \beta_2 x_2 + \cdots + \beta_k x_k, \tag{11.2}$$

多元回归方程描述了因变量 y 的期望值与自变量 $x_1,x_2,\cdots,x_k$ 之间的关系。

一元回归在二维图像上是一条直线,可在直角坐标中将其画出来。但多元回归就很难做到这一点。但为了对式(11.2)的回归方程有更全面的了解,可考虑含有两个自变量的多元回归方程。其形式为

$$E(y) = \beta_0 + \beta_1 x_1 + \beta_2 x_2,$$

在三维空间中可以将这个方程的图像画出来,二元回归方程的图像是三维空

间的一个平面,如图 11.1 所示。

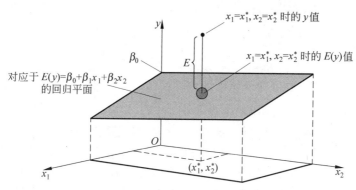

图 11.1 二元线性回归方程的图示

11.1.2 估计的多元回归方程

由于回归方程中的参数 $\beta_0, \beta_1, \beta_2, \cdots, \beta_k$ 是未知的,需要利用样本数据去估计它们。当用样本统计量 $\hat{\beta}_0, \hat{\beta}_1, \hat{\beta}_2, \cdots, \hat{\beta}_k$ 去估计回归方程中的未知参数 $\beta_0, \beta_1, \beta_2, \cdots, \beta_k$ 时,就得到了估计的多元回归方程。

▶**定义 11.3** 根据样本数据得到的多元回归方程的估计,称为估计的多元回归方程(estimated multiple regression equation)。

估计的回归方程一般形式为

$$\hat{y} = \hat{\beta}_0 + \hat{\beta}_1 x_1 + \hat{\beta}_2 x_2 + \cdots + \hat{\beta}_k x_k, \tag{11.3}$$

式中 $\hat{\beta}_0, \hat{\beta}_1, \hat{\beta}_2, \cdots, \hat{\beta}_k$ 是参数 $\beta_0, \beta_1, \beta_2, \cdots, \beta_k$ 的估计值,$\hat{y}$ 是因变量 y 的估计值。其中的 $\hat{\beta}_1, \hat{\beta}_2, \cdots, \hat{\beta}_k$ 称为偏回归系数。$\hat{\beta}_1$ 表示当 $x_2, x_3, \cdots, x_k$ 不变时,x_1 每变动一个单位因变量 y 的平均变动量;$\hat{\beta}_2$ 表示当 $x_1, x_3, \cdots, x_k$ 不变时,当 x_2 每变动一个单位因变量 y 的平均变动量,其余偏回归系数的含义类似。

11.1.3 参数的最小二乘估计

回归方程中的 $\hat{\beta}_0, \hat{\beta}_1, \hat{\beta}_2, \cdots, \hat{\beta}_k$ 仍然是根据最小二乘法求得。也就是使残差平方和

$$Q = \sum_{i=1}^{l}(y_i - \hat{y}_i)^2 = \sum_{i=1}^{l}(y_i - \hat{\beta}_0 - \hat{\beta}_1 x_1 - \cdots - \hat{\beta}_k x_k)^2 = \min, \tag{11.4}$$

由此可以得到求解 $\hat{\beta}_0, \hat{\beta}_1, \hat{\beta}_2, \cdots, \hat{\beta}_k$ 的标准方程组为

$$\begin{cases} \left.\dfrac{\partial Q}{\partial \beta_0}\right|_{\beta_0=\hat{\beta}_0} = 0, \\ \left.\dfrac{\partial Q}{\partial \beta_i}\right|_{\beta_i=\hat{\beta}_i} = 0, \quad i=1,2,\cdots,k \end{cases} \quad (11.5)$$

求解上述方程组需要借助于计算机,可直接由 Excel 给出回归结果。

【例 11.1】 继续沿用第 10 章中例 10.6。一家大型商业银行在多个地区设有分行,其业务主要是进行基础设施建设、国家重点项目建设、固定资产投资等项目的贷款。近年来,该银行的贷款额平稳增长,但不良贷款额也有较大比例的提高,这给银行业务的发展带来较大压力。为弄清楚不良贷款形成的原因,希望利用银行业务的有关数据做些定量分析,以便找出控制不良贷款的办法。表 11.1 就是该银行所属的 25 家分行 2002 年的有关业务数据。

表 11.1 某商业银行 2002 年的主要业务数据

	A	B	C	D	E	F
1	分行编号	不良贷款(亿元)	各项贷款余额(亿元)	本年累计应收贷款(亿元)	贷款项目个数(个)	本年固定资产投资额(亿元)
2	1	0.9	67.3	6.8	5	51.9
3	2	1.1	111.3	19.8	16	90.9
4	3	4.8	173.0	7.7	17	73.7
5	4	3.2	80.8	7.2	10	14.5
6	5	7.8	199.7	16.5	19	63.2
7	6	2.7	16.2	2.2	1	2.2
8	7	1.6	107.4	10.7	17	20.2
9	8	12.5	185.4	27.1	18	43.8
10	9	1.0	96.1	1.7	10	55.9
11	10	2.6	72.8	9.1	14	64.3
12	11	0.3	64.2	2.1	11	42.7
13	12	4.0	132.2	11.2	23	76.7
14	13	0.8	58.6	6.0	14	22.8
15	14	3.5	174.6	12.7	26	117.1
16	15	10.2	263.5	15.6	34	146.7
17	16	3.0	79.3	8.9	15	29.9
18	17	0.2	14.8	0.6	2	42.1
19	18	0.4	73.5	5.9	11	25.3
20	19	1.0	24.7	5.0	4	13.4
21	20	6.8	139.4	7.2	28	64.3
22	21	11.6	368.2	16.8	32	163.9
23	22	1.6	95.7	3.8	10	44.5
24	23	1.2	109.6	10.3	14	67.9
25	24	7.2	196.2	15.8	16	39.7
26	25	3.2	102.2	12.0	10	97.1

试建立不良贷款(y)与贷款余额(x_1)、累计应收贷款(x_2)、贷款项目个数(x_3)和固定资产投资额(x_4)的线性回归方程,并解释各回归系数的含义。

解 由 Excel 输出的多元回归结果如表 11.2 所示。

表 11.2 Excel 输出的回归分析结果

	A	B	C	D	E	F	G
1	SUMMARY OUTPUT						
2							
3	回归统计						
4	Multiple R	0.893087					
5	R Square	0.797604					
6	Adjusted R Sq	0.757125					
7	标准误差	1.778752					
8	观测值	25					
9							
10	方差分析						
11		df	SS	MS	F	Significance F	
12	回归分析	4	249.3712	62.3428	19.7040	1.03539E-06	
13	残差	20	63.2792	3.163960			
14	总计	24	312.6504				
15							
16		Coefficients	标准误差	t Stat	P-value	Lower 95%	Upper 95%
17	Intercept	-1.021640	0.782372	-1.305823	0.206434	-2.653639	0.610360
18	X Variable 1	0.040039	0.010434	3.837495	0.001028	0.018275	0.061804
19	X Variable 2	0.148034	0.078794	1.878738	0.074935	-0.016328	0.312396
20	X Variable 3	0.014529	0.083033	0.174983	0.862853	-0.158675	0.187733
21	X Variable 4	-0.029193	0.015073	-1.936769	0.067030	-0.060635	0.002249

根据表 11.2 的结果,得到不良贷款与贷款余额、累计应收贷款、贷款项目个数和固定资产投资额的多元线性回归方程为

$$\hat{y} = -1.021640 + 0.040039x_1 + 0.148034x_2 + 0.014529x_3 - 0.029193x_4 。$$

各回归系数的实际意义为

$\hat{\beta}_1 = 0.040039$ 表示,在累计应收贷款、贷款项目个数和固定资产投资额不变的条件下,贷款余额每增加 1 亿元,不良贷款平均增加 0.040039 亿元。

$\hat{\beta}_2 = 0.148034$ 表示,在贷款余额、贷款项目个数和固定资产投资额不变的条件下,累计应收贷款每增加 1 亿元,不良贷款平均增加 0.148034 亿元。

$\hat{\beta}_3 = 0.014529$ 表示,在贷款余额、累计应收贷款和固定资产投资额不变的条件下,贷款项目个数每增加 1 个,不良贷款平均增加 0.014529 亿元。

$\hat{\beta}_4 = -0.029193$ 表示,在贷款余额、累计应收贷款和贷款项目个数不变

的条件下，固定资产投资额每增加 1 亿元，不良贷款平均减少 0.029193 亿元。

11.2 回归方程的拟合优度

11.2.1 多重判定系数

与一元回归类似，对多元线性回归方程，则需要用多重判定系数来评价其拟合程度。

在一元回归中，曾介绍了因变量离差平方和的分解，对多元回归中因变量离差平方和的分解也是一样，同样有

$$\text{SST} = \text{SSR} + \text{SSE}, \tag{11.6}$$

式中 $\text{SST} = \sum(y_i - \bar{y})^2$ 为总平方和；$\text{SSR} = \sum(\hat{y}_i - \bar{y})^2$ 为回归平方和；$\text{SSE} = \sum(y_i - \hat{y}_i)^2$ 为残差平方和。

由于这 3 个平方和的计算非常麻烦，所以可直接利用 Excel 的输出结果。由表 11.2 给出的方差分析表部分可知 $\text{SST} = 312.650400$；$\text{SSR} = 249.371206$；$\text{SSE} = 63.297194$。

有了这些平方和，可以将多重判定系数定义如下。

▶ 定义 11.4　在多元回归中，回归平方和占总平方和的比例，称为多重判定系数(multiple coefficient of determination)。

多重判定系数是估计的多元回归方程拟合程度的度量，它反映了在因变量 y 的变差中被估计的回归方程所解释的比例。其计算公式为

$$R^2 = \frac{\text{SSR}}{\text{SST}} = 1 - \frac{\text{SSE}}{\text{SST}}。 \tag{11.7}$$

对于多重判定系数还有一点需要注意，由于自变量个数的增加，将影响到因变量中被估计回归方程所解释的变差数量。当增加自变量时，会使预测误差变得比较小，从而减少残差平方和 SSE，由于回归平方和 $\text{SSR} = \text{SST} - \text{SSE}$，当 SSE 变小时，SSR 就会变大，从而使 R^2 变大。如果模型中增加一个自变量，即使这个自变量在统计上并不显著，R^2 也会变大。因此，为避免增加自变量而高估 R^2，统计学家提出用样本量 n 和自变量的个数 k 去修正 R^2，计算出修正多重判定系数。

▶**定义 11.5** 用模型中自变量的个数和样本量进行调整的多重判定系数，称为修正的多重判定系数（adjusted multiple coefficient of determination），记为 R_a^2。

修正的多重判定系数的计算公式为

$$R_a^2 = 1 - (1 - R^2)\frac{n-1}{n-k-1}, \tag{11.8}$$

R_a^2 的解释与 R^2 类似，不同的是 R_a^2 同时考虑了样本量（n）和模型中自变量的个数（k）的影响，这就使得 R_a^2 的值永远小于 R^2，而且 R_a^2 的值不会由于模型中自变量个数的增加而越来越接近 1。因此，在多元回归分析中，通常用修正的多重判定系数。

R^2 的平方根称为多重相关系数，也称为复相关系数，它度量了因变量同 k 个自变量的相关程度。

根据表 11.2 的输出结果得知：多重判定系数 $R^2 = 0.797604 = 79.7604\%$。其实际意义是：在不良贷款取值的变差中，能被不良贷款与贷款余额、累计应收贷款、贷款项目个数和固定资产投资额的多元回归方程所解释的比例为 79.7604%。

修正多重判定系数 $R_a^2 = 0.757125 = 75.7125\%$，其意义与 R^2 类似。它表示：在用样本量和模型中自变量的个数进行调整后，在不良贷款取值的变差中，能被不良贷款与贷款余额、累计应收贷款、贷款项目个数和固定资产投资额的多元回归方程所解释的比例为 75.7125%。

11.2.2 估计标准误差

同一元线性回归一样，多元回归中的估计标准误差也是对误差项 ε 的方差 σ^2 的一个估计值，它在衡量多元回归方程的拟合优度方面也起着重要作用。计算公式为

$$s_e = \sqrt{\frac{\sum(y_i - \hat{y}_i)^2}{n-k-1}} = \sqrt{\frac{\text{SSE}}{n-k-1}} = \sqrt{\text{MSE}}, \tag{11.9}$$

式中 k 为自变量的个数。

多元回归中对 s_e 的解释与一元回归类似。由于 s_e 所估计的是预测误差的标准差，其含义是根据自变量 $x_1, x_2, \cdots, x_k$ 来预测因变量 y 时的平均预测误差。

同样，在 Excel 输出的回归结果中也直接给出了 s_e 的值。根据表 11.2 的

输出结果，$s_e=1.778752$（根据公式计算结果也是一样）。其含义是根据所建立的多元回归方程，用贷款余额、累计应收贷款、贷款项目个数和固定资产投资额来预测不良贷款时，平均的预测误差为 1.778752 亿元。

11.3 显著性检验

在一元线性回归中，线性关系的检验（F 检验）与回归系数的检验（t 检验）是等价的，这一点很容易理解。比如，F 检验表明不良贷款与贷款余额之间有显著的线性关系，必然也意味着回归系数不会等于 0，因为只有一个自变量。但在多元回归中，这两种检验不再等价。线性关系检验主要是检验因变量同多个自变量的线性关系是否显著，在 k 个自变量中，只要有一个自变量同因变量的线性关系显著，F 检验就能通过，但这不一定意味着每个自变量同因变量的关系都显著。回归系数检验则是对每个回归系数分别进行单独的检验，它主要用于检验每个自变量对因变量的影响是否都显著。如果某个自变量没有通过检验，就意味着这个自变量对因变量的影响不显著，也许就没有必要将这个自变量放进回归模型中了。

11.3.1 线性关系检验

线性关系检验是检验因变量 y 与 k 个自变量之间的关系是否显著，也称为总体显著性检验。检验的具体步骤如下：

第 1 步　提出假设

$H_0: \beta_1 = \beta_2 = \cdots = \beta_k = 0$；

$H_1: \beta_1, \beta_2, \cdots, \beta_k$ 至少有一个不等于 0。

第 2 步　计算检验的统计量

$$F = \frac{\text{SSR}/k}{\text{SSE}/(n-k-1)} \sim F(k, n-k-1)。 \qquad (11.10)$$

第 3 步　作出统计决策。给定显著性水平 α，根据分子的自由度为 k，分母的自由度为 $n-k-1$ 查 F 分布表得 F_α。若 $F > F_\alpha$，则拒绝原假设；若 $F < F_\alpha$，则不拒绝原假设。根据计算机输出的结果，可直接利用 P 值作出决策：若 P 值小于 α，拒绝原假设；若 P 值大于 α，则不拒绝原假设。

【例 11.2】　根据例 11.1 建立的回归方程，对回归方程线性关系的显著性进行检验（$\alpha=0.05$）。

解 要检验上面建立的多元回归方程的显著性,可按下面的步骤进行。

第 1 步 提出假设
$$H_0: \beta_1 = \beta_2 = \beta_3 = \beta_4 = 0;$$
$$H_1: \beta_1, \beta_2, \beta_3, \beta_4 \text{ 至少有一个不等于 } 0。$$

第 2 步 计算检验的统计量 F(这里可直接用表 11.2 Excel 输出的方差分析表中的有关结果)
$$F = \frac{SSR/k}{SSE/(n-k-1)} = 19.704044。$$

第 3 步 作出统计决策。给定显著性水平 $\alpha = 0.05$,根据分子的自由度为 4,分母的自由度为 $25-4-1=20$ 查 F 分布表得 $F_{\alpha=0.05}(4,20)=2.87$。由于 $F=19.704044 > F_{0.05}(4,20)=2.87$,拒绝原假设 H_0。这意味着不良贷款与贷款余额、累计应收贷款、贷款项目个数和固定资产投资额之间的线性关系是显著的。

也可直接将 Excel 输出的回归方差分析表中的 Significance F 值(相当于 P 值),与给定的显著性水平 $\alpha = 0.05$ 进行比较,由于 Significance F = $1.03539E-06 < \alpha = 0.05$,拒绝原假设 H_0。

F 检验表明:不良贷款与贷款余额、累计应收贷款、贷款项目个数和固定资产投资额之间的线性关系显著,但这并不意味着不良贷款与每个变量之间的关系都显著,因为 F 检验说明的是总体的显著性。要判断每个自变量对不良贷款的影响是否显著,则需要对各回归系数分别进行 t 检验。

11.3.2 回归系数检验和推断

在回归方程通过线性关系的检验后,就可以对各个回归系数 β_i 有选择地进行一次或多次检验。但究竟要对哪几个回归系数进行检验,通常需要在建立模型之前作出决定,此外,还应对回归系数检验的个数进行限制,以避免犯过多的第 I 类错误。

回归系数检验的具体步骤如下:

第 1 步 提出假设。对于任意参数 $\beta_i (i=1,2,\cdots,k)$,
$$H_0: \beta_i = 0,$$
$$H_1: \beta_i \neq 0。$$

第 2 步 计算检验的统计量 t
$$t_i = \frac{\hat{\beta}_i}{s_{\hat{\beta}_i}} \sim t(n-k-1), \tag{11.11}$$

其中 $s_{\hat{\beta}_i}$ 是回归系数 $\hat{\beta}_i$ 的抽样分布的标准差,即

$$s_{\hat{\beta}_i} = \frac{s_e}{\sqrt{\sum x_i^2 - \frac{1}{n}\left(\sum x_i\right)^2}}。 \tag{11.12}$$

第 3 步 作出统计决策。给定显著性水平 α,根据自由度为 $n-k-1$ 查 t 分布表,得 $t_{\alpha/2}$ 的值。若 $|t|>t_{\alpha/2}$,则拒绝原假设;若 $|t|<t_{\alpha/2}$,则不拒绝原假设。

【例 11.3】 根据例 11.1 建立的回归方程,对回归方程中各回归系数的显著性进行检验($\alpha=0.05$)。

解 可按下面的步骤进行。

第 1 步 提出假设。对于任意参数 $\beta_i(i=1,2,3,4)$

$$H_0: \beta_i = 0,$$
$$H_1: \beta_i \neq 0。$$

第 2 步 计算检验的统计量 t

$$t_i = \frac{\hat{\beta}_i}{s_{\hat{\beta}_{i1}}}。 \tag{11.13}$$

根据表 11.2 的结果可知,$t_1=3.837495$,$t_2=1.878738$,$t_3=0.174983$,$t_4=-1.936769$。

第 3 步 作出统计决策。给定显著性水平 $\alpha=0.05$,根据自由度为 $n-k-1=25-4-1=20$ 查 t 分布表,得 $t_{\alpha/2}=t_{0.025}=2.0860$。这里,只有 β_1 通过了检验,其他 3 个自变量都没有通过检验。直接用 P 值进行比较也是一样:β_1 所对应的 P 值小于 0.05,通过检验,其余 3 个系数所对应的 P 值均大于 0.05,未通过检验。

这说明在影响不良贷款的 4 个自变量中,只有贷款余额的影响是显著的,而其他 3 个自变量均不显著。这意味着其他 3 个自变量对预测不良贷款的作用已经不大。假定只选一个自变量来预测不良贷款,那就应该选贷款余额。

当然,这里必须说明一点,得出上面的分析结论还需要有其他证据。因为累计应收贷款、贷款项目个数和固定资产投资这 3 个变量没有通过检验,也可能是由于其他原因造成的。比如,当贷款余额、累计应收贷款、贷款项目个数和固定资产投资这 4 个自变量之间存在高度相关时,就有可能造成某一个或几个回归系数通不过检验,但这并不一定意味着没通过检验的那些自变量对因变量的影响就不显著,自变量之间的相关所造成的这种问题,在统计上

称为多重共线性。有关这一问题将在11.4节中再作介绍。

除了对回归系数进行检验外,还可以求出各回归系数的置信区间。回归系数 β_i 在 $(1-\alpha)\%$ 置信水平下的置信区间为

$$\hat{\beta}_i \pm t_{\alpha/2}(n-k-1)s_{\hat{\beta}_i} \text{。} \tag{11.14}$$

在 Excel 输出的回归结果中,给出了各回归系数的置信区间。比如,在表11.2中给出的 β_1 95% 的置信区间为 $(0.018275, 0.061804)$。这一置信区间的含义是:在累计应收贷款 x_2、贷款项目个数 x_3 和固定资产投资额 x_4 不变的条件下,贷款余额每增加1亿元,不良贷款平均增额在 0.018275 亿元到 0.061804 亿元之间。其他几个回归系数的置信区间的含义类似。

11.4 多重共线性

当回归模型中使用两个或两个以上的自变量时,这些自变量往往会提供多余的信息。也就是说,这些自变量之间彼此相关。比如,在例11.1所建立的回归方程中,使用了4个自变量,即贷款余额 (x_1)、累计应收贷款 (x_2)、贷款项目个数 (x_3) 和固定资产投资额 (x_4)。虽然这4个自变量对于预测不良贷款都有作用,但由于这4个自变量之间本身存在相关关系,在预测中所用的信息就是重复的。从直观上看,贷款余额 (x_1) 与累计应收贷款 (x_2) 之间就有较高的相关关系,这两个变量所提供的预测信息就是重复的,或许只用其中的一个自变量就可以了。其他几个变量之间也有类似的相关情况。

11.4.1 多重共线性及其所产生的问题

▶定义11.6　当回归模型中两个或两个以上的自变量彼此相关时,则称回归模型中存在多重共线性(multicollinearity)。

在实际问题中,所使用的自变量之间存在相关是一种很平常的事。但是在回归分析中存在多重共线性时将会产生某些问题。

首先,变量之间高度相关时,可能会使回归的结果造成混乱,甚至会把分析引入歧途。

比如,在例11.1的回归中,根据表11.2输出的结果可知,Significance $F=1.03539E-06<\alpha=0.05$,这表明不良贷款 y 与贷款余额 (x_1)、累计应收贷款 (x_2)、贷款项目个数 (x_3) 和固定资产投资额 (x_4) 线性回归方程是显著的。

但 4 个回归系数中,只有 β_1 通过了检验(P 值为 $0.001028 < \alpha = 0.05$),而其他 3 个回归系数均未通过检验(P 值分别为 0.074935、0.862853、0.067030,均大于 $\alpha = 0.05$)。

这种检验结果看起来矛盾,但实际上并不矛盾。因为线性关系检验(F 检验)表明回归方程显著时,这只是说,因变量(不良贷款)至少同 4 个自变量中的一个自变量的线性关系是显著的,并非意味着同每个自变量之间的关系都显著。事实上,4 个自变量在预测不良贷款时可能都有贡献(读者可就 4 个自变量分别进行一元回归进行验证),只不过是一些自变量的贡献与另一些自变量的贡献相互重叠了。

其次,多重共线性可能对参数估计值的正负号产生影响,特别是 β_i 的正负号有可能同预期的正负号相反。

比如,从表 11.2 的输出结果可以看出,在 4 个回归系数中,$\hat{\beta}_4 = -0.029193$,这意味着固定资产投资额增加时,不良贷款是减少的。但实际情况是否如此呢?不一定。如果仅就不良贷款与固定资产投资额作一元回归,得到的估计方程为:$\hat{y} = 0.979961 + 0.046586x$,这表明固定资产投资额每增加 1 亿元,不良贷款平均增加 0.046586 亿元。产生这种情况的原因就是由于自变量之间的相关所造成的,因为 4 个自变量放在一起产生了多余的信息。因此,当存在多重共线性时,对回归系数的解释将是危险的。

11.4.2 多重共线性的判别

检测多重共线性的方法有多种,其中最简单的一种办法是计算模型中各对自变量之间的相关系数,并对各相关系数进行显著性检验。如果有一个或多个相关系数是显著的,就表示模型中所使用的自变量之间相关,因而存在着多重共线性问题。

具体地说,如果出现下列情况,暗示存在多重共线性:

(1) 模型中各对自变量之间显著相关。

(2) 当模型的线性关系检验(F 检验)$H_0: \beta_1 = \beta_2 = \cdots = \beta_k = 0$ 显著时,几乎所有回归系数 β_i 的 t 检验却不显著。

(3) 回归系数的正负号与预期的相反。

下面仍利用例 11.1 的数据说明上述判别方法的使用。

【例 11.4】 利用例 11.1 的数据,按上述方法判别所建立的回归方程是否存在多重共线性。

解 首先,计算出 4 个自变量之间的相关系数矩阵,由 Excel 输出的结果如表 11.3 所示。

表 11.3 贷款余额、应收贷款、贷款项目个数、固定资产投资额之间的相关矩阵

	A	B	C	D	E
1		各项贷款余额	本年累计应收贷款	贷款项目个数	本年固定资产投资额
2	各项贷款余额	1			
3	本年累计应收贷款	0.678772	1		
4	贷款项目个数	0.848416	0.585831	1	
5	本年固定资产投资额	0.779702	0.472431	0.746646	1

将各相关系数检验的统计量列入如表 11.4。

表 11.4 各相关系数检验的统计量

	A	B	C	D
1		各项贷款余额	本年累计应收贷款	贷款项目个数
2	各项贷款余额	1		
3	本年累计应收贷款	4.432870	1	
4	贷款项目个数	7.686824	3.466726	1
5	本年固定资产投资额	5.971918	2.570663	5.382848

查表得 $t_{\alpha/2}(25-2)=2.0687$,由于所有的统计量均大于 $t_{\alpha/2}(25-2)=2.0687$,所以均拒绝原假设 H_0,说明这 4 个自变量两两之间都有显著的相关关系。表明在回归模型中引入 4 个自变量存在多重共线性问题。

其次,由表 11.2 输出的结果可知,回归模型的线性关系是显著的(Significance F=1.03539E-06<α=0.05)。而回归系数检验时却有 3 个没有通过 t 检验。这也暗示了模型中存在多重共线性。

最后,固定资产投资额的回归系数为负数(-0.029193),这也与预期的不一致。从不良贷款与固定资产投资额的一元回归中得知,固定资产投资额的增加也会使不良贷款增加。

总之,上述 3 点都表明回归模型中存在多重共线性问题。

11.4.3 多重共线性问题的处理

一旦发现模型中多重共线性问题,就应采取某种解决措施。至于采取什么样的方法来解决,要看多重共线性的严重程度。下面给出多重共线性问题的一些解决办法。

(1) 将一个或多个相关的自变量从模型中剔除,使保留的自变量尽可能

不相关。

(2) 如果要在模型中保留所有的自变量,那就应该:

① 避免根据 t 统计量对单个参数 β 进行检验。

② 对因变量 y 值的推断(估计或预测)限定在自变量样本值的范围内。

【例 11.5】 利用例 11.1 所建立的回归方程,对多重共线性问题进行处理。

解 首先考虑将一些相关的自变量从模型中剔除。从表 11.3 的相关矩阵可以看出,贷款余额与贷款项目个数的相关系数最高,而且从定性角度看,贷款余额与应收贷款之间也有很强的相关关系。因此将贷款项目个数和累积应收贷款这两个自变量剔除,建立不良贷款(y)与贷款余额(x_1)和固定资产投资额(x_2)的线性模型。由 Excel 输出的结果如表 11.5 所示。

表 11.5 Excel 输出的回归分析结果

	A	B	C	D	E	F	G
1	回归统计						
2	Multiple R	0.872380					
3	R Square	0.761046					
4	Adjusted R Squar	0.739323					
5	标准误差	1.842787					
6	观测值	25					
7							
8	方差分析						
9		df	SS	MS	F	Significance F	
10	回归分析	2	237.941432	118.970716	35.034023	1.45028E-07	
11	残差	22	74.708968	3.395862			
12	总计	24	312.6504				
13							
14		Coefficients	标准误差	t Stat	P-value	Lower 95%	Upper 95%
15	Intercept	-0.443424	0.696865	-0.636312	0.531138	-1.888636	1.001788
16	X Variable 1	0.050332	0.007477	6.731607	0.000001	0.034826	0.065838
17	X Variable 2	-0.031903	0.014954	-2.133368	0.044294	-0.062916	-0.000890

从表 11.5 的输出结果可以看出,线性关系和各回归系数在 0.05 的显著性水平下是显著的,多重共线性问题可能不存在了。

多重共线性问题带来的主要麻烦是对单个回归系数的解释和检验。但在求因变量的置信区间和预测区间时一般不会受其影响,但必须保证用于估计或预测的自变量的值是在样本数据的范围之内。因此,如果仅仅是为了估计或预测,可以将所有的自变量都保留在模型之中。

处理多重共线性问题有更好的办法,感兴趣的读者可参考有关回归方面的书籍。

最后需要提醒的是:在建立多元线性回归模型时,不要试图引入更多的自变量,除非确实有必要。特别是在社会科学的研究中,由于所使用的大多数数据都是非试验性质的,因此,在某些情况下,得到的结果往往并不令人满意,但这不一定是选择的模型不合适,而是数据的质量不好,或者是由于引入的自变量不合适。

11.5 利用回归方程进行估计和预测

在第 10 章一元线性回归中,曾介绍了利用自变量来估计因变量的方法。对于多元线性回归,同样可以利用给定的 k 个自变量,求出因变量 y 的平均值的置信区间和个别值的预测区间。

由于置信区间和预测区间的计算公式复杂,超出了本书的范围,这里不再给出。但由于多元回归问题的求解完全依赖于计算机,已有的统计软件,如 SAS,SPSS,MINITAB,STATISTICA 等都有现成的回归分析程序,可以直接给出因变量的置信区间和预测区间。

【例 11.6】 根据例 11.1 的数据,取贷款余额 $x_1=100$、累计应收贷款 $x_2=10$、贷款项目个数 $x_3=15$ 和固定资产投资额 $x_4=60$,建立不良贷款(y)的 95% 的置信区间和预测区间。

解 由 STATISTICA 软件给出的不良贷款的置信区间和预测区间如表 11.6 和表 11.7 所示。

表 11.6 不良贷款的置信区间

variable:VAR1			
	B-Weight	Value	B-Weight * Value
VAR2	0.040039	100	4.003935
VAR3	0.148034	10	1.480339
VAR4	0.014529	15	0.217940
VAR5	−0.029193	60	−1.751572
Intercpt			−1.021640
Predictd			2.929003
−95.0%CL			2.049598
+95.0%CL			3.808407

表 11.7　不良贷款的预测区间

variable：VAR1			
	B-Weight	Value	B-Weight * Value
VAR2	0.040039	100	4.003935
VAR3	0.148034	10	1.480339
VAR4	0.014529	15	0.217940
VAR5	−0.029193	60	−1.751572
Intercpt			−1.021640
Predictd			2.929003
−95.0%PL			−0.884199
+95.0%PL			6.742205

11.6　变量选择与逐步回归

根据多个自变量建立回归模型时,若试图将所有的自变量都引进回归模型,带来的问题往往是无所适从,或者是所建立的模型不能进行有效的解释。比如,在例 11.6 中,建立不良贷款与 4 个自变量的回归模型时,得到的结果就很难解释。如果在建立模型之前能对所收集到的自变量进行一定的筛选,去掉那些不必要的自变量,这样,不仅使建立模型变得容易,也使得模型更具有可操作性,也更容易解释。

11.6.1　变量选择过程

在建立回归模型时,总希望尽可能用最少的变量来建立模型。但究竟哪些自变量应该引入模型?哪些自变量不应该引入模型?这就要对自变量进行一定的筛选。如果在进行回归时,每次只增加一个变量,并且将新变量与已经在模型中的变量进行比较,如果新变量引入模型后以前的某个变量的 t 统计量不显著,这个变量就会被从模型中剔除,在这种情况下,回归分析就很难存在多重共线性的影响,这就是回归中的搜寻过程。逐步回归就是一种搜寻过程,也是避免多重共线性的方法之一[①]。

选择自变量的原则通常是对统计量进行显著性检验,检验的根据是:将一个或一个以上的自变量引入到回归模型中时,是否使得残差平方和(SSE)有显著地减少。如果增加一个自变量使残差平方和(SSE)的减少是显著的,则说明有必要将这个自变量引入回归模型,否则,就没有必要将这个自变量引入回归模型。确定在模型中引入自变量 x_i 是否使残差平方和(SSE)有显著减少的方法,就是使用 F 统计量的值作为一个标准,以此来确定是在模型中增加一个自变量,还是从模型中剔除一个自变量。

变量选择的方法主要有:向前选择(forward selection)、向后剔除(backward elimination)、逐步回归(stepwise regression)、最优子集(best subset)等。

11.6.2 向前选择

向前选择法是从模型中没有自变量开始,然后按下面的步骤选择自变量来拟合模型。

第1步 对 k 个自变量$(x_1, x_2, \cdots, x_k)$分别拟合对因变量 y 的一元线性回归模型,共有 k 个,然后找出 F 统计量的值最高的模型及其自变量 x_i,并将其首先引入模型。(如果所有模型均无统计上的显著性,则运算过程终止,没有模型被拟合。)

第2步 在已经引入模型的 x_i 的基础上,再分别拟合引入模型外的 $k-1$ 个自变量$(x_1, \cdots, x_{i-1}, x_{i+1}, \cdots, x_k)$的线性回归模型,即变量组合为 $x_i + x_1$,$\cdots, x_i + x_{i-1}, x_i + x_{i+1}, \cdots, x_i + x_k$ 的 $k-1$ 个线性回归模型。然后再分别考察这 $k-1$ 个线性模型,挑选出 F 统计量的值最大的含有两个自变量的模型,并将 F 统计量的值最大的那个自变量 x_i 引入模型。如果除 x_i 之外的 $k-1$ 个自变量中没有一个是统计上显著的,则运算过程终止。如此反复进行,直至模型外的自变量均无统计显著性为止。

向前选择变量的方法是不停地向模型中增加自变量,直至增加自变量不

[①] 除了逐步回归外,岭回归(ridge regression)是一种专门用于多重共线性数据分析的回归方法。它实际上是一种改良的最小二乘法,通过放弃最小二乘法的无偏性,以损失部分信息、降低精度为代价来寻求效果稍差但回归系数更符合实际的回归方程。当然,由于多重共线性,有些重要的解释变量也可能无法进入到分析中。

能导致 SSE 显著增加(这个过程通过 F 检验来完成)为止。由此可见,只要某个自变量增加到模型中,这个变量就一定会保留在模型中。

11.6.3 向后剔除

与向前选择法相反,其基本过程如下:

第 1 步 先对因变量拟合包括所有 k 个自变量的线性回归模型。然后考察 $p(p<k)$ 个去掉一个自变量的模型(这些模型中在每一个都有 $k-1$ 个自变量),使模型的 SSE 值减小最少的自变量被挑选出来并从模型中剔除。

第 2 步 考察 $p-1$ 个再去掉一个自变量的模型(这些模型中在每一个都有 $k-2$ 个自变量),使模型的 SSE 值减小最少的自变量被挑选出来并从模型中剔除。如此反复进行,一直将自变量从模型中剔除,直至剔除一个自变量不会使 SSE 显著减小为止。这时,模型中所剩的自变量都是显著的。上述过程可以通过 F 检验的 P 值来判断。

11.6.4 逐步回归

逐步回归是将上述两种方法结合起来筛选自变量的方法。前两步与向前选择法相同。不过在增加了一个自变量后,它会对模型中所有的变量进行考察,看看有没有可能剔除某个自变量。如果在增加了一个自变量后,前面增加的某个自变量对模型的贡献变得不显著,这个变量就会被剔除。因此,逐步回归是向前选择和向后剔除的结合。逐步回归过程就是按此方法不停地增加变量并考虑剔除以前增加的变量的可能性,直至增加变量已经不能导致 S_{SE} 显著减少,这个过程可通过 F 统计量来检验。逐步回归法在前面步骤中增加的自变量在后面的步骤中有可能被剔除,而在前面步骤中剔除的自变量在后面的步骤中也可能重新进入到模型中。

【**例 11.7**】 根据例 11.1 不良贷款(y)与贷款余额(x_1)、累计应收贷款(x_2)、贷款项目个数(x_3)和固定资产投资额(x_4)的数据,采用逐步回归方法建立回归模型。

解 用 SPSS 软件进行逐步回归得到的有关结果如下:

表 11.8 最先引入的自变量是贷款余额(Model1),其次是固定资产投资额(Model2),而其他两个自变量累计应收贷款和贷款项目个数均被剔除模型。

表 11.8 Variable Entered/Removed [a]

model	Variable Entered	Variable Removed	method
1	各项贷款余额 x1		Stepwise (Criteria: Probability-of-F-to-enter<=.050, Probability-of-F-to-remove<=.100).
2	固定资产投资额 x4		Stepwise (Criteria: Probability-of-F-to-enter<=.050, Probability-of-F-to-remove<=.100).

a Dependent variable:不良贷款 y

表 11.9 给出了两个回归模型的一些主要统计量,包括复相关系数 R、判定系数 R^2、修正的判定系数 R_a^2 以及估计标准误差 s_e 等。

表 11.9 Model summary

model	R	R-Square	Adjusted R-Square	Std. Error of the Estimate
1	.844[a]	.712	.699	1.9799
2	.872[b]	.761	.739	1.8428

a Predictors:(Constant),各项贷款余额 x1

b Predictors:(Constant),各项贷款余额 x1,固定资产投资额 x4

表 11.10 给出了回归分析中的方差分析表。

表 11.10 ANOVA[c]

model		Sum of Squares	df	Mean Square	F	Sig.
1	Regress	222.486	1	222.486	56.754	.000[a]
	Residual	90.164	23	3.920		
	Total	312.650	24			
2	Regress	237.941	2	118.971	35.034	.000[b]
	Residual	74.709	22	3.396		
	Total	312.650	24			

a Predictors:(Constant),各项贷款余额 x1

b Predictors:(Constant),各项贷款余额 x1,固定资产投资额 x4

c Dependent variable:不良贷款 y

表 11.11 给出了参数的估计值和用于检验的 t 统计量和 P 值。

表 11.11　Coefficients[a]

Model		Unstandardized Coefficients		Unstandardized Coefficients	t	Sig.
		B	Std. Error	Beta		
1	(Constant)	−.830	.723		−1.147	.263
	贷款余额 x1	.038	.005	0844	7.534	.000
2	(Constant)	−.443	.697		−.636	.531
	贷款余额 x1	.050	.007	1.120	6.732	.000
	固定资产投资 x4	−.032	.015	−.355	−2.133	.044

a Dependent variable：不良贷款 y

由逐步回归的结果可知，最后得到的模型为

$$\hat{y} = -0.443 + 0.050 x_1 - 0.032 x_4$$

读者可能已经注意到，采用逐步回归方法得到的表 11.11 中的结果与表 11.5 中的结果是一致的。

11.7　虚拟自变量的回归

到现在为止，所介绍的回归问题，包括一元回归和多元回归，自变量都是数值型变量。但在实际问题中，许多场合下必须利用定性自变量来处理问题，比如，性别（男，女），贷款企业的类型（家电，医药，其他）。由于这些变量的取值本身是用文字来描述的，要把它们放进回归模型中，必须先将其文字型数值用数字代码来表示，这种代码化的定性自变量称为虚拟变量。

▶定义 11.7　用于回归模型中的定性自变量，称为虚拟自变量（dummy variable）。

当回归模型中使用虚拟自变量时，称为虚拟自变量的回归。下面将介绍如何在回归分析中应用虚拟变量的问题。限于篇幅，这里只介绍含有一个虚拟自变量的回归问题，含有两个或两个以上虚拟自变量的回归问题，进一步的内容有兴趣的读者可参考有关回归方面的书籍。

11.7.1　含有一个虚拟自变量的回归

当定性自变量只有两个水平时，比如，性别（男，女），可在回归中引入一个虚拟变量；当定性自变量有两个以上水平时，比如，服务企业的类型（零售业，旅游业，航空业等），需要在回归模型中引进两个以上的虚拟变量。一般而言，如果定性自变量有 k 个水平，需要在回归中模型中引进 $k-1$ 个虚拟变量。

为更好地理解虚拟自变量的回归问题,先考虑一个简单的例子。

【例 11.8】 为研究考试成绩与性别之间的关系,从某大学商学院随机抽取男女学生各 8 名,得到他们的市场营销学课程的考试成绩如表 11.12 所示。

表 11.12 16 名学生市场营销学的考试成绩

	A	B	C
1	考试成绩 y	性别	x
2	75	男	0
3	96	女	1
4	68	男	0
5	51	男	0
6	78	女	1
7	81	女	1
8	72	男	0
9	69	男	0
10	88	女	1
11	93	男	0
12	62	男	0
13	76	女	1
14	45	男	0
15	75	女	1
16	65	女	1
17	95	女	1

试绘制考试成绩与性别的散点图,建立考试成绩与性别之间的线性回归模型,并解释回归系数的含义。

解 学生性别是一个分类变量,为将这一变量引入回归模型,需要引进下面的虚拟变量:

$$x = \begin{cases} 0, & 男性, \\ 1, & 女性, \end{cases}$$

这里性别变量有两个水平,即男、女。将哪个水平指定为 1,哪个水平指定为 0 完全是任意的。由此可以得到含有虚拟自变量的数据,如表 11.12 的最后一列所示。根据考试成绩和虚拟变量绘制的散点图如图 11.2 所示。

从散点图可以看出男女学生考试成绩上的差异。散点图中的那条直线就是考试成绩与性别的回归线。

现在可以将回归方程写成下面的形式:

$$E(y) = \beta_0 + \beta_1 x \qquad (11.15)$$

由 Excel 给出的考试成绩与性别的回归结果如表 11.13 所示。

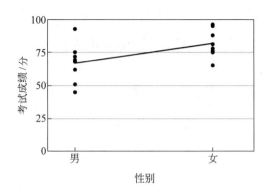

图 11.2 考试成绩与性别的散点图

表 11.13 Excel 给出的考试成绩与性别的回归结果

	A	B	C	D	E	F	G
1	SUMMARY OUTPUT						
2							
3	回归统计						
4	Multiple R	0.524973					
5	R Square	0.275597					
6	Adjusted R Square	0.223854					
7	标准误差	12.890680					
8	观测值	16					
9							
10	方差分析						
11		df	SS	MS	F	Significance F	
12	回归分析	1	885.0625	885.0625	5.326259	0.036797	
13	残差	14	2326.375	166.1696429			
14	总计	15	3211.4375				
15							
16		Coefficients	标准误差	t Stat	P-value	Lower 95%	Upper 95%
17	Intercept	66.875	4.557544	14.673474	0.000000	57.100041	76.649959
18	X Variable 1	14.875	6.445340	2.307869	0.036797	1.051120	28.698880

考试成绩与性别的估计方程为

$$\hat{y} = 66.875 + 14.875x 。$$

为解释回归系数的含义,考察一下式(11.15)。在引进虚拟变量条件下,有

男$(x=0)$ $E(y)=\beta_0$,

女$(x=1)$ $E(y)=\beta_0+\beta_1$。

可以看出:β_0 是男学生考试成绩的期望值;$\beta_0+\beta_1$ 则是女学生考试成绩的期望值。需要注意的是:当指定虚拟变量 0-1 时,β_0 总是代表与虚拟变量

值 0 所对应的那个分类变量水平的平均值;而 β_1 总是代表与虚拟变量值 1 所对应的那个分类变量水平的平均响应与虚拟变量值 0 所对应的那个分类变量水平的平均值的差值,即

$$\text{平均值的差值} = (\beta_0 + \beta_1) - \beta_0 = \beta_1。$$

现可将上面建立的估计方程的各系数作出解释。$\beta_0 = 66.875$ 表示男学生考试成绩的平均值;$\beta_1 = 14.875$ 则表示女学生与男学生平均考试成绩的差值。

由表 11.13 输出的结果可知,回归模型的线性关系是显著的。

下面再看一个含有一个数值型自变量和一个分类型自变量的回归问题。并考察引进虚拟变量和不引进虚拟变量对回归模型的影响。

【例 11.9】 为研究工资水平与工作年限和性别之间的关系,在某行业中随机抽取 10 名职工,所得数据如表 11.14 所示。

表 11.14 10 名职工的工资水平、工作年限和性别的数据

	A	B	C
1	月工资收入(元) y	工作年限(年) x_1	性别 x_2
2	2900	2	男
3	3000	6	女
4	4800	8	男
5	1800	3	女
6	2900	2	男
7	4900	7	男
8	4200	9	女
9	4800	8	女
10	4400	4	男
11	4500	6	男

首先考虑只含有工作年限一个数值型自变量的一元回归问题。由 Excel 给出的回归结果如表 11.15 所示。

得到估计的回归方程为

$$\hat{y} = 2147.2727 + 304.1322x。$$

由表 11.15 可以看出,回归系数是显著的(P 值 $= 0.0163 < \alpha = 0.05$)。判定系数 $R^2 = 53.42\%$,表明工作年限只解释了工资收入水平变异性的 53.42%。

表 11.15　月工资收入(y)与有工作年限(x_1)的回归结果

	A	B	C	D	E	F	G
1	回归统计						
2	Multiple R	0.7309					
3	R Square	0.5342					
4	Adjusted R Square	0.4759					
5	标准误差	781.0223					
6	观测值	10					
7							
8	方差分析						
9		df	SS	MS	F	Significance F	
10	回归分析	1	5596033.06	5596033.06	9.1739	0.0163	
11	残差	8	4879966.94	609995.87			
12	总计	9	10476000				
13							
14		Coefficients	标准误差	t Stat	P-value	Lower 95%	Upper 95%
15	Intercept	2147.2727	604.9773	3.5493	0.0075	752.1917	3542.3538
16	X Variable 1	304.1322	100.4120	3.0288	0.0163	72.5815	535.6829

为了将"性别"引入回归模型，先定义下面的虚拟变量：

$$x_2 = \begin{cases} 1, & 男性 \\ 0, & 女性 \end{cases}$$

由此可以得到含有虚拟自变量的数据表，如表 11.16 所示。

表 11.16　10 名职工的工资水平、工作年限和性别(1 表示男,0 表示女)的数据

	A	B	C
1	月工资收入（元）y	工作年限（年）x_1	性别 x_2
2	2900	2	1
3	3000	6	0
4	4800	8	1
5	1800	3	0
6	2900	2	1
7	4900	7	1
8	4200	9	0
9	4800	8	0
10	4400	4	1
11	4500	6	1

根据表 11.16 的数据，可以得到含有工作年限(x_1)、性别(x_2)的二元回归方程。由 Excel 给出的回归结果如表 11.17 所示。

表 11.17　月工资收入(y)与有工作年限(x_1)、性别(x_2)的回归结果

	A	B	C	D	E	F	G
1	回归统计						
2	Multiple R	0.9269					
3	R Square	0.8592					
4	Adjusted R Square	0.8190					
5	标准误差	459.0483					
6	观测值	10					
7							
8	方差分析						
9		df	SS	MS	F	Significance F	
10	回归分析	2	9000922.60	4500461.30	21.357001	0.001048	
11	残差	7	1475077.40	210725.34			
12	总计	9	10476000				
13							
14		Coefficients	标准误差	t Stat	P-value	Lower 95%	Upper 95%
15	Intercept	930.4954	466.9741	1.9926	0.0866	-173.7222	2034.7129
16	X Variable 1	387.6161	62.5652	6.1954	0.0004	239.6730	535.5592
17	X Variable 2	1262.6935	314.1267	4.0197	0.0051	519.9025	2005.4845

根据表 11.17 得到估计的回归方程为
$$\hat{y} = 930.4954 + 387.6161x_1 + 1262.6935x_2。$$

由表 11.17 可以看出，回归模型的线性关系是显著的(Significance F＝0.001048＜α=0.05)；两个回归系数也都是显著的(P-Value＝0.0004, 0.0051＜α=0.05)。而多元判定系数 R^2=85.92% 和修正多元判定系数 R_a^2=81.90%，表明在回归模型中加入"性别"变量后，比不加入这一变量所解释的工资收入水平的变异性大大提高了。这说明，加入"性别"这一虚拟自变量对估计或预测月工资收入水平应该是有帮助的。

为解释回归方程中各系数的含义，下面将含有一个数值型自变量(工作年限 x_1)和一个虚拟自变量(性别 x_2)的回归方程写为
$$E(y) = \beta_0 + \beta_1 x_1 + \beta_2 x_2。 \tag{11.16}$$
当模型中存在一个虚拟自变量时，为合理地解释 β_1 和 β_2，先考虑 x_2=0(女性)的情形。用 $E(y|女性)$ 表示已知职工性别为女性时的平均月工资收入，则有
$$E(y \mid 女性) = \beta_0 + \beta_1 x_1 + \beta_2 \times 0 = \beta_0 + \beta_1 x_1; \tag{11.17}$$
同样，对于男性(x_2=1)，则有
$$E(y \mid 男性) = \beta_0 + \beta_1 x_1 + \beta_2 \times 1 = (\beta_0 + \beta_2) + \beta_1 x_1。 \tag{11.18}$$
比较式(11.17)和式(11.18)可以看到，无论职工性别是男性还是女性，期望的月平均工资都是 x_1 的线性函数。这两个方程的斜率都是 β_1，但截距则不

同。对于女性职工,方程的截距是 β_0;对于男性职工,方程的截距是 $(\beta_0+\beta_2)$。

β_0　女性职工的期望月工资收入。

$\beta_0+\beta_2$　男性职工的期望月工资收入。

β_1　工作年限每增加 1 年,男性或女性工资的平均增加值。

β_2　男性职工的期望月工资收入与女性职工的期望月工资收入之间的差值。即 $(\beta_0+\beta_2)-\beta_0=\beta_2$。

如果 β_2 是正的,那么男性职工的期望月工资收入将高于女性职工的期望月工资收入;如果 β_2 是负的,那么男性职工的期望月工资收入将低于女性职工的期望月工资收入;如果 $\beta_2=0$,那么男性职工的期望月工资收入与女性职工的期望月工资收入之间没有差别,这表明月工资收入不依赖于职工的性别。

回到例 11.9。这时求得的估计多元回归方程为 $\hat{y}=930.4954+387.6161x_1+1262.6935x_2$。可以看到:$\beta_0$ 的估计值为 930.4954,β_2 的估计值为 1262.6935。因此,当 $x_2=0$(职工性别为女性)时,有

$$\hat{y}=930.4954+387.6461x_1。$$

当 $x_2=1$(职工性别为男性)时,有

$$\hat{y}=(930.4954+1262.6935)+387.6161x_1$$
$$=2193.1889+387.6161x_1。$$

$\beta_1=387.6161$ 表示,工作年限每增加 1 年,男性或女性工资的平均增加 387.6161 元。

$\beta_2=1262.6935$ 表示,男性职工的期望月工资收入与女性职工的期望月工资收入之间的差值为 1262.6935 元。也就是说,男性职工的期望月工资收入比女性职工的期望月工资收入高 1262.6935 元。

实际上,将"性别"作为虚拟变量引入模型,则为预测月工资收入提供了两个方程:一个对应于女性职工的月工资收入,一个对应于男性职工的月工资收入。

上面的分析中只引进了一个虚拟自变量,当分类自变量有 k 个水平时,引进的虚拟自变量可以表示如下:

$$x_1=\begin{cases}1,\text{水平 1,}\\0,\text{其他水平,}\end{cases} \quad x_2=\begin{cases}1,\text{水平 2,}\\0,\text{其他水平,}\end{cases} \quad \cdots, \quad x_{k-1}=\begin{cases}1,\text{水平 }k-1,\\0,\text{其他水平。}\end{cases}$$

11.7.2　用虚拟自变量回归解决方差分析问题

方差分析和回归分析在某些方面是相同的,本质上,它们都是研究自变

量与因变量之间的关系的。因此,在回归分析中引进虚拟自变量后,方差分析的问题也可以用回归的方法来解决。比如,在第 9 章方差分析中,研究了 4 个行业被投诉次数的差异问题,通过方差分析方法得出的结论是:4 个行业被投诉次数的均值之间有显著差异,或者说,作为自变量的"行业"与作为因变量的"投诉次数"之间有显著关系。

在那里,"投诉次数"是因变量 y,作为自变量的"行业"有 4 个水平:零售业、旅游业、航空公司、家电制造业。因此,为了用回归方法解决这一问题,需要定义 $4-1=3$ 个虚拟变量,即

$$x_1 = \begin{cases} 1, 零售业, \\ 0, 其他行业; \end{cases} \quad x_2 = \begin{cases} 1, 旅游业, \\ 0, 其他行业; \end{cases} \quad x_3 = \begin{cases} 1, 航空公司, \\ 0, 其他行业。 \end{cases}$$

为此,得到下面的数据,见表 11.18。

表 11.18 不同行业的投诉次数及其虚拟变量的数据

	A	B	C	D	E
1	投诉次数	行业	x_1	x_2	x_3
2	57	零售业	1	0	0
3	66	零售业	1	0	0
4	49	零售业	1	0	0
5	40	零售业	1	0	0
6	34	零售业	1	0	0
7	53	零售业	1	0	0
8	44	零售业	1	0	0
9	68	旅游业	0	1	0
10	39	旅游业	0	1	0
11	29	旅游业	0	1	0
12	45	旅游业	0	1	0
13	56	旅游业	0	1	0
14	51	旅游业	0	1	0
15	31	航空公司	0	0	1
16	49	航空公司	0	0	1
17	21	航空公司	0	0	1
18	34	航空公司	0	0	1
19	40	航空公司	0	0	1
20	44	家电制造业	0	0	0
21	51	家电制造业	0	0	0
22	65	家电制造业	0	0	0
23	77	家电制造业	0	0	0
24	58	家电制造业	0	0	0

在应用方差分析方法检验不同行业被投诉次数的均值是否相等时,提出的假设为

$H_0: \mu_1 = \mu_2 = \mu_3 = \mu_4$,

$H_1: \mu_1, \mu_2, \mu_3, \mu_4$ 不全相等。

上面的假设相当于

$H_0: \beta_1 = \beta_2 = \beta_3 = 0$，

$H_0: \beta_1, \beta_2, \beta_3$ 至少有一个不等于 0。

从回归的角度来考虑，所建立的回归方程应该为

$$E(y) = \beta_0 + \beta_1 x_1 + \beta_2 x_2 + \beta_3 x_3 。 \qquad (11.19)$$

当 $x_1 = x_2 = x_3 = 0$ 时，有

$E(y) = \beta_0$——家电制造业投诉次数的平均值。

当 $x_1 = 1, x_2 = x_3 = 0$ 时，有

$E(y) = \beta_0 + \beta_1$——零售业投诉次数的平均值，β_1 则为零售业投诉次数的平均值与家电制造业投诉次数的平均值之间的差值。

当 $x_2 = 1, x_1 = x_3 = 0$ 时，有

$E(y) = \beta_0 + \beta_2$——旅游业投诉次数的平均值，β_2 则为旅游业投诉次数的平均值与家电制造业投诉次数的平均值之间的差值。

当 $x_3 = 1, x_1 = x_2 = 0$ 时，有

$E(y) = \beta_0 + \beta_3$——航空公司投诉次数的平均值，β_3 则为航空公司投诉次数的平均值与家电制造业投诉次数的平均值之间的差值。

用 Excel 对表 11.14 进行回归的结果如表 11.19 所示。

根据表 11.19 得到的估计的回归方程为 $\hat{y} = 59 - 10x_1 - 11x_2 - 24x_3$。

我们在上一章方差分析中已经算出，4 个行业投诉次数的均值分别为

零售业　　$\bar{x}_1 = 49$；

旅游业　　$\bar{x}_2 = 48$；

航空公司业　$\bar{x}_3 = 35$；

家电制造业　$\bar{x}_4 = 59$。

对照表 11.19 核对一下，就会发现

$\hat{\beta}_0 = 59$——家电制造业投诉次数的平均值。

$\hat{\beta}_0 + \hat{\beta}_1 = 59 - 10 = 49$——零售业投诉次数的平均值，$\hat{\beta}_1 = -10$ 则为零售业投诉次数的平均值与家电制造业投诉次数的平均值之间的差值（49－59）。

$\hat{\beta}_0 + \hat{\beta}_2 = 59 - 11 = 48$——旅游业投诉次数的平均值，$\hat{\beta}_2 = -11$ 则为旅游业投诉次数的平均值与家电制造业投诉次数的平均值之间的差值（48－59）。

$\hat{\beta}_0 + \hat{\beta}_3 = 59 - 24 = 35$——航空公司投诉次数的平均值，$\hat{\beta}_3 = -24$ 则为航空公司投诉次数的平均值与家电制造业投诉次数的平均值之间的差值（35－59）。

表 11.19 Excel 的回归结果

	A	B	C	D	E	F	G
1	SUMMARY OUTPUT						
2							
3	回归统计						
4	Multiple R	0.591404					
5	R Square	0.349759					
6	Adjusted R Square	0.247089					
7	标准误差	11.938439					
8	观测值	23					
9							
10	方差分析						
11		df	SS	MS	F	Significance F	
12	回归分析	3	1456.6087	485.53623	3.406643	0.038765	
13	残差	19	2708	142.52632			
14	总计	22	4164.6087				
15							
16		Coefficients	标准误差	t Stat	P-value	Lower 95%	Upper 95%
17	Intercept	59	5.339032	11.050692	0.000000	47.825274	70.174726
18	X Variable 1	-10	6.990434	-1.430526	0.168807	-24.631151	4.631151
19	X Variable 2	-11	7.229084	-1.521631	0.144571	-26.130650	4.130650
20	X Variable 3	-24	7.550532	-3.178584	0.004946	-39.803449	-8.196551

可见，用回归方法得到的 4 个行业投诉次数期望值的估计值，与方差分析中得到的 4 个行业的样本均值完全相等。

同样，对回归模型的线性关系进行检验提出的假设为

$H_0: \beta_1 = \beta_2 = \beta_3 = 0$，

$H_0: \beta_1, \beta_2, \beta_3$ 至少有一个不等于 0。

根据表 11.19 可知，Significance F＝0.038765＜α＝0.05，拒绝原假设 H_0，表明线性关系显著，即行业是影响投诉次数的一个显著因素。这与方差分析中所得的结论也完全一致。

读者可能会发现，表 11.19 中的方差分析表部分与第 9 章给出的方差分析表（表 9.5）是完全一样的。

11.8 非线性回归

对于两个变量 x 和 y，若因变量 y 随自变量 x 取值的不同而变化，并呈现出某种曲线形态时，则称二者之间为非线性关系。这时应选用适当的曲线来描述

二者之间的关系。在只涉及一个自变量的情况下,称两个变量之间的回归为一元非线性回归。非线性回归问题大多数可以化为线性回归问题来求解,也就是通过对非线性回归模型进行适当的变量代换,使其转化为线性模型来求解。在这里只介绍几种常见的曲线函数,并分别给出其线性化方法及图形。

11.8.1 双曲线

若变量 x 随 y 而增加,最初增加很快,以后逐渐减慢并趋于稳定,则可以选用双曲线函数。其方程为

$$y = \alpha + \beta \frac{1}{x}。 \tag{11.20}$$

线性化方法。令 $x' = \frac{1}{x}$,则有 $y = \alpha + \beta x'$。如图 11.3 所示。

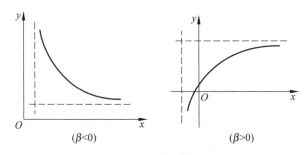

图 11.3 双曲线函数示意图

11.8.2 幂函数曲线

若变量 x 与 y 都接近等比变化,即其环比分别接近于一个常数,可拟合幂函数曲线。其方程为

$$y = \alpha x^{\beta}。 \tag{11.21}$$

线性化方法。将式(11.21)两端取对数得 $\ln y = \ln \alpha + \beta \ln x$。
令 $y' = \ln y$,$x' = \ln x$,$a' = \ln \alpha$,则有 $y' = a' + \beta x'$。如图 11.4 所示。

11.8.3 对数曲线

其方程为

$$y = \alpha + \beta \ln x。 \tag{11.22}$$

线性化方法:$x' = \ln x$,则有 $y = \alpha + \beta x'$。如图 11.5 所示。

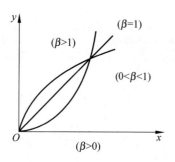
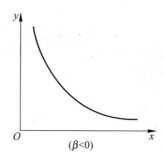

图 11.4 幂函数曲线示意图

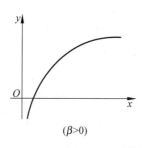
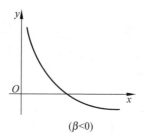

图 11.5 对数函数曲线示意图

【例 11.10】 一种商品的需求量与其价格有一定的关系。现对一定时期内的商品价格(x)与需求量(y)进行观察,取得的样本数据如表 11.20。试判断商品价格与需求量之间回归函数的类型,并求需求量对价格的回归方程。

表 11.20 某种商品的需求量与价格的统计数据

价格 x/元	2	3	4	5	6	7	8	9	10	11
需求量 y/kg	58	50	44	38	34	30	29	26	25	24

解 从需求量与价格之间的关系可以看出,商品需求量随着价格的提高而逐渐下降,最后趋于稳定。因此可选用双曲线函数

$$y = \alpha + \beta \frac{1}{x}。$$

令 $x' = \dfrac{1}{x}$,则有 $y = \alpha + \beta x'$。

按直线回归的方法求解 α 和 β。计算过程见表 11.21。

表 11.21 商品需求量对价格的回归计算表

	A	B	C	D	E	F
	x	y	$x'=1/x$	x'^2	$x'y$	$\hat{y}$
2	2	58	0.5	0.25	29	61.83
3	3	50	0.333333	0.111111	16.666667	47.27
4	4	44	0.25	0.0625	11	39.99
5	5	38	0.2	0.04	7.6	35.63
6	6	34	0.166667	0.027778	5.666667	32.72
7	7	30	0.142857	0.020408	4.285714	30.64
8	8	29	0.125	0.015625	3.625	29.08
9	9	26	0.111111	0.012346	2.888889	27.86
10	10	25	0.1	0.01	2.5	26.89
11	11	24	0.090909	0.008264	2.181818	26.1
12	65	358	2.019877	0.558032	85.41475	358.01

$$\beta = \frac{n\sum xy - \sum x \cdot \sum y}{n\sum x^2 - (\sum x)^2}$$

$$= \frac{10 \times 85.41475 - 2.019877 \times 358}{10 \times 0.558032 - (2.019877)^2} = 87.330084,$$

$$\alpha = \bar{y} - b\bar{x} = 35.8 - 87.330084 \times 0.2019877 = 18.160397。$$

回归方程为 $\hat{y} = 18.160397 + 87.330084x'$。即商品需求量对价格的回归方程为

$$\hat{y} = 18.160397 + \frac{87.330084}{x}。$$

将 x 的值代入上述方程,即得需求量的估计值,见表 11.17。将价格、需求量及需求量的估计值绘成图 11.6,可以看出它们之间的关系。

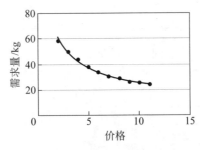

图 11.6 价格与需求量的回归

思考与练习

思考题

11.1 解释多元回归模型、多元回归方程、估计的多元回归方程的含义。

11.2 多元线性回归模型中有哪些基本的假定？

11.3 解释多重判定系数和修正的多重判定系数的含义和作用。

11.4 解释多重共线性的含义。

11.5 多重共线性对回归分析有哪些影响？

11.6 多重共线性的判别方法主要有哪些？

11.7 多重共线性的处理方法有哪些？

11.8 怎样将虚拟自变量引入回归模型？

11.9 解释虚拟自变量回归中各参数的含义。

练习题

11.1 根据下面的数据用 Excel 进行回归，并对回归结果进行讨论，计算 $x_1=200, x_2=7$ 时 y 的预测值。

y	x_1	x_2
12	174	3
18	281	9
31	189	4
28	202	8
52	149	9
47	188	12
38	215	5
22	150	11
36	167	8
17	135	5

11.2 根据下面 Excel 输出的回归结果，说明模型中涉及多少个自变量？多少个观测值？写出回归方程，并根据 F, s_e, R^2 及修正的 R_a^2 的值对模型进行讨论。

SUMMARY OUTPUT

回归统计	
Multiple R	0.842407
R Square	0.709650
Adjusted R Square	0.630463
标准误差	109.429596
观测值	15

方差分析

	df	SS	MS	F	Significance F
回归	3	321946.8018	107315.6006	8.961759	0.002724
残差	11	131723.1982	11974.84		
总计	14	453670			

	Coefficients	标准误差	t Stat	P-value
Intercept	657.0534	167.459539	3.923655	0.002378
X Variable 1	5.710311	1.791836	3.186849	0.008655
X Variable 2	−0.416917	0.322193	−1.293998	0.222174
X Variable 3	−3.471481	1.442935	−2.405847	0.034870

11.3 根据两个自变量得到的多元回归方程为 $\hat{y} = -18.4 + 2.01x_1 + 4.74x_2$，并且已知 $n=10$，SST$=6724.125$，SSR$=6216.375$，$s_{\hat{\beta}_1} = 0.0813$，$s_{\hat{\beta}_2} = 0.0567$。

(1) 在 $\alpha=0.05$ 的显著性水平下，x_1，x_2 与 y 线性关系是否显著？

(2) 在 $\alpha=0.05$ 的显著性水平下，β_1 是否显著？

(3) 在 $\alpha=0.05$ 的显著性水平下，β_2 是否显著？

11.4 一家电气销售公司的管理人员认为，每月的销售额是广告费用的函数，并想通过广告费用对月销售额作出估计。下面是近 8 个月的销售额与广告费用数据：

月销售收入 y/万元	电视广告费用 x_1/万元	报纸广告费用 x_2/万元
96	5.0	1.5
90	2.0	2.0
95	4.0	1.5
92	2.5	2.5

续表

月销售收入 y/万元	电视广告费用 x_1/万元	报纸广告费用 x_2/万元
95	3.0	3.3
94	3.5	2.3
94	2.5	4.2
94	3.0	2.5

(1) 用电视广告费用作自变量,月销售额作因变量,建立估计的回归方程。

(2) 用电视广告费用和报纸广告费用作自变量,月销售额作因变量,建立估计的回归方程。

(3) 上述(1)和(2)所建立的估计方程,电视广告费用的系数是否相同? 对其回归系数分别进行解释。

(4) 根据问题(2)所建立的估计方程,在销售收入的总变差中,被估计的回归方程所解释的比例是多少?

(5) 根据问题(2)所建立的估计方程,检验回归系数是否显著 ($\alpha=0.05$)。

11.5 某农场通过试验取得早稻收获量与春季降雨量和春季温度的数据如下:

收获量 y/kg/hm²	降雨量 x_1/mm	温度 x_2/℃
2250	25	6
3450	33	8
4500	45	10
6750	105	13
7200	110	14
7500	115	16
8250	120	17

(1) 试确定早稻收获量对春季降雨量和春季温度的二元线性回归方程。

(2) 解释回归系数的实际意义。

(3) 根据你的判断,模型中是否存在多重共线性?

11.6 一家房地产评估公司想对某城市的房地产销售价格(y)与地产的评估价值(x_1)、房产的评估价值(x_2)和使用面积(x_3)建立一个模型,以便

对销售价格作出合理预测。为此,收集了20栋住宅的房地产评估数据:

房地产编号	销售价格 y /(元/m²)	地产估价 x_1 /万元	房产估价 x_2 /万元	使用面积 x_3 /m²
1	6890	596	4497	18730
2	4850	900	2780	9280
3	5550	950	3144	11260
4	6200	1000	3959	12650
5	11650	1800	7283	22140
6	4500	850	2732	9120
7	3800	800	2986	8990
8	8300	2300	4775	18030
9	5900	810	3912	12040
10	4750	900	2935	17250
11	4050	730	4012	10800
12	4000	800	3168	15290
13	9700	2000	5851	24550
14	4550	800	2345	11510
15	4090	800	2089	11730
16	8000	1050	5625	19600
17	5600	400	2086	13440
18	3700	450	2261	9880
19	5000	340	3595	10760
20	2240	150	578	9620

用 Excel 进行回归,回答下面的问题:

(1) 写出估计的多元回归方程。

(2) 在销售价格的总变差中,被估计的回归方程所解释的比例是多少?

(3) 检验回归方程的线性关系是否显著($\alpha=0.05$)。

(4) 检验各回归系数是否显著($\alpha=0.05$)。

11.7 根据11.4题中的数据,回答下面的问题:

(1) $\alpha=0.01$ 的水平下,检验二元回归模型线性关系的显著性。

(2) 在 $\alpha=0.05$ 的水平下,检验回归系数 β_1 的显著性,你认为 x_1 应该从模型中剔除吗?

(3) 在 $\alpha=0.05$ 的水平下,检验回归系数 β_2 的显著性,你认为 x_2 应该从模型中剔除吗?

11.8 根据下面的数据回答下面的问题：

y	x_1	x_2
123.7	22.3	96.6
126.6	25.7	89.4
120.0	38.7	44.0
119.3	31.0	66.4
110.6	33.9	49.1
130.3	28.3	85.2
131.3	30.2	80.4
114.4	21.4	90.5
128.6	30.4	77.1
108.4	32.6	51.1
112.0	33.9	50.5
115.6	23.5	85.1
108.3	27.6	65.9
126.3	39.0	49.0
124.6	31.6	69.6

(1) 计算 y 与 x_1 之间的相关系数,有无证据表明二者之间存在线性关系？($\alpha = 0.05$)

(2) 计算 y 与 x_2 之间的相关系数,有无证据表明二者之间存在线性关系？($\alpha = 0.05$)

(3) 根据上面的结论,你认为 $E(y) = \beta_0 + \beta_1 x_1 + \beta_2 x_2$ 对预测 y 是否有用？

(4) 用 Excel 进行回归,并对模型进行检验,所得的结论与(3)是否相同？

(5) 计算 x_1 与 x_2 之间的相关系数,所得结果意味着什么？

11.9 下面是随机抽取的15家大型商场销售的同类产品的有关数据（单位：元）：

企业编号	销售价格 y	购进价格 x_1	销售费用 x_2
1	1238	966	223
2	1266	894	257
3	1200	440	387

续表

企业编号	销售价格 y	购进价格 x_1	销售费用 x_2
4	1193	664	310
5	1106	791	339
6	1303	852	283
7	1313	804	302
8	1144	905	214
9	1286	771	304
10	1084	511	326
11	1120	505	339
12	1156	851	235
13	1083	659	276
14	1263	490	390
15	1246	696	316

(1) 计算 y 与 x_1、y 与 x_2 之间的相关系数,是否有证据表明销售价格与购进价格、销售价格与销售费用之间存在线性关系?

(2) 根据上述结果,你认为用购进价格和销售费用来预测销售价格是否有用?

(3) 用 Excel 进行回归,并检验模型的线性关系是否显著($\alpha = 0.05$)。

(4) 解释判定系数 R^2,所得结论与问题(2)中是否一致?

(5) 计算 x_1 与 x_2 之间的相关系数,所得结果意味着什么?

(6) 模型中是否存在多重共线性?你对模型有何建议?

11.10 设因变量为 y,一个数值型自变量 x_1 和一个具有两个水平(水平 1 和水平 2)的分类型自变量。

(1) 写出因变量 y 关于自变量 x_1 和分类自变量的多元回归方程。

(2) 对应于分类自变量水平 1 的 y 的期望值是多少?

(3) 对应于分类自变量水平 2 的 y 的期望值是多少?

(4) 对回归方程中的系数进行解释。

11.11 一家货物运输公司想研究运输费用与货物类型的关系,并建立运输费用与货物类型的回归模型,以此对运输费用作出预测。该运输公司所运输的货物分为两种类型:易碎品和非易碎品。下表给出了 15 个路程大致相同、而货物类型不同的运输费用数据:

每件产品的运输费用 y/元	货物类型	x_1
17.2	易碎品	1
11.1	易碎品	1
12.0	易碎品	1
10.9	易碎品	1
13.8	易碎品	1
6.5	易碎品	1
10.0	易碎品	1
11.5	易碎品	1
7.0	非易碎品	0
8.5	非易碎品	0
2.1	非易碎品	0
1.3	非易碎品	0
3.4	非易碎品	0
7.5	非易碎品	0
2.0	非易碎品	0

(1) 写出运输费用与货物类型之间的线性模型。

(2) 对模型中的回归系数进行解释。

(3) 检验模型的线性关系是否显著($\alpha=0.05$)。

11.12 为分析某行业中的薪水有无性别歧视,从该行业中随机抽取 15 名员工,有关的数据如下:

月薪 y/元	工龄 x_1	性别(1=男,0=女)x_2
1548	3.2	1
1629	3.8	1
1011	2.7	0
1229	3.4	0
1746	3.6	1
1528	4.1	1
1018	3.8	0
1190	3.4	0
1551	3.3	1
985	3.2	0
1610	3.5	1
1432	2.9	1
1215	3.3	0
990	2.8	0
1585	3.5	1

用 Excel 进行回归,并对结果进行分析。

人物传记①

George Waddell Snedecor

G. W. Snedecor(1882—1974)出生于美国田纳西州的孟裴斯。他在阿拉巴马大学和密歇根大学学习数学与物理,之后成为爱荷华州立大学的数学教授。在那里,他开设了第一门统计学课程,并开始了与 Henry A. Wallace 的著名合作,后来当上了美国副总统。G. W. Snedecor 和 Henry A. Wallace 对农业调查很感兴趣,共同组织了一个研讨会以研究多元回归问题,并做了许多有关使用打孔卡片和打孔机的初创工作。1925 年他们共同出版了 Correlaton and Machine Calculation(相关与机械运算)一书,并在 1927 年建立了数学统计核算以及在 1933 年建立了现在十分有名的统计实验室。

1931 年,Snedecor 邀请 R. A. Fisher 到艾姆斯见面,他们的聚会带来了发展的浪潮。这一发展的显著标志包括美国第一个统计局在爱荷华州的建立,Snedecor 在美国统计协会的任职,以及 Snedecor 两本著作 Correlation and Interpretation of Analysis of Snedecor(方差与协方差分析的计算和解释)(1934)以及 Statistics Methods(统计方法)(1937)的出版。后一著作最终是与 William G. Cochran 共同执笔的,在两位作者都去世之前,该书再版了 7 次,售出 125000 多册。

---

① 资料来源:Kempthorne O. George W Snedecor. 1974. International Statistical Review. 42:319-321.

第 12 章

时间序列分析和预测

因为变异无所不在,所以统计结论并不总是绝对的。
——David S.Moore

统计应用: 平均增长率的计算争议

某市轨道交通总公司(以下简称轨道公司)是该市轻轨较新线的建设业主,是一家国有独资企业。轻轨较新线建成正式通车运营在即,为实现公司经营利益的最大化,轨道公司将轻轨共 13 个车站的灯箱广告 10 年期经营代理权进行了公开招标,招标代理工作委托该市大正公司进行。在发出的招标文件中,要求投标人以下列两个条件进行报价。

1. 首年度经营代理权上交费用为_____元。

2. 年递增率为_____%(评标时以前述两个条件,10 年内向轨道公司上交费用最高者为第一名)。

在投标人的投标文件中,出现了以下两种报价:

A 公司的报价为:首年度经营代理权上交费用为 460 万元,年递增率为 11%。

B 公司的报价为:首年度经营代理权上交费用为 500 万元,年平均递增率为 10%。

在评标及招投标投诉处理过程中,对投标人在投标报价文件中使用的"年递增率"和"年平均递增率"二词的理解,出现了争议:

第一种意见认为:"年递增率"和"年平均递增率"二词的含义是一

致的,没有实质差别。

第二种意见认为:"年递增率"和"年平均递增率"二词的含义是不一致的,有实质性的差别。

A公司的报价,首年度460万元,年递增率为11%,共计10年,可以计算出7692.12万元的固定得数;B公司的报价,首年度500万元,年平均递增率10%,可以计算出多种总价得数(如年递增率为10%则得数为7968.71万元,如年递增率不等但10年增长率平均为10%,则可计算出多个总价得数)。

令轨道交通公司感到疑惑的问题:

1. 在统计学中,"年递增率"和"年平均递增率"是否为规范的学术名词,有无确定的含义?二者的含义是否相同,有无区别?如有区别,其具体体现?

2. A和B两个公司的投标标价哪种算法是正确的?

为此,轨道交通公司向有关专家进行了咨询。

在统计中,"年递增率"和"年平均递增率"本质上应该是一样的。问题的关键是付款方式的约定。如果付款方式是每年付款,按上述公式计算:A公司的报价,如果按年递增率为11%计算,首年度460万元;B公司的报价,如果按年递增率为10%计算,首年度500万元。各年后两公司应付金额为:

年份	每年应付金额/万元	
	A公司(460,年递增11%)	B公司(500,年递增10%)
1	460.00	500.00
2	510.60	550.00
3	566.77	605.00
4	629.11	665.50
5	698.31	732.05
6	775.13	805.26
7	860.39	885.78
8	955.03	974.36
9	1060.09	1071.79
10	1176.70	1178.97
合计	7692.12	7968.71

> 如果付款方式不是每年付款,二者就有很大的区别。二者的区别是:年递增率是在前一个基数的基础上每年递增同一个常数。这在计算和意义上是没有歧义的。而年平均递增率是根据环比值按几何平均法计算的,该方法计算的年平均递增率与中间年份的数值通常没有直接关系。这样,中标者可在首付之后(500万元),其他年份付出很小的金额(甚至不付),而在最后一年付出较大的金额(1178.97万元),同样可以得到相同的年平均递增率$\left(\sqrt[9]{\frac{1178.97}{500}}-1=10\%\right)$。从这个意义上说,二者是有很大区别的。这也是引起争议的主要原因,或者说是将来可能引起争议的地方。因此,专家建议:如果在合同中明确规定在首付的基础上,每年都按递增率(无论是"年递增率"还是"年平均递增率")来支付,结果都是一样的。如果在合同中不明确规定付款方式,将来可能会引起争议。

时间序列分析是一种广泛应用的数据分析方法,它主要用于描述和探索现象随时间发展变化的数量规律性。时间序列分析就其发展的历史阶段和所使用的统计分析方法来看,有传统的时间序列分析和现代时间序列分析。本章主要介绍传统的时间序列分析方法,内容包括时间序列数据的统计描述和预测方法。

12.1 时间序列及其分解

时间序列是一种常见的数据形式,经济数据中大多数都以时间序列的形式给出。

▶ **定义 12.1** 同一现象在不同时间上的相继观测值排列而成的序列,称为时间序列(times series)。

根据观察时间的不同,时间序列中的时间可以是年份、季度、月份或其他任何时间形式。为便于表述,本书中用 t 表示所观察的时间,Y 表示观测值,则 $Y_i(i=1,2,\cdots,n)$ 为时间 t_i 上的观测值。

时间序列可以分为平稳序列和非平稳序列两大类。

▶ **定义 12.2** 基本上不存在趋势的序列,称为平稳序列(stationary series)。

平稳序列中的各观测值基本上在某个固定的水平上波动，虽然在不同的时间段波动的程度不同，但并不存在某种规律，而其波动可以看成是随机的，如图12.1所示。

▶定义12.3　包含趋势性、季节性或周期性的序列，称为非平稳序列（non-stationary series），它可能只含有其中的一种成分，也可能是几种成分的组合。

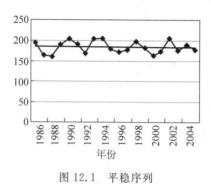

图12.1　平稳序列

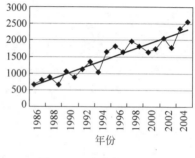

图12.2　有趋势的序列

非平稳序列又可以分为有趋势的序列，有趋势和季节性的序列、几种成分混合而成的复合型序列。

▶定义12.4　时间序列在长时期内呈现出来的某种持续向上或持续下降的变动，称为趋势（trend），也称长期趋势。

时间序列中的趋势是由于某种固定性的因素作用于序列而形成的。其中的趋势可以是线性的，也可以是非线性的。图12.2是一种线性趋势的时间序列。

▶定义12.5　时间序列在一年内重复出现的周期性波动，称为季节性（seasonality），也称季节变动（seasonal fluctuation）。

在商业活动中，常常听到"销售旺季"或"销售淡季"这类术语；在旅游业中，也常常使用"旅游旺季"或"旅游淡季"这类术语，等等。这些术语表明，这些活动因季节的不同而发生着变化。当然，季节性中的"季节"一词是广义的，它不仅仅是指一年中的四季，其实它是指任何一种周期性的变化。在现实生活中，季节变动是一种极为普遍的现象，它是诸如气候条件、生产条件、节假日或人们的风俗习惯等各种因素作用的结果。如农业生产、交通运输、建筑业、旅游业、商品销售以及工业生产中都有明显的季节性。

含有季节成分的序列可能含有趋势,也可能不含有趋势。图12.3 就是一种只含季节成分的时间序列。如图12.4 是一种既含有季节成分、同时也含有趋势的时间序列。

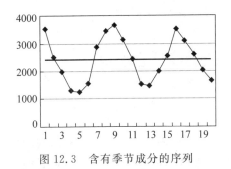

图12.3　含有季节成分的序列

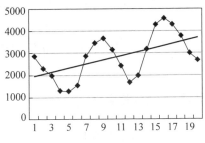

图12.4　含有季节成分和趋势的序列

▶定义12.6　时间序列中呈现出来的围绕长期趋势的一种波浪形或振荡式变动,称为周期性(cyclity),也称循环波动(cyclical fluctuation)。

周期性通常是由于商业和经济活动而引起的,它不同于趋势变动,不是朝着单一方向的持续运动,而是涨落相间的交替波动;它也不同于季节变动,季节变动有比较固定的规律,且变动周期大多为一年,而循环波动则无固定规律,变动周期多在一年以上,且周期长短不一。周期性通常是由于经济环境的变化而引起的。

除此以外,还有些偶然性因素对时间序列产生影响,致使时间序列呈现出某种随机波动称为随机性或不规则波动。

▶定义12.7　时间序列中除去趋势、周期性和季节性之后的偶然性波动,称为随机性(random),也称不规则波动(irregular variations)。

这样,可以将时间序列的成分分为4种,即趋势(T)、季节性或季节变动(S)、周期性或循环波动(C)、随机性或不规则波动(I)。传统时间序列分析的一项主要内容就是把这些成分从时间序列中分离出来,并将它们之间的关系用一定的数学关系式予以表达,而后分别进行分析。

按4种成分对时间序列的影响方式不同,时间序列可分解为多种模型,如加法模型(additive model)、乘法模型(multiplicative model)等。其中最常用的是乘法模型,其表现形式为

$$Y_t = T_t \times S_t \times C_t \times I_t, \tag{12.1}$$

加法模型的一般形式为

$$Y_t = T_t + S_t + C_t + I_t。 \tag{12.2}$$

本章所介绍的时间序列分解方法都是以乘法模型作为基础的。

12.2 时间序列的描述性分析

12.2.1 图形描述

在对时间序列进行分析时,最好是先作一个图形,然后通过图形观察数据随时间的变化模式及变化趋势。作图是观察时间序列形态的一种有效方法,它对于进一步分析和预测会有很大帮助。下面给出几个时间序列,并通过图形进行观察和分析。

【例 12.1】 表 12.1 给出了我国人均国内生产总值(GDP)、人口自然增长率、能源生产总量和居民消费价格指数的时间序列。

表 12.1 人均国内生产总值等时间序列

	A	B	C	D	E
1	年份	人均GDP(元)	人口自然增长率(‰)	能源生产总量(千克标准煤)	居民消费价格指数(%)
2	1986	956	15.57	80850	106.5
3	1987	1103	16.61	86632	107.3
4	1988	1355	15.73	92997	118.8
5	1989	1512	15.04	96934	118.0
6	1990	1634	14.39	98703	103.1
7	1991	1879	12.98	104844	103.4
8	1992	2287	11.60	107256	106.4
9	1993	2939	11.45	111059	114.7
10	1994	3923	11.21	118729	124.1
11	1995	4854	10.55	129034	117.1
12	1996	5576	10.42	132616	108.3
13	1997	6054	10.06	132410	102.8
14	1998	6307	9.53	124250	99.2
15	1999	6547	8.77	109126	98.6
16	2000	7078	8.24	100900	100.4

资料来源:《中国统计年鉴 2001》,北京:中国统计出版社,2001 年。

为判断这几个序列的变化形态以及随时间的变化趋势,下面给出了 4 个序列的图形,见图 12.5。

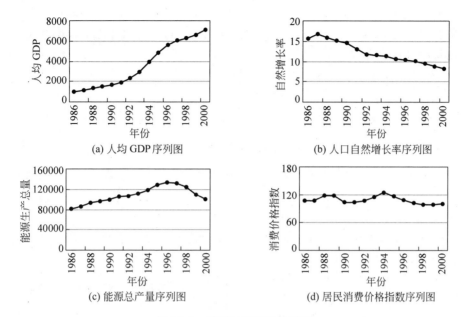

图 12.5 不同时间序列的图形

从图 12.5 可以看出，人均 GDP 序列图(图 12.5(a))呈现一定的指数趋势；人口自然增长率序列图则呈线性下降趋势(图 12.5(b))；能源生产总量序列图则呈现一种非线性形态(图 12.5(c))，而居民消费价格指数序列图则没有任何趋势，呈现出一定的随机波动(图 12.5(d))。通过对图形的观察和分析有助于作进一步的描述，并为预测提供基本依据。

12.2.2 增长率分析

在一些经济报道中常使用增长率。增长率是对现象在不同时间的变化状况所做的描述。由于对比的基期不同，增长率有不同的计算方法。这里主要介绍增长率、平均增长率和年度化增长率的计算方法。

1 增长率与平均增长率

▶定义 12.8 时间序列中报告其观测值与基期观测值之比减 1 后的结果，称为增长率(growth rate)，也称增长速度，用％表示。

由于对比的基期不同，增长率可以分为环比增长率和定基增长率。环比增长率是报告期观测值与前一时期观测值之比减 1，说明现象逐期增长变化的程度;定基增长率是报告期观测值与某一固定时期观测值之比减1,说明现象在整个观测期内总的增长变化程度。设增长率为G,则环比增长率和定基增长率可表示为

环比增长率 $\quad G_i = \dfrac{Y_i - Y_{i-1}}{Y_{i-1}} = \dfrac{Y_i}{Y_{i-1}} - 1, \quad i = 1, \cdots, n,$ (12.3)

定基增长率 $\quad G_i = \dfrac{Y_i - Y_0}{Y_0} = \dfrac{Y_i}{Y_0} - 1, \quad i = 1, \cdots, n,$ (12.4)

式中Y_0表示用于对比的固定基期的观测值。

▶ 定义 12.9 时间序列中各逐期环比值(也称环比发展速度)的几何平均数减 1 后的结果,称为平均增长率(average rate of increase),也称平均增长速度。

平均增长率用于描述现象在整个观测期内平均增长变化的程度,计算公式为

$$\bar{G} = \sqrt[n]{\dfrac{Y_1}{Y_0} \times \dfrac{Y_2}{Y_1} \times \cdots \times \dfrac{Y_n}{Y_{n-1}}} - 1 = \sqrt[n]{\dfrac{Y_n}{Y_0}} - 1,$$ (12.5)

式中$\bar{G}$表示平均增长率,n为环比值的个数。

【例 12.2】 根据表 12.1 中的人均 GDP 数据,计算 1986—2000 年的平均增长率,并根据平均增长率预测 2001 年和 2002 年的人均 GDP。

解 根据式(12.5)得

$$\bar{G} = \sqrt[n]{\dfrac{Y_n}{Y_0}} - 1 = \sqrt[14]{\dfrac{7078}{956}} - 1 = 115.37\% - 1 = 15.37\%。$$

2001 年和 2002 年的人均 GDP 预测值分别为

$$\hat{Y}_{2001} = 2000 \text{年数值} \times (1 + \text{年平均增长率})$$
$$= 7078 \times (1 + 15.37\%) = 8165.89(元),$$

$$\hat{Y}_{2002} = 2000 \text{年数值} \times (1 + \text{年平均增长率})^2$$
$$= 7078 \times (1 + 15.37\%)^2 = 9420.99(元)。$$

2 年度化增长率

增长率可根据年度数据计算,例如本年与上年相比计算的增长率,称为年增长率;也可以根据月份数据或季度数据计算,例如本月与上月相比或本季度同上季度相比计算的增长率,称为月增长率或季增长率。但是,如果所观察的时间跨度多于一年或少于一年时,那么用年增长率进行比较就显得很有用了。也就是将月或季增长率换算成年增长率,从而使各增长率具有相同的比较

基础。

▶ **定义 12.10** 当增长率以年来表示时,称为年度化增长率或年率 (annualized rate)。

年度化增长率的计算公式为

$$G_A = \left(\frac{Y_i}{Y_{i-1}}\right)^{m/n} - 1, \qquad (12.6)$$

式中 G_A 为年度化增长率;m 为一年中的时期个数;n 为所跨的时期总数。

如果是月增长率被年度化,则 $m=12$(一年有 12 个月),如果是季度增长率被年度化,则 $m=4$,其余类推。显然,当 $m=n$ 时,即为年增长率。

【例 12.3】 已知某地区的如下数据,计算年度化增长率。

(1) 1999 年 1 月份的社会商品零售总额为 25 亿元,2000 年 1 月份的零售总额为 30 亿。

(2) 1998 年 3 月份财政收入总额为 240 亿元,2000 年 6 月份的财政收入总额为 300 亿元。

(3) 2000 年 1 季度完成国内生产总值 500 亿元,2 季度完成国内生产总值 510 亿元。

(4) 1997 年 4 季度完成的工业增加值为 280 亿元,2000 年 4 季度完成的工业增加值为 350 亿元。

解 (1) 由于是月份数据,所以 $m=12$,从 1999 年 1 月到 2000 年 1 月所跨的月份总数为 12,所以 $n=12$。根据式(12.6)得

$$G_A = \left(\frac{30}{25}\right)^{12/12} - 1 = 20\%,$$

即年度化增长率为 20%,这实际上就是年增长率,因为所跨的时期总数为一年。也就是该地区社会商品零售总额的年增长率为 20%。

(2) $m=12, n=27$,年度化增长率为

$$G_A = \left(\frac{300}{240}\right)^{12/27} - 1 = 10.43\%,$$

结果表明,该地区财政收入增长率按年计算为 10.43%。

(3) 由于是季度数据,所以 $m=4$,从 1 季度到 2 季度所跨的时期总数为 1,所以 $n=1$。年度化增长率为

$$G_A = \left(\frac{510}{500}\right)^{4/1} - 1 = 8.24\%,$$

结果表明,第 2 季度的国内生产总值增长率按年计算为 8.24%。

(4) $m=4$,从1997年4季度到2000年4季度所跨的季度总数为12,所以$n=12$。年度化增长率为

$$G_A = \left(\frac{350}{280}\right)^{4/12} - 1 = 7.72\%,$$

表明工业增加值的增长率按年计算7.72%,这实际上就是工业增加值的年平均增长率。

3 增长率分析中应注意的问题

对于大多数时间序列,特别是有关社会经济现象的时间序列,经常利用增长率来描述其增长状况。尽管增长的计算与分析都比较简单,但实际应用中,有时也会出现误用乃至滥用的情况。因此,在应用增长率分析实际问题时,应注意以下几点。

首先,当时间序列中的观测值出现0或负数时,不宜计算增长率。例如,假定某企业连续5年的利润额分别为5,2,0,-3,2万元,对这一序列计算增长率,要么不符合数学公理,要么无法解释其实际意义。在这种情况下,适宜直接用绝对数进行分析。

其次,在有些情况下,不能单纯就增长率论增长率,要注意增长率与绝对水平的结合分析。下面先看一个例子。

【例12.4】 假定两个企业各年的利润额及增长率数值如表12.2所示。

表12.2 甲、乙两个企业的有关资料

	A	B	C	D	E
1	年份	甲企业		乙企业	
2		利润额(万元)	增长率(%)	利润额(万元)	增长率(%)
3	2002	500	—	60	—
4	2003	600	20	84	40

如果此时不看利润额的绝对值,仅就增长率对甲、乙两个企业进行分析评价,可以看出乙企业的利润增长率比甲企业高出一倍。如果就此得出乙企业的生产经营业绩比甲企业要好得多,这样的结论就是不切实际的。因为增长率是一个相对值,它与对比的基期值的大小有很大关系。大的增长率背后,其隐含的绝对值可能很小,小的增长率背后,其隐含的绝对值可能很大。这就是说,由于对比的基点不同,可能会造成增长率数值上的较大差异。上述例子表明,由于两个企业的生产起点不同,基期的利润额不同,才造成了二者增长率上较大差异。从利润的绝对额来看,两个企业的增长率每增长一个百分点所增加的利润绝对额是不同的。在这种情况下,则需要将增长率与绝

对水平结合起来进行分析,通常要计算增长 1% 的绝对值来补充增长率分析中的局限性。

▶ **定义 12.11** 增长率每增长一个百分点而增加的绝对数量,称为增长 1% 绝对值。

增长 1% 绝对值的计算公式为

$$增长\ 1\%\ 绝对值 = \frac{前期水平}{100}。 \tag{12.7}$$

根据表 12.2 的资料计算,甲企业利润增长一个百分点增加的利润额为 5 万元,而乙企业则为 0.6 万元,甲企业远高于乙企业。这说明甲企业的生产经营业绩并不比乙企业差,而是更好。

12.3 时间序列预测的程序

从 12.1 节可知,时间序列含有不同的成分,如趋势、季节性、周期性和随机成分等。对于一个具体的时间序列,它可能只含有一种成分,也可能同时含有几种成分。含有不同成分的时间序列所用的预测方法是不同的。因此,在对时间序列进行预测时,通常包括以下几个步骤:

第 1 步 确定时间序列所包含的成分,也就是确定时间序列的类型。
第 2 步 找出适合此类时间序列的预测方法。
第 3 步 对可能的预测方法进行评估,以确定最佳预测方案。
第 4 步 利用最佳预测方案进行预测。
下面我们分别讨论以上 4 个步骤。

12.3.1 确定时间序列的成分

1 确定趋势成分

确定趋势成分是否存在,可以从绘制时间序列的线图入手。观察上面的图 12.1~图 12.5,就可以看出时间序列中是否存在趋势,以及所存在的趋势是线性的还是非线性的。

判断趋势成分是否存在的另一种方法是利用回归分析拟合一条趋势线,然后对回归系数进行显著性检验。如果回归系数显著,就可以得出线性趋势显著的结论。

【例 12.5】 一种股票连续 16 周的收盘价如表 12.3 所示。试确定其趋势及其类型。

表 12.3　某种股票连续 16 周的收盘价格

	A	B	C	D
1	日期（周）	收盘价格（元）	日期（周）	收盘价格（元）
2	1	15.03	9	9.12
3	2	11.69	10	8.51
4	3	9.63	11	4.45
5	4	10.58	12	4.02
6	5	8.48	13	5.29
7	6	6.98	14	6.51
8	7	6.82	15	6.02
9	8	7.69	16	6.07

解　设自变量为时间 t，因变量为股票收盘价格 Y，根据表 12.3 中的数据，在 $\alpha=0.05$ 的显著性水平下得到的回归方程为 $\hat{Y}=12.0233-0.4815t$，回归系数检验的 $P=0.000179$，判定系数 $R^2=0.6450$，这表明线性关系显著。说明该股票的收盘价格存在线性趋势。该股票的收盘价格及其趋势如图 12.6 所示。

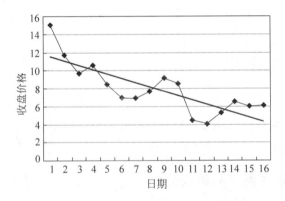

图 12.6　某种股票的收盘价格及其趋势

尽管回归结果表明该股票的收盘价格存在线性趋势，但从图 12.6 可以看出，时间序列两端有高于趋势线的数值，这表明可能存在非现行趋势。如果拟合二次曲线 $\hat{Y}=a=bt+ct^2$，得到的趋势方程为 $\hat{Y}=14.8051-1.4088t+0.0546t^2$，用于检验的 $P=0.012556$，结果仍然显著。但二次曲线的 $R^2=0.7841$ 大于直线的 $R^2=0.6450$，这说明二次曲线的拟合效果要比直线好。二次曲线的拟合图形如图 12.7 所示。

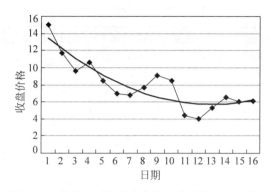

图 12.7 某种股票的收盘价格及其趋势的拟合曲线

2 确定季节成分

确定季节成分是否存在,至少需要两年的数据,而且数据需要是按季度、月份、周或天等来记录的。确定季节成分也可以从绘制时间序列的线图入手①,但这里需要一种特殊的时间序列图,即年度折叠时间序列图(folded annual time series plot)。绘制该图时,需要将每年的数据分开画在图上,也就是横轴只有一年的长度,每年的数据分别对应纵轴。如果时间序列只存在季节成分,年度折叠时间序列图中的折线将会有交叉;如果时间序列既含有季节成分又含有趋势,那么年度折叠时间序列图中的折线将不会有交叉,而且如果趋势是上升的,后面年度的折线将会高于前面年度的折线,如果趋势是下降的,则后面年度的折线将低于前面年度的折线。

下面通过一个例子说明年度折叠时间序列线图的绘制方法,以及如何根据这一图形来判断时间序列中是否存在季节性。

【例 12.6】 表 12.4 是一家啤酒生产企业 2000—2005 年各季度的啤酒销售量数据。试根据前 3 年的数据绘制年度折叠时间序列图,并判断啤酒销售量是否存在季节性。

解 年度折叠时间序列图如图 12.8 所示。

从图 12.8 可以看出,后面年份的折线高于前面年度的折线,而且基本上没有交叉,说明啤酒销售量数据中既含有季节成分,也含有上升趋势。

---

① 除利用图形判断时间序列中是否存在季节成分外,还可利用自相关分析。自相关是指时间序列中一个时期的数值与其前一时期的数值存在相关。有关这一问题的进一步讨论,可参考有关的统计书籍。

表 12.4 某啤酒生产企业各季的销售量数据（单位：万吨）

	A	B	C	D	E
1	年份	季 度			
2		1	2	3	4
3	2000	25	32	37	26
4	2001	30	38	42	30
5	2002	29	39	50	35
6	2003	30	39	51	37
7	2004	29	42	55	38
8	2005	31	43	54	41

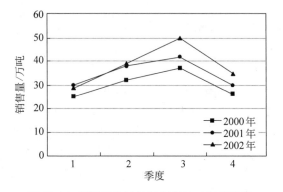

图 12.8 啤酒销售量的年度折叠时间序列图

12.3.2 选择预测方法

时间序列分析的一项重要内容就是根据过去已有的数据来预测未来的结果。在确定了时间序列的类型后，预测程序的第 2 步就是选择适当的预测方法。利用时间序列数据进行预测时，通常假定过去的变化趋势会延续到未来，这样就可以根据过去已有的形态或模式进行预测。时间序列的预测方法既有传统方法，如简单平均法、移动平均法和一次指数平滑法等，也有较为精准的现代方法，如 Box-Jenkins 的自回归模型（ARMA）。

一般来说，任何时间序列中都会有不规则成分存在，而商务与管理数据中通常不考虑周期性成分，所以只剩下趋势成分和季节成分。本章所介绍的预测方法主要是针对含有趋势成分和季节成分的时间序列。下面的图 12.9 给出了时间序列的类型和可供选择的预测方法。

不含趋势和季节成分的时间序列，即平稳时间序列，由于这类数列只含随机成分，只要通过平滑就可以消除随机波动，因此，这类预测方法也称为平

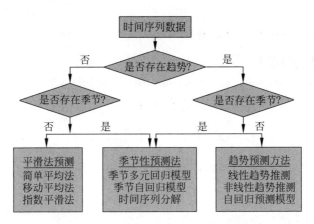

图 12.9　时间序列的类型和预测方法的选择

滑预测方法。这些方法将在 12.4 节中讨论。对于只含有趋势成分的时间序列,可以利用趋势预测方法,这些方法将在 12.5 节中进行讨论。对于既含有趋势又含有季节成分的时间序列,则采用季节性预测方法,这些方法对于既含有季节成分也含有随机成分的时间序列同样适用,这些方法将在 12.6 节和 12.7 节中介绍。

12.3.3　预测方法的评估

在选择了某一种特定的方法进行预测时,需要评价该方法的预测效果或准确性。评价的方法就是找出预测值与实际值的差距,这个差值就是预测误差。最优的预测方法也就是预测误差达到最小的方法。预测误差的计算方法有几种,包括平均误差、均方误差、平均绝对误差、平均百分比误差和平均百分比绝对误差等。选择哪种方法取决于预测者的目标、对方法的熟悉程度等。

1　平均误差

设时间序列的第 i 个观测值为 Y_i,预测值为 F_i,则所有预测误差($Y_i - F_i$)的平均数就是平均误差(mean error),用 ME 表示,其计算公式为

$$\mathrm{ME} = \frac{\sum_{i=1}^{n}(Y_i - F_i)}{n}, \tag{12.8}$$

式中 n 为预测值的个数。

由于预测误差的数值可能有正有负,求和的结果就会相互抵消,在这种情况下,平均误差可能会低估误差。

2 平均绝对误差

平均绝对误差(mean absolute deviation)是将预测误差取绝对值后计算的平均误差,用 MAD 表示,其计算公式为

$$\text{MAD} = \frac{\sum |Y_i - F_i|}{n}。 \tag{12.9}$$

平均绝对误差可以避免误差相互抵消的问题,因而可以准确反映实际预测误差的大小。

3 均方误差

均方误差(mean square error)是通过平方消去误差的正负号后计算的平均误差,用 MSE 表示,计算公式为

$$\text{MSE} = \frac{\sum_{i=1}^{n}(Y_i - F_i)^2}{n}。 \tag{12.10}$$

4 平均百分比误差和平均绝对百分比误差

ME,MAD 和 MSE 的大小受时间序列数据的水平和计量单位的影响,有时并不能真正反映预测模型的好坏,它们只有在比较不同模型对同一数据的预测时才有意义。而平均百分比误差(mean percentage error)和平均绝对百分比误差(mean absolute percentage error)则不同,它们消除了时间序列数据的水平和计量单位的影响,是反映误差大小的相对值。平均百分比误差用 MPE 表示,其计算公式为

$$\text{MPE} = \frac{\sum \left(\frac{Y_i - F_i}{Y_i} \times 100\right)}{n}。 \tag{12.11}$$

平均绝对百分比误差用 MAPE 表示,其计算公式为

$$\text{MAPE} = \frac{\sum_{i=1}^{n} \left(\frac{|Y_i - F_i|}{Y_i} \times 100\right)}{n}。 \tag{12.12}$$

上面介绍的预测误差的计算方法,哪种是最优的,还没有普遍一致的看法。本章采用均方误差(MSE)来评价预测方法的优劣。

12.4 平稳序列的预测

平稳时间序列通常只含有随机成分,其预测方法主要有简单平均法、移动平均法和指数平滑法等,这些方法主要是通过对时间序列进行平滑以消除其随机波动,因而也称为平滑法。平滑法既可用于对时间序列进行平滑以描述序列的趋势(包括线性趋势和非线性趋势),也可以用于对平稳时间序列进行短期预测。

12.4.1 简单平均法

▶**定义 12.12** 根据过去已有的 t 期观测值通过简单平均来预测下一期的数值,这样的预测方法称为简单平均法。

设时间序列已有的 t 期观测值为 $Y_1, Y_2, \cdots, Y_t$,则 $t+1$ 期的预测值 F_{t+1} 为

$$F_{t+1} = \frac{1}{t}(Y_1 + Y_2 + \cdots + Y_t) = \frac{1}{t}\sum_{i=1}^{t} Y_i 。 \qquad (12.13)$$

当到了 $t+1$ 期后,有了 $t+1$ 的实际值,便可计算出 $t+1$ 的预测误差 e_{t+1} 为

$$e_{t+1} = Y_{t+1} - F_{t+1} 。 \qquad (12.14)$$

于是,$t+2$ 期的预测值为

$$F_{t+2} = \frac{1}{t+1}(Y_1 + Y_2 + \cdots + Y_t + Y_{t+1}) = \frac{1}{t+1}\sum_{i=1}^{t+1} Y_i 。 \qquad (12.15)$$

依此类推。

【**例 12.7**】 根据表 12.1 中的居民消费价格指数数据,预测 2001 年的居民消费价格指数。

解 根据式(12.13)得

$$F_{t+1} = \frac{1}{15}\sum_{i=1}^{15} Y_i = \frac{1}{15}(106.5\% + 107.3\% + \cdots + 100.4\%) = 108.58\% 。$$

简单平均法适合对较为平稳的时间序列进行预测,即当时间序列没有趋势时,用该方法比较好。但如果时间序列有趋势或有季节成分时,该方法的预测不够准确。此外,简单平均法将远期的数值和近期的数值看作对未来同等重要。但从预测角度看,近期的数值要比远期的数值对未来有更大的作用,因此简单平均法预测的结果不够准确。

12.4.2 移动平均法

▶**定义 12.13** 通过对时间序列逐期递移求得平均数作为预测值的一种预测方法,称为移动平均法(moving average)。

移动平均法是对简单平均法的一种改进方法。其方法有简单移动平均法(simple moving average)和加权移动平均法(weighted moving average)两种。

1 简单移动平均

简单移动平均是将最近的 k 期数据加以平均,作为下一期的预测值。设移动间隔为 $k(1<k<t)$,则 t 期的移动平均值为

$$\bar{Y}_t = \frac{Y_{t-k+1} + Y_{t-k+2} + \cdots + Y_{t-1} + Y_t}{k}。 \quad (12.16)$$

式(12.16)是对时间序列的平滑结果,通过这些平滑值就可以描述出时间序列的变化形态或趋势。当然,也可以用它来进行预测。

对于 $t+1$ 期的简单移动平均预测值为

$$F_{t+1} = \bar{Y}_t = \frac{Y_{t-k+1} + Y_{t-k+2} + \cdots + Y_{t-1} + Y_t}{k}。 \quad (12.17)$$

同样,$t+2$ 的预测值为

$$F_{t+2} = \bar{Y}_{t+1} = \frac{Y_{t-k+2} + Y_{t-k+3} + \cdots + Y_t + Y_{t+1}}{k}。 \quad (12.18)$$

依此类推。

移动平均法只使用最近 k 期的数据,在每次计算移动平均值时,移动的间隔都为 k。该方法也主要适合于较为平稳的时间序列进行预测。应用时,关键是确定合理的移动间隔长度 k。对于同一个时间序列,采用不同的移动步长预测的准确性是不同的。选择移动步长时,可通过试验的办法,选择一个使均方误差达到最小的移动步长。

【**例 12.8**】 根据表 12.1 中的居民消费价格指数数据,分别取移动间隔 $k=3$ 和 $k=5$,用 Excel 计算各期的居民消费价格指数的预测值,计算出预测误差,并将原序列和预测后的序列绘制成图形进行比较。

解 采用 Excel 进行移动平均时,在【数据分析】选项中选择【移动平均】,并在对话框中输入数据区域和移动间隔即可。输出的结果如表 12.5 所示。

以 3 项移动平均为例,表 12.5 中的 110.9 就是 1986 年、1987 年和 1988 年 3 年的平均值,用它作为 1989 年的预测值。同样,99.4 就是 1998 年、1999 年和 2000 年这 3 年的平均值,用它作为 2001 年的预测值。

表 12.5 Excel 输出的移动平均预测①

	A	B	C	D	E	F	G	H
1	年份	消费价格指数	3期移动平均预测	预测误差	误差平方	5期移动平均预测	预测误差	误差平方
2	1986	106.5						
3	1987	107.3						
4	1988	118.8						
5	1989	118.0	110.9	7.1	50.9			
6	1990	103.1	114.7	-11.6	134.6			
7	1991	103.4	113.3	-9.9	98.0	110.7	-7.3	53.9
8	1992	106.4	108.2	-1.8	3.1	110.1	-3.7	13.8
9	1993	114.7	104.3	10.4	108.2	109.9	4.8	22.7
10	1994	124.1	108.2	15.9	253.3	109.1	15.0	224.4
11	1995	117.1	115.1	2.0	4.1	110.3	6.8	45.7
12	1996	108.3	118.6	-10.3	106.8	113.1	-4.8	23.4
13	1997	102.8	116.5	-13.7	187.7	114.1	-11.3	128.1
14	1998	99.2	109.4	-10.2	104.0	113.4	-14.2	201.6
15	1999	98.6	103.4	-4.8	23.4	110.3	-11.7	136.9
16	2000	100.4	100.2	0.2	0.0	105.2	-4.8	23.0
17	2001		99.4			101.9		
18	合计	—	—	—	1074.7	—	—	873.6

各年消费价格指数的走势及其预测值如图 12.10 所示。

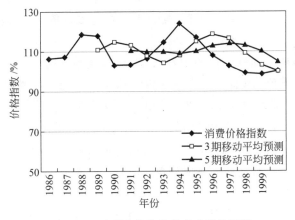

图 12.10 消费价格指数的移动平均预测

---

① 使用 Excel 进行移动平均预测时,为了使预测值与相应的实际值相对应,在选择输出区域时,应将输出区域的第一个单元格设置在第一个数值的下一行。

从预测结果看,3 项移动平均的均方误差为 89.55(1074.7÷12),而 5 项移动平均的均方误差为 87.36(873.6÷10)。因此,就本序列而言,采用 3 项移动平均和 5 项移动平均预测的效果相差不大。

2 加权移动平均

简单移动平均法在预测时,将每个观测值都给予相同的权数。但实际上,近期的观测值和远期的观测值对预测的重要性是不同的。加权移动平均法就是在预测时,对近期的观测值和远期的观测值赋予不同的权数后再进行预测。一般而言,当时间序列的波动较大时,最近期的观测值应赋予最大的权数,而比较远的时期的观测值赋予的权数依次递减。而当时间序列的波动不是很大时,对各期的观测值应赋予近似相等的权数。但所选择的各期的权数之和必须等于 1。

同样,对移动间隔(步长)和权数的选择,也应以预测精度来评定,即用均方误差来测度预测精度,选择一个均方误差最小的移动间隔和权数的组合。读者可尝试对表 12.1 中居民消费价格指数序列进行加权移动平均预测。

12.4.3 指数平滑法

▶ **定义 12.14** 指数平滑法(exponential smoothing)是对过去的观测值加权平均进行预测的一种方法,该方法使得第 $t+1$ 期的预测值等于 t 期的实际观测值与第 t 期指数平滑值的加权平均值。

指数平滑法是加权平均的一种特殊形式,观测值时间越远,其权数也跟着呈现指数的下降,因而称为指数平滑。指数平滑法有一次指数平滑、二次指数平滑、三次指数平滑等,本节主要介绍一次指数平滑法。

一次指数平滑法也称单一指数平滑(single exponential smoothing),它只有一个平滑系数,而且当观测值离预测时期越久远时,权数变得越小。一次指数平滑是以一段时期的预测值与观测值的线性组合作为 $t+1$ 的预测值,其预测模型为

$$F_{t+1} = \alpha Y_t + (1-\alpha)F_t, \tag{12.19}$$

式中 Y_t 为 t 期的实际观测值;F_t 为 t 期的预测值;α 为平滑系数($0<\alpha<1$)。

由式(12.19)可以看出,$t+1$ 的预测值是 t 期的实际观测值与 t 期的预测值的加权平均。由于在开始计算时还没有第 1 个时期的预测值 F_1,通常可以

设 F_1 等于 1 期的实际观测值,即 $F_1 = Y_1$。因此 2 期的预测值为
$$F_2 = \alpha Y_1 + (1-\alpha)F_1 = \alpha Y_1 + (1-\alpha)Y_1 = Y_1$$
3 期的预测值为
$$F_3 = \alpha Y_2 + (1-\alpha)F_2 = \alpha Y_2 + (1-\alpha)Y_1。$$
4 期的预测值为
$$F_4 = \alpha Y_3 + (1-\alpha)F_3 = \alpha Y_3 + \alpha(1-\alpha)Y_2 + (1-\alpha)^2 Y_1。$$

依次类推。可见任何预测值 F_{t+1} 都是以前所有的实际观测值的加权平均。尽管如此,并非所有的过去的观测值都需要保留,以用来计算下一时期的预测值。实际上,一旦选定平滑系数 α,只需要两项信息就可以计算预测值。式(12.19)表明,只要知道 t 期的实际观测值 Y_t 与 t 期的预测值 F_t,就可以计算 $t+1$ 的预测值。

对指数平滑法的预测精度,同样用误差均方来衡量。为此,将式(12.19)写成下面的形式:
$$\begin{aligned} F_{t+1} &= \alpha Y_t + (1-\alpha)F_t \\ &= \alpha Y_t + F_t - \alpha F_t \\ &= F_t + \alpha(Y_t - F_t)。 \end{aligned} \quad (12.20)$$

可见,F_{t+1} 是 t 期的预测值 F_t 加上用 α 调整的 t 期的预测误差 $(Y_t - F_t)$。

使用指数平滑法时,关键的问题是确定一个合适的平滑系数 α。因为不同的 α 会对预测结果产生不同的影响。例如,当 $\alpha = 0$ 时,预测值仅仅是重复上一期的预测结果;当 $\alpha = 1$ 时,预测值就是上一期实际值。α 越接近 1,模型对时间序列变化的反应就越及时,因为它对当前的实际值赋予了比预测值更大的权数。同样,α 越接近 0,意味着对当前的预测值赋予更大的权数,因此模型对时间序列变化的反应就越慢。一般而言,当时间序列有较大的随机波动时,宜选较大的 α,以便能很快跟上近期的变化,当时间序列比较平稳时,宜选较小的 α。但实际应用时,还应考虑预测误差,这里仍用误差均方来衡量预测误差的大小,确定 α 时,可选择几个 α 进行预测,然后找出预测误差最小的作为最后的 α 值。

此外,与移动平均法一样,一次指数平滑法也可以用于对时间序列进行修匀,以消除随机波动,找出序列的变化趋势。

【例 12.9】 根据表 12.1 中的居民消费价格指数数据,选择适当的平滑系数 α,采用 Excel 进行指数平滑预测,计算出预测误差,并将原序列和预测后的序列绘制成图形进行比较。

解 用 Excel 进行指数平滑预测的步骤如下。

用 Excel 进行指数平滑预测的操作步骤

第 1 步：选择【工具】下拉菜单。
第 2 步：选择【数据分析】选项，并选择【指数平滑】，然后确定。
第 3 步：当对话框出现时。
　　　　在【输入区域】中输入数据区域；
　　　　在【阻尼系数】（注：阻尼系数＝1－α）输入 1－α 的值；
　　　　在【输出区域】中选择预测结果的输出位置（通常选择与第 1 期数值对应的单元格）；
　　　　单击【确定】即可。

表 12.6 是用 $\alpha=0.3, \alpha=0.4, \alpha=0.5$ 对各期消费价格指数进行平滑预测的结果，并给出了预测误差以及 2001 年的预测值。

表 12.6　Excel 输出的指数平滑预测

	A	B	C	D	E	F	G	H
1	年份	消费价格指数	$\alpha=0.3$	误差平方	$\alpha=0.4$	误差平方	$\alpha=0.5$	误差平方
2	1986	106.5						
3	1987	107.3	106.5	0.6	106.5	0.6	106.5	0.6
4	1988	118.8	106.7	145.4	106.8	143.5	106.9	141.6
5	1989	118.0	110.4	58.4	111.6	40.8	112.9	26.5
6	1990	103.1	112.7	91.2	114.2	122.5	115.4	151.9
7	1991	103.4	109.8	40.8	109.7	40.2	109.3	34.4
8	1992	106.4	107.9	2.2	107.2	0.6	106.3	0.0
9	1993	114.7	107.4	52.9	106.9	61.1	106.4	69.5
10	1994	124.1	109.6	210.0	110.0	198.5	110.5	184.1
11	1995	117.1	114.0	9.9	115.6	2.1	117.3	0.0
12	1996	108.3	114.9	43.6	116.2	62.8	117.2	79.4
13	1997	102.8	112.9	102.4	113.1	105.2	112.8	99.1
14	1998	99.2	109.9	114.1	109.0	95.1	107.8	73.6
15	1999	98.6	106.7	65.3	105.1	41.6	103.5	23.9
16	2000	100.4	104.3	14.9	102.5	4.3	101.0	0.4
17	2001		103.1		101.6		100.7	
18	合计	—	—	951.6	—	919.2	—	884.9

比较各误差平方可知，$\alpha=0.5$ 时预测的效果最好。但用一次指数平滑进行预测时，一般 α 取值不大于 0.5。若 α 大于 0.5 才能接近实际值，通常说明序列有某种趋势或波动过大，一般不适合用指数平滑法进行预测，本例就表明了这一点。不同 α 的预测值和实际观测值的图形如图 12.11 所示。

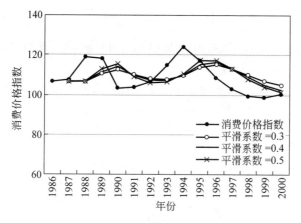

图 12.11　消费价格指数的指数平滑预测

12.5　趋势型序列的预测

上面介绍的平滑法都可以用于描述时间序列的趋势,包括线性趋势和非线性趋势。当用这些方法进行预测时,要注意它们一般只适合于平稳时间序列,当序列存在明显的趋势或季节成分时,这些方法就不再适用。本节主要介绍含有趋势成分的时间序列的预测方法,以后各节介绍含有季节成分以及含有趋势同时含有季节成分的时间序列的预测方法。

时间序列的趋势可以分为线性趋势和非线性趋势两大类,如果这种趋势能够延续到未来,就可以利用趋势进行外推预测。有趋势序列的预测方法主要有线性趋势预测、非线性趋势预测和自回归模型预测等。本节主要介绍线性趋势和非线性趋势的预测方法。

12.5.1　线性趋势预测

线性趋势(linear trend)是指现象随着时间的推移而呈现出稳定增长或下降的线性变化规律。例如,观察图 12.5 中的人口自然增长率序列图(图 12.5(b))就有明显的线性趋势。如果这种趋势能延续到未来,就可以利用这种趋势预测未来的人口自然增长率。

当现象的发展按线性趋势变化时,可以用下列线性趋势方程来描述:

$$\hat{Y}_t = a + bt, \tag{12.21}$$

式中 $\hat{Y}_t$ 代表时间序列 Y_t 的预测值; t 代表时间标号; a 代表趋势线在 Y 轴上的截距, 是当 $t=0$ 时, $\hat{Y}_t$ 的数值; b 是趋势线的斜率, 表示时间 t 变动一个单位时, 观测值的平均变动数量。

趋势方程中的两个未知数 a 和 b 通常按回归中的最小二乘法求得。该方法已在第 10 章中做了介绍, 这里不再赘述。根据最小二乘法得到的趋势线中未知数 a 和 b 的公式如下:

$$\begin{cases} b = \dfrac{n\sum tY - \sum t \sum Y}{n\sum t^2 - (\sum t)^2}, \\ a = \bar{Y} - b\bar{t}。 \end{cases} \quad (12.22)$$

通过趋势方程可以计算出各期的预测值, 并通过这些预测值来分析序列的变化趋势及其模式。此外, 也可以利用趋势方程进行外推预测。趋势预测的误差可用线性回归中的估计标准误差来衡量。计算公式为

$$s_Y = \sqrt{\dfrac{\sum_{i=1}^{n}(Y_i - \hat{Y}_i)^2}{n-m}}, \quad (12.23)$$

式中 m 为趋势方程中待确定的未知数的个数。对于直线趋势方程, $m=2$。

【例 12.10】 根据表 12.1 中的人口自然增长率数据, 根据最小二乘法确定直线趋势方程, 计算出各期的预测值和预测误差, 预测 2001 年的人口自然增长率, 并将原序列和各期的预测值序列绘制成图形进行比较。

解 根据最小二乘法求得的线性趋势方程为

$$\hat{Y}_t = 16.8985 - 0.59439t。$$

将 $t=1,2,\cdots,15$ 代入趋势方程得到各期的预测值, 见表 12.7。预测的估计标准误差为

$$s_Y = \sqrt{\dfrac{4.71}{15-2}} = 0.60。$$

将 $t=16$ 代入趋势方程即可得到 2001 年人口自然增长率的预测值, 即

$$\hat{Y}_{2001} = 16.8985 - 0.59439 \times 16 = 7.39‰。$$

将各年的预测值与原序列绘制成图 12.12, 可以看出人口自然增长率的变化趋势。

表 12.7 Excel 输出的线性趋势预测结果

	A	B	C	D	E	F
1	年份	t	人口自然增长率（‰）	线性预测值	残差	残差平方
2	1986	1	15.57	16.30	-0.73	0.54
3	1987	2	16.61	15.71	0.90	0.81
4	1988	3	15.73	15.12	0.61	0.38
5	1989	4	15.04	14.52	0.52	0.27
6	1990	5	14.39	13.93	0.46	0.21
7	1991	6	12.98	13.33	-0.35	0.12
8	1992	7	11.60	12.74	-1.14	1.29
9	1993	8	11.45	12.14	-0.69	0.48
10	1994	9	11.21	11.55	-0.34	0.11
11	1995	10	10.55	10.95	-0.40	0.16
12	1996	11	10.42	10.36	0.06	0.00
13	1997	12	10.06	9.77	0.29	0.09
14	1998	13	9.53	9.17	0.36	0.13
15	1999	14	8.77	8.58	0.19	0.04
16	2000	15	8.24	7.98	0.26	0.07
17	合计	—	182.15	182.15	—	4.71

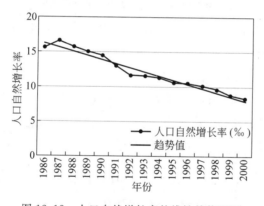

图 12.12 人口自然增长率的线性趋势预测

12.5.2 非线性趋势预测

序列中的趋势通常可以认为是由于某种固定的因素作用同一方向所形成的。若这些因素随着时间的推移按线性变化，可以对时间序列配合趋势直线；若呈现出某种非线性趋势（non-linear trend），则需要配合适当的趋势曲线。例如，观察图 12.5 中的能源生产总量序列图（图 12.5(c)）就有明显的二次曲线趋势。下面介绍几种常用的趋势曲线。

1 二次曲线

当现象发展的趋势为抛物线形态时,可配合二次曲线(second degree curve)。其一般方程为

$$\hat{Y}_t = a + bt + ct^2 \tag{12.24}$$

曲线中的 3 个未知数 a, b, c,仍然可以根据最小二乘法求得。根据最小二乘法推导出未知数 a, b, c 的标准求解方程如下:

$$\begin{cases} \sum Y = na + b\sum t + c\sum t^2, \\ \sum tY = a\sum t + b\sum t^2 + c\sum t^3, \\ \sum t^2 Y = a\sum t^2 + b\sum t^3 + c\sum t^4. \end{cases} \tag{12.25}$$

【例 12.11】 根据表 12.1 中的能源生产总量数据,根据最小二乘法确定二次曲线方程,计算出各期的预测值和预测误差,预测 2001 年的能源生产总量,并将原序列和各期的预测值序列绘制成图形进行比较。

解 仍使用 Excel 进行求解,只需将二次曲线线性化,即可按线性趋势求得。二次曲线趋势方程为

$$\hat{Y}_t = 64769.2967 + 10619.8186t - 499.6594t^2 。$$

将 $t=1, 2, \cdots, 15$ 代入趋势方程得到各期的预测值,有关输出结果见表 12.8。预测的估计标准误差为

$$S_Y = \sqrt{\frac{760265091.4}{15-2}} = 7959.61 。$$

将 $t=16$ 代入趋势方程即可得到 2001 年能源生产总量的预测值,即

$$\hat{Y}_{2001} = 64769.2967 + 10619.8186 \times 16 - 499.6594 \times 16^2$$
$$= 106773.58 (\text{kg 标准煤})。$$

将各期预测值及原序列绘成图 12.13,可以看出能源生产总量的趋势形态。

2 指数曲线

指数曲线(exponential curve)用于描述以几何级数递增或递减的现象,即时间序列的观测值 Y_t 按指数规律变化,或者说时间序列的逐期观测值按一定的增长率增长或衰减。观察图 12.5(a)中的人均 GDP 趋势就呈现出某种指数形态。一般的自然增长及大多数经济序列都有指数变化趋势。指数曲线的一般形式为

第12章 时间序列分析和预测

表12.8 Excel输出的二次曲线趋势预测结果

	A	B	C	D	E	F
1	年份	t	能源生产总量	预测值	残差	残差平方
2	1986	1	80850	74889.5	5960.5	35528086.2
3	1987	2	86632	84010.3	2621.7	6873330.7
4	1988	3	92997	92131.8	865.2	748540.4
5	1989	4	96934	99254.0	-2320.0	5382494.5
6	1990	5	98703	105376.9	-6673.9	44540996.9
7	1991	6	104844	110500.5	-5656.5	31995643.1
8	1992	7	107256	114624.7	-7368.7	54297964.5
9	1993	8	111059	117749.6	-6690.6	44764697.5
10	1994	9	118729	119875.3	-1146.3	1313891.3
11	1995	10	129034	121001.5	8032.5	64520404.6
12	1996	11	132616	121128.5	11487.5	131962396.4
13	1997	12	132410	120256.2	12153.8	147715748.5
14	1998	13	124250	118384.5	5865.5	34404133.9
15	1999	14	109126	115513.5	-6387.5	40800290.4
16	2000	15	100900	111643.2	-10743.2	115416472.6
17	合计	—	1626340	1626340	—	760265091.4

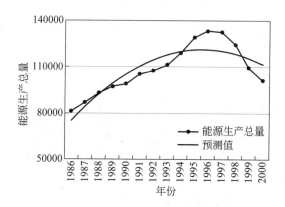

图12.13 能源产量二次曲线预测

$$\hat{Y}_t = ab^t, \tag{12.26}$$

式中 a,b 为未知数。

若 $b>1$,增长率随着时间 t 的增加而增加;若 $b<1$,增长率随着时间 t 的增加而降低;若 $a>0, b<1$,预测值 $\hat{Y}_t$ 逐渐降低到以 0 为极限。

为确定指数曲线中的常数 a 和 b,可采取"线性化"手段将其化为对数直线形式,即两端取对数得

$$\lg \hat{Y}_t = \lg a + t \lg b, \tag{12.27}$$

然后根据最小二乘法原理，按直线形式的常数确定方法，得到求解 $\lg a$ 和 $\lg b$ 的标准方程如下：

$$\begin{cases} \sum \lg Y = n \lg a + \lg b \sum t, \\ \sum t \lg Y = \lg a \sum t + \lg b \sum t^2, \end{cases} \tag{12.28}$$

求出 $\lg a$ 和 $\lg b$ 后，再取其反对数，即得到 a 和 b。

【例 12.12】 根据表 12.9 中的人均 GDP 数据，确定指数曲线方程，计算出各期的预测值和预测误差，预测 2001 年的人均 GDP，并将原序列和各期的预测值序列绘制成图形进行比较。

表 12.9 Excel 输出的指数曲线趋势预测结果

	A	B	C	D	E	F
1	年份	t	人均GDP	预测值	残差	残差平方
2	1986	1	956	962.0	-6.0	36.1
3	1987	2	1103	1125.9	-22.9	526.3
4	1988	3	1355	1317.8	37.2	1383.3
5	1989	4	1512	1542.4	-30.4	922.4
6	1990	5	1634	1805.2	-171.2	29309.4
7	1991	6	1879	2112.8	-233.8	54670.5
8	1992	7	2287	2472.9	-185.9	34541.9
9	1993	8	2939	2894.2	44.8	2003.1
10	1994	9	3923	3387.4	535.6	286822.5
11	1995	10	4854	3964.7	889.3	790884.4
12	1996	11	5576	4640.3	935.7	875553.0
13	1997	12	6054	5431.0	623.0	388098.2
14	1998	13	6307	6356.5	-49.5	2450.8
15	1999	14	6547	7439.7	-892.7	796902.3
16	2000	15	7078	8707.5	-1629.5	2655154.1
17	合计	—	54004	54160.3	—	5919258.1

解 仍使用 Excel 进行求解，首先将指数曲线线性化，即可按线性趋势求得。求得的指数曲线方程为

$$\hat{Y}_t = 821.943677 \times (1.170406)^t。$$

将 $t = 1, 2, \cdots, 15$ 代入趋势方程得到各期的预测值，有关输出结果见表 12.9。预测的估计标准误差为

$$s_Y = \sqrt{\frac{5919258.1}{15-2}} = 674.78。$$

将 $t = 16$ 代入趋势方程即可得到 2001 年人均 GDP 的预测值，即

$$\hat{Y}_{2001} = 821.943677 \times (1.170406)^{16} = 10191.27(元)。$$

将各期预测值及原序列绘成图 12.14,可以看出人均 GDP 的趋势形态。

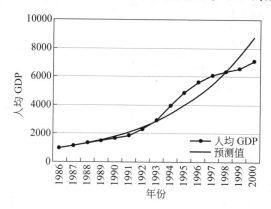

图 12.14 人均 GDP 指数趋势预测

指数曲线在描述序列的趋势形态时,比一般的趋势直线有着更广泛的应用。因为它可以反映出现象的相对发展变化程度,因而对不同序列的指数曲线可以进行比较,以分析各自的相对增长程度。在例 12.12 配合的人均 GDP 指数曲线中,$a = 821.943677$ 表示 $t=0$ 时人均 GDP 的预测值,若将其改为 $\hat{Y}_t = 821.943677 \times (1+0.170406)^t$,可以清楚地看出,人均 GDP 的年平均增长率为 17.0406%。

3 修正指数曲线

在一般指数曲线的基础上增加一个常数 K,即为修正指数曲线(modified exponential curve)。其一般形式为

$$\hat{Y}_t = K + ab^t, \tag{12.29}$$

式中 K, a, b 为未知数。$K>0, a \neq 0, 0 < b \neq 1$。

修正指数曲线用于描述这样一类现象:初期增长迅速,随后增长率逐渐降低,最终则以 K 为增长极限。即当 $K>0, a<0, 0<b<1$ 时,$t \to \infty$,$\hat{Y}_t \to K$。例如,某种刚刚问世的新产品,初期销售量增长可能很快,当社会拥有量接近饱和时,销售量逐渐趋于某一稳定的水平上。现实生活中有许多事物的发展过程符合修正指数曲线形式。

修正指数曲线中的未知数通常可采用三和法求得。三和法的基本思想是:将时间序列观测值等分为 3 个部分,每部分有 m 个时期,从而根据预测值($\hat{Y}_t$)

的 3 个局部总和分别等于原序列观测值 (Y_t) 的 3 个局部总和来确定 3 个常数。

设观测值的 3 个局部总和分别为 S_1, S_2, S_3，即

$$S_1 = \sum_{t=1}^{m} Y_t, \quad S_2 = \sum_{t=m+1}^{2m} Y_t, \quad S_3 = \sum_{t=2m+1}^{3m} Y_t \text{。} \tag{12.30}$$

根据三和法的要求有

$$\begin{cases} S_1 = mK + ab + ab^2 + \cdots + ab^m = mK + ab(1 + b + b^2 + \cdots + b^{m-1}), \\ S_2 = mK + ab^{m+1} + \cdots + ab^{2m} = mK + ab^{m+1}(1 + b + b^2 + \cdots + b^{m-1}), \\ S_3 = mK + ab^{2m+1} + \cdots + ab^{3m} = mK + ab^{2m+1}(1 + b + b^2 + \cdots + b^{m-1})\text{。} \end{cases}$$
$$\tag{12.31}$$

将式 (12.31) 右端括号内分别乘以 $\dfrac{b-1}{b-1}$ 得

$$\begin{cases} S_1 = mK + ab\left(\dfrac{b^m - 1}{b - 1}\right), \\ S_2 = mK + ab^{m+1}\left(\dfrac{b^m - 1}{b - 1}\right), \\ S_3 = mK + ab^{2m+1}\left(\dfrac{b^m - 1}{b - 1}\right)\text{。} \end{cases} \tag{12.32}$$

由式 (12.32) 解得

$$\begin{cases} b = \left(\dfrac{S_3 - S_2}{S_2 - S_1}\right)^{\frac{1}{m}}, \\ a = (S_2 - S_1)\dfrac{b - 1}{b(b^m - 1)^2}, \\ K = \dfrac{1}{m}\left(S_1 - \dfrac{ab(b^m - 1)}{b - 1}\right)\text{。} \end{cases} \tag{12.33}$$

【**例 12.13**】 我国 1983—2000 年的糖产量数据如表 12.10。试确定修正指数曲线方程，计算出各期的预测值和预测误差，预测 2001 年的糖产量，并将原序列和各期的预测值序列绘制成图形进行比较。

解 有关的计算过程和结果列在表 12.11 中。

将表 12.11 中的有关结果代入式 (12.33) 得

$$\begin{cases} b = \left(\dfrac{4353 - 3973}{3973 - 2740}\right)^{\frac{1}{6}} = 0.82187, \\ a = (3973 - 2740) \times \dfrac{0.82187 - 1}{0.82187 \times (0.82187^6 - 1)^2} = -558.37179, \\ K = \dfrac{1}{6} \times \left(2740 - \dfrac{-558.37179 \times 0.82187 \times (0.82187^6 - 1)}{0.82187 - 1}\right) = 753.71415\text{。} \end{cases}$$

表 12.10 1983—2000 年我国的糖产量数据

	A	B	C	D
1	年份	糖产量（万吨）	年份	糖产量（万吨）
2	1983	377	1992	771
3	1984	380	1993	592
4	1985	451	1994	559
5	1986	525	1995	640
6	1987	506	1996	703
7	1988	501	1997	826
8	1989	582	1998	861
9	1990	640	1999	700
10	1991	829	2000	623

资料来源：《中国统计年鉴 2001》，北京：中国统计出版社，2001 年。

表 12.11 修正指数曲线的计算过程和预测结果

	A	B	C	D	E	F
1	年份	t	糖产量	预测值	残差	残差平方
2	1983	1	377	294.8	82.2	6756.0
3	1984	2	380	376.6	3.4	11.9
4	1985	3	451	443.7	7.3	52.8
5	1986	4	525	499.0	26.0	678.6
6	1987	5	506	544.3	-38.3	1469.3
7	1988	6	501	581.6	-80.6	6501.0
8	S1	—	2740	2740.0	—	15469.6
9	1989	7	582	612.3	-30.3	917.0
10	1990	8	640	637.5	2.5	6.4
11	1991	9	829	658.2	170.8	29179.1
12	1992	10	771	675.2	95.8	9178.0
13	1993	11	592	689.2	-97.2	9444.8
14	1994	12	559	700.7	-141.7	20072.9
15	S2	—	3973	3973.0	—	68798.2
16	1995	13	640	710.1	-70.1	4917.7
17	1996	14	703	717.9	-14.9	221.7
18	1997	15	826	724.3	101.7	10348.7
19	1998	16	861	729.5	131.5	17288.0
20	1999	17	700	733.8	-33.8	1144.2
21	2000	18	623	737.4	-114.4	13080.3
22	S3	—	4353	4353	—	47000.6

糖产量的修正指数曲线方程为

$$\hat{Y}_t = 753.71415 - 558.37179 \times 0.82187^t.$$

将 $t=1,2,\cdots,18$ 代入趋势方程得到各期的预测值，结果见表 12.11。预测的估计标准误差为

$$s_Y = \sqrt{\frac{131268.4}{18-3}} = 93.55。$$

将 $t=19$ 代入趋势方程即可得到 2001 年糖产量的预测值,即

$$\hat{Y}_t = 753.71415 - 558.37179 \times 0.82187^{19} = 740.3(万吨)。$$

将各期预测值及原序列绘成图 12.15,可以看出糖产量的趋势形态。从图中可以看出,尽管有个别年份的糖产量超出了 753.71415 万吨,但最终将以这一极限值为中心上下摆动。

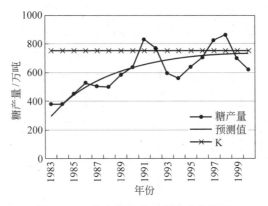

图 12.15 糖产量的修正指数曲线预测

4 Gompertz 曲线

Gompertz 曲线(Gompertz curve)是以英国统计学家和数学家 B. Gompertz 而命名的。曲线方程为

$$\hat{Y}_t = Ka^{b^t}, \tag{12.34}$$

式中 K,a,b 为未知数,$K>0,0<a\neq1,0<b\neq1$。

Gompertz 曲线所描述的现象的特点是:初期增长缓慢,以后逐渐加快,当达到一定程度后,增长率又逐渐下降,最后接近一条水平线。该曲线的两端都有渐近线,其上渐近线为 $Y=K$,下渐近线为 $Y=0$。Gompertz 曲线通常用于描述事物的发展由萌芽、成长到饱和的周期过程。现实中有许多现象符合 Gompertz 曲线,如工业生产的增长、产品的寿命周期、一定时期内的人口增长等,因而该曲线被广泛应用于现象的趋势变动研究。

为确定曲线中的未知数,可将其改为对数形式

$$\lg \hat{Y}_t = \lg K + (\lg a)b^t。\tag{12.35}$$

然后仿照修正指数曲线的常数确定方法，求出 $\lg a, \lg K, b$，取 $\lg a$ 和 $\lg K$ 的反对数求得 a 和 K。令

$$S_1 = \sum_{t=1}^{m} \lg Y_t, \quad S_2 = \sum_{t=m+1}^{2m} \lg Y_t, \quad S_3 = \sum_{t=2m+1}^{3m} \lg Y_t, \quad (12.36)$$

则有

$$\begin{cases} b = \left(\dfrac{S_3 - S_2}{S_2 - S_1}\right)^{\frac{1}{m}}, \\ \lg a = (S_2 - S_1)\dfrac{b-1}{b(b^m-1)^2}, \\ \lg K = \dfrac{1}{m}\left(S_1 - \dfrac{b(b^m-1)}{b-1} \times \lg a\right). \end{cases} \quad (12.37)$$

【例 12.14】 根据表 12.10 中的糖产量数据，确定 Gompertz 曲线方程，计算出各期的预测值和预测误差，预测 2001 年的糖产量，并将原序列和各期的预测值序列绘制成图形进行比较。

解 有关的计算过程和结果列在表 12.12 中。

表 12.12 Gompertz 曲线趋势的计算过程和预测结果

	A	B	C	D	E	F	G
1	年份	t	糖产量 Y	$\lg(Y)$	预测值	残差	残差平方
2	1983	1	377	2.576341	343.4	33.6	1127.3
3	1984	2	380	2.579784	404.8	-24.8	613.3
4	1985	3	451	2.654177	461.5	-10.5	109.8
5	1986	4	525	2.720159	512.4	12.6	159.3
6	1987	5	506	2.704151	557.0	-51.0	2599.8
7	1988	6	501	2.699838	595.4	-94.4	8902.8
8	S1	—	2740	15.934449	2874.4	—	13512.3
9	1989	7	582	2.764923	627.9	-45.9	2102.6
10	1990	8	640	2.806180	655.1	-15.1	226.6
11	1991	9	829	2.918555	677.6	151.4	22921.7
12	1992	10	771	2.887054	696.1	74.9	5603.1
13	1993	11	592	2.772322	711.3	-119.3	14234.1
14	1994	12	559	2.747412	723.6	-164.6	27106.4
15	S2	—	3973	16.896445	4091.6	—	72194.7
16	1995	13	640	2.806180	733.6	-93.6	8767.4
17	1996	14	703	2.846955	741.7	-38.7	1498.3
18	1997	15	826	2.916980	748.2	77.8	6050.7
19	1998	16	861	2.935003	753.4	107.6	11568.0
20	1999	17	700	2.845098	757.6	-57.6	3323.1
21	2000	18	623	2.794488	761.0	-138.0	19048.1
22	S3	—	4353	17.144705	4495.7	—	50255.6

将表 12.9 中的有关结果代入式(12.37)得

$$\begin{cases} b = \left(\dfrac{17.144705 - 16.896445}{16.896445 - 15.934449}\right)^{\frac{1}{6}} = 0.797913, \\ \lg a = (16.896445 - 15.934449) \times \dfrac{0.797913 - 1}{0.797913 \times (0.797913^6 - 1)^2} \\ \quad = -0.442626, \\ \lg K = \dfrac{1}{6}\left[15.934449 - \dfrac{0.797913 \times (0.797913^6 - 1)}{0.797913 - 1} \times (-0.442616)\right] \\ \quad = 2.871843, \end{cases}$$

解得 $K = 774.462393, a = 0.360897, b = 0.797913$。

糖产量的 Gompertz 曲线方程为

$$\hat{Y}_t = 774.462393 \times 0.360897^{0.7979131^t}。$$

将 $t = 1, 2, \cdots, 18$ 代入趋势方程得到各期的预测值,结果见表 12.12。预测的估计标准误差为

$$s_Y = \sqrt{\dfrac{135962.6}{18 - 3}} = 95.21。$$

将 $t = 19$ 代入趋势方程即可得到 2001 年糖产量的预测值,即

$$\hat{Y}_t = 774.462393 \times 0.360897^{0.7979131^{19}} = 763.7(万吨)。$$

将各期预测值及原序列绘成图 12.16,可以看出糖产量的趋势形态。

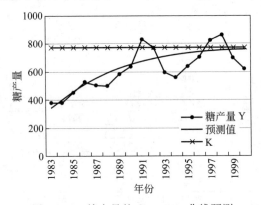

图 12.16 糖产量的 Gompertz 曲线预测

5 Logistic 曲线

Logistic 曲线是 1838 年比利时数学家 Verhulst 所确定的名称。该曲线所描述的现象的特征与 Gompertz 曲线类似,其曲线方程为

$$\hat{Y}_t = \dfrac{1}{K + ab^t}, \qquad (12.38)$$

式中 K, a, b 为未知数，$K>0, a>0, 0<b \neq 1$。

曲线中未知数的确定方法与修正指数曲线类似，只是以观测值 Y_t 的倒数作为计算基础。当 Y_t^{-1} 为小数时，可乘以 10 的适当乘方，以便于计算。令

$$S_1 = \sum_{t=1}^{m} Y_t^{-1}, \quad S_2 = \sum_{t=m+1}^{2m} Y_t^{-1}, \quad S_3 = \sum_{t=2m+1}^{3m} Y_t^{-1}, \quad (12.39)$$

则有

$$\begin{cases} b = \left(\dfrac{S_3 - S_2}{S_2 - S_1}\right)^{\frac{1}{m}}, \\ a = (S_2 - S_1) \dfrac{b-1}{b(b^m - 1)^2}, \\ K = \dfrac{1}{m}\left(S_1 - \dfrac{ab(b^m - 1)}{b - 1}\right). \end{cases} \quad (12.40)$$

请读者根据表 12.10 中的数据进行计算与分析。

12.6 季节型序列的预测

含有季节成分的时间序列其预测方法主要有季节性多元回归预测、季节自回归预测模型等。限于篇幅，本节只介绍季节性多元回归预测方法。

季节性多元回归(seasonal multiple regression)预测是用虚拟变量来表示季节的多元回归预测方法。如果时间序列数据是按季度记录的，需要引入 3 个虚拟变量；如果数据是按月来记录的，则需要引入 11 个虚拟变量[①]。对于季度时间序列数据，引入的虚拟变量（第 4 季度为参照季度，即基础水平）为

$$Q_1 = \begin{cases} 1, 第 1 季度, \\ 0, 其他季度; \end{cases} \quad Q_2 = \begin{cases} 1, 第 2 季度, \\ 0, 其他季度; \end{cases} \quad Q_3 = \begin{cases} 1, 第 3 季度, \\ 0, 其他季度. \end{cases}$$

则季节性多元回归模型可表示为

$$\hat{Y} = b_0 + \underbrace{b_1 t}_{\text{趋势}} + \underbrace{b_2 Q_1 + b_3 Q_2 + b_4 Q_3}_{\text{季节成分}}, \quad (12.41)$$

式中 b_0 是时间序列的平均值；b_1 是趋势成分的系数，表示趋势给时间序列带来的影响值；Q_1, Q_2, Q_3 是表示 3 个季度的虚拟变量；b_2, b_3, b_4 是系数，表示每一个季度与参照的第 4 季度的平均差值。

【例 12.15】 一家商场 2003—2005 年各季度的销售额数据如表 12.13

---

① 关于引入虚拟变量的方法及回归分析，详见第 11 章多元回归分析的内容。

所示。试用季节性多元回归模型预测 2006 年各季度的销售额。

表 12.13 某商场 2001—2005 年各季度的销售额数据 （单位：万元）

	A	B	C	D
1	季度/年	销售额		
2		2003年	2004年	2005年
3	1	3890	3840	4125
4	2	2500	2190	3146
5	3	1989	1765	2434
6	4	4365	4213	4531

解 首先绘制年度折叠时间序列图,以判断时间序列的类型,如图 12.17 所示。

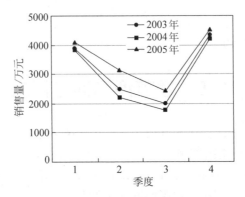

图 12.17 销售额年度折叠时间序列图

从图 12.17 可以看出,销售序列中只含有季节成分。为采用季节性多元回归模型进行预测,引进的虚拟变量如表 12.14 所示。

表 12.14 各季度的销售额和引入季节虚拟变量的数据

	A	B	C	D	E	F
1	年/季度	销售额	时间变量t	Q(1)	Q(2)	Q(3)
2	2003年/1	3890	1	1	0	0
3	2	2500	2	0	1	0
4	3	1989	3	0	0	1
5	4	4365	4	0	0	0
6	2004年/1	3840	5	1	0	0
7	2	2190	6	0	1	0
8	3	1765	7	0	0	1
9	4	4213	8	0	0	0
10	2005年/1	4125	9	1	0	0
11	2	3146	10	0	1	0
12	3	2434	11	0	0	1
13	4	4531	12	0	0	0

由 Excel 给出的多元回归结果（$\alpha = 0.05$）如表 12.15 所示。

表 12.15　某商场销售额的多元回归结果

	A	B	C	D	E	F
1	SUMMARY OUTPUT					
2						
3		回归统计				
4	Multiple R	0.9768				
5	R Square	0.9542				
6	Adjusted R Square	0.9280				
7	标准误差	274.2152				
8	观测值	12				
9						
10	方差分析					
11		df	SS	MS	F	Significance F
12	回归分析	4	10966628	2741657	36.4611	8.921E-05
13	残差	7	526358	75194		
14	总计	11	11492986			
15						
16		Coefficients	标准误差	t Stat	P-value	
17	Intercept	3996.6667	250.3231	15.9660	0.0000	
18	X Variable 1	46.6250	24.2374	1.9237	0.0958	
19	X Variable 2	-278.1250	235.4069	-1.1815	0.2760	
20	X Variable 3	-1664.4167	229.0833	-7.2656	0.0002	
21	X Variable 4	-2260.3750	225.2039	-10.0370	0.0000	

根据表 12.15 得到用于预测的季节性多元回归方程为

$$\hat{Y} = 3996.6667 + 46.6250t - 278.1250Q_1 - 1664.4167Q_2 - 2260.3750Q_3$$

各个系数的含义如下：$b_0 = 3996.6667$ 表示平均销售额；对应于时间变量 t 的系数 $b_1 = 46.6250$ 表示每季度平均增加的销售额；$b_2 = -278.1250$ 表示第 1 季度的销售额比第 4 季度平均少 278.1250 万元；$b_3 = -1664.4167$ 表示第 2 季度的销售额比第 4 季度平均少 1664.4167 万元；$b_4 = -2260.3750$ 表示第 3 季度的销售额比第 4 季度平均少 2260.3750 万元。

从表 12.15 可以看出，修正的 $R^2 = 0.9542$，说明回归方程拟合的非常好。利用上述方程对历史数据的预测结果见表 12.16。

将 $t = 13, 14, 15, 16$ 带入上述多元回归方程即可得到 2006 年各季度销售额的预测值，见表 12.17。

实际值和预测值的图形如图 12.18 所示。

从表 12.15 可以看出，时间变量 t 的系数 b_1 不显著，因为 $P = 0.095810$，这说明销售额的趋势成分并不显著，可以说销售额中不存在趋势成分，系数 b_2 也不显著，而其他 2 个季度变量的系数都是显著的。

表 12.16　某商场销售额的预测结果

	A	B	C	D	E
1	年/季度	实际销售额	时间变量t	预测的销售额	预测误差
2	2003年/1	3890	1	3765.17	124.83
3	2	2500	2	2425.50	74.50
4	3	1989	3	1876.17	112.83
5	4	4365	4	4183.17	181.83
6	2004年/1	3840	5	3951.67	-111.67
7	2	2190	6	2612.00	-422.00
8	3	1765	7	2062.67	-297.67
9	4	4213	8	4369.67	-156.67
10	2005年/1	4125	9	4138.17	-13.17
11	2	3146	10	2798.50	347.50
12	3	2434	11	2249.17	184.83
13	4	4531	12	4556.17	-25.17

表 12.17　2006 年各季度销售额的预测结果

	A	B	C	D	E	F
1	季度/年	时间变量t	Q(1)	Q(2)	Q(3)	预测的销售额
2	2006年/1	13	1	0	0	4324.67
3	2	14	0	1	0	2985.00
4	3	15	0	0	1	2435.67
5	4	16	0	0	0	4742.67

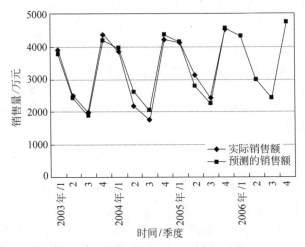

图 12.18　销售额的季节性多元回归预测图

利用季节多元回归法进行预测的一个好处是，在使用所建立的模型进行预测之前，可以将目前的模型中不显著的趋势成分剔除，重新进行回归，然后

利用新的回归模型进行预测。在剔除时间变量 t 和虚拟变量 Q_1 后得到的预测模型为

$$\hat{Y} = 4160.6667 - 1548.6667Q_2 - 2098Q_3。$$

12.7 复合型序列的分解预测

复合型序列是指含有趋势性、季节性、周期性和随机成分的序列。对这类序列预测方法通常是将时间序列的各个因素依次分解出来，尔后再进行预测。由于周期性成分的分析需要有多年的数据，实际中很难得到多年的数据来发现周期性成分，因此采用的分解模型为：$Y_t = T_t \times S_t \times I_t$。这一模型表示该时间序列中含有趋势成分、季节成分和随机成分。对这类序列的预测方法主要有季节性多元回归模型、季节自回归模型和时间序列分解法预测等。季节性多元回归模型已在 12.6 节中作了介绍，本节主要介绍时间序列分解法预测。分解法预测通常按下面的步骤进行：

第 1 步　确定并分离季节成分。计算季节指数，以确定时间序列中的季节成分。然后将季节成分从时间序列中分离出去，即用每一个时间序列观测值除以相应的季节指数，以消除季节性。

第 2 步　建立预测模型并进行预测。对消除了季节成分的时间序列建立适当的预测模型，并根据这一模型进行预测。

第 3 步　计算出最后的预测值。用预测值乘以相应的季节指数，得到最终的预测值。

12.7.1　确定并分离季节成分

季节性因素分析是通过季节指数来表示各年的季节成分，以此来描述各年的季节变动模式。下面先通过一个例子来说明时间序列中所包含的成分。

【例 12.16】　根据例 12.6 某啤酒生产企业 2000—2005 年各季度的销售量数据，绘制时间序列图观察啤酒销售量的构成要素。

解　啤酒销售量的时间序列图如图 12.19 所示。

从图 12.19 可以看出，啤酒销售量具有明显的季节成分，而且后面年份的销售量比前面的年份高，因此其中还含有趋势成分，但其周期性则难以判断。可以认定啤酒销售量序列是一个含有季节成分和趋势成分时间序列。

为预测啤酒销售量，首先确定季节成分，并从序列中将季节成分剔除，然后根据剔除季节成分的序列选择适当的预测模型并进行预测。

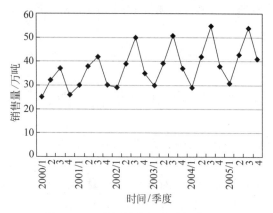

图 12.19 啤酒销售量的时间序列图

1 计算季节指数

季节指数(seasonal index)刻画了序列在一个年度内各月或季的典型季节特征。在乘法模型中,季节指数是以其平均数等于100%为条件而构成的,它反映了某一月份或季度的数值占全年平均数值的大小。如果现象的发展没有季节变动,则各期的季节指数应等于100%;如果某一月份或季度有明显的季节变化,则各期的季节指数应大于或小于100%。因此,季节变动的程度是根据各季节指数与其平均数(100%)的偏差程度来测定的。

季节指数的计算方法有多种,这里只介绍移动平均趋势剔出法。该方法的基本步骤是:

第1步 计算移动平均值(如果是季度数据采用4项移动平均,月份数据则采用12项移动平均),并将其结果进行"中心化"处理,也就是将移动平均的结果再进行一次二项的移动平均,即得出"中心化移动平均值"(CMA)。

第2步 计算移动平均的比值,也成为季节比率,即将序列的各观测值除以相应的中心化移动平均值,然后再计算出各比值的季度(或月份)平均值。

第3步 季节指数调整。由于各季节指数的平均数应等于1或100%,若根据第2步计算的季节比率的平均值不等于1时,则需要进行调整。具体方法是:将第2步计算的每个季节比率的平均值除以它们的总平均值。

下面通过实际例子说明季节指数的计算过程。

【例12.17】 根据例12.6某啤酒生产企业 2000—2005 年各季度的销售量数据,计算各季的季节指数。

解 有关计算过程见表12.18。

表 12.18 某啤酒销售量数据的中心化移动平均值及其比值

	A	B	C	D	E
1	年/季度	时间标号 t	销售量 (Y)	中心化移动平均值 (CMA)	比值 (Y/CMA)
2	2000/1	1	25	—	—
3	2	2	32	—	—
4	3	3	37	30.625	1.2082
5	4	4	26	32.000	0.8125
6	2001/1	5	30	33.375	0.8989
7	2	6	38	34.500	1.1014
8	3	7	42	34.875	1.2043
9	4	8	30	34.875	0.8602
10	2002/1	9	29	36.000	0.8056
11	2	10	39	37.625	1.0365
12	3	11	50	38.375	1.3029
13	4	12	35	38.500	0.9091
14	2003/1	13	30	38.625	0.7767
15	2	14	39	39.000	1.0000
16	3	15	51	39.125	1.3035
17	4	16	37	39.375	0.9397
18	2004/1	17	29	40.250	0.7205
19	2	18	42	40.875	1.0275
20	3	19	55	41.250	1.3333
21	4	20	38	41.625	0.9129
22	2005/1	21	31	41.625	0.7447
23	2	22	43	41.875	1.0269
24	3	23	54	—	—
25	4	24	41	—	—

为计算各比值的平均值和季节指数,需要将上表中的比值再按季度重新排列,结果如表 12.19 所示。

表 12.19 各季节指数计算表

	A	B	C	D	E
1		季 度			
2	年份	1	2	3	4
3	2000	—	—	1.2082	0.8125
4	2001	0.8989	1.1014	1.2043	0.8602
5	2002	0.8056	1.0365	1.3029	0.9091
6	2003	0.7767	1.0000	1.3035	0.9397
7	2004	0.7205	1.0275	1.3333	0.9129
8	2005	0.7447	1.0269	—	—
9	合计	3.9464	5.1924	6.3522	4.4344
10	平均	0.7893	1.0385	1.2704	0.8869
11	季节指数	0.7922	1.0424	1.2752	0.8902

为反映啤酒销售量的季节变动,可以将季节指数绘制成图形,如图 12.20 所示。

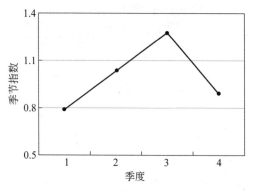

图 12.20 啤酒销售量的季节变动图

从图 12.20 中可以看出,啤酒销售量的旺季是 3 季度,淡季是 1 季度。

2 分离季节性成分

有了季节指数后,就可将各实际观测值分别除以相应的季节指数,将季节性成分从时间序列中分离出去。用公式表示即为

$$\frac{Y}{S} = \frac{T \times S \times I}{S} = T \times I, \tag{12.42}$$

结果即为季节成分分离后的序列,见表 12.20 中的(5)列,它反映了在没有季节因素影响的情况下时间序列的变化形态。原序列与季节成分分离后的图形如图 12.21 所示。

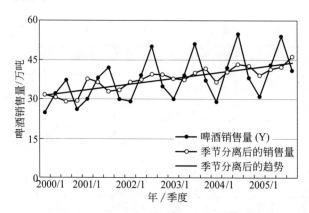

图 12.21 季节分离后的啤酒销售量及其趋势

12.7.2 建立预测模型并进行预测

从剔除季节成分后的啤酒销售量的时间序列图(图 12.21)可以看出,啤酒销售量具有明显的线性趋势。因此,可以用一元线性模型来预测各季度的啤酒销售量。

【例 12.18】 根据例 12.6 啤酒生产企业 2000—2005 年各季度的销售量数据。预测 2000—2005 年各季度的啤酒销售量,并预测 2006 年各季度的啤酒销售量。

方法是根据式(12.21)求出的线性趋势方程,计算出各期的预测值。根据分离季节性因素的序列确定的线性趋势方程为

$$\hat{Y}_t = 30.6067 + 0.5592t$$

根据上述趋势方程计算的各期预测值见表 12.20 中的(6)列。

表 12.20 啤酒销售量的预测值

	A	B	C	D	E	F	G	H
1	年/季	时间编号	啤酒销售量(Y)	季节指数(S)	季节分离后的序列(Y/S)	回归预测值	最终预测值	预测误差
2	(1)	(2)	(3)	(4)	(5)=(3)/(4)	(6)	(7)=(6)×(4)	(8)=(3)-(7)
3	2000/1	1	25	0.7922	31.56	31.17	24.69	0.31
4	2	2	32	1.0424	30.70	31.73	33.07	-1.07
5	3	3	37	1.2752	29.01	32.28	41.17	-4.17
6	4	4	26	0.8902	29.21	32.84	29.24	-3.24
7	2001/1	5	30	0.7922	37.87	33.40	26.46	3.54
8	2	6	38	1.0424	36.46	33.96	35.40	2.60
9	3	7	42	1.2752	32.94	34.52	44.02	-2.02
10	4	8	30	0.8902	33.70	35.08	31.23	-1.23
11	2002/1	9	29	0.7922	36.61	35.64	28.23	0.77
12	2	10	39	1.0424	37.41	36.20	37.73	1.27
13	3	11	50	1.2752	39.21	36.76	46.87	3.13
14	4	12	35	0.8902	39.32	37.32	33.22	1.78
15	2003/1	13	30	0.7922	37.87	37.88	30.01	-0.01
16	2	14	39	1.0424	37.41	38.44	40.06	-1.06
17	3	15	51	1.2752	39.99	38.99	49.73	1.27
18	4	16	37	0.8902	41.56	39.55	35.21	1.79
19	2004/1	17	29	0.7922	36.61	40.11	31.78	-2.78
20	2	18	42	1.0424	40.29	40.67	42.40	-0.40
21	3	19	55	1.2752	43.13	41.23	52.58	2.42
22	4	20	38	0.8902	42.69	41.79	37.20	0.80
23	2005/1	21	31	0.7922	39.13	42.35	33.55	-2.55
24	2	22	43	1.0424	41.25	42.91	44.73	-1.73
25	3	23	54	1.2752	42.35	43.47	55.43	-1.43
26	4	24	41	0.8902	46.06	44.03	39.19	1.81

12.7.3 计算最后的预测值

根据分离季节性因素的序列确定的线性趋势方程 $\hat{Y}_t = 30.6067 + 0.5592t$，可以得到 2000—2005 年各季度的预测值见表 12.20。将回归预测值乘以相应的季节指数，就得到最后的预测值。

预测 2006 年第 1 季度的销售量，将 $t=25$ 代入趋势方程得

$$\hat{Y}_t = 30.6067 + 0.5592 \times 25 = 44.59 \text{（万吨）}.$$

这个预测值是不含季节性因素的，也就是说，如果没有季节因素的影响，啤酒销售量的预测值为 44.59 万吨。如果要求出含有季节性因素的销售量的最终预测值，则需要将上面的预测值乘以第 1 季度的季节指数。结果为 $44.59 \times 0.7922 = 35.32$（万吨）。2006 年各季度啤酒销售量的预测值如表 12.21。

表 12.21 2006 年啤酒销售量的预测值

	A	B	C	D	E
1	年/季	时间编号	季节指数(S)	回归预测值	最终预测值
2	2006/1	25	0.79	44.59	35.32
3	2	26	1.04	45.15	47.06
4	3	27	1.28	45.71	58.28
5	4	28	0.89	46.26	41.18

图 12.22 给出了啤酒销售量的实际值和预测值，可以看出，预测效果非常好。

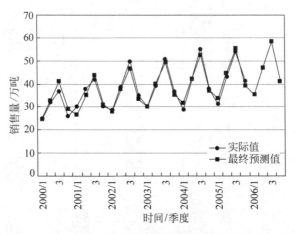

图 12.22 啤酒销售量的预测

12.8 周期性分析

如果有较长的时间序列,并判断该序列中含有周期性成分,则可以进行周期性分析。周期性由于时间长短和波动大小不一,且常与不规则波动交织在一起,因而很难单独加以描述和分析。通常是从时间序列中依次消去季节性因素、趋势因素和不规则因素,所剩结果即为周期性因素。因此分析循环波动的常用方法是剩余法。

剩余法的基本思想和原理是:从时间序列中一次或陆续消去趋势变动、季节变动,剩下循环波动和不规则波动,然后再将结果进行平滑,尽可能消去不规则成分,其所余结果即为循环波动值。具体计算步骤如下。

先消去季节性因素,求得无季节性资料。用公式表示为

$$\text{无季节性资料} = \frac{T \times S \times C \times I}{S} = T \times C \times I。 \qquad (12.43)$$

再将结果除以由分离季节性因素后的数据计算得到的预测值,求得含有周期性及随机波动的序列。用公式表示为

$$\text{周期与随机波动} = \frac{T \times C \times I}{T} = C \times I。 \qquad (12.44)$$

最后将上述结果进行移动平均(MA),以消除随机波动,即得周期性波动值。公式如下:

$$C = \text{MA}(C \times I)。 \qquad (12.45)$$

有关计算过程和结果见表 12.22 中的(7)列和(8)列。

根据周期性波动数值绘制的周期变动图如图 12.23 所示。

从图 12.23 可以看出,2000—2005 年,啤酒销售量大体上经历了一次大的完整循环周期,期间包括若干个小的循环周期。但由于时间序列比较短,对啤酒销售量的周期性分析还有待更长的时间序列数据来验证。

将季节性因素、趋势因素、周期性因素分离后,剩下的就是随机波动。结果见表 12.22 中的(9)列。随机波动图如图 12.24 所示。

表 12.22　周期波动和随机波动计算表

	A	B	C	D	E	F	G	H	I
1	年/季	时间编号	啤酒销售量(Y)	季节指数(S)	季节分离后的序列(Y/S)	回归趋势值	周期及随机波动C*I	周期波动(C)	随机波动(I)
2	(1)	(2)	(3)	(4)	(5)=(3)/(4)	(6)	(7)=(5)/(6)	(8)=MA(7)	(9)=(7)/(8)
3	2000/1	1	25	0.79	31.56	31.17	1.01		
4	2	2	32	1.04	30.70	31.73	0.97	0.96	1.01
5	3	3	37	1.28	29.01	32.28	0.90	0.92	0.98
6	4	4	26	0.89	29.21	32.84	0.89	0.97	0.91
7	2001/1	5	30	0.79	37.87	33.40	1.13	1.03	1.10
8	2	6	38	1.04	36.46	33.96	1.07	1.05	1.02
9	3	7	42	1.28	32.94	34.52	0.95	1.00	0.96
10	4	8	30	0.89	33.70	35.08	0.96	0.98	0.98
11	2002/1	9	29	0.79	36.61	35.64	1.03	1.01	1.02
12	2	10	39	1.04	37.41	36.20	1.03	1.04	0.99
13	3	11	50	1.28	39.21	36.76	1.07	1.05	1.01
14	4	12	35	0.89	39.32	37.32	1.05	1.04	1.01
15	2003/1	13	30	0.79	37.87	37.88	1.00	1.01	0.99
16	2	14	39	1.04	37.41	38.44	0.97	1.00	0.97
17	3	15	51	1.28	39.99	38.99	1.03	1.02	1.01
18	4	16	37	0.89	41.56	39.55	1.05	1.00	1.05
19	2004/1	17	29	0.79	36.61	40.11	0.91	0.98	0.93
20	2	18	42	1.04	40.29	40.67	0.99	0.98	1.01
21	3	19	55	1.28	43.13	41.23	1.05	1.02	1.03
22	4	20	38	0.89	42.69	41.79	1.02	1.00	1.02
23	2005/1	21	31	0.79	39.13	42.35	0.92	0.97	0.95
24	2	22	43	1.04	41.25	42.91	0.96	0.95	1.01
25	3	23	54	1.28	42.35	43.47	0.97	0.99	0.98
26	4	24	41	0.89	46.06	44.03	1.05		

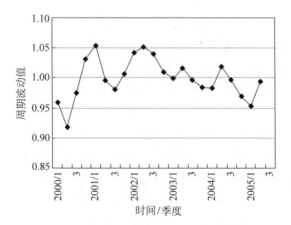

图 12.23　啤酒销售量的周期波动

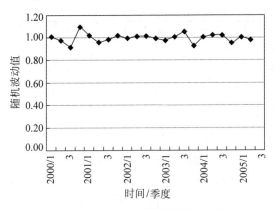

图 12.24　啤酒销售量的随机波动

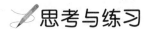

思考题

12.1　简述时间序列的各构成要素。

12.2　什么是年度化增长率？它有何用途？

12.3　利用增长率分析时间序列时应注意哪些问题？

12.4　简述平稳序列和非平稳序列的含义。

12.5　简述时间序列的预测程序。

12.6　简述指数平滑法的基本含义。

12.7　简述符合复合型时间序列的预测步骤。

12.8　简述季节指数的计算步骤。

练习题

12.1　下表是 1981—1999 年国家财政用于农业的支出额数据：

年份	支出额/亿元	年份	支出额/亿元
1981	110.21	1986	184.2
1982	120.49	1987	195.72
1983	132.87	1988	214.07
1984	141.29	1989	265.94
1985	153.62	1990	307.84

续表

年份	支出额/亿元	年份	支出额/亿元
1991	347.57	1996	700.43
1992	376.02	1997	766.39
1993	440.45	1998	1154.76
1994	532.98	1999	1085.76
1995	574.93		

(1) 绘制时间序列图描述其形态。

(2) 计算年平均增长率。

(3) 根据年平均增长率预测 2000 年的支出额。

12.2 下表是 1981—2000 年我国油菜籽单位面积产量数据（单位：kg/hm^2）：

年份	单位面积产量	年份	单位面积产量
1981	1451	1991	1215
1982	1372	1992	1281
1983	1168	1993	1309
1984	1232	1994	1296
1985	1245	1995	1416
1986	1200	1996	1367
1987	1260	1997	1479
1988	1020	1998	1272
1989	1095	1999	1469
1990	1260	2000	1519

(1) 绘制时间序列图描述其形态。

(2) 用 5 期移动平均法预测 2001 年的单位面积产量。

(3) 采用指数平滑法，分别用平滑系数 $\alpha=0.3$ 和 $\alpha=0.5$ 预测 2001 年的单位面积产量，分析预测误差，说明用哪一个平滑系数预测更合适？

12.3 下面是一家旅馆过去 18 个月的营业额数据：

序号	营业额/万元	序号	营业额/万元
1	295	4	355
2	283	5	286
3	322	6	379

续表

序号	营业额/万元	序号	营业额/万元
7	381	13	449
8	431	14	544
9	424	15	601
10	473	16	587
11	470	17	644
12	481	18	660

(1) 用3期移动平均法预测第19个月的营业额。

(2) 采用指数平滑法,分别用平滑系数 $\alpha=0.3,\alpha=0.4$ 和 $\alpha=0.5$ 预测各月的营业额,分析预测误差,说明用哪一个平滑系数预测更合适?

(3) 建立一个趋势方程预测各月的营业额,计算出估计标准误差。

12.4 下表是1981—2000年我国财政用于文教、科技、卫生事业费支出额数据:

年份	支出/万元	年份	支出/万元
1981	171.36	1991	708.00
1982	196.96	1992	792.96
1983	223.54	1993	957.77
1984	263.17	1994	1278.18
1985	316.70	1995	1467.06
1986	379.93	1996	1704.25
1987	402.75	1997	1903.59
1988	486.10	1998	2154.38
1989	553.33	1999	2408.06
1990	617.29	2000	2736.88

(1) 绘制时间序列图描述其趋势。

(2) 选择一条适合的趋势线拟合数据,并根据趋势线预测2001年的支出额。

12.5 我国1964—1999年的纱产量数据如下(单位:万吨):

年份	纱产量	年份	纱产量	年份	纱产量
1964	97.0	1976	196.0	1988	465.7
1965	130.0	1977	223.0	1989	476.7
1966	156.5	1978	238.2	1990	462.6
1967	135.2	1979	263.5	1991	460.8
1968	137.7	1980	292.6	1992	501.8
1969	180.5	1981	317.0	1993	501.5
1970	205.2	1982	335.4	1994	489.5
1971	190.0	1983	327.0	1995	542.3
1972	188.6	1984	321.9	1996	512.2
1973	196.7	1985	353.5	1997	559.8
1974	180.3	1986	397.8	1998	542.0
1975	210.8	1987	436.8	1999	567.0

(1) 绘制时间序列图并描述其趋势。

(2) 选择一条适合的趋势线拟合数据,并根据趋势线预测 2000 年的产量。

12.6 对下面的数据分别拟合线性趋势线 $\hat{Y}=a+bt$,二次曲线 $\hat{Y}=a+bt+ct^2$ 和三次曲线 $\hat{Y}=a+bt+ct^2+dt^3$。并对结果进行比较。

时间 t	观测值 Y	时间 t	观测值 Y
1	372	19	360
2	370	20	357
3	374	21	356
4	375	22	352
5	377	23	348
6	377	24	353
7	374	25	356
8	372	26	356
9	373	27	356
10	372	28	359
11	369	29	360
12	367	30	357
13	367	31	357
14	365	32	355
15	363	33	356
16	359	34	363
17	358	35	365
18	359		

12.7 下表是 1981—2000 年我国的原煤产量数据：

年份	原煤产量/亿吨	年份	原煤产量/亿吨
1981	6.22	1991	10.87
1982	6.66	1992	11.16
1983	7.15	1993	11.50
1984	7.89	1994	12.40
1985	8.72	1995	13.61
1986	8.94	1996	13.97
1987	9.28	1997	13.73
1988	9.80	1998	12.50
1989	10.54	1999	10.45
1990	10.80	2000	9.98

(1) 绘制时间序列图并描述其趋势。

(2) 选择一条适合的趋势线拟合数据，并根据趋势线预测 2001 年的产量。

12.8 一家贸易公司主要经营产品的外销业务，为了合理地组织货源，需要了解外销订单的变化状况。下表是 1997—2001 年各月份的外销定单金额(单位：万元)：

年 月	1997	1998	1999	2000	2001
1	54.3	49.1	56.7	64.4	61.1
2	46.6	50.4	52.0	54.5	69.4
3	62.6	59.3	61.7	68.0	76.5
4	58.2	58.5	61.4	71.9	71.6
5	57.4	60.0	62.4	69.4	74.6
6	56.6	55.6	63.6	67.7	69.9
7	56.1	58.0	63.2	68.0	71.4
8	52.9	55.8	63.9	66.3	72.7
9	54.6	55.8	63.2	67.8	69.9
10	51.3	59.8	63.4	71.5	74.2
11	54.8	59.4	64.4	70.5	72.7
12	52.1	55.5	63.8	69.4	72.5

(1) 根据各年的月份数据绘制趋势图,说明该时间序列的特点。

(2) 要寻找各月份的预测值,你认为应该采取什么方法?

(3) 选择你认为合适的方法预测2002年1月份的外销订单金额。

12.9　1993—2000年我国社会消费品零售总额数据如下(单位:亿元):

年＼月	1993	1994	1995	1996	1997	1998	1999	2000
1	977.5	1192.2	1602.2	1909.1	2288.5	2549.5	2662.1	2774.7
2	892.5	1162.7	1491.5	1911.2	2213.5	2306.4	2538.4	2805.0
3	942.3	1167.5	1533.3	1860.1	2130.9	2279.7	2403.1	2627.0
4	941.3	1170.4	1548.7	1854.8	2100.5	2252.7	2356.8	2572.0
5	962.2	1213.7	1585.4	1898.3	2108.2	2265.2	2364.0	2637.0
6	1005.7	1281.1	1639.7	1966.0	2164.7	2326.0	2428.8	2645.0
7	963.8	1251.5	1623.6	1888.7	2102.5	2286.1	2380.3	2597.0
8	959.8	1286.0	1637.1	1916.4	2104.4	2314.6	2410.9	2636.0
9	1023.3	1396.2	1756.0	2083.5	2239.6	2443.1	2604.3	2854.0
10	1051.1	1444.1	1818.0	2148.3	2348.0	2536.0	2743.9	3029.0
11	1102.0	1553.8	1935.2	2290.1	2454.9	2652.2	2781.5	3108.0
12	1415.5	1932.2	2389.5	2848.6	2881.7	3131.4	3405.7	3680.0

(1) 绘制时间序列线图,说明该序列的特点。

(2) 利用分解预测法预测2001年各月份的社会消费品零售总额。

12.10　1995—2000年北京市月平均气温数据如下(单位:℃):

年＼月	1995	1996	1997	1998	1999	2000
1	−0.7	−2.2	−3.8	−3.9	−1.6	−6.4
2	2.1	−0.4	1.3	2.4	2.2	−1.5
3	7.7	6.2	8.7	7.6	4.8	8.1
4	14.7	14.3	14.5	15.0	14.4	14.6
5	19.8	21.6	20.0	19.9	19.5	20.4
6	24.3	25.4	24.6	23.6	25.4	26.7
7	25.9	25.5	28.2	26.5	28.1	29.6
8	25.4	23.9	26.6	25.1	25.6	25.7
9	19.0	20.7	18.6	22.2	20.9	21.8
10	14.5	12.8	14.0	14.8	13.0	12.6
11	7.7	4.2	5.4	4.0	5.9	3.0
12	−0.4	0.9	−1.5	0.1	−0.6	−0.6

(1) 绘制年度折叠时间序列图,判断时间序列的类型。

(2) 用季节性多元回归模型预测 2001 年各月份的平均气温。

12.11 下表中的数据是一家大型百货公司最近几年各季度的销售额数据(单位:万元)。对这一时间序列的构成要素进行分解,计算季节指数、剔除季节变动、计算周期值和随机波动值。并作出图形进行分析。

年 \ 季	1	2	3	4
1991	993.1	971.2	2264.1	1943.3
1992	1673.6	1931.5	3927.8	3079.6
1993	2342.4	2552.6	3747.5	4472.8
1994	3254.4	4245.2	5951.1	6373.1
1995	3904.2	5105.9	7252.6	8630.5
1996	5483.2	5997.3	8776.1	8720.6
1997	5123.6	6051.0	9592.2	8341.2
1998	4942.4	6825.5	8900.1	8723.1
1999	5009.9	6257.9	8016.8	7865.6
2000	6059.3	5819.7	7758.8	8128.2

12.12 下表中的数据是一家水产品加工公司最近几年的加工量数据(单位:t)。对该序列进行分解,计算季节指数、剔除季节变动、计算周期值和随机波动值。

月 \ 年	1997	1998	1999	2000	2001
1	78.8	91.9	90.4	66.8	99.5
2	78.1	92.1	100.1	73.3	80.0
3	84.0	80.9	114.1	85.3	108.4
4	94.3	94.5	108.2	94.6	118.3
5	97.6	101.4	125.7	74.1	126.8
6	102.8	111.7	118.3	100.8	123.3
7	92.7	92.9	89.1	106.7	117.2
8	41.6	43.6	46.1	44.0	42.0
9	109.8	117.5	132.1	132.1	150.6
10	127.3	153.1	173.9	162.5	176.6
11	210.3	229.4	273.3	249.0	249.2
12	242.8	286.7	352.1	330.8	320.6

人物传记

Abraham Wald

A. Wald(1902—1950)出生于匈牙利克鲁日（后来成为罗马尼亚克鲁日）。他接受私人教育并自学（这是他家族的犹太正统因素造成的）。20世纪30年代，他迁居到维也纳，在奥地利学会从事经济周期研究，并在纳粹党合并的时候收到了美国Cowles委员会的工作邀请。正是这次迁居使他避免葬身于毒气室——而这一厄运几乎降临到了他庞大家族的每一个人身上（一个人除外）。最终，Wald在哥伦比亚大学教统计学（在学生的记忆中，他是一个有着无人能及的清晰且严密逻辑的极棒的老师），但是因为在前往印度演讲的旅程中发生了飞机坠毁事故，结束了他的职业生涯。

最重要的是，Wald的名字将永远与统计决策论和顺序分析联系在一起。在他最早且最好的一篇论文中，他引入了许多决策论的基本概念，以及一次抽样决策的数学结构，后者足以包含估计、假设检验，甚至实验设计等内容。正如他在他不朽的著作"统计判定函数"(1950)的序言中阐述的那样："相对于以前的成果，一个最主要的进步就是把实验设计作为一般决策问题的一部分来处理。"Wald(以及后来的决策理论家)把所有的统计问题看作是一种在不确定条件下的决策科学（并且把统计数据的使用者看作是这样一种人，他们在决策过程中寻求若干可能具有最大预期利润的决策中的一种），这一倾向引起了R. A. Fisher的愤怒。Fisher认为决策论或许适用于工业，但绝不适用于科学研究（因为在这一过程中是要对真相做出正确的推断，而不是要通过最优决策来获取利润）。然而Wald的方法很好地吻合了

---

① 资料来源：Oskar Morgenstern. Abraham Wald，1902-1950，Econometrica，October 1951：361-367. International Encyclopedia of Statistics，New York：Free Press，1978(2)：1235-1238.

Neyman-Pearson 的假设检验理论。

尽管在 Wald 之前已经有先驱者,但他第一个用数学表示并一般性地解决了统计假设的顺序检验问题。Wald 说,如果数据具有严格顺序的迹象是十分片面的,那么为什么不早一点停止调查呢?为什么还要坚持进行观测并对包含在事先确定了样本量的一个样本中的所有数据进行分析呢?这一研究最终产生了著作 *Sequential Analysis*(顺序分析)(1947)。

这并不是 Wald 所有的成就。在他短短一生中,Wald 在其他领域也做出了重要贡献。他发表了 90 多部著作和论文,涉及拓扑学、测度论和集合论、点阵理论、计量经济学(时间序列的季节修正,估计经济指数的公式)、数理经济学(无差别曲面,验证方程的 Walrasian 系统存在惟一的解),以及更多的领域。

第13章

指　　数

数字不会说谎,但说谎的人会想出办法。

——Charles Grosvenor

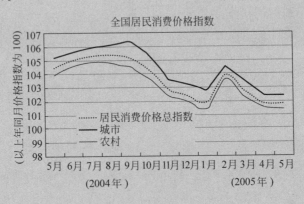

统计应用： 报道价格指数[①]

　　5月份,全国居民消费价格总水平比去年同月上涨1.8%,其中城市上涨1.4%,农村上涨2.4%。与4月份比,居民消费价格总水平下降0.2%。1~5月份累计,居民消费价格总水平比去年同期上涨2.4%。

[①] 资料来源：根据国家统计局网站相关资料整理而成。

分类别看，5月份，食品价格比去年同月上涨2.8%，非食品价格上涨1.2%；消费品价格上涨1.2%，服务项目价格上涨3.6%。

食品类价格中，粮食价格下降1.6%，油脂价格下降5.7%，肉禽及其制品价格上涨6.9%，鲜蛋价格上涨11.9%，水产品价格上涨3.0%，鲜菜价格上涨10.1%。

烟酒及用品类价格上涨0.4%。其中，烟草价格上涨0.4%，酒类价格上涨0.6%。

衣着类价格下降2.2%。其中，服装价格下降2.3%。

家庭设备用品及维修服务价格下降0.3%。其中，耐用消费品价格下降1.4%，家庭服务及加工维修服务价格上涨3.8%。

医疗保健及个人用品类价格下降0.5%。其中，西药价格下降2.4%，中药材及中成药价格下降4.2%，但医疗保健服务价格上涨4.0%。

交通和通信类价格下降1.4%。其中，交通工具价格下降3.4%，但车用燃料及零配件价格上涨8.8%，车辆使用及维修价格上涨2.2%，城市间交通费价格上涨2.5%；通信工具价格下降16.6%。

娱乐教育文化用品及服务类价格上涨2.8%。其中，学杂托幼费价格上涨6.6%，文娱费价格上涨3.7%，旅游及外出价格下降1.5%，文娱用耐用消费品价格下降6.3%。

居住类价格上涨5.8%。其中，水、电及燃料价格上涨8.9%，建房及装修材料价格上涨2.9%，租房价格上涨2.2%。

13.1 引　　言

在日常生活中，经常听到或看到各种价格指数的统计数字。例如，零售价格指数、销售价格指数、股票价格指数等。指数的编制最早起源于物价指数，用于反映价格的变动。广义地讲，任何两个数值对比形成的相对数都可以称为指数；狭义地讲，指数是用于测定多个项目在不同场合下综合变动的一种相对数。从指数理论和方法上看，指数所研究的主要是狭义的指数。因此，本章所讨论的主要是狭义的指数。

▶定义 13.1　测定多个项目在不同场合下综合变动的相对数，称为指数

(index number)。

从不同角度出发,指数可以分为以下几种主要类型:

(1) 按所反映的内容不同,可以分为数量指数(quantitive index number)和质量指数(qualitive index number)。数量指数是反映物量变动水平的,如产品产量指数、商品销售量指数等;质量指数是反映事物内含数量的变动水平的,如价格指数、产品成本指数等。

(2) 按计入指数的项目多少不同,可分为个体指数和综合指数(aggregative index number)。个体指数是反映一个项目或变量变动的相对数,如一种商品的价格或销售量的相对变动水平;综合指数是反映多个项目或变量综合变动的相对数,如多种商品的价格或销售量的综合变动水平。

(3) 按计算形式不同,可分为简单指数和加权指数。简单指数(simple index number)又称不加权指数,它把计入指数的各个项目的重要性视为相同;加权指数(weighted index number)则对计入指数的项目依据重要程度赋予不同的权数,而后再进行计算。目前应用的主要是加权指数。

(4) 按对比场合不同,可分为时间性指数和区域性指数。其中时间性指数中又有定基指数和环比指数之分。在指数序列中,若所有各期指数均使用同一基期计算的,称为定基指数;若所有各期指数均以上一个时期为基期计算的,称为环比指数。

13.2 加权指数

在计算指数时,对计入指数的各个项目依据其重要程度赋予不同的权数,这种通过加权方法计算的指数称为加权指数。通过加权可以提高指数的准确性和代表性。加权指数因所采用的权数不同有加权综合指数、加权平均指数等不同形式。

13.2.1 加权综合指数

▶定义 13.2 通过加权来测定一组项目的综合变动状况,这样的指数称为加权综合指数(weighted aggregative index number)。

对于加权综合指数,若所测定的是一组项目的物量变动状况,则称为数量指数,如产品产量指数,商品销售量指数等;若所测定的是一组项目的质量变动状况则称为质量指数,如价格指数、产品成本指数等。但由于权数可以固定在不同时期,因而加权综合指数有不同的计算公式[①]。

1 价格指数

价格指数用于反映多个产品或商品项目在不同时期的价格综合变动情况。通常情况下,在计算价格指数时,将相应的产量或销售量固定在报告期。用 I_p 表示价格指数,其计算公式为

$$I_p = \frac{\sum p_1 q_1}{\sum p_0 q_1}, \quad (13.1)$$

式中 p_0 和 p_1 分别表示一组项目基期和报告期的价格;q_1 表示一组项目报告期的产量或销售量。

【例 13.1】 设某粮油零售市场 2004 年和 2005 年 3 种商品的零售价格和销售量资料如表 13.1。试以报告期销售量为权数,计算 3 种商品的价格指数。

表 13.1　某粮油零售市场 3 种商品的价格和销售量

	A	B	C	D	E	F
1	商品名称	计量单位	单价(元)		销售量	
2			2004	2005	2004	2005
3	粳米	t	2600	3000	120	150
4	标准粉	t	2300	2100	150	200
5	花生油	kg	9.8	10.5	1500	1600

解 设销售量为 q,零售价格为 p,计算过程如表 13.2 所示。

表 13.2　加权综合指数计算表

	A	B	C	D	E	F	G	H	I
1	商品名称	计量单位	单价(元)		销售量		销售额(元)		
2			2004	2005	2004	2005	2004	2005	
3			p_0	p_1	q_0	q_1	$p_0 q_0$	$p_1 q_1$	$p_0 q_1$
4	粳米	t	2600	3000	120	150	312000	450000	390000
5	标准粉	t	2300	2100	150	200	345000	420000	460000
6	花生油	kg	9.8	10.5	1500	1600	14700	16800	15680
7	合计	—	—	—	—	—	671700	886800	865680

---

① 较为常见的加权综合指数形式有 Laspeyres 指数和 Paasche 指数两种。Laspeyres 指数(Laspeyres index)是 1864 年德国学者 Laspeyres 提出的一种指数计算方法,该方法在计算一组项目的综合指数时,把作为权数的各变量值固定在基期。Paasche 指数(Paasche index)是 1874 年德国学者 Paasche 所提出的一种指数计算方法,该方法在计算综合指数时,把作为权数的各变量值固定在报告期。

根据式(13.1)得价格指数为

$$I_p = \frac{\sum p_1 q_1}{\sum p_0 q_1} = \frac{886800}{865680} = 102.44\%。$$

计算结果表明,与 2004 年相比,2005 年该粮油零售市场 3 种商品的零售价格平均上涨了 2.44%。

2 销售量指数

销售量指数用于反映多个产品或商品项目在不同时期的销售量变动情况。通常情况下,在计算销售量指数时,将相应价格(或生产成本)固定在基期。用 I_q 表示销售量指数,其计算公式为

$$I_q = \frac{\sum p_0 q_1}{\sum p_0 q_0}。 \tag{13.2}$$

【例 13.2】 根据表 13.1 中的数据资料,以 2004 年的零售价格为权数计算 3 种商品的销售量指数。

解 根据表 13.2 中的有关计算结果和式(13.2)得价格综合指数为

$$I_q = \frac{\sum p_0 q_1}{\sum p_0 q_0} = \frac{865680}{671700} = 128.88\%。$$

计算结果表明,与 2004 年相比,2005 年该粮油商店 3 种商品的销售量平均上涨了 28.88%。

13.2.2 加权平均指数

▶**定义 13.3** 以某一时期的价值总量为权数对个体指数加权平均计算的指数,称为加权平均指数(weighted average index number)。

加权平均指数中,作为权数的总量通常为价值总量,如商品销售额或产品销售额等。加权平均指数可以看作是加权综合指数的另一种形式。

1 价格指数

加权平均价格指数通常是用报告期的销售额 $p_1 q_1$ 为权数,对个体价格指数 p_1/p_0 加权平均计算出来的,其计算公式为

$$I_p = \frac{\sum p_1 q_1}{\sum \frac{1}{p_1/p_0} p_1 q_1}, \tag{13.3}$$

式(13.3)实际上可以看作是式(13.1)的另一种表现形式。

【例 13.3】 设某企业生产 3 种产品的有关资料如表 13.3 所示。试计算 3 种产品的价格指数。

表 13.3 某企业生产 3 种产品的有关数据

	A	B	C	D	E	F
1	产品名称	计量单位	销售额(万元)		个体价格指数	个体销售量指数
2			基期 (p_0q_0)	报告期 (p_1q_1)	(p_1/p_0)	(q_1/q_0)
3	甲	件	200	220	1.14	1.03
4	乙	台	50	50	1.05	0.98
5	丙	箱	120	150	1.2	1.1

解 根据式(13.3)得 3 种产品的价格指数为

$$I_p = \frac{\sum p_1 q_1}{\sum \frac{1}{p_1/p_0} p_1 q_1} = \frac{220 + 50 + 150}{\frac{220}{1.14} + \frac{50}{1.05} + \frac{150}{1.20}} = \frac{420}{365.60} = 114.88\%。$$

计算结果表明,报告期与基期相比,该企业 3 种产品的销售价格平均提高了 14.88%。

2 销售量指数

加权平均销售量指数通常是用基期的销售额 p_1q_1 为权数,对个体销售量指数 q_1/q_0 加权平均计算出来的。其计算公式为

$$I_q = \frac{\sum \frac{q_1}{q_0} p_0 q_0}{\sum p_0 q_0}, \tag{13.4}$$

式(13.4)实际上可以看作是式(13.2)的另一种表现形式。

【例 13.4】 根据表 13.3 中的有关数据,用报告期销售额作权数计算 3 种产品的销售量指数。

解 根据式(13.4)得

$$I_q = \frac{\sum \frac{q_1}{q_0} p_0 q_0}{\sum p_0 q_0} = \frac{1.03 \times 200 + 0.098 \times 50 + 1.10 \times 120}{200 + 50 + 120}$$

$$= \frac{387}{370} = 104.59\%。$$

计算结果表明,报告期与基期相比,该企业3种产品的销售量平均提高了4.59%。

13.2.3 价值指数与指数体系

上一节,介绍了指数编制的一般方法。在实际应用中,不仅要确定单个指数的计算方法,更重要的是确定由几个指数组成的指数体系,以便对相互联系的社会经济现象作更深入的分析。

▶**定义 13.4** 由两个不同时期的价值总量对比形成的指数,称为价值指数(value index)。

价值总量通常可以分解为若干个构成因素,如商品销售额是销售量(q)与销售价格(p)的乘积。因此,价值指数一般形式可以写为

$$v = \frac{\sum p_1 q_1}{\sum p_0 q_0}。 \tag{13.5}$$

为分析价值指数变动中各因素的影响方向和程度,可以对价值指数进行分解,得到各个因素指数,如商品销售额指数可分解为销售量与价格两个因素指数。

▶**定义 13.5** 由价值指数及其若干个因素指数构成的数量关系式,称为指数体系(index system)。

在指数体系中,价值指数与各因素指数之间的数量关系表现为两个方面:一是从相对量来看,价值指数等于各因素指数的乘积,如商品销售额指数＝价格指数×销售量指数;二是从绝对量来看,价值总量的变动差额等于各因素指数变动差额之和。因此,指数体系可表示为

$$\frac{\sum p_1 q_1}{\sum p_0 q_0} = \frac{\sum p_1 q_1}{\sum p_0 q_1} \times \frac{\sum p_0 q_1}{\sum p_0 q_0}, \tag{13.6}$$

就绝对水平看其关系式为

$$\sum p_1 q_1 - \sum p_0 q_0 = \left(\sum p_1 q_1 - \sum p_0 q_1\right) + \left(\sum p_0 q_1 - \sum p_0 q_0\right)。 \tag{13.7}$$

【**例 13.5**】 根据表 13.1 中的有关数据,利用指数体系分析价格和销售量变动对销售额的影响。

解 销售额指数 $=\dfrac{\sum p_1 q_1}{\sum p_0 q_0}=\dfrac{886800}{671700}=132.02\%$,

价格指数 $=\dfrac{\sum p_1 q_1}{\sum p_0 q_1}=\dfrac{886800}{865680}=102.44\%$,

销售量指数 $=\dfrac{\sum p_0 q_1}{\sum p_0 q_0}=\dfrac{865680}{671700}=128.88\%$。

三者之间的数量关系为 $132.02\%=102.44\%\times 128.88\%$。

即 2005 年与 2004 年相比,该粮油零售市场 3 种商品的销售额提高了 32.02%,其中由于零售价格的变动使销售额提高了 2.44%,由于销售量的变动使销售额提高了 28.88%。

从绝对变动水平来看,

销售额变动 $=\sum p_1 q_1 - \sum p_0 q_0 = 886800 - 671700 = 215100$(元),

价格变动的影响额 $=\sum p_1 q_1 - \sum p_0 q_1 = 886800 - 865680 = 21120$(元),

销售量变动的影响额 $=\sum p_0 q_1 - \sum p_0 q_0 = 865680 - 671700 = 193980$(元)。

三者之间的数量关系为 215100(元)=21120(元)+193980(元)。

即 2005 年与 2004 年相比,该粮油市场 3 种商品的销售额增加了 215100 元,其中由于零售价格的变动使销售额增加了 21120 元,由于销售量的变动使销售额增加了 193980 元。

13.3 几种常用的价格指数

我国目前编制的价格指数主要有商品零售价格指数、居民消费价格指数、农产品收购价格指数、固定资产投资价格指数等。其中与人民生活关系最为密切的是商品零售价格指数和居民消费价格指数。

13.3.1 零售价格指数

▶ **定义 13.6** 零售价格指数(retail price index)是反映城乡商品零售价格变动趋势的一种经济指数。

零售价格指数的变动直接影响到城乡居民的生活支出和国家财政收入,

影响居民购买力和市场供需平衡以及消费和积累的比例。因此,零售价格指数是观察和分析经济活动的重要工具之一。

零售价格指数资料是采用分层抽样的方法取得的,即在全国选择不同经济区域和分布合理的地区以及有代表性的商品作为样本,对市场价格进行经常性的调查,以样本推断总体。目前,国家一级抽选出的调查市、县 226 个。指数的编制过程按下列步骤进行:

第 1 步　调查地区和调查点的选择。调查地区按经济区域和地区分布合理等原则,选出具有代表性的大、中、小城市和县作为国家的调查地区,在此基础上选择经营规模大、商品种类多的商场(包括集市)作为调查点。

第 2 步　代表商品和代表规格品的选择。代表商品和选择那些消费量大、价格变动有代表性的商品。代表规格品的确定是根据商品零售资料和 3.6 万户城市居民、6.7 万户农村居民的消费支出记账资料,按有关规定筛选的。筛选原则是:(1)与社会生产和人民生活密切相关;(2)销售数量(金额)大;(3)市场供应保持稳定;(4)价格变动趋势有代表性;(5)所选的代表规格品之间差异大。

第 3 步　价格调查方式。采用派员直接到调查点登记调查,同时全国聘请近万名辅助调查员协助登记调查。

第 4 步　权数的确定。零售商品价格指数的计算权数是根据社会商品零售额统计确定的。

13.3.2　消费者价格指数

消费者价格指数是世界各国普遍编制的一种指数,但不同国家对这一指数赋予的名称很不一致。我国称之为居民消费价格指数。

▶定义 13.7　消费者价格指数(consumer price index)是反映一定时期内消费者所购买的生活消费品价格和服务项目价格的变动趋势和程度的一种相对数。

通过这一指数,可以观察消费价格的变动水平及对消费者货币支出的影响,研究实际收入和实际消费水平的变动状况。通过消费者价格指数,可以分析生活消费品和服务项目价格变动对职工货币工资的影响,作为研究职工生活和制定工资政策的依据。

消费者价格指数可就城乡分别编制城市居民消费价格指数和农村居民

消费价格指数,也可编制全国居民消费价格总指数。城市居民消费价格指数是反映城市居民所购买的生活消费品价格和服务项目价格变大趋势和程度的相对数;农村居民消费价格指数是反映农村居民所购买的生活消费品价格和服务项目价格变大趋势和程度的相对数。消费者价格指数的编制过程与零售价格指数类似,不同的是它包括消费品价格和服务项目价格两个部分,其权数的确定是根据9万多户城乡居民家庭消费支出构成确定的。

消费者价格指数除了能反映城乡居民所购买的生活消费品价格和服务项目价格的变动趋势和程度外,还具有以下几个方面的作用:

(1) 用于反映通货膨胀状况。通货膨胀的严重程度是用通货膨胀率来反映的,它说明了一定时期内商品价格持续上升的幅度。通货膨胀率一般以消费价格指数来表示,即

$$通货膨胀率 = \frac{报告期消费价格指数 - 基期消费价格指数}{基期消费价格指数} \times 100\%。$$

(13.8)

(2) 用于反映货币购买力变动。货币购买力是指单位货币能够购买到的消费品和服务的数量。消费价格指数上涨货币购买力则下降,反之则上升,因此,消费价格指数的倒数就是货币购买力指数,即

$$货币购买力指数 = \frac{1}{消费价格指数} \times 100\%。 \quad (13.9)$$

(3) 用于反映对职工实际工资的影响。消费价格指数的提高意味着实际工资的减少,消费价格指数下降则意味着实际工资的提高。因此,利用消费价格指数可以将名义工资转化为实际工资。具体做法是:

$$实际工资 = \frac{名义工资}{消费价格指数}。 \quad (13.10)$$

(4) 用于缩减经济序列。通过缩减经济序列可以消除价格变动的影响,其方法是将经济序列除以消费价格指数。

【例 13.6】 已知 1991—2000 年我国的国内生产总值(GDP)序列和消费价格指数序列如表 13.4 所示。试用消费价格指数序列对 GDP 进行缩减,并将 GDP 原序列与缩减后的序列绘制成图形进行比较。

解 计算结果见表 13.4,图形见图 13.1。

表 13.4　1991—2000 年我国的 GDP 序列和居民消费价格指数序列

	A	B	C	D
1	年份	国内生产总值（GDP）	居民消费价格指数（%）	缩减后的GDP
2	1991	21662.5	103.4	20950.2
3	1992	26651.9	106.4	25048.8
4	1993	34560.5	114.7	30131.2
5	1994	46670.0	124.1	37606.8
6	1995	57494.9	117.1	49099.0
7	1996	66850.5	108.3	61727.1
8	1997	73142.7	102.8	71150.5
9	1998	76967.2	99.2	77587.9
10	1999	80579.4	98.6	81723.5
11	2000	88189.6	100.4	87838.2

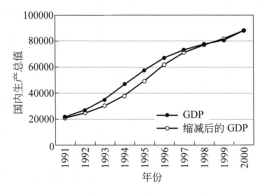

图 13.1　国内生产总值及其缩减序列

13.3.3　生产价格指数

▶定义 13.8　生产价格指数（producer price index）是测量在初级市场上出售的货物（即在非零售市场上首次购买某种商品时）的价格变动的一种价格指数。

生产价格指数是根据每种商品在非零售市场上首次交易时的价格计算的。其计入的产品覆盖了原始的、经过制造的和在各个加工阶段上加工的货物，也包括制造业、农业、林业、渔业以及公用事业等的各类产出。生产价格指数通常用于反映消费价格和生活费用未来的趋势。生产价格指数的上涨反映了生产者价格的提高。

13.3.4 股票价格指数

▶**定义 13.9** 股票价格指数(stock price index)是反映某一股票市场上多种股票价格变动趋势的一种相对数,简称股价指数,其单位一般用"点"(point)表示。

股票价格指数的计算方法很多,但一般以发行量为权数进行加权综合。其公式为

$$I_p = \frac{\sum p_{1i}q_i}{\sum p_{0i}q_i}, \tag{13.11}$$

式中 p_{1i} 为第 i 种样本股票报告期价格,p_{0i} 为第 i 种股票基期价格,q_i 为第 i 种股票的发行量,它可以确定为基期,也可确定为报告期,但大多数股价指数是以报告期发行量为权数计算的。

【例 13.7】 设有 3 种股票的价格和发行量资料如表 13.5,试计算股票价格指数。

表 13.5 3 种股票的价格和发行量资料

	A	B	C	D
1	股票名称	基期价格(元)	本日收盘价(元)	报告期发行量(万股)
2	A	25	26.5	3500
3	B	8	7.8	8000
4	C	12	12.6	4500

解 根据(13.11)式得股价指数为

$$I_p = \frac{\sum p_{1i}q_i}{\sum p_{0i}q_i} = \frac{26.5 \times 3500 + 7.8 \times 8000 + 12.6 \times 4500}{25 \times 3500 + 8 \times 8000 + 12 \times 4500}$$

$$= \frac{211850}{205500} \times 100\% = 103.09\%,$$

即股价指数上涨了 3.09 点。

目前,世界各国的主要证券交易所都有自己的股票价格指数,比如,美国的道·琼斯股票价格指数和标准普尔股票价格指数、伦敦金融时报指数、法兰克福 DAX 指数、巴黎 CAC 指数、瑞士的苏黎世 SMI 指数、日本的日京指数、香港的恒生指数等。我国的上海和深圳两个证券交易所也编制了自己的股票价格指数,如上交所的综合指数、深交所的成分股指数等。

13.4 多指标综合评价指数

13.4.1 多指标综合评价指数的构建

多指标综合评价是利用指数的思想与方法,将所选择的有代表性的若干个指标综合成一个指数,从而对事物发展的状况作出综合的评判。可以说,多指标综合评价指数是指数理论与方法在其他领域的进一步发展和应用。

1 构建综合评价指数的一般问题

构建多指标综合评价指数需要考虑如下几个方面的问题:

(1) 进行理论研究,其中包括统计指标理论以及统计指标体系的理论研究,以便为确定所需的评价指标提供一定的理论依据。

(2) 建立科学的评价指标体系。所建立的指标体系是否科学与合理,直接关系到评价结果的科学性和准确性。指标体系的建立首先应进行必要的定性研究,对所研究的问题进行深入的分析,尽量选择那些具有一定综合意义的代表性指标;其次,应尽可能运用多元统计的方法进行指标的筛选,以提高指标的客观性。

(3) 评价方法研究,主要包括综合评价指数的构造方法、指标的赋权方法以及各种评价方法的比较等。下面仅就综合评价指数的构建方法作一简要的介绍。

综合评价指数是由若干个单项指标综合而成的,其综合方式有简单综合与加权综合两种,目前应用较多的是加权综合。设所选择的 n 个指标为 x_1, $x_2, \cdots, x_n$,由于各指标的计量单位可能不同,这就需要将各指标进行转换,以使其具有可比性。设转换后的各指标值为 $z_1, z_2, \cdots, z_n$,对各项指标赋予的权数分别为 $w_1, w_2, \cdots, w_n$,则综合评价指数 I 的一般形式可以写为

$$I = \frac{\sum_{i=1}^{n} z_i w_i}{\sum_{i=1}^{n} w_i}, \tag{13.12}$$

其中 $0 \leqslant w_i \leqslant 1, \sum_{i=1}^{m} w_i = 1$。

当 $w_1 = w_2 = w_n$ 时，就是简单综合而成的综合评价指数，此时有

$$I = \frac{1}{n} \sum_{i=1}^{n} z_i \text{。} \tag{13.13}$$

从式(13.12)可以看出，构建综合评价指数时，首先要解决好两个问题，一是指标的转换，即无量纲化处理，二是权数的构造。

2 指标的转换方法

在进行综合评价时，指标体系中所包括的各指标往往具有不同计量单位，在构建综合指数时，首先应统一这些指标的量纲，也就是将不同单位表示的指标做无量纲化处理，这就是所谓的指标转换。指标无量纲化处理的方法很多，每种方法各有不同的特点和应用场合。

(1)统计标准化。这是一种广泛使用的方法，其公式为

$$z_i = \frac{x_i - \bar{x}}{s}, \tag{13.14}$$

式中 $\bar{x}$ 为 x_i 的均值，s 为标准差。

(2)极值标准化。转换的公式为

$$z_i = \frac{x_i - \min(x_i)}{\max(x_i) - \min(x_i)}, \tag{13.15}$$

式中 $\min(x_i)$ 和 $\max(x_i)$ 分别为指标 x_i 的最大值和最小值。

(3)定基与环比转换。其公式分别为

定基转换 $\quad z_i = \frac{x_i}{x_0} \times 100\%,\qquad$ (13.16)

环比转换 $\quad z_i = \frac{x_i}{x_{i-1}} \times 100\%,\qquad$ (13.17)

式中 x_0 是用于比较的基准值。式(13.16)适合于构造比较指数时的指标转换；式(13.17)则适合于构造时间序列指数时的指标转换。

3 权数的构造

权数的构造方法有多种，大体上可分为两类：一类是主观构权法，一类是客观构权法。两种方法各有利弊，主观构权法往往没有统一的客观标准，客观构权法可在一定程度上弥补这一不足，在实际中最好将二者结合使用。

主观构权法是研究者根据其主观价值判断来指定各指标权数的一种方法，主要有专家评判法、层次分析法等。专家评判法的基本思路是：首先选择 M 位专家组成一个评判小组，并分别由每位专家独立地给出一套权数，形成

一个评判矩阵,最后对每位专家给出的权数进行综合处理,从而得出综合权数。比如采用简单平均的方法进行综合,设评判小组由 M 位专家组成,其中第 i 位专家给 n 个指标赋予的权数分别为 $w_{i1}, w_{i2}, \cdots, w_{in}$,则综合权数为 $w = (\overline{w}_1, \overline{w}_2, \cdots, \overline{w}_n)$,其中 $\overline{w}_j = \dfrac{1}{M} \sum_{i=1}^{M} w_{ij} (j = 1, 2, \cdots, n)$,表示第 j 个指标的权数。

层次分析法(AHP)是一种多目标准则的决策方法。AHP 在各元素进行比较排序时,首先要建立系统的递阶层次结构,然后构造两两比较判断矩阵,再由判断矩阵计算被比较元素的相对权重,最后计算各层次对系统目标的合成相对权重,并进行排序。

客观构权法是相对主观构权法而言的,它是直接根据指标的原始信息,通过统计方法处理后获得权数的一种方法。其中的常用方法主要有主成分分析法、因子分析法、相关法、回归法等。这些方法在有关文献中均有详细介绍,这里不再赘述。

13.4.2 几种常用的综合评价指数

1 物质生活质量指数

物质生活质量指数(physical quality of life index,缩写为 PQLI),是 1975 年在 M. D. 莫里斯的指导下,由美国海外开发委员会提出的,该指数正式公布于 1977 年。构造该指数的直接目的是测度一个国家人民基本需要的满足状况,进而从一个侧面反映社会的综合发展状况。

PQLI 由 3 个指标组成,即婴儿死亡率、一岁的预期寿命和识字率,因为这 3 个指标是一个社会普遍关心的问题,每个指标都具有一定的综合性,反映了社会在满足基本需要方面的多种特征,是社会发展成就的综合体现,而且具有广泛的国际可比性。

在指数的计算上,首先要将每个指标转化为指数形式,即转化为数值取值在 0~100 之间的指数值,以便于下一步的综合。识字率是指 15 岁及以上人口中识字人口所占的比重,这本身就是一种指数形式,无需转换。婴儿死亡率是指每千名新生儿中的死亡数。该指标虽然是一个相对数,但它在实际中既不可能为 0,也不可能达到 1000,因此需要确定该指标的最高值和最低值,并据此将各实际指标数值转化为所需要的取值在 0~100 之间的指数值。根据联合国的记录,1950 年以来最高的婴儿死亡率是 229‰(加蓬),到 2000

年估计最低婴儿死亡率可达7‰,这样,从229到7,婴儿死亡率每变动2.22个点,即(229－7)/100,婴儿死亡率指数就将变动1个百分点,由此所得到的指数公式是:

$$婴儿死亡率指数 = \frac{229 - 婴儿死亡率}{2.22}。$$

一岁的预期寿命是指一批人从一岁起平均每人可存活的年数,其指数转化方法与婴儿死亡率相似。根据二战后的记录,最低的预期寿命是38岁(越南),最高的是77岁(瑞典),以此作为预期寿命指数的0点和100,这样,预期寿命实际数值每变动0.39,即(77－38)/100,预期寿命指数就变动一个百分点,其指数公式是:

$$一岁预期寿命指数 = \frac{一岁预期寿命 - 38}{0.39}。$$

对经过转化而求得的3个指数加以简单平均,结果即是物质生活质量指数,即

$$PQLI = \frac{识字率指数 + 婴儿死亡率指数 + 一岁预期寿命指数}{3}。 \quad (13.18)$$

例如,某国家的识字率为25%,婴儿死亡率为180‰,一岁预期寿命为49岁,则相应的各指标指数值应为25,22和28,其物质生活指数应为25。如果上述指标数值分别达到99%、16‰和88岁,则计算所得PQLI数值将达到94。

2 社会进步指数

社会进步指数(index of social progress,ISP)由美国的理查德·J.埃斯特思于1984年首次提出,1988年他又提出了加权社会进步指数。该指数是通过一定方法,将众多社会经济指标浓缩为一个综合指数,以此作为评价一个国家社会发展进步状况的尺度。

构造社会进步指数首先要确定有关的社会指标。埃斯特思的研究共包括36项指标,内容涉及教育、健康、妇女地位、国防、经济、人口、地理、政治参与、文化、福利成就等10个领域,其中既包含如人均国民生产总值、年通货膨胀率、人口出生率死亡率、婴儿死亡率、学生入学率、预期寿命等常用指标,也包括一些还不太熟悉的指标,如自然灾害受灾指数、侵犯公民自由指数、讲同一语言人口的最大百分比、各种福利法规的公布年限等。这些指标有的是正指标,有的是逆指标,正指标数值变化方向和社会发展进步方向相同,逆指标则相反。

在选定指标取得数据基础上,用一定的方法和技术构造出社会进步指数。计算过程是,首先计算每一指标的均值和标准差,同时对各指标作统计标准化处理,并调整逆指标的方向,使其变化方向与社会进步方向一致;其次计算各子领域的得分值;最后是计算社会进步综合指数数值。在不加权方法中,该指数就是各子领域指数数值之和;在加权方法中,则要通过因子分析确定针对各子领域的指标确定一组统计权数,求取经过加权的子领域指数值之和。

3 人的发展指数

人的发展指数(human development index,HDI)又译作人文发展指数,是由联合国开发计划署在其《1990年人的发展报告》中提出的评价社会发展的方法。报告认为,20世纪90年代是人的发展时代,为此应建立测量人的发展的综合指标,该指标就是人的发展指数。

根据该报告的思想,人的发展就是扩大人民各种选择的过程,无论在何种发展水平上,人们的选择包括3个基本方面:长寿和健康,获得知识,为提高生活水准而需要的资源。因此分别选择预期寿命、成人识字率、按购买力平价(PPP)计算的实际人均GDP3个指标,以反映人们的长寿水平、知识水平和生活水平。在此基础上,构造出了人的发展综合指数。

在计算方法上,为将3个指标综合成一个指数,需要找到一个共同的测量尺度。为此,HDI对每个指标设定了最大值和最小值,比如,在1994年的HDI中,成人识字率定为0%和100%,预期寿命为25岁和85岁,实际人均GDP为200美元和40000美元(PPP)。然后用下列公式将3个指标转化为0~1之间的数值:

$$z_i = \frac{\text{实际值}\ x_i - \text{最小值}\ x_i}{\text{最大值}\ x_i - \text{最小值}\ x_i} \text{。} \tag{13.19}$$

再将结果进行简单平均即得HDI的具体数值。该指数综合反映了一个社会的全面发展状况,包括经济方面也包括非经济的因素。

在评价中运用综合指数方法其优点是简单、灵活,易于操作和理解。通过把选定的多个指标合成为一个综合指数,达到了松散的指标体系所达不到的效果,不失为一种有效的评价方法。但这种方法也有其内在的局限性。第一,合成指数将若干指标压缩成一个综合数值,既损失了原有指标的大量信息,也使其结果变得更为抽象,有时难以据此解释其社会经济涵义。第二,在指标选择上多取决于研究者所研究问题的主观认识,选择哪些指标,选择多少指标,都存在着一定的任意性。第三,在指数合成上,没有普遍认同的科学方法,尤其是指标的权数分配,缺乏统一的定量标准。

思考与练习

思考题

13.1 解释指数的含义。

13.2 加权综合指数和加权平均指数有何区别与联系?

13.3 解释零售价格指数、消费者价格指数、生产价格指数、股票价格指数。

13.4 消费者价格指数有哪些作用?

13.5 在构建多指标综合评价指数时,指标的转换方法有哪几种形式?

练习题

13.1 某百货公司3种商品的销售量和销售价格数据如下:

商品名称	计量单位	销售量		单价/元	
		2004	2005	2004	2005
甲	件	1800	1300	35.5	43.6
乙	盒	2400	2600	15.4	18.5
丙	个	3500	3800	8.0	10.0

计算下列指数:

(1) 计算3种商品的总销售额指数;

(2) 以2005年销售量为权数计算3种商品的价格综合指数;

(3) 以2004年单价为权数计算3种商品的销售量综合指数;

(4) 分析销售量和价格变动对销售额影响的绝对额和相对值。

13.2 某家具公司生产3种产品的有关数据如下:

产品名称	总生产费用/万元		报告期产量比基期增长/%
	基期	报告期	
写字台	45.4	53.6	14.0
椅子	30.0	33.8	13.5
书柜	55.2	58.5	8.6

计算下列指数：

(1) 3 种产品的总生产费用指数；

(2) 以基期生产费用为权数的加权产量指数；

(3) 以报告期生产费用为权数的单位成本指数；

(4) 分析产量和单位成本变动对总生产费用的影响。

13.3 随着零售业市场竞争的日益加剧，各零售商不断推出新的促销策略。物通百货公司准备利用五一假日黄金周采取部分商品的大幅度降价策略，旨在通过降价赢得顾客、提高商品的销售额，同时也可以进一步调整商品的结构。为分析降价对销售额带来的影响，公司收集的降价前一周和降价后一周几种主要商品的有关销售数据如下表：

商品名称	计量单位	单价/元		销售量	
		降价前	降价后	降价前	降价后
甲	台	3200	2560	50	70
乙	套	860	516	120	180
丙	件	180	126	240	336

(1) 降价后与降价前相比，3 种商品的总销售额增长的百分比是多少？销售额增长的绝对值是多少？

(2) 以降价后的销售量为权数，计算 3 种商品的平均降价幅度是多少？由于降价而减少的销售额是多少？

(3) 以降价前的价格为权数，计算 3 种商品的销售量平均增长幅度是多少？由于销售量增长而增加的销售额是多少？

13.4 利用指数体系之间的关系回答下列问题：

(1) 某企业 2005 年同 2004 年相比，各种产品的产量增长了 8%，总生产费用增长了 12%。该企业 2005 年的单位成本有何变化？

(2) 某地区今年与去年相比，用同样多的人民币只能购买去年商品的 90%，求物价指数；若同样多的人民币比去年可多购买 10% 的商品，物价指数是多少？

13.5 已知我国 1990—2000 年的人均 GDP 数据和居民消费价格指数的数据如下：

年份	人均 GDP/元	居民消费价格指数/%
1990	1634	103.1
1991	1879	103.4
1992	2287	106.4

续表

年份	人均GDP/元	居民消费价格指数/%
1993	2939	114.7
1994	3923	124.1
1995	4854	117.1
1996	5576	108.3
1997	6054	102.8
1998	6307	99.2
1999	6547	98.6
2000	7078	100.4

利用价格指数对人均GDP序列进行缩减。

13.6 设有3种工业类股票的价格和发行量数据如下：

股票名称	价格/元		发行量/万股
	前收盘	本日收盘	
A	6.42	6.02	12000
B	12.36	12.50	3500
C	14.55	15.60	2000

计算股票价格指数，并对股价指数的变动作简要分析。

人物传记[①]

Karl Pearson

K. Pearson(1857—1936)出生于英国伦敦，他的父亲是一位成功的辩护律师。Pearson先后在伦敦大学学院、海德尔堡大学、柏林大学和剑桥大学（在那里他获得了律师学位）学习，并表现出广泛的兴趣爱好，从数学、物理到哲学、宗教，从历史、法律到德国民间传说、社会主义学说以及进化论。虽然

---

① 资料来源：Dictionary of Scientific Biography, New York：Scribner's, 1974(10)：447-473. International Encyclopedia of Statistics, New York：Free Press, 1978(2)：691-698.

这些学习很多都与 Pearson 现在所能记住的事物没有多大关系,但他完全被这些知识所折服,并不断强调"世界上没有任何事物是不值得学习的。"

  Pearson 对解析统计学的兴趣是在 19 世纪 80 年代后期成为伦敦大学学院应用数学和机械学教授之后产生的。(后来,在那里他被称作是第一位优生学的遗传学教授。)在 1892 年出版的"科学入门"中,他阐明了自己逐渐确信解析统计学是所有学科的基础。超越了 A. Quetelet 认为几乎所有的现象都可以用正态分布描述的观点(假定考察的样本量足够大),Pearson 推导出一个广义频数分布体系,认可了非对称分布的重要性。(按照这一思路,他注意到个体之间存在的真实差异与估计单个数值时引起的误差之间的偶然差异是十分不同的概念。他引入了术语"标准差",并用 σ 表示前者,把后者叫做"概率误差"。)建立了用各种曲线拟合各种观测的方法之后,Pearson 开始寻找度量拟合优度的一个标准。因此,在 1900 年发表的一篇著名的论文中,他引入了"卡方统计量"。

  当 Quetelet 和他的后继者想要论证基于观测数据分布计算的频数与基于正态分布假设计算的频数之间的一致性时,他们只是并排给出了这两个序列,认为那个就是那个!读者可以观察它们,得出自己的结论。他们没有度量观测值与期望值差异的标准。而 Pearson 通过引入卡方统计量提供了这样一个标准,并计算出了它的分布。事实证明卡方统计量是十分有用的,现在它在统计理论中占据着十分重要的地位。

  Pearson 所不知道的是,德国人 Friedrich Helmert 在 1875 年便发现了卡方分布,当时他正在研究样本方差的抽样分布,但他是从正态总体中进行抽样的。当然,Pearson 是在不同的背景下发现它的——即在研究拟合优度问题时——并且后来把它应用到列联表的频数分析中。但是,Pearson 本人对应该使用的合适的自由度个数并不清楚;他总是用 $K-1$。正如 R. A. Fisher 后来所证明的,如果对应每一个估计的参数减少一个自由度,将会得到更为正确的结果。

  Fisher 还极大地推动了 F. Galton 所引入的相关概念的发展。他推广了 Galton 的结论和方法,推导出了我们现在所称的

"Pearson 积矩",推导出了有关回归方程计算的一个简单程序,以及更多的内容。

或许最为重要的是,Pearson 把科学世界从一种整体漠然的状态唤醒到统计研究的状态,他使所有领域中数千人相信收集和分析数据的必要性。他证实了统计学是一种可以应用于所有科学的一般方法。毋庸置疑,Pearson 本人最终对这一事实验证最多的是生物学。1900 年,Pearson 成为"Biometrika"杂志的创始人(与 Galton 和 Weldon 一起),这本杂志致力于对生物学问题的统计研究。Pearson 生前一直从事这一杂志的编辑工作,并使它成为探讨统计理论和应用的世界主要媒介。杂志的第一期刊登了 Charles Darwin 雕像的图片以及这样一句话,"我们是无知的,所以让我们学习吧!"。这句话非常适当地概括了 Pearson 自己的人生哲学。年轻的时候,他追求着那些让他折服的广泛的知识,发表了数百篇文章,并帮助促进其他统计学家的研究。在他对真理执着的追求中以及在新发展的统计技术的帮助下,Pearson 也卷入到许多争论中,这些争论往往十分痛苦和漫长。作为一个年轻人,Pearson 有点像一个改革者,他为诸如社会主义、妇女解放和自由思想的道德规范等目标而斗争。这一思想直到他晚年仍然表现得十分明显,当担任优生学实验室的主管时,他为有关肺结核的起因或酒精中毒对后代的影响一类的问题而斗争。(利用统计分析,Pearson 证实了肺结核与遗传因素的相关性大于与环境因素的关系,这使得当时广为流行的疗养地看起来很愚蠢。他还证实了酗酒的父母不会生育出存在智力或身体缺陷的小孩。)

附录 1

各章练习题答案

第 1 章 导论

1.1 (1)数值型数据;(2)分类数据;(3)数值型数据;(4)顺序数据;(5)分类数据。

1.2 (1)总体是"该城市所有的职工家庭",样本是"抽取的 2000 个职工家庭";(2)城市所有职工家庭的年人均收入,抽取的"2000 个家庭"计算出的年人均收入。

1.3 (1)所有 IT 从业者;(2)数值型变量;(3)分类变量;(4)截面数据;(5)观察数据。

1.4 (1)总体是"所有的网上购物者";(2)分类变量;(3)所有的网上购物者的月平均花费;(4)统计量;(5)推断统计方法。

第 2 章 数据收集(略)

第 3 章 数据的图表展示

3.1 (1)属于顺序数据。

(2)频数分布表如下:

服务质量等级评价的频数分布

服务质量等级	家庭数(频数)	频率/%
A	14	14
B	21	21

附录 1　各章练习题答案

续表

服务质量等级	家庭数（频数）	频率/%
C	32	32
D	18	18
E	15	15
合计	100	100

(3) 条形图（略）。

(4) Pareto 图（略）。

3.2 (1) 频数分布表如下：

40 个企业按产品销售收入分组表

按销售收入分组/万元	企业数/个	频率/%	向上累积		向下累积	
			企业数	频率	企业数	频率
100 以下	5	12.5	5	12.5	40	100.0
100～110	9	22.5	14	35.0	35	87.5
110～120	12	30.0	26	65.0	26	65.0
120～130	7	17.5	33	82.5	14	35.0
130～140	4	10.0	37	92.5	7	17.5
140 以上	3	7.5	40	100.0	3	7.5
合计	40	100.0	—	—	—	—

(2) 某管理局下属 40 个企业分组表：

按销售收入分组/万元	企业数/个	频率/%
先进企业	11	27.5
良好企业	11	27.5
一般企业	9	22.5
落后企业	9	22.5
合计	40	100.0

3.3 频数分布表如下：

某百货公司日商品销售额分组表

按销售额分组/万元	频数/天	频率/%
25～30	4	10.0
30～35	6	15.0
35～40	15	37.5
40～45	9	22.5
45～50	6	15.0
合计	40	100.0

直方图(略)。

3.4 茎叶图如下：

茎	叶	数据个数
1	8 8 9	3
2	0 1 1 3 3 6 8 8 8 9 9 9	12
3	1 3 5 6 9	5
4	1 2 3 6 6 7	6
5	0 1 2 7	4

箱线图(略)。

3.5 (1) 排序略。

(2) 频数分布表如下：

100只灯泡使用寿命的频数分布

按使用寿命分组/小时	灯泡个数/只	频率/%
650～660	2	2
660～670	5	5
670～680	6	6
680～690	14	14
690～700	26	26
700～710	18	18
710～720	13	13
720～730	10	10
730～740	3	3
740～750	3	3
合计	100	100

(3) 直方图(略)。

(4) 茎叶图如下:

茎	叶
65	1 8
66	1 4 5 6 8
67	1 3 4 6 7 9
68	1 1 2 3 3 3 4 5 5 5 8 8 9 9
69	0 0 1 1 1 1 2 2 2 3 3 4 4 5 5 6 6 7 7 8 8 8 8 9 9
70	0 0 1 1 2 2 3 4 5 6 6 6 7 7 8 8 8 9
71	0 0 2 2 3 3 5 6 7 7 8 8 9
72	0 1 2 2 5 6 7 8 9 9
73	3 5 6
74	1 4 7

3.6 (1) 频数分布表如下:

按重量分组	频数/包
40～42	2
42～44	3
44～46	7
46～48	16
48～50	17
51～52	10
52～54	20
54～56	8
56～58	10
58～60	4
60～62	3
合计	100

(2) 直方图(略)。

3.7 (1) 频数分布表如下:

按重量误差分组	频数/个
10～20	0
20～30	5
30～40	7
40～50	8

续表

按重量误差分组	频数/个
50~60	13
60~70	9
70~80	6
80~90	2
合计	50

(2) 直方图(略)。

3.8 (1) 属于数值型数据:

(2) 分组结果如下:

分　　组	天数/天
－25~－20	6
－20~－15	8
－15~－10	10
－10~－5	13
－5~0	12
0~5	4
5~10	7
合计	60

(3) 直方图(略)。

3.9 (1) 直方图(略)。

(2) 自学考试人员年龄的分布为右偏。

3.10 (1) 茎叶图如下:

A 班		树茎	B 班	
数据个数	树　叶		树　叶	数据个数
0		3	59	2
1	4	4	0448	4
2	97	5	122456677789	12
11	97665332110	6	011234688	9
23	98877766555554443332100	7	00113449	8
7	6655200	8	123345	6
6	632220	9	011456	6
0		10	000	3

(2) A班考试成绩的分布比较集中,且平均分数较高;B班考试成绩的分布比 A 班分散,且平均成绩较 A 班低。

3.11～3.14 (略)。

3.15 箱线图如下(特征请读者自己分析):

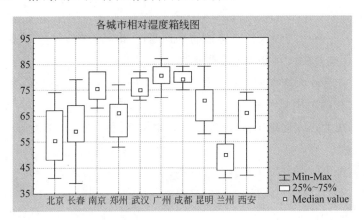

第4章 数据的概括性度量

4.1 (1) $M_0 = 10$; $M_e = 10$; $\bar{x} = 9.6$。

(2) $Q_L = 5.5$; $Q_U = 12$。

(3) $s = 4.2$。

(4) 左偏分布。

4.2 (1) $M_0 = 19$; $M_e = 23$。

(2) $Q_L = 19$; $Q_U = 26.5$。

(3) $\bar{x} = 24$; $s = 6.65$。

(4) $SK = 1.08$; $K = 0.77$。

(5) (略)。

4.3 (1) (略)。

(2) $\bar{x} = 7$; $s = 0.71$。

(3) $v_1 = 0.274$; $v_2 = 0.102$。

(4) 选方法二,因为离散程度小。

4.4 (1) $\bar{x} = 274.1$(万元); $M_e = 272.5$。

(2) $Q_L = 260.25$; $Q_U = 291.25$。

(3) $s = 21.17$(万元)。

4.5 (1) 甲企业平均成本＝19.41(元),乙企业平均成本＝18.29(元);原因:尽管两个企业的单位成本相同,但单位成本较低的产品在乙企业的产量中所占比重较大,因此拉低了总平均成本。

4.6 (1) $\bar{x}=426.67$(万元);$s=116.48$(万元)。

(2) $SK=0.203;K=-0.688$。

4.7 (1)、(2)两位调查人员所得到的平均身高和标准差应该差不多相同,因为均值和标准差的大小基本上不受样本大小的影响。

(3) 具有较大样本的调查人员有更大的机会取到最高或最低者,因为样本越大,变化的范围就可能越大。

4.8 (1) 女生的体重差异大,因为女生其中的离散系数为0.1,大于男生体重的离散系数0.08。

(2) 男生:$\bar{x}=132$(磅),$s=11$(磅);

女生:$\bar{x}=110$(磅),$s=11$(磅)。

(3) 68%;

(4) 95%。

4.9 (1) 通过计算标准化值来判断,$z_A=1,z_B=0.5$,说明在A项测试中该应试者比平均分数高出1个标准差,而在B项测试中只高出平均分数0.5个标准差,由于A项测试的标准化值高于B项测试,所以A项测试比较理想。

4.10 通过标准化值来判断,各天的标准化值如下表:

日 期	周一	周二	周三	周四	周五	周六	周日
标准化值 Z	3	−0.6	−0.2	0.4	−1.8	−2.2	0

周一和周六两天失去了控制。

4.11 (1) 离散系数,因为它消除了不同组数据水平高低的影响。

(2) 成年组身高的离散系数:$v_s=\dfrac{4.2}{172.1}=0.024$;

幼儿组身高的离散系数:$v_s=\dfrac{2.5}{71.3}=0.035$;

由于幼儿组身高的离散系数大于成年组身高的离散系数,说明幼儿组身高的离散程度相对较大。

4.12 下表给出了一些主要描述统计量,请读者自己分析。

	方法 A	方法 B	方法 C
平均数	165.6	128.73	125.53
中位数	165	129	126
众数	164	128	126
标准差	2.13	1.75	2.77
极差	8	7	12
最小值	162	125	116
最大值	170	132	128

4.13　(1) 方差或标准差；(2) 商业类股票；(3)（略）。

第5章　概率与概率分布

5.1　(1) 用 0 表示反面，1 表示正面，$\Omega=\{000,001,010,100,011,101,110,111\}$；

(2) 用①、②表示两个不同颜色的球，用 3 根火柴将两个格子隔开，$\Omega=\{|①②||,|①|②|,|②|①|,||①②|\}$；

(3) $\Omega=\{(2,0),(1,1),(0,2)\}$；

(4) $\Omega=\{t\geqslant 0\}$；

(5) $\Omega=\{0\leqslant\theta\leqslant 1\}$。

5.2　将这 5 个不同颜色的球分别编号为 1,2,3,4,5，$\Omega=\{(1,2,3),(1,2,4),(1,2,5),(1,3,4),(1,3,5),(1,4,5),(2,3,4),(2,3,5),(2,4,5),(3,4,5)\}$。

5.3　(1) $\bar{A}=$"先后投掷两枚硬币，至少出现一个正面"；

(2) $\bar{A}=$"连续射击两次，至少一次命中目标"；

(3) $\bar{A}=$"抽查 3 个产品，都为合格品"。

5.4　0.14。

5.5　0.0206。

5.6　0.9542。

5.7　(1) 0.724；(2) 0.171；(3) 0.105。

5.8　(1) 0.3125；(2) 0.6875。

5.9　(1) 0.2510；(2) 0.5578；(3) 0.111。

5.10　(1) $\frac{350}{792}$；(2) $\frac{246}{792}$；(3) $\frac{196}{792}$。

5.11　(1) 0.3849；(2) 0.4319；(3) 0.1844；(4) 0.4147；(5) 0.0918。

5.12　$Q_d/s=1.27$，是。

5.13 (1)是;(2)不是;(3)不是;(4)是。

5.14 298。

5.15 4。

5.16 (1)0.0183;(2)0.7769。

5.17 (1)0.33;(2)0.18。

5.18 40990。

第6章 抽样与抽样分布

6.1 (1)200。(2)5。(3)正态分布。(4)$\chi^2(100-1)$。

6.2 (1)32。(2)0.91。

6.3 0.79。

6.4 (1)$\bar{x}_{25} \sim N(17, 2^2)$。(2)$\bar{x}_{100} \sim N(17, 1)$。

6.5 (1)1.41。(2)1.41, 1.41, 1.34。

6.6 (1)0.4。(2)0.024。(3)正态分布。

6.7 (1)0.050, 0.035, 0.022, 016。(2)当样本量增大时,样本比例的标准差越来越小。

6.8 $P(X > 87) = 1 - P(X < 87) = 1 - \Phi\left(\dfrac{\bar{x} - \mu}{\sigma/\sqrt{n}}\right) = 1 - \Phi\left(\dfrac{87 - 85}{9/\sqrt{40}}\right) = 1 - 0.92073 = 0.07927$

6.9 $P(441 < X < 446) = \Phi\left(\dfrac{446 - 448}{21/\sqrt{49}}\right) - \Phi\left(\dfrac{441 - 448}{21/\sqrt{49}}\right) = \Phi\left(-\dfrac{2}{3}\right) - \Phi\left(-\dfrac{7}{3}\right) = 0.2415$

6.10 (1) $\mu = 62.75, \sigma^2 = 33.9375$。

(2) 共有64个样本。

(3) 所有样本的样本均值如下:

54.0	54.5	56.5	58.5	59.0	61.0	61.5	62.0
54.5	55.0	57.0	59.0	59.5	61.5	62.0	62.5
56.5	57.0	59.0	61.0	61.5	63.5	64.0	64.5
58.5	59.0	61.0	63.0	63.5	65.5	66.0	66.5
59.0	59.5	61.5	63.5	64.0	66.0	66.5	67.0
61.0	61.5	63.5	65.5	66.0	68.0	68.0	69.0
61.5	62.0	64.0	66.0	66.5	68.5	69.0	69.5
62.0	62.5	64.5	66.5	67.0	69.0	69.5	70.0

(4)(略)。

(5) $\mu_{\bar{x}}=62.75, \sigma_{\bar{x}}=16.96875=\dfrac{33.9375}{2}$。样本均值的平均数等于总体平均数,样本均值的方差等于总体方差的 $1/n$。

6.11 (1),(2)各样本均值的频数分布如下表:

平均	频数	频率/%
2.2	1	2
2.4	1	2
2.8	1	2
3.0	4	8
3.2	1	2
3.6	2	4
3.8	2	4
4.0	5	10
4.2	3	6
4.4	2	4
4.6	4	8
4.8	2	4
5.0	3	6
5.2	2	4
5.4	1	2
5.6	4	8
5.8	3	6
6.0	2	4
6.2	1	2
6.4	1	2
6.8	2	4
7.0	2	4
7.4	1	2
合计	50	100

(3) 4.74,1.28。

6.12 (1)频数分布如下表。直方图(略)。

分组	频数
0～10	37
1～20	11
20～30	1
30～40	0
40～50	1
合计	50

(2) χ^2 分布或 F 分布。

第7章 参数估计

7.1 (1)$\sigma_{\bar{x}}=0.79$；(2)$E=1.55$。

7.2 (1)$\sigma_{\bar{x}}=2.14$；(2)$E=4.2$；(3)(115.8,124.2)。

7.3 (87819,121301)。

7.4 (1)81±1.97；(2)81±2.35；(3)81±3.10。

7.5 (1)(24.11,25.89)；(2)(113.17,126.03)；(3)(3.136,3.702)。

7.6 (1)(8647,9153)；(2)(8734,9066)；(3)(8761,9039)；(4)(8682,9118)。

7.7 (2.88,3.76)；(2.80,3.84)；(2.63,4.01)。

7.8 (7.1,12.9)。

7.9 (7.18,11.57)。

7.10 (1)(148.9,150.1)；(2)中心极限定理。

7.11 (1)(100.87,101.77)；(2)(0.82,0.98)。

7.12 (15.64,16.62)。

7.13 (10.36,16.76)。

7.14 (1)(0.316,0.704)；(2)(0.777,0.863)；(3)(0.456,0.504)。

7.15 (18.11%,27.89%)；(17.17%,28.835%)。

7.16 167。

7.17 (1)2522；(2)601；(3)268。

7.18 (1)(51.37%,76.63%)；(2)62。

7.19 (1)(1.72,2.40)；(2)(0.015,0.029)；(3)(24.85,41.73)。

7.20 (1)(0.33,0.87)；(2)(1.25,3.33)；(3)第一种排队方式更好。

7.21 (1)(1.86,17.74)；(2)(0.19,19.41)；(3)(−3.34,22.94)。

7.22 (1)2±1.176；(2)2±3.986；(3)2±3.986；(4)2±3.431；(5)2±3.364。

7.23 (1)$\bar{d}=1.75, s_d=2.63$；(2)1.75±4.18。

7.24 (6.33,15.67)。

7.25 (1)10%±6.98%;(2)10%±8.32%。

7.26 (4.06,24.35)。

7.27 48。

7.28 139。

7.29 57。

7.30 769。

第8章 假设检验

8.1 研究者想要寻找证据予以支持的假设是"新型弦线的平均抗拉强度相对于以前提高了",所以原假设与备择假设应为:$H_0: \mu \leq 1035$, $H_1: \mu > 1035$。

8.2 π="某一品种的小鸡因为同类相残而导致的死亡率",$H_0: \pi \geq 0.04$,$H_1: \pi < 0.04$。

8.3 $H_0: \mu = 65$, $H_1: \mu \neq 65$。

8.4 (1)第 I 类错误是该供应商提供的这批炸土豆片的平均重量的确大于等于 60 克,但检验结果却提供证据支持店方倾向于认为其重量少于 60 克;

(2)第 II 类错误是该供应商提供的这批炸土豆片的平均重量其实少于 60 克,但检验结果却没有提供足够的证据支持店方发现这一点,从而拒收这批产品;

(3)连锁店的顾客们自然看重第 II 类错误,而供应商更看重第 I 类错误。

8.5 (1)检验统计量 $z = \dfrac{\bar{x} - \mu}{s/\sqrt{n}}$,在大样本情形下近似服从标准正态分布;

(2)如果 $z > z_{0.05}$,就拒绝 H_0;

(3)检验统计量 $z = 2.94 > 1.645$,所以应该拒绝 H_0。

8.6 $z = 3.11$,拒绝 H_0。

8.7 $t = 1.66$,不拒绝 H_0。

8.8 $z = -2.39$,拒绝 H_0。

8.9 $t = 1.04$,不拒绝 H_0。

8.10 $z = 2.44$,拒绝 H_0。

8.11 $z = 1.93$,不拒绝 H_0。

8.12 $z = 7.48$,拒绝 H_0。

8.13 $\chi^2 = 206.22$,拒绝 H_0。

8.14 $z = -5.145$,拒绝 H_0。

8.15　$t=1.36$,不拒绝 H_0。

8.16　$t=-5.20$,拒绝 H_0。

8.17　$z=0.75$,不拒绝 H_0。

8.18　$z=-2.54$,不拒绝 H_0。

8.19　$z=-4.05$,拒绝 H_0。

8.20　$F=2.42$,拒绝 H_0。

8.21　(1)1.42；(2)3.88；(3)1.77。

8.22　$F=1.81$,不拒绝 H_0。

8.23　$F=8.28$,拒绝 H_0。

8.24　(1) 检验结果如下：

t-检验：双样本等方差假设

	变量1	变量2
平均值	100.7	109.9
方差	24.11578947	33.35789474
观测值	20	20
合并方差	28.73684211	
假设平均差	0	
df	38	
t Stat	-5.427106029	
P(T≤t) 单尾	1.73712E$-$06	
t 单尾临界	1.685953066	
P(T≤t) 双尾	3.47424E$-$06	
t 双尾临界	2.024394234	

t-检验：双样本异方差假设

	变量1	变量2
平均值	100.7	109.9
方差	24.11578947	33.35789474
观测值	20	20
假设平均差	0	
df	37	
t Stat	-5.427106029	
P(T≤t) 单尾	1.87355E$-$06	
t 单尾临界	1.687094482	
P(T≤t) 双尾	3.74709E$-$06	
t 双尾临界	2.026190487	

(2) 方差检验结果如下

F-检验 双样本方差分析

	变量 1	变量 2
平均值	100.7	109.9
方差	24.11578947	33.35789474
观测值	20	20
df	19	19
F	0.722940991	
P(F≤f) 单尾	0.243109655	
F 单尾临界	0.395811384	

第 9 章　方差分析与试验设计

9.1　$F=4.6574 < F_{0.01}=8.0215$（或 $P\text{-value}=0.0409 > \alpha=0.01$），不拒绝原假设。

9.2　$F=15.8234 > F_{0.01}=4.579$（或 $P\text{-value}=0.00001 < \alpha=0.01$），拒绝原假设。

9.3　$F=10.0984 > F_{0.01}=5.4170$（或 $P\text{-value}=0.000685 < \alpha=0.01$），拒绝原假设。

9.4　$F=11.7557 > F_{0.05}=3.6823$（或 $P\text{-value}=0.000849 < \alpha=0.05$），拒绝原假设。

9.5　$F=17.0684 > F_{0.05}=3.8853$（或 $P\text{-value}=0.0003 < \alpha=0.05$），拒绝原假设。

$|\bar{x}_A - \bar{x}_B| = |44.4-30| = 14.4 > LSD=5.85$，拒绝原假设；

$|\bar{x}_A - \bar{x}_C| = |44.4-42.6| = 1.8 < LSD=5.85$，不拒绝原假设；

$|\bar{x}_B - \bar{x}_C| = |30-42.6| = 12.6 > LSD=5.85$，拒绝原假设。

9.6　$F=8.2745 > F_{0.05}=3.4221$（或 $P\text{-value}=0.00196 < \alpha=0.05$），拒绝原假设。

9.7　方差分析表中所缺的数值如下表：

差异源	SS	df	MS	F	P-value	F crit
组间	420	2	210	1.478	0.245946	3.354131
组内	3836	27	142.07	—	—	—
总计	4256	29	—	—	—	—

$F=1.478 < F_{0.05}=3.554131$(或 P-value$=0.245946 > \alpha=0.05$),不拒绝原假设。

9.8 $F_{车速}=97.6822 > F_{0.01}=8.6481$(或 P-value$=0.000000 < \alpha=0.01$),拒绝原假设。

$F_{供应商}=21.7196 > F_{0.01}=7.0061$(或 P-value$=0.000263 < \alpha=0.01$),拒绝原假设。

9.9 $F_{种子}=7.2397 > F_{0.05}=3.2592$(或 P-value$=0.0033 < \alpha=0.05$),拒绝原假设。

$F_{施肥方案}=9.2047 < F_{0.05}=3.4903$(或 P-value$=0.0019 < \alpha=0.05$),拒绝原假设。

9.10 $F_{地区}=0.0727 < F_{0.05}=6.9443$(或 P-value$=0.9311 > \alpha=0.05$),不拒绝原假设。

$F_{包装方法}=3.1273 < F_{0.05}=6.9443$(或 P-value$=0.1522 > \alpha=0.05$),不拒绝原假设。

9.11 $F_{竞争者数量}=14.2042 > F_{0.01}=4.7181$(或 P-value$=0.0000016 < \alpha=0.01$),拒绝原假设。

$F_{超市位置}=34.3052 < F_{0.01}=5.6136$(或 P-value$=0.0000000 < \alpha=0.01$),拒绝原假设。

$F_{交互作用}=3.3150 < F_{0.01}=3.6667$(或 P-value$=0.01605 > \alpha=0.01$),不拒绝原假设。

9.12 $F_{广告方案}=10.75 > F_{0.05}=5.1432$(或 P-value$=0.0104 < \alpha=0.05$),拒绝原假设。

$F_{广告媒体}=3 < F_{0.05}=5.9874$(或 P-value$=0.1340 > \alpha=0.05$),不拒绝原假设。

$F_{交互作用}=1.75 < F_{0.05}=5.1432$(或 P-value$=0.2519 > \alpha=0.05$),不拒绝原假设。

第 10 章 一元线性回归

10.1 (1) 散点图(略),产量与生产费用之间为正的线性相关关系。

(2) $r=0.920232$。

(3) 检验统计量 $t=7.435 > t_{\alpha/2}=2.228$,拒绝原假设,相关系数显著。

10.2 (1) 散点图(略)。

(2) $r = 0.8621$。

10.3 (1) $\hat{\beta}_0$ 表示当 $x = 0$ 时 y 的期望值。

(2) $\hat{\beta}_1$ 表示 x 每变动一个单位 y 平均下降 0.5 个单位。

(3) $E(y) = 7$。

10.4 (1) $R^2 = 90\%$。

(2) $s_e = 0.5$。

10.5 (1) 散点图(略)。

(2) $r = 0.9489$。

(3) $\hat{y} = 0.1181 + 0.00358x$。回归系数 $\hat{\beta}_1 = 0.00358$ 表示运送距离每增加 1 公里,运送时间平均增加 0.00358 天。

10.6 (1) 散点图(略)。二者之间为高度的正线性相关关系。

(2) $r = 0.998128$,二者之间为高度的正线性相关关系。

(3) 估计的回归方程为:$\hat{y} = 734.6928 + 0.308683x$。回归系数 $\hat{\beta}_1 = 0.308683$ 表示人均GDP每增加 1 元,人均消费水平平均增加 0.308683 元。

(4) 判定系数 $R^2 = 0.996259$。表明在人均消费水平的变差中,有 99.6259% 是由人均GDP决定的。

(5) 检验统计量 $F = 1331.692 > F_\alpha = 6.61$,拒绝原假设,线性关系显著。

(6) $\hat{y}_{5000} = 734.6928 + 0.308683 \times 5000 = 2278.1078$(元)。

(7) 置信区间:(1990.749, 2565.464);预测区间:(1580.463, 2975.750)。

10.7 (1) 散点图(略),二者之间为负的线性相关关系。

(2) 估计的回归方程为:$\hat{y} = 430.1892 - 4.7x$。回归系数 $\hat{\beta}_1 = -4.7$ 表示航班正点率每增加 1%,顾客投诉次数平均下降 4.7 次。

(3) 检验统计量 $|t| = 4.959 > t_{\alpha/2} = 2.3060$(P-value $= 0.001108 < \alpha = 0.05$),拒绝原假设,回归系数显著。

(4) $\hat{y}_{80} = 430.1892 - 4.7 \times 80 = 54.1892$(次)。

(5) 置信区间:(37.660, 70.619);预测区间:(7.572, 100.707)。

10.8 Excel 输出的结果如下(解释与分析请读者自己完成)。

Multiple R	0.7951
R Square	0.6322
Adjusted R Square	0.6117
标准误差	2.6858
观测值	20

方差分析

	df	SS	MS	F	Significance F
回归	1	223.1403	223.1403	30.9332	2.79889E−05
残差	18	129.8452	7.2136		
总计	19	352.9855			

	Coefficients	标准误差	t Stat	P-value	Lower 95%	Upper 95%
Intercept	49.3177	3.8050	12.9612	0.0000	41.3236	57.3117
X Variable 1	0.2492	0.0448	5.5618	0.0000	0.1551	0.3434

10.9 (1) 方差分析表中所缺的数值如下：

方差分析表

变差来源	df	SS	MS	F	Significance F
回归	1	1422708.6	1422708.6	354.277	2.17E−09
残差	10	40158.07	4015.807	—	—
总计	11	1642866.67	—	—	—

(2) $R^2 = \dfrac{\text{SSR}}{\text{SST}} = \dfrac{1422708.60}{1642866.57} = 0.8660 = 86.60\%$。表明汽车销售量的变差中有 86.60% 是由于广告费用的变动引起的。

(3) $r = \sqrt{R^2} = \sqrt{0.8660} = 0.9306$。

(4) $\hat{y} = 363.6891 + 1.420211x$。回归系数 $\hat{\beta}_1 = 1.420211$ 表示广告费用每增加一个单位，销售量平均增加 1.420211 个单位。

(5) Significance $F = 2.17\text{E}-09 < \alpha = 0.05$，线性关系显著。

10.10 $\hat{y} = 13.6254 + 2.3029x$；$R^2 = 93.74\%$；$s_e = 3.8092$。

10.11 (1) 27。

(2) 4.41。

(3) 拒绝 H_0。

(4) $r=-0.7746$。

(5) 拒绝 H_0。

10.12 (1) $15.95 \leqslant E(y) \leqslant 18.05$。

(2) $14.651 \leqslant y_0 \leqslant 19.349$。

10.13 $\hat{y}=-46.29+15.24x$; $441.555 \leqslant E(y_{40}) \leqslant 685.045$。

10.14 残差图如下:

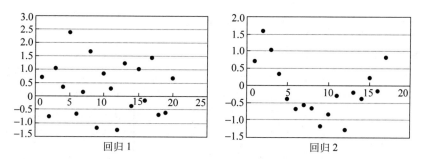

回归 1: 无线性关系。回归 2: 非线性关系。

10.15 (1) 估计的回归方程为: $\hat{y}=29.3991+1.547478x$。

(2) Significance $F=0.020582 < \alpha = 0.05$, 线性关系显著。

(3) 残差图如下:

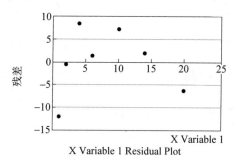

X Variable 1 Residual Plot

(4) 虽然线性关系通过了显著性检验,但从残差图来看,关于 x 与 y 之间存在线性关系的假设仍值得怀疑。因此可考虑选用非线性模型。

10.16 (1) 估计的回归方程为 $\hat{y}=4.068466+0.195840x$。

(2) 标准化残差图如下。

从标准化残差图中可以看出,各标准化残差值都在 -2 和 $+2$ 之间,没有异常值。下表给出了 x 值的杠杆率。由于 $h_i=6/n=6/10=0.6$, 没有一个值的杠杆率大于 0.6, 所以不存在有影响的观测值。

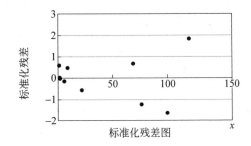

标准化残差图

啤酒品牌	广告费/万元	销售量/万箱	预测 Y	残　　差	标准残差	杠杆率
A	120	36.3	27.569308	8.730692	1.841365	0.429581
B	68.7	20.7	17.522698	3.177302	0.670116	0.141469
C	100.1	15.9	23.672085	−7.772085	−1.639188	0.285234
D	76.6	13.2	19.069837	−5.869837	−1.237991	0.167958
E	8.7	8.1	5.772277	2.327723	0.490934	0.152733
F	1	7.1	4.264306	2.835694	0.598068	0.181362
G	21.5	5.6	8.279033	−2.679033	−0.565027	0.118825
H	1.4	4.4	4.342642	0.057358	0.012097	0.179723
I	5.3	4.4	5.106419	−0.706419	−0.148989	0.164612
J	1.7	4.3	4.401394	−0.101394	−0.021385	0.178504

(3) 从残差图来看，误差项 ε 可能存在不等方差。

第 11 章　多元线性回归

11.1　$\hat{y}=25.03-0.0497x_1+1.928x_2$；预测 28.586。

11.2　(略)。

11.3　(1) 显著。

　　　(2) 显著。

　　　(3) 显著。

11.4　(1) $\hat{y}=88.6377+1.6039x_1$。

　　　(2) $\hat{y}=83.2301+2.2902x_1+1.3010x_2$。

　　　(3) 不相同。方程(1)中的回归系数 $\hat{\beta}_1=1.6039$ 表示电视广告费用每增加 1 万元，月销售额平均增加 1.6039 万元；方程(1)中的回归系数 $\hat{\beta}_1=$

2.2902表示在报纸广告费用不变的条件下,电视广告费用每增加1万元,月销售额平均增加2.2902万元。

(4) $R^2 = 90.90\%$;$R_a^2 = 88.67\%$。

(5) β_1 的 P 值 $=0.0007$,β_2 的 P 值 $=0.0098$,均小于 $\alpha=0.05$,两个回归系数均显著。

11.5 (1) $\hat{y} = -0.5910 + 22.3865x_1 + 327.6717x_2$。

(2) 回归系数 $\hat{\beta}_1 = 22.3865$ 表示降雨量每增加 1mm,小麦收获量平均增加 22.3865kg/hm²;回归系数 $\hat{\beta}_2 = 327.6717$ 表示温度每增加 1℃,小麦收获量平均增加 327.6717kg/hm²。

(3) 可能存在。

11.6 (1) $\hat{y} = 148.7005 + 0.8147x_1 + 0.8210x_2 + 0.1350x_3$。

(2) $R^2 = 89.75\%$;$R_a^2 = 87.83\%$。

(3) Significance $F = 3.88E-08 < \alpha = 0.05$,线性关系显著。

(4) β_1 的 P 值 $=0.1311 > \alpha = 0.05$,不显著;β_2 的 P 值 $=0.0013 < \alpha = 0.05$,显著;β_3 的 P 值 $=0.0571 > \alpha = 0.05$,不显著。

11.7 (1) Significance $F = 0.001865 < \alpha = 0.01$,线性关系显著。

(2) β_1 的 P 值 $=0.0007 < \alpha = 0.05$,回归系数显著,不应剔除。

(3) β_2 的 P 值 $=0.0098 < \alpha = 0.05$,回归系数显著,不应剔除。

11.8 (1) $r = 0.0025$,无证据。

(2) $r = 0.4341$,无证据。

(3) 没有用。

(4) 不相同。

(5) $r = -0.8998$,高度相关。

11.9 (1) $r_{yx_1} = 0.30895$;$r_{yx_2} = 0.00121$。没有证据。

(2) 没有用。

(3) $\hat{y} = 375.6018 + 0.5378x_1 + 1.4572x_2$;Significance $F = 0.073722 > \alpha = 0.05$,线性关系不显著。

(4) $R^2 = 35.25\%$;$R_a^2 = 24.45\%$。一致。

(5) $r_{x_1 x_2} = -0.8529$,高度相关。

(6) 可能存在多重共线性。

11.10 (1) $E(y) = \beta_0 + \beta_1 x_1 + \beta_2 x_2$,式中 $x_2 = \begin{cases} 0, & \text{如果是水平 1,} \\ 1, & \text{如果是水平 2。} \end{cases}$

(2) $E(y)=\beta_0+\beta_1 x_1+\beta_2\times 0=\beta_0+\beta_1 x_1$;

(3) $E(y)=\beta_0+\beta_1 x_1+\beta_2\times 1=\beta_0+\beta_1 x_1+\beta_2 x_2$;

(4) $\beta_2=E(y|$水平 2$)-E(y|$水平 1$)$，β_1 是当 x_2 保持不变时，由于 x_1 变化一个单位引起 $E(y)$ 变化的数量。

11.11 (1) $\hat{y}=4.5429+7.0821x$。

(2) $\beta_1=7.0821$ 表示，"易碎品"的预期运输费用比非易碎品的预期运输费用多 7.0821 元。

(3) Significance $F=0.000601<\alpha=0.05$，线性关系显著。

11.12 回归结果如下(分析略)：

SUMMARY OUTPUT

回归统计	
Multiple R	0.9433914
R Square	0.8899873
Adjusted R Square	0.8716518
标准误差	96.791578
观测值	15

方差分析

	df	SS	MS	F	Significance F
回归	2	909488.42	454744.21	48.539135	1.773E−06
残差	12	112423.32	9368.6096		
总计	14	1021911.7			

	Coefficients	标准误差	t Stat	P-value
Intercept	732.06061	235.58436	3.1074246	0.0090641
X Variable 1	111.22016	72.083424	1.5429368	0.1487956
X Variable 2	458.68406	53.458498	8.5801899	1.823E−06

第 12 章　时间序列分析和预测

12.1 (1) 时间序列图(略)。

(2) 13.55%。

(3) 1232.90(亿元)。

12.2 (1) 时间序列图(略)。

(2) 1421.2(kg/hm²)。

(3) $\alpha=0.3$ 时的预测值：$F_{2001}=1421.82$,误差均方$=291455$；$\alpha=0.05$ 时的预测值：$F_{2001}=1463.12$,误差均方$=239123$。$\alpha=0.5$ 更合适。

12.3 (1) 3 期移动平均预测值$=630.33$(万元)。

(2) $\alpha=0.3$ 时的预测值：$F_{19}=595.5$,误差均方$=87514.7$；$\alpha=0.4$ 时的预测值：$F_{19}=618.7$,误差均方$=62992.5$；$\alpha=0.5$ 时的预测值：$F_{19}=633.3$,误差均方$=50236$。$\alpha=0.5$ 更合适。

(3) 趋势方程$\hat{Y}_t=239.73+21.9288t$。估计标准误差 $s_Y=31.6628$。

12.4 (1) 趋势图(略)。

(2) 趋势方程$\hat{Y}_t=145.78\times 1.16077^t$。2001 年预测值$=3336.89$(亿元)。

12.5 (1) 趋势图(略)。

(2) 线性趋势方程$\hat{Y}=69.5202+13.9495t$,2000 年预测值$=585.65$(万吨)。

12.6 线性趋势：$\hat{Y}=374.1613-0.6137t$；二次曲线：$\hat{Y}=381.6442-1.8272t+0.0337t^2$；三次曲线：$\hat{Y}=372.5617+1.0030t-0.1601t^2+0.0036t^3$。

12.7 (1) 原煤产量趋势图(略)。

(2) 趋势方程$\hat{Y}_t=4.5824+0.9674t-0.0309t^2$,预测值$\hat{Y}_{2001}=11.28$(亿吨)。

12.8 (1) 图形(略)。

(2) 移动平均法或指数平滑法。

(3) 12 项移动平均预测$=71.4$(万元)；指数平滑法预测$=72.5$(万元)($\alpha=0.4$)。

12.9 (1)(略)。

(2) 结果如下：

2001 年/月	时间编号	季节指数	回归预测值	最终预测值
1	97	1.0439	3056.30	3190.48
2	98	0.9939	3077.50	3058.87
3	99	0.9593	3098.71	2972.48

续表

2001 年/月	时间编号	季节指数	回归预测值	最终预测值
4	100	0.9398	3119.92	2931.99
5	101	0.9439	3141.13	2964.88
6	102	0.9589	3162.33	3032.30
7	103	0.9287	3183.54	2956.43
8	104	0.9261	3204.75	2967.86
9	105	0.9814	3225.96	3166.05
10	106	1.0075	3247.16	3271.51
11	107	1.0472	3268.37	3422.77
12	108	1.2694	3289.58	4175.95

12.10 (1) 年度折叠时间序列图(略)。

(2) 季节性多元回归模型

$$\hat{Y} = -0.2233 - 0.0030t - 2.7832M_1 + 1.3365M_2 + 7.5062M_3 + 14.9092M_4 + 20.5289M_5 + 25.3319M_6 + 27.6349M_7 + 25.7213M_8 + 20.8743M_9 + 13.9606M_{10} + 5.3803M_{11}。$$

2001 年各月份平均气温的预测值如下：

| 月 | 时间 | 虚拟变量 | | | | | | | | | | | 预测 |
		M_1	M_2	M_3	M_4	M_5	M_6	M_7	M_8	M_9	M_{10}	M_{11}	
1	73	1	0	0	0	0	0	0	0	0	0	0	-3.2
2	74	0	1	0	0	0	0	0	0	0	0	0	0.9
3	75	0	0	1	0	0	0	0	0	0	0	0	7.1
4	76	0	0	0	1	0	0	0	0	0	0	0	14.5
5	77	0	0	0	0	1	0	0	0	0	0	0	20.1
6	78	0	0	0	0	0	1	0	0	0	0	0	24.9
7	79	0	0	0	0	0	0	1	0	0	0	0	27.2
8	80	0	0	0	0	0	0	0	1	0	0	0	25.3
9	81	0	0	0	0	0	0	0	0	1	0	0	20.4
10	82	0	0	0	0	0	0	0	0	0	1	0	13.5
11	83	0	0	0	0	0	0	0	0	0	0	1	4.9
12	84	0	0	0	0	0	0	0	0	0	0	0	-0.5

12.11 各季节指数如下：

	1季度	2季度	3季度	4季度
季节指数	0.7517	0.8513	1.2343	1.1627

季节变动图(略)。

计算趋势：分离季节因素后的趋势方程为：$\hat{Y}_t = 2043.92 + 163.7064t$。图形(略)。

周期波动图(略)。

12.12 各月季节指数如下：

1月	2月	3月	4月	5月	6月
0.6744	0.6699	0.7432	0.7903	0.8061	0.8510
7月	8月	9月	10月	11月	12月
0.7552	0.3449	0.9619	1.1992	1.8662	2.3377

季节变动图(略)。

计算趋势：分离季节因素后的趋势方程为：$\hat{Y}_t = 119.159 + 0.42449t$。图形(略)。

周期波动图(略)。

随机波动图(略)。

第13章 指数

13.1 (1) $v = 110.80\%$。(2) $I_p = 122.46\%$。(3) $I_q = 90.48\%$。
(4) 13920(元) = 26190(元) − 12270(元)。

13.2 (1) 111.72%。(2) 111.60%。(3) 100.10%。(4) 15.3(万元) = 15.1532(万元) + 0.1468(万元)。

13.3 (1) 2.62%；8016元。(2) 28.42%；124864元。(3) 143.37%；132880元。

13.4 (1) 单位成本增长11.11%。(2) $I_p = 111.11\%$；$I_q = 90.91\%$。

13.5 结果如下表：

年份/年	缩减后的人均 GDP/元
1990	1584.9
1991	1817.2
1992	2149.4
1993	2562.3
1994	3161.2
1995	4145.2
1996	5148.7
1997	5889.1
1998	6357.9
1999	6640.0
2000	7049.8

13.6 $I_p = 98.52\%$,下跌 1.48%。

附录 2

常用统计表

表 1 标准正态曲线下的面积

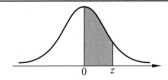

z	0.00	0.01	0.02	0.03	0.04	0.05	0.06	0.07	0.08	0.09
0.0	0.0000	0.0040	0.0080	0.0120	0.0160	0.0199	0.0239	0.0279	0.0319	0.0359
0.1	0.0398	0.0438	0.0478	0.0517	0.0557	0.0596	0.0636	0.0675	0.0714	0.0753
0.2	0.0793	0.0832	0.0871	0.0910	0.0948	0.0987	0.1026	0.1064	0.1103	0.1141
0.3	0.1179	0.1217	0.1255	0.1293	0.1331	0.1368	0.1406	0.1443	0.1480	0.1517
0.4	0.1554	0.1591	0.1628	0.1664	0.1700	0.1736	0.1772	0.1808	0.1844	0.1879
0.5	0.1915	0.1950	0.1985	0.2019	0.2054	0.2088	0.2123	0.2157	0.2190	0.2224
0.6	0.2257	0.2291	0.2324	0.2357	0.2389	0.2422	0.2454	0.2486	0.2517	0.2549
0.7	0.2580	0.2611	0.2642	0.2673	0.2704	0.2734	0.2764	0.2794	0.2823	0.2852
0.8	0.2881	0.2910	0.2939	0.2967	0.2995	0.3023	0.3051	0.3078	0.3106	0.3133
0.9	0.3159	0.3186	0.3212	0.3238	0.3264	0.3289	0.3315	0.3340	0.3365	0.3389
1.0	0.3413	0.3438	0.3461	0.3485	0.3508	0.3531	0.3554	0.3577	0.3599	0.3621
1.1	0.3643	0.3665	0.3686	0.3708	0.3729	0.3749	0.3770	0.3790	0.3810	0.3830
1.2	0.3849	0.3869	0.3888	0.3907	0.3925	0.3944	0.3962	0.3980	0.3997	0.4015
1.3	0.4032	0.4049	0.4066	0.4082	0.4099	0.4115	0.4131	0.4147	0.4162	0.4177
1.4	0.4192	0.4207	0.4222	0.4236	0.4251	0.4265	0.4279	0.4292	0.4306	0.4319
1.5	0.4332	0.4345	0.4357	0.4370	0.4382	0.4394	0.4406	0.4418	0.4429	0.4441
1.6	0.4452	0.4463	0.4474	0.4484	0.4495	0.4505	0.4515	0.4525	0.4535	0.4545
1.7	0.4554	0.4564	0.4573	0.4582	0.4591	0.4599	0.4608	0.4616	0.4625	0.4633
1.8	0.4641	0.4649	0.4656	0.4664	0.4671	0.4678	0.4686	0.4693	0.4699	0.4706
1.9	0.4713	0.4719	0.4726	0.4732	0.4738	0.4744	0.4750	0.4756	0.4761	0.4767
2.0	0.4772	0.4778	0.4783	0.4788	0.4793	0.4798	0.4803	0.4808	0.4812	0.4817

续表

z	0.00	0.01	0.02	0.03	0.04	0.05	0.06	0.07	0.08	0.09
2.1	0.4821	0.4826	0.4830	0.4834	0.4838	0.4842	0.4846	0.4850	0.4854	0.4857
2.2	0.4861	0.4864	0.4868	0.4871	0.4875	0.4878	0.4881	0.4884	0.4887	0.4890
2.3	0.4893	0.4896	0.4898	0.4901	0.4904	0.4906	0.4909	0.4911	0.4913	0.4916
2.4	0.4918	0.4920	0.4922	0.4925	0.4927	0.4929	0.4931	0.4932	0.4934	0.4936
2.5	0.4938	0.4940	0.4941	0.4943	0.4945	0.4946	0.4948	0.4949	0.4951	0.4952
2.6	0.4953	0.4955	0.4956	0.4957	0.4959	0.4960	0.4961	0.4962	0.4963	0.4964
2.7	0.4965	0.4966	0.4967	0.4968	0.4969	0.4970	0.4971	0.4972	0.4973	0.4974
2.8	0.4974	0.4975	0.4976	0.4977	0.4977	0.4978	0.4979	0.4979	0.4980	0.4981
2.9	0.4981	0.4982	0.4982	0.4983	0.4984	0.4984	0.4985	0.4985	0.4986	0.4986
3.0	0.4987	0.4987	0.4987	0.4988	0.4988	0.4989	0.4989	0.4989	0.4990	0.4990

资料来源：Abridged from Table I of A. Hald, *Statistical Tables and Formulas* (New York: John Wiley & Sons, Inc.), 1952. Reproduced by permission of A. Hald and the publisher.

表2 t统计量的临界值

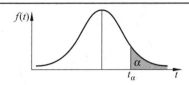

v	$t_{0.100}$	$t_{0.050}$	$t_{0.025}$	$t_{0.010}$	$t_{0.005}$	$t_{0.001}$	$t_{0.0005}$
1	3.078	6.314	12.706	31.821	63.657	318.31	636.62
2	1.886	2.920	4.303	6.965	9.925	22.326	31.598
3	1.638	2.353	3.182	4.541	5.841	10.213	12.924
4	1.533	2.132	2.776	3.747	4.604	7.173	8.610
5	1.476	2.015	2.571	3.365	4.032	5.893	6.869
6	1.440	1.943	2.447	3.143	3.707	5.208	5.959
7	1.415	1.895	2.365	2.998	3.499	4.785	5.408
8	1.397	1.860	2.306	2.896	3.355	4.501	5.041
9	1.383	1.833	2.262	2.821	3.250	4.297	4.781
10	1.372	1.812	2.228	2.764	3.169	4.144	4.587
11	1.363	1.796	2.201	2.718	3.106	4.025	4.437
12	1.356	1.782	2.179	2.681	3.055	3.930	4.318
13	1.350	1.771	2.160	2.650	3.012	3.852	4.221
14	1.345	1.761	2.145	2.624	2.977	3.787	4.140
15	1.341	1.753	2.131	2.602	2.947	3.733	4.073
16	1.337	1.746	2.120	2.583	2.921	3.686	4.015
17	1.333	1.740	2.110	2.567	2.898	3.646	3.965
18	1.330	1.734	2.101	2.552	2.878	3.610	3.922
19	1.328	1.729	2.093	2.539	2.861	3.579	3.883
20	1.325	1.725	2.086	2.528	2.845	3.552	3.850
21	1.323	1.721	2.080	2.518	2.831	3.505	3.792
22	1.321	1.717	2.074	2.508	2.819	3.505	3.792
23	1.319	1.714	2.069	2.500	2.807	3.485	3.767
24	1.318	1.711	2.064	2.492	2.797	3.467	3.745
25	1.316	1.708	2.060	2.485	2.787	3.450	3.725
26	1.315	1.706	2.056	2.479	2.779	3.435	3.707
27	1.314	1.703	2.052	2.473	2.771	3.421	3.690
28	1.313	1.701	2.048	2.467	2.763	3.408	3.674
29	1.311	1.699	2.045	2.462	2.756	3.396	3.659
30	1.310	1.697	2.042	2.457	2.750	3.385	3.646
40	1.303	1.684	2.021	2.423	2.704	3.307	3.551
60	1.296	1.671	2.000	2.390	2.660	3.232	3.460
120	1.289	1.658	1.980	2.358	2.617	3.160	3.373
∞	1.282	1.645	1.960	2.326	2.576	3.090	3.291

资料来源：This table is reproduced with the kind permission of the Trustees of Biometrika form E. S. Pearson and H. O. Hartley(eds.), *The Biometrika Tables for Statisticians*, Vol. 1, 3rd ed., *Biometrika*, 1966.

表3 χ^2 统计量的临界值

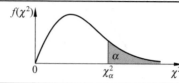

自由度	$\chi^2_{0.995}$	$\chi^2_{0.990}$	$\chi^2_{0.975}$	$\chi^2_{0.950}$	$\chi^2_{0.900}$
1	0.0000393	0.0001571	0.0009821	0.0039321	0.0157908
2	0.0100251	0.0201007	0.0506356	0.102587	0.210720
3	0.0717212	0.114832	0.215795	0.351846	0.584375
4	0.206990	0.297110	0.484419	0.710721	1.063623
5	0.411740	0.554300	0.831211	1.145476	1.61031
6	0.675727	0.872085	1.237347	1.63539	2.20413
7	0.989265	1.239043	1.68987	2.16735	2.83311
8	1.344419	1.646482	2.17973	2.73264	3.48954
9	1.734926	2.087912	2.70039	3.32511	4.16816
10	2.15585	2.55821	3.24697	3.94030	4.86518
11	2.60321	3.05347	3.81575	4.57481	5.57779
12	3.07382	3.57056	4.40379	5.22603	6.30380
13	3.56503	4.10691	5.00874	5.89186	7.04150
14	4.07468	4.66043	5.62872	6.57063	7.78953
15	4.60094	5.22935	6.26214	7.26094	8.54675
16	5.14224	5.81221	6.90766	7.96164	9.31223
17	5.69724	6.40776	7.56418	8.67176	10.0852
18	6.26481	7.01491	8.23075	9.39046	10.8649
19	6.84398	7.63273	8.90655	10.1170	11.6509
20	7.43386	8.26040	9.59083	10.8508	12.4426
21	8.03366	8.89720	10.28293	11.5913	13.2396
22	8.64272	9.54249	10.9823	12.3380	14.0415
23	9.26042	10.19567	11.6885	13.0905	14.8479
24	9.88623	10.8564	12.4011	13.8484	15.6587
25	10.5197	11.5240	13.1197	14.6114	16.4734
26	11.1603	12.1981	13.8439	15.3791	17.2919
27	11.8076	12.8786	14.5733	16.1513	18.1138
28	12.4613	13.5648	15.3079	16.9279	18.9392
29	13.1211	14.2565	16.0471	17.7083	19.7677
30	13.7867	14.9535	16.7908	18.4926	20.5992
40	20.7065	22.1643	24.4331	26.5093	29.0505
50	27.9907	29.7067	32.3574	34.7642	37.6886
60	35.5346	37.4848	40.4817	43.1879	46.4589
70	43.2752	45.4418	18.7576	51.7393	55.3290
80	51.1720	53.5400	57.1532	60.3915	64.2778
90	59.1963	61.7541	65.6466	69.1260	73.2912
100	67.3276	70.0648	74.2219	77.9295	82.3581
150	109.142	112.668	117.985	122.692	128.275
200	152.241	156.432	162.728	168.279	174.835
300	240.663	245.972	253.912	260.878	269.068
400	330.903	337.155	346.482	354.641	364.207
500	422.303	429.388	439.936	449.147	459.926

附录2 常用统计表

续表

自由度	$\chi^2_{0.100}$	$\chi^2_{0.050}$	$\chi^2_{0.025}$	$\chi^2_{0.010}$	$\chi^2_{0.005}$
1	2.70554	3.84146	5.02389	6.63490	7.87944
2	4.60517	5.99147	7.37776	9.21034	10.5966
3	6.25139	7.81473	9.34840	11.3449	12.8381
4	7.77944	9.48773	11.1433	13.2767	14.8602
5	9.23635	11.0705	12.8325	15.0863	16.7496
6	10.6446	12.5916	14.4494	16.8119	18.5476
7	12.0170	14.0671	16.0128	18.4753	20.2777
8	13.3616	15.5073	17.5346	20.0902	21.9550
9	14.6837	16.9190	19.0228	21.6660	23.5893
10	15.9871	18.3070	20.4831	23.2093	25.1882
11	17.2750	19.6751	21.9200	24.7250	26.7569
12	18.5494	21.0261	23.3367	26.2170	28.2995
13	19.8119	22.3621	24.7356	27.6883	29.8194
14	21.0642	23.6848	26.1190	29.1413	31.3193
15	22.3072	24.9958	27.4884	30.5779	32.8013
16	23.5418	26.2962	28.8454	31.9999	34.2672
17	24.7690	27.5871	30.1910	33.4087	35.7185
18	25.9894	28.8693	31.5264	34.8053	37.1564
19	27.2036	30.1435	35.8523	36.1908	38.5822
20	28.4120	31.4104	34.1696	37.5662	39.9968
21	29.6151	32.6705	35.4789	38.9321	41.4010
22	30.8133	33.9244	36.7807	40.2894	42.7956
23	32.0069	35.1725	38.0757	41.6384	44.1813
24	33.1963	36.4151	39.3641	42.9798	45.5585
25	34.3816	37.6525	40.6465	44.3141	46.9278
26	36.5631	38.8852	41.9232	45.6417	48.2899
27	36.7412	40.1133	43.1944	46.9630	49.6449
28	37.9159	41.3372	44.4607	48.2782	50.9933
29	39.0875	42.5569	45.7222	49.5879	52.3356
30	40.2560	43.7729	46.9792	50.8922	53.6720
40	51.8050	55.7585	59.3417	63.6907	66.7659
50	63.1671	67.5048	71.4202	76.1539	79.4900
60	74.3970	79.0819	83.2976	88.3794	91.9517
70	85.5271	90.5312	95.0231	100.425	104.215
80	96.5782	101.879	106.629	112.329	116.321
90	107.565	113.145	118.136	124.116	128.299
100	118.498	124.342	129.561	135.807	140.169
150	172.581	179.581	185.800	193.208	198.360
200	226.021	233.994	241.058	249.445	255.264
300	331.789	341.395	349.874	359.906	366.844
400	436.649	447.632	457.306	468.724	479.606
500	540.930	553.127	563.852	576.493	585.207

资料来源：Thompson CM. Tables of the Percentage Points of the χ^2-Distribution. Biometrika, 1941, 32: 188-189. Reproduced by permission of the Biometrika trustees.

表4　F统计量的临界值

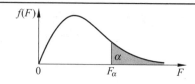

$F_{0.10}$

v_2 \ v_1	分子自由度								
	1	2	3	4	5	6	7	8	9
1	39.86	49.50	53.59	55.83	57.24	58.20	58.91	59.44	59.86
2	8.53	9.00	9.16	9.24	9.29	9.33	9.35	9.37	9.38
3	5.54	5.46	5.39	5.34	5.31	5.28	5.27	5.25	5.24
4	4.54	4.32	4.19	4.11	4.05	4.01	3.98	3.95	3.94
5	4.06	3.78	3.62	3.52	3.45	3.40	3.37	3.34	3.32
6	3.78	3.46	3.29	3.18	3.11	3.05	3.01	2.98	2.96
7	3.59	3.26	3.07	2.96	2.88	2.83	2.78	2.75	2.72
8	3.46	3.11	2.92	2.81	2.73	2.67	2.62	2.59	2.56
9	3.36	3.01	2.81	2.69	2.61	2.55	2.51	2.47	2.44
10	3.29	2.92	2.73	2.61	2.52	2.46	2.41	2.38	2.35
11	3.23	2.86	2.66	2.54	2.45	2.39	2.34	2.30	2.27
12	3.18	2.81	2.61	2.48	2.39	2.33	2.28	2.24	2.21
13	3.14	2.76	2.56	2.43	2.35	2.28	2.23	2.20	2.16
14	3.10	2.73	2.52	2.39	2.31	2.24	2.19	2.15	2.12
15	3.07	2.70	2.49	2.36	2.27	2.21	2.16	2.12	2.09
16	3.05	2.67	2.46	2.33	2.24	2.18	2.13	2.09	2.06
17	3.03	2.64	2.44	2.31	2.22	2.15	2.10	2.06	2.03
18	3.01	2.62	2.42	2.29	2.20	2.13	2.08	2.04	2.00
19	2.99	2.61	2.40	2.27	2.18	2.11	2.06	2.02	1.98
20	2.97	2.59	2.38	2.25	2.16	2.09	2.04	2.00	1.96
21	2.96	2.57	2.36	2.23	2.14	2.08	2.02	1.98	1.95
22	2.95	2.56	2.35	2.22	2.13	2.06	2.01	1.97	1.93
23	2.94	2.55	2.34	2.21	2.11	2.05	1.99	1.95	1.92
24	2.93	2.54	2.33	2.19	2.10	2.04	1.98	1.94	1.91
25	2.92	2.53	2.32	2.18	2.09	2.02	1.97	1.93	1.89
26	2.91	2.52	2.31	2.17	2.08	2.01	1.96	1.92	1.88
27	2.90	2.51	2.30	2.17	2.07	2.00	1.95	1.91	1.87
28	2.89	2.50	2.29	2.16	2.06	2.00	1.94	1.90	1.87
29	2.89	2.50	2.28	2.15	2.06	1.99	1.93	1.89	1.86
30	2.88	2.49	2.28	2.14	2.05	1.98	1.93	1.88	1.85
40	2.84	2.44	2.23	2.09	2.00	1.93	1.87	1.83	1.79
60	2.79	2.39	2.18	2.04	1.95	1.87	1.82	1.77	1.74
120	2.75	2.35	2.13	1.99	1.90	1.82	1.77	1.72	1.68
∞	2.71	2.30	2.08	1.94	1.85	1.77	1.72	1.67	1.63

（分母自由度）

续表

v_1 \ v_2	10	12	15	20	24	30	40	60	120	∞
1	60.19	60.71	61.22	61.74	62.00	62.26	62.53	62.79	63.06	63.33
2	9.39	9.41	9.42	9.44	9.45	9.46	9.47	9.47	9.48	9.49
3	5.23	5.22	5.20	5.18	5.18	5.17	5.16	5.15	5.14	5.13
4	3.92	3.90	3.87	3.84	3.83	3.82	3.80	3.79	3.78	3.76
5	3.30	3.27	3.24	3.21	3.19	3.17	3.16	3.14	3.12	3.10
6	2.94	2.90	2.87	2.84	2.82	2.80	2.78	2.76	2.74	2.72
7	2.70	2.67	2.63	2.59	2.58	2.56	2.54	2.51	2.49	2.47
8	2.54	2.50	2.46	2.42	2.40	2.38	2.36	2.34	2.32	2.29
9	2.42	2.38	2.34	2.30	2.28	2.25	2.23	2.21	2.18	2.16
10	2.32	2.28	2.24	2.20	2.18	2.16	2.13	2.11	2.08	2.06
11	2.25	2.21	2.17	2.12	2.10	2.08	2.05	2.03	2.00	1.97
12	2.19	2.15	2.10	2.06	2.04	2.01	1.99	1.96	1.93	1.90
13	2.14	2.10	2.05	2.01	1.98	1.96	1.93	1.90	1.88	1.85
14	2.10	2.05	2.01	1.96	1.94	1.91	1.89	1.86	1.83	1.80
15	2.06	2.02	1.97	1.92	1.90	1.87	1.85	1.82	1.79	1.76
16	2.03	1.99	1.94	1.89	1.87	1.84	1.81	1.78	1.75	1.72
17	2.00	1.96	1.91	1.86	1.84	1.81	1.78	1.75	1.72	1.69
18	1.98	1.93	1.89	1.84	1.81	1.78	1.75	1.72	1.69	1.66
19	1.96	1.91	1.86	1.81	1.79	1.76	1.73	1.70	1.67	1.63
20	1.94	1.89	1.84	1.79	1.77	1.74	1.71	1.68	1.64	1.61
21	1.92	1.87	1.83	1.78	1.75	1.72	1.69	1.66	1.62	1.59
22	1.90	1.86	1.81	1.76	1.73	1.70	1.67	1.64	1.60	1.57
23	1.89	1.84	1.80	1.74	1.72	1.69	1.66	1.62	1.59	1.55
24	1.88	1.83	1.78	1.73	1.70	1.67	1.64	1.61	1.57	1.53
25	1.87	1.82	1.77	1.72	1.69	1.66	1.63	1.59	1.56	1.52
26	1.86	1.81	1.76	1.71	1.68	1.65	1.61	1.58	1.54	1.50
27	1.85	1.80	1.75	1.70	1.67	1.64	1.60	1.57	1.53	1.49
28	1.84	1.79	1.74	1.69	1.66	1.63	1.59	1.56	1.52	1.48
29	1.83	1.78	1.73	1.68	1.65	1.62	1.58	1.55	1.51	1.47
30	1.82	1.77	1.72	1.67	1.64	1.61	1.57	1.54	1.50	1.46
40	1.76	1.71	1.66	1.61	1.57	1.54	1.51	1.47	1.42	1.38
60	1.71	1.66	1.60	1.54	1.51	1.48	1.44	1.40	1.35	1.29
120	1.65	1.60	1.55	1.48	1.45	1.41	1.37	1.32	1.26	1.19
∞	1.60	1.55	1.49	1.42	1.38	1.34	1.30	1.24	1.17	1.00

资料来源：Merrington M，Thompson CM. Tables of Percentage Points of the inverted Beta(F)-Distribution. Biometrika，1943，33：73-88. Reproduced by permission of the Biometrika trustees.

续表

$F_{0.05}$ v_1 / v_2					分子自由度					
		1	2	3	4	5	6	7	8	9
分母自由度	1	161.4	199.5	215.7	224.6	230.2	234.0	236.8	238.9	240.5
	2	18.51	19.00	19.16	19.25	19.30	19.33	19.35	19.37	19.38
	3	10.13	9.55	9.28	9.12	9.01	8.94	8.89	8.85	8.81
	4	7.71	6.94	6.59	6.39	6.26	6.16	6.09	6.04	6.00
	5	6.61	5.79	5.41	5.19	5.05	4.95	4.88	4.82	4.77
	6	5.99	5.14	4.76	4.53	4.39	4.28	4.21	4.15	4.10
	7	5.59	4.74	4.35	4.12	3.97	3.87	3.79	3.73	3.68
	8	5.32	4.46	4.07	3.84	3.69	3.58	3.50	3.44	3.39
	9	5.12	4.26	3.86	3.63	3.48	3.37	3.29	3.23	3.18
	10	4.96	4.10	3.71	3.48	3.33	3.22	3.14	3.07	3.02
	11	4.84	3.98	3.59	3.36	3.20	3.09	3.01	2.95	2.90
	12	4.75	3.89	3.49	3.26	3.11	3.00	2.91	2.85	2.80
	13	4.67	3.81	3.41	3.18	3.03	2.92	2.83	2.77	2.71
	14	4.60	3.74	3.34	3.11	2.96	2.85	2.76	2.70	2.65
	15	4.54	3.68	3.29	3.06	2.90	2.79	2.71	2.64	2.59
	16	4.49	3.63	3.24	3.01	2.85	2.74	2.66	2.59	2.54
	17	4.45	3.59	3.20	2.96	2.81	2.70	2.61	2.55	2.49
	18	4.41	3.55	3.16	2.93	2.77	2.66	2.58	2.51	2.46
	19	4.38	3.52	3.13	2.90	2.74	2.63	2.54	2.48	2.42
	20	4.35	3.49	3.10	2.87	2.71	2.60	2.51	2.45	2.39
	21	4.32	3.47	3.07	2.84	2.68	2.57	2.49	2.42	2.37
	22	4.30	3.44	3.05	2.82	2.66	2.55	2.46	2.40	2.34
	23	4.28	3.42	3.03	2.80	2.64	2.53	2.44	2.37	2.32
	24	4.26	3.40	3.01	2.78	2.62	2.51	2.42	2.36	2.30
	25	4.24	3.39	2.99	2.76	2.60	2.49	2.40	2.34	2.28
	26	4.23	3.37	2.98	2.74	2.59	2.47	2.39	2.32	2.27
	27	4.21	3.35	2.96	2.73	2.57	2.46	2.37	2.31	2.25
	28	4.20	3.34	2.95	2.71	2.56	2.45	2.36	2.29	2.24
	29	4.18	3.33	2.93	2.70	2.55	2.43	2.35	2.28	2.22
	30	4.17	3.32	2.92	2.69	2.53	2.42	2.33	2.27	2.21
	40	4.08	3.23	2.84	2.61	2.45	2.34	2.25	2.18	2.12
	60	4.00	3.15	2.76	2.53	2.37	2.25	2.17	2.10	2.04
	120	3.92	3.07	2.68	2.45	2.29	2.17	2.09	2.02	1.96
	∞	3.84	3.00	2.60	2.37	2.21	2.10	2.01	1.94	1.88

续表

v_2 \ v_1	10	12	15	20	24	30	40	60	120	∞
				分子自由度						
1	241.9	243.9	245.9	248.0	249.1	250.1	251.1	252.2	253.3	254.3
2	19.40	19.41	19.43	19.45	19.45	19.46	19.47	19.48	19.49	19.50
3	8.79	8.74	8.70	8.66	8.64	8.62	8.59	8.57	8.55	8.53
4	5.96	5.91	5.86	5.80	5.77	5.75	5.72	5.69	5.66	5.63
5	4.74	4.68	4.62	4.56	4.53	4.50	4.46	4.43	4.40	4.36
6	4.06	4.00	3.94	3.87	3.84	3.81	3.77	3.74	3.70	3.67
7	3.64	3.57	3.51	3.44	3.41	3.38	3.34	3.30	3.27	3.23
8	3.35	3.28	3.22	3.15	3.12	3.08	3.04	3.01	2.97	2.93
9	3.14	3.07	3.01	2.94	2.90	2.86	2.83	2.79	2.75	2.71
10	2.98	2.91	2.85	2.77	2.74	2.70	2.66	2.62	2.58	2.54
11	2.85	2.79	2.72	2.65	2.61	2.57	2.53	2.49	2.45	2.40
12	2.75	2.69	2.62	2.54	2.51	2.47	2.43	2.38	2.34	2.30
13	2.67	2.60	2.53	2.46	2.42	2.38	2.34	2.30	2.25	2.21
14	2.60	2.53	2.46	2.39	2.35	2.31	2.27	2.22	2.18	2.13
15	2.54	2.48	2.40	2.33	2.29	2.25	2.20	2.16	2.11	2.07
16	2.49	2.42	2.35	2.28	2.24	2.19	2.15	2.11	2.06	2.01
17	2.45	2.38	2.31	2.23	2.19	2.15	2.10	2.06	2.01	1.96
18	2.41	2.34	2.27	2.19	2.15	2.11	2.06	2.02	1.97	1.92
19	2.38	2.31	2.23	2.16	2.11	2.07	2.03	1.98	1.93	1.88
20	2.35	2.28	2.20	2.12	2.08	2.04	1.99	1.95	1.90	1.84
21	2.32	2.25	2.18	2.10	2.05	2.01	1.96	1.92	1.87	1.81
22	2.30	2.23	2.15	2.07	2.03	1.98	1.94	1.89	1.84	1.78
23	2.27	2.20	2.13	2.05	2.01	1.96	1.91	1.86	1.81	1.76
24	2.25	2.18	2.11	2.03	1.98	1.94	1.89	1.84	1.79	1.73
25	2.24	2.16	2.09	2.01	1.96	1.92	1.87	1.82	1.77	1.71
26	2.22	2.15	2.07	1.99	1.95	1.90	1.85	1.80	1.75	1.69
27	2.20	2.13	2.06	1.97	1.93	1.88	1.84	1.79	1.73	1.67
28	2.19	2.12	2.04	1.96	1.91	1.87	1.82	1.77	1.71	1.65
29	2.81	2.10	2.03	1.94	1.90	1.85	1.81	1.75	1.70	1.64
30	2.16	2.09	2.01	1.93	1.89	1.84	1.79	1.74	1.68	1.62
40	2.08	2.00	1.92	1.84	1.79	1.74	1.69	1.64	1.58	1.51
60	1.99	1.92	1.84	1.75	1.70	1.65	1.59	1.53	1.47	1.39
120	1.91	1.83	1.75	1.66	1.61	1.55	1.50	1.43	1.35	1.25
∞	1.83	1.75	1.67	1.57	1.52	1.46	1.39	1.32	1.22	1.00

分母自由度

资料来源：Merrington M，Thompson CM. Tables of Percentage Points of the inverted Beta(F)-Distribution. Biometrika, 1943, 33: 73-88. Reproduced by permission of the Biometrika trustees.

续表

$F_{0.025}$ v_1 v_2				分子自由度					
	1	2	3	4	5	6	7	8	9
1	647.8	799.5	864.2	899.6	921.8	937.1	948.2	956.7	963.3
2	38.51	39.00	39.17	39.25	39.30	39.33	39.36	39.37	39.39
3	17.44	16.04	15.44	15.10	14.88	14.73	14.62	14.54	14.47
4	12.22	10.65	9.98	9.60	9.36	9.20	9.07	8.98	8.90
5	10.01	8.43	7.76	7.39	7.15	6.98	6.85	6.76	6.68
6	8.81	7.26	6.60	6.23	5.99	5.82	5.70	5.60	5.52
7	8.07	6.54	5.89	5.52	5.29	5.12	4.99	4.90	4.82
8	7.57	6.06	5.42	5.05	4.82	4.65	4.53	4.43	4.36
9	7.21	5.71	5.08	4.72	4.48	4.32	4.20	4.10	4.03
10	6.94	5.46	4.83	4.47	4.24	4.07	3.95	3.85	3.78
11	6.72	5.26	4.63	4.28	4.04	3.88	3.76	3.66	3.59
12	6.55	5.10	4.47	4.12	3.89	3.73	3.61	3.51	3.44
13	6.41	4.97	4.35	4.00	3.77	3.60	3.48	3.39	3.31
14	6.30	4.86	4.24	3.89	3.66	3.50	3.38	3.29	3.21
15	6.20	4.77	4.15	3.80	3.58	3.41	3.29	3.20	3.12
16	6.12	4.69	4.08	3.73	3.50	3.34	3.22	3.12	3.05
17	6.04	4.62	4.01	3.66	3.44	3.28	3.16	3.06	2.98
18	5.98	4.56	3.95	3.61	3.38	3.22	3.10	3.01	2.93
19	5.92	4.51	3.90	3.56	3.33	3.17	3.05	2.96	2.88
20	5.87	4.46	3.86	3.51	3.29	3.13	3.01	2.91	2.84
21	5.83	4.42	3.82	3.48	3.25	3.09	2.97	2.87	2.80
22	5.79	4.38	3.78	3.44	3.22	3.05	2.93	2.84	2.76
23	5.75	4.35	3.75	3.41	3.18	3.02	2.90	2.81	2.73
24	5.72	4.32	3.72	3.38	3.15	2.99	2.87	2.78	2.70
25	5.69	4.29	3.69	3.35	3.13	2.97	2.85	2.75	2.68
26	5.66	4.27	3.67	3.33	3.10	2.94	2.82	2.73	2.65
27	5.63	4.24	3.65	3.31	3.08	2.92	2.82	2.71	2.63
28	5.61	4.22	3.63	3.29	3.06	2.90	2.78	2.69	2.61
29	5.59	4.20	3.61	3.27	3.04	2.88	2.76	2.67	2.59
30	5.57	4.18	3.59	3.25	3.03	2.87	2.75	2.65	2.57
40	5.42	4.05	3.46	3.13	2.90	2.74	2.62	2.53	2.45
60	5.29	3.93	3.34	3.01	2.79	2.63	2.51	2.41	2.33
120	5.15	3.80	3.23	2.89	2.67	2.52	2.39	2.30	2.22
∞	5.02	3.69	3.12	2.79	2.57	2.41	2.29	2.19	2.11

分母自由度

续表

v_1 \ v_2	10	12	15	20	24	30	40	60	120
1	968.6	976.7	984.9	993.1	997.2	1001	1006	1010	1014
2	39.40	39.41	39.43	39.45	39.46	39.46	39.47	39.48	39.49
3	14.42	14.34	14.25	14.17	14.12	14.08	14.04	13.99	13.95
4	8.84	8.75	8.66	8.56	8.51	8.46	8.41	8.36	8.31
5	6.62	6.52	6.43	6.33	6.28	6.23	6.18	6.12	6.07
6	5.46	5.37	5.27	5.17	5.12	5.07	5.01	4.96	4.90
7	4.76	4.67	4.57	4.47	4.42	4.36	4.31	4.25	4.20
8	4.30	4.20	4.10	4.00	3.95	3.89	3.84	3.78	3.73
9	3.96	3.87	3.77	3.67	3.61	3.56	3.51	3.45	3.39
10	3.72	3.62	3.52	3.42	3.37	3.31	3.26	3.20	3.14
11	3.53	3.43	3.33	3.23	3.17	3.12	3.06	3.00	2.94
12	3.37	3.28	3.18	3.07	3.02	2.96	2.91	2.85	2.79
13	3.25	3.15	3.05	2.95	2.89	2.84	2.78	2.72	2.66
14	3.15	3.05	2.95	2.84	2.79	2.73	2.67	2.61	2.55
15	3.06	2.96	2.86	2.76	2.70	2.64	2.59	2.52	2.46
16	2.99	2.89	2.79	2.68	2.63	2.57	2.51	2.45	2.38
17	2.92	2.82	2.72	2.62	2.56	2.50	2.44	2.38	2.32
18	2.87	2.77	2.67	2.56	2.50	2.44	2.38	2.32	2.26
19	2.82	2.72	2.62	2.51	2.45	2.39	2.33	2.27	2.20
20	2.77	2.68	2.57	2.46	2.41	2.35	2.29	2.22	2.16
21	2.73	2.64	2.53	2.42	2.37	2.31	2.25	2.18	2.11
22	2.70	2.60	2.50	2.39	2.33	2.27	2.21	2.14	2.08
23	2.67	2.57	2.47	2.36	2.30	2.24	2.18	2.11	2.04
24	2.64	2.54	2.44	2.33	2.27	2.21	2.15	2.08	2.01
25	2.61	2.51	2.41	2.30	2.24	2.18	2.12	2.05	1.98
26	2.59	2.49	2.39	2.28	2.22	2.16	2.09	2.03	1.95
27	2.57	2.47	2.36	2.25	2.19	2.13	2.07	2.00	1.93
28	2.55	2.45	2.34	2.23	2.17	2.11	2.05	1.98	1.91
29	2.53	2.43	2.32	2.21	2.15	2.09	2.03	1.96	1.89
30	2.51	2.41	2.31	2.20	2.14	2.07	2.01	1.94	1.87
40	2.39	2.29	2.18	2.07	2.01	1.94	1.88	1.80	1.72
50	2.27	2.17	2.06	1.94	1.88	1.82	1.74	1.67	1.58
120	2.16	2.05	1.94	1.82	1.76	1.69	1.61	1.53	1.43
∞	2.05	1.94	1.83	1.71	1.64	1.57	1.48	1.39	1.27

(v_1: 分子自由度; v_2: 分母自由度)

资料来源: Merrington M, Thompson CM. Tables of Percentage Points of the inverted Beta(F)-Distribution. Biometrika, 1943, 33: 73-88. Reproduced by permission of the Biometrika trustees.

续表

$F_{0.01}$

v_2 \ v_1	1	2	3	4	5	6	7	8	9
				分子自由度					
1	4052	4999.5	5403	5625	5764	5859	5982	5928	6022
2	98.50	99.00	99.17	99.25	99.30	99.33	99.36	99.37	99.39
3	34.12	30.82	29.46	28.71	28.24	27.91	27.67	27.49	27.35
4	21.20	18.00	16.69	15.98	15.52	15.21	14.98	14.80	14.66
5	16.26	13.27	12.06	11.39	10.97	10.67	10.46	10.29	10.16
7	12.25	9.55	8.45	7.85	7.46	7.19	6.99	6.84	6.72
8	11.26	8.65	7.59	7.01	6.03	6.37	6.18	6.03	5.91
9	10.56	8.02	6.99	6.42	6.06	5.80	5.61	5.47	5.35
10	10.04	7.56	6.55	5.99	5.64	5.39	5.20	5.06	4.94
11	9.65	7.21	6.22	5.67	5.32	5.07	4.89	4.74	4.63
12	9.33	6.93	5.95	5.41	5.06	4.82	4.64	4.50	4.39
13	9.07	6.70	5.74	5.21	4.86	4.62	4.44	4.30	4.19
14	9.86	6.51	5.56	5.04	4.69	4.46	4.28	4.14	4.03
15	8.68	6.36	5.42	4.89	4.56	4.32	4.14	4.00	3.89
16	8.53	6.23	5.29	4.77	4.44	4.20	4.03	3.89	3.78
17	8.40	6.11	5.18	4.67	4.34	4.10	3.93	3.79	3.68
18	8.29	6.01	5.09	4.58	4.25	4.01	3.84	3.71	3.60
19	8.18	5.93	5.01	4.50	4.17	3.94	3.77	3.63	3.52
20	8.10	4.85	4.94	4.43	4.10	3.87	3.70	3.56	3.46
21	8.02	5.78	4.87	4.37	4.04	3.81	3.64	3.51	3.40
22	7.95	5.72	4.82	4.31	3.99	3.76	3.59	3.45	3.35
23	7.88	5.66	4.76	4.26	3.94	3.71	3.54	3.41	3.30
24	7.82	5.61	4.72	4.22	3.90	3.67	3.50	3.36	3.26
25	7.77	5.57	4.68	4.18	3.85	3.63	3.46	3.32	3.22
26	7.72	5.53	4.64	4.14	3.82	3.59	3.42	3.29	3.18
27	7.68	5.49	4.60	4.11	3.78	3.56	3.39	3.26	3.15
28	7.64	5.45	4.57	4.07	3.75	3.53	3.36	3.23	3.12
29	7.60	5.42	4.54	4.04	3.73	3.50	3.33	3.20	3.09
30	7.56	5.39	4.51	4.02	3.70	3.47	3.40	3.17	3.07
40	7.31	5.18	4.31	3.83	3.51	3.29	3.12	2.99	2.89
60	7.08	4.98	4.13	3.65	3.34	4.12	2.95	2.82	2.72
120	6.85	4.79	3.95	3.48	3.17	2.96	2.79	2.66	2.56
∞	6.63	4.61	3.78	3.32	3.02	2.80	2.64	2.51	2.41

分母自由度

续表

v_1 \ v_2	10	12	15	20	24	30	40	60	120	∞
1	6056	6106	6157	6209	6235	6261	6287	6313	6339	6366
2	99.40	99.42	99.43	99.45	99.46	99.47	99.47	99.48	99.49	99.50
3	27.23	27.05	26.87	26.29	26.60	26.50	26.41	26.32	26.22	26.13
4	14.55	14.37	14.20	14.02	13.93	13.84	13.75	13.65	13.56	13.46
5	10.05	9.89	9.72	9.55	9.47	9.38	9.29	9.20	9.11	9.02
6	7.87	7.72	7.56	7.40	7.31	7.23	7.14	7.06	6.97	6.88
7	6.62	6.47	6.31	6.16	6.07	5.99	5.91	5.82	5.74	5.65
8	5.81	5.67	5.52	5.36	5.28	5.20	5.12	5.03	4.95	4.86
9	5.26	5.11	4.96	4.81	4.73	4.65	4.57	4.48	4.40	4.31
10	4.85	4.71	4.56	4.41	4.33	4.25	4.17	4.08	4.00	3.91
11	4.54	4.40	4.25	4.10	4.02	3.94	3.86	3.78	3.69	3.60
12	4.30	4.16	4.01	3.86	3.78	3.70	3.62	3.54	3.45	3.36
13	4.10	3.96	3.82	3.66	3.59	3.51	3.43	3.34	3.25	3.17
14	3.94	3.80	3.66	3.51	3.43	3.35	3.27	3.18	3.09	3.00
15	3.80	3.67	3.52	3.37	3.29	3.21	3.13	3.05	2.96	2.87
16	3.69	3.55	3.41	3.26	3.18	3.10	3.02	2.93	2.84	2.75
17	3.59	3.46	3.31	3.16	3.08	3.00	2.92	2.83	2.75	2.65
18	3.51	3.37	3.23	3.08	3.00	2.92	2.84	2.75	2.66	2.57
19	3.43	3.30	3.15	3.00	2.92	2.84	2.76	2.67	2.58	2.49
20	3.37	3.23	3.09	2.94	2.86	2.78	2.69	2.61	2.52	2.42
21	3.31	3.17	3.09	2.88	2.80	2.72	2.64	2.55	2.46	2.36
22	3.26	3.12	2.98	2.83	2.75	2.67	2.58	2.50	2.40	2.31
23	3.21	3.07	2.93	2.78	2.70	2.62	2.54	2.45	2.35	2.26
24	3.17	3.03	2.89	2.74	2.66	2.58	2.49	2.40	2.31	2.21
25	3.13	2.99	2.85	2.70	2.62	2.54	2.45	2.36	2.27	2.17
26	3.09	2.96	2.81	2.66	2.58	2.50	2.42	2.33	2.23	2.13
27	3.06	2.93	2.78	2.63	2.55	2.47	2.38	2.29	2.20	2.10
28	3.03	2.90	2.75	2.60	2.52	2.44	2.35	2.26	2.17	2.06
29	3.00	2.87	2.73	2.57	2.49	2.41	2.33	2.23	2.14	2.03
30	2.98	2.84	2.70	2.55	2.47	2.39	2.30	2.21	2.11	2.01
40	2.80	2.66	2.52	2.37	2.29	2.20	2.11	2.02	1.92	1.80
60	2.63	2.50	2.35	2.20	2.12	2.03	1.94	1.84	1.73	1.60
120	2.47	2.34	2.19	2.03	1.95	1.86	1.76	1.66	1.53	1.38
∞	2.32	2.18	2.04	1.88	1.79	1.70	1.59	1.47	1.32	1.00

(v_1: 分子自由度；v_2: 分母自由度)

参 考 文 献

Damodar N Gujarati 著. 2000. 计量经济学. 林少宫译. 北京：中国人民大学出版社.
David Freedman 等著. 1997. 统计学. 魏宗舒等译. 北京：中国统计出版社.
David M Levine, Timothy C Krehbiel, Mark L Berenson 著. 2004. 商务统计学初级教程. 李鹏宇,许红燕等译. 北京：中国人民大学出版社.
David S Moore 著. 2003. 统计学的世界. 郑惟厚译. 北京：中信出版社.
David S Moore. 1999. The Basic Practice of Statistics. W. H. Freeman and Company.
Douglas C Montgomery, George C Runger, Norma Faris Hubele 著. 2005. 工程统计学. 戴金,魏秋萍译,张波校译. 北京：中国人民大学出版社.
Gary Smith. 1988. Statistics Reasoning. Second Edition. Allyn and Bacon, Inc.
Gudmund R, Iversen Mary Gergen 著. 2000. 统计学——基本概念和方法. 吴喜之等译. 北京：高等教育出版社.
Heinz Kohler. 1998. Essentials of Statistics. Scott, Foresman and Company.
Henry L Alder, Edward B Roessler 著. 1984. 概率与统计导论. 胡崇能,李隆章译. 北京：北京大学出版社.
Hoaglin C 等著. 1998. 探索性数据分析. 陈忠琏等译. 北京：中国统计出版社.
James R Evans 著. 2004. 商业统计学精要. 潘文卿,丁海山译. 北京：中国人民大学出版社.
John A Ingram, Joseph G Monks. 1992. Statistics for Business and Economisc. Second Edition. Harcount Brace Jovanovich, Inc.
Ken Black, David L Eldredge 著. 2003. 以 Excel 为决策工具的商务与经济统计. 张久琴,张玉梅,杨琳译. 北京：机械工业出版社.
Lothar Sachs. 1978. Applied Statistics—A Handbook of Techniquse. Translated by Zenon Reynarowych. Springer-Verlag NewYork Inc.
Mario F Triola 著. 2004. 初级统计学(第 8 版). 刘立新译. 北京：清华大学出版社.
Robert D Mason, Douglas A Lind, William G Marchal. 1988. Statistics—An Introduction. Second Edition. Harcound Brace Jovanovich, Inc.
Robert Johnson, Patricia Kuby 著. 2003. 基础统计. 屠俊如,洪再吉译. 北京：科学出版社.
Robert R Pagano. 1998. Understanding Statistics in the Behavioral Sciences. 5th Edition Brooks Cole Publishing Company.
Terry Sincich 著. 2001. 例解商务统计学. 陈鹤琴,罗明安译. 北京：清华大学出版社.

戴维·R.安德森,丹尼斯·J.斯威尼,托马斯·A.威廉姆斯著. 2000. 商务与经济统计. 张建华,王健,冯燕奇等译. 北京:机械工业出版社.

约翰·鲍威尔编著. 1998. 定量决策分析. 李杰,林毓铭等译. 上海:上海远东出版社.